GETÚLIO VARGAS, MEU PAI

Getúlio Vargas, meu pai
Memórias de Alzira Vargas do Amaral Peixoto

EDIÇÃO DEFINITIVA, INCLUINDO SEGUNDO LIVRO INÉDITO

Notas de Celina Vargas do Amaral Peixoto,
Francisco Reynaldo de Barros e Érico Melo

1ª reimpressão

Copyright © 2017 by herdeiros de Alzira Vargas do Amaral Peixoto

Grafia atualizada segundo o Acordo Ortográfico da Língua Portuguesa de 1990, que entrou em vigor no Brasil em 2009.

Capa e caderno de fotos
Mateus Valadares

Foto de capa
Fundação Getulio Vargas/ CPDOC

Créditos das imagens
p. 433, imagens 19-22: Acervo pessoal de Celina Vargas do Amaral Peixoto. Reprodução Jaime Acioli.
Imagens 1, 4-18, 23 e 24: Fundação Getúlio Vargas – CPDOC
Imagens 2 e 3: Acervo Família Sarmanho Vargas. Reprodução Jaime Acioli.

Digitação dos textos inéditos
Gisela Pfau de Carvalho Albuquerque

Cronologia
Érico Melo

Preparação
Eduardo Rosal

Índice onomástico
Probo Poletti

Revisão
Isabel Cury
Clara Diament

Dados Internacionais de Catalogação na Publicação (CIP)
(Câmara Brasileira do Livro, SP, Brasil)

> Vargas, Alzira
> Getúlio Vargas, meu pai : memórias de Alzira Vargas do Amaral Peixoto / Alzira Vargas. – 1ª ed. – Rio de Janeiro : Objetiva, 2017.
>
> ISBN 978-85-470-0035-6
>
> 1. Brasil – História – Getúlio Vargas, 1930-1945 2. Brasil – Política e governo – Getúlio Vargas, 1930-1954 3. Memórias I. Título.

17-02006   CDD-320.981

Índice para catálogo sistemático:
1. Brasil : Presidentes : Biografia   320.981

[2017]
Todos os direitos desta edição reservados à
EDITORA SCHWARCZ S.A.
Praça Floriano, 19 – Sala 3001
20031-050 – Rio de Janeiro – RJ
Telefone: (21) 3993-7510
www.companhiadasletras.com.br
www.blogdacompanhia.com.br
facebook.com/editoraobjetiva
instagram.com/editora_objetiva
twitter.com/edobjetiva

Sumário

Um prefácio, à revelia da autora — Lira Neto 7
Sobre este volume e a edição dos escritos inéditos de Alzira Vargas do Amaral Peixoto 13

Getúlio Vargas, meu pai
Agradecimento 21
Introdução 23
    1. (1923) 25
    2. (1930) 40
    3. (1932) 66
    4. (1933) 97
    5. 27 de novembro de 1935 120
    6. 11 de maio de 1938 147
    7. (1936) 165
    8. (1937) 194
    9. O Plano Cohen e o Estado Novo 239
    10. Os problemas do Estado Novo 288

Escritos inéditos
    À guisa de prefácio 301
    Prefácio — Não é agora 302
    A Revolução de 1930 303

A Intentona Comunista de 1935... 304
Primeira visita de Roosevelt ao Brasil, 1936 310
Nem todos os golpes se parecem, 1937 311
O ano começou bem, 1938... 315
O ataque integralista de 1938 317
Parei para pensar em mim mesma... 321
A camélia que caiu do galho, 1938-39 323
Siderurgia e guerra, 1939 328
Lua de mel e início da guerra, 1939-43... 330
O acidente e a censura, 1941 338
Encontro com Roosevelt, 1941 341
O nacionalismo começa a dar frutos, 1941...................................... 344
Brasil rompe com o Eixo, 1942 345
Primeiro de maio de 1942, Getúlio sofre acidente 347
General durante alguns dias, 1942 352
Três vezes vi meu pai chorar, 1943... 360
Declaração de guerra e criação da LBA, 1942 e 1943 369
Manifesto dos Mineiros, 1943 386
Morte de Roosevelt e fim da guerra, 1945 387
Respondendo "espada com espada", 1945....................................... 390
19 de abril de 1945 — Um peão com a missão de proteger o rei... 393
O golpe militar de 29 de outubro de 1945....................................... 399
História do PTB, 1945 405
15 de outubro de 1948 — Um diálogo na Fazenda do Itu............. 408
Ateus, anticristãos, falsos católicos e comunistas, 1949 412
Era uma vez um "mar de lama", 1950-53... 414
D. Alice, agosto de 1954 423
A reunião ministerial, 1954 428
A candidatura de JK, 1954 435
Diálogos entre Alzira e Café Filho, 1954 437
Eu o fazia esperar.. 438
Um homem só 440

Biografias 443
Cronologia... 489
Notas 501
Índice onomástico 541

Um prefácio, à revelia da autora

Lira Neto

Escrevo este prefácio sabendo que contrario uma vontade expressa da autora. No calhamaço de inéditos que deixou à posteridade, Alzira Vargas advertiu, imperativa: "Este livro [...] não tem prefácio [...] e não o terá". Dona de opiniões inquebrantáveis, a filha predileta do ex-presidente Getúlio Vargas não gostava de ser confrontada. Ouso contrariá-la, ainda que postumamente, após ser convocado para a honrosa tarefa pela guardiã das reminiscências afetivas da família — a historiadora e cientista política Celina Vargas do Amaral Peixoto, filha de Alzira e principal responsável pela reedição deste *Getúlio Vargas, meu pai*. Há alguns anos, quando soube que eu andava bisbilhotando a vida de seu avô para escrever a biografia não autorizada de Getúlio em três volumes, Celina não tentou me procurar e exigir alguma espécie de benevolência com o objeto da pesquisa. Agora, mais uma vez, deixou-me inteiramente à vontade, livre de quaisquer recomendações e cuidados, para que eu assumisse tamanha responsabilidade histórica, a de prefaciar esta obra.

A relação entre biógrafos e herdeiros de biografados é, em geral, conflituosa. Ao decidir escrever sobre a trajetória pública e privada de Getúlio, nunca me preocupei em obter o beneplácito oficial das famílias Vargas ou Dornelles. Sempre entendi que as múltiplas faces dessa controvertida figura histórica chamada Getúlio Dornelles Vargas não são patrimônio particular de seus descendentes, e sim da memória coletiva nacional. Por isso mesmo, meu contato inicial com Celina se deu somente tempos depois de eu já ter escrito o primeiro tomo da biografia [*Getúlio (1882-1930): Dos anos de formação à conquista do poder*], quando fui então gentilmente convidado para tomar um café em seu apartamento, no Rio de Janeiro.

Durante o rápido e agradável encontro, tendo o busto de Getúlio como testemunha de bronze assentada no meio da sala de visitas, Celina Vargas me perguntou sobre a cronologia que seria abarcada pelos capítulos do segundo volume da biografia, então ainda na fase de escrita. Quando lhe respondi que o livro abrangeria o período entre 1930 e 1945, ela reteve de leve a respiração, paralisou a xícara no ar por um lapso de segundo e, só então, levou o café com algum vagar aos lábios, para sorver um minúsculo gole. Feito isso, pousou a xícara na mesa e deixou escapar o comentário lacônico: "O Estado Novo, portanto, estará no segundo tomo...", suspirou.

Ela, que havia acabado de me dizer que concluíra muito bem impressionada a leitura da primeira parte da biografia, ressalvou: "Creio que não irei ler o próximo volume". Explicou-me que temia se ver emocionalmente acareada com o período mais polêmico da história do avô, a ditadura estado-novista, cenário de inúmeras violências cometidas contra os adversários políticos do regime. "Porém, se você não se debruçar sobre essa época, não terá escrito a vida completa de Getúlio Vargas", ponderou. "Como neta, não tenho nada a opor. E, claro, nem poderia fazer isso. O livro é seu."

Naquele exato momento, o Brasil vivia o acirrado debate em torno da liberação das biografias não autorizadas. A atitude elegante de Celina, que interpretei como uma demonstração de extraordinário espírito público e de enorme respeito pela história, impressionou-me de forma significativa. Ao final de nossa conversa, ela me informou sobre a existência de um precioso conjunto de documentos, praticamente ainda inexplorados por historiadores e pesquisadores em geral. Entre eles, os fragmentos manuscritos que Alzira Vargas planejara lançar como continuação do livro de memórias *Getúlio Vargas, meu pai*, lançado originalmente em 1960. Os textos inacabados, até aqui inéditos em seu conjunto e utilizados de forma parcial nos dois volumes finais da biografia *Getúlio*, acompanham a presente reedição da obra.

Nesses escritos, que agora vêm a lume, a autora retoma a narrativa a partir do ponto em que a concluiu no livro original: o início do Estado Novo. Assim como os textos lançados anteriormente, já conhecidos do público, os fragmentos ora adicionados ao livro não obedecem aos necessários rigores da pesquisa histórica. Constituem, ao contrário, o depoimento de uma filha apaixonada pelo pai, o homem poderoso de quem ela foi a principal confidente política e familiar. "Já que cada um contou sua história, também vou contar a minha", escreveu Alzira, assumindo o caráter passional desses textos.

Se falta imparcialidade à autora — a ponto de ela relativizar os horrores do Estado Novo e as contrafações do Departamento de Imprensa e Propaganda (DIP) —, sobram-lhe o protagonismo e o testemunho ocular de detalhes saborosos que só a intimidade e o convívio cotidiano são capazes de proporcionar. O leitor fica sabendo, entre outras tantas confidências, que Getúlio Vargas cultivava uma surdez seletiva, artifício que o fazia evitar conversas ao telefone e, quando em presença de alguém, escutar apenas aquilo que lhe convinha. "Raramente interrompia um interlocutor, a não ser quando o aborrecia. Nesse caso impacientava-se, mudava de assunto ou 'desligava o motor' (era nossa expressão no gabinete), ficava ausente, pensando em outra coisa, até que o ajudante de ordens lhe anunciasse a próxima audiência."

Alzira, nomeada intérprete oficiosa do pai para assuntos relacionados aos Estados Unidos e Inglaterra (Getúlio lia com fluência em francês, espanhol e italiano, mas nunca dominou o inglês), revela-nos que foi recebida pessoalmente no Salão Oval da Casa Branca, por Franklin Delano Roosevelt, para discutir os termos prévios da adesão brasileira aos Aliados durante a Segunda Guerra Mundial. Como assessora mais próxima ao pai, cabia a ela também esquecer de propósito, no fundo de uma gaveta empoeirada, os projetos mais incômodos remetidos ao palácio por correligionários e oportunistas de ocasião. "Põe isso no teu cemitério particular até que eu peça", recomendava-lhe Getúlio.

"Comecei a penetrar nos secretos meandros do mundo político", admite Alzira, no segundo livro. "Sobretudo, a parte mais sigilosa de todos os assuntos", detalha. Minudências de ordem familiar — como o fato de os pais, Getúlio e Darcy, dormirem em quartos separados a partir de certo ponto do casamento — combinam-se a indiscrições picantes da diplomacia internacional. Ao oferecer ao subsecretário de Estado norte-americano Sumner Welles um jantar no cassino Copacabana, Getúlio recomendou que a filha não deixasse faltar à mesa dois ingredientes infalíveis para amolecer os ânimos do ilustre convidado: bebida a rodo e muita mulher bonita.

A luta surda travada no interior do regime entre os germanófilos que queriam apoiar Hitler e os defensores do consórcio com os Estados Unidos também é descrita por Alzira nos trechos deste segundo *Getúlio Vargas, meu pai*. Além disso, em nenhum outro local o leitor vai encontrar tantos pormenores e informações de bastidores sobre o momento crítico em que Getúlio, vítima de um acidente automobilístico, ficou imobilizado numa cama hospitalar instalada no palácio, com um fio cirúrgico de aço atravessado no joelho em frangalhos e arames costurados nos dentes para corrigir uma fratura transversal do maxilar. Com o ditador posto fora de circulação, ingerindo pelo canudinho os alimentos liquidificados pelo mordomo do Catete, a boataria dominou o país. "Espalharam os interessados que papai, devido ao choque, estava inutilizado, que quem governava o país era um triunvirato composto de meu tio Benjamim Vargas, meu marido e eu", conta-nos a autora. "Chegaram a dizer que ele havia morrido, e a família escondia para manter a posição."

O estilo de Alzira Vargas escrever era ágil, sem floreios e brocados. Saboreia-se o livro como se ela estivesse entabulando uma conversa informal com o leitor. Sem travas na língua, a autora reconhece que o próprio pai, muitas vezes, a chamava de "petulante", devido aos modos despachados de abordar assuntos pessoais e políticos. "Não estranhem, por favor, o fato de eu tratar meu pai ora por tu, ora por senhor. Fui educada no senhor, como todas as famílias tradicionais de minha terra. Durante anos jamais ousei falar com meu pai de outra maneira. No entanto, aos poucos, com a petulância característica da idade, à medida que me dava mais importância, mais crédito e mais de sua confiança, comecei a tratá-lo por tu", ilustra.

O Getúlio retratado nessas páginas pode ser surpreendido, a qualquer momento, dando voltas no gabinete, preocupado, imerso em pensamentos silenciosos, as mãos cruzadas atrás das costas, o inseparável charuto fumegando entre os dedos. Em outros momentos, pode ser flagrado fazendo alguma traquinagem de teor quase infantil, escondendo a máquina de escrever da filha debaixo da mesa, espalhando os papéis pelo chão, bagunçando os livros de Alzira e deixando-os sobre os móveis, com as páginas abertas e desmarcadas. "Nunca me ocorrera que aquele homem tranquilo, sereno, sisudo fosse capaz de travessuras desse porte."

A crise desencadeada pelo atentado ao jornalista Carlos Lacerda e a morte do major Rubens Vaz é reconstituída a partir do ponto de vista dos salões do Catete. Mas Alzira não ameniza a carantonha dos integrantes da guarda pessoal do pai, alguns deles envolvidos no episódio. "Sem querer, fui eu quem os batizou, vendo-os chegar cabeludos, malvestidos, ignorantes, mas leais. 'Olha só os 'anjinhos' que o Bejo arrumou!'. O termo 'anjinho' pegou entre nós e logo depois a imprensa apoderou-se da palavra."

A célebre reunião ministerial na madrugada de 23 para 24 de agosto de 1954 — ato que antecederia o trágico desfecho da história de Getúlio — é narrada por Alzira em tom de assumida indignação. "Fiquei ouvindo e olhando as fisionomias em torno da mesa. Havia passividade, ódios recalcados, solidariedade formal e até pena. Em nenhum momento senti entusiasmo ou desejo de luta", conta. Ao ver o pai abandonado por muitos daqueles que antes o apoiavam, Alzira diz ter conhecido ali o sabor amargo e definitivo da traição. Apesar da exaltação contida no texto, em nenhum momento ela adota o tom colérico dos panfletários. "Sinto necessidade de odiar e não posso", lamenta. "O que ele me deixou como herança maior foi o seu coração."

Nas entrelinhas, Alzira reconhece que o pai jamais deixou de lado a formação positivista da juventude, primado filosófico autoritário e personalista que o fazia descrer da política e da democracia representativa, encarnando a figura do líder autocrático, senhor absoluto dos destinos da pátria e do povo. "Eu te considero um dos piores políticos que jamais conheci", teria dito ela, certa vez, a Getúlio. "Não tens paciência para aturar as intriguinhas normais, ficas indócil quando a administração do país é prejudicada pela política e te rebelas contra a burocracia", explicou-lhe.

"Acho que tu tens um pouco de razão", respondeu o pai.

Sobre este volume e a edição dos escritos inéditos de Alzira Vargas do Amaral Peixoto

Clássico da literatura política brasileira, *Getúlio Vargas, meu pai*, de Alzira Vargas do Amaral Peixoto, foi publicado em 1960. Esta é sua segunda edição comercial. Um sucesso à época, a narrativa começa com a participação de Getúlio Vargas na Revolução de 1923, no estado do Rio Grande do Sul. A escolha do episódio é justificada pela própria autora: "Tomei conhecimento da existência de meu pai em começos de 1923, quando o perdi pela primeira vez. Até então ele pouco representava para mim". Alzira encerra *Getúlio Vargas, meu pai* com os eventos que resultaram na instauração do Estado Novo e, posteriormente, começa a escrever uma continuação, que nunca terminou. Os escritos inéditos agora publicados são as anotações que ela fez para este novo livro. Portanto, são textos inacabados, produzidos entre as décadas de 1980 e 1990. Depois de seu falecimento, esses manuscritos foram doados por Celina Vargas do Amaral Peixoto, sua filha, ao Centro de Pesquisa e Documentação de História Contemporânea do Brasil da Fundação Getulio Vargas (CPDOC/FGV) e estão lá depositados e disponíveis ao público.

Para uma melhor compreensão do leitor, os escritos inéditos de Alzira, publicados na segunda parte deste livro, passaram por um processo de edição, que partiu dos originais escritos à mão. Dadas algumas características desses escritos, a edição teve que enfrentar algumas questões.

Nem sempre Alzira respeitou a ordem dos acontecimentos; por esse motivo, foi estabelecida uma nova ordem para os capítulos (cronológica). Ela, em geral, escrevia sobre o mesmo assunto várias vezes; alguns capítulos têm até três versões, produzidas em momentos diferentes. O fato de essas versões serem extremamente coerentes entre si tornou possível a decisão de suprimirmos as repetições e mesclarmos os textos para oferecer ao leitor o máximo de informação possível — o que foi feito sempre que não houvesse prejuízo da narrativa e/ou do estilo da autora. Quando havia informações divergentes sobre um mesmo evento, optou-se pela versão aparentemente mais bem-acabada, porém os trechos cortados foram reproduzidos em notas explicativas.

Outra mudança com relação ao manuscrito de Alzira diz respeito aos títulos dos capítulos que, em alguns casos, foram renomeados. Celina Vargas do Amaral Peixoto e Francisco Reynaldo de Barros se debruçaram sobre os originais na tentativa de oferecer ao leitor títulos que resumissem mais adequadamente a ideia de cada texto. Portanto, alguns títulos foram mantidos e outros criados levando-se em conta o assunto a que se referiam.

Ainda sobre os escritos inéditos, Alzira se referia, na maior parte das vezes, aos nomes de pessoas, lugares ou instituições por suas iniciais. Optamos por grafá-las por extenso. Foram corrigidos também eventuais erros de pontuação, gramática ou ortografia. E sempre que há interferência direta no texto original, foi usado o recurso do colchete ou do parêntese. Aqui vale uma pequena explicação sobre *Getúlio Vargas, meu pai*: nele, a estrutura do texto foi mantida, ainda que algumas expressões ou palavras usadas por Alzira estejam atualmente em desuso ou tenham perdido seu significado original. Nos casos em que se imaginou que isso atrapalharia a compreensão, foi criada uma nota explicativa.

A propósito, as notas dos dois livros foram reunidas no final deste volume, divididas por capítulos. Celina Vargas do Amaral Peixoto e Francisco Reynaldo de Barros já tinham criado notas explicativas sobre as personalidades — ou o contexto histórico — citadas por Alzira para uma edição não comercial de *Getúlio Vargas, meu pai* produzida pelo Instituto Estadual do Livro do Rio Grande do Sul em 2005. A presente edição preservou essas notas, que foram acrescidas de outras, feitas agora com a colaboração de Érico Melo. Novas notas foram produzidas para os escritos inéditos e, em ambos os livros, as notas originais de Alzira foram mantidas.

As notas que traziam biografias das pessoas citadas passaram para uma lista no final do livro, para facilitar a consulta do leitor, já que muitos personagens aparecem várias vezes no decorrer dos dois textos. Esse material foi ampliado por Érico Melo para abarcar as personalidades presentes nos escritos inéditos. Por fim, foi criado um só índice onomástico que engloba os nomes citados nos dois textos.

Originalmente, em *Getúlio Vargas, meu pai* havia um apêndice com alguns documentos, tais como a lista de nomes da comissão que elaborou o anteprojeto de Constituição apresentado à Constituinte em 15 de novembro de 1933 ou a relação dos interventores e governadores nas várias unidades da Federação de 1930 e 1937. Decidiu-se suprimir esse material, que ficou sem propósito depois da inclusão das notas e biografias.

Finalmente, algumas das fotos que ilustram este livro foram gentilmente cedidas por Celina Vargas do Amaral Peixoto de seu acervo pessoal, com documentação pertencente às famílias Sarmanho e Vargas. As restantes fazem parte do acervo depositado no CPDOC/FGV e foram selecionadas graças à preciosa ajuda de Regina da Luz Moreira e de Adelina Maria Alves Novaes e Cruz.

Os editores

Getúlio Vargas, meu pai

Getúlio Vargas da Costa Gama
Cândida Darci Vargas
Edith Maria Vargas da Costa Gama
Celina Vargas do Amaral Peixoto
Yara Maria Tavares Vargas
Getúlio Dornelles Vargas

Dedico este livro a vocês, e por intermédio de vocês a todos os jovens brasileiros que nasceram sob a proteção do nome de Getúlio Vargas, e não o conheceram suficientemente para poder compreendê-lo, julgá-lo e apreciá-lo.

Ele foi um homem excepcional que, tendo vivido todas as angústias da adolescência de um povo, se conservou sempre jovem e morreu em plena juventude espiritual, deixando um exemplo insuperável dentro da História do Brasil.

Tenho lido e ouvido todas as lendas que são contadas, algumas verdadeiras, muitas inventadas, outras fantásticas, a respeito de um homem que todos discutem e poucos entenderam.

Vocês que carregam nas veias o sangue desse homem, derramado voluntariamente para salvar o Brasil de um mal maior, sangue que é um ônus e uma glória; vocês que deverão enfrentar a História amanhã; vocês que deverão explicar o inexplicável; vocês que deverão ser ora endeusados, ora menosprezados por causa *dessa honra e desse ônus, devem aprender e entender sua grande lição de patriotismo, a maior herança que ele poderia deixar a vocês.*

Nem um só de seus atos em toda sua vida pública é motivo de desdouro, de vergonha ou de humilhação para qualquer de seus descendentes. Mas tampouco nos dá o direito de vivermos do fruto de seu esforço.

Em 1947 plantou na Fazenda do Itu inúmeras árvores que só darão frutos dentro de vários anos. Ouvi-o muitas vezes dizer como explicação: "Isto não é para mim, não verei estas plantas crescidas. Tudo isto é para meus netos".

Aproveitem da sombra que ele lhes deixou, saboreiem as frutas das árvores que ele plantou, mas não as deixem morrer; nem esqueçam de as replantar para que outros as colham também.

Orgulhem-se dele, mas não percam o sentido da obra que ele começou para vocês.

Agradecimento

Este livro não tem prefácio. Foi escrito com o sangue de minhas veias, com as lágrimas que ainda me sobravam e com um resto, um rebotalho, de energia nervosa que por algum motivo foi poupado. Não merece um prefácio. Não deve ter um prefácio e não o terá.

Em vez de um prefácio, vários agradecimentos. O primeiro a alguém que me obrigou a secar os olhos; a segurar a pena, ainda que com mão trêmula e indecisa; que me forçou a ser forte; que não poupou minha angústia, não teve dó de minhas noites insones e acicatou ao máximo, quase ao paroxismo, o dever de cumprir com o meu dever.

Obrigada, doutor.

Depois? Depois, depois tanta gente me ajudou, tanta gente me estimulou, tanta gente me encorajou, tanta gente susteve e manteve sem interesse algum minha coragem periclitante que eu não saberia por quem nem onde começar.

Pelos médicos que me mantiveram viva quase que à força? Por aqueles que me incentivaram, mesmo que reconhecendo a mediocridade do trabalho? Por aqueles que, sem alarde, corrigiram meus pecados gramaticais? Por aqueles que me censuraram e moderaram meus arroubos político-sentimentais? Ou por quem apenas por amor gastou seus dedos, seus olhos e suas horas de lazer para me ajudar?

Não sei. E como não sei, a vocês todos, que sabem que eu sei e que ainda não aprendi a esquecer, que mais posso dizer senão:

Obrigada.

Introdução

Era uma vez um homem só...
Não vos preocupeis, senhores!
Este não é o livro esperado.
A história das grandes pequenezas e das pequenas grandezas que se cometeram durante um "curto período" da vida brasileira, examinada à luz de documentos. Esse, alguém o fará um dia se a coragem me faltar.
Este é, apenas, o livro de minha saudade.

Era uma vez um homem só.
Era uma vez um menino chamado Getúlio Dornelles Vargas.
Era uma vez um jovem, tentando fugir de um destino.
Era uma vez um homem, a quem o destino dominou.

Era uma vez...
Era assim que começavam as histórias para crianças, no meu tempo.
Mas esta não é história para crianças, somente.
É uma história para gente grande, gente muito grande mesmo.

Era uma vez...
Um menino nasceu a 19 de abril,
Dia do Santo dos Impossíveis, Santo Expedito.

Em que ano não importa.
Todos sabem.

Seu pai, um guerreiro, um fazendeiro, um lutador.
Sua mãe, filha de fazendeiros, mulher de um lutador, lutadora ela própria.
Que mais?
Era o terceiro filho em uma família de cinco varões:
Viriato, Protásio, Getúlio, Spartacus e Benjamim.

Era uma vez um homem só,
Tão só que, podendo partir cercado de amigos,
Preferiu partir sozinho.

Era uma vez um homem só
Que morreu como pouca gente morre.

1
(1923)

Tomei conhecimento da existência de meu pai em começos de 1923, quando o perdi pela primeira vez. Até então ele pouco representava para mim. Nossa vida girava toda em torno de mamãe.[1] Era ela quem decidia sobre colégios, roupas, castigos e prêmios. Somente quando cansava de lutar contra nossa insubordinação, dizia a frase mágica que restabelecia a ordem: "Eu conto a seu pai". Se queria fazer alguma concessão extra, sem perder a autoridade, propunha: "Vou consultar seu pai". Quando as pretensões não eram de seu agrado, vinha a bomba: "Perguntem a seu pai, se ele deixar...". Água na fervura! Mamãe sabia que não nos atrevíamos a perturbá-lo. Ele estava sempre lendo, estudando processos, recebendo constituintes e eleitores ou então viajando pelos municípios vizinhos[2] para defender uma causa. Nós o admirávamos e o respeitávamos à distância, e seu gabinete era tabu para nós.

Por isso, naquele entardecer do ano de 1923,[3] estremeci ao olhar aquele homem diferente que nos esperava para se despedir. Trajava farda de mescla azul, com talim e botas pretas, galões de coronel. Um revólver negro à cintura, um chapéu de abas largas e uma capa enorme sobre os ombros tornavam-no ainda mais estranho. Era meu pai e envergava o uniforme da Briosa, como era conhecida em todo o estado a Brigada Militar do Rio Grande do Sul.

Ia comandar o 7º Corpo Auxiliar Provisório,[4] composto quase todo de gente de São Borja, para defender os ideais de seu partido, numa revolução que havia tido um começo, mas parecia não ter fim. Chegou minha vez, o terceiro dos seus "pinguins", como costumava nos chamar.[5] Senti a leve carícia de seu bigode preto no meu rosto. Assustada, olhei-o com interesse pela primeira vez. Curioso, nunca havia notado que meu pai era bonito: uma basta cabeleira negra ligeiramente ondulada, um olhar bondoso, nada parecido com aquele que tanto temíamos quando ousávamos perturbar suas meditações, e um sorriso claro e alegre como para nos tranquilizar e evitar lágrimas.

A atmosfera na cidade era tensa. Em quase todos os lares havia angústia. Todos os homens válidos estavam combatendo. Entendi o significado de sua partida e pensei comigo mesma: "Será que nunca mais vou ver meu pai, logo agora que descobri que gosto dele?".

Parece uma fatalidade. Os grandes acontecimentos de sua vida, aqueles que mais gravados ficaram em minha memória de criança, de adolescente e de mulher, deixaram-me sempre a impressão de que o perdia, de que ele nos deixava, de que ele partia.

Um dia partiu para sempre...
Hoje, apenas recordo...

Olhei para trás pela primeira vez, nesse dia, quando o perdi pela primeira vez.

Comecei a observar em torno de mim e a fazer perguntas. Por que havia desespero e ódio em tantas fisionomias? Por que não podia cumprimentar certas pessoas? Por que janelas se fechavam silenciosamente e outras se abriam ostensivamente? Por que não podia usar vestidos de cor vermelha? Por que uma cidade pequena como São Borja se dava ao luxo de possuir dois clubes sociais? Por que só podíamos entrar em um e devíamos virar o rosto quando éramos obrigados a passar em frente ao outro? Por que somente uma parte da família de minha avó, do ramo Dornelles, tinha relações conosco?[6] Por quê?

Aos poucos, o quadro se foi formando. Era pintado em três cores apenas: verde, vermelho e amarelo, as cores farroupilhas. O Rio Grande nascera *peleando*. Lutara para ser brasileiro, lutara para se conservar brasileiro e lutará sempre para que o Brasil continue a ser Brasil.

O gaúcho pintara com o vermelho de seu sangue as verdes coxilhas dos pampas e sobre elas o sol derrama todos os dias novas fontes de vida. É essa a bandeira de minha terra: solo, sangue e sol.

Aqueles homens endurecidos pelas lutas, cujo lar era o lombo do cavalo, legaram-nos uma herança pesada. Ódios recalcados, malquerenças às vezes infantis, o culto à coragem e ao estoicismo, o hábito da solidão e, sobretudo, a angústia muda de nossas mães e avós fizeram do gaúcho um ser inquieto, ensimesmado e orgulhoso. Nascera para herói, era preciso continuar. Adquiriu o hábito de resolver pelas armas todos os seus problemas. Questões de família, de herança, de política, de honra eram decididas à bala. Daí para as lutas fratricidas faltava pouco.

Através de relatos ouvidos de meu avô, de meus tios e por minhas próprias observações, fui reconstituindo a infância e a adolescência de meu pai.

Havia sido travesso como todas as crianças. Dera a seus pais as mesmas preocupações que todos os meninos dão.

Havia sorvido dos lábios de seu pai todas as reminiscências dos combates e entreveros em que tomara parte. O velho Vargas entrara como cabo, o cabo Vargas, e saíra general.[7]

Havia lido nos olhos de sua mãe[8] todo o silencioso drama cotidiano, denominador comum das mulheres gaúchas daquela época.

Havia sabido, através do relato pitoresco dos peões da estância, quantas vezes tinham sido devastados e despovoados os campos de Santos Reis,[9] seu paraíso de então, devido às contínuas invasões das tropas inimigas e amigas. Se eram inimigas, não deixavam pedra sobre pedra; se eram amigas, o uso do campo, o gado que comiam e os cavalos que levavam para preencher os claros entravam para a conta-corrente dos serviços prestados à causa.

Havia sido marcado pelo *minuano* que lhe soprava aos ouvidos as lendas e as tradições do Rio Grande, durante suas longas galopadas solitárias.

Acalentava um sonho: ser militar como o pai. Para isso, necessitava obter matrícula na Escola Preparatória e de Tática, com sede em Rio Pardo. Requereu inscrição. No entanto, o meio mais fácil e rápido era sentar praça no Exército, pois os soldados tinham uma certa prioridade sobre os paisanos, e as vagas eram poucas.[10]

Sempre me pareceu estranho ouvir, anos mais tarde, dizerem que papai era de índole calma e serena, o homem que sabia esperar. Saber, ele o sabia, mas não gostava. Aprendeu a controlar seu temperamento impaciente, ardoroso, quase intempestivo, nas lides da própria experiência. A pressa interior que o dominava transparecia de vez em quando em seus atos. Sua entrada para o Exército como praça de pré, somente porque não quis esperar em casa pela chamada que viria a seu tempo, foi a primeira manifestação expressa de sua ânsia, da urgência que o impelia.

Foi classificado no 6º Batalhão de Infantaria, sediado em São Borja.

Sofreu como soldado. Ser soldado, naquela época, representava quase um castigo. Os rebeldes — desajustados, como se diria hoje — é que sentavam praça. Sem o ser, resolveu enfrentar essa vida. Seus pais não se opuseram, pois o jovem Getúlio já carregava em seu coração de adolescente a primeira cicatriz. Fora mandado, menino ainda, em 1897,[11] estudar para os preparatórios na afamada Escola de Ouro Preto,[12] onde estavam seus dois irmãos Viriato e Protásio, bastante mais velhos do que ele.[13]

Pouco se demorou. Um conflito entre estudantes, motivado por exaltações de juventude fogosa e irresponsável, provocou a morte de um deles.[14] Os três Vargas foram chamados de volta. Cada um seguiu seu rumo. Viriato, inquieto e imaginativo, era o predileto de minha avó. Foi tudo na vida: militar, advogado, político, estancieiro, funcionário público e jornalista. Protásio, patriarcal, dogmático, com ressaibos de positivismo, formou-se em engenharia. É hoje o proprietário da estância de Santos Reis. Getúlio continuou seus estudos em São Borja mesmo, até atingir a idade de ser soldado. Com apenas catorze anos, não havia tomado parte na luta de Ouro Preto.[15]

Recebia do destino a primeira chicotada.

Voltou traumatizado para casa e decidido a escolher seu próprio caminho numa vã tentativa de fugir ao fado que pacientemente o aguardava.

A histórica cidade mineira havia entrado em seu coração. Fora o marco de sua primeira ilusão desfeita e o primeiro embate com a realidade. Conservou por ela um carinho especial, sem esquecer o episódio que transformara sua vida de estudante e frustrara suas aspirações juvenis.

As contradições de sua vida tinham-se apenas iniciado. Getúlio teve tudo o que um homem, o mais ambicioso, pode desejar; jamais conseguiu realizar seus próprios anseios. As portas em que batia permaneciam quase sempre fechadas e as que não buscava abriam-se convidativamente de par em par.

Em geral, o estágio como soldado, para ingressar na Escola de Rio Pardo, era curto. O dele foi longo. Contratempo ou contradição? Já estava prestes a terminar o tempo regulamentar quando conseguiu ser admitido.

Não chegou a concluir o curso. A 15 de maio de 1902 foi desligado da Escola. Novamente pagava pelo que não havia feito. Outra contradição. Teria começado a entender que não se luta contra o destino?

Uma insurreição provocada por alguns cadetes, insatisfeitos com o tratamento que lhes dava determinado oficial, foi o motivo do desligamento. A rebelião era justa, mas militar não tem o direito de se rebelar. É indisciplina. Aberto inquérito e identificados os autores, foram todos desligados da Escola. Era medida regulamentar para o caso. Papai pertencia a outro alojamento, não tomara parte no movimento e seu nome não fora sequer citado nas averiguações. No entanto, solidário com seus colegas, pediu que lhe fosse imposta a mesma punição: desligamento. Foi prontamente atendido. Por força de lei, devia voltar à tropa e terminar seu tempo. Voltava a ser soldado: soldado raso.

Designado para servir em Porto Alegre, no 25º Batalhão de Infantaria, resolveu estudar direito. Matriculou-se, como ouvinte, na faculdade, enquanto se preparava para o exame vestibular. Algum tempo depois, uma anistia geral permitiu a volta dos insurretos de 1902 à Escola Preparatória e de Tática. Muitos regressaram, e muitos deles, anos depois, foram feitos generais pela mão daquele soldado raso que estudava à noite para ser bacharel.

Rio Pardo ficara definitivamente para trás. Não seria mais militar, pensava ele. Puro engano. Seu pedido de baixa estava prestes a ser deferido quando surge a famosa questão do Acre, entre o Brasil e a Bolívia. Não titubeou. Conseguiu, com dificuldade, impedir o andamento de seu requerimento e se apresentou ao comandante de seu Batalhão. O 25º Batalhão de Infantaria recebera ordens de marchar para Mato Grosso, aquartelar em Corumbá e defender a fronteira do Brasil.

Cancelou sua matrícula na faculdade e seguiu, já então sargento, com seus companheiros de caserna.

De lá, escreveu a um amigo uma carta cheia de melancolia, decepção e saudades. Amando conscientemente sua Pátria, sentimento amadurecido pelas continuadas escaramuças de fronteira, o velho sonho da infância reaparecera. Queria voltar herói como o pai ou derramar todo o seu sangue em luta gloriosa. Só encontrou marasmo, desordem e indisciplina e regressou com mais uma ilusão desfeita.

Disse-me um dia: "Foi lá que aprendi a conhecer os homens... Nos momentos difíceis e de incerteza é que podemos senti-los melhor". Somente muito mais tarde pude compreender toda a amargura de suas palavras.

O guerreiro que morava nele recebera o golpe final. Das cinzas nascia o lutador pacífico e perseverante.

Com a entrada para a faculdade de direito começaram para ele os dias de boemia, de estudantadas, da falta de dinheiro, da pensão de seu Medeiros, ou República Infernal. Contou-me vários episódios dessa época. O predileto era o do cozinheiro da República. Como sempre os estudantes estivessem atrasados nos pagamentos, havia uma vítima escalada para no fim do mês parlamentar com o mestre-cuca. Este, finalmente farto de palavras e faminto de metal sonante, perdeu a paciência e explodiu: "De conselhos já estou cheio, seu doutor; minha mãe já mos deu quando eu era pequeno. Preciso é de *fundamentos*".[16] Fez o gesto característico de quem precisa de dinheiro, mais eloquente que quaisquer palavras, e lhe deu as costas.

Várias vezes depois ouvi papai citar este episódio quando lhe faziam sugestões para empreendimentos mais suntuosos que necessários para o país e repetir: "Eu também, como o seu Medeiros, preciso é de fundamentos".

Vieram para ele a seguir as primeiras campanhas políticas, os primeiros amores, a formação de sua cultura clássica, os primeiros discursos de fôlego e sua revelação como líder nato, sem que o buscasse, como numa predestinação.

Por uma série de coincidências fortuitas, todos esses dados, seus papéis e documentos aos poucos foram se aproximando de mim, passaram diante de meus olhos, ao alcance de meus ouvidos, ficaram em minhas mãos, ficaram dentro de mim, doendo dentro de mim, sem que intencionalmente tampouco eu os buscasse.

Em 1907 começou no Rio Grande do Sul a campanha para a sucessão presidencial do estado. Eram dois os candidatos: Carlos Barbosa Gonçalves e Fernando Abbott.[17] O primeiro representava a corrente castilhista pura. Júlio de Castilhos era o ídolo dos moradores da República Infernal, e assim eles decidiram entrar na campanha de peito aberto. Fundaram um jornal: *O Debate*.[18] Getúlio Vargas era um dos redatores. Escrevia os artigos políticos e, por diletantismo, tornou-se o *perfilista* do jornal, gênero então em voga. Passaram sob o crivo de sua análise quase todos os colegas de turma e de pensão: Firmino Paim Filho, Alziro Marino, Leonardo Truda, Rodolfo Simchk,[19] Manuel Duarte e tantos e tantos outros. Um deles me contou curioso episódio ocorrido durante essa famosa campanha. Pedro Moacyr, o grande polemista, um dos maiores oradores de seu tempo, pretendia com um único comício, em Porto Alegre, eleger Abbott. Os castilhistas receberam instruções para perturbar e impedir, se possível, a realização do comício monstro da praça Duque de

Caxias.[20] O grupo de *O Debate* se reuniu para tentar cumprir a missão. Inútil argumentar com o orador: ainda estavam muito *verdes* para tal empreitada. Inútil tentar dissolver com palavras ou ameaças o povo que se aglomerava, atraído pela fama do tribuno. Súbito, ouve-se um tiro. Fora dado de maneira a não fazer vítimas, mas o pânico se estabeleceu e o famoso orador ficou sem auditório em poucos minutos.

Estava acabado o comício.

Quem me contou este fato pediu com certa malícia que eu perguntasse a papai qual deles fora o autor do disparo. Ousei perguntar, só eu sei como. Olhou-me feio, por cima dos óculos, enquanto assinava um decreto, e falou: "Era o único meio de dissolver o comício". Não consegui arrancar-lhe mais nada nesse dia, nem depois. Fiquei com sérias desconfianças e ainda as mantenho porque fugia sempre ao assunto com grande habilidade. Jamais confessou que fosse ele o desordeiro; tampouco revelou qualquer outro nome. Não se acusou, mas não acusou ninguém. Poderia ser um pacto entre eles; poderia ser que aquele que me fez a insinuação desejasse verificar somente se papai era capaz de manter um segredo. Por isso não insisti mais. *In dubio, pro reo.* É possível que tenha sido ele e é possível que tenha sido apenas discreto. O que tinha de ser feito fora feito.

Encontrei em seu arquivo os exemplares de *O Debate* encadernados. Encontrei a revista *Pantum*[21] onde escrevera um fundamentado artigo sobre Émile Zola. Tinha como subtítulo: *Renouveler ou périr* (Renovar-se ou perecer).

Seria este o lema da sua vida? O daquela que iniciava e que o levaria ao fim?[22]

Encontrei depois, em recortes de jornais, um resumo da oração feita por ele ao presidente Afonso Pena,[23] com comentários laudatórios de vários jornais. Só não consegui encontrar o texto de seu discurso de formatura.[24] Notícias vagas do acontecimento não satisfaziam minha curiosidade, despertada e alimentada por alguns de seus colegas de turma, que recordavam em minha presença certas passagens e o tema geral que abordara. Perguntei a papai, em reiteradas ocasiões, onde o guardava e por que não fora publicado. Por cansaço, ou porque estivesse em maré de confidências, contou-me a história toda.

Eleito orador da turma, começara a tomar notas, apontamentos e a fazer um rascunho para o discurso. Saíra um alentado trabalho meio iconoclasta, ao sabor da época, onde tudo refletia as desilusões e as esperanças dos moços de sua geração. A data prevista para a colação de grau dava-lhe tempo de sobra para coordenar o texto e fazer uma revisão final. Não se apressou. Por um motivo qualquer, a cerimônia foi antecipada de vários dias. Não havia mais tempo. O pânico se instalou na República Infernal. Todos os seus colegas e amigos passaram a noite em claro ajudando-o a copiar as notas e a passar a limpo o discurso. Até Leonardo Truda, o brilhante boêmio da turma, trabalhou. Foi um verdadeiro mutirão que resultou numa colcha de retalhos. Cada página ostentava uma caligrafia diferente. Ouvido e aplaudido, o novo bacharel, ao descer da tribuna, foi solicitado pela imprensa a entregar o raro original para ser publicado no dia seguinte, juntamente com o do paraninfo. Alegando estar eivado de incorreções, guardou-o cuidadosamente no bolso e prometeu entregar assim que a revisão estivesse pronta. Era grande demais e ficou com preguiça. *A Federação*,[25] que noticiara o acontecimento, dando-lhe grande destaque, visto ser o órgão oficial de seu partido, o Partido Republicano, anunciou a próxima publicação de "brilhante oração proferida pelo acadêmico Getúlio Vargas, nosso prestigioso correligionário". Esquivou-se ainda algumas vezes dos que o procuraram e depois deixou o assunto cair no esquecimento. Terminou para mim: "E agora não pode mais ser lido, quanto mais publicado. Houve a guerra, os tempos mudaram e eu mudei. Nunca fiz versos, mas esse discurso é um 'pecado de juventude' maior que um livro de poesias". Perguntei que destino lhe havia dado, pois gostaria de o ler. Respondeu que não lembrava se o perdera ou destruíra. Fiquei triste, mas esqueci.

　Muito tempo depois, o desconchavado manuscrito em papel almaço apareceu e caiu em minhas mãos. Triunfante, entrei em seu gabinete com ar de desafio, carregando o precioso achado. Papai ficou espantado e curioso por saber como e onde havia sido encontrado, pois se convencera de que o havia rasgado. Contei-lhe a verdade, lembrando meus direitos de posse.

　Um de seus biógrafos fora ao Rio Grande do Sul em busca de dados. Entrevistara vários colegas e contemporâneos, descobrira vários documentos ainda inéditos, entre eles o discurso de formatura, e viera conversar comigo para que lhe desse mais informações necessárias à forma definitiva de seu livro. Deu-me os originais do discurso, em troca. "Lembrando a nossa conversa", acrescentei, "tive a cautela de perguntar se existia alguma cópia em seu poder e ele me afirmou que não. Portanto, excelência, esta preciosidade agora me pertence." Fazendo uma solene reverência, passei-lhe as dez primeiras páginas que eram escritas por ele próprio e cautelosamente guardei as outras. Papai ouvira quieto todo o relato com o olhar atento e um sorriso distante, de quem está a recordar. Impacientou-se com minha bravata final: "Deixa-me ver tudo", disse, estendendo a mão para que lhe entregasse o resto. Receosa de que o quisesse destruir, pulei da cadeira e o escondi atrás das costas. Só o lera superficialmente, na ânsia de cantar vitória, e me recusava a entregar. Papai, quando perdia a paciência, o que era raro, não gostava de brincadeiras. Tive de capitular, não sem antes pedir que não rasgasse o manuscrito, pois me pertencia. Nem respondeu. Durante alguns minutos ficou a reconhecer a caligrafia de cada um de seus amigos, fazendo comentários, já agora de bom humor. Depois, rapidamente, sem me dar tempo para protestar, levantou-se, abriu um cofre de madeira que ficava em frente à sua mesa, guardou o discurso e fechou o cofre. Como desculpa me disse: "Quero reler com calma". Nunca mais vi meu manuscrito. Em vão o procurei.[26]

Quando comecei a me interessar por literatura séria, fui dar uma batida na biblioteca[27] de papai. Verifiquei que os livros haviam sido postos nas prateleiras a esmo, por ordem de altura e cor, por algum contínuo esteta. Muitos estavam estragados pelo cupim, os mais preciosos sem capa. Havia clássicos gregos e romanos e coleções completas dos grandes autores antigos e modernos. Todos traziam sua assinatura e a data da aquisição. Não variava: de 1905 a 1907. Com memória invejável, sabia de cor trechos inteiros de seus prediletos.

Só vim a descobrir seus primeiros amores em 1948. Estava passando uns dias com ele na estância do Itu.[28] Chovia torrencialmente. A estrada se tornara intransitável e o campo de pouso inacessível aos aviões. Nenhuma perspectiva de visitas amigas ou apenas interesseiras, portanto. Eram duas horas da tarde e papai dormia sua sesta. Fiquei sozinha dentro de casa. Não estava com vontade de ler, não podia sair e não queria dormir. Resolvi bisbilhotar. Num quarto de depósito, do qual só ele e eu tínhamos a chave, encontrei um baú velho, caindo aos pedaços, com tampa solta. Sentei-me no chão e comecei a verificar o que continha para pôr em ordem. Em cima, várias fotografias antigas, recortes de jornais anteriores a 1922, notas, recibos, um velho caderno de contabilidade, tudo trabalhado a capricho pelas traças. Depois de remexer muito, encontrei, bem embaixo, uma porção de cartas. Esqueci o relógio, engolfada na leitura da preciosa correspondência. Não sei quanto tempo passei assim distraída, sem ver que a chuva havia amainado e um esboço de sol aparecera.

Ouvi a voz de papai a perguntar por mim entre zangado e aflito. Ninguém sabia onde eu estava. Hesitei um pouco, com medo de que não lhe agradasse minha excessiva curiosidade, mas achei melhor enfrentar a situação. Gritei para que me localizasse: "Estou aqui no depósito. Vem ver o que encontrei". Só então me lembrei de que chão não é cadeira, e percebi que minhas costas doíam e as pernas estavam dormentes. Intrigado, papai perguntou: "Que é isso? Que estás fazendo aí, lendo no escuro?". Tive de queimar as velas do navio para salvar meu tesouro. "Sim, senhor, seu d. João![29] Até encontrares mamãe, quantas namoradas tiveste?" Sorriu um pouco envaidecido e quis pegar o maço que ainda estava no baú. Ressabiada da experiência anterior, recusei taxativamente: "Eu leio para ti, mas estas não entrego. Não arrisco mais". Vencido pela curiosidade, parlamentou: "Traz então para a varanda onde está mais claro. Quero ver também. Nem sabia que isso tinha vindo parar aqui. Deve haver muito papel inútil misturado". Acedi, mas pus o maço fora do alcance de sua mão. À medida que abria os envelopes amarelecidos pelo tempo, ia separando por data. Quando o papel não me interessava, eu lhe dava o prazer de o manusear, recordando, algumas vezes em voz alta, velhas notas que só para ele tinham história: um constituinte que defendera de graça; os casos mais difíceis de sua vida de advogado. E as histórias foram desfilando... Com as cartas, eu agia de maneira diversa. Eram, na maioria, escritas por colegas, companheiros de pensão ou de campanhas políticas: Maurício Cardoso, João Neves da Fontoura, Firmino Paim Filho, Manuel Duarte, Sérgio Ulrich de Oliveira, Jacinto Godoy e vários outros, datadas de 1905 a 1909. Tratavam de assuntos sérios, advocacia, política, projetos para o futuro. No final, havia sempre uma pergunta, um recado ou uma informação de outro gênero. Usavam uma espécie de código: "a dama de vermelho perguntou por ti" ou "estou triste" ou "a Dulcineia partiu com os pais para a estância".

Às vezes pedia uma ou outra para ler ele mesmo. Eu entregava, mas ficava atenta as suas mãos. Ao menor sinal de perigo, eu o lembrava da promessa. Devolvia rindo e contava, sem citar nomes, como haviam começado e acabado os romances. Era supérflua sua discrição, pois eu não poderia conhecer nenhuma das heroínas. Muitas nem mesmo eram mais deste mundo.

De 1910 até 1923 as cartas eram de outro teor. Quase todos os missivistas estavam casados. Trocavam notícias domésticas, participavam o nascimento de mais um filho, descreviam as causas que haviam defendido com maior ou menor êxito, transmitiam advertências, conselhos, informações; comentavam a vida política do estado e a inquietação que a Guerra de 1914 trazia para o mundo.

À medida que as cartas desfilavam ante nossos olhos, as recordações de papai iam fornecendo material para reconstituir sua vida até 1922.

Em 1909,[30] com o diploma de bacharel debaixo do braço, ficara algum tempo indeciso. Desejava voltar para sua terra natal, mas São Borja não comportava mais de um bom advogado. Ele não era ainda nem advogado, quanto mais bom! Precisava adquirir experiência. A magistratura não o atraía. Duas oportunidades lhe foram oferecidas em Porto Alegre.

O professor André da Rocha, que o estimava e apreciava suas qualidades inatas para o magistério, queria que pleiteasse uma cátedra na própria faculdade, de onde acabara de sair. O presidente do estado lhe havia prometido uma promotoria em reconhecimento aos serviços já prestados ao partido.

Preferiu ser promotor, cargo que lhe daria melhores oportunidades para conhecer os meandros e pequenos truques da carreira que realmente desejava seguir: advogado.

Em uma das primeiras atuações que teve no cargo deveria acusar um operário preso por assassinato. Constava dos autos do processo que este, de regresso à casa, vindo do trabalho, fora agredido por um desconhecido e, ao se defender, causara-lhe a morte. O advogado de defesa, sabedor de que seu adversário seria um inexperiente promotor, empilhara ostensivamente um monte de livros como a dizer: "Vou dar uma sova nesse promotorzinho". Papai nada levava. Calmamente resumiu o caso. O operário carregava, na ocasião, sob o braço a marmita vazia e no bolso um formão. Agredido, usara para se defender a única arma que possuía, um formão, seu instrumento de trabalho. Não era, portanto, um criminoso. Agira em legítima defesa e o acusador pedia a absolvição do réu.

A promotoria durou pouco. A querência o chamava de volta e o coração também. Já havia posto os olhos na filha mais moça de um dos grandes amigos de seu pai, Antônio Sarmanho, estancieiro e comerciante em São Borja. Órfã de mãe aos catorze anos, toda vestida de negro, os longos cabelos castanhos penteados em coque, a jovem Darcy aparentava muito mais idade do que os escassos quinze anos com que desposou meu pai. Não conheci minha avó Alzira Lima Sarmanho, de quem herdei apenas o nome, não seus cabelos vermelhos nem sua contagiante alegria. Papai esperou que mamãe completasse os quinze anos exigidos por lei para casarem. Ele contava quase 28.[31]

Continuávamos a ler cartas, e a tarde ia passando rápido. Começava a escurecer quando dei um grito: "Que é isto, papai? Nem artista de cinema te escapou? E depois de casado?". Era um cartão-postal, colorido, com o retrato da estrela italiana Pina Menichelli, contendo sugestiva dedicatória. Papai riu com vontade: "Foi uma molecagem do Sérgio de Oliveira para irritar tua mãe. Em São Borja ainda não havia cinema e ela acreditou. Custei a convencê-la de que se tratava de uma brincadeira. Agora ela não gosta que se fale nesse assunto". E continuou bem-humorado: "Outro fato que me proibiu de comentar, além desse. Depois do noivado, quando voltei a Porto Alegre, o presente que me pediu foi um *Almanaque do Tico-Tico*".[32]

Vovô Vargas tinha por papai um carinho particular. Era com orgulho que dizia: "O Getúlio foi o filho que deu menos trabalho quando rapaz". Papai, para casar, de seu tinha apenas o futuro promissor da carreira de advogado e dois meses de subsídio por ano, período em que funcionava a Assembleia dos Representantes do Rio Grande do Sul, para a qual fora eleito em 1909.[33] Vovô deu-lhe, como presente de casamento, parte do imenso terreno que possuía à rua Sete de Setembro e ajudou-o financeiramente para que começasse a construir seu lar não longe do seu próprio. Assim que ficou pronto realizou-se o casamento.

De 1910 a 1922, a vida transcorreu para papai ora calma, ora tumultuosa, nos misteres da advocacia e da política entre São Borja e Porto Alegre. Todo o estado estava intranquilo, reflexo, talvez, do que se passava no mundo inteiro. As revoluções se sucediam: os entreveros, os combates corpo a corpo, as questiúnculas eleitorais, o cerco às cidades, derrotas e vitórias, fugas espetaculares, gestos de nobreza e desprendimento, atos de heroísmo sem glória, páginas de sangue.

Por isso...

Quando eu nasci, ao entardecer de um domingo,[34] nada houve de especial. Nem meu pai estava presente. Mais uma menina na vida de um casal gaúcho é apenas mais uma menina. Por coincidência, como papai, eu era também o terceiro rebento.

No mundo havia uma guerra, no meu país uma expectativa, no meu estado uma revolução, na minha cidade um caos. Não obstante, eu nasci.

Teimosia, talvez.

Mas, muito antes disso, em fins de 1912 ou começos de 1913, papai seguiu para o município de Itaqui, o mais próximo vizinho de São Borja, para defender seu amigo Armando Porto Coelho, preso por crime passional. Foi, sem dúvida, um passional esse autodidata de brilhante e desordenada inteligência. Suas cartas escritas da prisão fariam, só elas, um volume de observações políticas que me obrigariam a iniciar outro trabalho. Absolvido em primeira instância, aguardava na modesta cadeia de Itaqui o segundo julgamento, lendo, estudando, escrevendo, observando. Em 1913, papai caíra[35] em desfavor perante o governo do estado. Havia renunciado espetacularmente à cadeira de deputado estadual[36] por discordar de uma atitude de seu partido. Temeroso de que isso viesse a prejudicar a causa de seu constituinte, Getúlio pediu socorro a João Neves da Fontoura, o "menino de ouro do borgismo", já com muito mais nomeada do que ele, embora mais jovem, quer como advogado, quer nos meios políticos. João Neves acedeu e veio de Cachoeira para o julgamento da segunda instância: Porto Coelho foi condenado. Enviado a Porto Alegre para cumprir sua pena, continuou escrevendo a papai enormes epístolas, dignas de estudo. Em uma delas, após interessantíssimo estudo sobre as modificações sociais e políticas que a guerra de 1914 traria ao mundo, fez-lhe um apelo profético. Pedia que não se deixasse desgastar em questiúnculas municipais, poupasse o próprio nome, que constituía, para o estado, uma grande esperança e não tardaria o momento em que fosse lembrado para posições da mais alta envergadura. Papai, no entanto, amuado com o governo do estado, se deixava ficar em São Borja, surdo aos chamados de seus correligionários que sentiam falta de sua presença em Porto Alegre. Acenaram-lhe, entre outras tentações, com o cargo de chefe de polícia e ele o recusou.

Perto de quatro anos durou seu ostracismo político voluntário. Somente depois que uma relativa paz voltou a reinar na fronteira e o velho Vargas, que fora prefeito de seu município e era o chefe político da zona, teve seu prestígio restabelecido, cedeu e desceu de seu Olimpo. Nova eleição o levou de volta à Assembleia dos Representantes, onde deixou a marca de sua personalidade de patriota invulgar.

Em meados de 1922, houve uma vaga de deputado à Câmara Federal. Papai foi o escolhido pelo partido para disputar essa eleição. E as eleições eram facílimas.[37]

O voto então só era secreto para o eleitor. Recebia das mãos do coronel, do chefe político ou do cabo eleitoral a cédula dentro de um envelope, já devidamente fechado e sacramentado. Nada dessas *bobagens* de cabina indevassável, de liberdade de escolha, de juízes eleitorais, de umas fiscalizadas, que o ditador Getúlio Vargas *inventou* depois, existia. Nada disso. Tudo era muito mais simples. As atas oficiais eram feitas em cima da perna, e a vitória era proclamada conforme as conveniências. Em alguns municípios, um tiro na urna, no intrometido fiscal da oposição, ou no presidente da mesa, decidia o impasse. Assisti a várias eleições desse gênero e ajudei em criança a colar muitos envelopes contendo cédulas secretas para o eleitor. Papai, candidato oficial, foi eleito, é claro. Mas ainda não havia sido reconhecido.

A essa altura dos acontecimentos, os dois grandes partidos políticos do Rio Grande do Sul, o Republicano e o Federalista (este se tornaria mais tarde o Partido Libertador), haviam perdido ou esquecido os respectivos nomes. Tinham vários apelidos: chimangos, maragatos, pica-paus.[38] Borgistas, em uma denominação semioficializada, eram os republicanos que seguiam a orientação do chefe Antônio Augusto Borges de Medeiros. Assisistas eram todos os adeptos de seu rival, Joaquim Francisco de Assis Brasil. Ambos tiveram suas origens no tempo e por causa de Júlio de Castilhos.

O borgismo venceu essa eleição e a revolução começou.

Getúlio recebeu instruções para organizar um destacamento provisório em São Borja, que deveria marchar com urgência em socorro da cidade de Itaqui, onde Oswaldo Aranha estava cercado pelo inimigo. O *inimigo* eram os pais, irmãos, primos, filhos, sobrinhos de outros rio-grandenses como ele, alguns seus parentes mais próximos. Mas a política não tem entranhas. Novamente o sangue gaúcho tingiria de vermelho os verdes campos do Rio Grande do Sul.

Contou-me papai que, nessa tarde histórica de 1923, quando o descobri pela primeira vez, saíram ele e sua tropa improvisada, quase sem armamento. Algumas lanças obsoletas de velhas campanhas, as facas, companheiras inseparáveis de todos os gaúchos da fronteira, e o revólver de cada um eram as armas com que contavam para o combate. Como transporte, cavalos. Deveriam receber munição e armas adequadas dentro de um ou dois dias, já em meio do caminho. Se fossem pressentidos e atacados de surpresa, não podiam saber quantos voltariam para contar a história. Por isso haviam saído de São Borja na calada da noite. Por isso papai se despediria de nós de surpresa.

Ao amanhecer pararam para descansar os cavalos e assar o clássico churrasco. Enquanto o chimarrão circulava, os soldados, ou melhor diria, os combatentes, iam relembrando outras refregas, contando histórias, rindo e cantando como se estivessem se preparando para uma festa. Papai os olhava pensativo, de longe, apoiado a uma árvore. Um de seus comandados, um dos poucos que sabiam qual o objetivo da missão, aproximou-se e, com certo desprezo na voz, lhe disse: "Tá vendo? Toda essa gente aí alegre se rindo? Nem sabe que vai tudo *morrê* amanhã". Papai, surpreendido e curioso, perguntou-lhe: "E você? Não vai também?". A filosofia rude e fatalista do gaúcho se fez ouvir nesta resposta trivial: "Mas eu sei". E continuou calmamente a enrolar o cigarrinho de palha.

Esse *eu sei* definia todo um estado de alma.

Em muitas ocasiões, quando ia advertir papai de algum perigo ou ameaça, eu o via tirar com displicência uma baforada de seu inseparável charuto e me olhar com o mesmo fatalismo do velho gaúcho, como se apenas repetisse: "Mas eu sei".

No entanto, já estava escrito. Ele só receberia o batismo de sangue pelas próprias mãos.

Não havia chegado ainda ao local em que se deveria travar o combate quando recebeu ordem de voltar imediatamente, passando o comando da tropa em definitivo a seu substituto.

Fora reconhecido como deputado federal, e, de acordo com a Constituição vigente, deputado só poderia comandar tropas com permissão expressa do Congresso, sob pena de perder o mandato. Seus serviços estavam sendo mais necessários no setor político do que no campo de batalha, segundo a opinião de seu chefe. E ele obedeceu. Entregou o comando do 7º Corpo Auxiliar Provisório a seu primo, Deoclésio Dornelles Motta, e voltou a São Borja. Devia seguir, sem perda de tempo, para o Rio de Janeiro. Era urgente. Partiu sozinho.

O menino travesso de São Borja começara seu fado.

Era uma vez...

2
(1930)

No dia 9 de outubro de 1930, eu o vi partir pela segunda vez para o desconhecido.

Os anos haviam passado. Eu crescera. Não muito...

Aprendi a conhecer melhor meu pai: seus defeitos, suas qualidades, seu valor.

Antes de embarcar, lançara uma proclamação que terminava com estas palavras: "Rio Grande, de pé pelo Brasil! Não desmentirás teu destino heroico!". Li emocionada e achei-a maravilhosa: "Rio Grande, de pé pelo Brasil!". Todo meu sangue gaúcho vibrava.

Seu trem partiu à noite. Da plataforma, um homem sorridente nos acenava, dizendo adeus. Desta vez não usava o uniforme azul da Briosa. Vestia cáqui do Exército com o talim e as botas pretas. Não levava revólver nem chapéu. Em 1922 ostentava galões de coronel. Agora, nenhum. Era outra vez soldado raso e chefiava a Grande Revolução.[1] Aquele trem que partia lentamente, como se os trilhos da estação tivessem visgo, carregava meu pai para a grande aventura. A aventura de derrotar o governo constituído; governo que vinha acumulando problemas e erros sobre o *jovem gigante adormecido* — o Brasil — como se ele fosse uma prateleira de guardados. Aventura julgada impossível de ter êxito. Governo não perde. Mas a sorte estava lançada.

Na estação ficaram, quase rezando, as poucas pessoas que tinham o direito de saber a hora da partida do estado-maior revolucionário. Quando o trem sumiu na primeira curva, vi que minha mãe tinha os olhos rasos d'água. Todo meu entusiasmo bélico desapareceu. Lembrei-me de outra frase que meus ouvidos haviam guardado: "Desta jornada heroica, ou se volta com honra, ou não se volta mais". Não se volta mais... não se volta mais... não se volta mais... parecia repetir o resfolegar da máquina à distância. Todo o meu egoísmo de jovem se revoltou. Não se volta mais quereria dizer exílio? Ou seria orfandade?

De volta ao Palácio,[2] fiquei um pouco com mamãe, até que se acalmasse e me mandasse dormir. No dia seguinte, às oito horas da manhã, devia estar no colégio como se nada tivesse acontecido. Mas o sono não vinha. Fiquei pensando. Primeiro em mamãe, depois em mim. Papai ficou para o terceiro plano. Eu não entendia a razão desse risco, não havia aprendido ainda a dura verdade: é inútil lutar contra o destino.

Mamãe, jovem, bonita, boa, corajosa, poderia ficar viúva com cinco demônios para cuidar, educar, encaminhar. Casara quase criança, aos quinze anos. E aos 22, os cinco filhos já eram nascidos. Nós a atormentávamos, considerando-a uma velha matrona rabugenta porque exigia que sempre estivéssemos limpos, que fôssemos educados e comportados. Tudo fazíamos para escapar de seu controle atento. Tínhamos em São Borja três refúgios quando passávamos um pouco dos limites preestabelecidos por ela: um deles, o fundo do quintal, onde sua voz de comando não podia ser ouvida e onde guardávamos nosso arsenal de pedreiros, nossa fábrica de tijolos de barro vermelho, o terror das lavadeiras. O outro, os braços amigos de uma enorme laranjeira, quase da altura de nossa casa. Lá ficávamos escondidos até que passasse a chuva de verão, que eram as zangas de mamãe. Descíamos depois, com o sorriso de inocente malícia, defesa das crianças contra o mundo dos adultos. O terceiro refúgio só era usado em última instância. Era a casa de nossos avós, que ficava ao lado. Um portão de madeira ligava os dois quintais. Estava quase sempre fechado por ordem de mamãe para que não invadíssemos a horta e não depenássemos a jabuticabeira, menina dos olhos de vovô. Mas pular o muro em busca de proteção era tão fácil! De lá só voltávamos com salvo-conduto. Vovó nos devolvia para casa acompanhados de uma empregada com o pedido de clemência.

E agora, que seria dela, que seria de nós, que seria de mim? Que faria papai? Eu continuava pensando e recordando.

Em 1923, jovem provinciano, ele partira sozinho para enfrentar a capital, com suas atrações e armadilhas sedutoras. Disseram dele uma vez: "Possui todas as qualidades e todos os defeitos peculiares ao homem gaúcho, controlados por um surpreendente autodomínio".

O gaúcho das Missões era um errante, um solitário, um Dom Quixote, sempre em busca de aventuras, de companhias eventuais e passageiras, que não o prendessem muito, ou de um ideal impossível. Nesse ponto, papai foi fundamentalmente gaúcho. Quando me refiro a ele como *um homem só* não quero dizer que não tenha tido amigos, não tenha sido capaz de despertar amizades reais ou não tenha sabido apreciar a oferenda de inúmeras dedicações espontâneas e gratuitas que teve durante sua vida. Nunca negou solidariedade, afeto e compreensão a quem quer que o procurasse. De muito pouca gente, porém, recebeu a retribuição exata, no momento exato. Isso cristalizou-lhe na alma o hábito da solidão, inato em todo gaúcho da fronteira. Nada esperava de ninguém. Não pedia, não exigia, não se entregava. Arrancava de si próprio a energia necessária à realização de seus ideais.

No Rio de Janeiro, hospedou-se em um pequeno hotel, no centro da cidade. Logo no primeiro dia, ignorando tudo da grande metrópole, tão diferente e complicada, pediu um táxi para se dirigir à Câmara dos Deputados. O chofer olhou-o desconfiado, deu uma volta e parou honestamente no quarteirão seguinte. O Hotel Monroe, onde estava hospedado, era quase ao lado da Câmara.[3] Riu sozinho de sua ignorância e aceitou a primeira lição: para entender os intrincados problemas do Rio de Janeiro é preciso saber perguntar. Quando aprendeu um pouco mais, mandou buscar-nos. Havia conseguido um pequeno apartamento à Praia do Flamengo nº 2, composto de dois quartos, um minúsculo gabinete e uma varanda ainda menor. Chamava-se Pensão Wilson, então; hoje é um grande prédio de apartamentos. Quando passo por lá, lembro nossa viagem, a chegada e nossa vida pacata.

O trenzinho da Brazil Great Southern (BGS), famoso por seu impecável horário "sai quando quer, chega quando pode", deixou São Borja devagar, e devagar continuou até Uruguaiana. Carregava para Porto Alegre uma jovem senhora e três crianças assustadas: eu e meus dois irmãos mais novos, Manoel Antônio e Getúlio. Grande empreitada nos esperava: a primeira viagem por mar. Quando embarcamos, deram flores a mamãe, e a nós, um monte de caixas de chocolate e de doces. Era um Ita da Costeira.[4] Porto Alegre ainda era visível e já o conteúdo das caixas tinha sido devidamente transferido para nossos estômagos. Na lagoa dos Patos pagamos a gulodice. Nunca pensei que chocolate misturado com lagoa pudesse ser pior do que o mar. O resto da travessia foi calmo.

Não gostei do Rio de Janeiro. Chegamos em uma tarde sombria e chuvosa. As ruas estreitas e escuras, sem horizonte, o movimento de automóveis e o barulho reavivaram as pequenas implicâncias que meu coração de criança havia armazenado contra a capital. O espírito prevenido pelas notícias de assaltos e assassinatos misteriosos, desastres e acidentes de rua, prisões inexplicáveis para mim, que os jornais noticiavam, tudo me impedia de admirar a extraordinária beleza da cidade. Nem a vista da famosa baía da Guanabara me emocionou. Como a prever que essa primeira mudança era o início de minha vida de cigana, também não gostei do local que papai escolhera para nossa morada. Uma suntuosa escada de mármore, único luxo da pensão, proporcionava a nosso apartamento entrada independente. Uma ladeira misteriosa, à esquerda do prédio, era nosso esconderijo e o único lugar onde podíamos brincar sem perigo. Adeus pés descalços — é proibido pisar na grama do jardim. Adeus correrias descuidadas — o bonde passa em frente, a menos de um metro da calçada. Adeus cantorias, gritos e choros em liberdade — a gente da cidade fica impaciente com barulho de criança. Adeus laranjeira amiga, frutas roubadas, quedas de cavalo. Os subsídios de um deputado federal, com cinco filhos, não permitiam que tivéssemos maiores comodidades, nem a veleidade de possuir um chão só para nós. Havia perto um jardim público, onde podíamos passear e até correr um pouco. Brincar realmente, sujar-nos de terra, rolar na grama, jogar pedras, trepar em árvores, cortar o dedo do pé em um caco de vidro, e voltar chorando para os braços maternos, receber um curativo, um carinho e um castigo, isso é só para gente provinciana. Tenho pena das crianças que nasceram e vivem em apartamentos sem ter podido dar expansão a todas as pequenas perversidades que fazem parte do crescimento; que não sabem por experiência própria que cachorro morde, cavalo dá coice, gato arranha e vaca dá chifrada. Quando chegam à adolescência, chamam-nos de *transviados* porque os impulsos reprimidos na infância desabrocham multiplicados.

Habituei-me, com o tempo, à vida de pensão. Habituei-me a ir ao colégio sozinha, a atravessar ruas movimentadas, a passar pelos trilhos dos bondes e a me defender dos automóveis. Mamãe escolhera cuidadosamente para mim o colégio Nossa Senhora Aparecida, externato do Regina Coeli, por ser o mais próximo da pensão e porque somente uma rua, quase sem tráfego, a rua Silveira Martins, estaria em meu trajeto. Ficava ao lado da antiga sede do Clube de Regatas Flamengo. Mas não lhe ocorrera que havia de permeio o Palácio do Catete. A calçada do Palácio das Águias era sagrada, mesmo para os pés de uma criança desacompanhada. Eu carregava sob o braço uma inocente pasta, contendo os livros e cadernos de estudo, e essa pasta não era inocente para a sentinela cuidadosa e atenta. Poderia conter uma bomba homicida, e duas vezes por dia ele me obrigava a andar por complicados desvios.

Habituei-me, assim, a enxergar sem ver, a ouvir sem entender. Habituei-me a calar. Habituei-me a um silêncio que hoje pesa sobre meus nervos, cansados de perdoar sem esquecer. Só não consegui me habituar aos gritos da dona da pensão, que tentava inutilmente estabelecer ordem, fazendo ainda mais barulho do que nós.

A memória é um fenômeno estranho. Por maiores que sejam os esforços para fazê-la calar, dormir, descansar, ela volta sempre sem piedade.

Três episódios desse período me ficaram gravados para sempre na lembrança: o susto que demos a mamãe, a primeira vigília cívica e meu primeiro castigo injusto.

O susto foi grande. Papai fora enviado à Câmara Federal com a missão precípua de promover o restabelecimento das boas relações políticas entre o governo do Rio Grande do Sul e a presidência da República, estremecidas pela última campanha sucessória: Nilo Peçanha versus Artur Bernardes. A bancada gaúcha, ainda engasgada com o famoso "Pela ordem",[5] editorial de *A Federação*, órgão oficial do governo do estado, estava desarvorada e desprestigiada. Precisava agir com cautela. Começou por fazer amizade com Herculano de Freitas, líder da bancada paulista. Homem de grande inteligência, foi o iniciador de meu pai nos segredos e malícias do Congresso e da política nacional.

O único irmão de minha avó por linha materna, coronel Waldomiro Castilho Lima, estava preso por haver conspirado contra o governo Bernardes e seu destino era a ilha da Trindade. A posição de papai não era fácil e mamãe vivia em constantes preocupações, pois sua tia, inconformada, impetrava um habeas corpus sobre outro e nos visitava com frequência. Nós três, crianças, de nada sabíamos. Uma tarde, após as travessuras habituais na ladeira misteriosa, resolvemos subir a pomposa escadaria de mármore, cantando a plenos pulmões a marchinha "Ai, seu Mé". Nós a havíamos aprendido em São Borja durante o Carnaval anterior às eleições, em plena campanha pró-Nilo Peçanha. Um bloco de crianças entre quatro e dez anos, ao som dessa marchinha e sem saber qual era seu significado, fazia estreia nos festejos de Momo. Não sei por que razão resolvemos recordá-la naquela tarde e não entendíamos por que mamãe nos prendeu no quarto o resto da tarde, até que desistíssemos de ser cantores.

A primeira vigília cívica foi muito divertida. O encouraçado *São Paulo*, nos primeiros dias de novembro de 1924, revoltou-se e, após alguns tiros de canhão, saiu barra afora. Entre os rebeldes estava aquele que seria meu cunhado muitos anos depois, Augusto do Amaral Peixoto. Sofreu o exílio até 1930, mas nos proporcionou, sem saber, dias de férias inesperadas. Era período de provas. O colégio em que estavam meus irmãos ficava também nas proximidades, ou melhor, ao lado do Palácio do Catete. Temerosos de alguma medida mais drástica ou de luta nas cercanias, nossos pais nos tiraram dos respectivos colégios e nos deportaram. Fomos para a casa do irmão de minha avó paterna, general Ernesto Dornelles, na Tijuca. Que desterro bom! Férias e um enorme quintal para explorar. Era novamente o chão sob meus pés.

O castigo viria poucos meses depois. Após os dias de praxe para retiro espiritual, uma criança fazia solenemente sua primeira comunhão: 8 de dezembro, não recordo o dia da semana. Lembro, porém, que na segunda-feira seguinte perguntaram na classe quem não havia ido à missa no domingo. Honestamente levantei a mão confessando em público meu pecado. Após severo sermão, que não entendi, a freira, professora de catecismo, me pôs sumariamente de castigo durante todo o recreio. Ninguém indagou as minhas razões. Foi a primeira e última vez em toda a minha vida de estudante que recebi um castigo. Além da injustiça, eu me senti profundamente humilhada. Para não me revoltar, fiquei olhando a parede branca da sala de castigos, recordando meus domingos.

Ficávamos na varanda minúscula com papai. Era o único dia em que podia estar conosco. Chamava o vendedor ambulante de frutas e nos ensinava com paciência a gostar das que eram desconhecidas para nós — mangas, sapotis, abacates, cajá-manga, caju. Divertia-se quando fazíamos cara de nojo sob o impacto de um sabor estranho. Às vezes nos levava ao banho de mar. Era tão bom que nem me lembrei que era considerado pecado não ir à missa aos domingos. Hoje essa decepção infantil nada mais representa para mim. Havia tantos outros castigos injustos à espera...

Algo de novo estava acontecendo em nossa vida. Papai ficava até tarde, auxiliado por mamãe, cifrando e decifrando telegramas. Durante o dia, pouco parava em casa. Convites e visitas começaram a aparecer com mais assiduidade. Nós estávamos crescendo e o apartamento tornava-se pequeno para receber as pessoas que nos procuravam. Que seria? — eu me perguntava. Papai fora feito líder da bancada rio-grandense. Estávamos começando a nos tornar importantes na capital.

Mudamos de residência, mudamos de colégio, mudamos de vida. Fomos morar em uma casa alugada à rua Buarque de Macedo, quase na esquina da rua do Catete. Não era grande, mas nela passamos a ser novamente uma família, não moradores de pensão. Tinha um pequeno pátio, com um pé de carambo- leira. Não conhecia a sua fruta, a carambola, não era a nossa laranjeira, mas era uma árvore. Aprendi mais uma porção de coisas. Aprendi a tomar o bonde sozinha para ir ao novo colégio e a falar francês à força, pois todas as aulas, inclusive História do Brasil, eram dadas nessa língua.

Finalmente, aprendi o significado da expressão "sombra do poder". Parentes, amigos, pessoas que até então jamais haviam tomado conhecimento de nossa existência, começaram a nos visitar. Nem perguntei por quê. Não entendia e não me interessava. De repente a campainha da porta e o telefone não paravam mais de tocar. Papai havia sido convidado pelo presidente Washington Luís, recentemente eleito, para seu ministro da Fazenda.

Nova mudança. A casa da rua Buarque de Macedo tornara-se pequena tam- bém. Fomos morar na Ladeira do Ascurra, em prédio pertencente ao Minis- tério da Fazenda. O aluguel era módico e o espaço maior para a família poder se reunir. Jandyra já estava conosco. Luthero veio logo depois, transferido do Colégio Militar de Porto Alegre para o do Rio de Janeiro. Walder Sarmanho, único irmão de mamãe, veio morar conosco. Havia sido nomeado secretário particular do novo ministro da Fazenda. A casa da Ladeira do Ascurra, situada a meio caminho entre o Cosme Velho e as Paineiras, era a realização de nossos sonhos. Um grande jardim, logo à entrada, nos isolava da rua. Bem no centro, como a protestar contra a invasão, uma pequena lápide mortuária, escrita em língua estranha para mim. Várias vezes me detive com papai diante daquela pedra muda, tentando decifrá-la. Um nome, duas datas e palavras incompreen- síveis. Indagava de todos os visitantes se sabiam que língua era aquela. Um deles obteve para mim uma página do *Diário Oficial* esclarecedora. Era um modesto monumento em homenagem ao general Van Henndorp, que, após haver servido sob as ordens de Napoleão Bonaparte, em várias campanhas, viera para o Brasil, descobrira aquele recanto e ali havia morrido. A inscrição era em holandês. Nunca soube se os restos mortais haviam sido devolvidos à sua terra natal ou se repousavam ali debaixo daquela lápide e se era de seu corpo que brotavam as flores do jardim. Só consegui saber que havia sido um solitário. Respeitávamos seu sossego e jamais brincávamos ali. Respeitávamos também o terreno ao lado, domínio de seu Rodrigues, o português que tomava conta da horta. Havia um motivo para que fôssemos tão respeitadores. Atrás da casa, um território inexplorado aguardava nossa fértil imaginação e nossos corpos sedentos de movimento. Subíamos o morro escorregadio, aguentando-nos apenas nos troncos das bananeiras, ainda mais traiçoeiras do que a grama úmida. Molhávamos os pés no pequeno riacho que corria por entre as pedras. Equilibrávamo-nos sobre os trilhos do trenzinho do Corcovado, com o ouvido atento ao menor ruído. Qualquer descuido seria uma queda, talvez fatal, porque nosso ponto predileto era íngreme e desprotegido. Mamãe não conseguia pôr um paradeiro aos contínuos resfriados, às equimoses e aos ferimentos que apresentávamos, sem explicação plausível.

Um cerimonial sagrado, nunca interrompido, era acompanhar papai a pé até a curva da mangueira, onde o carro o esperava quando ia para o Ministério, após o almoço. Voltávamos, ladeira acima, correndo pela estrada quase deserta ou descobrindo novas pistas por dentro da floresta. A velha mangueira ainda lá está, resistindo ao tempo. Fui vê-la recentemente, mas não parei: papai já havia partido. A casa do solitário do Ascurra é hoje o lar de várias crianças, mantidas pelo governo. (Que elas sejam tão felizes quanto eu o fui nesse lugar, é o que desejo.) Foi lá que comecei a gostar do Rio de Janeiro.

Nosso pequeno paraíso na Ladeira do Ascurra durou menos de dois anos. Outra vez a casa se enchia de fisionomias estranhas, de visitas e de conferências secretas. E recomeçaram os telegramas cifrados.[6] Papai fora indicado por seu partido para candidato à presidência do Rio Grande do Sul. Nova mudança, nova casa, nova transplantação em perspectiva. Seu nome havia sido apresentado em lista tríplice.[7] Não era o favorito, mas foi o escolhido, talvez porque sua ausência prolongada do cenário político local tornasse menos acirrada a luta. Parecia que o Rio Grande, exausto de derramar o próprio sangue, buscava, enfim, calma e trabalho. Abandonava as armas para empunhar a enxada.

Pediu demissão de seu cargo de ministro. Festas, despedidas, arrumações, malas, lágrimas, viagem, outra vida começava para nós, mais uma vez. Nessa viagem, que nos devolvia à querência, conheci outro aspecto da personalidade de papai.

Tomamos um navio do Loide,[8] o *Pedro I*, considerado um dos melhores da linha de cabotagem. Levava apenas nove dias até Porto Alegre, então um verdadeiro recorde de velocidade. Várias personalidades ilustres iam a bordo. Políticos e deputados voltavam, ou em férias, ou para tomar parte na campanha eleitoral, acompanhados de suas famílias. Entre cinco e doze anos de idade, éramos ao todo quinze crianças dispostas a transformar em suplício a travessia de nossas mães, sobretudo de minha mãe, que não suportava o mar. Passava mal todo o tempo. Só se levantava e se alimentava nos portos de escala.

Papai foi a salvação. Nunca pensei que ele gostasse de crianças. Mantínhamo-nos sempre à distância para não o perturbar. O que eu presenciava agora me deixava ao mesmo tempo surpreendida e enciumada. Que direito tinham aquelas outras crianças que conhecêramos a bordo de monopolizar meu pai? No entanto, a cena se repetia diariamente. O bando barulhento pouco se incomodava com quem ele estivesse conversando, ou o que estivesse fazendo. Puxavam-no pelo braço, agarravam-se a seu casaco e o arrastavam para o convés superior onde ninguém se atrevia a ir para não enjoar e, depois que nós o invadimos, para não se aborrecer. A princípio, manifestava certa relutância, como para não sensibilizar o interlocutor ou para se fazer desejado. Acedia depois com tanto bom humor que cheguei à conclusão de que preferia nossa companhia por mais turbulenta que fosse. Papai teria sido um grande professor, se acaso se tivesse dedicado ao magistério. Conseguia prender nossa atenção com brinquedos educativos, que não cansavam. Organizava disputas esportivas, de que era juiz e instrutor. A vida de campo e seu passado militar lhe haviam dado uma extraordinária força física e uma flexibilidade muscular surpreendente em nossa opinião. Para toda criança, o adulto é obrigatoriamente velho. A parte intelectual se compunha de testes de memória e percepção, adivinhações, quase todos dentro de seus assuntos prediletos: história e geografia. Quando se cansava, ensinava-nos alguma brincadeira, na qual ele não entrava. Pensativo, fitava o horizonte, deixando que a algazarra e o tom da gritaria em torno dele lhe dessem a segurança de que o rebanho estava em paz. Silêncio de criança em liberdade é mais perigoso do que barulho.

No mesmo navio viajava também, de regresso da Europa, o arcebispo de Porto Alegre, d. João Becker. Em todos os portos de escala, uma grande multidão, colégios formados, banda de música, esperavam o *Pedro I*. Ingenuamente enfatuados de nossa importância, debruçados à amurada, dizíamos a papai: "Olha, quanta gente te esperando". Ele sorria tranquilo e nos respondia: "É para o senhor arcebispo. Não é para mim. Eu sou apenas candidato".

A campanha eleitoral começou. Não me lembro bem desse período. Apenas uma sucessão de viagens, discursos, foguetórios, hinos e cansaço foi o que ficou em minha memória. De tudo guardo apenas um fato. São Borja sempre foi o ponto final de todas as campanhas de papai. Era sua meta. Parece que buscava em sua cidade as novas energias de que necessitava para continuar. Mas desta vez, como? Uma forte enchente interrompera temporariamente o tráfego precário da ferrovia tradicional, a sempre retardada BGS. Estradas eram só para carros de bois. Restava a via fluvial. A viagem seria dura, sobretudo para as crianças e senhoras; mas não havia outra solução e papai não desistia de seu objetivo. Uma lancha, não muito grande, nos aguardava às margens do histórico rio Uruguai, que não estava muito dócil. As chuvas o haviam tornado imponente e ameaçador. Paramos várias vezes para obter combustível, comer e descansar. Em uma das improvisadas estações, perto de um bosque, papai, não sei se por brincadeira, vaidade ou desfastio, resolveu pôr em votação a derrubada de seu bigode. Somente mamãe e eu fomos contra. O bigode caiu, e a viagem continuou. Não gostei porque não gosto de perder e achava bonito seu bigode, mesmo quando o usava todo retorcido, de acordo com a moda.

Chegamos, finalmente, à nossa casa, na rua Sete de Setembro, sem número, a única que realmente tivera até então. A casa, construída por meu pai, quando casou, a casa onde todos nós nascemos, a casa onde fizemos nossas travessuras de criança, a casa que tinha cheiro de lar, a casa que não é mais nossa. Agora é só dele. Tornou-se museu.[9]

Ela me pareceu menor e o quintal também. Teria encolhido ou será que eu havia crescido? Atormentar mamãe não era mais uma tentação. Será que eu havia mudado? A laranjeira não era tão frondosa, nem servia mais para esconderijo. A guabirobeira, escalada mais difícil, secara. As outras árvores frutíferas, plantadas por papai, se haviam estiolado, talvez de saudade. O muro da casa de vovô já não constituía problema. O portão estava agora sempre às escâncaras. Nossa olaria de tijolo vermelho desaparecera, E a chuva? Essa brincadeira estava definitivamente esquecida. A delícia de sentir a água a escorrer sobre nossos corpos infantis, os pés enterrados na terra úmida, fazendo barro, sentindo o chão, travessura que papai permitia e estimulava, para a aflição de mamãe, já não era mais para mim. Perdera o interesse. Teria eu mudado tanto que nem tentação sentia? A lembrança das pequenas coisas proibidas, que são tão grandes só por serem proibidas, tinha um sabor de passado que não volta mais.

Enquanto se processava a apuração das eleições, fomos passar uns dias na estância de Santos Reis. A velha casa, construída em 1860 por meu avô, fora remodelada e aumentada; a figueira-brava, secular, ponto de reunião de toda a família nos dias de calor, havia sido fulminada por um raio, Protásio, agora o proprietário da estância, introduzira grandes melhoramentos. Já não era só de gado. Colonos trazidos da Europa, em sua maioria alemães e romenos, iniciavam a agricultura. O ar e a terra, porém, continuavam iguais.

De Porto Alegre chegou a notícia: papai estava eleito e proclamado presidente do estado. Era necessário voltar. Na capital, afora pequenas permanências em casas de amigos e parentes, nosso domicílio era o imortal Grande Hotel, pouso obrigatório de todos os políticos gaúchos. Quantas vezes havíamos mudado de residência e em quantos quartos diferentes havíamos dormido nas contínuas andanças de papai? Tinha perdido a conta. O Grande Hotel era portanto uma espécie de lar para nós. Mamãe podia esperar tranquila pelos atrasos de papai sem prejudicar o horário de nossas refeições. Manoel e Carmelo, os dois garçons mais antigos do hotel, tomavam conta de nós. Durante o dia, Euclides, o garoto do elevador, nos fazia passar do andar térreo ao último, em suas horas de trabalho, e, nas folgas, brincava conosco no jardim. A última vez que o vi, precocemente encanecido em 1949, já era o chefe da portaria do hotel. O proprietário, herói desconhecido da Revolução de 1930, o velho Cuervo, percorria todos os dias, à hora do jantar, todas as mesas, dizendo uma palavra amável a cada hóspede e perguntando invariavelmente se estava tudo em ordem, se havia alguma queixa. É claro que havia. O hotel já estava antiquado naquela época, o serviço precário para tanta gente, a cama *conversava* durante a noite a cada movimento do corpo, mas a bondade, o carinho e o desejo de agradar compensavam tudo. Ninguém se queixava. Foi de lá que papai partiu, a 25 de janeiro de 1928, para tomar posse e para lá voltou presidente do estado.

O Palácio do Governo, construído no período de Carlos Barbosa Gonçalves, fora, durante a gestão de Borges de Medeiros, ocupado totalmente por repartições públicas, inclusive a parte residencial.[10] Não estava inteiramente concluído. O Palácio e a catedral de Porto Alegre, um ao lado da outra, apostavam, fazia anos, qual ficaria pronto mais tarde. Ambos sofriam da mesma doença: falta de recursos. Mas urgia resolver o problema da residência. Não podíamos ficar no Grande Hotel indefinidamente. Mamãe foi visitar o Palácio. Era um belo prédio, construído em estilo francês, com salas espaçosas e quartos confortáveis. Dividido em dois corpos por um jardim e a entrada de automóveis: um para moradia, outro para expediente, era ligado por duas colunatas laterais cobertas. Mudamo-nos para lá assim que ficaram prontos os reparos e o mobiliário necessário.

Mamãe decidia ditatorialmente sobre nossos estudos: Luthero, no Colégio Militar — também ele queria seguir a carreira das armas; Jandyra e eu — semi-internas no ginásio Bom Conselho; Manoel Antônio e Getúlio — no ginásio Anchieta. Ginásio era uma palavra desconhecida para nós duas. O colégio Sacré-Coeur de Jesus, em que estávamos no Rio, seguia a orientação de sua matriz na França e as alunas passavam do primário para o secundário sem exame de admissão. Mas mamãe sabia o que era necessário e não nos deu folga. Dizia: "Eu não tive tempo para estudar. Tudo o que sei aprendi da vida. Mas vocês vão estudar. É a única herança certa que podemos deixar para vocês. Não quero que percam um ano só por causa de um exame que podem fazer". Seus argumentos encontravam ouvidos moucos. Faltava menos de um mês para a realização dos exames. Iríamos perder o resto das férias, estudando, por causa dessa bobagem de admissão para a qual não nos considerávamos preparadas? Finalmente, mamãe nos comprou. O preço foi uma boneca que chorava e um vestido novo. Não exigia que passássemos para ganhar o prêmio. Bastava ter a coragem de tentar. Ela estava com a razão. Com duas semanas de aulas particulares intensivas, passamos com facilidade. Considerei-me um gênio, pois o exame fora puxado e havia matérias inteiramente novas. Eu, que fora muito tempo primeira aluna da classe, achei que não valia mais a pena fazer força. De qualquer maneira diriam que era proteção. Cedi prazerosamente meu lugar a outras mais aplicadas. Contentava-me com o quinto ou sexto lugar.

Começava o período de nossa adolescência indócil. Festinhas entre colegas, com o comparecimento dos respectivos irmãos e primos, dancinhas improvisadas, cinema todos os sábados e domingos. Papai ainda tinha uns ressaibos de provincianismo: *Filha minha não dança* ou *Mulher foi feita para tomar conta da casa. Precisa saber música, costurar e cozinhar.* Mamãe não estava de acordo, estimulava nossos estudos e protegia nossas pequenas transgressões ao código paterno. Mal sabia ela que, em menos de uma década, papai a ultrapassaria tornando-se o advogado da emancipação feminina.

Não era nada mau ser filha do presidente do estado. Estava em pleno período de sonhos, de ilusões, de esperanças. Tinha amigas, tinha meus estudos, tinha conforto, estabilidade. Papai seria presidente do estado por cinco anos.[11] Um começo de sensação de segurança, de base, de continuação, se apoderava de mim. Fiquei indiferente ao drama que se passava em torno de meu pai, estava contente com a minha vida.

Ele gostava de caminhar a pé sozinho pelas ruas de sua juventude ou ir conversar com os amigos à porta da Livraria do Globo, quartel-general dos intelectuais gaúchos.

Lá pontificavam escritores, poetas, jornalistas, alguns de nomeada, outros, os *novos*, que começavam a abrir caminho: Mansueto Bernardi, Moysés Vellinho, que se assinava Paulo Arinos, Fernando Caldas, Sotero Cosme, André Carrazzoni, João Pinto da Silva — que era o secretário da presidência —, Paulo Hasslocher, Andrade Queiroz, Francisco de Paula Job, Miranda Neto, Luiz Vergara, Theodemiro Tostes, Vargas Neto, João Carlos Machado, Rubem Rosa, Oscar Daudt, Pedro Vergara e tantos outros.

E foi lá que um dia perguntou a José Bertaso, o dono da casa que os acolhia sempre: "Por que vocês não fazem uma revista semanal? Porto Alegre já comporta uma". Oswaldo Aranha, secretário do Interior, o secundou com entusiasmo. E a *Revista do Globo* nasceu.

Quando a chuva ou algum trabalho importante não lhe permitiam essas escapadas presidenciais, jogava bilhar! Nunca foi grande jogador, talvez chegasse apenas a regular, mas era o exercício que suas austeras funções de presidente permitiam. Nós, sua plateia, observávamos atentamente suas jogadas, dando palpites e fazendo perguntas. Aos poucos fomos nos atrevendo a pegar no taco, tentando imitá-lo, com risco de rasgar o pano. Por segurança, papai achou melhor ensinar-nos. Tomei gosto pelo jogo e, sempre que o via descer as escadas em direção à sala de bilhar, ia atrás dele. Observando meu interesse, iniciou-me nos segredos das tacadas e de sua gíria peculiar. Nunca passei de pexote, mas às vezes a sorte me ajudava. Nessas ocasiões, deixava-me resolver sozinha o problema, comentando: "Encontraste alguma coisa na ponta do taco" ou "passou algum gato por aí". Não gostava de perder, nem de vitória fácil, de modo que quando eu ficava muito para trás ensinava-me: "Vê se dás na cara da vermelha para provocar o repique", "Puxa esse pela branca, se fores gente", "Essa é de conta, não tens competência". Quando eu acertava ficava atento para que não passasse dos limites; quando errava, olhava zombeteiro enquanto punha giz no taco: "Essa era de fininho. Agora pagaste. Vou fazer uma porção".

As noites de domingo obedeciam a um protocolo especial. Depois do jantar descíamos a pé a rua da Ladeira, apelido da rua General Câmara, para ir ao Cinema Central: o camarote destinado à presidência do estado nunca ficava vazio. A volta era dura; com sono, subir a ladeira íngreme, pois o nome era mesmo para valer, só Santo Antônio ajudando. Mas fazia parte do programa de papai. Automóvel oficial não devia ser usado para divertimento.

Ao assumir a presidência, sua primeira preocupação foi aproveitar o estado de espírito do povo gaúcho, que ansiava por paz e trabalho. As eleições municipais, que se realizaram pouco depois da sua posse, deram-lhe essa oportunidade e a de demonstrar seu senso de equilíbrio e de justiça. Em algumas cidades, redutos oposicionistas, os adversários de seu partido sempre ganhavam, mas nunca eram eleitos. Na hora da confecção da ata, os "matemáticos" oficiais proclamavam a vitória dos candidatos da situação. O Rio Grande do Sul é, ou era, politicamente, um dos estados mais bem organizados. Governo é governo. Oposição é oposição. O trânsfuga de um partido ficava marcado para sempre. Os neutros e os "melancias", verde por fora, vermelho por dentro, eram olhados depreciativamente. Dizia-se que o slogan dominante até então fora: "Para os correligionários, tudo; para os indiferentes, a lei; para os oposicionistas, nem água".

Papai quebrou essa tradição, mandando reconhecer a vitória dos adversários mesmo em municípios onde a diferença de votos contra era tão pequena que pouco trabalho teriam os fazedores de ata. Passou a ser olhado com desconfiança por vários chefes de seu partido, mas em compensação desarmara a oposição, que já não tinha pretexto para lançar manifestos inflamados ou provocar violências. Precisava, porém, acalmar o espírito belicoso de seus próprios partidários, para que pudesse haver no Rio Grande prélios eleitorais pelo menos sem desordem. Começou a chamar a Porto Alegre os principais chefes políticos, os donos do chamado eleitorado "de cabresto". Indagava sobre os problemas da localidade, quais as aspirações de seus habitantes. Depois aconselhava-os a ter moderação e calma na campanha e no pleito; pedia-lhes lisura nas apurações, cavalheirismo na vitória e na derrota. Um deles, de um município conhecido como dos mais truculentos, onde nenhuma eleição se realizava sem tiroteio, ouviu silencioso o sermão. Depois, com a franqueza rude do gaúcho do interior, respondeu: "Os senhores mesmos é que são os culpados. Chamam a gente aqui e dizem: o candidato é fulano de tal e tem de ganhar. Vá trabalhar. A gente começa a trabalhar. Tá tudo muito bem: o compadre Zeca dá a boia, a comadre mais as meninas preparam as cédulas, a gente prega os cartazes e começa a botar artigo no jornal. Aí a oposição chama o coronel Juca e diz que o candidato deles é outro. Atentam fazer o mesmo que a gente, e principia na cidade aquele zum-zum, aquele diz que diz, que é um horror. A gente vai aguentando, enquanto é com a gente, mas lá um dia eles metem a família da gente no meio. Aí, seu doutor, não tem jeito. A gente perde a paciência e dá uns tirinhos. No outro dia, é um sossego".

Obteve a trégua política que desejava e se dedicou inteiramente ao que sempre foi sua paixão: o progresso de seu estado e do país.

Os fatos adquirem mais relevo quando se olha retrospectivamente. Papai nasceu com alma de desbravador, de semeador, de pioneiro quase. E, como todo pioneiro, previu mas não viu o resultado de seus esforços. As obras que começou foram, em sua grande maioria, inauguradas por outros. As sementes que plantou deram frutos colhidos por outros. Os novos horizontes que rasgou para o Brasil serão o mérito de outros. O nome daqueles que iniciam alguma obra fica enterrado no chão, junto à pedra fundamental. As placas comemorativas, os aplausos e os elogios são para aquele que as inaugura.

No governo do estado muitas foram suas iniciativas. Citarei apenas três que, em diferentes campos, revelam sua capacidade de previsão: o impulso à aviação, o incremento à agricultura e a assistência à indústria extrativa. A aviação, como meio de transporte comercial, estava dando seus primeiros passos quando, em 1927, um grupo empreendedor chefiado por Otto Ernst Meyer, de origem germânica, organizou pequena companhia para treinamento de pilotos e transporte aéreo. Abrangia diminuta área do Rio Grande do Sul. O estado prontificou-se a auxiliar a empresa, sob a condição de estender suas linhas comerciais, melhorando a comunicação entre várias cidades. A jovem Varig (Viação Aérea Rio-Grandense) tomou impulso e hoje, comandada por Ruben Berta, ultrapassa as fronteiras do Brasil. Todas as vezes, porém, que a companhia solicitava auxílio para aprimorar seus serviços e alargar seu campo de ação, papai cobrava: "E a linha para São Borja, quando começa?". A BGS, a decrépita ferrovia que ligava sua terra natal a Itaqui e Uruguaiana, não lhe deixara muito boas recordações.

No governo federal deu à aviação o apoio necessário para que se tornasse o meio de transporte ideal para superar as dificuldades geográficas do país.

A monocultura foi, e ainda é, um dos grandes problemas nacionais. As condições são propícias para cana, todos plantam cana. A borracha e o cacau dão lucro, todos correm na mesma direção. O café vale uma fortuna, as lavouras se multiplicam. O algodão sobe, viva o algodão! Se a safra corre mal, se o mercado se altera, a maioria dos plantadores desiste, e os governos arcam com os prejuízos. Só persistem os teimosos. A economia do Rio Grande do Sul girava toda em torno da produção de carne. O incipiente trabalho agrícola já havia feito fracassar vários sonhadores autodidatas, Ivaar Beckman vinha afirmando há muito tempo que da terra farroupilha brotaria trigo se as sementes fossem selecionadas com o devido cuidado. Recebeu o apoio do governo do estado e a semente ideal surgiu. "Plantai Trigo" passou a ser a tecla batida por Getúlio Vargas em seus últimos meses como administrador. Plantaram e deu. A uva começava a dar demonstrações concretas de que o clima da serra lhe era favorável, e os gaúchos se lançaram na produção do vinho. Durante anos foi elegante dizer que os produtos vinícolas de Caxias deviam vir acompanhados de uma caixa de bicarbonato. Hoje constituem artigo de exportação. O Rio Grande do Sul saiu da lista dos estados monocultores.

A extração do carvão em São Jerônimo e Butiá[12] mereceu dele especial carinho, não só quanto à assistência aos mineiros e às suas famílias como no incremento à produção. Parecia ter previsto com mais de dez anos de antecedência a guerra, o problema da energia, o racionamento de combustível e a criação da usina de Volta Redonda. Já presidente da República, várias vezes o vi enviar emissários para verificar as condições de vida dos operários das minas. Jamais negou auxílio a seus proprietários para o desenvolvimento da indústria extrativa.

A única vez que estive nas minas de São Jerônimo, acompanhando papai, foi para inaugurar vários melhoramentos introduzidos pela companhia.[13] Entre eles, algumas casas para operários e uma capela. Lembro-me bem da consagração da capela porque me ocasionou um pequeno triunfo que rendeu durante anos, compensando a decepção tida nesse mesmo dia. A decepção foi causada por uma superstição existente em todas as minas do mundo: "mulher não pode entrar". Dizem que ocorre acidente, desabamento ou morte, sempre que a tradição é desrespeitada. Não vi o interior da mina.

Papai, ao contrário do que muitos creem, nunca foi muito paciente. Sua aparente placidez era fruto de educação e autodisciplina. Quatro coisas o irritavam de modo especial: ouvir histórias que já conhecia, burrice, gente prolixa e, sobretudo, falta de pontualidade. No dia da visita às minas de São Jerônimo, eu me atrasei e o encontrei esperando à porta de saída do palácio, já de chapéu. Olhou-me severo e disse apenas: "Sempre se espera pela pior ovelha. Vamos embora". Obedeci em silêncio e não nos falamos durante toda a excursão. Quem devia consagrar a capela era o arcebispo de Porto Alegre, d. João Becker. Por uma circunstância qualquer, sua excelência chegou com mais de meia hora de atraso. Na capela todos aguardavam impassíveis. Após a cerimônia, d. João Becker dirigiu aos presentes uma breve alocução. As "breves" alocuções já eram conhecidas em todo o Rio Grande: duravam de uma a duas horas. O resto do programa ficou prejudicado. Durante a viagem de volta, eu ruminava minha desforra. Assim que chegamos, perguntei a papai: "Por quem é mesmo que sempre se espera?". Nada melhor do que uma piada oportuna para deixá-lo de bom humor. Riu à vontade e disse: "Às vezes pelo senhor arcebispo". Retruquei enquanto o terreno estava bom: "O pastor das piores ovelhas". Daí em diante papai nunca mais me repreendeu quando o fazia esperar, pois essa não foi a única vez. Indagava apenas: "Por quem sempre se espera?", e aguardava rindo a resposta infalível: "Pelo senhor arcebispo".

Começava o ano de 1930. Desde a segunda década do século, o Brasil vivia em constante agitação. As pequenas tréguas entre uma rebelião e outra só serviam para dar origem a novos movimentos. Prisões, exílios, conspirações, revoltas, Coluna Prestes,[14] combates, mortes eram o resultado de vários protestos isolados contra o desrespeito à vontade popular em busca de um traço de união, de um ponto em comum. A crise do café[15] precipitou os acontecimentos e se transformou no elemento catalisador que iria aglutinar todas essas quantidades díspares. Começaram a chegar aos diferentes grupos de rebeldes palavras de apoio, de compreensão e até a ajuda de alguns poderosos. Lentamente se formava o clima propício que permitiria um ponto de encontro, um entendimento entre as variegadas insatisfações de origens diferentes. O número de adeptos da Revolução aumentava assim, mas ainda era insuficiente para ser levado a sério. Outra crise, e desta vez política, viria trazer às hostes dos rebelados não somente o apoio de três governos estaduais, mas também novas razões para quem já estava carregado de razões.[16]

Contam que Lauro Müller, frustrados os anseios de seu estado de fazê-lo presidente da República, disse uma vez melancolicamente: "Enquanto o governo do país permanecer nas mãos desses portugueses de Minas e São Paulo, não há perigo. Cuidado com os espanhóis do Rio Grande, porque esses, quando tomarem conta do poder, não saem mais". Seu vaticínio, se verdadeiro, estava prestes a ser cumprido.

A política do café com leite, havia anos, dominava o Brasil, dando pouca ou nenhuma oportunidade aos outros estados da Federação. Artur Bernardes, mineiro, fora substituído por Washington Luís, paulista. Era novamente a vez de Minas, mas não o entendeu assim o presidente da República. Teimou em dar ao país nova dose de café, escolhendo para seu substituto Júlio Prestes, presidente do estado de São Paulo. Os mineiros não gostaram. Antônio Carlos de Andrada, presidente do estado de Minas Gerais, mestre emérito em matéria de política, meditava. Não fora convidado a opinar sobre a sucessão presidencial, soubera que o candidato já tinha sido designado, sem maiores preâmbulos. Submeter-se simplesmente ao desejo manifesto do governo federal, em torno de um nome não mineiro, representava tremendo abalo para o prestígio do Palácio da Liberdade.[17] Lançar o nome de um mineiro em contrapartida era arriscado; teria de lutar, talvez só, contra o governo federal e contra São Paulo. Pensou com cuidado; calculou meticulosamente os prós e os contras, conversou com prudência e, com maliciosa precisão, organizou a segunda Inconfidência Mineira. O Rio Grande do Sul, unido politicamente,[18] era o terceiro eleitorado do país. Seu presidente havia sido ministro da Fazenda até bem pouco tempo; constava que era benquisto na esfera federal. Que melhor nome para pôr em xeque o presidente da República? Não tinha prestígio suficiente para fazer sombra a Minas. Se ganhasse, o que era possível com o apoio das oposições estaduais, ficar-lhe-ia devendo a ascensão. Se perdesse, seria um aliado certo para o próximo quadriênio. Para assustar, realmente, a situação, necessitava, porém, de mais outros trunfos. Seus olhos se voltaram para o Norte. No governo da Paraíba, um homem destemido, com serviços prestados à Nação e tradição de independência política, fazia notar-se. Traria ele, além da voz autorizada de seu estado, o apoio do eleitorado das unidades vizinhas e o prestígio de um ex-presidente da República, seu tio, Epitácio Pessoa? Tudo levava a crer que sim. João Pessoa, com bravura e determinação, aceitou o risco. Seria o vice-presidente na chapa oposicionista.

Getúlio Vargas, no entanto, hesitava. Sabia que governo não perde. Se não ganha nas urnas, ganha na apuração. Lançaria o Rio Grande em uma aventura, agora que se estava refazendo das lutas anteriores? Ser derrotado era de menor importância; ser acoimado de ambicioso, também; mas, submeter seu estado a uma série de provações, ou a um novo "Pela ordem", fazia pensar duas vezes. Antes de aceitar trocou cartas com o presidente da República. As respostas que recebeu eram cordiais e evasivas. Washington Luís já tinha seu candidato e não estava disposto a se deter no exame de outros nomes, quaisquer que fossem as consequências.

A pressão sobre Vargas se tornou mais intensa.

Não eram somente os políticos de três estados que o solicitavam agora. Eram os chefes das oposições locais dos outros dezessete,[19] e o povo começou a vê-lo com outros olhos, os olhos da esperança; eram os rebeldes no exílio, nas prisões, no ostracismo, que clamavam para que empunhasse a bandeira da libertação política do Brasil e instituísse uma verdadeira democracia, baseada na vontade popular e não na ata falsa. Cedeu e aceitou a luta. Paraíba, Minas e Rio Grande, Norte, Centro e Sul, as três ilhas rebeldes estavam unidas por um ideal comum: a vitória dos princípios consubstanciados no programa da Aliança Liberal. A 2 de janeiro de 1930 leu, no Distrito Federal, sua plataforma de governo.[20] Foi o início da via crucis. Ataques, calúnias, perseguições, ameaças, subornos, nada foi esquecido. Havia cheiro de pólvora no ar, os ânimos se exaltavam facilmente, lavrava uma corrente de insubordinação, e o governo federal nada via. Seguro da vitória, recusou todos os apelos à concórdia. Getúlio Vargas se prontificou não somente a retirar a própria candidatura como a renunciar ao posto que ocupava, se o presidente da República reexaminasse o problema da sucessão, aceitando as justas reivindicações populares. Tudo em vão. A 1º de março realizou-se o pleito.[21]

Papai, para não ser juiz em causa própria, retirou-se para São Borja, onde votou. O relato das fraudes e barbarismos cometidos em todo o país chegava até ele diariamente. O povo se impacientava, e o governo descontrolado transformava em crimes seus erros. Getúlio Vargas sentiu que a decisão lhe escapava das mãos. Derrotado com fraude, cabia-lhe protestar, em nome de seus direitos. Mais nada. Mas o governo não se contentava com as poucas vítimas. Esbulhou afrontosamente as representações federais de vários estados, sobretudo Minas Gerais e Paraíba. Aqueles que, apesar da fraude e das violências, tinham conseguido se eleger, contra os desejos do poder central, foram *degolados*[22] atrabiliariamente no Congresso. Não podia mais ficar indiferente ou platônico diante de tanta gente pagando pelo crime de acreditar nas palavras da Constituição e de tantos amigos sofrendo por lhe haverem sido fiéis.

A 1º de maio lançou um manifesto, entregando ao povo a decisão, ao povo que, em última análise, é quem paga por todos os desmandos. A resposta veio pronta. Era preciso agir antes que fosse tarde demais. A conspiração começou, não ainda com o objetivo de chegar até a revolução sangrenta, pelo menos, por parte dos políticos. Tentariam primeiro, através da luta parlamentar, exibir aos olhos do povo as provas da felonia e forçar o governo a ceder. Era uma tarefa inglória, empreendida por alguns bravos, pois não obteriam apoio, e muito menos maioria. Na Câmara, como no Senado, a *degola* dos representantes da corrente da Aliança Liberal fora substancial. Isso trouxe certo desânimo no setor político e mesmo algumas deserções. A corrente favorável a uma solução pelas armas, ao contrário, se avolumava, tomava corpo e direção. Composta em sua maioria de oficiais do Exército e da Marinha, antigos revolucionários, exilados, presos ou apenas desligados de suas corporações, estava recebendo agora, secretamente, adesões não só de civis, políticos, mas também de colegas de armas, que não podiam mais sopitar a revolta contra as arbitrariedades que estavam sendo cometidas.

Eu pouco ou nada sabia do que se passava. Não estava ainda interessada. A vida em Porto Alegre, entre estudos e distrações, era bastante agradável para que me preocupasse com coisas sérias. Mamãe nos recomendara que nada comentássemos no colégio sobre o que se passava em casa. Recomendação inútil, pois de nada sabíamos.

Uma noite fomos ao cinema com papai e mamãe, como de costume. Noite de 26 de julho. Mal havia começado o filme, acenderam-se as luzes e do palco alguém comunicou ao público a dolorosa notícia: João Pessoa fora assassinado! Tombara vítima de sua bravura, de seu corajoso *nego*[23] ao poder central, impresso na bandeira da Paraíba como um símbolo. A indignação foi geral. Nada mais podia impedir a marcha da Revolução. Toda a Nação estava chocada.

Muitas de minhas colegas eram filhas de auxiliares de papai ou de amigos seus, quase todos eles estavam envolvidos na incipiente conspiração. Deviam saber mais do que eu, pois, durante o recreio, me perguntavam quando começaria a Revolução. Adquiri fama de ser pessoa discretíssima, porque respondia invariavelmente que não sabia, ou que não iria haver Revolução. Ninguém acreditava, mas era a verdade.

Só depois desse dia trágico despertei para a realidade próxima e passei a observar melhor pequenos detalhes que até então me pareciam sem importância. Papai ultimamente voltava mais cedo para casa. Seu gabinete, que antes permanecia aberto, agora ficava fechado. Os telegramas e radiogramas eram entregues em mãos, sempre pelo mesmo oficial da guarda e a maioria em código. Meu tio Sarmanho os decifrava, trancado no quarto. Parecia estar sempre com sono. Mamãe nos mandava deitar mais cedo e dispensava os empregados. Durante a noite eu ouvia o som da campainha de entrada, e era só ela quem abria. Passaram a ser mencionados nas palestras nomes e frases esquisitos. Doutor Nelson viajou, o tenente chega amanhã, o Carlos não está bem de saúde. Eram os pseudônimos e as senhas dos conspiradores.

Houve um churrasco na casa de Maurício Cardoso, numa chácara distante da cidade. Para as alunas do Ginásio Bom Conselho era um pretexto de divertimento. Para o estado-maior revolucionário, uma ocasião para discutir com mais liberdade os planos. Agora já me podiam chamar de discreta com justiça: eu sabia.

Pequenos comícios, provocados por estudantes, pipocavam em vários bairros da cidade, organizavam-se comitês, legiões e batalhões em surdina.

Parecia impossível continuar a conter por mais tempo o ímpeto belicoso do povo gaúcho. Para o dia 20 de setembro, data comemorativa da Revolução Farroupilha,[24] estava sendo preparado um grande comício. Sabia-se que seria tumultuoso. Papai lia os jornais da noite, enquanto aguardava o desenrolar dos acontecimentos. Telefone e campainha soavam ao mesmo tempo: a multidão marchava em direção ao Palácio, queria ouvir a palavra decisiva do presidente do estado. "Não é possível detê-los?", perguntou. "Já tentamos", foi a resposta. Papai se levantou lentamente. Parecia que seu corpo pesava uma tonelada. Aparentava calma, mas toda a tensão contida de seus nervos transparecia no sobrecenho carregado. As mãos entrelaçadas às costas, atitude habitual de meditação, passeava pelo gabinete, sem se dar conta de que a casa começara a encher-se de gente.

Era uma rematada loucura o que pretendiam dele. Que poderia dizer? Estragaria todo o trabalho silencioso de tantos dias, provocaria reações imediatas dos agentes do governo federal, sobre todos aqueles homens comprometidos no movimento, se pronunciasse uma palavra a mais. Lançaria o desânimo sobre aquele povo entusiasmado, passaria por covarde ou hesitante se dissesse uma palavra a menos.

Meu gato angorá branco, que se permitia certas liberdades, passou por entre as suas pernas. Abaixou-se para acariciá-lo e quando se ergueu estava sereno. Disse apenas: "Então vamos". Dirigimo-nos todos para o salão de honra do Palácio que dava para a praça da rua Duque de Caxias. A nossos ouvidos chegavam os acordes do Hino Farroupilha cantado pela multidão: "Salve o 20 de setembro, o precursor da liberdade...".[25]

O segundo andar do Palácio, de cuja sacada papai deveria falar ao povo, era justamente aquele que ainda estava por terminar. Andaimes, escadas, pedaços de madeira e nenhuma luz. Subimos com o auxílio de velas. Durante o dia nos servia de esconderijo e local de travessuras. Mas nessa noite a travessura não seria nossa: éramos apenas os espectadores. Cercando papai estavam Oswaldo Aranha, Flores da Cunha, Antunes Maciel, João Carlos Machado, Maurício Cardoso, Baptista Luzardo, entre vários outros amigos e auxiliares. Falou tranquilo, sem comprometer a situação. O que o povo queria era ouvir a palavra a mais, que ele evidentemente não disse.

Os dias continuaram iguais, mas as noites eram sempre diferentes até o dia 3 de outubro. Às oito horas da manhã fomos todos para o colégio e voltamos às quatro da tarde, como habitualmente. Mamãe nos esperava à porta. Mandou Manoel Antônio e Getúlio tirarem o uniforme rapidamente e me chamou com ar preocupado: "A Revolução vai rebentar hoje às cinco e quinze e não quero que vocês durmam aqui. Irão para a casa de uns amigos nossos". Quis reagir, pois preferia ficar. "Você tem de ir para tomar conta de seus irmãos", disse com sua irretorquível voz de comando. Ainda tentava argumentar, alegando que eles não precisavam de mim e eu poderia ser útil, quando chega Luthero com o uniforme do Colégio Militar. Vinha de mau humor, resmungando: "Mamãe, meu quarto foi invadido e eu não admito. Uns 'caras' entraram lá e estão trocando de roupa sem me pedir licença. Não posso entrar no meu quarto". Era o estado-maior da revolução, chefiado pelo tenente-coronel Pedro Aurélio de Góes Monteiro, que se fardava para assumir o Comando Militar.

Papai despachava em seu gabinete com um dos secretários, reconhecidamente contrário à Revolução, como se fosse um dia semelhante aos outros. João Simplício, ignorando o que estava para acontecer, contou-lhe que soubera de certos rumores suspeitos, aos quais o Comando da Região Militar, fiel a Washington Luís, não estava alheio. Eram quase cinco horas da tarde. Papai continuou atento à conversa, mas tocou discretamente a campainha para chamar Sarmanho. Disse-lhe, em tom casual e baixo, que transmitisse a informação a quem de direito de que se acautelassem ou adiassem a deflagração do movimento. O secretário era surdo e supôs que estavam sendo dadas instruções de rotina. Sarmanho não havia ainda chegado à porta para cumprir as ordens quando soou o primeiro tiro. Era o sinal combinado. Acontecimentos imprevistos haviam antecipado de vinte minutos a hora H. Voltou a cabeça e disse apenas: "Presidente, parece que é tarde". Papai assentiu e continuou imperturbável a palestra interrompida.

Pela madrugada cessou a luta em Porto Alegre, com a vitória da Revolução, e nós três fomos autorizados a voltar. Eu quase não havia dormido. Telefonara em vão para mamãe durante a noite, pedindo licença para regressar. Inutilmente usara de um argumento que julguei definitivo: o lugar onde estávamos era mais perigoso do que o Palácio. De fato, a última guarnição a se render, em Porto Alegre, foi o 7º Batalhão de Caçadores, cujo quartel ficava perto da casa do coronel Agnello Correa, na rua Jerônimo Coelho, nosso refúgio por uma noite. A sede da Região, comandada pelo general Gil de Almeida e coronel Firmo Freire, já tinha sido ocupada por um golpe de astúcia e surpresa, por tropa da Brigada Militar e um grupo de civis sob a orientação de Oswaldo Aranha. O destacamento do morro do Menino Deus, após pequena resistência, se entregara. Só o 7º BC continuava lutando.

Nada disso demoveu mamãe. Tive de esperar o amanhecer. O ruído das metralhadoras, durante a noite, me havia feito amadurecer para a luta e eu queria participar dos acontecimentos de perto. Exausta pelas emoções, mamãe não teve mais forças para me obrigar a deitar cedo. Fiquei sendo a dona da porta. Introduzia os revolucionários no gabinete de papai, enquanto mamãe descansava ou atendia as senhoras dos conspiradores que, cansadas de um longo silêncio, podiam agora comentar os fatos. Ninguém dava importância ao porteiro, de modo que podia ficar ouvindo a história dos preparativos, dos sustos, das hesitações, os fatos cômicos e trágicos daqueles dias. Soube, assim, que o *dr. Nelson* era João Alberto e soube dos detalhes do drama que vivera pouco tempo antes. Luís Carlos Prestes, gaúcho, Siqueira Campos, paulista, e João Alberto, pernambucano; Sul, Centro e Norte tinham solidificado no exílio a forte amizade que os unia, desde os tempos da Coluna Prestes. Os dois últimos achavam-se no Brasil, com risco de serem presos, ultimando os preparativos da Revolução, quando souberam que Prestes tinha escolhido um caminho diferente do deles. Estava pronto para lançar um manifesto em que fazia sua profissão de fé comunista. João Alberto esgotara todos os argumentos para atrair o amigo de tantos anos e dissuadi-lo dessa ideia. Siqueira Campos seria a última tentativa. Era o único com ascendência sobre Prestes capaz de demovê-lo. Embarcaram juntos secretamente para Buenos Aires com o intuito de recuperar o companheiro. O avião em que viajavam caiu no mar. Siqueira Campos, que tanta falta veio a fazer durante o período pré e pós-revolucionário, pereceu.[26] João Alberto conseguiu salvar-se, traumatizado na alma e no físico. Voltara à luta, mas já não era mais o vibrátil *dr. Nelson*. Informou que Luís Carlos Prestes pusera um ponto final nas conversações. Não abandonaria as novas ideias que abraçara. Ao ouvir os motivos de sua recusa, papai disse: "É uma pena. Sempre tive a impressão de que Prestes seria um homem destinado mais a construir do que a destruir".

Como medida de precaução, os colégios fecharam por alguns dias. Aproveitei-os não em estudos, nem em passeios. Fiquei observando e escutando embasbacada o relato das aventuras de cada um naqueles momentos de tensão e ansiedade.

Em 48 horas todas as guarnições federais no Rio Grande do Sul caíram nas mãos dos revolucionários. Os poucos oficiais que resistiram, fiéis ao governo, foram obrigados a se refugiar nos países limítrofes, Argentina e Uruguai, ou ficaram prisioneiros. Muitos aderiram posteriormente.

Durante o dia, papai era o presidente do estado, devia acertar várias medidas de ordem administrativa, antes de partir. À noite, transformava-se em revolucionário. As conferências e reuniões se prolongavam até alta madrugada. Importantes decisões deviam ser tomadas. Getúlio Vargas devia ou não seguir no mesmo comboio com o estado-maior da revolução? Duas correntes se formaram. Alguns julgavam que não se devia arriscar a vida do chefe, pois criaria um impasse perigoso, de difícil solução, se alguma coisa lhe acontecesse. Quem o substituiria no comando geral se João Pessoa estava morto e todos os outros chefes tinham iguais direitos e merecimentos equivalentes? Outros concordavam com a tese de papai. Se o chefe não corre os mesmos riscos de seus comandados, não pode inspirar confiança. Fazia-se tarde e a discussão se prolongava. O cansaço era visível na fisionomia de todos, quando mamãe me perguntou em voz baixa: "Tu te animas a fazer café?". Eu, até aquela data, só havia entrado na cozinha para azucrinar a cozinheira. Não sabia nem onde guardava os mantimentos, mas a atmosfera de heroísmo que me envolvia deu-me coragem para responder que sim. Se perguntassem o que fiz não saberia responder. Café não era. A cozinha ficou em desordem e imunda. Os heróis que tinham vencido tantos perigos não conseguiram enfrentar a beberagem que apresentei. Maurício Cardoso foi o único a engolir, sem reclamar, até o fim, a tintura amarga que ofereci triunfante, como se fosse café. As outras xícaras voltaram cheias. Não tomaram café, mas a decisão tomaram: papai seguiria.

As notícias cifradas que chegavam ininterruptamente eram animadoras. No Norte, Juarez Távora avançava sobre o Rio de Janeiro, deixando em cada estado um responsável pela ordem, pois os governos ficavam acéfalos à medida que progredia sua marcha. Em Minas, a Revolução estava vitoriosa. Em São Paulo e no Distrito Federal começavam a surgir os primeiros sinais de insurreição. Faltava resolver quem assumiria a presidência do estado. João Neves da Fontoura, o vice-presidente, recusara. Preferia partir para a frente como soldado raso. Quando não pode ser o chefe, decide ser o último. O segundo lugar sempre foi, sobre seus ombros frágeis, um peso insustentável. A escolha recaiu sobre Oswaldo Aranha. Ele também gostaria de seguir, mas aceitou o sacrifício. Disse, com certa melancolia: "É preciso ter coragem também para ficar". Seria imprudente deixar o estado nas mãos de quem merecesse menos confiança, Resolvidos os problemas mais prementes, só restava marcar a data do embarque.

No dia 9 de outubro vi meu pai partir pela segunda vez.

3
(1932)

Nove de julho de 1932, sábado.[1]

Era a primeira festa de gente grande a que minha irmã e eu íamos: um jantar dançante no Country Club do Rio de Janeiro. Mamãe estava conosco como sempre. Raramente nos permitia sair à noite sem ela. Eu sofreria de um vastíssimo complexo de inferioridade e insegurança se não soubesse que sua atitude não representava falta de confiança em nós nem sacrifício para ela. Acompanhando-nos, vivia através de nós o período descuidado e alegre, sem preocupações, que só se tem uma vez na vida e que não devia ser negado a nenhum jovem. Nossos pequenos triunfos de adolescente, nossos dramas primaveris, com angústias e esperanças, pertenciam-lhe tanto quanto a nós. Nunca se aborrecia quando estávamos contentes e pacientemente esperava que nos decidíssemos a voltar para casa.

Nesse 9 de julho de 1932, as perspectivas para nós nada tinham de interessantes. Conhecíamos ainda pouca gente jovem no Rio e as pessoas que nos haviam convidado preferiam conversar a dançar. Por isso, quando seu irmão Walder comunicou que devíamos voltar imediatamente, não fiquei aborrecida.

Encontramos o Palácio Guanabara,[2] à meia-noite, todo iluminado. Em geral, quando não tínhamos visitas, depois das onze horas só as luzes do gabinete de papai e as da secretaria ficavam acesas. O ajudante de ordens de serviço, agitado ao telefone, tentava comunicar-se com São Paulo. Corri a ver meu pai para saber a causa do chamado. Caminhava lentamente, pensativo, um charuto apagado entre os dedos. Fitou-me com o olhar ausente de quem acaba de receber um choque e não se dignou a responder-me.

Suponho que tenha sido dessa data em diante que passou a me chamar de sua "segunda consciência". Eu descobrira um meio de obrigá-lo a falar de si próprio e repartir comigo pelo menos uma parte de suas preocupações. Era preciso atacá-lo de surpresa, com perguntas inesperadas, que o desarmassem, forçando uma resposta. Eu o observava continuamente e sentia como se fora em mim mesma quando desejava apenas uma presença humana, silenciosa, ou quando necessitava de uma provocação que o fizesse falar, dando liberdade aos pensamentos que o oprimiam, sem perigo de indiscrições. Pelo olhar, o movimento das mãos, a maneira de andar, por mil pequenos sinais só dele, eu sabia se estava triste ou alegre, contente ou preocupado. Extremamente reservado, não o era, no entanto, só por instinto de defesa contra perigosas curiosidades. Tinha receio de não ser bem compreendido e escrúpulo de descarregar sobre outros ombros a responsabilidade que considerava sua. Quem conta um segredo reparte com outrem esse segredo; quem confessa uma preocupação alivia sua própria carga, dividindo-a por dois. Além disso, quase sempre se deu mal com os confidentes. Seus segredos eram raramente guardados, prejudicando manobras de política administrativa e interesses econômicos do país. Suas preocupações não as podia compartilhar de coração aberto, pois as *almas irmãs* que encontrava no momento da *gota d'água* tinham sempre na ponta da língua soluções avessas a seu temperamento. Muitas vezes, na melhor das intenções, tomavam iniciativas sem consultá-lo. Se as consequências se tornavam desastrosas, a carga voltava em dobro para ele, que era sempre *o grande e único responsável*.

Nessa noite, a provocação teve de ser forte, pois papai continuava em silêncio, como se não tivesse ouvido. Reclamei, com impaciência, por ter sido obrigada a abandonar uma festa divertidíssima sem motivo sério. Sorriu triste, como a lamentar essa decepção, e respondeu: "Rebentou em São Paulo um movimento armado contra o governo. Várias guarnições estão sublevadas. Parece que no Mato Grosso e no Rio Grande do Sul também". Ausentou-se, novamente, e, como se falasse para ele próprio e eu fosse um simples móvel de seu gabinete, continuou: "Dizem-se constitucionalistas. Mas isto é pretexto. Há mais de um mês nomeei a comissão[3] para elaborar o anteprojeto da nova Constituição Brasileira. O decreto foi publicado em todos os jornais. Já estão trabalhando. A Revolução de 1930 perderia seu significado sem ela. A razão deve ser outra".[4]

Voltei à carga, como mosca de verão: "Onde começou? Por quê? Como? O interventor que nomeaste está firme?". Meio cético, me disse: "Parece. A primeira notícia veio por intermédio dele". Fomos interrompidos pelo ajudante de ordens. Comunicou a papai que as ligações telefônicas com São Paulo haviam sido cortadas e que em vão chamara o interventor Pedro de Toledo pela linha direta existente entre os dois palácios: Guanabara e Campos Elíseos.[5] Ninguém atendia.

Não precisava ouvir mais. Uma guerra entre irmãos começava. Fui trocar minha roupa de festas por outra mais adequada a enfrentar a noite. Haveria várias vigílias cívicas pela frente. O Palácio já estava cheio de gente quando voltei. Papai conferenciava com alguns de seus ministros; os chefes militares haviam sido chamados; os auxiliares mais diretos tinham acorrido ao primeiro aviso; vários amigos, desconhecidos em sua dedicação distante, aguardavam ordens; alguns inimigos, também desconhecidos até então, se infiltravam para saber de que lado deveriam ficar. Estaria o governo suficientemente forte para vencer? Ganhariam os revoltosos? O outro lado da medalha ironicamente nos desafiava: os rebeldes de 1930 combatiam os rebeldes de 1932.

Durante aqueles longos três meses que terminaram a 3 de outubro, muitas vezes me perguntei o porquê daquela revolução. Já aprendera nos livros e em minhas próprias especulações que, em todas as guerras, quaisquer que elas sejam, encontra-se sempre como motivo determinante uma razão de ordem econômica. Até as Santas Cruzadas, dizem alguns tratadistas, tinham por trás das cortinas uma motivação semelhante. Qual seria a desta luta? Entre um susto e outro, entre um regozijo e outro, tive muito tempo para pensar e muito o que aprender. Aprendi até a fazer crochê. Nas intermináveis noites de expectativa, reuniam-se todas as senhoras, amigas de mamãe, para fabricar mantas e meias de lã para os soldados que partiam em defesa do governo. Havia frio nas montanhas de Minas Gerais e nas do estado do Rio. Minhas contínuas incursões pela Secretaria preocupavam mamãe. Conseguiu prender-me por alguns dias, apelando para meu espírito de solidariedade. Cheguei a concluir umas poucas mantas, o menos difícil para mim, enquanto meditava sobre o que estava acontecendo. Espero que não tenham morrido de frio os poucos soldados que se utilizaram de meu medíocre trabalho.

Enquanto o novelo de lã se desmanchava a meus pés, o pensamento corria. Voltei atrás.

Em um outro dia 9 de outro mês, de outro ano, os revoltosos éramos nós: 9 de outubro de 1930.

Enquanto o trem que transportava o estado-maior revolucionário se dirigia lentamente para a capital federal, chegavam a Porto Alegre as primeiras respostas concretas à pergunta perturbadora, lançada pela Aliança Liberal em 3 de outubro: "O que é que há?". Era essa a senha telegráfica enviada aos chefes revolucionários para deflagrar o movimento. O que é que há? Havia ânimo de luta e desejo de vitória. Mas havia também angústia e medo e, sobretudo, ambições despertadas em desordem. E tudo convergia para o Rio de Janeiro.

As tropas do Norte, anulando as resistências locais, avançavam cautelosamente. O Centro, chefiado por Minas, estava pronto para a marcha final. Do Sul seguia um trem.

Atravessou o Rio Grande em triunfo; passou por Santa Catarina, sob aplausos; chegou ao Paraná cercado por entusiasmo e flores. Por que parou em Ponta Grossa? Uma linda moça paranaense, emocionada, amarrara um lenço vermelho, símbolo da Revolução, ao pescoço de seu chefe. Foi um escândalo no Rio Grande do Sul. A cor vermelha era tabu para os republicanos. Teria Getúlio Vargas rompido com seu partido? Os boatos, até então insignificantes, começaram a crescer. Corria que a bancada gaúcha no Senado fora apresentar solidariedade a Washington Luís; unidades da Marinha de Guerra navegavam em direção a Florianópolis para aprisionar o estado-maior da revolução; uma bomba havia detido o trem; o governo estava disposto a resistir em Itararé, a qualquer preço, e concentrava suas tropas; os reservistas tinham sido convocados no Rio de Janeiro; enfim, a Revolução estava perdida. No entanto, o motivo para a demora no Paraná era outro, bem mais ponderável: evitar, ao máximo, o derramamento de sangue. As tropas que vinham do Sul para enfrentar Itararé[6] não haviam chegado todas a seu destino. As guarnições revolucionárias do Distrito Federal ainda não haviam podido fazer sua parte. Dia a dia, as possibilidades de vitória aumentavam, mas era preciso pacientar para poupar vidas. Por causa de todas essas precauções, Itararé se tornou a *maior batalha que não houve*.

O trem entrou em São Paulo, sem luta, e foi recebido sob aplausos. A capital bandeirante se engalanou para acolher o chefe da Revolução, seu povo em delírio o acompanhou até os Campos Elíseos. Getúlio Vargas recebeu comovido e humilde as demonstrações de carinho e confiança que lhe dava a injustamente chamada *capital dos reacionários*. A carga de responsabilidade que já trazia sobre os ombros tornou-se ainda mais pesada. Seria esse mesmo São Paulo que lhe rendera, com seu regozijo e suas esperanças, a maior das homenagens, aquele que o combatia agora?

Outra noite de vigília, outra manta para fazer, o frio aumentava. E eu continuei a recordar.

Porto Alegre tornara-se o centro telegráfico para onde convergiam todos os cifrados. As notícias do Rio de Janeiro eram boas, mas inquietadoras. Temia-se que o fruto de tanto esforço e dedicação fosse cair em mãos de outrem.

O governo federal teimoso, mal-informado e fraco, fora deposto a 24 de outubro por uma Junta Governativa Militar. Para convencer o presidente da República da inutilidade de sua resistência, convocaram o cardeal arcebispo do Rio de Janeiro, d. Sebastião Leme. A atitude digna, correta e patriótica do presidente Washington Luís, nesse dia e em todos os que se lhe seguiram, fez com que a História lhe perdoasse os erros de visão anteriores.

A Junta Governativa era composta de três oficiais de grau superior: o almirante Isaías de Noronha e os generais Tasso Fragoso e Mena Barreto. Sentindo a derrocada iminente, haviam tomado a iniciativa de precipitar os acontecimentos para evitar que lavrasse a desordem na capital.

Oswaldo Aranha, em Porto Alegre, recebeu instruções para partir imediatamente para o Rio de Janeiro, aonde chegou a 27 de outubro. Getúlio, em São Paulo, se inteirava da situação, coordenava os planos, dava orientação e meditava.

Todos os governos estaduais, com exceção de Minas Gerais, onde Olegário Maciel, sucessor de Antônio Carlos, mantinha os compromissos assumidos com a Revolução, tinham ficado acéfalos em 24 horas. Estariam tão minados e desmoralizados que nenhum chefe surgiria para os defender? Seria possível que tantos homens eminentes abandonassem seus postos sem luta e, muitos, sem dignidade? Valeria a vida mais do que a honra? Aceitaria ele, para evitar maiores tragédias, as adesões inesperadas e insinceras que se ofereciam?

Infelizmente não era só a decomposição dos legalistas que o preocupava.

Estariam os revolucionários tão sequiosos do poder que não se moderassem ante os vencidos? Seria esta Revolução, pela qual havia sacrificado seus princípios básicos, apenas mera substituição de homens? As mensagens recebidas dos vários recantos do país eram quase todas iguais. Informavam: o governador fugira, entregara-se ou fora despachado; e comunicavam: "Fulano de Tal assumira o poder em nome da Revolução". As interrogações sem resposta o torturavam: "Quem seria Fulano de tal? Seria bom administrador? Seria fiel aos ideais da Revolução? Deveria mantê-lo? A quem perguntar, sem ferir ninguém?". A muito poucos conhecia pessoalmente e alguns nem de nome.

Não havia tempo a perder. Precisava deixar em São Paulo um homem de responsabilidade e seguir sem demora para o Rio, antes que os fatos se apresentassem já consumados. Ouviu, auscultou, sentiu, mas não entendeu São Paulo. Berço de bandeirantes, terra de pioneiros, estimulador do progresso, é o fabricante dos políticos menos hábeis do Brasil.

Queria corresponder à confiança demonstrada pelo povo paulista. Como fazer, porém, se os revolucionários já começavam a se desentender e os adversários da véspera buscavam a sombra do poder e açulavam as desavenças?

Não era possível deter-se mais tempo a esperar que surgisse dos céus um nome capaz de satisfazer a todas as correntes políticas e não políticas que o apoiaram.

Decide-se, finalmente, por João Alberto Lins de Barros, amigo e companheiro de desdita do paulista Siqueira Campos. Seria o nome deste revolucionário, de todos o mais querido e respeitado por sua integridade e destemor, o naturalmente indicado para dar tranquilidade à terra bandeirante. Sua morte, em pleno período conspiratório, obrigara João Alberto a estender suas atividades até o setor coberto antes por Siqueira e Miguel Costa, ficando Juarez Távora incumbido de sublevar o Nordeste. Nessa base, considerando que João Alberto gozava da confiança de todo o estado-maior da revolução, tinha ligações com os políticos paulistas e conhecia quais eram os amigos e os inimigos da causa, foi ele nomeado delegado militar, provisoriamente. Seu secretariado foi organizado com elementos escolhidos no partido que apoiara a Revolução e no contingente rebelde que viera com ele.

Foi uma vã tentativa. Duas esperanças morreram naquele dia e nasceram dois ressentimentos. João Alberto poderia ter sido um gênio como administrador, jamais lograria sobrepor-se ao fermento das ambições insatisfeitas dos amigos de seus dois rivais. Miguel Costa era considerado pelos revolucionários paulistas o sucessor natural de Siqueira Campos, e o Partido Democrático[7] queria impor o nome de Francisco Morato. E um não aceitava o outro.

Getúlio Vargas seguiu pensativo para o Rio de Janeiro. Era a primeira indicação feita diretamente por ele, após a vitória.

Para nós, do dia 9 de outubro em diante, a vida em Porto Alegre assumira uma aparente normalidade. Colégio, deveres, professores particulares. O nervosismo da expectativa apenas se fazia sentir à hora do jantar, quando todos juntos comentavam as notícias do dia. Oswaldo Aranha, o presidente do estado em exercício, sentava-se à cabeceira da mesa e contava a mamãe, com estudado bom humor, a marcha dos acontecimentos. Sempre vinha acompanhado por alguns oficiais, personagens de 3 de outubro, que haviam ficado com ele para garantir a retaguarda do trem que partira. Eram vários, mas só guardei o nome e a fisionomia de três: comandante Hercolino Cascardo, major Dubois[8] e capitão Cícero de Góes Monteiro.

Mamãe, desejosa de auxiliar em alguma coisa, fundara em Porto Alegre a Legião da Caridade. Ao chamado de "Rio Grande do Sul, de pé pelo Brasil", vários voluntários largaram famílias, trabalho, interesses e partiram sem olhar para trás. A Legião da Caridade nasceu da necessidade de fornecer mantimentos e remédios às famílias dos incontroláveis dom-quixotes. Aos domingos e feriados, eu tinha licença para ir ajudar. O perfume teimoso do charque penetrava nos pulmões, e o sol sobre o telhado de zinco de um barracão no cais do porto queimava os miolos das dedicadas voluntárias. Mas a distribuição de víveres se fazia sem interrupção.

O 24 de outubro nos pegou a todos de surpresa. Fui chamada com urgência, no começo das aulas da tarde. Se o feriado inesperado me deixou apreensiva, o clamor das ruas me tranquilizou. Foguetes, vivas, lenços vermelhos que se agitavam e sorrisos que se abriam, tudo gritava que as notícias eram boas. A segunda fase do período de angústias passara. Encontrei mamãe febrilmente agitada. Queria partir para se encontrar com papai e saber notícias mais seguras de Luthero,[9] que seguira também com as tropas, rumo a Itararé. Voltaria depois para nos buscar. Mas tinha tantas coisas a resolver... Precisava assegurar a continuação da Legião da Caridade enquanto fosse necessária; cancelar nossas matrículas nos colégios; providenciar transferência para que não perdêssemos o ano; guardar os arquivos de papai, pois ignorava qual seria a sequência dos acontecimentos; entregar o Palácio a quem de direito; arrumar malas, desarrumar uma casa, a sexta casa, em menos de dez anos.

A agitação do presidente em exercício, Oswaldo Aranha, era de ordem mais séria. Devia partir sem delongas; passar o governo,[10] assegurar a retaguarda, agora a dele também, isso sem saber qual o ambiente que encontraria na capital. Estariam dispostos a entregar o fruto do trabalho de outros que lhes caíra nas mãos? Seriam hostis? Seriam compreensivos? Não haviam tomado parte integrante na conspiração. Teriam agido por patriotismo ou por interesse próprio? A ele caberia descobrir, negociar, parlamentar, vencer resistências, caso as encontrasse.

No dia 3 de novembro, Getúlio Vargas recebeu, das mãos da Junta Governativa Militar, o governo do Brasil. Em seu discurso de posse enalteceu o espírito de compreensão com que atuaram no momento oportuno e o patriotismo dos três oficiais superiores que haviam dado o golpe de graça sobre o "simulacro daquela autoridade claudicante", e poupado ao país maiores sacrifícios. Uma revolução quase incruenta, que havia sacudido o Brasil de ponta a ponta, estava vitoriosa. A Revolução Redentora.

Para mim, isso não tinha mais a menor importância. Papai estava vivo, meu irmão também. A guerra acabara, provavelmente escaparíamos dos exames finais, passaríamos por média. Tínhamos ganhado a parada. O governo podia ser vencido. Meu espírito de aventura parava aí e o resto não me agradava. Para que mudar de vida outra vez? Papai devia voltar para o Rio Grande, onde eu tinha minhas amizades, meu colégio, meus hábitos. Morar no Palácio das Águias?[11] Em minha imaginação, o símbolo da prepotência não me atraía. Outras crianças um dia iriam pensar de meu pai o mesmo que eu já havia pensado de seus antecessores. Mamãe não discutia conosco. Já estava tudo decidido, tudo preparado. Seguiríamos de navio, levando a bagagem, em companhia de amigos. Ela iria de avião e nos esperaria no cais. Aceitei sem concordar, mas minha opinião era perfeitamente dispensável. A aviação, porém, ainda estava na infância e não podia enfrentar condições atmosféricas desfavoráveis. E o mau tempo atrapalhou os planos da irredutível d. Darcy. Partimos todos de navio e chegamos a 14 de novembro, pela tarde, ao Palácio do Catete. Não vi papai. Estava muito ocupado. No dia seguinte, data da República, realizar-se-

-ia uma grande parada militar. Desfilariam, como despedida, todas as tropas revolucionárias que estavam no Rio de Janeiro, diante do homem que tinham escolhido para governar o Brasil.

Que decepção o Palácio do Catete! Quartos enormes e inconfortáveis, mobília escura, sombria, cortinas severas. Um elevador periclitante e intermináveis escadas de mármore, mal-iluminadas, davam acesso ao terceiro andar, considerado o de moradia. Dois banheiros apenas, praticamente um, pois o outro ficava ao lado do elevador, por onde subiam e desciam ministros em audiências importantes. Só podia ser utilizado fora das horas do expediente. Os quartos eram em número de dez e capazes de abrigar pelo menos cinco pessoas cada um. À hora do jantar papai apareceu. Vinha cansado, mas satisfeito. Fez-nos várias perguntas sobre a viagem, contou alguns detalhes de sua passagem pelos vários estados, anedotas e episódios. Estendeu-se sobre a recepção estrondosa que havia recebido em São Paulo, confirmação da que obtivera durante a campanha da Aliança Liberal.

Meu humor melhorou. Fui conhecer o segundo andar do Palácio, a parte destinada a recepções. Que diferença! Todas as portas trabalhadas em bronze dourado; o soalho obedecia a caprichosos desenhos, diferentes em cada sala; iluminação feérica provida por gigantescos lustres de cristal, rico mobiliário, decoração elaborada e luxuosa, de acordo com a época em que fora construído pelo barão de Nova Friburgo. Uma sala mourisca, uma em estilo pompeiano, outra em feitio de capela, com motivos religiosos, belo salão de recepções, com pinturas sobre assuntos mitológicos, imenso salão de banquetes. Tudo isso fechado e sem uso, a não ser em dias de gala. No primeiro andar, como sardinhas em lata, dezenas de funcionários tentavam pôr em dia o expediente.

Papai trabalhava até altas horas da noite. Havia tanto que fazer naqueles primeiros dias! Por onde começar? Os self-made governadores militares dos estados estariam em condições de exercer os cargos? Se não, como substituí-los? Conferências, confabulações, entrevistas secretas. Um tal não servia, mas impossível trocar agora: tinha prestado serviços relevantes à causa. Era preciso esperar. Outro não era bem-visto pelos revolucionários, mas possuía as qualidades necessárias ao posto. Mais outro, considerado excelente por alguns, não podia permanecer, sob pena de desgostar o chefe local, que não fora consultado. Tranquilizar o opositor ou substituir? Eram tantos os cargos a preencher! Como premiar este ou aquele, sem prejudicar os interesses de cada estado? E o ministério? Quais os mais aptos, os mais necessários, os de maior merecimento, os mais leais? Como escolher um, sem magoar os outros? E o governo, como se chamaria? Que leis o regulariam? Como confirmar na vitória as boas intenções da luta? Era necessário tomar providências para que o novo governo fosse reconhecido internacionalmente, para que o comércio, a agricultura, a indústria, a vida do país, enfim, não parasse. Precisava restabelecer a ordem na administração e desde já pensar em dar ao Brasil novas leis, novos códigos, nova Constituição, mais modernos, mais adequados, sob normas mais atuais.

O governo foi aceito, reconhecido e batizado: Governo Provisório da República dos Estados Unidos do Brasil.[12] A palavra presidente da República ainda repugnava um pouco aos revolucionários. Getúlio Vargas seria o chefe do Governo Provisório. Seus delegados nos estados, inicialmente chefes militares, receberam o nome de interventores federais, com as mesmas atribuições do poder central, ao qual deviam prestar contas de seus atos. Uma única exceção foi feita: Minas Gerais. Olegário Maciel, o único que se manteve no posto, continuou a ser chamado de presidente.[13]

Para formar o ministério, teve de enfrentar toda uma série de marchas e contramarchas, imposições e negaceios, exigências e renúncias. Alguns pretextavam o mais absoluto desinteresse e desejavam tudo. Outros nada queriam para si próprios, além do prazer de cortar as ambições de seus desafetos. Finalmente, o período do *pode casar com quem quiser, contanto que seja com o primo Pedro* parecia superado. Cada um assumiu seu posto e agora precisavam trabalhar e provar ao Brasil que haviam merecido a vitória.

Papai estava exausto: dois anos de luta intensiva, sempre com a responsabilidade da decisão final, da última palavra. A conselho médico foi fazer uma curta estação de repouso na cidade de São Lourenço. Rendeu, também, nessa mesma época, seu preito de gratidão ao povo mineiro. Foi sua primeira visita oficial como chefe do Governo Provisório.

Desde Porto Alegre, papai trazia um diagnóstico que o inquietava: dilatação da aorta. Submeteu-se a um tratamento rigoroso e fez novo exame, já no Rio. O diagnóstico confirmado, a inquietação se transformou em cisma. Em vão, mais tarde, com o aparecimento de novos métodos de exame e com o aperfeiçoamento da medicina, lhe diziam os médicos que nada tinha no coração. Desesperado com sua teimosia, um deles me disse: "Não permita que seu pai continue a fazer tratamentos específicos. Ele nada tem no coração. Os eletrocardiogramas, os exames estão todos perfeitamente normais. Se tivesse alguma coisa não teria aguentado a vida que leva. As radiografias revelam que o tamanho de seu coração é um pouco acima do normal. Mas é congênito. Nasceu assim. É uma característica comum aos homens de sua estatura biotipológica. Esconda os remédios, pois pode sobrevir uma intoxicação". Muitas vezes burlou minha vigilância e às ocultas mandava comprar as medicações interditadas pelo médico. Tentava teimosamente fazer seu coração encolher. Tudo inútil. Tinha o coração grande demais.

Mamãe ficara no Rio para providenciar colégio, uniformes e livros para nós e escolher, entre as duas residências de veraneio presidenciais, a mais conveniente. Era necessário fugir ao calor e desocupar o Catete, que necessitava de reparos urgentes. A da ilha do Rijo, preferida pelo presidente Bernardes,[14] era tentadora: banho de mar e liberdade, mas dificultava a vida de papai. Ficaria sempre na dependência de lanchas, da inconstância do mar. E o serviço não podia sofrer interrupções. Fomos para Petrópolis. Como no Catete, somente a parte oficial era apresentável. Os proprietários das antigas casas senhoriais do Império e seus ocupantes da jovem República tinham a preocupação de receber com luxo e viver espartanamente e sem gosto. Sempre a crise de banheiros, o mobiliário sombrio e triste. Cadeiras estranhas que se entreolhavam espantadas, não se conheciam, pertenciam a épocas diferentes, a origens diversas, como se cada um dos habitantes transitórios ali tivesse deixado uma lembrança de sua passagem. Mas não havia outra escolha. A mudança seguinte seria para o Palácio Rio Negro,[15] construído pelo barão do mesmo nome.

Até começarem as aulas, nossa vida foi ótima. Com a ausência de papai, não havia expediente, somente os serviços de rotina. Decidir sobre a arrumação dos quartos, apresentar as cadeiras umas às outras, explorar o matagal que devia ter sido jardim em outras épocas, conhecer a cidade, frequentar o cinema, foi só o que se exigiu de nós.

O governo ainda não havia completado quatro meses de existência e já a imprensa começou a implicar conosco. As primeiras providências de papai ao assumir o poder tinham sido cortar os próprios subsídios, como exemplo, e coibir o abuso dos carros oficiais, como medida de economia. As primeiras vítimas dessa deliberação fomos eu, Manoel Antônio e Getúlio. Estávamos os três no mesmo colégio no Rio de Janeiro, e as aulas começavam às 8h30. Mamãe nos mandava levar à estação, tomávamos o trem e na Pedro II[16] outro carro oficial nos deixava à porta do Colégio Aldridge, na praia de Botafogo. Eram quase duas horas e meia de trajeto e a madrugada era dura. À tarde, repetia-se o itinerário ao inverso. Chegávamos a Petrópolis quase às seis horas, esfomeados, sujos da fuligem do trenzinho da Leopoldina e com os deveres por fazer. Certa noite encontramos mamãe chorando com um jornal a seus pés. Uma notícia era a causa. Dizia, em resumo: "Enquanto o governo prega a renovação de costumes, permite que uma luxuosa limusine todas as manhãs deposite com cuidado três viçosas crianças à porta da estação de Petrópolis". Eu já não me considerava mais criança e, quanto ao viçosas, não era muito exato, mas que o assunto era conosco não havia a menor dúvida. Mamãe, sentindo-se responsável, decidiu logo: "De hoje em diante, vocês não me põem mais os pés em carro oficial". Nossas madrugadas ficaram maiores. Tínhamos de tomar o bonde Circular que passava a duas quadras do Rio Negro, o trem, e, no Rio, mais dois bondes. Conferenciamos os três: estudaríamos durante a viagem, mas precisávamos fazer alguma coisa por mamãe. Estava exausta, longe de papai e tendo de assumir responsabilidade tal, como a de nos entregar a nós mesmos, durante tantas horas. Resolvemos pedir uma ligação para São Lourenço e tentar falar com papai. Ele tinha verdadeira ojeriza por telefone. Somente em ocasiões muito especiais, ou quando não havia escapatória, se utilizava desse meio de comunicação. Alegava sempre que não ouvia bem, o que só se tornou verdade muito mais tarde. Necessitava, creio eu, sentir diretamente as reações de seu interlocutor. Ouvia melhor com os olhos do que com os ouvidos. Quando isso se tornava impossível, preferia que alguém, por ele, recebesse os recados e transmitisse suas respostas. Só duas vezes, em toda a minha vida, falei com ele através do telefone. A segunda foi em 1950. A primeira foi nessa noite para São Lourenço. Confabulei rapidamente com ele e depois chamamos mamãe. Ao ouvir sua voz, ficou mais tranquila. No entanto, a sentença permaneceu sobre nossas cabeças: menos uma hora de sono.

O suplício só terminou quando nos mudamos (mais outra residência) para o Palácio Guanabara desta vez. Agora, sim, não havia somente ostentação. Tinha jeito de casa de família, sem o ser. Naquele casarão imenso funcionavam várias repartições, sem que déssemos por isso. A parte residencial ficava inteiramente independente e dava para um enorme e belíssimo jardim, copiado de um dos recantos do Palácio de Versalhes. Dividido em duas alas pela sala de jantar e por um fabuloso jardim de inverno, havia espaço e conforto para toda a família. E ainda sobravam quartos. No dia seguinte ao da chegada, um domingo, fomos fazer nossa clássica inspeção. Uma magnífica estrada de cimento, de pouco mais de um quilômetro de extensão, galgava o chamado morro Mundo Novo. No topo, disseram-nos, havia um mirante luxuosamente montado, onde o presidente Washington Luís se refugiava do calor. Ao lado, um posto da Polícia Militar montava guarda. Resolvemos subir a pé e chegamos lá afogueados. A subida era bastante íngreme, mas o maravilhoso panorama valia o esforço. A baía de Guanabara, esplêndida, parecia estar a nossos pés e o Corcovado, onde o Cristo imenso estava sendo terminado,[17] protegia nossas costas. O mirante era confortável, mas nada tinha de luxuoso: um gabinete de trabalho, um pequeno lavatório e uma copa exígua. A escada em caracol levava a uma espécie de varanda onde algumas poltronas de vime e uma mesa eram todo o mobiliário.

Voltamos às carreiras, cortando caminho por dentro do mato, sem obedecer à estrada: tínhamos um plano. À hora do almoço, contamos a papai o resultado de nossas descobertas e o convidamos a subir conosco: queríamos que ele inaugurasse os melhoramentos introduzidos por nós. Ouvia divertido nossas descrições e perguntou: "Que é que vocês fizeram?". Respondemos entusiasmados: "A estrada tinha o nome do 'barbado' e nós trocamos. Chamava-se avenida Washington Luís, agora vai se chamar avenida 3 de Outubro". Papai ficou sério, mas nós não percebemos por quê. Pediu detalhes e os *papagaios* falaram todos ao mesmo tempo. Passáramos a manhã com cartolina, tesoura, tinta e cola-tudo, superpondo nossas placas às originais. Zangou-se: "Pois logo depois do almoço vocês vão retirar tudo. Quem construiu a estrada foi ele. É justo que tenha seu nome". Por sorte só havíamos colocado as primeiras. A preguiça nos ganhara logo após o terceiro posto. A perspectiva de subir outra vez até o fim não era sorridente, sobretudo sendo castigo.

Papai pusera água na fervura de nossos pruridos revolucionários. Queria reformar o que estava errado, construir o que não havia sido feito e não demolir, nem se apossar de obras de outrem. Procuraram-no pouco depois os editores de uma revista rodoviária para obter uma frase que correspondesse ou superasse a de Washington Luís: "Governar é abrir estradas". Papai não se interessou pelo assunto. Em desespero de causa pediram minha intervenção. Foi seco: "Não dou. A frase dele é muito boa. Usem a dele somente". Ordenou que todas as estradas iniciadas no governo passado fossem conservadas, melhoradas e continuadas.

Já estávamos em fins de agosto de 1932 e eu continuava a fazer perguntas a mim mesma. Por que Revolução Constitucionalista? Seria papai um ditador ambicioso e nada mais? Não. Impossível. Ele era tão bom e honesto em suas palavras e atos. Já começara a cumprir as promessas feitas como candidato. Devia haver um motivo e eu precisava descobrir para poder continuar a crer. Fiz um balanço do ano de 1931. Que tinha ele feito de bom e de ruim? Abordara o problema do saneamento econômico e financeiro; concedera anistia; instalara a Comissão Legislativa para estudar a reforma dos códigos brasileiros, antiquados ou inadaptados ao Brasil; nomeara a Comissão para elaborar o projeto de reforma eleitoral, para que se pudesse, sob novo sistema, eleger os constituintes, futuros autores da nova Carta Magna; criara mais dois ministérios, o do Trabalho, Indústria e Comércio e o da Educação e Saúde. Na época disseram que ele os havia criado por politicagem e não por política, para poder dar mais um ministério a Minas e mais um ao Rio Grande. É que não tinham lido com atenção a plataforma de governo do candidato da Aliança Liberal. Não cometera violências nem arbitrariedades. Os derrotados políticos não sofreram vexame; alguns foram solicitados a se retirar do país, sem perseguição; outros se exilaram voluntariamente. Ao ex-presidente Artur Bernardes, que, pelos mesmos motivos mineiros de Antônio Carlos, embarcara errado na canoa da Revolução de 1930, fora oferecida uma embaixada no estrangeiro e ele recusara. Vargas temia, com razão, que não tardassem as desconfianças e hostilidades dos homens de 1930 que eram os mesmos exilados e perseguidos por ele durante seu governo. Em 1932, Bernardes pulava de novo para dentro da canoa de outra revolução, a chamada Constitucionalista. Ter-se-ia ele decidido, cansado de combater rebeldes, a provar o gosto da rebelião e agora entrava em todas?

Qual seria o erro cometido? Houve vários pequenos erros, mas não em tão grande número, nem tão graves, que justificassem essa contrarrevolução. O Governo Provisório não completara seu segundo ano de vida e estava a oferecer inúmeras realizações, como prova da honestidade de seus propósitos.

A Revolução de 1932 não podia ser constitucionalista; talvez apenas a reação que fora obrigada a ficar muda em 1930 e agora levantava a cabeça. 1930 levara tudo de roldão, forçara deserções e fugas, vencera quase sem vítimas. A reação resolveu crismá-la com sangue, o sangue do povo paulista, soezmente utilizado pela ambição e recalques de alguns insatisfeitos. Não. Não eram aqueles que, lealmente derrotados, curtiam no exílio e no ostracismo as próprias falhas. Eram, em sua maioria, reacionários natos que haviam por engano ajudado a Revolução Redentora e em breve descobriram que esta não era ainda a *república dos seus sonhos*.

Logo após os primeiros atos do Governo Provisório, visando à objetivação dos propósitos da Aliança Liberal, sugiram no cenário político duas castas inteiramente distintas: a dos *carcomidos*[18] e a dos *revolucionários históricos*. Nem todos os *carcomidos* eram reacionários, nem todos os *históricos* eram na verdade revolucionários. Por isso, às vezes, surgiam uniões políticas híbridas, outras vezes desavenças aparentemente inexplicáveis àqueles que desconheciam as primeiras origens dos personagens em questão.

Para manter o equilíbrio entre ambas, surgiu a terceira força: o *espírito revolucionário* do qual nasceu o famoso Clube 3 de Outubro.[19] Para ele convergiram os mais ardorosos defensores da Revolução de 1930. Getúlio Vargas não era nem *carcomido* nem *histórico*, mas possuía *espírito revolucionário*. O Clube 3 de Outubro o apoiava, incondicionalmente. Era um apoio perigoso, embora honesto e sincero. Grande parte de seus membros eram jovens ardorosos e destemidos, mas politicamente inexperientes. Ser tenente e pertencer ao Clube 3 de Outubro foi, durante alguns meses, muito mais importante do que ser general ou fazer parte do ministério. Não foram poucas as crises criadas por eles, dentro da família governamental, pelo excesso de entusiasmo e intransigência, chegando, às vezes, quase à indisciplina. Cumpriram, porém, bravamente a missão de dar cobertura política aos chefes revolucionários leais. Mais tarde, os tenentes foram promovidos a capitães, majores e generais, e o Clube dos Tenentes se dissolveu naturalmente. Quinze anos depois, em 1945, generais que haviam sido tenentes reorganizaram o Clube em outros moldes, mais modernos, e em 1950 entregaram as chaves da sede aos coronéis.

À medida que, no correr desses dois anos, avultava a personalidade de Getúlio Vargas como homem hábil e de autoridade, começaram a aparecer os primeiros pruridos epidérmicos nas ambições dos herdeiros presuntivos. O *homem da cadeirinha*,[20] empurrado de todos os lados por várias mãos, detinha, com firmeza, a roda da direção.

A incerteza do futuro pessoal de cada um ante o arreganhar de dentes aparentemente ameaçador de uma nova mentalidade que nascia, o medo de perder a oportunidade de ser importante, o pavor ao anonimato fizeram com que se unissem adversários da véspera para lutar contra o que haviam construído com tanto cuidado e sacrifício. Queriam destruir o homem que começava a fazer sombra, e para isso valia a pena negar os próprios ideais.

Positivamente, a Revolução Constitucionalista de São Paulo não era nenhuma dessas três coisas. Não era uma revolução. Era uma represália. Não era constitucionalista, pois apenas contribuiu para perturbar a constitucionalização do país. E, por estranho que pareça, também não era paulista. O fermento veio do Rio Grande do Sul e a massa que se servia da juventude e do solo bandeirantes, como campo de batalha, era feita dos grãos de ódio de todos os reacionários, de todos os tempos e de todos os estados.

A disciplina partidária no Rio Grande do Sul era, naquela época, uma coisa muito séria. Alguns membros do Partido Republicano Liberal,[21] a que meu pai pertencera, não lhe haviam perdoado os atos de independência e de coragem política que havia praticado: o de renunciar à sua cadeira de deputado estadual por não concordar com a atitude de seus correligionários, em 1913; o de reconhecer e prestigiar os candidatos eleitos pelo partido adversário, o Libertador, quando presidente do estado; o de ter governado o estado, alheio às normas ditadas pelo chefe histórico do partido, o ilustre Borges de Medeiros; o de ter aceitado chefiar a revolução sem as bênçãos indispensáveis, para alguns, desse mesmo chefe; e, finalmente — supremo crime — o de haver vencido e, vencedor, ter acolhido no mesmo pé de igualdade os Libertadores que tinham dado seu total apoio para o êxito da Revolução.

Em 1931 eram três os chefes da política rio-grandense: Assis Brasil, libertador e revolucionário, foi superado em 1932 por Raul Pilla; Borges de Medeiros, republicano e antirrevolucionário, dera a contragosto consentimento a seus liderados para acompanharem Getúlio Vargas em 1930; e este era o terceiro que, premeditadamente ou não, havia congregado os dois partidos na causa comum da Aliança Liberal.

Conseguira manter até 1932 uma Frente Única partidária para nela apoiar seu governo, administrar com segurança e levar o país serenamente para uma democracia genuína. A paz não podia durar muito. O Rio Grande do Sul nascera lutando e queria continuar lutando. Para combater a Frente Única revolucionária, somente um seu fac-símile teria oportunidade. Surgiu em 1932 a outra Frente Única, que seria o sedimento da chamada constitucionalização. Borges de Medeiros, que não gostara da Revolução de 1930, aceitou de bom grado a de 1932 e fez causa comum com seu maior adversário, Raul Pilla. Os republicanos revolucionários dividiram-se ante o dilema de continuar a obedecer ao chefe histórico, pelo qual estavam habituados a ser comandados, ou seguir o companheiro que havia lutado ombro a ombro com eles e continuava a tratá-los como iguais. Muitos hesitaram, muitos foram seduzidos, muitos escolheram friamente, muitos decidiram com o coração.

A primeira fissura no bloco revolucionário fora feita. A base política de Vargas, o Rio Grande do Sul unido, estava falhando. O resto era fácil. Alargá-la, criar os impasses, arranjar motivos, fabricar slogans, era obra para a qual a reação estava plenamente preparada. *Queremos o Brasil constitucionalizado.* Quem é que disse que não o seria? Até a data para as eleições da Constituinte já estava marcada.[22] *Devemos libertar São Paulo.* Quem o tentou aprisionar? O governo federal, que além de ser grato a São Paulo, por suas demonstrações de apreço, sabia o quanto esse estado representava para a economia do país. *São Paulo é uma nação, uma locomotiva puxando vinte vagões vazios.*[23] *Deve se separar.* Isso nunca! Permitir que o Brasil se tornasse uma colcha de retalhos para satisfazer a ambição de alguns, esse Brasil pelo qual haviam todos lutado? *Civil e paulista.* Não era civil e paulista o interventor que tinham agora? Já era o quarto, concedido a São Paulo, em menos de dois anos. João Alberto Lins de Barros, o primeiro, administrou com bom senso e inteligência. Largou seu posto intempestivamente, cansado de ser chamado de pernambucano e militar ao invés de brasileiro. No entanto, o povo paulista sempre acolheu com carinho os nativos de outros estados e, muitas vezes, os escolheu, espontaneamente, para representá-lo. Washington Luís era fluminense.[24]

A sucessão foi dramática. Nomes e mais nomes. Nenhum servia aos donos da política. Finalmente, Laudo de Camargo, civil e paulista, íntegro e culto, não podia ser recusado. Foi o segundo, mas a fermentação continuou. A interventoria de São Paulo ficou vaga novamente. Era urgente preenchê-la. Recomeçou o arrastado desfile de mais nomes de ilustres personalidades políticas e apolíticas. Surgiram montanhas de protestos de todos os lados cada vez que o governo federal se inclinava por uma determinada figura paulista, quaisquer que fossem suas qualidades ou defeitos.

Enquanto esse estado de coisas perdurava, o general Manoel Rabelo, comandante da 2ª Região Militar, assumiu temporariamente o governo. Foi o terceiro. Inquietação, provocação de distúrbios, ameaças veladas, recriminações em praça pública, eram o único resultado das tentativas. Enfim, um herói aceitava e era aceito, não sei se por cansaço ou por premeditação. Pedro de Toledo, civil e paulista, era o quarto interventor, quando a 9 de julho de 1932 começou a revolução dita constitucionalista. Se foi instrumento da reação, se aceitou intencionalmente o cargo, se foi coagido por força das circunstâncias a aderir, nunca se soube ao certo. Permanecia uma realidade somente: sangue brasileiro estava sendo derramado em todas as fronteiras de São Paulo.[25]

Flores da Cunha, nomeado em 1930 interventor no Rio Grande do Sul, já que João Neves da Fontoura se recusara a assumir o posto que lhe cabia, como vice-presidente do estado, era uma interrogação. Qual seria sua atitude? As ligações ostensivas que mantinha com vários dos elementos da reação causavam estranheza e despertavam suspeitas. Por isso todos respiraram tranquilizados quando, afinal, chegou seu telegrama terminando com o clássico *sursum corda* que usava nos momentos dramáticos. Flores da Cunha permanecia fiel aos ideais revolucionários de 1930. Não havia mais perigo de que surgisse desse movimento uma guerra separatista. Levaria tempo, gastaria a paciência de muita gente, custaria muitas vidas, mas o Brasil continuaria a ser Brasil.

Foi durante esse período de angústia e excitação que comecei a me tornar útil a meu pai e indispensável a seus colaboradores. Aquele ambiente febril de surpresas, improvisações, movimento contínuo, se coadunava tão bem com meu temperamento inquieto e contraditório que amadureci de chofre e aos poucos fui abandonando as sessões de crochê. Chegava um telegrama cifrado, oferecia-me logo para ajudar; a datilógrafa tinha ido almoçar, lá estava eu pronta para bater à máquina com dois dedos; papai já se havia recolhido e recados urgentes precisavam ser transmitidos, eu o acordava; o ajudante de ordens estava ocupado, quando o telefone tocava, a *intrometida* estava sempre perto para atender. Fazia, apressadamente, meus deveres escolares e corria para o posto de comando, vedado aos *paisanos*. Lá me informavam dos avanços e recuos das tropas em todas as frentes. Aquelas bandeirinhas simbólicas, pregadas no mapa do Brasil, já não tinham segredos para mim. Conforme sua posição, aumentavam ou diminuíam as visitas noturnas ao Palácio e as categorias variavam. Notícias boas: vinham amigos para se congratular, indecisos para se fazer ver e inimigos para especular. Ponto morto: só apareciam os amigos, indefectíveis e atentos a qualquer emergência. Notícias más: ansiosas fisionomias amigas, prontas para ajudar e maldisfarçados júbilos de inimigos, somente para ter o que contar na hora da "estratégia do café". Quantos combates foram travados e vencidos em torno de uma xícara de café? Somente o tradicional Belas Artes, que existia na avenida Rio Branco, poderia contar.

Nem só de excitação se vive. O cotidiano precisava seguir. As aulas se tornaram um suplício. Com meus dois irmãos, Manoel e Getúlio, e o filho mais velho de Oswaldo Aranha, Euclides, diariamente atravessava a pé a rua Farani para ir ao colégio. À nossa passagem, as janelas se enchiam de curiosos que queriam ver se estávamos alegres ou preocupados. Quando as notícias eram desfavoráveis para nosso lado, usávamos um truque: "Está na hora. Sorri, Maneco". Um dos quatro tinha de inventar, rapidamente, uma história que nos fizesse rir até o fim da rua. A história de nossa senha é simples.

Gregório da Fonseca, o primeiro secretário do Governo Provisório, era um homem profundamente bom, escritor de talento, meu amigo, pois tolerava e até animava minhas intrusões em seus domínios. Foi ele quem despertou em mim, antes de papai começar a me levar a sério, o interesse pela literatura brasileira. Íntimo amigo dos poetas e prosadores de sua época, Olavo Bilac, Coelho Neto, Graça Aranha, entre vários outros, deixava-se ficar esquecido, depois do expediente, a contar histórias e anedotas de cada um para seu mais atento auditório: eu. Profundamente distraído, esquecia que havia levantado os óculos sobre a testa e os buscava nos bolsos e em todas as gavetas; com o expediente debaixo do braço, pronto para atender à campainha, que o chamava, pedia à secretária que o achasse; às vezes dava bom-dia duas vezes, outras, nenhuma. Inventaram, mas talvez seja verdade, que, acompanhando papai em uma comemoração festiva, tinha um ar tão abstrato e ausente que papai lhe disse entredentes: "Sorri, Fonseca". Como Manoel Antônio era de nós quatro o mais sisudo, era a ele que provocávamos em primeiro lugar: "Rápido, sorri, Maneco".

Dentro do colégio tínhamos de estar atentos a qualquer pergunta maldosa e aos olhares irônicos. Era moda ser constitucionalista entre os estudantes.

O cotidiano continuava também para papai. As providências para a defesa do governo, abastecimento de tropas, conferências militares e políticas, acontecimentos anormais não podiam, em hipótese alguma, prejudicar o expediente rotineiro. Vagas a serem preenchidas, promoções a serem assinadas, aposentadorias inevitáveis, presos pedindo indulto, crianças necessitando de auxílio, verbas a serem distribuídas. Seu gabinete, o Salão Manuelino do Palácio Guanabara, era passagem obrigatória para quem quisesse ir da parte residencial à Secretaria. O transeunte mais assíduo era eu.

Numa de minhas escapadas, encontrei-o assinando apressadamente vários pergaminhos enormes e jogando-os ao chão com gesto brusco. Eram cartas patentes. Parei, juntei-as todas em silêncio e comecei a empilhá-las. Olhou-me desconfiado e disse: "Estão aí para secar. Estou com pressa". O objetivo de minha incursão era justamente ver a fisionomia do causador da pressa, um importante chefe revolucionário que eu ainda não conhecia. Respondi-lhe que já estavam secas e me postei a seu lado com o mata-borrão em punho, para poupar-lhe trabalho. Jamais se habituou a escrever com caneta-tinteiro. Usava sempre um determinado tipo de pena, do qual, creio, era o único consumidor: as penas J. Gostou da ajuda e daí em diante, sem me chamar, dava a entender que meus serviços não eram desprezados.

Passei a ser mata-borrão. Foi meu primeiro degrau. Aos poucos fui tomando mais confiança, e enquanto ele despachava um processo eu lia o seguinte e o entregava aberto na página em que devia assinar, fazendo um ligeiro resumo: "É um pedido de remoção. O parecer do ministro é contra". Fixou-me inquisitivamente, mas não deu atenção. Pegou o processo e leu com cuidado antes de despachar. Não me dei por vencida. Persisti. Aos poucos começou a acreditar em minhas informações e acabou aceitando a espontânea colaboração. Sem levantar os olhos do papel que estivesse assinando, dizia: "Veja se já tem parecer do ministro da Fazenda. Ponha de lado. Coloque na pasta do secretário. Escreva Gabinete Militar". Observando, aprendi seu sistema de trabalho e pude ajudá-lo.

O expediente de rotina passou a andar mais rápido, dando-lhe lazer para conversar comigo sobre assuntos sem importância, como se estivesse a medir cautelosamente até que ponto poderia se apoiar em meu discernimento. Tudo me leva a crer que, apesar da ignorância e da inexperiência, considerou que o material humano poderia ser aproveitável, pois começou a se interessar por minha instrução. Às vezes, apanhava na biblioteca um de seus livros prediletos e lia os trechos favoritos, despertando assim minha curiosidade para todos os assuntos de seu agrado. Não sei se foi o som de sua voz penetrante, serena e sem afetação, que me viciou e me habituou mal para sempre. Até hoje não gosto de ler poesias, prefiro ouvir. Olavo Bilac, Augusto dos Anjos, Antero de Quental, Guerra Junqueiro e tantos outros, só conheci por intermédio dele.

Perguntei-lhe uma vez se podia ler *Canaã*, de Graça Aranha, que me diziam ser inconveniente para minha idade. Pensou um pouco e respondeu: "Pode, sim. É um livro muito bem escrito. Vais ler também *O Ateneu*, de Raul Pompeia". Carinhosamente o tirou da estante e me entregou. Pompeia e Euclides da Cunha estavam no topo de suas predileções literárias. Não querendo perder a oportunidade, perguntei-lhe timidamente se podia agora mexer em seus livros, à minha vontade. Havia para mim um motivo sério. Numa das raras ocasiões em que ousei invadir seu gabinete, em São Borja, eu teria perto de cinco anos, rasguei sem querer uma das folhas do *Petit Larousse* ilustrado. Desejava rever a página onde estavam impressas as bandeiras de todos os países, que nos havia mostrado uma vez e que me deixara fascinada, por ser colorida. Esse estrago me valera a proibição terminante de me aproximar de seus livros. Quem recebe a punição raramente a esquece. Quem dá, quase sempre. Papai esquecera. Com real satisfação e certo grau de interesse, deu-me carta branca e impôs duas condições: eu deveria pôr em ordem seus livros, arrecadar os emprestados, restaurar os danificados e preservá-los das traças. Foi assim que me tornei sua bibliotecária e pulei diretamente do *Almanaque do Tico-Tico* e *Juquinha*, para a literatura séria, sem passar pela fase *Bibliothèque Rose*.[26]

Tomar conta da biblioteca de papai era empreitada de mais fôlego do que afoitamente julgara. Obras de valor intrínseco, edições preciosas, seriamente ameaçadas em sua integridade, pelos contínuos vaivéns da família Vargas. Pregos mal postos por ocasião dos encaixotamentos haviam perfurado alguns; páginas rasgadas, coladas ou mofadas, encadernações trabalhadas pelo cupim. As obras de valor estimativo estavam nas mesmas condições. Não sei se por egoísmo ou intuição cuidei destas inicialmente. Quase todos os livros clássicos, comprados por ele entre 1907 e 1911, tinham na folha de rosto a data da aquisição e sua assinatura. Ligeiramente diferente da atual, um pouco mais elaborada, era ainda a assinatura de um homem em busca de seu destino. Homero, Júlio César, Confúcio, Shakespeare, Taine, Flaubert, Zola, Anatole France, Fialho de Almeida, Euclides da Cunha, Machado de Assis, todos estavam em petição de miséria. Já nos livros de direito, entre os quais pontificavam Ferri, Alimena, Lombroso, Sighele, Gide, Von Iehring, igualmente danificados, a assinatura perde os rabiscos supérfluos. Somente em 1930 assume a forma simples e definitiva, de quem aceita e se conforma.

Quando encontrei o *Petit Larousse* mutilado por mim, medi a extensão de minha vitória. Inverteram-se os papéis, depois da biblioteca organizada. Ninguém, nem papai, poderia retirar das estantes um único livro sem meu conhecimento. Só quem sabia onde e como achar o volume desejado, além de mim, eram as funcionárias que fizeram a classificação e me ensinaram o sistema. A arrumação, por ordem de tamanho e conforme a cor, feita em 1931 pelo contínuo esteta que os desencaixotara, tinha de ser parcialmente respeitada. As prateleiras das estantes eram fixas e seus vãos tinham alturas irregulares. Além disso, poderíamos melindrar o gosto artístico de meu antecessor. Um fichário adaptado do sistema de biblioteconomia belga seria a solução, mas era obra acima de minha capacidade e persistência. Não fosse a paciência de d. Mercedes Braga, bibliotecária do Itamaraty, e de suas irmãs, jamais teria chegado ao fim, nem me tornado arquivista mais tarde.

Enquanto eu começava a deixar de ser ignorante, a Revolução, dita constitucionalista, continuava. O Clube 3 de Outubro ou Clube dos Tenentes entrara em declínio desde o começo das hostilidades, mas tinha durado o tempo suficiente para deixar dentro das Forças Armadas um clima de subversão hierárquica. O tenentismo fora um agrupamento de ordem política em que os galões não contavam. Chegara a vez dos generais. O momento era de disciplina, de ordem, de comando. Mas alguns generais não queriam deixar de ser *tenentes* para não perder a ascendência política. Surgiram diversos pequenos dramas de bastidores por causa da competição entre os generais-tenentes e os tenentes que eram generais políticos, que não chegaram ao conhecimento do grande público.

Um merece ser contado porque teve um prólogo e teria consequências. Dois generais inteligentes, capazes e cheios de serviços prestados à causa, um e outro, *très bien* no curso de estado-maior da Missão Militar Francesa, os dois suficientemente ambiciosos, digladiavam-se política e intelectualmente havia anos, em busca da supremacia dentro do Exército. Um foi designado para comandar as tropas que deviam cercar São Paulo pelo sul.[27] Assumiu seu posto logo nos primeiros dias e começou a avançar ousadamente, correndo o risco de ser aprisionado, com suas tropas de vanguarda. Queria brilhar. Ao outro foi confiada a chefia da defesa norte-centro, e este não tinha pressa.[28] A todas as suas qualidades de militar e de homem público, esqueceram os deuses-lares de acrescentar intrepidez e desassombro. Hesitou durante várias semanas sob pretextos os mais pueris. Sempre faltava alguma providência que só podia ser tomada na capital. Preferia continuar manobrando no teatro das operações políticas, deixando as de guerra para mais tarde. Lembrei-me, nessa ocasião, de uma frase que Oswaldo Aranha pronunciara em 1930, em tom de blague: "O Góes para assumir o Comando do estado-maior da revolução quer tantas garantias que, dentro em pouco, vai pedir também a adesão do Washington Luís". O impulso dado por Waldomiro Lima, resguardado pela palavra de Flores da Cunha de que o Rio Grande do Sul permaneceria fiel e protegeria sua retaguarda, obrigou Góes Monteiro a mudar seus planos. Não podia permitir que seu rival se transformasse em herói sozinho. Desistiu dos detalhes que o prendiam ao Rio e assumiu o comando das tropas que invadiriam São Paulo pelo litoral norte-centro: Minas e estado do Rio. Sob suas ordens estavam as tropas que mais de perto diziam ou diriam a meu coração. Na fronteira fluminense Paraty-Cunha, com tropas da Marinha, encontravam-se meu futuro cunhado e meu futuro marido. Sob metralhadoras e bombas, sem que eu imaginasse sequer vir conhecê-los um dia, lá estavam os comandantes Augusto e Ernani do Amaral Peixoto. Este último largara uma cômoda posição na Europa, quando soube que seu país e os ideais de sua juventude estavam em perigo. Na fronteira Minas-São Paulo, em Itabira, estavam quase todos os *machos* de minha família. Meu tio Benjamim Vargas, o mais jovem, o mais insubordinado e o mais intimamente ligado a papai de todos os seus irmãos, formara em São Borja, como anos antes o fizera Getúlio, um corpo auxiliar de voluntários da Brigada Militar do Rio Grande do Sul. Chamava-se 14º Corpo Auxiliar, ao qual nós dávamos afetivamente o cognome de *Catorze pé no chão*. Dele faziam parte, além dos amigos de infância, vários primos e meu irmão Luthero. Comandava-os o então coronel Eurico Gaspar Dutra, que havia sido contra a Revolução de 1930, por ser legalista, e agora era contra a Revolução de 1932, porque continuava legalista. Que foi destemido durante esse período não tenho a menor dúvida, pois Benjamim tomou-se de admiração por ele e, aproximando-o do governo, deu-lhe o empurrão inicial que o fez, anos mais tarde, presidente da República.

As rádios reacionárias, funcionando em São Paulo melhor que seus petardos, anunciaram um dia que o *Catorze pé no chão* tinha sido dizimado, que meu irmão, prisioneiro, era refém de guerra, que um dos meus primos, gravemente ferido, estava em perigo de vida; a boca do túnel da Central,[29] ferrovia da maior importância, fora ocupada por tropas paulistas. Diziam mais: que reforços vindos do Mato Grosso cortariam o avanço do general Waldomiro Lima no Sul e que em Minas reinava a maior confusão. No Rio Grande, o chefe republicano Antônio Augusto Borges de Medeiros fora surpreendido e preso empunhando armas contra o governo, a despeito de toda a sua tradição legalista.

Era dia de senha, dia de *sorri, Maneco*. Com o coração apertado, fomos para o colégio e suportamos todos os interrogatórios e comentários. À noite, noite de *vigília cívica*, ainda foi pior. Só os amigos dispostos a tudo apareceram.

Papai mudara de gabinete. O Salão Manuelino, demasiado devassado por incursões menos discretas do que as minhas, tornara-se apenas uma passagem decorativa. Havia faíscas no ar. Diziam, ora a sério, ora jocosamente, que o cardeal d. Sebastião Leme estava preparado para depor outro chefe de governo. Oswaldo Aranha, saindo de uma longa palestra com papai, parecia sombrio, em desacordo com o seu costumeiro otimismo. Chamou-me a um canto e disse: "Teu pai anda escrevendo umas coisas, em um caderninho preto que ele esconde sempre. Hoje ele me leu algumas notas que me deixaram preocupado".[30]

Acendeu o cigarro, perguntou as horas e continuou: "Tenho de sair para tomar providências e volto logo. Ele me declarou que resistirá até o fim. Fica atenta e toma conta dele". Saiu apressadamente sem maiores explicações.

Pela primeira vez, durante todo esse tempo, fiquei assustada. Papai caminhava pensativo em torno de sua mesa de trabalho quando entrei. Nenhum vestígio do caderninho preto. Conversamos sobre vários assuntos, contei-lhe os boatos que corriam, como para lhe dar oportunidade de desabafar. Parou e, rindo dos boatos, retrucou: "A mim não me levam dessa maneira. D. Leme é meu amigo e eu não sou homem de me entregar". Fez uma pausa, olhando sem ver, e continuou: "Sabes que houve tentativas de negociações para reconhecer estado de beligerância a São Paulo?". Respirei aliviada. Era isso o que estava doendo. A economia paulista, completamente bloqueada, buscava, em desespero de causa, auxílio externo. Já havia escassez de víveres no estado. A máquina não andava sozinha, necessitava de combustível que lhe traziam os *vinte vagões vazios*, e eles não lhe faltariam.

Poucos dias depois Vargas dirigiu ao povo de São Paulo uma proclamação, conclamando-o a não lutar contra o Brasil e anunciando a próxima remessa de trigo para que a população, inocente do crime que se cometia em seu nome, não sofresse privações. Se suas palavras de cordialidade chegaram aos ouvidos do povo bandeirante não se sabe ao certo. Estávamos a 20 de setembro, e a luta prosseguia seu curso.

Esperei uma oportunidade para remexer nos papéis de papai em busca do caderninho preto. Encontrei-o debaixo de jornais velhos, escondido em uma gaveta, onde estava certo de que ninguém olharia. Comecei a ler. Eram, em sua maioria, projetos de discursos, conselhos aos brasileiros, pensamentos esparsos de grande profundidade e objetivismo. Nada que me pudesse alarmar. Ouvi a sirena de seu carro que chegava, coloquei-o rapidamente no lugar em que o encontrara e desapareci. Esqueci o incidente do caderninho preto até 1945. Procurei-o, então, entre todos os papéis que me havia entregue antes de partir.[31] Em todas as gavetas de todas as mesas que havia usado. Nada. Interpelei-o sobre o destino que lhe havia dado. Respondeu que o tinha destruído antes de deixar o Palácio Guanabara. Não acreditei e durante algum tempo continuei a busca, sem êxito. Sumiu, como sumiu seu discurso de formatura. Não esperava, nem pretendia voltar a ser governo. As palavras que escrevera se tinham tornado inúteis, e o que é inútil se joga fora.

A luta se aproximava do fim. Sintomas graves de cansaço e desânimo se faziam sentir de parte a parte. Os terroristas, os pacifistas, os mediadores improvisados, os construtores de obras feitas começaram a aparecer no cenário. Surgiram as propostas de paz.[32] A maioria delas visava mais a solapar a autoridade do governo do que a pôr fim ao derramamento de sangue, e foram recusadas. A tomada de Campinas, importante cidade de São Paulo, pelas tropas governistas, obrigou os revoltosos a pedirem a cessação das hostilidades para negociar a paz nos primeiros dias de outubro. Tudo foi feito de maneira a evitar qualquer humilhação ou mágoa ao vencido. Esquecer o ocorrido como se fora apenas um grande pesadelo — era a ordem. O filho pródigo voltava ao lar, os paulistas continuavam a ser os mesmos brasileiros de antes. Estava terminada a revolução. Recomeçava a reconstrução.

Pacificados os ânimos, restabelecida a hierarquia militar, com as feridas ainda abertas, voltavam todos exaustos para a normalidade. Agora os generais eram generais mesmo e comandavam os tenentes que eram tenentes mesmo. Os políticos, quer militares quer civis, deveriam ser somente políticos. A carreira política é tão digna e honrosa quanto a carreira militar, mas não podem as duas ser exercidas ao mesmo tempo, pelo mesmo cidadão. A farda é um dos símbolos da segurança da Pátria, não é uma escusa nem um pretexto. A política é um caminho aberto a todos os cidadãos brasileiros — fardados ou sem farda.

Retornei a meus estudos sem muito ânimo. Era, porém, meu último ano de ginásio e as provas estavam às portas. No entanto, eu me sentia contaminada pelo vírus da política. Aquela agitação permanente me fazia falta. Precisava encontrar-lhe um substitutivo.

Passei a frequentar assiduamente a biblioteca, tentando aprender todos os segredos da classificação. Todos os livros passavam sob meus olhos, sedentos do desconhecido. Quando os deveres escolares não me permitiam acompanhar a marcha do serviço que era feito na parte da tarde, enquanto papai despachava no Palácio do Catete, d. Mercedes Braga, a bibliotecária-chefe, deixava os livros empilhados a um canto para minha revisão final. Ela sabia como classificá-los, mas não colocá-los para mais comodidade de papai; quais ele consultava com frequência e quais gostava de reler. Numa tarde em que voltara mais cedo, surpreendera-me, olhos esbugalhados, lendo um livro de medicina legal.

Embora a educação de sistema patriarcal, que havia recebido, me vedasse o acesso a certos aspectos e condições da vida humana, eu não me poderia classificar de ingênua nem ignorante. Mas há uma grande diferença entre um romance realista, escrito com certa dose de poesia, e a crueza dos relatórios policiais e jurídicos. Tal era o estado de tensão em que me encontrava que não o vi entrar. Quando percebeu qual o gênero de leitura que me absorvia, não fez comentários. À noite, depois do expediente, como se nada tivesse notado, num tom casual me disse, chamando-me por um apelido de infância, que só a ele eu permitia usar: "Nenhum de meus filhos homens quis seguir minha carreira. É pena, toda essa biblioteca, que hoje tem um grande valor, não será útil a nenhum deles. Se tu quiseres te formar em direito, todos os meus livros serão teus". Eu não estava muito interessada em continuar a estudar. O ginásio, o diploma de bacharel em ciências e letras era mais do que suficiente para minhas ambições, mas a perspectiva de ser dona de todos aqueles tesouros me abalou. Meio incrédula sobre o real significado da oferta, barganhei: "Mas todos, inclusive os clássicos? Ou só os de direito? Todos os teus livros?". Riu, cético, mas respondeu sem sombra de hesitação: "Todos, se te formares em direito. Quero pôr à prova essa tua parlapatice". Em um lapso de segundo recordei a profecia de minha tia-bisavó e madrinha de batismo, quando eu tinha meus sete anos: "Tu ainda vais te formar em direito para ser juiz de paz em São Borja". Não titubeei: "Eu topo, mas é palavra mesmo? Vê lá, são mais cinco anos de estudo. Não vais me deixar com os arreios na mão no meio do caminho?". Respondeu, divertido: "Não, é sério. Se estudares, todos os meus livros serão teus". Aceitei o desafio, sem pensar uma segunda vez.

Passaram-se algumas semanas. Pela manhã, papai, quando dispunha de tempo, costumava ir à minha sala de estudos e conversar até que nos chamassem para o almoço. Se eu não estava pronta, reclamava, batendo com força na porta do quarto. Se não me encontrava, remexia em meus livros de estudo e de leitura, punha as cadeiras de pernas para o ar, escondia algum objeto meu ou trocava suas posições. A máquina de datilografia no peitoril da janela, o telefone no chão, o rádio no sofá, as almofadas em cima da mesa e o tinteiro embaixo. Depois saía sem ser pressentido. Durante algum tempo, pagaram pelas travessuras de papai os empregados, meus irmãos, primos e, finalmente, Bejo, que foi quem o denunciou. Daí em diante, passou a me deixar bilhetes em vez de desordem.

Um dos professores do ginásio emprestou-me vários livros para que me preparasse para a vida acadêmica. Entre eles um, escrito por um cientista russo,[33] cujo título era: *A tragédia biológica da mulher*. Propositadamente, eu o havia deixado por baixo de todos os outros, para evitar curiosidades semelhantes à minha. Não contava com a visita de papai, pois o expediente matutino seria longo. Por isso deixei os livros sobre a mesa e saí. À noite, fui ajudá-lo, como de costume. Assinava decretos e eu usava o mata-borrão, em silêncio. Intempestivamente, sem levantar os olhos, me disse: "Estive hoje ao meio-dia em seu quarto e você não estava". Ia começar a explicar a razão de minha ausência, quando lembrei que havia encontrado os livros em desordem e *A tragédia biológica da mulher* no topo, em vez de embaixo da pilha. Ainda sem me fitar, continuou: "Você acha que anda lendo o que deve? Examinei os volumes que estavam sobre sua mesa". Os outros livros eram sobre história, biografias, filosofia, estudos sociológicos. Não havia a menor dúvida quanto ao motivo de sua interpelação. Engoli em seco, em busca de uma justificativa; mastiguei um pouco as palavras para explicar que era um tema atual, examinado à luz da ciência, a cujo conhecimento não podia me furtar. E tive uma inspiração: "Papai, além do mais, li há poucos dias uma frase de São João Crisóstomo muito apropriada: 'Não nos devemos envergonhar daquilo que Deus não teve vergonha de criar'". Estendi-me com eloquência sobre a biografia de São João Crisóstomo, o meu salvador. Levantou a cabeça e me fitou intensamente durante um segundo, sem uma palavra, como a me examinar pela primeira vez, e voltou a seus papéis.

Somente muito mais tarde entendi o sentido de sua preocupação. As ilusões e as esperanças da adolescência, depois de perdidas, podem ser mascaradas, transformadas ou sublimadas, nunca recuperadas. Ele temia por mim. Eu tinha aberto os olhos fora da época, sem preparo e da pior maneira possível, através do texto frio dos livros científicos. Jogou-me então definitivamente, sem piedade, no mundo calculista e sem entranhas da vida pública. Não agiu por egoísmo. Agiu para me salvar de mim mesma. Eu seria hoje talvez uma solteirona amarga e intransigente se ele, em tempo, não me tivesse mostrado outros caminhos que substituem o romantismo piegas da adolescência. Pôs-me em contato direto com todas as tragédias humanas que transformam a perda de uma ilusão em mero incidente sem importância. Ensinou-me a sobrepor à satisfação pessoal os anseios da coletividade; guiou-me para o dever acima do querer e me obrigou a estudar. Como papai mudara, como se distanciara de seus preconceitos provincianos! Costumava afirmar com ênfase: "Mulher não precisa estudar muito. Deve saber cozinhar, tocar piano e costurar". João Daudt de Oliveira, companheiro inseparável de papai, desde os áureos tempos da República Infernal, tinha a respeito da educação da mulher essas mesmas ideias. Em certa ocasião, acredito que me tenha excedido em verbosidade, João Daudt perguntou a papai, em tom zombeteiro: "Getúlio, não achas que esta tua filha está ficando muito sabida?". O interpelado me olhou de soslaio, como a pedir socorro, e eu respondi rapidamente: "Ele quer que eu seja sábia e não sabida".

Poucos dias depois levei à sua presença uma jovem que pleiteava ingresso em cargo público até então reservado só para homens. Sem a menor surpresa ouvi-o renegar suas asserções anteriores a respeito do papel da mulher na sociedade. Disse, talvez rindo dele próprio, talvez para me estimular: "A mulher de hoje precisa falar inglês, saber datilografia e guiar automóvel. A senhora já sabe?". Abandonara seu trinômio patriarcal e passara a ser o maior defensor do feminismo no Brasil.

Quando a nova lei eleitoral[34] foi promulgada, a mulher brasileira passou a ter não somente acesso ao voto, mas também o direito de ser escolhida e eleita. Colaborando na vida econômica e política do país, tinha a sua vez de ser ouvida. A cooperação que a mulher pode dar e deve dar na construção de um país não seria mais desprezada. Não sei se contribuíra, através de minha insubordinação aos clássicos cânones da educação gaúcha, para que papai pendesse para esse lado. Devo ter influído, mas não estou certa disso. Ele tinha princípios e ideias próprias das quais ninguém o podia afastar. Era teimoso à sua maneira e dificilmente se deixava influenciar. Esperava sempre sua oportunidade, o momento de impor seus pontos de vista. No entanto, sempre se submetia à vontade mais forte da maioria. Nessas ocasiões, era um mero servidor da soberania popular. Quando sentia que sua opinião própria ou seus desejos pessoais estavam em desacordo com os anseios de seu país, engolia suas convicções para ir ao encontro das aspirações do povo. Nem sempre era o que ele considerava mais sábio, mas cedia.

A vida seguia seu ritmo, os segundos à toa dos segundos, os minutos à toa dos minutos, as horas à toa das horas, os dias à toa dos dias. Em um deles, quando papai chegou do Catete, encontrou a biblioteca engalanada. Os setenta volumes de sua *Enciclopédia Espanhola Espasa*, todos renovados, livres de todas as vicissitudes pelas quais haviam passado, durante tantos anos e tantas mudanças, enfeitavam sua mesa. A tipografia da Casa de Correção do Rio de Janeiro, à qual eu havia confiado o esforço da reconstituição, executara um belo trabalho, merecedor de todos os elogios. Mas quem os recebeu fui eu. Papai ficou radiante. Era uma coleção que ele começara a adquirir desde seus tempos de estudante e à qual tinha grande apego. (Em tempo: o dinheiro para o pagamento não saiu dos cofres públicos.)

Ficou tão encantado com a recuperação de seus preciosos livros, tão confiante na eficiência demonstrada, que me deu mais dois encargos. Abriu uma gaveta enorme, cheia de jornais antigos, e me perguntou com ar constrangido, que lhe era peculiar quando precisava pedir o esforço de alguém: "Será que isso não pode ser encadernado também?". Passei a cuidar de seus recortes de jornais, até o dia da criação do DIP,[35] que tomou a si a tarefa. Depois, com jeito de quem está sendo apanhado em falta, abriu outra gaveta. Não estava fechada à chave, como a primeira. Dentro, um monte de documentos da máxima importância: cartas, telegramas, notas, projetos, bilhetes com e sem assinatura, todos identificáveis pela caligrafia. "Será que, depois deste treino e com a ajuda das moças da biblioteca, podes organizar estes papéis para mim?". Era seu arquivo. Fui para meu escritório carregando aquela *bomba* de explosão retardada. Sentei no chão. Minha mesa não aguentaria aquela carga. Verifiquei logo que não podia pedir o auxílio de ninguém: eu tinha de trabalhar sozinha e calada. Vários fatos que me haviam sido relatados ou interpretados de determinada maneira tornavam-se completamente diferentes após a leitura daqueles papéis. As atitudes de diversos personagens, inexplicáveis até então, tornavam-se claras e cristalinas. Quantas ambições em jogo, quantas revelações boas e ruins! Apesar de todas as minhas intromissões indébitas, como eu ignorava o que se passava tão perto de mim! Fiquei inquieta e indecisa, a princípio. O serviço precisava ser feito. Mas como? Li um pouco, informei-me bastante e arranjei um sistema de classificação um tanto eclético, à minha moda, e dei início à tarefa. Tive de aprender datilografia: o primeiro dos dogmas ultimamente instituídos por papai para o *perfeito ideal feminino*. Taquigrafia se impunha. Aprendi também. Já sabia um pouco de inglês. Só me faltava aprender a dirigir automóvel. Aprendi, depois, à custa dos para-lamas de muitos carros.

Completei rapidamente o primeiro volume do arquivo e, depois de haver mostrado a papai que era capaz de cumprir a missão, parei. Fiquei com medo de mim mesma. O que aqueles documentos me revelavam, a verdade verdadeira sobre fatos e homens, a causa real de certos acontecimentos, deixaram-me petrificada. Como é dura, cruel e fugidia a verdade! Uma nova perspectiva da vida política de meu país se abria para mim e eu perdia mais uma tonelada de ilusões. Tive de retificar meu juízo sobre muitos dos homens do momento. Alguns subiram, outros desceram, no meu conceito somente, pois não podia contar a ninguém o que sabia, nem sequer dizer que tais documentos estavam em meu poder. Mandei fazer um armário especial, onde encerrei todos os papéis e escondi a chave de mim própria. A tentação muito feminina de falar demais, ou a de intervir nas conversas que ouvia para que não se espalhassem falsas versões dos fatos, poderia ser demasiado forte para mim. Adotei uma autopolítica de censura. Jamais lia os documentos da atualidade. Guardava-os até que saíssem do cartaz. No ano seguinte, eu os organizava e classificava. Dava-me o dobro de trabalho, mas preferi não me arriscar a cometer uma indiscrição. A escola de autodisciplina imposta por papai era insuficiente para conter meus impulsos.

1932 acabou e, com ele, minha vida de ginasiana. Fui a oradora, por ser a única mulher da turma. Éramos nove ao todo. Considerei minha tarefa terminada e esqueci a promessa feita a papai de estudar direito. Queria aproveitar as férias ao máximo, sem preocupações de qualquer ordem.

1933 estava, porém, esperando por nós com o dedo no gatilho do revólver, pronto para atirar.

4
(1933)

1933 foi na vida de papai um ano cheio de contradições exasperantes em matéria política; na de toda a família, repleto de sofrimentos e sustos, provações as mais cruéis. A morte rondou-nos continuamente, ameaçando e fazendo vítimas.

Os pequenos hiatos de tranquilidade que tivemos representavam apenas o jato de água fria que recebem os prisioneiros condenados à tortura, para que se refaçam do castigo sofrido, enquanto o próximo suplício está em preparo. Era como se nos dissessem: "Acordem para apanhar mais".

1933 deveria ter sido por todos os motivos o ano mais produtivo do governo de Vargas, mas o signo da contradição que o marcara na adolescência iria se manifestar com toda a violência. Pesado foi o tributo que teve de pagar para conservar abertas as portas penosamente alcançadas. E algumas se abriram sem esforço consoladoramente.

Tudo começara bem. Tranquilidade em todos os setores, febre de trabalho construtivo, marcha acelerada para a constitucionalização, embaladoras esperanças em todos os corações. Durante os quatro primeiros meses, 1933 nos enganou.

Estávamos em Petrópolis.

Todos os verões, no começo de janeiro e quase sempre em um sábado, papai subia a serra para fugir ao calor carioca, arrastando, de boa ou má vontade, família, auxiliares e membros do governo. Nós considerávamos essa fuga ao calor um simples pretexto, pois ele lá se demorava, apesar dos protestos unânimes, o máximo de tempo possível.

É que Petrópolis representava para ele uma espécie de oásis. Sentia-se lá mais livre, mais à vontade, trabalhava melhor, tinha mais tempo para ler e estudar. Podia ter contato mais íntimo com o povo, através da população da cidade, aproveitando o calor das simpatias espontâneas que despertava e que tanta falta lhe faziam, para compensar a vida introvertida que se impusera.

No Rio era mais difícil, sobretudo depois de 1938,[1] quando se tornou prisioneiro de sua própria segurança. Tentava assim mesmo algumas escapadas sem séquito, quase sempre malsucedidas, sob os mais variados pretextos. Caminhar sempre foi seu esporte preferido. Gostava de andar sozinho, a esmo, sem tempo nem objetivo determinados, parar para conversar com um conhecido, bater de surpresa à porta de um amigo. Gostava de ser reconhecido nas ruas por onde passava, mas detestava provocar atenção. Por isso, muitas vezes pedia a seus ajudantes de ordens que se vestissem à paisana, para que os vistosos alamares dourados não o denunciassem. Muitas vezes, depois do jantar, enquanto o oficial de serviço trocava de roupa rapidamente, ele escapava à fiscalização e saía sorrateiramente. O guarda do portão corria esbaforido para prevenir que o presidente caminhava sozinho nesta ou naquela direção. Quando era alcançado pelo ofegante retardatário, que se desculpava, sorria malicioso, como quem acaba de pregar uma peça e dizia: "Andar muito depressa faz mal".

Uma vez resolveu tentar o mais absoluto incógnito, saindo só comigo. O pretexto era comprar um par de sapatos na cidade. Nessa época eu gozava de todas as prerrogativas do anonimato. Como o uso dos automóveis oficiais continuasse proibido para nós, andava de bonde e de ônibus com toda a tranquilidade, como todo mundo, sem que ninguém se preocupasse comigo. Os chofêres do ônibus Palácio Guanabara, que fazia ponto na rua do Roso, em frente à casa de Coelho Neto, eram as únicas pessoas que me conheciam. Minha companhia era, portanto, para ele garantia da mais absoluta discrição. Até chegarmos à avenida Rio Branco éramos apenas mais dois transeuntes. Daí em diante, através das ruas Gonçalves Dias, Ouvidor e Uruguaiana, já começamos a despertar olhares de espanto e curiosidade, algumas pessoas paravam surpresas, quase esbarrando conosco. Mas chegamos à loja de sapatos sem alteração. Ao sairmos, uma pequena multidão o esperava à porta, com sorrisos, cumprimentos e palmas, e o acompanhou até o primeiro táxi que encontramos.

Era voz corrente que, desde a Revolução de São Paulo, sua popularidade entrara em vertiginoso declínio. Fiquei, portanto, agradavelmente surpreendida. Talvez meus olhos estivessem, no entanto, exagerando...

Nem sempre essas manifestações de apreço eram graciosas. Havia os que aproveitavam a oportunidade para fazer pedidos ou tratar de assuntos administrativos, perturbando seus poucos momentos de liberdade. Para os interessados eram, porém, ocasiões excepcionais que não podiam perder. Ele entendia e os atendia.

Em Petrópolis era diferente. O Palácio Rio Negro, bem menor, facilitava a vigilância e ele não podia sair sem ser pressentido. O clima estimulava caminhadas bem mais longas, para desespero dos ajudantes de ordens que não eram andarilhos. Quando tinha convidados para almoçar, arrastava-os, também, em suas excursões. Era o tributo que tinham de pagar. Suas vítimas prediletas eram os ministros, que o procuravam fora das audiências semanais, para assuntos urgentes, e os interventores federais, que vinham de seus estados para acertar os ponteiros políticos ou pleitear auxílio do governo nas obras que haviam iniciado ou projetado. Estes eram os que mais sofriam. Papai os submetia a cerrados interrogatórios, piores que um exame de suficiência. Os pobres interventores comiam mal. Entre uma garfada e outra, deviam responder: de quantos quilômetros de estrada de ferro dispunha o estado e que cidades serviam; quantos de estrada de rodagem, em que condições e a espécie de revestimento; qual a situação econômica e financeira; os índices de produção etc. Legítima sabatina com ponto vago. Uns passavam com distinção, outros conseguiam satisfatório plenamente e alguns escapavam arranhando à reprovação. Citavam números fantásticos ou aproximados, na esperança de que papai não soubesse também e não fosse averiguar. Havia ainda os que nós chamávamos de sabidos. Desviavam habilmente o assunto para setores em que se encontrassem mais interessados, ou melhor informados, e sobre eles discorriam, sem parar, evitando novas perguntas.

Antes de iniciar suas maratonas petropolitanas, papai enchia os bolsos de moedas e balas para seus amigos prediletos, as crianças da cidade. Esperavam por ele ao longo da avenida Koeller, nas esquinas de sua passagem habitual, ou no parque infantil da praça Afonso Pena. Quando mudava de itinerário, era obrigado a apresentar uma desculpa no dia seguinte. As crianças menores o saudavam, faziam-lhe perguntas e depois corriam para junto de suas babás; as maiores o acompanhavam e conversavam. Faziam pedidos que ele sempre procurava atender, para não desapontá-las. Variavam pouco no gênero: queriam mais uma semana de férias, menos uma prova parcial, pleiteavam matrículas gratuitas ou tratamento grátis para um enfermo da família, emprego para a irmã, promoção para o pai.

Em uma das vezes em que me incorporei à comitiva, um garoto bem-vestido, de uns oito anos, mais ou menos, apareceu de repente, veio correndo a seu encontro e confiadamente lhe deu a mão, seguindo conosco. Intrigado, papai começou a fazer-lhe perguntas. De onde viera, como era seu nome, onde morava, em que colégio estudava. A tudo nosso companheiro de jornada respondia com vivacidade e inteligência. Em dado momento, cansado de ser inquirido, passou a inquirir.

Diminuiu o passo e, puxando mais fortemente sua mão, perguntou: "É verdade que você é o presidente da República?". Mal disfarçando um sorriso, papai respondeu com outra pergunta: "O que é que você acha?". O garoto fixou os alamares dourados do ajudante de ordens, que reluziam ao sol, e retrucou com certa relutância: "Eu acho que não. Você não tem espada". E com mais firmeza, ante essa explicação lógica, continuou: "Se é você, cadê sua espada?". Nós seguíamos atentos à curiosa conversa: "A espada é grande demais, muito pesada. Sou muito velho. Não tenho forças para carregá-la. Deixei-a em casa". O garoto não gostou da explicação: "Que idade você tem então?". Papai não esperava por esta. Assumiu um ar de cansaço e seriedade e disse, como se fosse um segredo: "Tenho mais de cem anos. Muito mais". Ofendido, o menino se desprendeu de sua mão e o fulminou: "É mentira sua. Você não tem cem anos e não é o presidente". Papai não se conteve mais. Riu com vontade e, retomando a mãozinha infantil, de quem não havia sido ainda tocado pela falsidade, deu-lhe razão e fizeram as pazes.

Durante esses primeiros anos de governo de papai, antes dos rompimentos políticos causados pelo represamento de várias ambições frustradas, constituíamos todos uma grande família. O Ministério, a Casa Civil, a Casa Militar, os postos de maior importância eram ocupados por companheiros de ideal, amigos unidos por um mesmo objetivo: a concretização do programa da Aliança Liberal.[2] Não havia desavenças sérias; nem mexericos, nem intrigas, nem cascas de banana escorregadias para os possíveis concorrentes. Havia solidariedade e confiança. Pequenas rusgas e ciumadas naturais nunca chegavam a transparecer aos olhos do público e eram resolvidas sem estardalhaço. Essa fraternidade governamental se acentuava, ainda mais, durante as temporadas de veraneio de Petrópolis. À hora das refeições eram comentados e debatidos todos os acontecimentos em curso: os boatos, as notícias verídicas e as anedotas. Nossa mesa estava sempre preparada para alimentar pelo menos cinco pessoas a mais que chegassem de surpresa do Rio. O Palácio Rio Negro era o restaurante mais barato e mais alegre de Petrópolis. Não era o melhor, evidentemente, pois ainda estávamos em pleno regime de Governo Provisório, as verbas para a manutenção dos três palácios não eram votadas pelo Congresso e, sim, arbitradas por um dos maiores pães-duros da história do Brasil, no que se referia ao próprio conforto: Getúlio Vargas. Assim como cortara pela metade seus vencimentos, reduzira ao mínimo as verbas palacianas. Viveram espartanamente os primeiros auxiliares da presidência, até 1934, e Gregório da Fonseca, o primeiro secretário, fazia prodígios de malabarismo para que a verba de expediente chegasse ao fim do mês, sem ter de mendigar auxílio dos ministérios mais bem aquinhoados. A vida era difícil, mas vivíamos satisfeitos. Papai estava a par de todas as histórias, por mais irreverentes que fossem, inventadas pela malícia dos cariocas e das quais ele era herói ou vítima. Gostava de ouvi-las, pois as piadas que circulavam sobre ele eram uma espécie de termômetro do sentimento popular.

Para mim, ao contrário dos anos anteriores, quando enfrentava os trens da Leopoldina, a vida em Petrópolis se tornara um verdadeiro paraíso. Os livros repousavam tranquilos nas estantes. Os cadernos de deveres escolares, que gozassem em paz o verão do Rio, onde os deixara. Julgava-me com direito, após cinco atribulados anos de ginásio, com duas revoluções de permeio, a não ter deveres, obrigações ou preocupações. Passeios a cavalo, de bicicleta, patins, piscina, peteca, sol e cinema enchiam os meus dias. Em fins de fevereiro, preparava-me para mais uma excursão, quando papai atrapalhou meus planos. "O presidente está-lhe chamando no gabinete de despacho", disse-me um contínuo. Julgando ser alguma incumbência extra, entrei em seu gabinete com o espírito preparado para lhe dar uma desculpa. Não era. Recebeu-me sorrindo maliciosamente: "Então, 'sua malandrinha', vai passear? Esqueceu a promessa?". Eu estava a léguas de distância e não entendi a princípio que ele me cobrava o curso de direito. Palavra dada não se retira. Mantive a minha. "Bem-aventurados os inocentes, eles não sabem o que fazem..." Eu não sabia o que me esperava. Papai continuou: "O prazo de inscrição para o exame vestibular termina depois de amanhã. O Luiz Simões Lopes (seu oficial de gabinete) vai com você à faculdade para fazer a matrícula. Ele deve ir ao Rio a serviço e assim você aproveita a condução e a companhia". Engoli em seco. As férias tinham acabado.

Três matérias eram inteiramente novas para mim. Não constavam do programa ginasial, e, sim, do curso vestibular que funcionara durante as férias, sem que eu dele tomasse conhecimento. As provas já estavam marcadas e se realizariam dentro de quinze dias. Bendita inconsciência que às vezes toma a forma de coragem. Eu temia um desastre completo, mas não podia recuar. Meu medo aumentou quando um dos professores, sem saber quem eu era, perguntou onde arranjara a ousadia de me apresentar, sem haver frequentado o curso preparatório. Respondi, desaforadamente, sem saber que ele seria um de meus examinadores: "Ouvi dizer que era preciso pistolão para ir ao pau, aqui". Os vestibulares na faculdade de direito tinham, realmente, a fama de serem feitos no *mole*. Em boca fechada não entra mosca. Nesse ano de 1933 foram puxados, não sei para se fazer uma demonstração de força nas costas da filha do "ditador", ou se a fama era injusta. O ambiente em relação a mim nada tinha de cordial, o que aumentou ainda mais minha inquietação. Com audácia, muita sorte e algum estudo, passei em todos os exames sem envergonhar a família. As lições de disciplina emocional e autodomínio, aprendidas com papai, foram de grande proveito para mim, pois os colegas, inicialmente, me receberam com curiosidade hostil. O estudante universitário é e será sempre o mesmo em todas as partes do mundo e em qualquer época. Tal qual o espanhol da anedota:¿ *Hay gobierno acá? Entonces soy contra*. Sua rebeldia é o último protesto do jovem prestes a ingressar no mundo responsável dos adultos, do qual não se volta mais.

Inconformados com a vitória do governo sobre os chamados constitucionalistas, vingavam-se em minha modesta pessoa. Esperavam-me à porta da faculdade e, aos gritos de "Gegeia, Gegeia"[3] (descendente de "Gegê"), me acompanhavam, como se eu fosse o elefante do circo, até a sala de aulas. Por ocasião das provas orais, tive vontade de me sumir. As janelas e as portas do recinto em que eu estava ficavam apinhadas de estudantes, uns por cima dos outros. Fiscalizavam, em silêncio, se havia marmelada em meu exame e prorrompiam em gritos, ora de encorajamento, ora de desafio, a cada resposta certa que eu dava.

A prova de higiene foi uma tragédia, devido ao ponto que me coube por sorte: "Exame pré-nupcial, suas vantagens e consequências para a prole". Nesse dia, eu era a única mulher enfrentando a banca examinadora. Respondi sem levantar a cabeça, sentindo os olhos de dezenas de estudantes fixos em mim por trás da cadeira do professor Porto Carrero. Não sei qual a cor de meu rosto, mas que ardia, ardia. Os *fiscais* voluntários deram-me por aprovada, muito antes de serem conhecidos os resultados. Só assim posso compreender o fato de ter sido considerada calouro, desde o momento em que transpus a soleira da porta, ainda meio engasgada e ansiosa por descansar meus nervos em petição de miséria. A um sinal previamente combinado, acorreram todos os estudantes presentes, veteranos e calouros, e me cercaram. Encostaram-me à parede, não só figuradamente, mas no sentido real também. Fiquei prisioneira. Via à minha frente apenas fisionomias marotas e olhos galhofeiros decididos a iniciar o trote tradicional com o calouro mais *bicho* da turma. Chefiava o bando um dos membros do Diretório Nacional dos Estudantes,[4] terceiranista, nascido em São Paulo, e herói da Revolução Constitucionalista.

Preparei-me para o pior. Minhas mãos estavam úmidas, mas consegui esconder o medo. Trouxeram para dentro do círculo um de meus companheiros de infortúnio e o obrigaram a se ajoelhar diante de mim. E aí minha estrela voltou a brilhar. Abriu-se a dissidência entre eles quanto à espécie de castigo que me seria imposto. Para uns, deveria apenas responder à declaração de amor que receberia de meu colega. Outros, mais realistas, empunhando uma lata de tinta verde, grossa e malcheirosa, achavam que uma mão de pintura em meu nariz e na testa viria a calhar. Houve protestos e a penalidade foi diminuída. Bastava que usasse aquele *verniz* verde nas unhas. Com as mãos atrás das costas, aguardava impassível a decisão final, pois percebi que a sentença se ia suavizando aos poucos, visto eu não ter demonstrado sinais de pânico ou raiva, embora sentisse ambos.

Finalmente, trouxeram à força outro calouro: tinham decidido que eu, de vítima, passaria a algoz. Devia com aquele pincel pegajoso transformar o rosto de meu colega em tela surrealista. Minha voz, que se sumira, voltou e se manifestou com o atrevimento dos tímidos: "Se algum veterano quiser ser pintado por mim estou pronta a servi-lo. Mas este aqui é calouro, como eu. Ou não é?". Ganhei o primeiro round: a solidariedade dos outros quatrocentos e tantos calouros que, mantidos à distância, me olhavam desconfiados. Mudaram de tática outra vez e resolveram se divertir à minha custa. O mesmo calouro recebeu ordens para, em atitude de súplica, pedir-me um emprego público que eu devia atender. Senti que a hostilidade estava desaparecendo. O trote se transformara em travessura de estudante. Tornei-me valente. Antes que meu colega cumprisse as instruções, respondi aos veteranos, com endereço certo: "Que eu saiba, neste momento, só há um cargo vago no país: a interventoria de São Paulo. Se ele aceitar, está nomeado, porque ninguém se acerta por lá". Alguns ficaram um pouco desconcertados, mas a maioria riu. Recuperei a liberdade e ganhei alguns amigos. Sofri outras cargas, bem mais suaves e curtas, pois o grupo que não se naturalizara paulista resolveu me proteger.

Em relação ao governo, porém, o ambiente, se não era completamente hostil, nada tinha de simpático. Além da crise paulista que se prolongava, visto o interventor nomeado depois do término da revolução, general Waldomiro Lima, não ser nem civil nem paulista, existia um caso na própria faculdade. Dois professores transferidos sem concurso de outros estados para a capital: Francisco Campos, de Minas Gerais, e Waldemar Falcão, do Ceará, forneceram excelente pretexto para uma greve. Pretendiam os estudantes tumultuar a posse dos citados professores em sinal de protesto, e durante quase três meses não houve aula. Voltei para Petrópolis e recomecei minhas férias. Nessa greve, eu entrava com todo o prazer.

Já começava a fazer frio e papai não pensava em descer. Desta vez seu pretexto era bom: não tínhamos para onde ir. Os dois palácios estavam em reforma. O Guanabara hospedara o príncipe de Gales e seu irmão, o duque de Kent,[5] e agora se preparava para receber a visita oficial do presidente da Argentina, general Agustín Pedro Justo.[6] O Catete estava sendo submetido a uma operação interna de plástica para se tornar digno de acolher os próximos hóspedes: o presidente do Uruguai, Gabriel Terra,[7] e o cardeal Eugenio Pacelli.[8]

Estávamos em fins de abril. Papai ia periodicamente ao Rio para reunir o Ministério ou para presidir às reuniões do Conselho de Comércio Exterior,[9] recentemente criado. Na estrada de rodagem, as chuvas torrenciais tinham provocado vários desabamentos, tornando a viagem perigosa. Era mais fácil descer um só carro — o do chefe do governo — do que subirem os dos oito ministros de Estado. No dia 25, papai e mamãe desceram cedo e avisaram que só voltariam para jantar.

Em Petrópolis, nós preparávamos uma surpresa. O ajudante de ordens, comandante João Pereira Machado, que seguira com papai pela manhã, não regressaria. Em seu lugar viria um novo ajudante, capitão-tenente Celso Pestana, nomeado poucos dias antes. Não o conhecíamos ainda e, por ser gaúcho, solteiro e novato no serviço, queríamos, antes de adotá-lo na família governamental, submetê-lo ao batismo de fogo.

Passava de oito horas da noite; a impaciência e a fome nos faziam perder o entusiasmo e até a curiosidade, quando bateu o telefone oficial da Secretaria. "Papai deve estar atrasado", pensei de mau humor. O capitão Amaro da Silveira atendeu. Era o guarda de plantão na barreira que prevenia: ocorrera um grave acidente com o automóvel presidencial na estrada, o comandante Pestana tinha sido fulminado, papai e mamãe feridos, os demais — meu irmão Getúlio, o chofer Euclides e seu ajudante —, ilesos. Entramos no primeiro automóvel que apareceu, o capitão Amaro, Sarmanho e eu tocamos para o local do acidente. Fazíamos conjeturas no caminho: a ideia de uma pedra caída não era plausível. Teria sido um atentado, um tiro, uma bomba? O oficial ter-se-ia interposto para proteger papai e morrera? Depois do término da Revolução Constitucionalista, tínhamos recebido tantas cartas anônimas e tantas ameaças que tudo era possível. Só não era viável a hipótese da tremenda coincidência. Quem empurrara a pedra com matemática precisão, no momento exato, com a velocidade exata? A mão do destino quebrara-lhe as pernas, quando mais necessitava delas. Papai estava planejando demorada visita ao Norte e Nordeste, para, depois de auscultar seus problemas, poder orientar os trabalhos da Constituinte em um sentido realmente brasileiro. Essa porta que desejava abrir lentamente se fechava sobre ele.

Chegamos.[10] Lá estava, imóvel agora, bem no centro da estrada, a enorme pedra assassina ainda tinta do sangue do comandante Celso Pestana. Em torno dela, e como a vigiá-la para que não causasse mais vítimas, estavam os policiais da estrada e algumas pessoas que haviam acorrido. A pedra, pesando aproximadamente oitenta quilos, rolara de uma altura de mais ou menos trinta metros, rompera a capota do carro e caíra em cheio sobre o peito do oficial, dando-lhe morte instantânea. Eu não queria mais detalhes, queria saber onde estavam meus pais, queria ir para perto deles. Disseram que o motor do carro nada sofrera e, retirada a pedra, tinham seguido para Petrópolis, não sabiam para onde. Animei-me. Não era nada de maior. Tinham ido para casa. Mas o Palácio Rio Negro estava deserto. Todos os habitantes estavam reunidos no hospital Santa Teresa. Fiquei em pânico; os dez minutos que me levaram para junto dos meus foram mais longos que os quarenta que gastamos na subida da serra. Pesava um silêncio angustiado. Sabíamos que, por pouco mais de um centímetro, não tinham morrido todos. No local do acidente, de um lado havia a pedreira, do outro, um precipício. No carro, de sete lugares, o comandante Pestana viajara sentado em uma das cadeiras em frente a papai. Getulinho não fora atingido porque se encolhera ao lado de mamãe, por causa do frio. Poucos minutos antes estivera na mesma posição do ajudante de ordens.

No modesto hospital Santa Teresa, que fazia as vezes de pronto-socorro, mamãe com a perna ensanguentada, cercada por suas cunhadas e amigas, gemia baixinho. Papai, em outro quarto, ficara só, pois todos os homens da família tinham acorrido ao local do acidente, como nós, ou ainda estavam no Rio. Disse quando me viu: "Pobre rapaz. Não era seu dia de serviço. Trocou para atender a um amigo". Contou-me o resto da tragédia. A viagem fora um verdadeiro pesadelo. Não tinha sido possível remover o corpo do comandante Pestana, tal o estado em que ficara. O ferimento de mamãe — fratura exposta em uma das pernas — era dolorosíssimo. Libertaram-na da cadeira, provável causadora do ferimento, para que pudesse prosseguir. Papai só se dera conta de que também tivera fraturas, e eram três, ao tentar erguer-se quando chegaram ao hospital. Pediu-me que verificasse se haviam sido tomadas todas as providências em relação aos funerais de seu ajudante de ordens de um dia. Fortemente abalado, não cessava de falar a seu respeito. Esperei que Luthero chegasse e fui com ele até a capela, onde estava sendo velado o corpo, mas não tive coragem suficiente para olhar. Agradeci-lhe o silencioso e inglório sacrifício e me retirei.

Conhecendo o temperamento reservado de papai e sabendo que mamãe estaria bem cuidada, reclamei para mim a primeira noite de plantão a seu lado, para que pudesse, com liberdade, reclamar, gemer, queixar-se ou exigir. Nunca senti tanto frio em minha vida. Era um frio que vinha de dentro de mim, muito superior aos modestos cinco graus da serra. Apesar do sedativo que lhe deram, pouco dormiu, mas não se queixou. As recordações daquela viagem trágica, a posição incômoda, a imobilidade obrigatória e as dores provocadas pela falta de circulação mantinham abertos seus olhos cansados. Mamãe não conseguiu dormir. Os médicos vindos do Rio[11] pouco puderam fazer imediatamente, devido à falta de recursos e por não poder ela suportar outra viagem. Puseram-lhe um dreno na ferida aberta e pela manhã levaram-na para a sala de operações. À tarde, engessaram as duas pernas de papai e suas dores se tornaram suportáveis. Com os nervos tensos pelo tremendo choque e pela preocupação constante com o estado de mamãe, cujo ferimento ameaçava gangrena, tornara-se resmungão e impaciente. Como terapêutica, recomeçou a trabalhar, mesmo porque a vida do país não podia ficar esperando pela calcificação das pernas governamentais. Recebia os ministros e despachava os papéis mais importantes.

Tornou-se urgente substituir o ajudante de ordens falecido. Os três restantes estavam sobrecarregados. Além do plantão diário no hospital, tinham a seu cargo a representação nas cerimônias oficiais intransferíveis e os serviços de rotina do Palácio Rio Negro. O ministro da Marinha, almirante Protógenes Guimarães, sugeriu o nome de seu afilhado de espada, o capitão-tenente Ernani do Amaral Peixoto. Além de um passado revolucionário e de excelente folha de serviços, apresentava como credencial para o cargo o fato de, em 1932, ter renunciado a uma cômoda posição na Europa para vir combater ao lado do governo, sem alarde. Estava em Genebra, na Conferência de Desarmamento, sob a chefia do chanceler José Carlos de Macedo Soares, e não fora convocado. Apresentou-se no hospital, assim que foi nomeado, e se ofereceu para dobrar o primeiro serviço, a fim de que os outros pudessem descansar. Escapou por um triz de ser ferido ou morto, no mesmo dia. O guarda de plantão, dormindo mal várias noites, pois eram poucos também para se revezarem, cochilava em uma cadeira, na porta de saída. Sentindo passos, levantou-se precipitadamente e seu revólver disparou ao cair. A bala, em sua trajetória, por poucos milímetros não se alojou no corpo do novo ajudante de ordens. Esse susto, felizmente, não chegou ao conhecimento público. Se uma fatalidade sobreviesse, diriam logo que o posto era malsinado, dava azar: outro oficial de Marinha, também em seu primeiro dia de serviço.

O estado de mamãe continuava grave. Os médicos temiam ter de recorrer à amputação da perna e por isso não se afastavam de Petrópolis, receosos de que o instante decisivo se apresentasse de repente. Em vão buscávamos aparentar tranquilidade em sua presença; ela se apercebera de tudo e queria avistar-se com papai para arrancar-lhe a promessa de que não permitiria que a mutilassem. Ele nos bombardeava com perguntas, interrogava os médicos, impaciente em sua imobilidade. No estado em que ambos estavam, com os nervos à flor da pele, não era possível ceder e deixar que se vissem e vivessem esse drama. Nunca menti tanto em minha vida. Trocavam recados e bilhetes. Pedro Ernesto, prefeito do Distrito Federal, vencia a serra de Petrópolis duas vezes por dia: à tarde, como prefeito, para despachar; à noite, como médico, carregando de sua Casa de Saúde tudo que pudesse dar conforto a mamãe.

Afastado o perigo da gangrena, o regresso ao Rio tornou-se premente. O frio aumentara, as fraturas de papai estavam quase consolidadas. Para os médicos, todos com clínica no Distrito Federal, a viagem diária por uma estrada em péssimas condições estava se tornando penosa. Mamãe necessitava de mais conforto e de recursos médicos mais próximos. As aulas tinham recomeçado para nós todos. A administração precisava voltar a seu ritmo anterior. Um mês e meio se escoara. Duas ambulâncias desceram lentamente a serra de Petrópolis, rumo ao Catete.

Papai substituiu o gesso por botas de cano alto, guarnecidas por talas de aço, e voltou ao trabalho. Mas tinha de reaprender a andar. Para mamãe o sofrimento ainda continuava. As primeiras tentativas de redução da fratura foram bárbaras e infrutíferas.

Covardemente, eu fugia, refugiava-me no jardim, ou ia fazer companhia às águias do Palácio para não assistir a seu desespero, até o dia em que, finalmente, se decidiram pela medida drástica. Transformaram seu quarto em sala cirúrgica, chamaram o anestesista e fizeram a redução, violentamente, de uma só vez. Já era um pouco tarde, porém. Ficou com um encurtamento de dois centímetros na perna fraturada. Estava fora de perigo, quase sem dores, devidamente engessada, mas seus nervos tinham chegado ao fim.

Com as pernas remendadas, papai resolveu tentar reabrir a porta que lhe fora fechada: iria ao Norte para conhecer de perto as necessidades e as aspirações dos habitantes dessa região. Os médicos assistentes lhe asseguraram que mamãe estava salva, necessitando apenas de tranquilidade e repouso. Quanto a ele, aconselhavam que realizasse a projetada excursão. A mudança de ambiente, depois de tantas vicissitudes, lhe faria bem. Caminhando ainda com bastante dificuldade, apoiado a uma bengala especial, em julho, a bordo do navio *Jaceguay*, seguiu com grande comitiva para examinar os problemas nordestinos.[12] Em agosto, cinco meses[13] depois do acidente, mamãe teve alta e ordens de partir para Poços de Caldas onde o clima, as águas sulfurosas e um tratamento intensivo de fisioterapia a fariam recuperar os movimentos da perna que ficara imobilizada. Ambos deviam estar de regresso em tempo para a visita oficial do presidente da Argentina.

Papai não conhecia o Norte do Brasil,[14] mas conhecia o drama de sua população. Guiado pelo roteiro de Euclides da Cunha, viu as paisagens desoladas descritas por ele, sentiu mais do que ouviu as queixas murmuradas por um povo sofredor e valente e voltou decidido a fazer por aquela gente indômita e sacrificada, cuja fisionomia enxuta se assemelhava à terra árida, tudo o que estivesse em seu poder, como governante. Aquele solo ingrato, tanto mais amado quanto mais avaro de seus dons, era um desafio.[15] As obras para combater as secas periódicas, iniciadas por Epitácio Pessoa e depois abandonadas, receberiam um impulso ainda maior. Irrigação, açudagem, estradas, trabalho para quem quisesse trabalhar seria seu programa imediato.

Estava em Pernambuco, já na etapa final de sua viagem, quando recebe a notícia do falecimento do governador de Minas Gerais, Olegário Maciel.[16] Além de uma perda irreparável, o desaparecimento do ilustre mineiro representava para Getúlio o início de uma longa e penosa crise política. A porta que entreabrira com sacrifício, a garantia da paz política, base de uma administração sadia, ia se fechar novamente. Com mais de setenta anos de idade, Olegário Maciel, por sua integridade e coragem, pelos serviços prestados e pela força de sua autoridade, era o único dique capaz de conter as jovens ambições que borbulhavam nas Alterosas[17] e de mantê-las em equilíbrio. Deveria Getúlio interromper sua viagem? Deixar inacabada a tarefa que se havia imposto, qual a de ouvir as queixas de todos? Não o fez. Cumpriu todo o programa traçado,[18] enquanto em Belo Horizonte a luta pelo Palácio da Liberdade começava.

Gustavo Capanema, secretário do Interior, assumiu interinamente o governo de Minas Gerais.[19] No dia do enterro de seu chefe, pronunciou, com grande senso de oportunidade, o elogio da mocidade. Papai se fez representar nas cerimônias fúnebres por dois ajudantes de ordens, João Pereira Machado e Ernani do Amaral Peixoto.

Nos primeiros dias de setembro, chegou ao Rio. Vinha queimado pelo sol, refeito do traumatismo que sofrera, reconfortado pelo carinho do povo nortista e disposto a tornar realidade todas as promessas que havia feito. Não parecia o mesmo homem que partira, pálido, nervoso, inseguro e apoiado em uma bengala. Mamãe já o esperava também praticamente recuperada. A não ser uma ligeira dificuldade ao andar, aguentou com bravura todo o programa oficial da permanência do general Agustín Pedro Justo. Nunca a vi tão bonita e tão bem-vestida. Papai ficou feliz e orgulhoso.

Constituiu um grande acontecimento, tanto social quanto político, a visita do presidente argentino ao Brasil. Todas as velhas quizilas entre os dois países desapareceram como por encanto. "Tudo nos une, nada nos separa", a frase pronunciada anos antes por outro presidente argentino, Sáenz Peña,[20] voltara a ter sentido. Tornaram-se amigos pessoais os dois presidentes; brasileiros e argentinos confraternizaram.[21]

Não demorou muito para que esses laços de cordialidade fossem postos à prova, pois 1933 ainda não havia completado sua obra. Mal havia chegado de volta a seu país o presidente argentino, talvez ainda ressoassem em seus ouvidos os aplausos que recebera do povo brasileiro, e um sério conflito, um dos costumeiros e inexplicáveis conflitos de fronteira, rebenta na cidade vizinha de São Borja, Santo Tomé, Província de Corrientes. O uso de passaporte em toda a orla limítrofe do rio Uruguai era um luxo pouco usado para ir de um país a outro e, às vezes, nem mesmo qualquer espécie de identificação era exigida. Saíam lanchas de São Borja para fazer compras em Santo Tomé e vinham caravanas de Santo Tomé para passear em São Borja. A fiscalização, tanto em um porto quanto no outro, sempre foi precária e benevolente, pois, sendo vizinhos, todos se conheciam e faziam amizades. Repressão ao contrabando só existia quando feito com exagero. Vigilância mesmo só aparecia se algum rumor suspeito de um lado ou de outro provocava o tráfego de refugiados políticos.

Corriam boatos de conspiração contra o governo do general Justo, na Província de Corrientes. Mas havia também um baile na cidade de Santo Tomé, para o qual tinham sido convidados vários jovens são-borjenses. Estes partiram de lancha ao cair da tarde, sob a chefia de meu tio Benjamim Vargas, dispostos a se divertir até a madrugada, quando regressariam. Foram recebidos por uma rajada de tiros. O primeiro a tombar, dentro da própria lancha, mortalmente ferido, foi meu primo-irmão Ary Mesquita Vargas. Jovem estudante de direito, quieto, sossegado, precocemente amadurecido, não era dado a noitadas. Como estivesse pensando seriamente em casar, conforme carta que nos escrevera dias antes, talvez considerasse aquela aventura uma espécie de despedida de solteiro. Despediu-se da vida. Surpreendidos pela recepção inesperada, alguns tentaram desembarcar para obter explicação. Mais tiros, mais mortos, alguns feridos. Com uma bala na testa, ficou estendido no cais do porto argentino outro primo-irmão, Odon Sarmanho Motta, único filho varão de meus tios Alda e Periandro Dornelles Motta. Belo rapaz de vinte anos, alegre, impetuoso, fora o primeiro a saltar ao encontro da morte. Os brasileiros tiveram de retroceder com sua dolorosa carga. Pela madrugada já estava sendo preparada em São Borja uma expedição punitiva, para resgatar o corpo de Odon, mesmo à custa de outras vítimas.

Não fossem as providências rápidas e enérgicas tomadas por ambos os presidentes, cada um de seu lado, os entendimentos que tiveram, as explicações dadas e recebidas, e a compreensão do momento, muitas outras famílias, além da nossa, ter-se-iam coberto de luto.[22]

Minha mágoa foi enorme, pois eram os dois primos mais intimamente ligados a mim. Ary fora meu primeiro professor de dança e companheiro inseparável durante as férias. Odon me ensinara a dirigir automóvel, num velho calhambeque emprestado, que era seu orgulho. Nunca mais os veria. Sentia pela primeira vez a brutalidade concreta da morte, a tremenda sensação do irreparável, do definitivo, do irremediável.

Papai, para manter aberta a porta da fraternidade continental que tão convidativamente se oferecia à sua habilidade de homem público, sufocou todos os seus impulsos de gaúcho fronteiriço e permitiu que lhe traumatizassem a alma. Não havia tempo para chorar. Com os olhos secos e a mão firme, papai tentou consolar seu irmão Protásio, seu cunhado e primo Periandro e Benjamim que, desesperado e cheio de angústia, se julgava o único responsável pela tragédia. Pouco tempo depois, torturado e inquieto, ele, que era o dono da boemia da cidade, vendeu sua farmácia, centro de reunião dos jovens são-borjenses. Papai o chamou para afastá-lo da cidade onde tudo lhe recordava a tragédia. Veio para o Rio, onde acabou se fixando.

As portas da desordem começavam a se abrir.

Todos os problemas acumulados antes da Revolução de 1930, os criados por ela, acrescidos pelos da de 1932 e tumultuados durante esse sarcástico ano de 1933, que parecia nos desafiar arrasando energias, estavam explodindo ao mesmo tempo. No setor econômico-financeiro, uma imensa tarefa pela frente. Dívidas, dívidas e mais dívidas. Dívidas do governo federal, dívidas dos governos estaduais, dívidas da Revolução Paulista, dívidas municipais. Dívidas a serem resgatadas em prazo curto, dívidas a serem consolidadas, novas dívidas a serem feitas para início e prosseguimento de obras inadiáveis. No setor político, uma série de casos em ebulição.

A Constituinte estava prestes a ser instalada e os interventores estaduais, candidatos ou não a serem eleitos governadores de seus feudos temporários, estavam indóceis. A morte de Olegário Maciel criara um sério problema em Minas Gerais, de solução extremamente delicada. Verdadeira corrida de obstáculos em direção aos postos-chave estava sendo iniciada. No setor administrativo, toda uma gama de preocupações em desfile. Funcionários, nomeados precipitadamente, exercem cargos para os quais não estavam habilitados. Aqueles que haviam pertencido ao quadro do Congresso, distribuídos por diversas repartições desde 1930, teriam de voltar a suas funções primitivas, abrindo novos claros, criando mais confusão. Com a volta iminente ao regime constitucional, muitos queriam se aproveitar, ao apagar das luzes do Governo Provisório, para galgar cargos ou obter vantagens. O teor das cartas naquela época era pouco variável. "Vossa excelência, que enfeixa poder absoluto em suas mãos", "O senhor está com a faca e o queijo", "Se vossa excelência quiser..." Já ninguém mais se lembrava de que o chefe autocrático restringira seus próprios poderes, logo após assumir o governo, para evitar o caos administrativo. E, quando se lembravam, era para dizer: "O senhor, que fez a lei, pode desfazê-la... no meu caso".

Cansado, mas não desiludido ainda, conseguiu alcançar sua primeira grande vitória. Nem revoluções, nem casos políticos, nem obstáculos pessoais, nem crise econômica detiveram sua marcha obstinada para as primeiras eleições realmente livres de nosso país. Foram quase três anos de lenta depuração e de estudos cuidadosos.

No dia 15 de novembro de 1933, instalou-se, solenemente, no Palácio Tiradentes, a terceira Assembleia Nacional Constituinte do Brasil. Fora, segundo os dizeres da época, sufragada na eleição mais livre e honesta realizada até então. O Código Eleitoral,[23] sob cujas normas se processaram o pleito e a apuração, foi classificado de carta de alforria do povo brasileiro.

O sistema adotado assegurava a representação das minorias e proporcionava às maiorias sadias possibilidades de manter sua posição, sem necessidade de recorrer aos conchavos eleitorais. A mulher obteve acesso ao voto e aos cargos eletivos, não como uma reivindicação, mas como um direito natural. O voto secreto deu ao chamado eleitorado de cabresto garantias de liberdade de escolha. A representação classista,[24] outra inovação, não aprovou contudo. Foi uma experiência, uma tentativa para forçar os grupos sociais a se unirem em torno de seus interesses e reivindicações e obterem, assim, o direito de serem ouvidos na defesa das aspirações coletivas. Infelizmente estava destinada ao fracasso, devido à falta de maturidade das organizações sindicais, então ainda em período de formação e sujeitas, portanto, a um certo paternalismo estatal. Falhou, mas as intenções eram boas. E destas o inferno está cheio. Muitas outras novidades foram introduzidas no Código Eleitoral pela douta comissão que o elaborou; aprovadas, aplaudidas ou sugeridas pelos autores da Revolução de 1930; sancionadas pelo chefe do Governo Provisório.

Em longa e pormenorizada mensagem lida perante a Assembleia Nacional Constituinte, Getúlio Vargas prestou contas à nação de seus três anos de governo. Apesar de todos os erros, de todos os tropeços, de todos os problemas, de todas as vicissitudes, o balanço era favorável. Podia-se olhar com otimismo o futuro. Os dramas, as tragédias e as comédias políticas, no entanto, estavam começando a ser encenados. Em breve os personagens os estariam representando, perante os olhos estarrecidos do povo brasileiro. Os ensaios gerais já se estavam processando atrás dos bastidores, e os atores disputavam entre si o papel principal.

Um novo golpe do destino tonteia Vargas, arrefece seu entusiasmo e alguns fios da meada lhe escapam das mãos.

1933 estava no fim, mas ainda não havia terminado. No dia 31 de dezembro, fui a meu primeiro réveillon no Copacabana Palace, disposta a me despedir com alegria desse ano carregado de tristezas. Voltei cansada, mas com a cabeça limpa de preocupações. Recordava, ainda sonolenta, os detalhes da noite, quando senti abrir-se de mansinho a porta de meu quarto. Meu tio Sarmanho já havia trocado o smoking por seu terno de trabalho e, sem acender a luz, falou-me baixinho, preocupado: "Não te assustes. O Luthero acaba de sofrer um acidente. Veste-te depressa e vem comigo". As primeiras luzes da madrugada entravam pela fresta da janela. "Foi um acidente de automóvel. Não sei detalhes" — continuou no mesmo tom — "telefonaram agora da Casa de Saúde Pedro Ernesto. Ele está vivo, mas parece que o ferimento é grave. Não quero avisar a Getúlio e Darcy ainda. Estão dormindo, e não devo acordá-los com um susto, sem saber exatamente o que aconteceu. Traz os sapatos na mão pra não fazer barulho."

Creio que Fregoli[25] não teria sido mais rápido do que eu. Quando passamos pela praia do Russell, pouco antes da praça Paris, uma árvore quase arrancada do solo atestava a brutalidade do choque. Depois que se refez, ela também passou a ser chamada por nós "a árvore do Luthero". Era ponto de referência para a orientação: "Antes, em frente, ou depois da árvore do Luthero".

Num leito baixo, em quarto de emergência, cuidado por Odilon Baptista, filho de Pedro Ernesto, meu irmão parecia em estado de coma, imóvel. Quis saber o que havia acontecido e a resposta veio assustadora: "Fratura da base do crânio". Odilon era seu colega na Faculdade de Medicina e me esclareceu: "Somente dentro de 72 horas poderemos ter um prognóstico definitivo. Essas fraturas, quando não são fatais, se consolidam com muita rapidez". Tomou-lhe o pulso, a temperatura e continuou: "Meu pai já foi ao Palácio prevenir o presidente".

Saiu para continuar sua ronda de interno e eu fiquei esperando, esperando que passassem as 72 horas.

Pouco depois meus pais chegaram, acompanhados por Pedro Ernesto Baptista. Considerado um dos melhores cirurgiões da cidade, homem bom e correto, havia sido o protetor dos conspiradores revolucionários de 1930 e fora nomeado prefeito do Distrito Federal. Em seus diagnósticos, era brutalmente sincero, mas em política, um pouco ingênuo e facilmente influenciável.

Mamãe repreendeu-me por não tê-la avisado, mandou-me dormir e assumiu seu posto à cabeceira de Luthero. Este, como se tivesse pressentido sua presença, começou a se debater na cama, inquieto, como a procurar alguma coisa. Estivera imóvel até então. Papai, sentado em uma cadeira a seu lado, estava silencioso. Olhei-o para perguntar se tinha alguma instrução para transmitir no Palácio e vi que duas lágrimas incontroláveis lhe corriam dos olhos. Assustei-me. Era a primeira vez que o via chorar. Papai era muito duro e controlava suas emoções, suportando todos os golpes do destino com firmeza invulgar. Formara-se na escola do estoicismo, desde a mais tenra infância. Perguntei-lhe o que havia dito Pedro Ernesto ao dar a notícia. Respondeu-me baixo para mamãe não ouvir: "São três as hipóteses: morte imediata, derrame que o inutilizará por muito tempo ou para sempre ou restabelecimento completo em 72 horas". Suas lágrimas expressavam todo o temor de um pai, ameaçado de perder seu primogênito, e a angustiosa certeza de que nenhum poder lhe fora dado para salvá-lo.

Em 24 horas, a tremenda resistência física, apanágio dos Vargas, salvou Luthero. No dia seguinte, o perigo havia passado. Acordou perfeito, calmo, claro e com um apetite de monstro. Só não recordava coisa alguma do que lhe ocorrera.

Já estávamos em 1934, enfim!

Janeiro, calor e, para mamãe, a ameaça de voltar a Petrópolis. Ela via com pavor aproximar-se o momento de refazer o trágico percurso do ano anterior, momento que não podia ser adiado indefinidamente. Durante todo o ano de 1933, tínhamos permanecido no Catete, nenhum dos dois acidentados tivera ainda permissão para subir escadas e o Guanabara não era provido de elevadores. O terceiro andar do Catete, transformado em hospital, devia ser desocupado com urgência e sofrer os reparos necessários para receber a visita do presidente Gabriel Terra, do Uruguai. Mas ninguém se animava a dar o sinal de partida.

Eu já fizera as pazes com o Palácio das Águias e começara até a preferi-lo como moradia ao Guanabara. Era mais cômodo para mim, pois a faculdade ficava na mesma rua, a poucos passos de distância. Aprendi a conhecer todos os recantos e esconderijos da velha casa. Quando cansada de ver meus pais sofrerem sem que os pudesse ajudar, deixava-os entregues aos enfermeiros e buscava no isolamento total recuperar a serenidade e forças para continuar as vigílias de samaritana improvisada. Meu refúgio predileto era justamente o ninho de minhas ex-inimigas — as águias. Durante esse período, a única visita que recebiam, além da minha, era a da sentinela que subia para hastear ou arriar a bandeira, pela manhã e ao entardecer. Dois panoramas completamente opostos eu avistava de lá: de um lado, a beleza suave e calmante da baía de Guanabara; do outro, as ruelas transversais da rua do Catete, os velhos prédios, as casas de cômodos, exibindo seus pequenos e monótonos dramas cotidianos, davam à minha melancolia uma lição de coragem.

A solidão absoluta e a sensação de perigo iminente eram tão vivas que davam tonturas. Muitas vezes me apoiei familiarmente às caudas de bronze das imponentes águias, em busca de um contato material que me devolvesse a ousadia de continuar a olhar e fixar o abismo.

Outras vezes eu procurava paz de espírito entre as paredes luxuosas dos salões desertos do segundo andar, onde também a solidão era completa. Permaneciam fechados quase todo tempo, e somente Albino,[26] o anjo da guarda do Palácio do Catete, por ali passava em seu mister de zelador. Passava tão sutilmente que só me apercebia de sua presença quando rangia o trinco da última porta. Magro, alto, silencioso e manso, de uma discrição invulgar, era a própria alma dessa residência presidencial. Entrou para o serviço no tempo de Nilo Peçanha, assistiu à posse e à saída de vários chefes de governo e viu desfilarem pelos salões, que trata com especial carinho, milhares de personagens importantes. Em 1930 foi presidente da República durante vários dias, sem que ninguém o soubesse. O presidente Washington Luís, antes de deixar o Palácio em outubro desse ano, chamara Albino em particular e, confiando-lhe a faixa presidencial, fizera a recomendação de só entregá-la a quem de direito, depois de tudo resolvido. Confiara no fiel servidor mais do que em qualquer outra pessoa. Consciente de sua responsabilidade e temeroso de que em meio à confusão reinante, naqueles primeiros dias da vitória da revolução, desaparecesse o precioso símbolo, Albino o guardou no lugar mais seguro: nele próprio. Debaixo de seu modesto dólmã de contínuo, sobre seus ombros franzinos, a faixa verde e amarela com seu escudo de ouro e os vinte brilhantes, representando os estados do Brasil, estava bem guardada. Não a retirava nem à noite, e assim dormiu e acordou presidente da República durante vários dias.

A Junta Governativa Militar veio e se foi.

Getúlio Vargas veio e ficou. Mas a faixa presidencial só lhe foi entregue quando Albino se certificou de que era ele o *a quem de direito*. Silenciosamente, sem palavras, sem palmas e sem discurso passou-lhe o governo.

Recomecei a frequentar a faculdade.

Minha turma foi uma das maiores que por ali passaram, perto de quatrocentos matriculados, divididos em vários turnos com professores diferentes. Fora classificada, no primeiro ano, no turno da tarde, que funcionava das duas às quatro horas. Ao fim de quinze dias, pedi transferência para o da manhã, que começava às nove horas. Ficava com a tarde livre para atender às visitas de mamãe e, depois que melhorou, para ir ao cinema, passear e, sobretudo, para continuar a frequentar a Secretaria muito mais movimentada no Catete que no Guanabara. Por causa dessa iniciativa de simples rotina e mero interesse pessoal, vim a ter mais tarde sérias dores de cabeça. Os professores no horário escolhido por mim eram Leônidas de Rezende, em Economia Política, e Edgard de Castro Rabelo, em Introdução à Ciência do Direito. Os do rejeitado, respectivamente, Alcebíades Delamare e Figueira de Mello.

Cursava, em 1934, o segundo ano e as aulas de direito penal, dadas por Gilberto Amado, proporcionavam-me longas conversas e discussões com papai. Era minha matéria predileta, não só por emulação, pois papai adquirira renome em toda a fronteira como advogado criminalista, como também por ser a que mais de perto aborda os problemas intrincados da mente humana, em seus mais complexos aspectos.

Eu me tornara uma espécie de suplente de auxiliar de gabinete. Papai, desde o acidente, sentia necessidade de uma presença humana junto dele, alguém com quem não tivesse obrigação de conversar, que apenas estivesse ali. Chamava-me quase sempre para ajudá-lo nos despachos simples de rotina. Fazia-o de maneira vaga, imprecisa, sem pedir nem comandar. Eu recebia recados transmitidos pelo contínuo: "O presidente perguntou pela senhora". Quando eu chegava para saber o motivo, ou se fazia de muito ocupado e atrapalhado com os papéis, ou perguntava uma trivialidade qualquer, ou, então, relatava um fato de somenos importância. Percebi logo seu truque. Queria companhia e não ousava confessar. Comigo poderia, se lhe desse vontade, comentar um ou outro despacho, sem compromissos, nem perigo de indiscrições; reter-me, indefinidamente, sem remorsos por me estar privando de outros deveres ou distrações; ou, então, mandar-me embora, sumariamente, quando preferia estar só.

Às vezes, enquanto examinava com cuidado os processos mais delicados, que demandavam maior atenção, entregava-me em silêncio volumosa pilha de requerimentos de indulto ou de graça para que eu me fosse *distraindo*. O expediente de rotina andava atrasado. Acidente, viagem ao Norte, a visita do presidente argentino, tinham feito acumular um monte de processos. Fui aprendendo assim a despachar com ele. O parecer do ministro da Justiça vinha sempre na primeira página e era uma súmula de todo o processo, baseado nas informações e na opinião do Conselho Penitenciário. Mas papai não se contentava só com isso, exigia que lesse todo o processo desde sua origem: o requerimento inicial do indultando, a marcha do processo criminal, a acusação feita pelo promotor, a defesa sustentada pelo advogado, o julgamento, a condenação, o comportamento posterior do prisioneiro e o tempo de sentença já cumprido. Devia depois resumir o caso para ele, sem esquecer os pontos principais. Só então decidia. Hoje estou convencida de que esse cerimonial era propositado para me obrigar a raciocinar, mas, naquela época, ingenuamente, eu me julgava indispensável.

Comecei a observar seus despachos. Raramente indultava presos com menos da metade da pena cumprida. Nunca os de mau comportamento na prisão. Os criminosos passionais recebiam dele uma certa benevolência, sobretudo os cometidos em defesa da honra; os crimes de furto, uma severidade excepcional. Dizia que o ladrão dificilmente se regenera e os casos de reincidência que apareciam lhe davam razão. Os crimes de peculato, considerava ainda piores; além do furto envolviam abuso de confiança. Esse trabalho despertou em mim sérias dúvidas quanto à capacidade do ser humano em geral no julgamento dos atos de seus semelhantes. Em relação a mim própria, a dúvida era certeza, jamais poderia ter sido juiz. Quando eu lia a acusação, condenava o réu de acordo com o promotor; lia a defesa e passava a jurar junto com o advogado por sua inocência ou pelas circunstâncias atenuantes do crime. Não concordava com a sentença do juiz, mas, se me perguntassem qual seria a minha, não saberia responder. No entanto, adivinhava quase sempre qual seria o despacho de papai. Entregava-lhe o processo aberto no local em que deveria assinar, resumindo sumariamente: "Indultado". Ele lia enquanto confirmava, por escrito, meu palpite: "É um caso clássico de perturbação de sentidos. O criminoso passional raramente é reincidente". Recordava casos de seu tempo de advogado, período de sua vida de que parecia sempre ter saudades.

Fora chamado uma vez, por um rábula, para assisti-lo em caso de necessidade, na defesa que iria fazer de um peão acusado de haver furtado as crinas do cavalo de seu patrão. Das crinas do cavalo fazem os gaúchos em caprichosos trançados os cabos dos rebenques, rédeas, correntes de relógio para seu próprio uso. Papai serviu apenas de assistente no caso, pois o experimentado rábula saiu-se com esta: "Reza o Código Penal que é passível de crime de furto todo aquele que retira a coisa alheia, sem consentimento do dono. Ora, o dono da crina é o cavalo. O cavalo não reclamou; logo, não há crime".

Eu estava me afogando nas teorias e teses clássicas e não clássicas de criminologia: o criminoso nato, ocasional, passional; o crime culposo, doloso, sem dolo; o tipo lombrosiano, o homem medíocre, tudo se misturava em minha cabeça sem ordem, tudo porque não conseguia assimilar o ponto crucial das escolas penais: livre-arbítrio ou determinismo. Recorri a papai: "Positivamente não entendo esse negócio. A maioria dos bambas em criminologia nos leva à conclusão de que ninguém é criminoso porque quer ou escolhe. São doentes mentais, vítimas de circunstâncias, do meio em que vivem ou de impulsos incontroláveis. Então, por que são punidos? Que direito tem a sociedade de retirar a vida ou a liberdade de uma pessoa doente? Não seria melhor termos mais hospitais e menos prisões? O senhor acredita em livre-arbítrio?".

Ele não se alterou com a confusão das perguntas: "Você só tem razão em uma parte. Realmente, quando for possível substituir todas as prisões por hospitais e escolas, teremos atingido o ideal. Quanto ao mais, não. A sociedade tem o direito e o dever de se defender de quem fere suas normas básicas. Livre-arbítrio não é vontade, nem licenciosidade, nem mesmo liberdade. É capacidade de discernimento e escolha, variável de indivíduo para indivíduo, diante de circunstâncias determinantes". Não gostei. Queria que ficasse de meu lado e concordasse com a linha que mais me atraía: a do determinismo. Tentou explicações mais simples: "Então você não tem liberdade de escolha? Você está sentada. Não se pode levantar ou continuar sentada? Estudar ou deixar de estudar?". Não me dei por vencida. Continuei teimando: "Se eu estiver doente, mesmo que queira estudar, não posso; se alguém me segurar, eu não me levanto. Um determinismo me impede. O senhor é quem menos tem direito de falar em livre-arbítrio para mim. Já disse mais de uma vez que se sente como um homem que teve a vida truncada, que não desejava ser o que é". "É verdade", respondeu tranquilamente. "Preferia ser estancieiro, viver tranquilo, longe de tudo isto, de intrigas e mexericos. Mas não mude de assunto porque isso não invalida o livre-arbítrio, nem tem nada a ver com as escolas penais. Se você for atacada por um animal qualquer, um tigre, por exemplo, você se defende ou espera para ver se está determinado ou não que você escapará ilesa?". A discussão foi longa e por vezes acalorada. Não recordo mais todos os detalhes, mas ele pôs minhas ideias em ordem. Resumindo, me disse: "A prisão ou pena de morte não representam nas modernas escolas de criminologia simples castigo, o impiedoso 'olho por olho, dente por dente'. São ambas os instrumentos de defesa de que a sociedade dispõe para sobreviver, seu instinto de preservação em funcionamento".

Fiquei abalada mas não convencida, minha cabeça se recusava a abrir vaga para o livre-arbítrio. Papai concluiu a aula dizendo: "Olhe, guarde bem isto: o destino é cego. É preciso levá-lo pela mão".[27] Cego é. Terá mão?

Em fins de janeiro, desta vez, e não no começo, Petrópolis nos acolheu.

5
27 de novembro de 1935

Começava a fazer frio em Washington, mas a tarde estava linda e cheia de sol. Por que razão Laís e Zazi Aranha me haviam convidado com tanta insistência a passear de automóvel, se estavam mudas, preocupadas e se todas as minhas tentativas de estabelecer uma conversação eram respondidas com monossílabos? Em geral, elas falavam mais do que eu. Depois de algumas voltas a esmo, voltamos em pesado silêncio para a embaixada do Brasil, avenida Massachusetts, 3000. Seriam quase cinco horas, hora de Washington, do dia 27 de novembro de 1935. Estranhei que o embaixador Oswaldo Aranha estivesse em casa e não na chancelaria, como era seu hábito. Junto ao rádio, João Alberto Lins de Barros tentava desesperadamente captar o noticiário de uma estação brasileira. Recebi o impacto de um olhar compadecido de d. Vindinha,[1] enquanto Oswaldo e João Alberto, inclinados sobre o aparelho, tentavam decifrar as poucas palavras, carregadas de estática, transmitidas do Rio de Janeiro. Ciro de Freitas Valle, ministro-conselheiro, chegou antes do encerramento do expediente, ele, a própria personificação do horário e dos regulamentos. Eu olhava apatetada, sem entender aquilo. Ciro foi o primeiro a falar: "É melhor vocês contarem tudo a ela. Já passou". Com cuidado e carinho, deram-me as notícias que sabiam.

Rebentara naquela madrugada uma insurreição comunista[2] no Brasil. Os focos principais tinham sido Rio de Janeiro e Natal.[3] No Campo dos Afonsos, o principal centro de pouso da aviação militar, oficiais legalistas haviam sido friamente mortos, enquanto dormiam. Eduardo Gomes, *revolucionário histórico*, um dos heróis dos jovens aviadores, fora ferido em uma das mãos quando tentava dominar a situação. O quartel do 3º Regimento de Infantaria, sediado na Praia Vermelha, sublevara-se sob a chefia de Agildo Barata, um dos partidários de Luís Carlos Prestes. Houve resistência e combate violento; portanto, vários mortos e feridos. O quartel fora arrasado por metralhadoras e bombas durante a luta. Papai estivera, pessoalmente, em ambos os lugares e correra perigo. A revolução comunista fora subjugada também em Natal. O país estava em ordem. Eu não devia me preocupar, disseram. Tudo acabara bem.

Fazia menos de um mês que eu chegara aos Estados Unidos, minha volta ao Brasil não era necessária, nem desejada, acrescentaram para me tranquilizar. Pedi a meu coração que batesse mais devagar, pelo menos até a hora de dormir, e procurei aparentar calma. Estivera ameaçada de perder meu pai: longe dele por culpa minha. Saíra de casa porque quisera, sem necessidade. A consciência me acusava.

A noite chegou, mas não veio acompanhada pelo sono. As fisionomias preocupadas de Aranha e João Alberto continuavam presentes em meus pensamentos.

Sofrendo as angústias da incerteza, longe dos acontecimentos, tentei entender o que se passava em meu país. Obriguei-me a recordar tudo, pois quando partira do Rio de Janeiro nada levava a crer que estivéssemos tão próximos de outra revolução. Muito menos de uma de caráter comunista. Não havia comunismo no Brasil. À distância, a memória se torna mais clara, os fatos se concatenam por si como se estivessem apenas à espera de um trilho para correr.

1934 fora um ano essencialmente político. Papai costumava dizer, quando pressentia alguma crise em preparo: "Quem não gosta de barulho não amarra porongo nos tentos". É um típico ditado gaúcho equivalente a "quem vai à chuva se molha". Ele aguentou todos os barulhos até o dia em que o barulho foi maior do que ele. E o que tinha de enfrentar nesse ano não era brincadeira.

Insone, recordei.

A primeira fissura do bloco revolucionário da Aliança Liberal fora feita em 1932, no Rio Grande do Sul. A segunda seria em Minas Gerais, e, embora me doa reconhecer, também foram os gaúchos que a provocaram.

Góes Monteiro, em seu livro de memórias contadas,[4] livro que, aliás, renegou antes de morrer, segundo informações de fonte fidedigna, vangloriava-se de ser o criador da crise mineira. Afirma ele que, consultado a respeito de quem poderia ser o primeiro presidente constitucional, declarara que a escolha deveria recair sobre um político rio-grandense revolucionário. Citara três nomes: Oswaldo Aranha, Flores da Cunha ou Getúlio Vargas e, em sua opinião, a este último caberia a primazia, o que teria sido aceito por todos. Acredito que tenha pronunciado esse vaticínio, pois o general Góes, consultado ou não, opinava sobre qualquer assunto. A verdade, porém, é que estava no consenso geral que Getúlio Vargas seria o candidato. Era de justiça que exercesse legalmente o poder para o qual havia sido escolhido por eles mesmos e empossado pelas armas. Era também o único que, no momento, não provocaria divergências. Todos os outros revolucionários continuavam a ter direitos iguais e serviços prestados à causa, equivalentes entre si. Oswaldo Aranha e Flores da Cunha eram também, dentro do consenso geral e por terem credenciais semelhantes, os prováveis sucessores de Getúlio. Góes dera ênfase a uma posição já conhecida. A emulação entre os dois herdeiros presuntivos tornou-se uma consequência lógica. Desde cedo, buscaram firmar-se politicamente no âmbito nacional, conquistando posições estaduais, através de interventores que vissem com bons olhos os respectivos nomes. Não tinham, porém, o que era óbvio, campo livre para manobras. Outros políticos de outros estados, considerando-se igualmente credenciados, procuravam atrapalhar-lhes os planos, criando situações difíceis, para eles e para o chefe do governo. A Revolução de 1930 havia sido feita para quebrar a dieta de café com leite, mas não havia motivo para uma superalimentação de mate, diziam.

O problema da substituição de Olegário Maciel no governo de Minas se arrastava indefinidamente, porque os dois candidatos mais fortes se consideravam com direitos definitivos e inalienáveis ao cargo. Gustavo Capanema, secretário do Interior, havia assumido o governo em agosto de 1933 e pretendia ser nomeado efetivo. Em sua própria opinião, ele era o único mineiro em condições de manter a linha política do governador falecido. Embora muito jovem e politicamente imaturo, havia prestado serviços à revolução. Sua ambição, despertada por auspicioso início, não conhecia ainda a arte de esperar. Flores da Cunha, interventor no Rio Grande do Sul, já encarnado na pele de sucessor insubstituível de Getúlio Vargas, tornou-se o patrono de sua pretensão e cabalou o apoio de vários outros próceres, com o objetivo de sustar a ascensão de Virgílio de Mello Franco, outro candidato. Filho de tradicional família mineira, tinha este, por vários motivos, muito mais credenciais junto ao governo revolucionário do que Capanema. Seu pai, Afrânio de Mello Franco, homem de grande cultura e de renome internacional, sereno e desapaixonado, era o ministro das Relações Exteriores do Governo Provisório. Havia dado apoio integral à Revolução desde o primeiro momento. Uma velha amizade, anterior a 1930, ligava os membros da família Mello Franco tanto aos Aranha como aos Vargas. Virgílio fora o emissário permanente dos revolucionários mineiros junto aos rio-grandenses. Ficara em Porto Alegre durante todo o período agudo da conspiração e acompanhara o estado-maior revolucionário em sua marcha para o Rio de Janeiro. Os serviços que prestara eram indiscutíveis. O mesmo não se poderia dizer de sua capacidade administrativa, pois nunca fora experimentada, nem de seu prestígio político pessoal. Se dispunha de algum em seu estado natal, era apenas por herança. Seu domicílio sempre fora no Rio de Janeiro, onde vivia como homem de sociedade, agradável, elegante, benquisto. Oswaldo Aranha, o terceiro homem do esquema Góes Monteiro, era o principal defensor desta candidatura à interventoria mineira, não somente por amizade pessoal, mas também por julgar que tinha Virgílio todos os direitos a uma oportunidade para realizar a maior aspiração de todo homem público: governar seu estado natal.

Getúlio Vargas, em princípio, era favorável à solução Virgílio e chegou mesmo a assegurar que seria ele o escolhido. Temia, no entanto, e carregado de razões, que a reação de alguns chefes políticos de Minas fosse violenta, em virtude de certas atitudes anteriores assumidas por esse candidato. Virgílio de Mello Franco era abertamente acusado de ter projetado a deposição de Olegário Maciel em época não muito distante. Recomendou o chefe do Governo Provisório que nenhuma palavra fosse pronunciada sobre o assunto até a publicação do decreto de nomeação de surpresa. Surpresa absoluta. Visava evitar que aqueles que se opunham tenazmente ao nome Mello Franco tivessem tempo de organizar uma reação que seria desastrosa tanto para o candidato como para o governo. Preferia apresentar-lhes o fato consumado, pois sabia como ninguém que os fatos consumados estão consumados.

A sofreguidão dos vencedores, porém, era grande demais. A pressa de triunfar foi mais forte do que a vontade do candidato e a torcida de seu patrono. Nem 24 horas haviam decorrido — Vargas não tivera de apaziguar os partidários da candidatura rival — e já o segredo de polichinelo estava na rua: a tempestade desabou com violência. Capanema precipitou-se de Minas, e Flores voou do Rio Grande em seu socorro. Colocaram, inabilmente, candidatos e patrocinadores, a solução do problema na base do prestígio pessoal e do reconhecimento público com estardalhaço pelos serviços prestados, e nessa balança pesavam igualmente ambas as correntes em conflito.

Para o chefe do Governo Provisório, para Getúlio, o impasse estava criado. Se mantivesse a promessa — não oficial — feita a Virgílio, Flores romperia as baterias no Rio Grande; e Capanema, com o grupo anti-Mello Franco mineiro, que era o governo no momento, o seguiria. Precisava contar duas vezes...[5]

Poderia o Governo Provisório se aguentar sem o apoio dos dois grandes estados que o haviam levado ao poder? Era preciso não esquecer que, politicamente, São Paulo ainda não tinha sido recuperado. Nomear Capanema em detrimento de Virgílio seria ferir os revolucionários históricos em cheio. Seria provocar entre Aranha e Flores da Cunha um rompimento espetacular de consequências morais e políticas imprevisíveis. Eram eles, praticamente, os dois únicos chefes republicanos, revolucionários, rio-grandenses e de influência com que Vargas ainda contava integralmente. Os demais, ou se haviam apagado ou o haviam abandonado. Não podia, em sã consciência, permitir, quer por sentimentalismo, quer por senso político, que os dois amigos tradicionais se engalfinhassem. Dividi-los representaria mais um abalo no prestígio político do Rio Grande e abriria nova cisão. Seu dever era tentar, por todos os meios, uma conciliação.

Todas as noites reuniam-se na Secretaria, em torno do ajudante de ordens de serviço, vários amigos para um bate-papo. Enquanto papai despachava ou recebia seus visitantes noturnos, os fregueses fixos ou esporádicos apareciam para uma rodada de chimarrão, anedotas, informações e comentários sobre os últimos acontecimentos. Eu, sempre que podia, entrava na roda para saber as novidades. Uma vez deparou-se-me um espetáculo fora do comum: o capitão Garcez do Nascimento, sozinho, fumava um charuto perto da escada, com o ouvido atento à campainha. Na antessala, de cabeça abaixada, agitado, um homem andava de um lado para o outro. Na Secretaria, outro homem, também de cabeça baixa e visivelmente nervoso, andava também de um lado para outro, em direção oposta. Não levantavam a cabeça para não ter de olhar um para o outro, quando seus caminhos se cruzavam. Passei por eles, dei boa-noite e acho que nem me viram. Intrigada com o aspecto lúgubre da Secretaria, em geral tão animada, perguntei ao ajudante de ordens: "Que negócio é esse? O que é que houve por aí? Alguma tragédia...". Respondeu-me baixo: "Parece que é hoje a decisão final. Os padrinhos — Oswaldo e Flores — estão lá dentro com o presidente". Embora minha curiosidade fosse enorme, não quis esperar pelo resultado final. Fiquei com medo de saber. Gustavo Capanema e Virgílio de Mello Franco continuaram fazendo os cem passos em silêncio, de cabeça baixa, um contra o outro.

Todas as acomodações foram tentadas, inclusive um acordo escrito pelos dois candidatos de que um se conformaria com a escolha do outro, em troca de composições políticas. Todas fracassaram diante da barreira intransponível: "Só aceito eu mesmo". Papai afinal se cansou: não ofereciam a menor possibilidade de conciliação e a ambos não podia contentar.

A essa altura dos acontecimentos era preciso considerar que o único vencido nessa luta de duas ambições teimosas seria o povo mineiro. Qualquer que fosse o vencedor, teria ele de enfrentar tremenda oposição e faria uma administração atribulada, criando para o país problemas ainda mais sérios. Então: nenhum dos dois. Não era bem uma solução salomônica, mas era a única maneira de evitar novas lutas.

Antônio Carlos de Andrada, eleito presidente da Assembleia Nacional Constituinte, dirigia e orientava seus pares com a virtuosidade de um maestro. Militavam a seu favor, não somente o físico fidalgo e patriarcal, a cabeça branca, impecavelmente tratada, a voz profunda, ao mesmo tempo envolvente e irônica, mas também a inteligência viva, a presença de espírito nas ocasiões mais delicadas, a longa experiência e a sagacidade peculiar aos políticos mineiros. Contavam várias histórias, um verdadeiro anedotário, sobre o entrechoque astucioso de duas inteligências diferentes: a de papai e a dele. Uma delas foi a solução do caso mineiro.

Para sair do impasse, Getúlio Vargas sugeriu que fosse organizada uma lista de nomes aceitáveis por todas as correntes de opinião e que a mesma fosse submetida à Comissão Executiva do Partido Progressista[6] Mineiro. Após várias conferências e entendimentos, Antônio Carlos mostrou a Getúlio, antes do veredito partidário, um cartão de visitas seu. Nas costas do cartão, escritos de próprio punho, com sua letra angular e trêmula, estavam oito nomes de ilustres políticos mineiros, quase todos membros da Constituinte. Contam que papai, ao manusear o cartão, teria perguntado por que não havia incluído também o nome do deputado Benedito Valadares e se existia alguma restrição quanto à sua pessoa. O malicioso Andrada, sorrindo, teria respondido: "Foi um lapso, presidente. Apenas um lapso". Estavam entendidos. Ao se despedir, papai lhe dissera: "Por enquanto, fica entre nós".

Reinava na Assembleia a maior curiosidade pelo desfecho dessa conferência decisiva, e Antônio Carlos foi imediatamente cercado e bombardeado com perguntas. Queriam saber qual dos oito fora o escolhido. Imperturbável, sorrindo só com os olhos, desvencilhara-se dizendo: "Foi o nono!". Para fugir a maiores explicações voltou a presidir a sessão que já havia sido iniciada. Estava com a palavra um certo deputado, conhecido por sua prolixidade e falta de cultura. Em geral, se algum orador excedia o prazo regulamentar concedido para apresentar emendas ou justificação de voto, Antônio Carlos fazia soar as campainhas e, em atitude de quem pede desculpas, explicava: "Perdoe o amigo. É o inimigo, o inimigo, o tempo". Desta vez as campainhas ecoaram com maldisfarçada alegria e a frase foi outra: "Perdoe o amigo. É o amigo, o *amigo*, o tempo". O maior desejo de Antônio Carlos, e ele nunca o tentou ocultar, era ser presidente da República, ainda que por um dia. Quando papai se ausentou do país em 1935, para retribuir as visitas dos presidentes da Argentina e do Uruguai, seu sonho se tornou realidade durante quinze dias. No fim do mês, o pagador do tesouro compareceu ao Catete para entregar-lhe os subsídios, não de presidente da Câmara, mas de presidente da República. Voltando-se para os auxiliares que o cercavam, exclamou, com propriedade e bom humor: "Vejam, ainda me pagam para ser presidente, quando eu pagaria para o ser".

Benedito Valadares Ribeiro, o *cavalo preto*[7] do Grande Prêmio Palácio da Liberdade, era o novo governador de Minas Gerais. Capanema se conformou, esperando nova oportunidade que não demoraria a surgir com sua nomeação para o Ministério da Educação e Saúde. Oswaldo Aranha ficou agastado e sensível, mas acabou compreendendo. Demissionário do Ministério da Fazenda, aguardaria, no entanto, as eleições em seu posto.[8] Nomeado depois embaixador em Washington, lugar da mais alta importância para o Brasil, prestou relevantes serviços, devido a seu charme pessoal, a sua inteligência brilhante e à capacidade de adaptação. Flores da Cunha estava satisfeito. Havia conseguido derrotar Aranha no primeiro round sem romper com ele. A ausência de Oswaldo seria a sua oportunidade no campo das manobras sucessórias. Afrânio de Mello Franco pediu demissão irrevogável do Ministério das Relações Exteriores.[9] Ficava solidário com seu filho e os partidários deste. Com a fidalguia e a nobreza que lhe eram características, manteve-se afastado e jamais permitiu que seu nome fosse envolvido em inúmeras políticas ou movimentos conspiratórios de qualquer tipo. Virgílio foi o único inconformado. Habituado a ter todos os desejos satisfeitos, tal qual um adolescente contrariado em sua primeira paixão, deu as costas às inúmeras oportunidades políticas que o futuro lhe reservaria, se não se tivesse deixado dominar pelo rancor. Obrigou seu pai a uma prematura aposentadoria, pois Afrânio de Mello Franco, coerente em tudo, alheou-se da vida pública definitivamente: jamais aceitou compensações, nunca combateu os ideais que havia esposado em 1930.

São Paulo estava novamente no cartaz, e os *tenentes* feitos generais andavam indóceis e inquietos. A terra bandeirante exerceu sobre todos os políticos revolucionários, sobretudo os que eram militares também, uma misteriosa influência, até certo ponto bastante perniciosa. Não ouso conjecturar sobre quais os filtros secretos usados por essa Circe dos tempos modernos, que embriagava todos aqueles que dela se aproximavam. Não era nem necessário que exercessem uma função permanente naquele estado para que se transformassem, da noite para o dia, em fabulosos chefes políticos de prestígio nacional. Bastava uma rápida passagem, um breve contato com a vida paulista e logo uma robusta mosca azul pousava sobre a cabeça da vítima, nunca muito inocente.

Meus dois generais continuavam rivais e lutando acremente. Nenhuma pedra, nenhum cascalho, nem mesmo um grão de areia eram esquecidos por um ou outro, no afã de atrapalhar as respectivas ascensões. As batalhas se travavam em São Paulo, mas eram decididas no Rio de Janeiro. Waldomiro Lima era interventor em São Paulo desde 1932; Góes Monteiro, que havia comandado a Região Militar desse mesmo estado, era agora o ministro da Guerra, velha aspiração acalentada desde 1930. Usara para chegar até lá a tática do sapo: "Não me joguem n'água, joguem-me no fogo". Havia recusado o posto em outras ocasiões porque o momento ainda não era oportuno. Aparentando desinteresse, buscava primeiro firmar-se política e militarmente, como expoente de sua classe.

Góes foi o protótipo do militar político. Quando estava em função militar era cem por cento político; quando em posição política jogava na arena seus galões de general e a honra do Exército. Desta vez ganhou a parada. Waldomiro, habilmente envolvido na teia que lhe foi armada, vítima de sua vaidade e ambição, saiu da Interventoria de São Paulo sob suspeitas murmuradas de infidelidade ao governo federal. Ficou no caminho.

Novas e exaustivas buscas para um substituto. Os candidatos de si próprios pululavam; os desejados pelo Executivo regateavam e os partidos não se entendiam. Outro desfile de personalidades políticas e apolíticas pela Secretaria do Palácio Guanabara. Finalmente, Armando de Salles Oliveira, homem educado e inteligente, de tradicional família paulista e civil com ambições políticas definidas, candidato a governador nas eleições que se processariam em breve, aceitou, foi aceito e nomeado interventor federal no estado de São Paulo. Flores da Cunha, no Rio Grande, exultou. Armando de Salles seria oportunamente cercado pelos amigos tradicionais do interventor gaúcho em São Paulo, aqueles mesmos que, em 1932, haviam feito despertar dúvidas quanto à sua fidelidade aos ideais de 1930. O segundo trunfo caíra em suas mãos sem esforço.

Os círculos militares apresentavam sintomas graves de intranquilidade. Em minha opinião pessoal, três eram os motivos. O primeiro: quem nunca comeu mel quando come se lambuza. Papai havia sido soldado. Como soldado, conhecera de perto a situação precária e angustiosa em que se encontrava o Exército brasileiro. As sucessivas revoluções haviam piorado o clima de indisciplina e a subversão da hierarquia militar. Tenentes-interventores eram chefes de coronéis, capitães e majores mandavam nos generais e os generais se distraíam com a política. A deficiência de material bélico e a falta de estímulo dentro da carreira militar geravam preguiça e indiferença. Os mais capazes, depois de um curto estágio na vida civil e de haver sentido o sabor da vida política, recusavam-se a regressar às fileiras. Sob esse aspecto, fracassara completamente a experiência feita por Vargas ao nomear militares para a maioria dos cargos políticos, durante o período do Governo Provisório. Julgara que, quando o país voltasse ao regime constitucional, dentro dos princípios pelos quais se haviam batido todos eles, cedessem aos políticos a política e retornassem à carreira que haviam escolhido, voltariam às respectivas posições hierárquicas. Esquecera-se de um velho ditado da fronteira: cão pastor depois que prova sangue de ovelha, só matando.

Em vários estados, as forças do Exército se mantinham em situação de inferioridade em face das polícias militares estaduais, mantidas pelos respectivos governos, como medida de autodefesa. Isso só servia para aumentar ainda mais o desânimo, dentro das Forças Armadas.

O segundo motivo era a irregularidade no recebimento dos vencimentos das praças, as péssimas condições de alojamento nos quartéis e as dificuldades de moradia para os oficiais e suas famílias. Papai, seguindo as pegadas de Pandiá Calógeras, de quem era grande admirador, procurou remediar essas dificuldades, ordenando a construção de novos quartéis e vilas militares nos pontos mais cruciais; começou a regularizar o pagamento dos soldos atrasados e a promover a aquisição e a fabricação no Brasil de material bélico para treinamento e instrução. Quanto à disciplina militar, perturbada por anos de caos, só o tempo poderia remediar. Mas quem ganha um dedo quer a mão.

Antes de 1930, qualquer militar que se atrevesse a pleitear melhorias para sua classe era punido, ou pelo menos repreendido. E a história ainda é recente. O almirante Isaías de Noronha tentara esclarecer o presidente Washington Luís, apontando, com respeito e delicadeza, sobre a precária situação da esquadra. Foi convidado, sumariamente, a se demitir. Agora era diferente: imbuídas de sua nova importância, depois das medidas tomadas para diminuir o poderio das polícias estaduais e aumentar o prestígio das Forças Armadas, estas se tornavam cada vez mais exigentes. No Exército, tudo era pretexto para insubordinação: o reajustamento dos quadros, as transferências, as promoções sempre julgadas injustas pelos que não eram contemplados; e os pedidos sucessivos de aumento de vencimentos. Na Marinha, o fenômeno se repetia: ao tratamento de recuperação que lhe era dado, respondia com novas exigências, atendidas sempre dentro do possível.

O terceiro motivo era de ordem política. O Governo Provisório fora tomado por muitos como emanação do poder militar; havia sido feito pelas armas, era apoiado por elas e pelas armas poderia ser desfeito. A maioria dos postos-chave da administração lhes havia sido entregue e elas sutilmente se faziam lembrar através de ameaças veladas. As eleições estavam próximas e com elas seria restituído ao povo o poder de decidir sobre seus governantes. O grande trunfo — a ascendência sobre Vargas — estava prestes a escorregar de suas mãos. *As forças estranhas* iam começar a agir, dentro do Brasil, no setor aparentemente menos indicado: as Forças Armadas.

Por estranho que pareça àqueles que não estão familiarizados com o fato social, foi por intermédio delas, das Forças Armadas e não dos trabalhadores, dos proletários, digamos a palavra exata, que o comunismo fez sua entrada solene em nossa terra. Os operários, satisfeitos com as novas leis trabalhistas e a atenção que seus problemas mereciam, estavam tranquilos e cheios de esperanças e fé na ação do governo. Suas reivindicações não eram mais meros casos de polícia; tinham-se tornado fenômenos sociais dignos de atenção. Portanto, não se deixaram embair por ideias alienígenas. O clima entre eles não era propício a qualquer infiltração comunista.

Tem sido fartamente propalado que toda a legislação trabalhista do governo Getúlio Vargas é obra de seu primeiro ministro do Trabalho, Lindolfo Collor. Sem dúvida, a inteligência, a cultura e o espírito social desse ilustre político gaúcho, prematuramente roubado à vida, foram de inestimável valia. Parecem esquecer, no entanto, os eternos desmemoriados, que Collor foi ministro por pouco mais de um ano. Nomeado em novembro de 1930, pedira exoneração em começos de 1932, juntamente com Maurício Cardoso, da Justiça, e Baptista Luzardo, da chefia de Polícia. E a legislação trabalhista continuou durante todo o curto período. Mas, ao *ditador* foram credenciados somente os erros e desacertos: as obras construtivas tiveram sempre outros donos.

Desde 1930, as agitações militares vinham coincidindo com as perturbações políticas, pois militares e políticos se haviam misturado de tal maneira que era impossível separar um acontecimento do outro. Com a queda da monarquia em 1889 e o advento da República, deixaram de existir no Brasil partidos de âmbito nacional. Cada estado possuía tantos partidos quantos fossem os líderes capazes de agremiar um certo número de adeptos. Havia uma ou outra coincidência de nomes em alguns estados, sem a menor ligação ideológica ou de programa. Vagas recordações da luta contra a monarquia deixaram em vários estados um título apenas: PR, Partido Republicano. Havia "peerres" em Minas, no Rio Grande, em São Paulo, em Pernambuco, entre outros, que só tinham de comum o nome. A partir de 1930, os partidos tradicionais entraram em fase de liquidação, já que a política passara a ser feita em torno dos interventores federais, contra ou a favor. Seu reflexo sobre o governo central era indireto e dependia do prestígio pessoal de cada delegado estadual. Em 1933, com a aproximação das eleições e a consequente volta ao regime constitucional, do esfacelamento dos antigos partidos surgiram centenas de agremiações políticas sob títulos os mais estapafúrdios.

De gustibus et coloribus non est disputantum, dizia papai quando não queria discutir comigo, pois uma de suas pequeninas vaidades era exibir os conhecimentos latinos. Não havia disputa possível em relação aos partidos. Havia nomes para todos os gostos. Legiões, ligas, uniões, alianças, centros, clubes, partidos, frentes etc. Esqueceram de registrar um sob o nome de *conchavo*, que iria ser o mais usado de todos. A organização partidária era absolutamente livre. À sombra dessa liberdade, surgiu uma agremiação sob o nome inocente de Aliança Nacional Libertadora.[10] Empolgados pelo programa socialista, apresentado por ela com honesta combatividade e largamente difundido em todo o país, vários revolucionários históricos se sentiram atraídos por esse aparente idealismo. Se a Aliança Nacional Libertadora foi fundada sob a inspiração de Luís Carlos Prestes, que, conhecendo bem seus antigos companheiros, sabia como engodá-los, não sei ao certo. Mas o dedo do gigante não tardou a aparecer. Certo é que muitos daqueles arrolados pela Aliança nada tinham de comunistas.

Começava o mês de julho e a Assembleia Nacional Constituinte não tardaria a terminar seus trabalhos. Como chefe do Executivo, Getúlio Vargas tentara influir, esclarecendo e orientando através do líder da maioria, primeiro Raul Fernandes, depois Carlos da Luz, e por intermédio da bancada gaúcha, que se reunia com ele todas as semanas para discutir os pontos básicos da nova Constituição. Nada obteve. Os constituintes de 1934 redigiram a Carta Magna com olhos voltados para o passado, fitos, sobretudo, em Artur Bernardes,[11] e restringiram ao mínimo os poderes do Executivo. Cansado de lutar em vão, Vargas se desinteressou. No dia 16 de julho, a Constituição solenemente amarrou as mãos ao futuro presidente da República, qualquer que fosse ele. Nas disposições transitórias, decidia que o supremo chefe da Nação será eleito pela própria Assembleia e não por voto popular direto.

Poucos dias antes, a maioria dos partidos e correntes políticas havia lançado oficialmente o nome de seu candidato a presidente dos Estados Unidos do Brasil, em manifesto solene: Getúlio Dornelles Vargas. As frentes oposicionistas, reunidas em bloco, estavam indecisas entre Antônio Augusto Borges de Medeiros e Pedro Aurélio de Góes Monteiro. Corriam rumores insistentes de que Góes Monteiro era o principal fomentador da própria candidatura. Disso faziam praça vários amigos seus e alguns membros de seu gabinete militar no Ministério da Guerra.

Inquietos, os frequentadores da roda do chimarrão da Secretaria pediram-me que comunicasse esses fatos a papai. Aceitei a incumbência e fui relatar-lhe o que soubera. Sem prestar a menor atenção ao que lhe dizia, atalhou: "São boatos". Insisti: "Mas, papai, pelo menos ouve. Não vim fazer intriga. Quero transmitir o que me contaram". Franziu a testa, irritado, e cortou seco: "Já lhe disse que não gosto de mexericos. Deixem o Góes em paz. Ele sabe o que está fazendo". Saí e deixei o Góes em paz.

No dia em que seria feita a eleição presidencial pela Assembleia,[12] perguntaram-me se não queria assistir à sessão. Aceitei, encantada. Não conhecia ainda a Câmara em funcionamento. O recinto fervilhava, as arquibancadas estavam repletas e, em sua cadeira presidencial, Antônio Carlos sorria e distribuía cumprimentos. Aberta a sessão, em voto secreto, procedeu-se à eleição. Depois de um pequeno interregno para a apuração, veio a proclamação dos resultados. Em primeiro lugar, eleito presidente da República: Getúlio Vargas. Palmas da maioria e das arquibancadas. Em segundo lugar, Borges de Medeiros. Palmas da minoria e de algumas tribunas. Em terceiro lugar, Góes Monteiro. Algumas palmas de pontos diferentes. "E, por último, o menos votado, um único voto, este vosso criado — Antônio Carlos Ribeiro de Andrada".[13] A voz maliciosa e provocativa do grande artista foi abafada por estrondosa salva de palmas.

De volta para casa, pensando comigo mesma, tive um estalo, um péssimo estalo, aliás: "Sou mesmo burra. Papai sabe de tudo melhor do que eu. Com certeza o Góes fomentou a candidatura dele para distrair os votos de Borges. Provavelmente estava com medo que papai não fosse eleito. Ele é meio atrapalhado, mas, no fundo, é leal. Vou deixá-lo em paz, mesmo". Cumpri minha promessa à risca. Daí em diante, sempre que me vinham contar alguma artimanha do general, eu respondia com ar superior: "Não tem importância. No fim dá certo. Ele sabe o que está fazendo". Se sabia! Antes eu não tivesse tido tanta boa-fé. Somente depois de 1945 é que vim a entender a personalidade torturada, fugidia, cheia de ambições sufocadas do general Góes Monteiro. Mas, por enquanto, deixemo-lo em paz.

A visita oficial do presidente do Uruguai e sua comitiva interrompeu por alguns dias a luta política que se travava em surdina, em todos os estados. Gabriel Terra, simpático, agradável, descendente de família brasileira, grande amigo de nossa pátria, causou excelente impressão. Seu ar bonacheirão e afável, meio caudilhesco, fazia lembrar um Flores da Cunha em ponto grande. Papai tinha o dom de pôr à vontade a pessoa mais rígida e protocolar, e o presidente Terra não desejava outra coisa. Não lhes foi difícil tornarem-se amigos. Mais um elo na cadeia do americanismo baseado na amizade pessoal. Aos poucos estavam desaparecendo as velhas tricas e dissídios da bacia do Prata, fáceis de surgir entre países limítrofes tão entrelaçados quanto os nossos: da Argentina nos separa um rio perfeitamente navegável; do Uruguai, apenas uma rua. Não há entre os três países tratado de extradição por crime político. Mesmo porque em política, como na guerra e no amor, o único crime é perder. As contínuas reviravoltas de regimes e de situação fazem com que busquem asilo no vizinho mais acessível os desprezados políticos de cada país. Deve-se sempre ter presente que o poderoso de hoje pode ser um exilado amanhã, e o exilado de ontem, o governo de hoje. Surgem situações delicadas e até perigosas, se entre os chefes de Estado não existir uma certa compreensão e tolerância recíprocas. As consequências benéficas das visitas dos presidentes argentino e uruguaio ao Brasil foram enormes, sob todos os pontos de vista.

Em outubro, voltando do Congresso Eucarístico que se realizara em Buenos Aires, passaram pelo Rio de Janeiro e foram hóspedes do governo vários cardeais. O Palácio do Catete já estava digno de abrigar o futuro papa, Pio XII, então cardeal Eugenio Pacelli. Uma placa de bronze, comemorativa de sua passagem, foi colocada no mesmo quarto em que mamãe, um ano antes, tanto sofrera.

Essas honrosas visitas marcaram, dentro do fervente caldeirão político, um ligeiro hiato para respirar. O drama estava em seu penúltimo ato. A comédia ia começar, seguida pela tragédia. Em novembro foram realizadas as eleições gerais para a Câmara Federal ordinária e as Assembleias Estaduais. Vários constituintes não voltaram ou por preferirem fazer política em seus estados, ou por não terem sido eleitos. Nos estados, o pleito foi renhido; feroz, a caça ao eleitor. A maioria dos interventores estava no páreo pleiteando sua eleição a governador. A nova Constituição tornara os títulos uniformes. Não haveria mais presidentes estaduais, nem governadores estaduais. Todos os interventores seriam governadores. Todos não. Houve honrosas exceções. Uns poucos consideraram cumprida sua missão no momento em que viram concretizados os ideais pelos quais tinham combatido e sofrido: o Brasil constitucionalizado sob novos moldes. Destaco, entre eles, como exemplo de revolucionário puro e homem da maior inteireza moral, Ary Parreiras, interventor no estado do Rio. Foi o único que não se deixou envolver pelas seduções da política. Era militar e prestara sua colaboração em posto político porque as circunstâncias assim o exigiram. A carreira que escolhera em sua juventude fora a Marinha de Guerra. Para ela voltou e nunca mais a abandonou. Pediu demissão da interventoria muito antes das eleições. Resistiu a todos os pedidos e apelos que lhe foram feitos para que se candidatasse também. Instado por Getúlio Vargas, que nele confiava integralmente, para que permanecesse no cargo até as eleições, acedeu, mas impôs suas condições. Presidiria somente. Não esperassem dele auxílio, intervenção ou simpatia por este ou aquele candidato. No entanto, foi um dos homens mais atacados e mais indefesos desse período. José Eduardo de Macedo Soares, cuja maior ambição era ocupar o Palácio do Ingá,[14] com a ajuda do governo, não o poupava. O estado do Rio estava destinado a uma longa fase marítima. Ary Parreiras, oficial de Marinha, foi sucedido pelo almirante Protógenes Guimarães, governador. Em 1937, o capitão-tenente Ernani do Amaral Peixoto foi nomeado interventor. Em 1946, ocupou o lugar o capitão-tenente Lúcio Meira. José Eduardo, que também passou pela Marinha, é verdade que em brancas nuvens, explodiu: "Afinal de contas, estão pensando que o estado do Rio é navio de guerra?".

O major Roberto Carneiro de Mendonça, interventor no Ceará, também não quis ser candidato. Tornou-se médico homeopata do Nordeste. Quando surgia alguma crise política, e surgiram várias, era o emissário escolhido pelo governo federal para apaziguar os ânimos. Não regressou à tropa, por questões de saúde. Ficou de *olheiro* na política até 1945.

Realizadas as eleições, Getúlio volta aos pagos pela primeira vez como presidente eleito. Presta contas a seus conterrâneos e depois se refugia em São Borja. Na estância de Santos Reis, cheia de recordações de sua meninice descuidada, busca novas forças para continuar. É lá que recebe os resultados das apurações. De lápis em punho, ao lado do arcaico telefone de manivela, eu anotava os números transmitidos, para conhecimento de papai. Desse mesmo telefone, vovô gritava todas as manhãs, com a maior naturalidade: "Liga para minha casa". Ai de d. Teresa, a telefonista, se não lhe reconhecesse a voz e perguntasse com que número desejava falar!

Com noventa anos completos, viera da cidade para acompanhar seu guri. Diariamente era o primeiro a ficar pronto para camperear. Queixava-se, mal-humorado, na hora de montar a cavalo, que suas pernas curtas já não tinham a agilidade de antes e precisava recorrer a um banquinho para atingir o estribo. Depois de montado era um centauro, melhor cavaleiro que todos os filhos e netos juntos. Ainda se atrevia a parar um rodeio e a jogar um laço, de vez em quando. Quando o repreendíamos carinhosamente por se estar afoitando demais, assumia um ar muito seu, um misto de dignidade humilde e de tranquila indiferença. Parecia esmagar-nos do alto de sua serena suficiência: a de um homem cujo dever foi cumprido e se compraz em ser a plateia benevolente das lutas de seus descendentes. Abraçava com o olhar toda aquela terra que fora dele e de sua *velha*, a casa que construíra, os campos que povoara, os troncos que serrara com as próprias mãos para fazer cercas, as árvores que plantara, e nos dizia orgulhoso: "Eu já estou vivendo de inhapa".

Tentando seguir vovô, que fora em perseguição de uma rês fugida do sinuelo, levei um tombo espetacular. O cavalo foi, eu fiquei. Vovô nunca mais me perdoou e, de vez em quando, me perguntava com malícia: "Alzira, não queres ir ver se *a figueira* que plantaste no rodeio do Espinilho já cresceu?". Fiquei sendo *baiano* para ele, durante muito tempo, e minha reabilitação foi demorada. *Baiano* na fronteira é todo aquele que monta mal. Esta definição surgiu durante a guerra contra o Paraguai, na qual vovô tomara parte, por causa de uma tropa de infantes vinda da Bahia para ajudar os cavalarianos gaúchos. Passamos quase um mês de absoluta paz e liberdade. Há quanto tempo eu não sabia o que era isso. Fui visitar Tontonha — a tia Antônia, minha madrinha, também na casa dos noventa, para comunicar que estava obedecendo a suas instruções: já estava no segundo ano de direito. Se esperasse por mim, em breve eu poderia ser juiz de paz em São Borja. Sorriu cética, mas orgulhosa: "Qual, tu não voltas mais para cá".

Houve um grande baile em homenagem ao provinciano que vencera na capital. Os dois clubes rivais de minha infância se haviam fundido em um só e era frequentado por todos os são-borjenses. Houve um certo mal-estar para a escolha do nome do clube, mas as malquerenças e ódios antigos tinham desaparecido. Foram substituídos por afetuosos sarcasmos: "Eh, seu maragato, tu não disseste que não apertavas mão de chimango? Só porque o homem é presidente... Para nós ele é o mesmo Getúlio". O troco não se fazia esperar. "Pois é. Esse é o único defeito dele. Também, só ele que prestava dessa chimangada. O resto só dando com a cola na cerca." No decorrer desse baile, Magalhães Júnior, o escritor, se tornou, e com toda a razão, inimigo de papai. O hoje consagrado imortal era, então, um modesto repórter, no início de sua carreira. Enviado juntamente com um fotógrafo, por seu jornal, para cobrir os aspectos mais interessantes do repouso presidencial, passaram ambos uns dias na estância colhendo dados. Papai induziu o fotógrafo a bater um flagrante de um bando de emas selvagens que passavam pelo campo, em busca das sobras da colheita. Era uma piada, pois as emas corriam com muito mais velocidade que o pangaré que Lima, o fotógrafo, se atreveu a montar. No baile, a vítima foi o repórter. Papai sempre teve a mania de servir de Santo Antônio casamenteiro, fazendo, às vezes, seus auxiliares e ajudantes solteiros passarem por maus momentos. Estava no baile, em espalhafatosa apresentação, uma senhora solteirona, já em idade provecta, mas não conformada. Com ar inocente, papai perguntou: "Então, d. Fulana, a senhora ainda não casou? Ouvi dizer que estava noiva!". Envaidecida, replicou que não havia mais homens solteiros na cidade. Estavam todos comprometidos. Magalhães estava sempre perto dele para poder fazer sua reportagem, e papai não teve dúvidas. Chamou-o e apresentou-lhe a vastíssima senhora, que devia ter quase meio metro mais do que ele. Disse: "Aqui está um excelente partido. Solteiro e jornalista, com grande futuro pela frente".

Não sei se chegou a insinuar que dançasse com ela, porque me retirei para não rir do ar profundamente desfeito de Magalhães Júnior. Não tornei a vê-lo por muito tempo. Anos mais tarde, comentava com papai o sucesso da peça teatral do jovem repórter de então: *Carlota Joaquina*. "Tenho a impressão de que o conheço de algum lugar", disse-me ele, "mas não sei por que é meu inimigo." Foi minha vez de rir! "É claro, muita gente te ataca sem motivo, mas esse tem razões de sobra. Não te lembras de que tu o quiseste casar com d. Fulana, em São Borja, em 1934? E ela era um verdadeiro 'breve.'"

O fato sensacional da temporada foi a improvisada inauguração de um campo de pouso em Santos Reis. Nenhum avião tinha, até então, ousado invadir as tranquilas pastagens e perturbar as vacas mansas que ruminavam seu almoço. Foi pela manhã do dia 12 de dezembro, aniversário de mamãe, que os dois insofridos heróis, os comandantes Hélio Costa, piloto, e Amaral Peixoto, ajudante de ordens e portador de importante decreto que devia ser assinado com prazo certo, realizaram a proeza. Na véspera haviam inspecionado o campo e escolhido o local em que baixariam. Pediram-nos, apenas, que fabricássemos uma biruta para mostrar a direção do vento. Catamos no mato a maior taquara (bambu) que pudemos encontrar e amarramos um grande lenço branco na ponta. O coronel Agnello Correa, sogro de Protásio, superintendia, divertido, os trabalhos. Às onze horas roncou no ar a *possantíssima* aeronave: um Avro de dois lugares, dos primeiros usados pela Marinha, para treinamento de seus pilotos. Corremos a nossos postos e o avião baixou sem novidade. A decolagem foi um problema. A pista era pequena e cercada de obstáculos por todos os lados. Pela frente a casa, o moinho de vento e árvores enormes; pela cauda, um declive suave para pedestres e cavaleiros, não para avião; à esquerda, a linha telefônica; à direita, a cerca de arame farpado, com pouco mais de um metro de altura. Apesar do vento desfavorável, esta era a única saída possível. Um arrepio de susto e um grito de satisfação acompanharam a hábil manobra de Hélio Costa: as rodas do avião passaram a menos de um palmo de altura da cerca. O ronco do motor não lhe permitiu ouvir nossos aplausos.

Voltamos para a fogueira; voltamos para o Rio de Janeiro. Durante alguns penosos meses, assistimos a um dos espetáculos mais deprimentes e constrangedores da evolução política de nossa terra, episódios que chegavam às raias do patético, ou do ridículo. Já estavam eleitos, reconhecidos e empossados todos os membros das Assembleias nos vários estados da Federação. Além de redigir, votar e aprovar as respectivas constituições, nos moldes da aprovada pela Assembleia Federal, deviam, os novos deputados, eleger o governador e os dois senadores que integrariam a Câmara Alta na Legislatura Ordinária prestes a se iniciar. Em algumas unidades da Federação em que o interventor nomeado tinha tarimba política, credenciais como administrador, prestígio ou autoridade pessoal, tudo se processou normalmente. As constituições foram aprovadas, os governadores eleitos e os senadores escolhidos. Em outras, houve verdadeiro descalabro. Imperava o regime da traição, e alguns candidatos a governador, por inexperiência, falta de habilidade ou excesso de sofreguidão, criaram para si próprios situações caóticas. Desesperados, enviavam verdadeiros SOS ao governo federal, pedidos de conselhos, de ajuda, de prazo e até de intervenção direta. Nem todos os jovens heróis da Revolução tinham adquirido maturidade política; continuavam a recorrer ao *pai grande* em suas dificuldades. Este, agora, pouco podia fazer por eles sem sair das normas constitucionais. Os deputados estaduais eleitos, sentindo a fraqueza dos chefes imediatos, os interventores, começaram a crescer em agressividade e exigências. Votos alugados por cabeça, promessas e compromissos, nem sempre muito de acordo com a ética e nem sempre cumpridos, eram as soluções mais fáceis. Chegou a tal ponto a falta de compostura que um deputado estadual levou um tiro em pleno recinto da Assembleia, somente para que, impedido de votar, fornecesse o pretexto para o adiamento das eleições. O grupo ameaçado de perder tentava adquirir maioria de qualquer maneira. Em um estado, o interventor-candidato teve de negociar a senatoria para poder garantir o voto que lhe faltava para ser eleito. Em outro, o quase governador adormeceu com a eleição garantida e despertou derrotado. Os votos para as eleições estaduais indiretas foram transformados em mercadoria e atingiam preços astronômicos. As convicções estavam à venda.

Em fins de 1935, vários estados continuavam, ainda, em situação anacrônica: um interventor com poderes definidos, nomeado pelo Governo Provisório que já não existia, e uma Assembleia eleita pelo povo, com atribuições discriminadas pela Constituição. O interventor dependia da Assembleia para ser eleito e a Assembleia dependia do interventor para obter os favores que este ainda podia dispensar livremente.

Em maio de 1935, a Câmara dos Deputados votara a licença para o presidente da República ausentar-se do país. Iria retribuir a visita feita pelos presidentes da Argentina e Uruguai ao povo brasileiro. Fui incluída na comitiva. Minha excitação não tinha limites. Era a primeira vez que ia ao estrangeiro viajando num navio de guerra. Do sexo feminino seríamos apenas quatro pessoas a bordo do encouraçado *São Paulo*: mamãe, a esposa do ministro das Relações Exteriores, d. Matilde de Macedo Soares, a esposa do secretário da Presidência, d. Helena de Araújo Jorge, e eu. Pedi permissão a papai para comprar um par de calças compridas para usar dentro do navio. Argumentei que, para circular dentro de um navio construído só para homens, seria o uniforme mais adequado. Papai era contra esses modernismos, mas acedeu.

Poucos dias antes de embarcarmos, uma revista argentina pediu-me uma entrevista que deveria ser publicada em Buenos Aires, como preparativo da chegada. A repórter era uma moça bastante inteligente e perspicaz: conduziu-me habilmente aos pontos que lhe interessavam. Referiu-se ao meu curso de direito, enrolou-me bem e eu, envaidecida e neófita, caí como um patinho. Era a primeira entrevista que concedia. Quando não posso dizer o que penso, fico calada. Mas quando falo é sempre o que penso. Queriam que me manifestasse a respeito do divórcio. Respondi que era favorável à sua concessão. Ganhei dos divorcistas artigos no jornal; e admoestações dos antidivorcistas. Disseram-me que eu era muito nova, inexperiente para opinar sobre um assunto que não podia conhecer. Aleguei que minha resposta tinha o mérito de ser honesta; justamente por isso: nenhum interesse pessoal estava em causa. Era um ponto de vista. Papai não me repreendeu. Sempre respeitou minha liberdade de pensar. Deu-me, porém, uma aula sobre os perigos e as desvantagens do divórcio no Brasil. Argumentamos algum tempo sem que um demovesse o outro. Para encerrar o assunto, deu-me uma pancadinha carinhosa na cabeça e disse: "Além do mais, sua topetuda, só serei a favor do divórcio no Brasil no dia em que d. Sebastião Leme e d. Luizinha [mãe de Oswaldo Aranha] me pedirem". Estava encerrado o assunto. Enquanto ele fosse governo, não haveria divórcio.

A viagem de cinco dias foi, para mim, uma grande experiência. Sentia-me dona do mundo e de mim mesma. O espírito de solidariedade e de camaradagem sadia que reina entre os homens do mar, quando no mar, e que é universal, arrancou de mim uma grossa camada de artificialismo provinciano. Fazia, em geral, as refeições na mesa presidencial solene, com os ministros de Estado e oficiais superiores. Havia mais outras duas, ou melhor, três: a dos ajudantes de ordens e secretários, a dos oficiais do navio, na praça de armas, e a dos marinheiros. Era convidada ora para uma ora para outra, e confesso que, apesar de a *gororoba* ser diferente, aceitava com prazer os dois convites, pois era mais divertido. Ensinaram-me durante a viagem a gíria, a terminologia, as histórias peculiares à Marinha e depois me submeteram a vários testes. Marinheiro precisa saber de cor tudo o que a *inácia* (regulamento) não permite. Se me diziam: "A onça está solta" ou "a lei de bruques (ou será brooks?) funcionou", eu precisava saber que o *cara de pau* tinha de ser muito *safo* para não cair no *buque*. A bordo a única *saia* tolerada é a da vela e *corda* só no relógio. Alertavam-me para que não passasse perto do *pé de carneiro* ou *pé de cabra* porque era perigoso. Considerando aceitável meu aprendizado oral, fizeram-me visitar todo o navio.

Faziam parte da guarnição dois oficiais com o mesmo sobrenome. Não eram parentes e fisicamente tinham tipos opostos: um, alto e alourado; o outro, moreno e baixo, pouco menos baixo do que eu. Chamavam-nos Brasil Grande e Brasil Pequeno. Metida no macacão mescla de serviço do Brasil Pequeno, percorri a praça de máquinas, entrei dentro da alma de um canhão de doze polegadas, visitei a torre de comando, aprendi a segurar um sextante. Quando a viagem estava por terminar, fui considerada em condições de pertencer à Marinha. Em grande solenidade na praça de armas, solenidade para a qual foram convidados o presidente da República, os ministros de Estado, almirante Protógenes Guimarães, da Marinha, e José Carlos de Macedo Soares, das Relações Exteriores, o chefe do estado-maior da Armada, almirante Milanez, e o comandante do *São Paulo*, capitão de mar e guerra Cordeiro Guerra, fui condecorada. Creio ser eu a única detentora de semelhante crachá: meia rolha de champanha embutida em um pedaço de cartolina branca, cortada em forma de cruz, cheia de rabiscos impressionistas. Fui incorporada à tripulação, em ordem do dia, no alto posto de marinheiro de segunda classe. Mais tarde, em setembro de 1935, fui promovida a cabo com citações, a bordo do cruzador *Bahia*,[15] meu heroico navio que soçobrou, tragicamente, durante a guerra, cumprindo seu dever de patrulhar as águas do Atlântico Sul, infestadas de submarinos inimigos. Eu ainda fazia parte de sua guarnição quando o torpedearam, e em homenagem a ele guardo com carinho minha carta de marinheiro e a curiosa condecoração.

Na Argentina, a mais agradável das surpresas nos aguardava. A população portenha, tradicionalmente fria, indiferente, com laivos de esnobismo para com os estrangeiros, recebeu papai sob aplausos carinhosos e entusiásticos. Mamãe foi acolhida pela sociedade argentina com a mais afetuosa das considerações. Os membros da comitiva brasileira sentiam-se como se fossem hóspedes reais. Os representantes das Escolas de Guerra e Naval, que participaram da parada militar em homenagem à data nacional argentina, 25 de maio, eram disputados na rua e nas festas. Luthero perdeu-se em Buenos Aires. Se o vi umas duas vezes durante toda a estada foi muito. Não ficara hospedado conosco na residência da família Pereda, adquirida mais tarde pelo governo brasileiro para sede de nossa embaixada. E eu? Eu, eu mesma, estava me sentindo na pele de Alice no país das maravilhas. Festas e recepções só para mim, cercada por um grupo alegre e jovem que me cumulava de gentilezas. Pouco vi papai durante esses dias, embora meu quarto ficasse próximo do seu. À hora em que eu chegava para dormir, ele já estava recolhido. Quando eu acordava, já havia saído. Pelas fotografias via o sorriso feliz dos dois presidentes, sempre juntos e amigos.

Essa amizade se tornou tão sólida que muitos anos depois, quando o Brasil entrou na guerra, em 1942, tendo a Argentina permanecido neutra, o general Justo, que já não era mais presidente, ofereceu sua espada para lutar junto com os brasileiros. Havia sido feito general honorário de nosso Exército, em 1933, e como tal se apresentava para prestar serviços.

Na viagem de volta, meus amigos brasileiros, não sei se por ciúmes ou apenas para me obrigar a acordar do sonho, disseram: "Você está muito prosa, crente de que brilhou. Sabemos de fonte seguríssima que o ministro Saavedra Lamas instituiu um prêmio: o rapaz que obtivesse mais sucesso com você entraria direto na carreira diplomática. Por isso é que eles foram tão amáveis e atenciosos". Tomei a piada no mesmo tom com que me foi dita, uma brincadeira. Confesso, porém, que me ajudou a voltar à realidade mais rapidamente. Mas recordarei sempre, com afeto e saudade, a lembrança de meus dias de Cinderela, proporcionados por lindas jovens e guapos rapazes.

Chegamos a Montevidéu. O presidente uruguaio estava enfrentando uma oposição bastante ativa. A recepção foi menos suntuosa que em Buenos Aires, mas excedeu em carinho e calor. Era como se nos sentíssemos em casa e não no estrangeiro. Trataram-nos como se fizéssemos parte da família de cada um, quase sem protocolo. Nas vésperas da partida, houve um incidente desagradável, que redundou, por seu desfecho, em um grande triunfo pessoal para Gabriel Terra e uma demonstração de força física por parte de papai. No prado de corridas de Montevidéu, durante o páreo Grande Prêmio Brasil, conversavam animadamente os dois presidentes, quando ecoa um tiro nas arquibancadas. Gabriel Terra foi atingido nas costas, de raspão, sem gravidade, mas a confusão foi tremenda e quase degenera em pânico. Os ajudantes de ordens e os amigos de papai, sem saber exatamente do que se tratava, cercaram-no para protegê-lo. Foi uma tourada. Papai os empurrou com violência, para ficar ao lado de seu amigo, mas o cerco resistiu. Alguns se queixaram depois de que não tinham sido tratados com muita suavidade e apresentaram as provas físicas. Terra recuperou-se rápido do susto e, dando vivas à revolução uruguaia, sob aplausos de todos os espectadores, retirou-se. Papai conseguiu se desvencilhar, e acompanhou-o até o hospital. Assistiu à retirada da bala que, felizmente, só atingira o tecido adiposo.

Regressamos ao Brasil. As complicações políticas tinham crescido em número e diminuído em categoria. O caos reinante era de molde a inspirar preocupações às autoridades constituídas. Todos se achavam com o direito de mexer no efervescente caldeirão. E, enquanto isso, alguns estados continuavam, ainda, apenas semiconstitucionalizados. Dentro do bloco revolucionário, as fissuras começaram a se transformar em cisões de envergadura. Foram, infelizmente, muito poucos os líderes que resistiram ao teste de democracia. Esqueceram 1930 e sucumbiram às mais variadas tentações, sendo a pior delas a falta de confiança e fé nos ideais que haviam pregado com tanto ardor. Getúlio Vargas passou a ser acoimado de egoísta e frio por aqueles a quem mais havia ajudado. É que do *bruxo missioneiro* se esperava ainda que operasse mágicas com as mãos amarradas. Todos pediam auxílio; o pouco que podia dar era pouco para os que recebiam, demais para os opositores. O terreno estava se tornando sáfaro para a cautelosa e sutil pregação da Aliança Nacional Libertadora. Se ninguém se entendia e ninguém mandava, por que não experimentar essas ideias novas e sedutoras, tão bem apresentadas? Aos poucos, chefes políticos civis e militares se foram deixando tentar e formaram o chamado grupo *cor-de-rosa*,[16] a cor intermediária entre o branco e o rubro, símbolo de caridade e amor.

Mas, justamente, as classes sociais que mais necessitavam de amor e caridade permaneceram indiferentes à estranha pregação. Estavam recebendo amor de outra fonte. Os operários continuavam satisfeitos e confiantes. E soldado é proletário que veste farda durante doze meses. Não tem galões que lhe assegurem tratamento especial em caso de derrota, e o trombetear da fama em caso de vitória. Depois de cumprir seu dever para com a Pátria, volta a ser o que era: operário, agricultor, comerciante, biscateiro, estudante. Entre eles não havia o menor sinal de inquietação ou descontentamento. O comunismo não tinha possibilidades no Brasil. Apesar de toda a confusão de valores nas camadas superiores, a massa não fora atingida. E revolução sem povo não é revolução. É golpe. Precisavam esperar melhor oportunidade, mais tempo.

A 20 de setembro de 1935, em todo o Rio Grande do Sul celebrava-se o primeiro centenário da Revolução Farroupilha. Quer como presidente da República, quer como rio-grandense, Getúlio Vargas não podia faltar a essa comemoração. Como político é provável que tenha hesitado um pouco.

O governador José Antônio Flores da Cunha, eleito pela Assembleia, como todos os demais, ostentando uma farda de general honorário, tentava, dentro do território fluminense, outra cartada. Quase dez meses após as eleições ordinárias, o cargo de governador do estado do Rio permanecia vago, aguardando uma solução. O interventor Ary Parreiras, neutro e paciente, continuava esperando em seu posto que chegassem a um acordo as várias correntes que se digladiavam e elegessem seu sucessor. Havia inúmeros candidatos. Nenhum com força suficiente para vencer. Os acordos feitos pela manhã, em torno de um nome, à tarde se desfaziam com estardalhaço e escândalo. O candidato mais forte era o general Cristóvão Barcellos. Tinha seus partidários definidos na Assembleia, mas não eram em número suficiente para fixar uma data para as eleições. Os outros partidos o combatiam, mas não se uniam em torno de outro nome. Enquanto protelavam a eleição do governador fluminense, devoravam todas as tardes os candidatos lembrados por eles mesmos. Em fins de setembro, surgiu a candidatura do almirante Protógenes Guimarães, ministro da Marinha, que havia sido eleito deputado, mas não assumira seu posto. Continuava no Ministério e não se envolvera nas tricas políticas. Em torno de seu nome reuniram-se, finalmente, os opositores do general Barcellos, com possibilidades de vitória.

Desesperado, Flores da Cunha tornou claro seu jogo. Estivera fazendo exatamente aquilo que o presidente da República se recusara a fazer: intervir na política dos estados. Com o Rio Grande em suas mãos, Minas Gerais neutralizada e alguma base em São Paulo, o controle do estado do Rio era-lhe imprescindível, pois obteria assim segurança para a sucessão presidencial.

Getúlio Vargas era hóspede oficial de Flores da Cunha no Palácio de Porto Alegre, quando tudo se esclareceu. Contrafeito, encurtou os dias de sua permanência na capital e, a pretexto de visitar seus pais, seguiu com mamãe para São Borja. Eu fiquei. Não havia lugar para mim no pequeno *Waco*, cabina que os levou.

À hora do almoço, o general-governador, sem maiores preâmbulos, levantou de sua cadeira e me disse: "Menina, soube que tu queres conhecer meu quarto. Vem comigo. Vou te mostrar. É possível que um dia tu sejas minha biógrafa...". Em várias oportunidades eu havia manifestado curiosidade de conhecer o famoso tugúrio do qual contavam coisas inacreditáveis. Que desordem era ordem em comparação, que a chaleira de água quente fizera um buraco no soalho encerado; que chimarrão já fora derramado sobre vários decretos, à guisa de despacho; que, quando sua mesa não dispunha de lugar para os papéis que aguardavam pacientemente sua atenção, mandava buscar outra; que não despachava com seus auxiliares porque estes não tinham nem onde sentar; que passeava dentro de seu gabinete, contando anedotas, com um rebenque na mão. Levantei-me e o segui. Não era tanto assim. "Quem conta um conto acrescenta um ponto" é velho, mas é verdade. Ignoro se em minha homenagem tinham mandado pôr ordem na tão propalada desordem. Morava sozinho no Palácio e somente ocupava dois quartos: o que fora de Luthero e servira em 1930 de quartel-general a Góes Monteiro e seus auxiliares era seu gabinete; o que pertencera a meu tio era seu dormitório. Estava cheio de gente, uns sentados em sua cama, outros em pé, apoiados na janela ou à lareira. Só havia uma cadeira. A mesa encostada à parede tinha quase meio metro de papéis empilhados, mas era uma só; nenhuma mancha no soalho, embora o chimarrão estivesse correndo; os cinzeiros cheios de pontas de cigarros e charutos denotavam a ausência de uma dona de casa. Mais nada.

Mais de dois anos depois, quando já estava exilado no Uruguai, um amigo comum me disse que se avistara com Flores. Notara que este se referia a papai em termos pouco lisonjeiros, mas guardava respeito e amizade por mamãe e, por mim, uma certa ternura. Eu também tentei, várias vezes, sentir raiva dele, sem conseguir, talvez por ter presenciado as hesitações de papai e a mágoa que teve quando foi obrigado a sacrificá-lo. Mandei-lhe um recado nessa ocasião, e não sei se o recebeu, porque nunca mais nos encontramos: "Diga ao general que, por favor, não me estrague a biografia". Flores da Cunha criou um tipo dentro de sua época, com defeitos e qualidades tão característicos em sua pessoa que, apesar de todos os erros que cometeu, não se deseja modificá-lo. Perder a serenidade era nele acontecimento trivial e ele a perdeu ao sentir seu jogo descoberto. A derrota sofrida no estado do Rio foi o início de seu declínio e o começo do enterro de suas aspirações presidenciais.

Ary Parreiras, cansado de esperar pela decisão dos deputados fluminenses, largou a interventoria. Foi nomeado seu substituto o general Newton Cavalcante, que durou três dias no governo. A 12 de novembro de 1935 foi, finalmente, eleito governador do estado do Rio de Janeiro o almirante Protógenes Guimarães. Sua eleição, ganha por um voto, custara ao deputado desempatador um rim, que foi onde se alojou o tiro disparado dentro do recinto da Assembleia fluminense.[17]

Todo o país estava agora integrado na nova Constituição. Flores não gostou. Considerava garantida a vitória de seu candidato Barcellos. Perdeu a cabeça e passou para o terreno da conspiração.

O embaixador Oswaldo Aranha estava no Rio de Janeiro[18] para tratar de assuntos relativos à sua missão em Washington. Não sei se se regozijou com a recuperação do escore perdido em Minas Gerais. Creio que estava, a essa altura, desinteressado da política nacional. Entusiasmado com o progresso dos Estados Unidos, convidou-me de maneira curiosa e insistente para visitar aquele país. Disse a papai: "Deixa a Alzira ir passar uns tempos conosco. Vindinha, Zazi (sua filha) e Laís (sua irmã) vão de navio, dentro de poucos dias. Empresta-me essa *bugra* de São Borja. Ela precisa se civilizar, conhecer outros ambientes. Viajando se aprende mais do que nos livros. Mesmo que ela perca um ano na faculdade, compensa. Olha, tu também devias ir até lá. Eu já aprendi muita coisa". Mamãe aprovou logo. Não estava muito conformada com meus estudos de direito e talvez isso me fizesse desanimar. Queria também que eu tivesse uma oportunidade de viajar, pois Jandyra, minha irmã, estava na Europa havia quase um ano. Papai não gostou muito da ideia. Já se tinha habituado à minha persistente presença. Pôs obstáculos, mas não disse *não*. *Não* sempre foi para ele uma palavra difícil de dizer. Fiquei indecisa. Queria ir, mas com aprovação integral. Usei de um truque para obter sua boa vontade. Eu estava em uma encruzilhada sentimental, bastante complicada, sem saber como me decidir. Papai era meu confidente, estava a par de toda a minha vida. Recordei-lhe meu problema, carregando um pouco nas cores e pondo ênfase no perigo de interromper meu curso de direito. Argumentei: "Longe dos olhos, longe do coração. Ausentando-me, por algum tempo, os candidatos se esquecem de mim. As provas parciais na faculdade já terminaram, e eu tenho média. Não preciso fazer o exame oral. Passo as férias lá e volto para cursar o quarto ano. Prometo só pensar em casamento depois de formada".

Concordou. Preferia um afastamento curto a um definitivo.

Em fins de outubro, quando saímos do Rio de Janeiro, estava tudo calmo. Nenhum boato de conspiração. Não assisti ao desenrolar do resto da crise.

Não soube que meios haviam sido usados para introduzir ideias comunistas na cabeça de jovens oficiais das Forças Armadas, nem qual o sistema de envenenamento ou a mistificação que os instigou a uma violência e brutalidade desconhecidas no Brasil.

Eu estava longe, na capital dos Estados Unidos, quando, na madrugada de 27 de novembro de 1935, jovens oficiais aviadores foram friamente assassinados, enquanto dormiam, por seus próprios colegas, no Campo dos Afonsos.[19] Eu estava longe quando outros jovens oficiais provocaram a chacina do 3º RI, sediado na Praia Vermelha. Eu estava longe quando meu país foi ameaçado de sucumbir ante uma ideologia que se queria impor pela força e pelo sangue na calada da noite. Eu estava longe quando meu pai corria perigo. Mas não tão longe que escapasse da maledicência, da intriga e da calúnia. Entre muitas outras coisas, diziam que eu havia fugido do Brasil por ser comunista fichada. Que papai sabia e me havia mandado para fora do Brasil para não ser envolvida. Na faculdade de direito, eu havia pronunciado de improviso um vermelhíssimo discurso, cujo texto alguns sabiam de cor. Que as provas de minha participação teriam sido destruídas pela polícia para me proteger. Houve quem chegasse a vê-las. "Menti, menti, que algo ficará."[20] Até uma velha fotografia minha, tirada em 1931, num feliz flagrante de um abelhudo repórter, foi ressuscitada como documento. Fora, em companhia de meus irmãos, ver a parada de Sete de Setembro, que se realizava nessa época na avenida Rio Branco. Nós não tínhamos categoria para ir atravancar o palanque oficial, atrapalhando as autoridades que tinham a obrigação de estar presentes. Ficamos na rua misturados com o povo. Depois de uma hora de desfile, cansados, resolvemos sentar na calçada, enquanto não passava a bandeira nacional. Isso deve ter provocado alguma curiosidade, embora não fôssemos ainda muito conhecidos, pois fomos localizados por um fotógrafo que bateu a chapa sem que o víssemos.

No dia seguinte, os jornais publicavam: "Os filhos do chefe do Governo assistem democraticamente à parada militar". Quatro anos depois, a mesma fotografia era distribuída anonimamente, uma seta vermelha apontando sobre minha cabeça, com os dizeres: "comunista". Se a seta fosse de outra cor, ainda poderia ser que me quisessem chamar apenas de pessoa comum, o que seria uma grande verdade. Mas era vermelha.

Estava iniciada minha carreira de bode expiatório.

6
11 de maio de 1938

O dia 10 de maio de 1938[1] passou para todos nós, como de costume, igual a todos os outros dias.

Papai reservava sempre as manhãs para *ele* próprio. Raramente recebia audiências antes das doze horas. Só em ocasiões excepcionais ou para assuntos muito urgentes quebrava essa regra. Levantava-se muito cedo, lia os jornais, tomava apontamentos, meditava, escrevia pequenos memorandos para a rotina diária, até que a Secretaria começasse a funcionar, normalmente entre nove e nove e meia da manhã. As campainhas e as cigarras entravam em ação. Primeiro, vinha o copeiro trazer-lhe um copo de suco de laranja ou de leite, sua primeira refeição da manhã; depois, o contínuo para retirar os papéis despachados na véspera e entregá-los ao secretário da presidência, que os examinava e remetia aos respectivos destinatários. Mandar apontar seus lápis de estimação era a rotina seguinte. Possuía uma respeitável bateria: dois ou três pretos, de um determinado tipo, um verde e pelo menos quatro bicolores, vermelho e azul. Fazia um barulho tremendo se sumia algum ou se os encontrava sem ponta. Era com eles que escrevia seus despachos iniciais e só usava tinta na decisão final. Profundamente organizado, seu método de trabalho tornava fácil a distribuição do expediente. Havia os ministérios azuis e os ministérios vermelhos, os escritos por extenso e os que só levavam as iniciais, sempre no mesmo lugar e de maneira idêntica. Nunca se enganava, à distância sabíamos a quem caberia a maior tarefa. O lápis verde só era usado para serviço interno ou para algum despacho especial, fora do cotidiano. Escrevia depois as notas para seus discursos e anotava, em um cadastro próprio, renovado todos os meses, com uma pequena cruz vermelha, os processos atrasados ou retidos em alguma repartição para que fossem reclamados dos retardatários. Em um pequeno bloco de papel, feito especialmente para ele, fora dos padrões daspeanos,[2] escrevia notas destinadas a cada um de seus auxiliares, recados a serem dados, lembretes para ele próprio. Examinava a seguir os apontamentos de um caderninho de couro, onde punha os assuntos que desejava debater com os ministros de Estado ou chefes de repartição que devia receber naquele dia. Só então se lembrava da cigarra, que começava a funcionar furiosamente. Uma batida era para o secretário da presidência; duas, para o ajudante de ordens; três, para o oficial de gabinete que fazia as vezes de secretário particular — Sarmanho até 1938 e, depois, eu. Os demais não tinham sinal próprio. Eram chamados pelo contínuo ou pelo ajudante de ordens. Até o meio-dia não gostava de ser interrompido; nem mesmo os portadores de notícias agradáveis eram recebidos pelo famoso sorriso. Um ar de surpresa, um bom-dia aborrecido e a carranca de *sinal fechado* eram as boas-vindas dadas àqueles que entravam sem ser chamados.

 Encerrado o expediente da manhã, ia fazer a barba e tomar seu banho. Para se vestir, entregava-se ao gosto artístico do fiel Adão, que lhe servia de valete. Era ele quem decidia qual terno e qual gravata deveriam ser usados naquele dia. Levei anos tentando ensinar a Adão a teoria das combinações e contrastes de cores, já que papai nem sequer olhava para as roupas escolhidas. Eu me considerava um tanto responsável pela entrada de Adão ao serviço pessoal de papai e, por isso, me preocupava em aprimorar seus conhecimentos a respeito de uma sóbria elegância masculina. O velho preto era funcionário do Palácio há muitos anos e, além de seu trabalho como contínuo, tinha a missão de manter limpos e passados os uniformes dos ajudantes de ordens. Um dia, entrando no quarto de vestir de papai, fiz uma descoberta: ele não sabia dar o laço no sapato. Não ignorava que quem lhe dava o laço da gravata, quer quando envergava o smoking, quer quando vestia casaca, era mamãe, e, agora, verificava com espanto que era incapaz de armar qualquer tipo de laço. Fazia uma série de nós que se desmanchavam com facilidade. Pediu-me rindo que não revelasse seu segredo e durante as férias eu ia amarrar-lhe os sapatos todas as manhãs. As aulas recomeçaram, os cordões voltaram a desatar à toa, pondo em perigo sua estabilidade física, e eu não aguentei mais. Enquanto refazia o laço em frente ao ajudante de ordens de serviço, reclamei: "Parece incrível que o senhor ainda não tenha aprendido nessa idade uma coisa tão simples". Chamou-me de malcriada e ficamos quites. À noite o comandante João Pereira Machado me perguntou: "Por que não chamas o Adão para ficar a serviço exclusivo do chefe? Ele é de toda a confiança e nós nos arranjaremos com outro". Sabendo que isso não agradaria a papai, recusei tomar a iniciativa. Mas urgia uma providência.

Com minha cumplicidade e por insistência dos ajudantes de ordens, Adão Feliciano começou suas novas funções. Papai a princípio protestou, mas acabou se afeiçoando à sua babá. Conversava com ele e o levava em todas as suas viagens. Este, no entanto, jamais se atrevia a abrir a boca sem ser interpelado e me fazia de intérprete nas mais inocentes pretensões: "D. Alzira, a senhora quer pedir ao sr. presidente um colégio para meu filho estudar?" ou "Será que o senhor presidente pode me dispensar mais cedo hoje?". Eu fingia mau humor e lhe dizia: "Ora, Adão, você fala com ele muito mais vezes do que eu. Que história é essa? Além do mais, você não me obedece. Quantas vezes já pedi que não me deixe o patrão sair feito porta de tinturaria? Já disse que roupa listrada não se usa com camisa listrada, nem gravata listrada". Essa sua atitude de jamais usar ou abusar da confiança que lhe era dada, qualidade rara, o tornou precioso a papai. Ensinar-lhe, porém, as mais rudimentares regras de indumentária era tarefa ingrata. Resolvi recorrer às fontes e interditei os presentes de camisas de cor, para começar. Sendo todas brancas, o risco era menor. No setor gravatas, nada pude fazer até que de uma feita papai apareceu para almoçar vestindo terno azul-marinho, camisa azul-clara e gravata verde. Ia protestar, quando uma de suas sobrinhas disse, encantada: "Tio Getúlio, o senhor está no rigor da moda. Verde com azul é a combinação de cores mais em voga". Papai olhou para mim, nadando em satisfação e, com um sorriso de triunfo destinado a me esmagar, replicou: "Até que enfim a moda me pegou". Baixou a cabeça, com simulada modéstia, enquanto instintos homicidas se apoderavam de mim, em relação à minha prima. Toda uma semana de esforços... perdida.

Depois do almoço, seguia para o Catete, quase sempre a pé. Recebia os ministros, atendia às audiências marcadas e regressava ao Guanabara mais ou menos às cinco da tarde. Assinava os decretos e despachava com um ou dois oficiais de gabinete, conforme o volume do expediente, os assuntos que mereciam um estudo mais acurado. Nunca deixava um papel sem exame e raramente qualquer processo permanecia em seu poder por mais de dois dias, mesmo que tivesse de ficar acordado até duas horas da madrugada. O segredo de sua pontualidade era disciplina e trabalho.

Esse dia 10 de maio de 1938 decorrera dessa maneira, igualzinho a todos os dias normais. Para mim fora um pouco exaustivo. Era meu dia de despacho e uma dor de cabeça renitente teimava em me fazer companhia. Resolvi dormir mais cedo para afugentá-la. Papai já se havia recolhido, mas ainda estava acordado. Não me animei a ir pedir-lhe as ordens para o dia seguinte e deitei-me logo. Só estavam acesas as luzes do quarto de meus pais e as do de minha irmã.

No silêncio da noite ecoou um tiro. Nem me mexi. Minha cabeça estava começando a entrar em acordo com o travesseiro para despedir a ameaça de enxaqueca. Além do mais, não era a primeira vez que isso acontecia. Um soldado sonolento apoiar-se à arma e inadvertidamente puxar o gatilho era tão comum. Um segundo tiro me fez considerar que era muita coincidência: duas sentinelas distraídas, quase ao mesmo tempo. No entanto, só me decidi a renunciar a meu repouso quando Jandyra gritou assustada, abrindo a janela do quarto. Dois projéteis mais se alojaram desta vez na parede, a poucos centímetros do batente de sua janela, em resposta imediata à sua imprudência. Apaguei as luzes e espiei pela veneziana de meu quarto, que, por sorte, eu havia fechado antes de me deitar. Nossos quartos davam todos para o mesmo lado do jardim, situados na ala direita do Palácio, dando frente para a capela, construída posteriormente no local onde havia então um chafariz. A ordem de disposição dos aposentos, começando da parte traseira da casa, era a seguinte: meu quarto, o de Jandyra, um banheiro, o quarto de vestir de mamãe, o dormitório de ambos, o quarto de vestir de papai, seu gabinete particular e o Salão Manuelino, que fazia as vezes de biblioteca. Dobrando à direita, uma antessala e a Secretaria, em continuação. Em frente a esta, a escadaria de mármore de acesso, protegida por um portão de ferro, que só era fechado quando havia boatos alarmantes. O que vi me surpreendeu, mas não chegou a me assustar. No jardim, às escuras, uma porção de homens à paisana corriam, dando tiros contra as paredes do Palácio e jogando no chão qualquer coisa explosiva que eu supus serem bombas de alarme, pois nenhum dano faziam.

Creio que a janela de Jandyra foi visada logo porque, mal-informados, julgaram ficar nesse ponto o quarto de papai.

Com a mais absoluta inconsciência, saí feito uma flecha em direção à Secretaria. Por ser o caminho mais curto, desprezei o corredor e passei por dentro dos quartos que se comunicavam todos. Papai estava colocando o revólver à cintura, por cima do pijama, e perguntou aonde eu ia. Eu também não sabia. O instinto levava-me ao foco das informações: a Secretaria estava deserta e às escuras. Desci correndo as escadas, iluminadas apenas pelas luzes da lua. Uma rajada de metralhadora saudou o meu feito. O investigador policial de plantão, Manoel Pinto da Silva, estava embaixo, tentando fechar a grade de ferro. Também tinha sido despertado de surpresa e, de pijama ainda, empunhava uma metralhadora. Disse-me: "Parece que estão atacando o Palácio. Não sei quem são, mas é provável que sejam os integralistas. É melhor a senhora subir. Aí é perigoso. Eles estão atirando nessa direção". Julgando-me suficientemente protegida pela grossa parede lateral, insisti em saber detalhes para poder informar papai e, por isso, fui a causadora da prisão do investigador Pinto. Para me satisfazer, saiu em direção ao jardim, dizendo: "Vem se aproximando um dos soldados da guarda, meu conhecido. Suba, por favor. Eu vou ver o que há e informo daqui a pouco". Levava consigo a única metralhadora existente dentro das paredes do Palácio, em condições de funcionar. A outra, que ficava aos cuidados do ajudante de ordens para qualquer emergência, estava engasgada há várias semanas e ninguém cogitara ainda de consertar. Para quê? Nós nos julgávamos suficientemente protegidos pela Guarda de Fuzileiros Navais, a tropa tradicionalmente escalada, creio que desde a República, para a defesa dos palácios presidenciais.[3]

Esperei inutilmente pelo regresso do mensageiro durante alguns minutos no topo da escada, depois desisti e entrei. Só voltei a vê-lo seis horas depois, às sete da manhã, vivo, mas bastante machucado. O soldado, seu amigo, lhe dera voz de prisão e o carregara para o recinto da Casa da Guarda, onde testemunhara a luta e a morte de alguns bravos: um sargento e três cabos navais que haviam tentado resistir ao golpe da traição. A metralhadora que levava ficou caída na grama, na terra de ninguém, e não a podíamos recuperar. Refiz meu caminho, preocupada. Relatei a papai o pouco que havia apurado e fui procurar Manoel Antônio, que dormia na outra ala do Palácio e talvez não tivesse ouvido o barulho. Já vestido, colocava o revólver na cintura. Resolvi seguir-lhe o exemplo e fui apanhar o meu. Recebera-o de presente para treinar tiro ao alvo, poucos dias antes. Reunimo-nos, todos os moradores do Guanabara, no gabinete de papai. Ele, Sarmanho, o comandante Isaac Cunha, ajudante de ordens de serviço, e Manoel Antônio já estavam vestidos e armados. Mamãe, Jandyra, minha tia, sua filha de oito anos, Regina, e eu estávamos com a mesma indumentária com que fôramos despertadas. Nem me lembrei de que não era *bem* um oficial de gabinete ser morto, ferido ou aprisionado de roupão. Só de manhã, quando entraram os heróis, é que me dei conta de meu grotesco atavio.

O comandante Cunha informou que às seis horas da tarde fora avisado pelo chefe de polícia de que corriam pela cidade rumores inquietantes. Como se tratava de moeda corrente desde janeiro, não os considerara de maior gravidade: bastava ficar atento.[4] Não era necessário alarmar o presidente à toa. O ajudante de ordens se limitara, então, a prevenir o chefe da Casa Militar, general Francisco José Pinto, que morava na casa ao lado do Catete e alertara o comandante da Guarda do Guanabara para reforçar a vigilância. Ignorava, como todos nós, que a infiltração integralista dentro das Forças Armadas fosse tão profunda. E o era, a tal ponto que permitiu ser o comandante da Guarda, de serviço naquele dia, o encarregado de proteger e defender o presidente da República, sua vida, seu domicílio oficial, sua família e a própria dignidade do governo, um dos membros da conspiração. Fora avisado para dobrar a vigilância e ele próprio fornecera aos assaltantes noturnos a chave do portão de entrada do Palácio. Ele mesmo comandara o primeiro ataque e aniquilara os esforços dos elementos fiéis, que haviam tentado resistir.

A invasão se processara da seguinte maneira: pouco depois da meia-noite, dois enormes caminhões, cheios de homens disfarçados com o uniforme de fuzileiros navais, encostaram junto ao portão principal externo, entrada para a parte residencial. Estava fechado como em todas as noites, pois o oficial de dia dera a ordem de recolher. Dentro da Dondoca, nome pelo qual era conhecido o pequeno abrigo que serve de primeira portaria, ficava sempre de plantão um soldado da Guarda Civil para atender ao telefone, abrir o portão aos moradores notívagos, ou receber alguma mensagem urgente. Estava em seu posto o perspicaz Josafá, que se tornou conhecido e popular nessa noite por seu destemor e sagacidade. Desconfiando daquela chegada extemporânea e da inusitada ordem para abrir aquele portão, fechara-o à chave. Em geral ficava apenas encostado, até que voltassem todos os retardatários. Luthero e Bejo estavam fora. A rendição da Guarda se processava ao meio-dia e não à meia-noite e nunca por aquele portão, destinado apenas a visitas e pessoas da família. Os dois caminhões deram marcha a ré apressadamente e foram despejar sua carga em frente ao outro portão, igualmente de ferro, entrada da Casa da Guarda, onde foram fraternalmente recebidos por seu companheiro de traição, o comandante da Guarda dos Fuzileiros, tenente Júlio Nascimento.

Invadiram o jardim com toda a tranquilidade, cercaram o Palácio e ocuparam as posições estratégicas. Dentro da Casa da Guarda, entretanto, uma desagradável surpresa os esperava. Alguns fiéis, conservadores da tradição de lealdade do Corpo de Fuzileiros, ofereceram resistência e se recusaram a acatar as ordens de seu comandante. Travou-se uma pequena luta, de curta duração, em face da superioridade de número dos invasores. Foram fuzilados, mortalmente feridos ou maltratados e aprisionados aqueles poucos que puderam reagir. Embora senhores da situação, com grande rapidez, os falsos fuzileiros ficaram surpresos com a inesperada atitude, provavelmente não prevista pelos organizadores do ataque. Limitaram-se a isolar o Palácio e a dar tiros quase que a esmo. Assentaram suas metralhadoras de modo a impedir a entrada de qualquer socorro, possibilidades de fuga, e ficaram esperando, não sei por quê. Talvez que saíssemos com as mãos para o alto e nos entregássemos. Deve haver faltado, por sorte nossa, chefia, decisão e coragem para continuar o avanço, pois nos teriam apanhado a todos, talvez mortos — porque estávamos dispostos a vender caro nossas vidas —, mas nos teriam apanhado.

Dias mais tarde foi encontrado pela Polícia, de maneira meio misteriosa, o plano total do ataque ao Palácio Guanabara, com os desenhos e detalhes de toda a manobra a ser executada. O documento, de autoria de Belmiro Valverde, era datilografado. Às margens, em letra do próprio punho, segundo me informaram, do general Euclides Figueiredo, havia uma série de observações. Entre elas, rezava uma: "O *homem* não deverá escapar". O homem escapou, o que significa que os planos foram mal executados. A intenção não era poupar-nos, como se disse depois.

Dentro do Palácio, a situação era séria. Tínhamos de tomar posição para saber quanto tempo poderíamos resistir. Sarmanho e o comandante Isaac foram para os fundos do Guanabara, carregando, cheios de diligente otimismo, a metralhadora engasgada e o revólver de cada um. O jardim de inverno, inteiramente aberto e devassado, estava, portanto, à mercê dos invasores. Na frente, no topo da escada de acesso à Secretaria, deitados no chão, Manoel Antônio e eu, cada um com uma carga de revólver apenas, sentíamos cair, sobre nossos corpos, pedaços da parede e do teto da casa que nos servia de lar. Tínhamos a vantagem da posição estratégica: quem tentasse subir levaria cinco tiros de cada um e estaria terminada a defesa.

Quase todos os empregados da casa dormiam fora, somente permanecendo os de plantão. A esses, foram entregues as poucas armas que ainda existiam, em sua maioria revólveres, e uma ou outra pistola. Apesar da situação crítica, não pudemos deixar de rir quando o contínuo Raffanelli passou por nós, com ares de fantasma deslocado, indiferente ao tiroteio, segurando com a ponta dos dedos o cabo de um revólver carregado.

Alheio ao perigo, ensimesmado e pensativo, papai passeava defronte às janelas, como se todo aquele inferno fosse apenas um incidente qualquer de sua vida pública. Minha bravura se havia esgotado naquela primeira corrida estúpida e a carcaça tremia toda. Maneco, com a calma da raiva contida, tentou me tranquilizar dizendo: "É isso mesmo. Não te afobes. Todo mundo fica assim ao ouvir seu primeiro tiroteio e este é o teu primeiro. Não é covardia. Daqui a pouco tu te habituas". Habituei-me mesmo. Até ao medo o corpo se acostuma. Antes extravasei meu pavor sobre papai, que continuava suas caminhadas em torno de nós, como a esperar sua vez de entrar na luta. "Papai, pelo menos senta. Não fica por aí servindo de alvo, e logo em frente à janela!"

O fogo cerrado diminuíra um pouco. Aproveitei para ir de gatinhas até o telefone, tentar contato com o mundo exterior. O da Light estava mudo. Fora cortado antes de o ataque começar. Tentei o aparelho oficial, para me comunicar com o chefe de polícia. Felizmente este funcionava. O telefonista do Catete, Floriano, de plantão nessa noite, vibrava de indignação e espírito belicoso. Prontificou-se a fazer todos os contatos necessários e a seu alcance, pois, lá também, as linhas comuns estavam interrompidas. Disse-lhe que ficasse a postos, pois todas as nossas possibilidades de sair com vida se limitavam agora a uma guerra telefônica. Filinto Müller atendeu logo e declarou que assim que fora informado do ataque havia mandado uma tropa de choque da Polícia Especial: já devia ter chegado.

Inesperadamente o tiroteio parou. Deviam estar poupando munição ou preparando o assalto final. Voltei a meu posto para esperar pelos invasores ou pelo prometido socorro. Não sei quanto tempo esperamos em vão. Talvez uma hora. Um súbito metralhar, seguido pelo ruído de um automóvel que entrava pelo portão, aberto por Josafá, nos fez ficar mais atentos. Um vulto muito nosso conhecido subia as escadas, gesticulando com energia e pronunciando palavras pouco ortodoxas. Era meu tio Benjamim, que soubera do ocorrido, em casa de amigos, onde fora jantar. Viera acompanhado por Mauro de Freitas e Edgard Fraga de Castro, dois promissores jovens diplomatas, que se retiraram pouco depois, em busca de socorro. Foram devidamente metralhados também na saída. A única vítima foi o automóvel, que ostentava, no dia seguinte, dois furos de bala.

Bejo conversou rapidamente com papai. Sentou-se depois no meio da escada, com o revólver sobre os joelhos, e começou a me dar ordens: "Vai para o telefone, que eu fico aqui. Vê se falas com esses trompetas que não mandam socorro. Que é que estão fazendo, enquanto o presidente da República continua prisioneiro?". Durante perto de meia hora fiquei sentada no chão, recebendo e expedindo telefonemas.

Falei com o chefe de Polícia novamente. Confirmou o prévio envio de tropas e espantou-se de que não houvessem chegado a seu destino. Declarou que iria mandar reforços sob o comando do coronel Oswaldo Cordeiro de Farias.

Falei com o general Góes Monteiro, chefe do estado-maior do Exército, que me disse nada poder fazer porque também estava cercado em seu apartamento.

Falei com Francisco Campos, ministro da Justiça, que transmitia, através do telefone, palavras de solidariedade admirativa e passiva.

Falei com meu irmão Luthero, que, surpreendido na rua, fora para o Catete em busca de meios para se reunir a nós. Disse-lhe que não viesse só: estávamos cercados e poderia ser preso ou morto. Que procurasse juntar-se às tropas que viriam com Cordeiro de Farias, ou tentasse trazer a guarda do Catete. Respondeu-me que o chefe da Casa Militar, general Francisco José Pinto, não tinha confiança nela. Era insuficiente para proteger o Catete e, ainda mais, para nos libertar. Luthero queria vir de qualquer maneira. Disse-lhe que esperasse novas instruções ou fosse para a chefatura de Polícia.

Falei com o comandante do posto Mundo Novo da Polícia Militar, que ficava ao lado do mirante, para que descesse com seus homens pelo morro. E aí perdi a fala. Deviam ser perto de três horas da manhã. O tenente Valmor respondeu que só dispunha de dois homens e que esses estavam de tocaia no morro, aprisionando os primeiros fugitivos temerosos do fracasso de sua emboscada ou arrependidos de seu feito. Ele era o único que ficara para defender o posto. Disse mais, que de lá estava avistando um dos cruzadores da Marinha de fogos acesos, fazendo sinais para a terra: também fazia parte da conjuntura. Estava tudo perdido, pensei. A Marinha não iria se afoitar, sem apoio em terra, e, portanto, não era apenas uma emboscada, como eu supunha. Como dar a notícia sem alarmar todo mundo?

Entrei no gabinete de papai que continuava às escuras e onde se haviam concentrado as pessoas que estavam desarmadas. Hesitava, ainda, escolhendo as palavras, quando a metralhadora recomeçou. Uma bala solitária entrou zunindo dentro do gabinete, em direção à cadeira em que papai costumava sentar para escrever, e estraçalhou as encadernações de vários livros na estante que ficava por trás dele. No dia seguinte, a perícia verificou que havia sido atirada do alto de uma árvore, perto da janela. Aquela bala tinha um destino certo. Mas o metralhar tinha um outro motivo. Outra pessoa rompera o cerco. Júlio Santiago, assíduo frequentador da roda do chimarrão e ex-comandado de Benjamim no *Catorze pé no chão* de 1932, trazia um recado: o ministro da Guerra, general Eurico Gaspar Dutra, estava no portão da Dondoca, com dois soldados. Fora levemente ferido na orelha e queria instruções. Se ele conseguira chegar até lá, por que não o podiam os outros? É uma pergunta para a qual nunca obtive resposta. Benjamim deu ordens a Santiago para voltar pelo mesmo caminho e explicar ao general Dutra qual a situação e dar instruções. Rematou impaciente: "Anda depressa, porque se tu não fores eu vou". Júlio Santiago desceu lentamente as escadas, medindo os minutos. Atravessar os vinte metros que nos separavam da portaria, varridos por uma metralhadora atenta a todos os nossos movimentos, assestada no ângulo exato, não era brincadeira. Esperamos com ansiedade. Uma corrida súbita, uma violenta rajada, um baque no chão e um grito de triunfo: jogara-se no gramado, em declive, uma trincheira natural, e conseguira, rolando no chão, atingir o objetivo são e salvo. Não tiveram a mesma sorte os dois soldados trazidos pelo ministro da Guerra. Ferido em uma perna, um deles ficou estendido junto à entrada do Palácio, sem que o pudéssemos socorrer. Ao amanhecer, quando Luthero, que já era médico, conseguiu entrar, tomou conta dele.

Atraídos pelo tiroteio, Sarmanho e o comandante Isaac vieram para nosso lado, dizendo que o cerco do jardim de inverno havia cessado, o que confirmava as informações do comandante do posto Mundo Novo. Estavam começando a fugir, mas nós continuávamos cercados.

Voltei a falar ao chefe de Polícia. Foi categórico: todas as tropas de que dispunha já estavam nos arredores do Palácio. Talvez tivessem até entrado. Não quis contradizê-lo sem ter a certeza. Outras pessoas haviam podido passar! Só não podia entender por que não apareciam. Em companhia do ajudante de ordens, todo fardado de branco, um excelente alvo, cheguei até a janela que dá para a escada: nenhum sinal dos falados bonés vermelhos tão malsinados por alguns e tão apreciados por outros. Raramente teriam sido recebidos com tanta satisfação como naquele momento. "Talvez estejam à paisana", pensei, "para poderem entrar despercebidamente e aguardarem ordens para atacar." Eu avistara atrás de uma das palmeiras, perto do ex-chafariz, um homem de terno marrom, sem chapéu, ajoelhado junto a uma metralhadora. A seu lado, em pé, outro civil, alto, trajava escuro, chapéu à cabeça e uma manta branca enrolada ao pescoço. Não sei que louca esperança me fez confundir o homem alto com o tenente Eusébio Queiroz, comandante da Polícia Especial nessa ocasião. Estavam ambos demasiado próximos de nós e tão a descoberto que, se dispuséssemos de armas, poderíamos facilmente atingi-los. Convenci-me de que eram os nossos defensores e resolvi chamar.

Dentro do silêncio aterrador da noite, muito mais lúgubre do que o matraquear contínuo das balas, pois pelo menos significavam movimento e vida, minha voz ecoou errada. Vimos o homem alto de escuro olhar para nosso lado, inclinar-se e dar uma ordem ao homem de marrom que estava ajoelhado. "É ele mesmo", exclamei e repeti o chamado com mais força. A metralhadora girou, calmamente, em nossa direção e uma saraivada de balas contestou meu apelo. Abaixamo-nos rapidamente e minha corajosa e estúpida cabeça bateu na quina do patamar de mármore. Uma pequena cicatriz no queixo é a permanente recordação que guardo dessa aventurosa noite, quando muito mais poderia ter acontecido. Dentre os sitiados do Palácio Guanabara, fui a única vítima.

Disseram-me depois que, de acordo com minha descrição, o homem alto de escuro que estivera dentro do Guanabara por algum tempo era Severo Fournier, um dos principais cabeças do movimento. Fora levar alento aos companheiros. Não sei se era ele, mas positivamente não era o tenente Queiroz. A vergonha que senti foi maior que a decepção e a dor no queixo; só pela manhã verifiquei que sangrara um pouco.

 Novos telefonemas e novas notícias más: o general Canrobert Pereira da Costa, chefe do Gabinete Militar, do general Dutra, fora aprisionado na Esplanada do Castelo; uma parte do Corpo de Fuzileiros Navais, sob o comando do tenente Arnoldo Hasselmann, saíra do quartel e marchava sobre o Ministério da Marinha para proteger o novo governo, que, de acordo com o programa estabelecido, já devia estar lá. Meu informante telefônico, Floriano, transmitia indignado os nomes dos componentes da junta governativa, que algumas rádios emissoras estavam trombeteando como já pronta para assumir o poder. Garantiam que Getúlio Vargas, vencido e prisioneiro, estava sendo conduzido para bordo de um navio de guerra, onde aguardaria o destino que lhe dariam. Diziam que a junta era composta de três ilustres personalidades: general Castro Júnior, Belmiro Valverde e almirante Raul Tavares, que fora subchefe da Casa Militar durante o Governo Provisório. O Ministério já havia sido organizado e estava pronto para assumir. Em compensação, o interventor do estado do Rio de Janeiro, Ernani do Amaral Peixoto, avisava que em seu setor estava tudo em calma, as barcas de prontidão e o 3º Regimento de Infantaria, sediado em Niterói, pronto para marchar, em nosso socorro. Responderam-lhe, disse ele, que aguardasse ordens para não criar confusão. As tropas do Rio bastavam. Desta vez fiquei com raiva. Cinco horas da manhã, nenhum socorro decente e ainda dispensavam oferecimentos. Novamente chamei o chefe de Polícia: "Afinal de contas, o que está fazendo esse tal de Cordeiro que não aparece? Espera, por acaso, entrar em contato conosco no astral! Onde está ele?". Filinto me respondeu: "Pela hora que saiu daqui já deve estar dentro do campo do Fluminense F.C., com todas as tropas, aguardando ordens". Insisti: "Então, por que não entra logo? Eu não posso me comunicar com ele, porque só o telefone oficial funciona aqui". Respondeu-me que, dentro de poucos minutos, o indeciso comandante-chefe deveria chamá-lo, dando sua posição exata e, a seguir, me telefonaria. Esperei. Reinava o mais absoluto silêncio e eu já estava com saudades do ruído da metralhadora. Pelo menos sabíamos o que estavam fazendo: estragando o jardim e fazendo buracos nas grossas paredes do Palácio. O telefone oficial tocou. Era o chefe de Polícia, que confirmava suas informações: "O Cordeiro assumiu o comando das operações e está dentro do campo do Fluminense F.C., com todas as tropas e reforços de que dispunha a polícia. João Alberto e Luthero estão também com ele. Estou só na Polícia e não posso sair, pois alguém deve fazer o trabalho de ligação". Indignada, perguntei: "Que estão esperando? Que subam para nos prender? A maioria já fugiu, o número de sitiantes no jardim é reduzido. Somente a Casa da Guarda continua em poder dos atacantes, e nós não dispomos de armas". Explicou-me: "Alegam que não podem passar do Fluminense F.C., pois todas as ruas de acesso e a entrada do Palácio estão tomadas". Continuei: "O general Dutra atravessou só. Não é possível que, com tropa, não possam entrar". Respondeu: "Cordeiro não sabe em que ponto do Palácio vocês estão e tem receio de os atingir em vez dos atacantes". Dei-lhe nossa posição e já nas últimas gotas de paciência: "Além do mais, se estão com medo de entrar pelo portão principal que ainda está sob o controle do Josafá, há uma pequena porta de comunicação entre o campo de futebol do Fluminense e o jardim do Palácio. Há uma chave que o abre e desse lado do Palácio não há ninguém. Tanto nós, como os atacantes, estamos do lado oposto. Mas, que acabem logo com essa espera". Mais uns minutos de angústia e outra resposta evasiva: "Eles não sabem onde está a chave". "Pois então que arrebentem a porta à bala. Eles não estão armados?", retruquei, impaciente.

Estavam, mas temiam, no ato de fazer explodir a porta, atingir-nos. Em atitude conciliatória, disse-lhe então: "Peça ao coronel Cordeiro de Farias que me dê quinze minutos para concentrar todo o pessoal atrás da última parede junto à Secretaria e que é bastante grossa e resistente. Para nos atingir precisariam perfurar, pelo menos, seis muros. Eles conhecem o Palácio, não há como errar. Dentro de quinze minutos podem metralhar a porta e entrar".

Avisei papai e disse a todos onde deveriam ficar: no penúltimo corredor, uns deitados no chão, outros sentados para oferecer a nossos salvadores o máximo de segurança. Nem os estilhaços das janelas nos atingiriam. Manoel Antônio e Bejo continuariam na escada, igualmente protegidos, para dar o alarme, caso tentassem subir os remanescentes da furiosa invasão, que ainda mantinham as posições-chave.

A situação estava ficando incômoda, e, antes de decorridos os quinze minutos, papai se irritou, voltando a caminhar, apesar de meus protestos. Esperamos meia hora. Nada. Resolvi recomeçar os telefonemas, enquanto Sarmanho foi dar uma busca na portaria para ver se encontrava a chave que abriria a famosa porta ainda no escuro. Achou-a e achou também um outro companheiro de infortúnio, cuja presença entre os defensores do Palácio ignorávamos. O investigador Aldo Cruschen estivera durante toda a noite guardando sozinho a outra ala do Guanabara, justamente a que faz vizinhança com o Fluminense F.C. Ofereceu-se para abrir a porta de comunicação e o fez sem ser visto, nem molestado.

Os *salvadores* entraram então pacificamente e sem dar um tiro. Afinal! Formaram dois grupos. Um espalhou-se pelo jardim e pelo morro, para acabar com o cerco e aprisionar os fugitivos. O outro dirigiu-se diretamente para a Casa da Guarda, que continuava em poder dos integralistas, já sem comando. Os responsáveis pela organização e execução do assalto, inclusive o tenente-comandante da Guarda que havia aberto aos invasores as portas do Palácio, haviam fugido, entregando seus cúmplices à própria sorte.

A resistência foi pequena, os que haviam aguentado entregaram-se quase que sem combate. Eram, em sua maioria, jovens quase imberbes e inexperientes, os que não haviam fugido. Os moços não fogem. A mocidade é que foge deles quando a voz da experiência começa a se fazer ouvir. Passaram por nós de cabeça baixa, com destino à prisão. Já tinham despido o simulado fardamento de fuzileiro naval e estavam à paisana. Traziam ao pescoço, como distintivo, um lenço branco onde estava escrita a palavra *anauê* ou *avante*, não me lembro bem. Os que haviam sido feitos prisioneiros por eles, inclusive o investigador Pinto, recuperaram a liberdade. Dentro da Casa da Guarda, vários mortos estavam protestando, em sua imobilidade, contra a violência de que haviam sido vítimas no cumprimento do dever. "A violência gera a violência." Uma raiva surda se apoderou de todos, um sentimento natural de reação daqueles que haviam ficado tantas horas a sofrer, não somente pelo destino que poderia ser dado a Getúlio Vargas e sua família, mas também, e sobretudo, pelo que representaria para o Brasil a vitória daquele putsch. Porque era, na verdade, um putsch planejado por cérebros alienígenas e executado por nacionais intoxicados por ideias alheias a nosso temperamento.[5] Não era uma revolução nem mesmo uma emboscada de sabor tipicamente brasileiro. Alguém a havia traduzido em língua difícil de ser manejada pelos aborígines. E a versão para o português fracassou.

Às sete horas da manhã, estava tudo acabado. O movimento integralista fora dominado em todos os setores, e o cerco terminara. A Secretaria ficou intransitável de tanta gente. Até mesmo alguns simpatizantes do credo integralista, apontados como possíveis membros do novo regime a ser instaurado, tiveram o despudor de ir cumprimentar o chefe da Nação pela vitória e apresentar congratulações por haver escapado... ileso. Cada um tinha um episódio da novela de uma noite para relatar, e ninguém parecia prestar atenção na aventura de ninguém. Todos queriam ouvir a própria voz, como para assegurar-se de que não tinham vivido um pesadelo.

Cercada, procurada, questionada, mais como auditório do que como informante, eu estava tonta de sono. Minha cabeça parecia prestes a estourar, mas continuava zanzando dentro da Secretaria, até sentir um olhar inquisitivo e ligeiramente crítico sobre mim. Só então me dei conta da figura irrisória que apresentava. Fardados ou à paisana, todos estavam bem-postos, barbeados e penteados, pois os que tinham passado a noite em claro, como eu, já se tinham retirado para tomar as providências cabíveis. Eu continuava com o mesmo roupão amassado que rolara no chão comigo, durante tantas horas, despenteada, desfigurada e com um revólver, inteiramente virgem, ainda pesando no meu bolso.

Em seu gabinete, papai recebia informações e determinava providências.

Fugi devagarinho. Olhei minha cama. Estava tal como quando, a contragosto, a deixara nove horas antes: tão convidativa. Reagi. O sol estava alto, eu tinha fome e ninguém mais ia dormir. Não podia ser a única a dar parte de fraca. Tomei café, engoli uma aspirina e fui buscar em um banho morno um pouco de repouso. Embalei-me na doce ilusão de que não haveria expediente nesse dia e eu poderia dormir após o almoço. Não contava com a resistência física e a energia de papai. O contínuo veio correndo me chamar: "O presidente acaba de sair". Duvidei e ele confirmou com certo orgulho: "Saiu, sim senhora. Foi para o Catete a pé". Apanhei meus papéis, joguei-os na pasta precipitadamente e, de má vontade, segui seu exemplo. Alcancei-o quase na metade da rua Paissandu. Lentamente, em uma atitude mais do que de coragem, quase de desafio, avançava em direção ao Catete. As janelas se encheram de fisionomias curiosas. Ninguém havia dormido nos arredores do Guanabara com o ruído das metralhadoras, à espera do inesperado. Das ruas laterais acorriam pessoas de todas as idades, que o seguiam. Durante todo o trajeto era saudado com palmas e exclamações de júbilo. Imperturbável, retribuía com um aceno ou um sorriso, como se fora um fato comum o chefe da Nação ficar cercado, prisioneiro, sem defesa, durante toda uma noite, e ainda estar vivo e de bom humor.

Despachou com os ministros, exatamente na mesma ordem e padrão de todos os dias. Creio que foi ele o único a trabalhar normalmente naquela tarde de 11 de maio. Os ajudantes de ordens, todos juntos, não tiveram mãos a medir com o número de pessoas que se apresentavam para cumprimentos e solidariedade. Entre elas vários ex-integralistas, com o intuito de protestar e repudiar o que havia sido feito, sob o signo da bandeira que haviam abraçado por idealismo, Deus, Pátria e... Família. Alguns foram desfeiteados ao tentar ingressar no Palácio. Os ânimos não estavam serenos para distinguir entre inocentes e culpados. Todos eram indiscriminadamente responsabilizados, tanto pelo ataque como pela precariedade da defesa. Até a cor verde foi renegada, como se também fosse cúmplice do putsch. O Gabinete Civil estava tonto. Jornalistas e correspondentes estrangeiros por todos os lados, querendo notícias, informações e detalhes. Telegramas cifrados de todos os cantos e para todos os lugares. Os telefones não paravam. Tentei ajudar, mas até estouro de pneu na rua me fazia dar pulos na cadeira. Em pouco me vi cercada por correspondentes estrangeiros e repórteres da imprensa carioca: queriam minha versão dos fatos. Contei-lhes honestamente o que havia presenciado, o que fizera no meu setor, sem a mais leve intenção de me colocar como figura central dos acontecimentos. Disseram que eu era muito corajosa. Espantei-me! Acabara de confessar que tivera medo, muito medo. Pediram permissão para publicar o que eu havia contado. Acedi, sob duas condições: não diriam que haviam ouvido de mim, pois não gostava de publicidade em torno de meu nome, e não modificariam os fatos. Prometeram mostrar-me os originais antes da publicação.

Eram cinco e meia da tarde quando o contínuo me avisou: "O presidente acaba de se retirar". Eu sempre ficava no Catete até mais tarde, mas nesse dia não aguentava mais em pé. Não sei como consegui chegar até lá com vida. A cama me chamava com urgência. Pedi que me acordassem à hora do jantar e deitei. Bateram a minha porta antes que eu fechasse os olhos. Entregaram-me um maço de papéis para que os lesse e devolvesse em seguida, com as correções que julgasse necessárias. Era o correspondente americano Frank Garcia, que, fiel à sua promessa, aliás o único, pedia aprovação para a reportagem que iria mandar para os Estados Unidos. Meus olhos se recusavam a ver. O raciocínio se recusava a obedecer. Pedi que deixassem para mais tarde; agora não podia. Responderam-me que tinha que ser agora, imediatamente. Fiz um esforço e li, mas todo o meu corpo se negava ao trabalho e o lápis escorregou da mão. Devolvi dizendo: "Está tudo errado. Eu não sou heroína, não dei um tiro e não carreguei nenhuma metralhadora (mesmo porque não havia), mas não aguento mais". Caí, como uma trouxa, sobre o travesseiro e só despertei no dia seguinte às nove horas da manhã, mascarada de Maria Quitéria e Anita Garibaldi. Suponho que tenham respeitado meu repouso, pois nem tomei conhecimento do jantar. Se tentaram despertar-me com bons modos, devem ter sido malsucedidos. Acredito que somente outra metralhadora perto de minha cama me faria abrir os olhos.

Ao relatar este episódio, entro em detalhes, muitos deles supérfluos para a História, negligenciáveis para meu objetivo principal que é o de tornar conhecida e compreendida a personalidade singular desse homem extraordinário que se chamou Getúlio Vargas. Esta, porém, é a primeira oportunidade que tenho de arrancar as penas de pavão com que fui agraciada. De retificar certos juízos injustos que recaíram sobre determinadas pessoas e arrancar auréolas imerecidas de algumas cabeças. Ninguém, a não ser os humildes fuzileiros, mortos e maltratados dentro da Casa da Guarda do Palácio Guanabara, na madrugada de 11 de maio de 1938, foi herói ou praticou atos heroicos dignos de menção. O sangue derramado pelo terceiro-sargento Argemiro José Noronha e pelos cabos Manoel Constantino dos Santos, Antônio Silva Filho e Severiano Mata de Souza lavou a vergonhosa mancha de traição que iria pesar sobre os ombros de todos os fuzileiros navais injustamente. Leais, ordeiros e bravos no consenso da História pátria, passariam a ser acoimados de covardes depois, pois só os covardes sabem atraiçoar. Dentre os demais, civis e militares, alguns foram valentes, alguns se arriscaram, alguns cumpriram seu dever, alguns o negligenciaram e muitos ainda permanecem para mim incógnitas inexplicáveis.

Aconteceu muita coisa mais, que eu soube, que me contaram, que descobri, que li. Mas, não vá o sapateiro além do sapato. Eu não vi. Não fiquei sabendo nem como nem por que o general Eurico Gaspar Dutra foi o único membro do governo que conseguiu atravessar a trincheira integralista. Não pude apurar tampouco o que aconteceu depois que se retirou com um arranhão na orelha, novamente transpondo o cerco do inimigo. Teria ido buscar reforços que não chegaram? Libertar o chefe do estado-maior do Exército? Socorrer o chefe de seu Gabinete Militar? Ou, como medida de segurança, teria ido inspecionar as tropas sob seu comando? Não entendi até hoje, embora os acontecimentos me tenham sido relatados por ele próprio, como conseguiu se libertar sozinho, de seus atacantes, o general Góes Monteiro.

Não sei como, nem por quê, o general Canrobert Pereira da Costa foi raptado em trajes caseiros e apareceu prisioneiro na Esplanada do Castelo.

Ignoro os motivos que obrigaram as tropas enviadas em nosso socorro a gastar mais de cinco horas para percorrer menos de cem metros.

Gostaria de saber as verdadeiras razões que impediram o coronel Oswaldo Cordeiro de Farias de abrir uma porta. Muita coisa ainda está envolta em mistério e não me atrevo a tentar desvendá-lo. Mesmo dentro do Palácio Guanabara devem ter ocorrido outras cenas que não presenciei, outros sentimentos que não pressenti, outros conflitos íntimos que não percebi.[6]

Acompanhei, sim, a luta surda que se processava no íntimo de meu pai, traduzida pelo ritmo inquieto de seus passos, marcando as perguntas sem resposta que formulava sozinho. Pouco falou durante toda a noite; limitava--se a ouvir as informações que lhe dávamos e a acentuar as instruções ou as providências a serem tomadas. Meditava, encerrado em um mutismo agressivo. Teria confiado demais? Teria esperado demais? Teria arriscado muito? Valeriam a pena todos os sacrifícios que já havia feito? Sacrificara sua liberdade de pensar, seus sentimentos pessoais, suas convicções para manter unido um país que teimava em se desunir. Valeria a pena?

Voltaremos atrás, quase três anos, para poder constatar o quanto ele havia entregue de si próprio em holocausto a seu povo e em benefício de seu país. Voltaremos para examinar, para compreender: julgue-o quem o puder.

7
(1936)

Em começos de maio de 1936, regressei dos Estados Unidos, em companhia de mamãe e de meu irmão mais moço, Getúlio, que me foram buscar para que não viajasse sozinha. Demorara muito mais tempo do que pretendera inicialmente e excedera de muito o prazo dado por papai. A permissão fora de dois meses apenas, dilatados, sucessivamente, por intervenção do embaixador Oswaldo Aranha e, depois, por ordem de mamãe para que esperasse por ela. Quase sete meses de férias à custa de algumas semanas de aula na faculdade de direito.

Minhas relações com papai tinham começado a sofrer uma ligeira modificação, através das cartas que trocávamos sistematicamente. Sua influência sobre mim continuava a mesma. Tudo o que fazia ou pensava devia ser uma tradução literal daquilo que ele esperava de mim, mas já me atrevia a ter e a dar opiniões. Aprendera que eu podia ser alguém por mim própria e não apenas uma das *senhoritas Getúlio Vargas*, como referiam os periódicos nas crônicas sociais, e a mudança foi inicialmente muito apreciada por papai. As observações que lhe enviara, durante minha permanência entre os americanos do norte, os conhecimentos que adquirira e a maturidade que alcançara, creio que me valorizavam a seus olhos. Começou a dar um pouco mais de importância ao que ele chamava de *teus palpites*. Contei-lhe a forte impressão que me havia causado a fascinante personalidade de Franklin Delano Roosevelt,[1] o carinho com que me tratara, seu interesse pelo Brasil e as perguntas que me fizera a seu respeito. Contei-lhe minhas viagens e minhas aventuras, o que havia visto, o que havia aprendido. Falei-lhe sobre as coisas que me haviam surpreendido. Revelei-lhe, finalmente, minha maior descoberta: eu mesma. Toda a minha inquietude anterior, as dúvidas e incertezas haviam tomado forma. Eu queria trabalhar, ser útil, tornar-me independente. Ficara entusiasmada com a soma de regalias que gozava a mulher nos Estados Unidos: liberdade, sem falsos preconceitos, respeito e consideração. Era o que sempre desejara, sem encontrar eco. Fora educada nos princípios básicos de que a mulher devia ser protegida e resguardada como uma flor delicada. Estava farta de ser apenas "um gracioso ornamento de nossa melhor sociedade". Queria ser *gente* e estava disposta a lutar por um lugar ao sol, meu, e não um reflexo por herança. Disso papai não gostou, torceu o nariz e me deu mais trabalho para fazer em casa. Ainda estávamos em 1936, faltavam-me dois anos para terminar o curso de direito. Depois, ele decidiria. Não me considerava em condições de madureza para enfrentar essa luta. Compreendi a contragosto suas razões; não me atrevia a contrariá-lo.

O conflito entre a vida de liberdade responsável a que eu aspirava e a de responsabilidade sem liberdade, que era obrigada a levar, como filha do presidente da República, logo se tornou patente. Atirei-me com sofreguidão às atividades que me eram permitidas. A faculdade de direito já não era suficiente para me prender. A biblioteca, completamente organizada, não me absorvia mais. O arquivo tinha entrado na rotina e nenhuma revelação política tinha o poder de me espantar. As novas crises em formação não eram ainda de molde a me perturbar; os bate-papos da Secretaria me cansavam, porque a vedete agora era eu. Todas as noites a ouvir minha própria voz, contando sempre as mesmas aventuras, era demais. Papai me entregou, para ocupar meu tempo, todo o serviço de cifrados, as funções de intérprete em inglês e parte de sua correspondência com a América do Norte. A maioria dos funcionários diplomáticos, consulares e fazendários que eu havia conhecido dirigia-se agora de preferência a mim, para suas pretensões.

Lancei-me aos livros e aos estudos com voracidade. Tomei aulas particulares de alemão e de estenografia; ingressei em um curso de natação, aprendi a dirigir automóvel, comecei a treinar tênis, a frequentar aulas diárias de equitação, com o objetivo de me preparar para saltar obstáculos, e entusiasmei-me pela aviação. A essas duas iniciativas, amazona e piloto, que estavam em meus planos, mamãe opôs terminante veto. Sobravam-me, portanto, ainda tempo e energias para gastar. Em quê? Convidaram-me para fazer conferências, falar pelo rádio, dar entrevistas, ingressar nas sociedades femininas de reivindicações de direitos para a mulher. Recusei. Sempre fui avessa à publicidade, a barulho em torno da minha pessoa, à notoriedade, enfim, porque constituem uma espécie de prisão. Só o anônimo pode dar-se ao luxo de pensar e agir por si próprio sem ser acoimado de fútil ou de ambicioso. Queria produzir, não buscava fama nem renome. No entanto, apesar de todas as atividades sérias, tais como: frequentar conferências, estudar, ler, auxiliar em todos os serviços de assistência social que se apresentavam, distribuir víveres nos morros e favelas, ajudar mamãe nas festas de Natal, servir a todos os chás de beneficência que apareciam, tomar conta de todos os doentes de minha família (e não foram poucos nesse ano), foi este o período mais fútil de minha vida. O fato de haver passado tanto tempo fora do Brasil, de haver estado em Hollywood, conhecido artistas de cinema e poder relatar tudo de forma pitoresca me tornara figura socialmente requestada: eu era novidade na terra. Cinemas, jantares, convites para passeios de barco, de automóvel, para chás e festas dançantes choviam de todos os lados. Já nem me lembro de quantos flertes, namorados e noivos deram-me de presente, sem motivo, nesse período. Andava sempre de mau humor e irritada com os mexericos que me perseguiam. Fiel a meu compromisso com papai, mantinha à distância todos os possíveis pretendentes, mas nada podia fazer em relação aos comentários. O excesso de atividades sem nexo não tardou a se fazer sentir e despertou minha fiel companheira de infância, a anemia. Depois do susto e dos tratamentos, papai resolveu pôr um paradeiro a esse descontrole e veio em meu socorro.

No dia 20 de outubro, chamou-me ao seu quarto e, meio constrangido, pois tinha como regra não nomear parentes próximos a não ser para *abacaxis*, me disse: "O Vergara (Luiz, então secretário da presidência) veio me procurar pedindo tua nomeação para auxiliar de gabinete. Há falta de gente e bastante trabalho. Ele acha que tuas intromissões anteriores já te deram o treino suficiente para a função. Não serás um elemento estranho, passível de quebrar a harmonia reinante entre seus comandados. Começas em novembro. O salário é um conto de réis por mês. Bico calado até lá, nada de gabolices até a assinatura do decreto".

Foi uma das maiores satisfações de minha vida. Fiquei na dúvida se lhe pulava ao pescoço para agradecer, ou se saía correndo para me esconder e evitar que alguém visse a alegria estampada em meu rosto. Acabei fazendo as duas coisas e, até o dia da nomeação e posse, por mim só sabiam da novidade uma certa árvore do Palácio, abrigo de minhas melancolias, e Dick, meu cachorro policial que me acompanhava sempre.

Desde a chegada, eu me sentia diferente, estranha, ao meio, como se alguma coisa tivesse mudado. Seria porque havia viajado? Seria uma sensação puramente subjetiva? Não, não era. O Brasil também estava diferente. Que teria acontecido? Havia uma certa tensão no ar: um misto de desconfianças e ódios recalcados exigindo observação mais profunda. O que estaria acontecendo? Na faculdade encontrei o mesmo ambiente de cordialidade e camaradagem. Os colegas se haviam conjurado para me dar frequência durante os dias em que faltara, tinham guardado os pontos das várias matérias para mim e estavam dispostos a me ajudar nos estudos. Nossa iole a seis sempre se mantinha unida na borrasca, quero dizer, nos exames. Estudávamos sempre juntos: eu lhes dava acesso à biblioteca de papai e eles traziam os apontamentos. Sempre procurávamos ficar classificados na mesma turma, durante todo o curso. No entanto, qualquer coisa também lá mudara. Para os professores, os colegas, os outros alunos, para os funcionários da Escola, eu não era mais a Gegeia, a caloura atrevida, petulante, a filha do ditador provisório. Eu era... era o quê? Tratavam-me com confiança, de igual para igual, mas havia um *quê* de respeito, atenções completamente diversas das duras brincadeiras anteriores. Seria minha qualidade de veterana? Seria o fato de meu pai não ser mais ditador, e sim presidente constitucional? Seria merecimento meu, por me haver comportado de acordo com as regras acadêmicas? Ou seria apenas porque me consideravam em condições de ajudar aos que desejavam ou necessitavam de amparo? Seria eu a ponte que transportaria suas jovens ambições?

Comecei a receber, com dedicatórias especiais, obras de alguns de meus mestres. Fiquei envaidecida, mas o hábito infantil de andar descalça mantinha meus pés no chão. Seria eu tão genial como diziam, ou pretendiam por meu intermédio alguma coisa de meu pai? Esta interrogação sempre segurou minha vaidade e continuei observando. Alguns colegas, que nunca me haviam dado atenção, agora se desdobravam em gentilezas comigo. Por quê? Lembrei-me do que papai me dizia: "Todo estudante de escola superior no primeiro ano pensa em ser presidente da República; no segundo, governador ou ministro de Estado; no terceiro, um grande magistrado, um grande advogado ou o deputado mais popular em sua zona; no quarto ano, basta ser promotor público, ter uma banca razoável de advocacia na capital, ou se eleger deputado estadual; no quarto, ao terminar, qualquer emprego, contanto que seja funcionário público ou um encosto em algum escritório de advocacia".

Começávamos o quarto ano... e quatrocentos bacharéis em perspectiva começavam a pensar seriamente na vida. Seria esse o motivo das transformações que eu sentia? Não, também não era isso. Algo mais profundo, mais fundamental, estava em processo de formação e eu precisava entender. Não era só na faculdade, também em minhas relações pessoais, na vida social, notei qualquer coisa nova, indefinida, mas muito precisa em relação a mim. Que seria? Afinal de contas, intrinsecamente, eu não havia mudado: estava mais amadurecida, mais consciente de minha própria pessoa, menos ignorante, mas continuava a mesma. Procurei olhar em torno de mim para desvendar o mistério.

Com grande desapontamento constatei que não se deve desprezar a sabedoria dos velhos adágios populares: "Menti, menti, que algo ficará!".

Passei a respeitar a força da propaganda dirigida. Esta havia decretado: "Alzira, a filha do presidente da República, estudante de direito, é comunista". As razões apontadas eram de uma falta de consistência comovente, mas a reiterada repetição e o estado de espírito da época deram-lhes foros de verdade.

Primeiro: a velha fotografia tirada durante a parada militar de Sete de Setembro era uma prova concreta. Achei graça, inicialmente, quando as cartas anônimas começaram a chegar com meu retrato cercado por foices e martelos vermelhos e uma seta carregada de ameaças. Em 1931, o flagrante fora considerado demonstração de democracia. Em 1936, significava comunismo.

Segundo: o "belíssimo discurso" que não pronunciei durante os trotes da faculdade de direito no primeiro ano. Era uma peça oratória, de grande profundidade e coragem, diziam, e, nele, eu atacava o governo, o de meu pai, em colorações positivamente rubras. Não creio que, mesmo no auge da crueldade do trote acadêmico, meus colegas tivessem sequer pensado em me submeter a um teste dessa natureza; e, se o tivessem feito, esbarrariam em minha total inibição para fazer discursos, sobretudo de improviso. Os poucos que já fiz, em toda a minha vida, foram à custa de fracassos, calmantes e acessos de tosse. No entanto, até cumprimentos recebi por esse discurso que não fiz.

Terceiro: classificada, por ordem de matrícula, na turma dos professores Figueira de Mello e Alcebíades Delamare, no primeiro ano da faculdade, havia ostensivamente pedido transferência para a turma dos professores Castro Rabelo e Leônidas de Rezende, que eram comunistas. Na verdade eu o fizera por conveniência pessoal, por preferir o horário da manhã. Era considerada uma prova concludente, no entanto: escolhera para meus orientadores dois professores *comunistas*, abandonando as sábias doutrinas dos dois integralistas. E daí? Que era afinal essa história de *integralismo*, eu me perguntava? Tinha ouvido falar por alto, mas não conhecia os seus objetivos. Era uma doutrina nova, que iria salvar o Brasil do abismo, disseram-me. Dei de ombros e durante algum tempo não me preocupei com a nova doutrina. As provas parciais estavam próximas, tinha de recuperar o tempo perdido.

Quarto: eu dissera, ao chegar de viagem, que pretendia visitar Pedro Ernesto, o ex-prefeito do Distrito Federal, preso devido a suas atividades comunistas.[2] Era verdade. Jamais misturei política com amizade pessoal e não podia esquecer que Pedro Ernesto fora um amigo dedicado. Os erros políticos que cometera, em seu próprio prejuízo, não eram de molde a me fazer perder a memória. Luthero podia visitá-lo, mas eu não; estava muito visada.

Quinto: eu participara da conspiração comunista e, por isso, fora despachada para os Estados Unidos como precaução. Minha *ficha* estava em poder da polícia. Esta acusação, além de ridícula, era infame, pois dava a entender que papai estivera ciente de minhas supostas atividades clandestinas e dera ordens para me proteger. A ficha-fantasma, no entanto, voltou ao cartaz, por motivos políticos sempre, em várias outras ocasiões, sobretudo em 1945 e 1949.

Sexto: alguns intelectuais da esquerda tinham o mau gosto de me apreciar.

Espalharam ainda várias outras razões, mas tão sórdidas que não me detive em examinar suas origens. Comentei com papai, rimos juntos do absurdo e mergulhei nos estudos.

Poucos dias antes das férias de julho, um grupo de estudantes de todas as turmas me procurou. Perguntaram se os ajudaria a pleitear a liberdade dos professores da faculdade que estavam, na opinião da maioria, presos injustamente. Pedi esclarecimentos antes de me comprometer, queria saber por que haviam sido detidos e qual a parcela de culpa que cabia a cada um. Não sabiam muito: um certo mistério envolvia os fatos, não havia processo contra eles. Foram presos sob a acusação de comunistas e mais nada. De nossa faculdade eram quatro: Edgard de Castro Rabelo, catedrático de direito comercial e professor interino de introdução à ciência do direito; Leônidas de Rezende, catedrático de economia política; Hermes Lima, o novo catedrático de introdução à ciência do direito, e Carpenter Ferreira,[3] catedrático de direito judiciário penal. Avisaram-me que as pessoas favoráveis a eles, na Escola, eram também tachadas de comunistas; que havia em toda a cidade um ambiente de mal-estar, receio e desconfiança; que, quem fosse apanhado lendo as obras de determinados autores, era considerado suspeito, e muita gente andava atemorizada. Fiquei logo solidária com eles, grata pela confiança que depositaram em mim. Não me consideravam delatora e mostravam que tinham coragem. Pedi-lhes que me dessem tempo para obter informações. Depois fiquei pensando se devia ou não esconder *O capital*, de Marx, que eu tinha entre vários outros livros, igualmente condenados. Fui a pé da faculdade para o Palácio Guanabara e, ao longo da minha tão familiar rua das Laranjeiras, ia perguntando a mim mesma se era essa a diferença que eu havia encontrado no Brasil. Alguma coisa estranha ao clima de meu país estava empestando o ar.

Esperei que papai terminasse seu despacho e o interpelei com cuidado. Estava com medo. Se ele me mentisse, eu me sentiria roubada e aniquilada toda a minha confiança. E a verdade me apavorava. Papai me ouviu, atentamente, deixou que extravasasse minhas dúvidas. Depois, com um gesto seu muito característico de quando se libertava de uma angústia, cruzou as mãos sobre a mesa cheia de papéis. Pensou um pouco, medindo as palavras, levantou o cenho esquerdo, contraiu os lábios e, jogando a cabeça ligeiramente para a frente, começou: "Tu não estavas aqui quando estourou a revolução comunista e não podes avaliar a onda de indignação criada pelo crime frio, calculado a relógio, que se perpetrou naquela madrugada. Não foi uma luta, foi um assassinato premeditado. Os responsáveis foram presos, processados e condenados. Quase todos pertenciam às Forças Armadas e perderam sua condição de militares. A Constituição não dá poderes ao Executivo para punir esse tipo de crime político-militar e o Legislativo teve de votar leis excepcionais. Prestes, o principal causador de todo esse drama, desapareceu. Ainda não foi encontrado.[4] Aqueles que acreditaram nele ou nas ideias dele já estão sofrendo suas penas. Sobre Prestes pesam acusações mais graves. Se verdadeiras, ele é passível de crime comum. Assassinatos misteriosos de ex-adeptos do comunismo, inclusive uma moça, Elza Fernandes, acusada por eles de delatora, consta terem sido executados por ordem dele. A repressão tinha de ser drástica para poder satisfazer a opinião pública, revoltada ante a brutalidade dos fatos, e também restabelecer a sensação de segurança que todos necessitavam para poder trabalhar, produzir e viver, sem sobressaltos. Infelizmente, à sombra dessa proteção dada pelo governo, com as leis de exceção, muitas injustiças foram cometidas, difíceis de reparar imediatamente. Houve quem se aproveitasse do momento para vingar-se de desafetos políticos, sob a acusação de ideias subversivas. De todos os estados estão enviando para cá, sem processo, sem provas, centenas de pessoas talvez inocentes. Não sou polícia. Não prendi nem mandei prender ninguém individualmente. É isso o que queres saber?". Era.

Mas ele continuou: "Os autores da desordem têm de responder perante o povo pelos atos que praticaram. Todos os suspeitos foram detidos de acordo com as leis votadas pelo Congresso e, agora, cabe ao Judiciário averiguar se são justas ou injustas as prisões efetuadas e se os verdadeiros culpados ainda estão impunes, não a mim. Ao Executivo competem a manutenção da ordem e a garantia do cumprimento das sentenças dadas. Isso, além dos outros milhares de problemas que nos assoberbam no momento. A situação financeira do Brasil não é lisonjeira, como sabes, e a situação política não é tranquila. O Flores, no Rio Grande, está começando a dar trabalho, criando casos que perturbam a vida do país. Vários estados começam a se agitar com questões da maior gravidade, aos quais devo dar toda a atenção".

A explicação me satisfez e eu respirei aliviada: papai não havia mudado. Duas perguntas ainda me queimavam a garganta: "E o Pedro Ernesto? Foi preso aqui. O que há de verdade a respeito dele?". Respondeu-me: "Não acredito que o Pedro Ernesto seja comunista. Ele é um homem bom e estava fazendo uma apreciável administração na prefeitura do Distrito. Deixou-se envolver por pessoas mais inteligentes do que ele e de poucos escrúpulos, que se serviram dele. Caiu dentro de uma rede de conspiradores e se tornou imprescindível afastá-lo do governo da cidade para a própria segurança do regime. Ele está sendo bem tratado, com todas as considerações que merece".

O terreno estava propício para o que era o objeto de minha missão: "E os professores?". Papai meditou, relutante em me contar o resto. Levantou-se, acendeu um charuto, deu alguns passos em torno da mesa e depois me disse: "Foi uma exigência dos chefes militares. Consideraram uma injustiça serem punidos os oficiais presos de armas na mão, enquanto os instigadores de tudo, os intelectuais que pregavam as ideias subversivas, continuavam em liberdade. Foi alegado em favor da prisão imediata o fato de se utilizarem da cátedra, da pena e da imprensa para instilarem o comunismo na cabeça não suficientemente amadurecida dos jovens. Eram muito mais perniciosos do que aqueles que combateram. Os relatórios sobre esse assunto devem estar entre os papéis que te entreguei, depois da tua chegada". Respondi, meio gaga pela surpresa: "Não mexi neles ainda. Mas, quanto aos professores da faculdade de direito, se houver processo, posso dar meu testemunho, pelo menos em relação a alguns, de que isso não é verdade". Papai me olhou inquisitivamente. Será que ele também estava pensando que eu tinha me tornado comunista?

Apressei-me em explicar: "Não conheço ainda o professor Carpenter. Ele deveria ser meu professor no próximo ano, o quarto. É muito considerado em toda a faculdade, por ser um homem íntegro e bom; apreciadíssimo pelos alunos, devido à sua generosidade nas notas. Se é comunista, não sei". Papai me interrompeu: "O número de pessoas que se interessam por ele, sobretudo entre os oficiais revolucionários de 1930, é enorme. Ele tem um certo prestígio entre os militares". Continuei: "Não fui aluna do Hermes Lima. Ele foi nomeado catedrático de Introdução quando eu já estava no segundo ano. Mas toda a minha turma estudou pelo livro dele sua tese para o concurso. O problema comunista é abordado, naturalmente, pois faz parte da matéria. Se continha doutrinação, eu não enxerguei, devia ser muito sutil. O Leônidas de Rezende tinha nas mãos a matéria mais favorável para pregar a tese comunista e os ouvidos mais atentos da faculdade, devido à briga que surgiu por causa dele, em torno da transferência do Waldemar Falcão para a cadeira de Finanças. Ele se tornou uma espécie de herói. Terminava as aulas entre aplausos e saía sempre cercado pelos alunos. Suas atitudes espalhafatosas e a oratória, mais de tribuno que de professor, conquistaram a classe. Mantinha sua popularidade cortejando e cultivando os admiradores neófitos: nós. Frequentei, durante todo o primeiro ano, as aulas dele, só me tornei *turista* depois do terceiro e nunca o ouvi pregando comunismo. Pode ser que tenha respeitado minha presença na sala e só buscasse adeptos nas outras turmas ou fora das horas de aula. A mim nunca doutrinou. Meu depoimento é negativo até agora: 'por aqui não passou'. Mas em relação ao Castro Rabelo é positivo. Foi meu professor de introdução à ciência do direito, porque o concurso, em que venceu o Hermes Lima, em 1933, ainda não havia sido homologado. Quando chegamos à parte da filosofia marxista, citou, como é de praxe, as obras básicas *O capital* e o famoso *Manifesto*, de Marx e Engels. Lamentou que não os pudéssemos ler todos na íntegra, para melhor esclarecimento, por serem livros difíceis de obter. *O capital* eu tinha e já havia tentado ler, mas não consegui digerir. Fiquei curiosa em relação ao *Manifesto*; talvez fosse mais acessível. Na aula seguinte, não me atrevendo a fazê-lo pessoalmente, pedi a uma de minhas colegas que lhe perguntasse se o possuía e se podia me emprestar por uns dias. A resposta dele foi taxativa: 'Não empresto, nem que me peça ela mesma. E diga a Varguinhas que não se meta nisso'. Ora, papai, se ele estivesse querendo aliciar adeptos, que melhor isca do que eu?".

O olhar zombeteiro de papai me fez engasgar, e o sangue me subiu à cabeça: "Está bem. Já sei o que estás pensando. Eu sou teimosa, mais difícil de convencer do que São Tomé, portanto uma isca precária. Mas ele não sabia disso e podia pelo menos ter tentado. Dei a oportunidade e até forneci testemunhas. Se ele quisesse usar isso contra mim estaria completamente resguardado". Papai explodiu em contagiante gargalhada. Aproveitei para contra-atacar: "Além do mais, se eu sou teimosa, tenho a quem sair. Não precisa rir de mim". A estratégia surtiu efeito.

Papai sentou-se novamente, reassumiu sua posição de meditação, acompanhou com os olhos uma baforada de seu charuto e falou: "Acredito que dentro da precipitação e do medo muitas injustiças tenham sido cometidas. É necessário, primeiro, dar tempo para que os ânimos se acalmem. Não posso, como presidente da República, passar por cima dos acontecimentos e das autoridades competentes e dizer soltem este ou aquele prisioneiro, em detrimento de outros, talvez tão ou mais inocentes do que eles. Estamos em pleno regime constitucional, não te esqueças de que não sou mais chefe supremo. Vocês, que estão interessados, criem o motivo para que o assunto venha a meu conhecimento. Despertem a atenção sobre o caso. Promovam o pretexto para que eu possa interferir diretamente. Se nada tiverem apurado contra os professores, não há razão para que continuem presos. Mas, nada de precipitações. Há famílias enlutadas por culpa dos comunistas e há um crime para o país, irreparável. Quando começávamos a sair do caos, uma nova perturbação da ordem abala a Nação em todos os setores".

Satisfeita e com o coração leve, saí correndo. Enquanto tudo o que dissessem de meu pai fosse mentira, as crueldades que lhe atribuíam, as falsidades que inventavam, nada tinha mais importância. A mentira incomoda, preocupa, revolta, mas não dói. Só a verdade dói. Fui para meu gabinete, tranquei a porta e mergulhei no papelório. Lá estavam as denúncias, as acusações, os pedidos de providências para conter a onda comunista e, finalmente, datado de 5 de fevereiro de 1936, um ofício do presidente da Comissão Nacional de Repressão ao Comunismo,[5] Adalberto Correa, dirigido ao ministro da Justiça, Vicente Rao. Solicitava a prisão preventiva das seguintes personalidades: Pedro Ernesto, Maurício de Lacerda, Anysio Teixeira, Eliezer Magalhães, Virgílio de Mello Franco, coronel Filipe Moreira Lima, Valério Konder, Odilon Baptista. Que mistura esdrúxula, pensei. Preciso rever meus conhecimentos sobre comunismo para entender como conseguiram juntar tantas quantidades heterogêneas.

Voltei à faculdade, transmiti a meus colegas o resultado das démarches e acertamos o plano de ação. Aos poucos foram sendo restituídos à liberdade aqueles que tiveram a sorte de encontrar pessoas que se interessassem por eles, soubessem que estavam presos e conhecessem a futilidade das acusações de que eram alvo. Graciliano Ramos foi um deles. Seus amigos e admiradores de fora das grades trabalharam pela sua libertação e ele continuou ignorando sempre por que motivo havia sido preso. Fui-lhe apresentada algum tempo depois no Catete, por Mauro de Freitas, oficial de gabinete da presidência, quando foi agradecer a papai sua nomeação para um pequeno cargo federal. Era um homem ensimesmado, tímido, modesto, profundamente humano, e parecia envergonhado do talento que possuía. Deu-me alguns de seus livros com dedicatória e se espantou quando lhe disse que já havia lido e apreciado *Angústia*. Não se considerava escritor de renome. Morreu sem saber que *Memórias do cárcere* foi lido com emoção e respeito por todos os seus algozes, conscientes ou inconscientes.

O comunismo nasceu no Brasil[6] com um irmão gêmeo que, por falta de imaginação, usava uma camisa do mesmo feitio, mas, por implicância, de outra cor. Os dois irmãos cumprimentavam da mesma maneira estranha: levantando o braço acima do ombro. Um erguia o braço direito, o outro, o esquerdo. Um mantinha a mão aberta, o outro fechava. Um murmurava *camarada*, o outro gritava *anauê*. Como a maioria dos gêmeos, não se davam bem, se hostilizavam, um procurando sempre sobrepujar o outro. Intrinsecamente eram iguais, originários do mesmo óvulo, apenas educados em climas diferentes. O segundo gêmeo se chamava *integralismo*, e não sei por que resolveu implicar comigo.

    Assim que recomeçaram as aulas, depois das férias de julho, passei a ser procurada por alguns colegas de turma que até então me tratavam apenas com cordialidade. Pensei, a princípio, que havia conquistado novos amigos e fiquei muito feliz. Costumava ir para a faculdade a pé. Na altura do Largo do Machado encontrava um ou outro estudante, saindo do Café Lamas, e íamos juntos conversando, discutindo as matérias do dia, ou cortando a pele dos professores. Eram quase sempre os mesmos, com horário igual ao meu, por isso saudei a aproximação de um novo que não pertencia ao grupo. Perguntou-me sem preâmbulos: "Você se incomoda que eu a acompanhe até a faculdade?". "Claro que não", respondi. Meio constrangido, continuou: "É que eu preciso falar com você. Ontem, na reunião, o 'nosso chefe' me perguntou por você". Fiquei intrigada com o *nosso*, pois sabia que esse meu colega não rezava pela mesma cartilha que eu, ele era antigetulista, e perguntei: "Nosso *chefe*? Que *chefe*? Eu não tenho *chefe*". Ficou embaraçado por minha ignorância e explicou: "Não, o nosso *chefe* do integralismo, o Plínio Salgado. Ele queria saber se você era comunista como diziam". O sangue me subiu, rápido, à cabeça, e não consegui segurar as palavras: "Que tem esse senhor de se meter em minha vida? Eu não me preocupo com a dele". Meu colega se apressou em esclarecer: "Não precisa se zangar. Foram dizer a ele que você era comunista, por isso queria se informar se era verdade. Respondi logo que não, pois na faculdade, pelo menos, nunca vi você na roda dos estudantes fichados por nós como comunistas". Não tive outra solução senão agradecer-lhe o depoimento e pedir que não perdessem tempo comigo.

    Muito bem! Eu estava sendo vigiada. Comecei a entender o porquê das misteriosas atenções que recebia. Outro colega, e esse pertencia a meu grupo, levou-me um monte de livros sobre *integralismo*, suas vantagens, sua doutrina, seu idealismo etc. Pediu-me que lesse com interesse e lhe desse minha opinião. Passei os olhos sobre alguns. Nenhuma novidade. A substância era igual à de tantos outros compêndios fartamente debatidos no primeiro ano. Os termos, a apresentação, talvez também a maneira de agir variassem um pouco. Não abri os outros e os devolvi dizendo que não me haviam comovido. O empréstimo de livros persistiu durante algumas semanas. Já estava achando desagradável carregar aquele peso extra para casa, quando o *missionário* incumbido de me convencer se convenceu da inutilidade de seus esforços.

Outros o substituíram com técnica diferente. As conversas ao pé da escada, nos intervalos das aulas, não eram mais sobre a melhor maneira de passar nos exames sem estudar. Versavam sobre problemas da maior gravidade: a desagregação da família brasileira, a desonesta irresponsabilidade dos funcionários públicos, a necessidade de os jovens se unirem em torno de um ideal; o Brasil sempre à beira de um abismo, entre outros lugares-comuns. Alguns professores passaram intempestivamente para a categoria de semideuses. Tinham mais integridade, mais valor pessoal, mais coragem, mais sabedoria do que todo o corpo docente junto. Contavam-me histórias comoventes sobre a regeneração *integral* de certas figuras, mais ou menos em evidência, somente em virtude de um novo slogan que estava destinado a dominar o Brasil: Deus, Pátria e Família.

Comecei a chegar atrasada às aulas, a sair assim que terminavam, para evitar o bate-papo doutrinário, e resolvi examinar o assunto de um ponto de vista neutro, com mais cuidado. Podia ser que minha implicância não tivesse base.

Voltei à "roda do chimarrão", aberta a todos os assuntos, para me informar: "Quem é afinal Plínio Salgado?". Disseram-me: "É um escritor, romancista, de São Paulo. Surgiu no cenário político pouco antes da Revolução de 1930, mas seu papel foi secundário. Ficou restrito ao setor literário por algum tempo e apareceu agora como inspirador do chamado movimento integralista". "Que livros escreveu?", perguntei. Citaram-me vários, e eu me surpreendi dizendo: "Vai! Já li *O esperado* e *O cavaleiro de Itararé*. Não escreve mal, meio místico, introvertido, um tanto confuso e misterioso em suas intenções. É a mesma pessoa? Que é que ele pretende? Que quer dizer *integralismo*? É romance? É religião? É curso de instrução moral e cívica? É política?". Estabeleceu-se uma ligeira confusão. Das várias opiniões em desacordo apurei o seguinte: *integralismo* era um movimento político doutrinário. Integral. Seus adeptos propugnavam por um Brasil *integralizado* dentro dos princípios que pregavam. As bases orgânicas se assemelhavam às do nazismo, fascismo, stalinismo etc.: partido único, nacionalismo-jacobinista, sigla partidária para que nem os analfabetos se enganassem (foice, fáscio, suástica, sigma). Juventude integralista, milícia integralista, união de classes, obediência cega ao Chefe Supremo; juramento de fidelidade. O fardamento obedecia ao padrão ou moda internacional: *chemise*.

Só as cores variavam em cada país: preta na Itália, parda na Alemanha, azul na Espanha, vermelha na Rússia, bege na França, verde no Brasil. A saudação de reconhecimento adotada também revelava seus pontos de contato com os congêneres estrangeiros. O juramento olímpico, considerado o mais puro dos juramentos: o braço levantado para a frente, pouco acima do ombro, numa tentativa de evidenciar a honestidade de suas intenções, foi a origem básica da saudação ou continência usada por todos os movimentos totalitários da época. Só se diferenciavam entre si pelo ângulo de abertura do braço e pela posição das mãos; fechadas ou abertas, palmas voltadas para a frente ou para o chão.

Se não me falha a memória, o integralismo de Plínio Salgado não era original, nem mesmo no Brasil. Muito antes dele, em 1931, Francisco Campos inventou os camisas cáqui[7] destinados ao fracasso em curto prazo.

Faltava-me ainda uma informação: "Qual a atitude deles em relação ao governo atual?". "Por enquanto é de respeito e acatamento. Estão procurando se infiltrar nos subpostos da administração, tais como chefes de repartições, funcionários categorizados, pessoas influentes, membros dos gabinetes ministeriais, professores, bancários, estudantes, jornalistas. Nenhuma profundidade."

Devidamente informada, fiquei a observá-los de meu canto, sem muito interesse. Achava toda aquela história de desfiles, uniformes, anauês, simbolismos, cantorias, fanatismos um tanto despropositada e fora de época, em terras livres das Américas. De fato. Da mesma forma que ao comunismo, faltavam ao integralismo motivação e clima para vencer no Brasil. Ficou convencionado tacitamente que se daria ao totalitarismo de esquerda, adotado pela União Soviética e seus satélites, o nome de comunismo e àqueles que o aplaudiam ou aplaudem no Brasil, o apelido de comunistas. Seja feita sua vontade. Não o considero nem melhor nem pior que seu irmão gêmeo, apenas inadequado e inoportuno para um país sem problemas territoriais, raciais, religiosos, sociais ou políticos que o justifiquem. E os econômicos não gostam de espalhafato dessa natureza.

Durante essa fase, sem dúvida, estranha da vida brasileira, outros acontecimentos mais interessantes despertavam minha curiosidade. Passaram pelo Rio de Janeiro inúmeros escritores de nomeada internacional. Não sei se, com a premonição do futuro, que todo verdadeiro artista possui, buscavam no Novo Mundo inspiração e energia, ou se fugiam simplesmente do Velho Mundo, que começava a dar seríssimos sinais de inquietação. Vários deles queriam conhecer Getúlio Vargas. Seu nome começara a transpor as fronteiras nacionais e era objeto de comentários os mais diversos na imprensa estrangeira.

Georges Duhamel, o acadêmico francês, autor de vários romances e livros de viagens, escreveu um sobre sua visita ao Brasil e manifestou sua surpresa pelo grau de cultura de nossa gente.

André Siegfried, o retratista político-social de vários países, fez conferências sobre seu assunto predileto, a França.

Emil Ludwig, o biógrafo dos chefes de Estado, queria uma entrevista. Obteve uma audiência com a liberdade de fazer perguntas. Papai não gostava de dar entrevistas pessoais. Mais tarde, Ludwig declarou que recebera de Getúlio o mesmo impacto de força e personalidade que tivera ao conhecer o presidente Franklin Roosevelt, quando se tornou seu biógrafo. Durante algum tempo comentou-se que escreveria também a biografia do presidente do Brasil, mas papai se recusava a ser biografado de *corpo presente*. "Não tenho tempo para dar informações sobre mim mesmo", me dizia. E o boato passou. Ludwig, em entrevista à imprensa, contou que lhe havia perguntado se tinha muitos inimigos. Papai respondera sem pestanejar: "Nem tão inimigos que não possam vir a ser meus amigos". Esta frase tem significação muito mais importante e fundamental do que lhe foi atribuída na época. Tornou-se quase uma filosofia para papai: os amigos-inimigos e os inimigos-amigos.

Stefan Zweig, o analista sutil da alma feminina, foi o seguinte. Apaixonou-se pelo Brasil; chamou-o, em seu livro, o "país do futuro"; fixou residência em Petrópolis, onde, traumatizado e doente, deu liberdade à sua alma de poeta. Em um almoço no Jóquei Clube, oferecido a ele, falou-me sobre papai com admiração e respeito. Seu ar melancólico e distante me impressionou. Quando disse que ficara agradavelmente surpreso porque papai não se deixara intimidar pelas perguntas diretas e claras de Ludwig, pensei: teria ele antes subestimado a personalidade de Vargas? Ou seria apenas uma ponta de ironia para com seu colega de letras? Ambos exploravam o mesmo gênero de literatura: a biografia histórica romanceada.

Ortega y Gasset, o genial espanhol de *A rebelião das massas*, pouco se deteve no Brasil. Seu destino era a Argentina. Em Buenos Aires declarou que o presidente do Brasil era um homem sui generis, "fazia política de esquerda com a mão direita".

O homem sui generis tinha um prazer especial no contato com os homens de letras. Escritor nato, redigia com grande facilidade, clareza e correção. Em seus manuscritos raramente se podia encontrar uma palavra riscada, a omissão de uma vírgula ou um verbo pedindo socorro. Seu estilo era escorreito, simples, direto. Gostava, às vezes, de uma tirada poética ou de uma bela frase para efeitos oratórios, mas, em geral, se disciplinava. Considerava o estilo rebuscado, redundante, floreado, um anacronismo no nosso século. Recomendava a seus revisores para que "podassem as quixotadas". No entanto, muitas vezes as repunha, na segunda revisão: sentia saudades da frase já feita.

Uma das injustiças ou perversidades espalhadas a respeito de meu pai, entre as muitas, era a de que não era ele quem redigia seus discursos. Apontavam frases genuínas de vários autores: Gregório da Fonseca, Araújo Jorge, Ronald de Carvalho, Luiz Vergara, Maciel Filho, Andrade Queiroz, Queiroz Lima, entre muitos outros. Todos esses e muitos mais colaboraram com ele. Nem seria crível de outra maneira, mesmo que o único dever do presidente da República fosse a redação dos próprios discursos. Era engraçado observar as agonias de alguns até se adaptarem a seu sistema. Os serões das datilógrafas eram tristes, quando todo um discurso de vinte e tantas páginas tinha de ser refeito porque ele não concordava com as alterações sugeridas, lembrava um ponto que desejava abordar, cortava outro por inoportuno.

Uma única vez colaborei diretamente nesse trabalho. Em geral, eu era somente sua *primeira audição*. Foi em São Paulo. Esquecera-se de uma das cerimônias, na qual deveria fazer um discurso, que não podia ser de improviso. Chamou-me à noite, antes de se deitar, e me entregou três folhas de papel, escritas de próprio punho, dizendo-me que fizesse a revisão, verificasse se faltava alguma coisa e mandasse passar à máquina. Meu orgulho pela incumbência não foi suficiente para conter o pânico: "Eu? Eu não tenho competência para isso". Dificilmente eu me confessava incapaz para alguma coisa; sempre dava um jeito para o que me pedia. Por isso acreditou e me disse: "O Queiroz Lima está em São Paulo e ficou de passar aqui de manhã para saber se há algum serviço para ele. Embora tenha vindo a passeio, entrega a ele". Passei a noite angustiada. E... se o Queiroz não viesse? Não tinha obrigação, quem estava de plantão era eu. Papai necessitava do discurso para a tarde. Resolvi pelo menos tentar. A não ser a repetição de um mesmo verbo, em duas frases muito próximas, nada mais achei para corrigir. Queiroz veio pontualmente. Fiquei junto dele para aprender, confessando meu fracasso. Com grande satisfação para minha vaidade em xeque, Queiroz disse: "Não precisa se afobar, doutora. Nos discursos do chefe há sempre muito pouco a fazer. Creio que falta apenas o nariz de cera inicial. Vamos passar este trecho para o fim, arranjar um sinônimo para este verbo. E é só!". Aprendi com ele que isso se chamava *pentear* o discurso e o significado de nariz de cera.

O estadista sufocara o escritor, mas não seu gosto pela literatura. Procurava sempre o convívio dos escritores e poetas de sua época. Como deputado e ministro da Fazenda, frequentava a Livraria Garnier.[8] Quando presidente do estado, em seus poucos lazeres era encontrado na Livraria do Globo, em Porto Alegre, ponto de encontro dos intelectuais gaúchos. Já presidente da República, dificilmente um homem de letras recorria a ele sem ser ouvido. Até mesmo aqueles que eram ou haviam sido seus adversários, não lhe poupando críticas, recebiam dele todos os favores, solicitados ou não. Muitas vezes, bastava que o informassem: tal escritor está em dificuldades, ou tal outro tem uma aspiração, para que logo procurasse atendê-los. Houve um período, na vida administrativa do país, em que os únicos cargos preenchíveis por livre escolha do presidente da República eram os de fiscal do imposto de consumo e fiscal de ensino. A fiscalização ficou logo profundamente *intelectualizada*. Alguns prefeririam obter um cartório, mas as vagas eram raras e muito poucos podiam se dar ao luxo de esperar. Impossível citar o nome de todos aqueles que papai amparou, durante o curto período, entregando-lhes chefias de institutos, de bibliotecas, organizações literárias e missões diplomáticas. O mais belo agradecimento que jamais recebeu foi o de Humberto de Campos, que guardo como uma preciosidade rara. Em seu livro *Memórias* pôs a seguinte dedicatória: "Ao eminente senhor doutor Getúlio Vargas, esta homenagem de profunda e comovida gratidão pela generosidade carinhosa com que amparou, na adversidade e na doença, um pobre escritor que foi seu adversário político e que, ao oferecer-lhe esta humilde lembrança das suas letras, pode repetir consolado os dois famosos versos de Luiz de Góngora: *Por tu espada y tu trato,/ Me has cativado dos veces*. 12 de janeiro de 1933".[9]

O ano de 1936 estava correndo rápido; 31 de dezembro marcava, pela Constituição, o prazo fatal para a desincompatibilização dos candidatos às próximas eleições.[10] Precisavam pedir demissão de seus postos para concorrer e ninguém gostaria de cair no vazio. Um pássaro na mão vale mais do que dois voando. Assim, a agitação política que mal havia amainado já recomeçara, acompanhada novamente por sua fiel amiga — a perturbação militar. Parodiando Augusto Comte, sob cuja égide, como borgista, decorreu toda a minha infância, poderia dizer: os políticos se agitam e uma farda os conduz. Eu ainda não era *bacharel* em Góes Monteiro. Foram necessários vários anos para isso: portanto, limito-me aos fatos. Em começos de 1935, o ilustre militar, pressentindo as dificuldades que o governo atravessaria, pois seu serviço de informações era fabuloso, a pretexto de querelas com Flores da Cunha e desgostos de família em Alagoas, pediu demissão do Ministério da Guerra. Foi substituído pelo general João Gomes, em cujas mãos pouco experientes explodiu a bomba da revolução comunista. Góes ficou na reserva *ativíssima*, esperando. Em dezembro de 1936, após haver criado vários casos, alguns deles armados por mão de mestre, o general João Gomes foi demitido. Convidado para voltar ao Ministério da Guerra, o general Góes recusou. Sentira o cheiro de pólvora integralista e preferiu continuar do lado de fora. Indicou para o lugar, e é ele próprio quem o afirma em seu livro de memórias contadas, o general Francisco José Pinto, chefe da Casa Militar, ou então o general Eurico Gaspar Dutra, comandante da 1ª Região Militar. Sem sombra de dúvida, a opinião de Benjamim, junto a seu irmão, contribuiu grandemente para que a escolha recaísse sobre o segundo nome. Desde 1932 arvorara-se no maior propagandista das qualidades por ele descobertas em seu ex-comandante. Foi Bejo quem lembrou seu nome para chefiar a aviação militar, onde teve início a rivalidade com Eduardo Gomes, o senhor supremo do Correio Aéreo; foi Bejo o maior defensor da promoção do coronel Eurico Gaspar Dutra a general e de sua nomeação para ministro da Guerra em dezembro de 1936. Ao general Góes Monteiro, a decisão encheu de contentamento. Pensava ter, enfim, encontrado o grande companheiro de aventuras, o ministro da Guerra ideal, por intermédio de quem poderia executar seus próprios planos, sem arcar com a responsabilidade direta.

Em agosto, Flores da Cunha estivera no Rio de Janeiro, em uma última tentativa pacífica de fazer valer seus direitos de herdeiro presuntivo à cadeira presidencial. Encontrou resistências, sobretudo e com surpresa, em Minas Gerais, de onde esperava apoio, dadas suas ligações anteriores com o grupo Capanema, agora ministro da Educação. Tinha como certa essa solidariedade, em virtude da semente que havia plantado por ocasião da sucessão mineira em 1934. Não contava com a malícia introspectiva de Benedito Valadares, com a influência embriagadora que o Palácio da Liberdade exerce sobre todos os políticos mineiros, nem com o desgaste de Gustavo Capanema. Este não gozava das boas graças do governo estadual, dispondo somente da confiança do governo federal, diante do qual Flores não se sentia com a consciência tranquila para pleitear seu caso. Frustrada essa esperança, voltou-se para São Paulo, onde encontrou outra decepção maior. Armando de Salles Oliveira, governador do estado, também era candidato. Com o Rio Grande do Sul dividido, Minas Gerais unida contra ele, o Distrito Federal desorganizado em virtude das acusações que pesavam sobre Pedro Ernesto, envolvido na revolução comunista, e tendo São Paulo como provável rival, Flores deu por perdida a própria candidatura. Perdido por perdido, diante dos fatos consumados, ofereceu a Armando de Salles o apoio do Rio Grande do Sul.

Valadares também tinha suas aspirações. Se eram para ele próprio ou para Minas Gerais nunca se chegou a saber. O fato é que preparava sigilosamente o que papai chamou depois "uma cornada de boi manso". Calado, sorumbático, temeroso, de temperamento instável, profundamente sensível, apontado por seus contemporâneos como intelectualmente deficiente, havia, no entanto, conseguido dominar a política mineira em menos de dois anos. Em fins de agosto de 1936, não sei por intermédio de que filtros mágicos, conseguiu, com a colaboração de Pedro Aleixo, arrancar das mãos do presidente da Câmara, Antônio Carlos Ribeiro de Andrada, a liderança da política mineira. O Palácio da Liberdade de 1936 vencia o Palácio da Liberdade de 1929. Papai nutria pela raposa mineira uma admiração de colega. Tentou salvá-lo, em vão, de um destino certo: seus dias como presidente da Câmara estavam contados. Benedito ficou com a faca e o queijo nas mãos.

Quando eu entrava sem ser chamada no gabinete de papai, durante esse período, antes de lhe dizer a que vinha, examinava sua mesa e constatava: "O Valadares esteve hoje aqui". Intrigado, me perguntou uma vez a razão de minha certeza. Com ares de Sherlock, respondi: "O mata-borrão verde que cobre tua mesa está todo rasgado; o bloquinho de papel (que ficava sempre em frente a seu interlocutor) apresenta sérios sinais de destruição. São as marcas do nervosismo do governador mineiro". Papai confirmou sua presença e me contou que ele, às vezes, mastigava as bolinhas de papel que ia insensivelmente rasgando, na medida de seu grau de angústia ou aflição. Quase todos os visitantes, em dias perigosos, deixavam sinais de sua passagem sobre a mesa presidencial, e eu aprimorava, com cuidado, meus conhecimentos de técnica dedutiva. Os rabiscos de Agamenon Magalhães[11] eram inconfundíveis: desenhos angulares, quadrados, triângulos e retângulos, sempre em lápis preto. Gustavo Capanema preferia os bicolores e as linhas onduladas, sempre no mesmo plano, pontilhadas em cores alternadas. Souza Costa, de preferência, pegava o lápis verde e só rabiscava no alto do bloco pequenos bastões inclinados, iguais aos primeiros exercícios de caligrafia que se ensinavam em escolas primárias, para aprender a segurar o lápis. Seu proclamado pão-durismo ficava patenteado aí: nunca ia além da primeira linha para que o resto do bloco ainda pudesse ser usado, e, se a conferência se prolongava, contentava-se em reforçar as linhas já feitas. Uns desenhavam figuras, outros, círculos concêntricos, alguns, linhas a esmo, dirigidas sempre de baixo para cima, aparentemente sem objetivo. Lembro-me de todos, mas cito apenas os mais característicos e mais assíduos. Um, que não era ministro de Estado mas exercia importante cargo, fazia sempre o jogo da velha com ele próprio.

Benedito Valadares, segundo a opinião de papai, sobretudo depois de sua façanha unificando Minas, "só era burro por fora". E concluía: "Vocês é que se enganam com ele". A observação não pode ser mais correta. Valadares conseguiu sobreviver, sobrenadando, a todas as crises políticas nas quais se envolveu e nas que foi envolvido.

Em setembro de 1936 o movimento integralista passou a ser encarado com mais seriedade. Pessoas de categoria, tidas até então como indiferentes à política e à administração do país, começavam a engrossar suas fileiras. Dentro do governo gozava da acentuada simpatia de vários elementos de responsabilidade. Já possuía estações de rádio e colunas de jornais para sua propaganda. Fazia exibições de prestígio e de força em paradas simbólicas. Decidiu ostensivamente cortar o Hino Nacional pela metade, por considerar a segunda parte esdrúxula. Fiquei de acordo com eles nesse ponto, porque ainda me lembrava das dificuldades enfrentadas no colégio para decorá-lo em toda a sua extensão e achava difícil manter o Brasil "deitado eternamente em berço esplêndido". Nossos pontos comuns, porém, começavam e terminavam aí.

Dois personagens arredios tinham voltado a frequentar o Palácio Guanabara num horário, em minha opinião, absolutamente inapropriado. Ou adiantavam ou atrasavam demais nosso jantar, estragando todos os planos porventura feitos anteriormente. Um era Francisco Campos, o homem dos camisas cáqui de Minas. Vinha sempre com uma misteriosa pasta preta debaixo do braço. Nessa época, sempre que ele entrava na Secretaria, eu me retirava silenciosamente para não ter o desprazer de cumprimentá-lo. Em 1932, eu ainda era suficientemente jovem para ter ilusões e fé, por isso não havia entendido nem perdoado aqueles que não haviam tido fé e não haviam confiado em meu pai. Francisco Campos fazia parte desse grupo, papai já o havia perdoado, mas eu ainda não tinha aprendido a perdoar sem esquecer. O outro era o general Góes Monteiro, o velho Góes, como eu o chamava então com certa ternura, arrependida de meu mau juízo anterior, pois nada tinha de velho. Vinha sempre à paisana: terno de linho branco bem amassado, gravata sempre rebelde, uma grossa bengala cor de canela e um chapéu panamá que parecia ter sido usado antes como almofada ou travesseiro. Quando a conferência se prolongava demais e nossos estômagos reclamavam, em revide, jogávamos peteca com seu chapéu de uma mesa para outra, seguros de que nunca poderia ficar em pior estado do que já estava. Recompúnhamos a cena rapidamente, o panamá sobre a bengala, assim que ouvíamos suas passadas inconfundíveis no corredor, e em silêncio o esperávamos. Detinha-se alguns minutos a conversar com os ajudantes de ordens e auxiliares de gabinete. Homem altamente inteligente, de prosa agradável e simples, quando o queria ser, fazia-nos prontamente esquecer a fome. Com remorsos, nos propúnhamos a organizar uma ação entre amigos para comprar-lhe um chapéu novo. Deixava escapar meia gargalhada, sacudida, intermitente, e perguntava: "Este está muito ruim?". Caso afirmássemos unanimemente que sim, ele alisava o desbeiçado panamá, punha-o à cabeça, de lado, em minha opinião absolutamente de modo inapropriado, e se despedia oferecendo apenas metade da mão direita escorregadia e hesitante. Tenho a impressão de que jamais conseguiu fazer alguma coisa por inteiro, nem mesmo um aperto de mão. Ficava na metade, como se lhe faltasse sempre a coragem de ir até o fim.

Não dei, a princípio, maior atenção a essas visitas, considerando-as mera preocupação de rotina. Posso recordá-las com toda a precisão, agora, depois que conheci seu significado, porque, por mero desfastio, sem pensar que um dia teriam utilidade, anotava todas as noites, antes de dormir, os principais fatos ocorridos. Infelizmente esse hábito, hoje precioso para mim, eu o interrompi, por preguiça e falta de tempo, pouco mais tarde. Graças a essas anotações estenografadas e sucintas, posso reconstituir a atmosfera que reinava no Brasil: a mais absoluta confusão política, militar, social e administrativa. Ninguém se entendia e ninguém trabalhava.

Todos os olhos estavam fixos no dia 31 de dezembro, para saber quem seriam os afortunados e os corajosos em condições de se apresentar às eleições. Comunismo, integralismo, militarismo, getulismo, florismo, armandismo, majoritarismo, oportunismo, tudo se confundia e se separava.

Em meio a essa balbúrdia, no dia 29 de outubro, papai recebeu um telegrama de São Borja assinado: Manoel Vargas. Dizia apenas: "Estou só no mundo". Vovó, após uma curta enfermidade que não inspirava maiores cuidados, acabara de falecer. Aquele telegrama, tão pungente em sua simplicidade, abalou profundamente papai. De nada adiantaria tentar ir à sua terra natal render-lhe a última homenagem. Já a encontraria sepultada. Conhecia o temperamento de vovô, tão semelhante ao seu próprio, e sabia que, mesmo havendo em São Borja recursos científicos para que pudesse rever sua mãe, antes do sepultamento, vovô jamais esperaria por ele. Sabia que o afastamento de papai do cenário federal, ainda que por poucos dias, era desaconselhável. Avesso a demonstrações de pesar, não realmente sentidas por quem as apresenta, buscou recolhimento para sua dor, e o sentimentalismo inato do povo brasileiro o respeitou. Deram-lhe, em pleno caos, uns poucos dias de tréguas para se refazer do golpe: a tormenta política amainou. A convite da família Guinle, fomos para a ilha de Brocoió, dentro da baía de Guanabara, ao alcance dos acontecimentos, mas isolados do mundo. Regressamos para a missa de sétimo dia, celebrada por d. Sebastião Leme, na capela do Palácio São Joaquim,[12] sem anúncios, nem convites. Além da família, só compareceram os membros das casas Civil e Militar da Presidência, que eram para nós um prolongamento da família.

Novembro chegou; minha nomeação para auxiliar de gabinete, não. Faltava verba até o fim do ano e, de acordo com a lei, eu não podia ser nomeada sem vencimentos. Fui convocada, sumariamente, para o trabalho efetivo. No dia 20 de novembro acompanhei papai à Bahia, a convite do governador Juracy Magalhães, para a inauguração do novo edifício do Instituto do Cacau em Salvador. Era a única mulher a bordo e o único membro da Casa Civil. Representando a Casa Militar, seguiram dois ajudantes de ordens, o capitão Joaquim Luiz Amaro da Silveira e o capitão-tenente Ernani do Amaral Peixoto. Compunham a comitiva presidencial: o ministro da Agricultura, Odilon Braga; representando a Caixa Econômica Federal, Solano Carneiro da Cunha e Ricardo Xavier da Silveira; em nome do Poder Legislativo, Medeiros Neto, baiano, e Henrique Bayma, paulista; como delegados da imprensa carioca, um fabuloso trio de celebridades: Elmano Cardim, do *Jornal do Commercio*, Costa Rego, do *Correio da Manhã*, e José Eduardo de Macedo Soares, do *Diário Carioca*.

A viagem em avião da Condor Syndikat foi longa, perto de oito horas, com duas paradas, uma em Vitória, outra em Belmonte. Decorreu em ambiente de cordial e amigável hostilidade. Logo de início, um dos passageiros aventou a hipótese de um acidente, acrescentando: "Meu Deus do céu, quanta vaga boa! Que pena eu não estar em terra!". A hilaridade foi geral; e mesmo aqueles que consideravam o avião um meio de transporte precário não resistiram. Os nomes citados, como possíveis herdeiros das hipotéticas vagas, deram margem a um fúnebre entrechocar de inteligentes perfídias e maliciosas insinuações. Papai, bem-humorado, tomou parte nos debates, durante algum tempo. Depois, vencido pelo cansaço, fechou os olhos para uma ligeira sesta. Havíamos saído às nove horas da manhã e deviam ser aproximadamente duas horas da tarde. Reinava dentro do avião o mais absoluto silêncio, pois todos tinham aproveitado a deixa para também repousar, quando Costa Rego sentiu fome. Acima da cabeça de cada passageiro tinham colocado uma pequena caixa de papelão, contendo o almoço. A caixa correspondente ao lugar de Costa Rego havia deslizado ligeiramente, por ocasião da decolagem, e ele se considerou lesado. Não hesitou um segundo. Apoderou-se da primeira caixa sobre a qual seus olhos caíram. Com o movimento, alguns acordaram e, ainda meio sonolentos, protestaram contra o crime que estava sendo cometido: Costa Rego escolhera justamente o almoço do presidente da República. O faminto criminoso, já saboreando o primeiro sanduíche, retrucou sem levantar a cabeça: "Não faz mal. Ele me deixou sem almoço por nove anos". Referia-se à Revolução de 1930 quando, já eleito senador por Alagoas, tivera de se conformar com a derrocada de sua tranquila aposentadoria política e a perda de seu mandato. O temido colunista-satírico do *Correio da Manhã*, ex-governador de Alagoas, ex-senador e ex-prócer político, pertencia à corrente dos *decaídos* ou *carcomidos*. Tinha sido colega e amigo de papai antes da Revolução de 1930, e, apesar de todas as dissensões políticas e espirituais entre ambos, continuavam amigos. Costa Rego maltratava Getúlio Vargas todas as manhãs em seus artigos; Getúlio Vargas atrapalhava os passos de Costa Rego todos os dias na política de Alagoas. Isso não os impedia de se respeitarem, se estimarem e se preocuparem com o bem-estar um do outro. Foi nessa viagem que conheci Costa Rego e comecei a apreciá-lo. Percebendo meu espanto pelo furto que acabara de praticar e que me pareceu quase um sacrilégio, dirigiu-se a mim: "Apesar de tudo, eu tenho um certo *béguin* por esse velho ingrato. Ele me abandonou por causa do Góes e isto não está direito. De modo que nós somos 'inimigos em Góes Monteiro'. Você entendeu?". Respondi que sim, mas não tinha entendido. Dez anos mais tarde, em 1946, eu o encontrei novamente, por acaso, em Petrópolis. Chamou-me e perguntou: "Como vai 'ele'?". Eu acabava de chegar de São Borja, onde havia deixado papai só, entregue a seus pensamentos, e fingi não saber de quem se tratava. Continuou: "Ora, 'ele', aquele cujo nome eu não pronuncio. Quando você escrever para 'ele', diga que eu lhe mandei um abraço. Agora nós somos 'amigos em Góes Monteiro'".[13] Prometi remeter o abraço. Eu tinha entendido.

Chegamos à Bahia, às cinco horas da tarde. O governador Juracy Magalhães, o favorito da corte, dentro do vice-reinado do Nordeste, tinha a ambição de imitar Bonaparte, o "fabricante de reis", e preparou uma grandiosa recepção. Queria mostrar a força de seu prestígio e o valor de seu apoio político. Era difícil afirmar quem recebia o maior número de vivas e de aplausos: o hóspede de honra, o presidente da República, ou o hospedeiro, Juracy Magalhães, sobre cujo corpo cearense haviam descido as bênçãos e o espírito do próprio Rui Barbosa. Aguardavam-nos no aeroporto, além das pessoas gradas e membros do governo baiano, Oswaldo Aranha, embaixador em Washington, vindo especialmente para a ocasião; Carlos de Lima Cavalcanti, governador de Pernambuco; e Marques dos Reis, político baiano e ministro da Viação. Percorremos as ruas de Salvador sob manifestações estrondosas. O povo extravasava seu entusiasmo e seu carinho. Chegamos ao Palácio da Aclamação.[14] Papai foi conversar sobre política aos cuidados dos ajudantes de ordens, enquanto eu ia receber uma homenagem dos estudantes baianos.

Festas, visitas, inaugurações, solenidades ocuparam os dois dias que permanecemos lá. Na noite de 21, véspera de meu aniversário, realizou-se o grande banquete oferecido pelo governador ao presidente da República, no próprio Palácio. Na qualidade dúbia de auxiliar de gabinete, ainda não nomeada oficialmente, e, sendo mulher, não fui admitida em um banquete só para homens. Fiquei no quarto que me havia sido destinado, ao lado do de papai, sozinha, acordada, aguardando os acontecimentos e as ordens para o dia seguinte, data da volta. Oswaldo Aranha regressaria conosco, no lugar de Costa Rego, que seguia adiante com destino a Alagoas. Antes de se despedir de nós, fez, em uma rápida pincelada, o relato do banquete da véspera: "Não entendi direito, mas me parece que o Juracy lançou ontem em cima do Getúlio a candidatura do Senhor do Bonfim à presidência da República. O melhor, entre os mais dignos".

Durante a viagem de volta, a longa e quase desastrosa viagem de volta, pois o Aeroporto do Calabouço[15] estava com teto baixo e só aterrissamos devido à perícia dos pilotos, fiquei sabendo dos outros detalhes. O discurso do governador, a quem havíamos deixado sob a ameaça de uma crise de apendicite, não confirmada depois, havia posto em xeque o presidente da República extemporaneamente. Por ocasião de uma visita oficial, com o objetivo precípuo, o de inaugurar o novo prédio do Instituto Nacional do Cacau, financiado pela Caixa Econômica Federal, não era de bom-tom catucar um furúnculo ainda em formação: o problema da sucessão presidencial. Teria sido considerado apenas falta de ética ou de educação política, se outras informações não tivessem sido imediatamente aduzidas à falta de tato demonstrada pelo governador.

1º Juracy Magalhães considerava-se com o direito de indicar o futuro presidente da República e o nome já escolhido por ele era o do senador Medeiros Neto. Contava com o apoio declarado de Pernambuco através da palavra de seu governador, Carlos de Lima Cavalcanti, aliás o único presente às solenidades.

2º Flores da Cunha estava em entendimentos secretos com ambos e constava que existia um compromisso entre os chefes dos três estados: Bahia, Pernambuco e Rio Grande do Sul. Aceitariam qualquer candidato, contanto que este não contasse com o beneplácito federal. Iriam a extremos para defender este ponto de vista.

3º Juracy, até então tido como administrador capaz e sereno, estava começando a se desmandar e a cometer arbitrariedades contra seus adversários.

4º Era acusado, com certo fundamento, de estar protegendo, na Bahia, por motivos sentimentais e políticos, os comunistas. Seu irmão Eliezer Magalhães, envolvido na Revolução Comunista de 1935, havia-se exilado na Argentina, e Juracy necessitava do poder central para si próprio ou para alguém feito por ele, para o proteger. Essa era uma razão, pelo menos aparente, para Juracy se deixar enredar pelos elementos comunistas de seu estado. Desnecessária, porém, pois Eliezer se imporia com o tempo por sua própria personalidade, sem proteção política.

A 27 de novembro, passou pelo Rio de Janeiro o presidente dos Estados Unidos da América, Franklin Delano Roosevelt, com destino a Buenos Aires, para a instalação dos trabalhos da Conferência Interamericana,[16] convocada para decidir os termos do Tratado de Paz entre os países envolvidos na Guerra do Chaco.[17] Por que motivo o presidente americano saía de seus cuidados, quebrava a tradição isolacionista de seu país para vir emprestar o prestígio de sua presença a uma conferência que interessava intrinsecamente apenas a nós, sul-americanos?

Franklin Delano Roosevelt foi, sem dúvida, um dos poucos homens de excepcional visão política que jamais ocuparam a hoje mundialmente conhecida Casa Branca de Washington. Foi o primeiro a sentir, em toda a sua plenitude, as razões e os motivos que obrigaram nossos antepassados a abandonar outros continentes em busca de horizontes mais claros, tentando criar, no Novo Mundo, um mundo novo, livre de preconceitos. Foi um dos poucos a pressentir o futuro, sentindo o presente e entendendo o passado. Teria antecipado, ao desejar conhecer, sob um pretexto justo mas não premente, os problemas imediatos do hemisfério Sul, o cataclismo que se preparava? Saberia ele que se as três Américas não estivessem unidas e em uníssono durante a Segunda Guerra Mundial poucas esperanças sobrariam para o Velho Mundo? Seria sua viagem apenas uma demonstração para efeitos políticos internos ou uma afirmação de princípios continentais? Teria ele sentido que no Brasil encontraria em Getúlio Vargas a alma irmã, capaz de comungar nos mesmos sentimentos de preservar a integridade continental intransigentemente? Teria sido isto o que os tornou amigos?

O encontro dos dois grandes presidentes, Roosevelt e Vargas, foi cordial e resultou em simpatia e admiração recíprocas. Almoçaram juntos na residência de Ernesto G. Fontes, no Alto da Boa Vista,[18] conversaram e se entenderam. Foi o início de uma forte amizade, de um longo período de compreensão entre os dois povos, altamente benéfico para ambos os países. Sem se descurar dos interesses precípuos de cada uma das Nações que governavam, punham-se de acordo sempre que a política e a defesa do continente americano o exigissem. Fiquei muito prosa, porque o presidente Roosevelt me reconheceu logo e tratou-me com o carinho de velho amigo, quando papai, temeroso de que não conseguissem se entender, me chamou como intérprete. Roosevelt falava espanhol com bastante desembaraço e essa era a segunda língua para papai, o caudilho das barrancas do rio Uruguai. Não precisaram de mim.

Alguns dias depois, passaram de retorno da Conferência, com destino aos Estados Unidos, Cordell Hull, ministro das Relações Exteriores da América do Norte,[19] e Sumner Welles, subsecretário encarregado dos assuntos relacionados com a América do Sul. Papai ofereceu-lhes um almoço no Palácio Guanabara, e desta vez tive de trabalhar. Sumner Welles falava francês e espanhol muito bem, mas Cordell Hull só se expressava em inglês. No decorrer da palestra, traduzida por mim, Cordell Hull manifestou seu aborrecimento pelas dificuldades de algibeira que a delegação argentina havia criado durante a conferência.[20] Pediu-me que reproduzisse fielmente suas palavras: "Diga a seu pai que eu me considero um homem muito mais feliz do que ele, pois moro mais distante do chanceler Saavedra Lamas". Papai riu do ar contrariado e impaciente do chanceler americano e mandou que lhe respondesse: "Nós somos bons vizinhos há muitos anos, conhecemo-nos bastante bem e sempre acabamos nos entendendo. Não há motivo para preocupação". Hull sorriu aliviado e disse uma frase que não precisei traduzir, porque papai compreendeu sem meu auxílio: *"Well, I trust you, Mr. President"*.

Em dezembro, começamos a nos preocupar com a mudança. Nossa casa de São Borja estava ocupada por meu tio Benjamim e agora era pequena para nós todos. Os cinco demônios tinham crescido e não cabiam mais em apenas dois quartos. Tínhamos de decidir se ampliávamos a velha casa, construíamos na estância de sua propriedade, Itu, que por enquanto era apenas pastagem para gado de engorde, ou então comprávamos um terreno no Rio, para onde papai teria de voltar de vez em quando, mesmo depois de deixar a presidência. Houve um desfile de plantas e de arquitetos com projetos, mas nunca se chegava a um acordo que satisfizesse a todos. Cada um de nós tinha uma vírgula a acrescentar. Mamãe queria quartos para os cinco filhos e argumentava: "Mesmo que eles se casem e tenham sua vida própria, quero que saibam que haverá sempre lugar para os que quiserem voltar". Papai era partidário de uma casa mais simples e menor, mas, à voz de casamento, concordava com todos os acréscimos de mamãe. Havia tempo, tínhamos um ano todo pela frente para decidir. A construção no Rio ficou a critério de mamãe e foi sendo adiada pelos acontecimentos. Manoel Antônio recebeu ordens para começar a do Itu.

No dia 18 de dezembro, Armando de Salles Oliveira veio ao Rio manifestar seu desejo de ser candidato a presidente da República. O prazo para a desincompatibilização estava prestes a findar e queria comunicar a Getúlio Vargas suas intenções. Papai pediu que reconsiderasse sua decisão e ponderou sobre as dificuldades que o lançamento de sua candidatura acarretaria para todos. Estava fazendo um excelente governo em São Paulo e era bastante jovem para aguardar mais um quatriênio. Em alguns estados, ainda não tinham sido definitivamente esquecidos os fatos anteriores a 1930 e os subsequentes de 1932. A reação poderia ser séria, perturbando o país novamente. Por todos esses motivos, aconselhava-o a meditar mais uns dias. O governador paulista prometeu pensar melhor, consultar seus amigos, depois voltaria trazendo sua decisão. Poucos dias depois, em nova audiência, declarou que não podia mais recuar. Os amigos e correligionários exigiam que se candidatasse, e ele não devia demonstrar fraqueza, desapontando-os. Renunciaria a seu cargo a 31 de dezembro para enfrentar as eleições.

José Carlos de Macedo Soares, ministro das Relações Exteriores, que se achava ainda em Buenos Aires, ultimando os acordos continentais, ao saber da nova, não se conteve. Há muitos anos sonhava com a presidência da República e julgou que sua oportunidade chegara. Por insinuação de seu irmão, José Eduardo, jornalista no Distrito Federal e político no estado do Rio, solicitou uma conferência telefônica com o Palácio Guanabara. Papai, refratário ao telefone, chamou o ajudante de ordens de serviço, comandante Amaral Peixoto, a seu gabinete particular e lhe disse que o atendesse em seu nome, pois não ouvia bem. Amaral Peixoto transmitiu os cumprimentos do presidente pela atuação brilhante de seu ministro do Exterior e comunicou que estava autorizado a receber as informações que desejasse transmitir. José Carlos, confirmando os termos da carta escrita por José Eduardo, na véspera, solicitava a opinião de Getúlio Vargas sobre a hipótese de ser lançado como candidato à presidência da República um nome paulista de relevo, por exemplo o seu, para contrabalançar o de outro paulista, Armando de Salles. Nessas condições, perguntava da conveniência de sua demissão do Ministério das Relações Exteriores para que, desincompatibilizado dentro do prazo da lei, ficasse em condições de ser politicamente útil em qualquer emergência, sem compromissos. Transmitido o recado, o ajudante de ordens, com a mão no bocal, aguardou uns segundos para que o presidente meditasse a resposta: "Diga-lhe que agradeço, mas não desejo influir em sua decisão". O ministro Macedo Soares decidiu sozinho em Buenos Aires: "Peça ao presidente que assine minha demissão". O decreto foi lavrado e publicado, dentro do prazo da lei, conforme sua vontade expressa. José Carlos chegou ao Rio em começos de janeiro, candidato à presidência da República. Seu eleitorado era o *Diário Carioca*. Alguns meses mais tarde, morta a *mosca azul* que o atormentara, aceitou o Ministério da Justiça, em substituição a Vicente Rao, que se considerava incompatibilizado para o cargo, em virtude da atitude assumida pelo governador de seu estado, São Paulo.

Para muita gente, o ano de 1936 terminava cheio de apreensões e preocupações. Para mim estava repleto de esperanças. Passara para o quinto ano da faculdade, o último, sem maiores dificuldades. Começaria oficialmente a trabalhar no Gabinete da Presidência, em janeiro de 1937. Papai, depois de muita argumentação, com o poderoso apoio de mamãe, tinha finalmente consentido que eu comprasse um automóvel, contanto que o pagasse e sustentasse com meus próprios vencimentos. Não o fez de muito boa vontade, porque acrescentou: "Olhe, não admito auxiliar preguiçoso". Como se eu já não soubesse...

8
(1937)

No dia 9 de janeiro de 1937, fui chamada à Secretaria da Presidência da República para assinar meu termo de compromisso e tomar posse do cargo de auxiliar de Gabinete. A seguir apresentei-me a meu chefe, Luiz Vergara, para receber ordens. Levou um susto: "O presidente não deu instruções diretas a você?". Encabulei... Será que ninguém me queria? Era só nomeação de brincadeira? Por isso, respondi com um certo receio: "Não. Ele me disse que, de hoje em diante, quem manda em mim é você. Tenho de trabalhar igual aos outros". Vergara coçou a cabeça, tirou o lenço do bolso, ajeitou os óculos e me disse: "Aqui no Guanabara não tenho lugar para colocar uma mesa para você. Para o Catete acho que d. Darcy é capaz de não gostar. Quando formos para Petrópolis, você começa a trabalhar na rotina, pois nem todos os oficiais de gabinete casados gostam de subir diariamente. Até lá, você continua ajudando o presidente, como já estava fazendo. Está bem?". Fiquei meio decepcionada, pois supunha que meus serviços eram absolutamente imprescindíveis; mas me refiz com grande facilidade. Ia começar a ser paga por serviços que já estava fazendo, há tanto tempo, por prazer, e ainda por cima sem obrigação de horário! Alegria em casa de pobre não dura. Não demorei muitos dias em entrar na rotina... e que rotina braba! Fui admitida às senhas secretas do ofício, para começar. Durante o período em que foi chefe da Casa Militar o general Pantaleão Pessoa, houve um ligeiro atrito interno sobre questões de precedência entre a Casa Civil e a Casa Militar. Não sei se por causa desse episódio ou se apenas por uma brincadeira em represália à supremacia dos tenentes, todos os membros da Casa Civil se promoveram a capitão e só se falavam sob esse título. *Capitão* Vergara, *capitão* Andrade Queiroz e *capitão* Sarmanho. Queiroz Lima, devido à estatura, ou para evitar confusão com o outro Queiroz, era o *capitãozinho*. O título aos poucos se foi generalizando, e todos os que frequentavam a Casa Civil ou colaboravam com ela passaram a ser também capitães. O capitão Bopp, o capitão Leão Josias, o capitão Jobim, o capitão Francisco de Paula Job, o capitão Augusto Meyer, o capitão André Carrazzoni. Os contínuos já sabiam que todos os *capitães* tinham entrada franca na Casa Civil, não precisavam pedir audiência. Bastava pertencer à confraria e dizer: é o *capitão* tal. Fui adotada pelo grupo, mas não ficava bem me chamarem de *capitão* Alzira. Por isso deram-me, antes do tempo, o título de doutora. Até hoje quase todos se referem a mim dessa maneira: "Como vai a doutora?". Sou eu. Em consequência das novas funções, eu precisava fabricar também um título para meu pai. Não podia me aproximar de um ministro de Estado e dizer: "O papai o recebe agora". Referir-me a ele como "o sr. presidente" parecia-me, além de pedante, ridículo. Alguns de meus colegas, à distância, chamavam-no, conforme a moda do dia: o chefe, *il capo*, o *boss*, sua excelência, *el jefe*. O mais comum era o *chefe*. Nenhum desses apelidos me agradava particularmente aos ouvidos. Depois de vários engasgos, um dia, a frase brotou natural: "O meu patrão pede que lhe transmita o seguinte recado". Pronto, tinha encontrado a solução. *O patrão está contente, o patrão disse, o patrão fez*, meu patrão pegou logo e passou ao cotidiano. Mesmo os contínuos quando me transmitiam suas ordens diziam: "Patrão está chamando".

Entre todos os membros do gabinete, quer civis, quer militares, reinava a mais absoluta e franca camaradagem. Sem a menor preocupação de aparecer ou de mostrar mais eficiência, ofereciam-se para ajudar ou substituir a um e outro nos respectivos serviços, conforme o quinhão de cada um. Os ajudantes de ordens se prontificavam a receber nossas audiências e a colaborar nas cifras. Os oficiais de gabinete retribuíam atendendo telefonemas ou chamadas da campainha por eles, quando estavam assoberbados ou necessitavam de uma escapada imprevista. A única distinção existente era entre a chamada turma do Guanabara e a turma do Catete: a primeira trabalhava no turno da manhã no Guanabara e à tarde no Catete; a segunda só operava no Catete. Os *guanabarinos* eram mais unidos. Tinham certos privilégios e gozavam de certas regalias, como: uma carona no carro presidencial, de vez em quando; uma refeição palaciana, quando o serviço exigia serão; um chamado para jogar king, buraco ou dominó de cartas nas noites em que o plantão estava folgado.

Depois das senhas, aprendi duas coisas da mais alta importância. Primeiro: o *patrão* não gostava de esperar e não tinha a menor noção de tempo, no sentido *físico* da palavra. Dava missões simples, sem complexidade alguma, e ficava espantado quando as terminávamos com rapidez. Perguntava: "Já?". Recebíamos um elogio de eficiência, pouco merecido. Exigia coisas absolutamente complicadas, demandando esforço, estudo, atenção e sigilo. Passados quinze minutos apenas, perguntava se estava pronto, com certa severidade: "Ainda não?". Era necessário sempre estar munido de uma explicação rápida, tal como: as providências já haviam sido tomadas, qual o roteiro a ser seguido, a quantidade de horas imprescindíveis para um trabalho decente. Jamais ficava muito satisfeito e recomendava: "Está bem, mas não demore, tenho pressa desse assunto". Quando entregávamos, afinal, triunfantes, o fruto de longo e exaustivo trabalho, seu pensamento já estava fixo em matéria diferente. Olhava-nos um pouco ausente, como se voltasse de outro planeta, e dizia apenas: "Está bem, deixe aí". Era uma ducha fria inesperada e voltávamos para nossas mesas de nariz comprido. Recorríamos inúmeras vezes a alguns informantes e colaboradores voluntários. E estes, também, querendo sua parcela de louvor, perguntavam: "Que foi que ele disse? O que ele achou? Achou bom?". Tínhamos de responder com um ar atarantado de quem tinha tido muito serviço: "Ainda não pude entregar, ele estava ocupado. Você compreende?". Passados alguns dias ou apenas algumas horas, a tal matéria voltava à tona. Éramos chamados com urgência: "O trabalho está bem-feito. Já conversei com o ministro, pode encaminhá-lo. Há alguns detalhes supérfluos". Não era lá um grande elogio para quem se havia esforçado tanto: significava que a missão estava cumprida. Só. Essa permanente preocupação de síntese, de tempo desperdiçado, de tempo útil, nos perseguia a todos indiscriminadamente.

O segundo aprendizado foi ainda mais importante do que esse. Quem me instruiu foram os ajudantes de ordens. Disseram-me que pelo som das batidas da campainha que os convocava sabiam de antemão o que deviam enfrentar. As pausadas e longas davam tempo para uma última baforada do cigarro, para ajeitar os alamares simbólicos do cargo, no ombro direito, e ir calmamente encontrar uma fisionomia bem-humorada e uma missão agradável, ou apenas rotineira. As pancadas rápidas e secas significavam que o assunto era muito urgente. Não havia tempo de repor os alamares que repousavam sobre a mesa, por questão de comodidade; a bagana do cigarro ficava cautelosamente escondida nas costas da mão, se não encontravam um cinzeiro amigo pelo caminho. A mais séria, porém, era a chamada compassada, comprida, pesada, cheia de presságios, como se o dedo que apertava o botão da campainha ainda estivesse relutando em obedecer. Um rápido entrecruzar de olhares interrogativos entre os colegas, e o que era chamado hesitava um pouco, compunha a garganta, preocupado antes de atender. Já antecipava complicações. O presidente em pé, com a mão ainda sobre a campainha, pronto a chamar pela segunda vez, a fisionomia carregada e o tom cerimonioso, dizia seco: "Procure Fulano de tal, onde estiver, e transmita este recado". Era uma bomba sempre, e poderia importar na demissão de um ministro, numa crise militar ou num voto de desconfiança total. Essas missões, embora fossem dadas com a enfática ordem de urgente, de acordo com a tática adotada por nós, nunca eram cumpridas imediatamente. Se o triplo do tempo necessário para ir do gabinete presidencial até o telefone ainda era insuficiente para a segunda chamada fatal, o mensageiro aguardava alguns minutos ou voltava com uma resposta qualquer adrede preparada: "Senhor presidente, a linha estava ocupada. Quer que insista?" ou "A pessoa está sendo esperada dentro de pouco tempo. Já deixei recado para chamar assim que chegue" ou "A pessoa não foi encontrada. Vossa excelência quer que procure em outro lugar?". Se respondia apenas: "Está bem", era necessário aguardar mais. Quando insistia: "É urgente, continue tentando", o recado era mesmo para valer e alguém sobrava. Na maioria das vezes, porém, mandava aguardar o final do expediente para pensar melhor ou modificava logo os termos da mensagem a ser transmitida, tornando-a menos contundente. Os minutos de espera eram suficientes para que Sancho Pança convencesse Dom Quixote: o presidente do Brasil dominava o homem gaúcho.

    Embora de temperamento forte, audacioso e até violento, conseguira, através de longo e penoso treinamento de autodisciplina, controlar seus impulsos a ponto de parecer indiferente e insensível a quem não o conhecesse bem. Depois que extravasava a primeira reação natural contra uma injustiça, desgastada a raiva que um erro cometido ou um trabalho mal executado lhe haviam causado, pronunciava entredentes uma frase pouco lisonjeira contra o responsável, destinada apenas a nossos ouvidos, e, com um comentário desopilante, a tempestade passava. Voltava a ser o homem que sempre conheci, compreensivo e indulgente para com as faltas alheias.

Quando comecei a trabalhar em assuntos administrativos e políticos, diretamente sob as ordens de papai, esta lição passou a ser uma verdadeira preciosidade. Se devia ser portadora de alguma mensagem ou notícia desagradável, que o aborreceria na certa, esperava que sua indignação explodisse livremente; se esta se demorava, eu o provocava e ouvia em silêncio. Algumas vezes ele me despedia para poder, mais à vontade, resmungar algumas palavras que, embora pertencentes ao vernáculo, não seriam propriamente consideradas *parlamentares*. Outras vezes, não se continha, e meus tímpanos se habituaram a não estremecer. Recuperada a serenidade, após o desabafo, pedia detalhes e esclarecimentos indispensáveis. As instruções para contornar o problema, resolver a crise ou responder ao desafio vinham, então, cheias de prudência e de bom senso.

Nem todos os seus auxiliares seguiram a sábia orientação que aprendi de meus primeiros companheiros de trabalho, e alguns até provocaram casos de consequências desastrosas. Quando papai os chamava para atenuar a ordem dada em um momento de impaciência, esta já havia sido transmitida em termos ainda mais violentos e intempestivos do que os originais. Tive oportunidade de intervir, por mera casualidade, em algumas cenas desse gênero, durante as quais os informantes não se contentavam só em carregar nas tintas, tornando o caso ainda mais grave. Iam além, sugerindo soluções perigosas. Em geral, se propunham até a assumir a responsabilidade das consequências e terminavam dizendo: "Se der certo, o mérito é seu; se sair errado, sou eu o culpado". Papai ouvia e silenciava ante tanto ardor. E quem cala consente. Na hora das consequências e da responsabilidade, o *fogoso auxiliar, amigo* e *conselheiro* desaparecia, e papai pagava sozinho pelo que não havia feito. Jamais acusou um companheiro pelos maus conselhos ou informações inverídicas que lhe havia prestado. Calava em consideração às boas intenções e arcava com o ônus de não ter tido tempo de pensar. As glórias eram sempre de outrem. Não são poucos os que ainda hoje, cheios de suficiência, declaram: "Pois é, fui eu que aconselhei o Getúlio a fazer isso. Ele até me agradeceu". Na maioria dos casos, o *conselheiro* nem estava presente.

Em fins de janeiro de 1937, iniciou-se a temporada de veraneio presidencial: a subida para Petrópolis. Com ela, o anunciado programa de trabalho. No dia

1º de fevereiro, fui agraciada com uma mesa e uma cadeira na Secretaria do Palácio Rio Negro. Era um nome exagerado para tão pouca coisa. Funcionava, toda ela, no mesmo prédio da residência, no andar térreo, em cinco salinhas comunicantes, cheias de janelas e portas. Media a maior, quando muito, quatro metros quadrados.

A primeira chamava-se Portaria e nela, em uma mesinha escura, mal-iluminada, rodeada por telefones, montava guarda o contínuo de plantão. Completavam o mobiliário um cabide antediluviano para chapéus e guarda-chuvas, utensílios indispensáveis em Petrópolis, um sofá e duas cadeiras capazes de pôr à prova a resistência física de um faquir, devendo-se imaginar a das pessoas que tentavam ser recebidas em audiência por alguns dos oficiais de gabinete. A saletinha seguinte era pomposamente chamada a Sala dos Ministros, porque possuía um sofá, duas poltronas acolchoadas e... tinha tapete. É verdade que ninguém a usava, pois se o fizesse sairia com dor nas costas, visto que as molas dos móveis, desde muito tempo, tinham deixado de cumprir sua missão. Depois, vinha a chamada Casa Militar, que poderia também ser chamada a Sala dos Quatro Cantos: em cada canto uma enorme e pesadíssima mesa ocupava exatamente um quarto do espaço. Passar pelo centro, com certo cuidado, ainda era possível, mas pelos lados, nem mesmo o Antônio "Pouca Roupa", o contínuo mais magro do Palácio, se atrevia. A quarta sala, a da Casa Civil, não estava melhor aparelhada, nem menos atravancada. Além do secretário da Presidência, de dois oficiais de gabinete e duas datilógrafas, suas respectivas mesas de trabalho e o arquivo, acolhia ainda várias pessoas extras: audiências marcadas e que, por sua importância, não deviam aguardar na Portaria, e, por motivos óbvios, não ficavam na Sala dos Ministros. Os ministros que desejavam conversar com o secretário, ou necessitavam referendar os decretos já assinados pelo presidente, também a invadiam. Chamá-la de Torre de Babel seria mero apelido.

A última peça, somente por ironia, poderia ser considerada uma sala. A pequena área de parede livre desse cubículo, não prejudicada pela existência de duas portas e uma janela que abriam todas para dentro de uma estante, contendo papéis de ofício, e da ventruda e arcaica escrivaninha de Sarmanho, foi ocupada pela diminuta mesa que me serviria de primeiro degrau. Sarmanho fora, até então, único senhor e dono da arena porque seu serviço, devido às funções e parentesco, era o mais confidencial de todos. Minha intrusão criou logo um problema: todas as vezes que um de nós dois precisava receber em audiência, ou atender a algum funcionário graduado, o outro tinha de se retirar. Exigir que nossa *tenda* comportasse mais de duas pessoas era *realmente* um disparate.

Inicialmente, ninguém me levou a sério como funcionária. Nem papai. Eu era enfeite apenas, ou quem sabe entrave. Para me ocupar, no entanto, resolveram que eu ficaria com os casos desesperados e insolúveis: o inventor do moto-contínuo, que necessitava de ajuda financeira imediata; o gênio incompreendido, pleiteando o custeio de suas aventuras artísticas pelo mundo afora; a mãe que pedia indulto para o filho criminoso, ainda antes da sentença; o jovem escolar injustiçado que não tivera média no exame de admissão por perseguição do professor; o desertor que desejava regressar à sua tropa com as regalias anteriores, sem punição; os estudantes que sonhavam conhecer o estrangeiro à custa do Estado; os pedidos de empréstimos, de passagens gratuitas e de empregos bem-remunerados e com pouco trabalho.

Recebi vários conselhos nessa época. O mais objetivo foi de um amigo de papai que, em sua vida movimentada, já fora também oficial de gabinete e sabia que era impossível satisfazer a todas as pessoas que nos procuravam em audiência. "Existem duas maneiras de responder: 'Não, porque...' ou 'Sim, mas...'. A primeira é mais dura, honesta e direta. Em geral, os interessados não gostam de explicações e acham que é má vontade nossa. A segunda é mais suave, é uma promessa vaga, cheia de dificuldades, mas com alguma esperança. Você terá de escolher uma das duas fórmulas". Ainda novata e transbordando de entusiasmo, não aceitei o aviso. Criei minha própria fórmula: "Vou ver o que é possível fazer". E realmente tentei resolver todos os casos. Quase fiquei doida. A freguesia aumentava dia a dia. Oitenta por cento eram frequentadores crônicos que vinham todas as semanas saber das respostas que eu não tinha para dar e se impacientavam. Dos 20% de casos novos, poucos eram razoáveis.

Recebi outro conselho: "Você está se esgotando inutilmente. A grande maioria dos que procuram a presidência da República pertence ao grupo que pleiteia casos absurdos: são pessoas que já perderam em todas as outras instâncias. Ninguém se abala a ficar em uma fila do tamanho da sua, quando pode obter justiça pelos canais competentes. Você está se arvorando em última esperança para casos absolutamente insolúveis. A percentagem dos que procuram você, com razão ou com possibilidades, é muito pequena". Pensei comigo mesma: "Como é que vou saber se são insolúveis sem ouvir, sem investigar?". Desprezei o conselho e continuei teimando. Acabei como me haviam dito: esgotada. Tanta tristeza, tanta miséria, tanta intriga, tantas histórias fantásticas e também quantas mentiras! A base era quase sempre a mesma: *getulistas natos*, meu ponto fraco, e perseguidos por essa razão; injustiçados e vítimas dos respectivos chefes que, em época vaga e imprecisa, haviam falado mal do grande presidente, outro ponto vulnerável meu. Aos poucos, comecei a verificar que não era tanto assim. Às vezes, os chefes *injustos* é que eram os injustiçados e, como diria um prolixo escritor, amigo de papai, as verdadeiras "vítimas das contumélias piróticas da sorte". Vários dos getulistas *natos* haviam nascido, conforme verificação a posteriori, há menos de uma semana. Exploravam minha sensibilidade imatura com grande sabedoria. Entendi e passei a receber menos gente, a atender ao serviço com mais eficiência e menos desperdício de energia e de sentimento.

Um dia, conversando com papai sobre o assunto, contei-lhe as decepções de meus ardores humanitários. Consolou-me com esta história: "Quando fui ministro da Fazenda do presidente Washington Luís, uma vez por semana recebia em audiência pública. Queria ouvir, sem intermediários, todas as queixas, reclamações e sugestões para melhoria do serviço que me fossem apresentadas. A fila era sempre maior do que o tempo de que dispunha. Recebia a todos em pé e um de meus auxiliares anotava as aspirações mínimas de cada pessoa. Um determinado cidadão, todo vestido de negro, chamou minha atenção porque mudava de lugar sempre que sua vez de falar se aproximava. Queria ser o último e o foi. Curioso, esperei-o com o maior interesse. Solene e bem-aprumado, cumprimentou e me disse: 'Excelência, sou um anjo. Vim em nome de São Pedro apresentar a vossa excelência as mais efusivas congratulações'. Examinando depois, com meu secretário, as anotações do dia, verifiquei que todas eram constituídas de pedidos de emprego. A única exceção, o único que nada queria para si próprio, o que apresentou em nome de São Pedro os cumprimentos do céu... era louco. Todo mundo, minha filha, deseja alguma coisa. É natural, é humano e normal. E se não fosse assim não haveria progresso. Da ambição, do desejo de progredir de todos os homens é que nascem as grandes civilizações. No entanto, mesmo que eu dispusesse livremente da maioria dos empregos públicos e de todos os favores governamentais existentes no Brasil, jamais poderia satisfazer nem a quarta parte das aspirações mínimas de todos os que me procuravam. A realização do sonho de um só pode acarretar a desilusão de quinhentos que desejam a mesma coisa. Muitas vezes, quando você consegue fazer pela mesma pessoa 99% daquilo que ela deseja e falha em 1%, não pense em receber agradecimentos pelo que foi feito. Você estará sempre devendo o 1% que não foi obtido. E não julgue que estão errados ou sendo ingratos. Buscar a perfeição a qualquer preço é o destino da humanidade, e nessa busca é que todos progridem e o mundo se aperfeiçoa. A eternidade não teria sentido se a perfeição deixasse de ser um objetivo". Com essa lição de sua longa experiência me despediu. E tive de sofrer muito antes de a entender.

Enquanto aplicadamente buscava, sem privilégios de qualquer espécie, me enquadrar dentro da rotina palaciana, o problema da sucessão presidencial se avolumava e se complicava.

Reiteradas vezes, Getúlio Vargas havia feito sentir que não desejava incorrer no mesmo erro de seus antecessores: o de impor ao povo um candidato oficial, patrocinado pelo governo. Cometia, no entanto, com essa decisão, um gravíssimo erro psicológico, erro que o obrigaria, em menos de um ano, em 10 de novembro de 1937, a adotar uma atitude drástica, em absoluto desacordo com sua maneira de pensar e de agir. Eu classificaria, sem piedade, essa atitude como a mais completa retratação de toda a sua vida de homem público, se ele próprio, a seguir, não a tivesse transformado na mais absoluta reafirmação de suas crenças políticas e dos ideais de sua juventude. Deles nunca se afastou um milímetro, qualquer que fosse o instrumento de poder à sua disposição.

No entanto, em meados de 1936, subestimando sua própria autoridade e a força política de que dispunha, superestimou a capacidade de discernimento e a habilidade dos homens que haviam surgido no cenário nacional com a Revolução de 1930. Não se apercebera, nesses quase seis anos de governo, que se havia por tal forma agigantado e distanciado de seus companheiros, tanto os de sua própria geração como daqueles novos, descobertos por ele, que se tornara uma espécie de pajé protetor, onisciente e onipresente. Não sentira que se haviam habituado a receber dele conselhos e orientação, a jogar sobre seus ombros todas as responsabilidades e a esperar dele as soluções de todas as dificuldades.

Do ponto de vista partidário, o político brasileiro foi, e talvez ainda continue a ser por alguns anos, um indisciplinado. Pode acompanhar, fazendo sacrifícios pessoais, e isso mesmo sem continuidade, o homem que merece no momento sua confiança, representa seu ideal ou é capaz de realizar suas mais recônditas aspirações. Ficar fiel a uma ideia que não fala, que os olhos não veem, que as mãos não tocam, é uma tarefa difícil para certos homens públicos. Nunca foi possível organizar no Brasil partidos verdadeiramente nacionais. Ainda hoje, oficialmente registrados e reconhecidos como nacionais, assistimos, tranquilos, ao edificante espetáculo de um mesmo partido defender, já não digo em estados diferentes, mas até em municípios vizinhos, ideias, interesses e pontos de vista diversos e divergentes. Quem vale é o votado e não a opinião do votante. Apesar de todos os nomes e títulos pomposos, existiam, na época, apenas dois partidos reais: o dos *contentes* e o dos *descontentes*, isto é, governo e oposição. O chefe dos *contentes* teoricamente deveria ser o chefe do governo, embora não se soubesse exatamente o chefe de qual governo: o federal, o estadual, o municipal ou a autoridade distrital ou a policial? Ninguém conhece os verdadeiros motivos por que se atritam os vários chefes e o melhor é seguir sempre o mais forte ou o mais próximo. Quando um homem com a personalidade, a autoridade e a força política de Getúlio Vargas é também o presidente da República, o mais forte e o mais próximo ao mesmo tempo, e resolve se ausentar do problema máximo do momento, sua própria sucessão, só uma coisa pode acontecer: a mais absoluta confusão. O maior aglutinador político na esfera federal, quer contra, quer a favor, ainda é o presidente da República.

Com muito mais razão isso se devia processar em 1937, quando não se cogitava de partidos de âmbito nacional e ninguém se preocupara em fazer lastro político suficiente para empolgar a opinião pública. Liberados administrativamente da tutela federal, desde a constitucionalização do país em 1934, os governadores dos vinte estados e o prefeito do Distrito Federal receberam, em 1937, a mais completa alforria sentimental e política: o chefe natural, o presidente da República, lavou as mãos e se recusou a opinar sobre um assunto vital para todos eles. Por mera questão de sobrevivência política, cada um se revestiu de direitos inalienáveis e inadiáveis de ser ou de confeccionar o candidato perfeito à presidência da República.

Já havia um candidato de fato no páreo eleitoral desde o alvorecer do ano corrente: o governador paulista Armando de Salles Oliveira. Getúlio Vargas, que apreciava suas qualidades pessoais, o havia aconselhado e orientado, mas não se opusera a suas pretensões, coerente com os pontos de vista que o tinham feito aceitar ser candidato em 1929. Conforme as previsões lealmente decantadas nos ouvidos do obstinado pretendente, o lançamento do nome de Armando de Salles Oliveira, sem maiores preâmbulos, desgostou e irritou grande parte dos revolucionários de 1930, muitos dos antirrevolucionários de 1932, e sobretudo a todos aqueles que esperavam sua oportunidade e se julgavam com maiores direitos à sucessão, além dos excepcionais pendores políticos que cada um julgava possuir.

Seria longo especificar as reações individuais de cada um. Foram as mais diversas e inesperadas. Arbitrariamente, vou separar os contendores em três grupos: *cautelosos*, *rebelados* e *interessados*. O primeiro, o dos *cautelosos*, era o maior, composto de todos aqueles que, apesar de já terem sido informados de que Getúlio Vargas não coordenaria candidato algum, continuavam aguardando os acontecimentos, sem se expor, sem se comprometer. Por timidez, por inteligência ou respeito ao chefe, ouviam as propostas, respondiam evasivamente e... esperavam.

Os *anjos rebelados* eram os que, com decidida vocação para oposicionistas, estavam começando a ver sangue pela frente. Sentindo que suas ambições políticas para o próximo quatriênio estavam ameaçadas, quer por terem assumido prematura atitude de hostilidade em relação ao governo escolhido e apoiado por eles, quer porque não encontrassem uma base estável para suas aspirações imediatas, paulatinamente se dirigiam para o terreno conspiratório. Receberam de pronto o apoio de todos aqueles comunistas que haviam sido envolvidos no movimento de 1935 e foram derrotados. Peço perdão aos *comunistas* brasileiros, se é que existia um só legítimo na ocasião, por me referir a eles sob esse nome coletivo. É que conheci tanta gente rotulada sob esse libelo: imediatista, oportunista, socialista, idealista, marxista, leninista, trotskista, stalinista, prestista, entre vários outros *istas*, apenas admiradores da cor vermelha, que perdi o sentido exato da palavra comunista, quer do ponto de vista ideológico, quer do político. A verdade é que os que se diziam, se deixavam chamar por esse apelido ou recebiam o rótulo de graça entraram inicialmente no barco dos *rebelados*.

Os chefes aparentes desse grupo eram Flores da Cunha, no Rio Grande do Sul; Juracy Magalhães, na Bahia; Lima Cavalcanti, em Pernambuco; e Pedro Ernesto, no Distrito Federal. Este último não dispunha de força administrativa, pois desde setembro de 1936 perdera o governo da cidade e fora legalmente substituído pelo padre Olímpio de Mello, presidente do Conselho Municipal. No entanto, transformado em vítima por um ano de prisão, tinha dedicações e seu apoio era ponderável.

O terceiro grupo, o dos *interessados*, era um aglomerado curioso. Quase todos os seus componentes eram ou candidatos à sucessão, com e sem possibilidades, ou pretendiam fazer o candidato, com, sem ou contra o governo federal. Armando de Salles Oliveira pertencia, de início, a este grupo. A reação contra sua candidatura fez com que ele, aderindo aos *anjos rebeldes*, passasse, pouco depois, para o terreno conspiratório. A chefia dos *interessados* cabia, portanto, de fato e de direito, a Benedito Valadares Ribeiro, governador do estado de Minas Gerais. Tentou reproduzir o milagre da Aliança Liberal ao inverso. Atrapalhou-se, porém, e foi obrigado a desferir a primeira *cornada de boi manso*. Seguira as linhas mestras traçadas em 1930 por Antônio Carlos: xeque-mate ao rei dado pela rainha, utilizando-se de uma pedra pouco importante — um simples *peão*. Só que o *peão*, desta vez, deveria ser melhor escolhido porque o rei, apesar de imobilizado pelas regras do xadrez político, estava atento. A sorte do *peão*, tanto no esquema Antônio Carlos como no esquema Valladares, era de menor importância. O objetivo era pôr o rei em xeque. O *peão* de 1930, no entanto, revelou ser uma *torre* e o xeque-mate se efetivou; o de 1937 continuou *peão* mesmo e a *rainha* o abandonou.

Valadares, tal qual Lauro Müller anos atrás, temia os *espanhóis do Rio Grande*. Um gaúcho, o mais indicado naquele momento, dentro da linha sucessória, prevista e decantada por Góes Monteiro, Oswaldo Aranha, o obsedava. Se este fosse o candidato, o aceito, o eleito, o governador de Minas, Benedito Valadares Ribeiro, seria obrigado a dividir seu prestígio, a força do Palácio da Liberdade, com o maior amigo de Oswaldo Aranha em Minas, o homem que sua boa estrela havia derrotado em 1934: Virgílio de Mello Franco, seu inimigo político. Portanto, não devia ser esse o gaúcho, não poderia ser o mineiro de seu agrado, talvez ele próprio. Sobrava, dentro da Aliança Liberal, a Paraíba. Para lá se voltaram os olhos dos *interessados*, com grande interesse. Por motivos que desconheço, recaíram sobre a pessoa de José Américo de Almeida, ministro do Tribunal de Contas Federal, que ingressou assim também no grupo dos *interessados*, como candidato à presidência da República dessa corrente. Embora o número dos membros seja imenso, só me deterei nominalmente nos que realmente representaram alguma coisa nesse momento histórico.

Oswaldo Aranha, nosso embaixador nos Estados Unidos, sentiu que sua oportunidade de vir a ser presidente da República estava próxima. Deixara-se ficar no Brasil para estudar melhor suas possibilidades. Não eram grandes, mas existiam. Poderia atrair parte das oposições mineira e paulista; os governos de alguns estados do Norte; razoável eleitorado no Distrito Federal, onde seu irmão Luiz Aranha era político de influência; com um pouco de trabalho, usando seu grande poder de atração pessoal, conseguiria maior apoio no Centro e no Sul. Faltava-lhe, apenas, a base inicial. Quem o lançaria como candidato, se seu amigo Getúlio Vargas estava moralmente impedido de fazê-lo pelo cargo e pela palavra empenhada? Seu estado natal, o Rio Grande do Sul, era o indicado. Para isso necessitava do grupo dos inimigos ou do dos amigos de Flores da Cunha. Qual deles? A palavra do governador era imprescindível para que ele soubesse de onde receberia o impulso que o tornaria candidato. Desde o caso mineiro,[1] a amizade entre ambos, embora não inteiramente interrompida, sofrera um ligeiro arrefecimento. Os irmãos de Oswaldo Aranha, e sobretudo Luiz Aranha,[2] que se ligara a Getúlio Vargas nesse período grave da vida política brasileira, dificultaram qualquer aproximação. Isso não foi, porém, suficiente para granjear-lhe as simpatias e a confiança dos antifloristas que suspeitavam dele e o temiam. Aranha voltou de Porto Alegre decepcionado, mas não sem esperanças, em começos de 1937. Dois motivos imperiosos deviam, no entanto, obrigá-lo a abandonar o campo de batalha: um internacional, outro de estratégia política.

As eternas e atraentemente insolúveis questões europeias projetavam de novo sobre o mundo suas sombras ameaçadoras. Antigamente, se meus professores de História não me enganaram, os problemas econômicos, territoriais, religiosos, familiares, raciais se resolviam lá através de casamentos de conveniência, duelos galantes, guerrinhas particulares, punições sigilosas ou crimes bárbaros, mas circunscritos. Agora, nos tempos modernos, a mesma civilização e o mesmo progresso que tornavam possível a existência de um continente, livre de alguns dos preconceitos que provocaram aquelas querelas, se comprazem em nos expor à inoculação de todos os vírus, dos quais, em feitos memoráveis, tentaram nossos antepassados nos preservar. As águas do Atlântico e do Pacífico reunidas não foram bastante abundantes para lavar as marcas do sangue que corre nas veias dos descendentes desse punhado de sonhadores, aventureiros, idealistas, fugitivos e perseguidos que vieram povoar as Américas. Nós, os herdeiros de todas as crenças, malquerenças e ódios de nossos ancestrais, sentíamos que a Europa se agitava, a Ásia se rebelava e a África acordava. As Américas ficaram inquietas: a voz do sangue gritava. E, por que não confessar, também os interesses econômicos das Américas começavam a manifestar sua angústia, assustados com o que poderia acontecer.

O regresso de Aranha a seu posto em Washington, transformado em centro dos problemas americanos, tornara-se urgente. Ao mesmo tempo, seria para ele tentar unir o útil ao agradável, pois sua ausência do cenário político brasileiro poderia lhe ser benéfica. O velho adágio popular "longe dos olhos, longe do coração", em questões políticas, raramente funciona. Quanto mais perto dos olhos, mais acessível às queixas e às críticas, mais longe do coração daqueles que os veem todo dia. Não é superstição, nem tradição: é fato comprovado. Os mais favorecidos, os que têm mais recursos, os que estão mais próximos, são os que mais criticam, os que mais se queixam e estão sempre na oposição.

Se o estado do Rio Grande do Sul fosse a capital do Brasil, se Flores da Cunha fosse o prefeito do Distrito Federal é possível que a situação de Aranha, como candidato, tivesse melhorado com a ausência e ele tivesse sido lançado como o nome capaz de conciliar as várias correntes de oposição. Mas... não eram. Flores, sentindo-se ameaçado pelo prestígio de Aranha junto ao governo federal, começou a perder a serenidade e a pôr fogo na fornalha. Os resultados não se fizeram esperar muito.

Em seu programa como candidato da Aliança Liberal, em vários discursos subsequentes e em seus atos de governante, Getúlio Vargas havia encarecido a necessidade do fortalecimento das Forças Armadas brasileiras. Seria um recalque de seus tempos de soldado em São Borja, de cadete em Rio Pardo, de soldado outra vez em Porto Alegre, de cabo em Corumbá, de coronel de brigada frustrado em São Borja? Ou seria a noção de suas responsabilidades como o comandante em chefe de todas as forças de terra, mar e ar? Não sei. O fato é que queria fortalecer as Forças Armadas federais em detrimento das forças ou polícias estaduais, como símbolo de unidade nacional. Fatos posteriores vieram comprovar ser essa uma de suas principais preocupações: manter a união do povo brasileiro. Toda a sua vida, os motivos por que e como a viveu e as razões que o fizeram abandoná-la voluntariamente respondem por ele. Dentro do possível, tentarei não tomar partido, limitando-me à função de narradora.

Questões sentimentais, políticas, estratégicas, ou apenas falta de verba haviam feito com que, ainda em 1936, se respeitasse a existência in totum de várias milícias estaduais. Uma das mais fortes e mais bem aparelhadas, devido a uma longa história de lutas, sempre fora a Brigada do Rio Grande do Sul. Sua tradição de bravura a tornava respeitada em todo o estado. Era quase um tabu. A de São Paulo, embora mantida sob a vigilância do comando da 2ª Região Militar desde a aventura constitucionalista, era considerada e acatada. As de Pernambuco, estado do Rio e Minas Gerais tinham uma tradição de feitos heroicos na Independência e na República. E outras tantas, outros tantos motivos e direitos de continuar a existir. Antes de reduzi-las ou extingui-las, era necessário pensar, meditar e pesar. Começaram a chegar ao conhecimento das autoridades alfandegárias, fiscais e militares federais, em meados de 1937, notícias perturbadoras. Algumas milícias estaduais, sobretudo as de São Paulo e Rio Grande do Sul, estavam adquirindo secretamente apreciável quantidade de material bélico e munição de tipo superior à que o próprio Exército possuía.[3]

Estávamos em paz com nossos vizinhos limítrofes desses estados da Federação e dentro de nossas fronteiras. As probabilidades de guerra, mesmo na Europa — o permanente barril de pólvora —, ainda pareciam bastante remotas. Esse afã belicoso, portanto, só poderia significar uma coisa: outra revolução em preparo.

O general Pedro Aurélio de Góes Monteiro, que sempre defendera a tese de um Exército forte para dominar um Estado forte, era o autor do plano elaborado anos antes para reduzir ao mínimo o poderio das forças públicas estaduais. O plano fora aceito para ser executado lentamente. As notícias da "corrida armamentista" dos dois estados exigiam providências que o tornaram urgente. Mas várias medidas preliminares deviam ser tomadas. E não eram nada fáceis.

O governo federal enfrentava uma crise: a crise do sol poente. Os sintomas já nos eram demasiado conhecidos para que nos preocupássemos com eles: não era esta a primeira vez. Surgiam de início os *amigos de sétimo dia*, como a nos dizer: "Lembram-se de mim? Enquanto vocês estavam cercados de aduladores, eu não quis me misturar. Agora que o ocaso se aproxima, vim responder *presente*. Podem contar comigo". O ar funéreo era quase uma acusação como se nós não soubéssemos distinguir entre amizade e interesse. A seguir, rareavam os *amigos das alegrias* e aumentavam os *salvados do incêndio*, os candidatos à herança ou testamento político, a turma do salve-se quem puder. As surpresas eram poucas: algumas manifestações de admiradores inesperados que se revelavam desinteressadamente. As mãos, outrora efusivas e pressurosas, que se estendiam a contragosto, essas eram incontáveis. Da parte de certos empregados e funcionários efetivos do Palácio, os sinais ainda eram mais claros. Nós passaríamos, como outros já haviam passado, e eles, eles continuavam. Alguns já não se davam sequer ao trabalho de levantar para responder ao bom-dia dos oficiais de gabinete. Para quê? Outros viriam, e em breve. Faltava menos de um ano para que terminasse a invasão gaúcha iniciada em 1930.

Eu ia enriquecendo, tranquilamente e sem ressentimento, minha "filosofia do poder", através dessas observações. A alegre perspectiva de voltar a ser apenas eu mesma e não mais a filha do presidente da República era o bastante e eu podia desprezar os outros sintomas sem amarguras. Como jovem casadoira, alimentava certos planos. Que alguns candidatos começassem a rondar a fortaleza que eu havia construído em redor de mim era perfeitamente normal. Meu compromisso com papai, de não casar antes da terminação do curso na Faculdade de Direito, acabaria nesse ano. Mas, como poderia eu ter certeza de que quem queria casar comigo queria casar comigo e não com a filha do presidente da República? Não era bem eu quem exigia essa demonstração concreta e pública de desinteresse: já tinha aprendido com meu pai a observar a alma humana e a distinguir o interessado do interesseiro. A tímida e desconfiada "bugra" de São Borja, no entanto, todas as manhãs me puxava pela barra do vestido, dizendo: "Acorda, Alzira, tu não és daqui! Isso tudo não te pertence". Essa bugra queria uma afirmação espetacular e esperava a oportunidade de apresentar o teste definitivo.

Papai deve ter-se apercebido das alterações que se estavam processando em mim, porque, em fins de março, voluntariamente me mandou para fora do Brasil. Começava a me enfeitar, sem que fossem necessárias ordens expressas de mamãe; já não era tão refratária a festas, pelo contrário, aceitava-as com alegria; estava abandonando aos poucos meu clássico uniforme de saia e blusa; o chapéu, em vez da boina de estudante, ainda era um problema, mas algumas concessões estavam em curso. O cabelo continuava cortado curto e liso, como última manifestação de rebeldia e protesto contra os recursos normais e naturais à vaidade. Em vão mamãe me repetia a velha frase de sua tia-avó, a Tontonha: "Quem não se enfeita por si se enjeita". Papai apoiava abertamente minha falta de vaidade ou, pensando melhor, meu excesso de vaidade. Julgava-me com o direito de ser *diferente*, talvez, de ostentar minhas sardas, de não recorrer a artifício algum e de poder dizer com orgulho disfarçado em mau humor: "Eu nasci assim. Quem quiser gostar de mim que goste como eu sou, para depois não se queixar". Mamãe tentava me convencer de que deixasse crescer o cabelo e fizesse uma permanente. Papai protestava e dizia que me deixassem como eu era. Um dia, minha cabeça foi posta a prêmio. Mamãe pagaria um tanto para que eu me deixasse encaracolar. Papai igualou o preço para que eu resistisse. Mamãe dobrou a parada e papai desistiu. Capitulei. Apresentei-me ao trabalho ostentando meio envergonhada a prova de minha capitulação e mais um soberbo topete, destinado, de acordo com a moda, a me fazer parecer menos baixa. Papai me examinou com atenção depreciativa que me fez ficar mais vermelha ainda, e depois explodiu em estrepitosa gargalhada: "Pareces um carneirinho de presépio. E esse topete era desnecessário, tu já o tinhas". Acabou se acostumando a meu novo penteado, mas nunca se conformou com o topete. Sempre que me pegava distraída, metia a mão em meu cabelo para fazê-lo desabar sobre minha testa. Depois ria da própria travessura, enquanto eu tentava reconstituir a "obra de arte".

Nos primeiros dias de abril, devia ser inaugurado o Pavilhão Brasileiro na Feira Internacional de Milão, na Itália, e mamãe foi convidada para ir presidir à solenidade. O convite era extensivo também a Jandyra e a mim. Conhecer a Europa era uma oportunidade inesperada, com a qual não me atrevia a sonhar, nem me julgava com direito. Mal fazia um ano de meu regresso dos Estados Unidos e agora eu tinha responsabilidades, por isso recusei heroicamente, apesar da insistência de mamãe e do casal Luiz Sparano,[4] que transmitira o convite e nos acompanharia na viagem. Com grande surpresa para mim, à noite papai me chamou a seu gabinete e perguntou com certa malícia: "Por que é que tu não queres ir?". Não percebi logo aonde queria chegar e respondi com o ar de suficiência que tem toda vassoura nova, que se julga indispensável: "Não faz nem dois meses que comecei a trabalhar, não tenho direito a férias".

Ele insistiu: "Não há nenhuma outra razão?". Aí eu acordei, mas reagi: "Há a faculdade: é o último ano e só uma matéria considero difícil. Não tenho medo. Quanto a isso que o senhor está pensando, o campo continua livre. Gente rondando, mas ninguém com permissão de encostar o cavalo". Fingiu não ter ficado satisfeito com minha resposta e assumiu ares de patrão: "Está bem. Se é só por causa do gabinete, pode ir. A Darcy quer que você vá". Com o coração pulando de alegria, ainda resolvi ser estoica: "Mas o Sarmanho está ausente, são suas primeiras férias de verdade. Eu não posso sair agora. Quem vai ficar com os cifrados?". A cena estava começando a soar falsa e papai não se conteve mais: "Não se preocupe. Com sua ausência muita gente vai ter muito menos trabalho. Entregue os códigos e vá se preparar". Restava-me abraçá-lo e sair correndo para cumprir as ordens. A viagem seria dentro de cinco dias e eu ainda estava em Petrópolis. Somente na véspera da saída do navio desci a serra com destino ao Rio de Janeiro para arrumar as malas. Quando separava a papelada em grande afobação para não deixar nada dependendo de mim, entra o *capitão* Vergara, meu chefe, e declara à Casa Civil: "Amanhã, todos de beca para as credenciais. À uma e meia em ponto, terno escuro. Você também, *doutora*". Levei um susto, não estava prestando atenção, pois não me julgava incluída, e respondi às tontas: "Mas eu não tenho terno escuro". Uma boa gargalhada coletiva não faz mal a ninguém. Compareci disciplinadamente, metida no único vestido escuro que encontrei no meio de minhas roupas de veraneio. Não me lembro mais de qual foi o embaixador que apresentou credenciais nesse dia. Recordo, porém, que nem ele ficou sério ante o ar solene e apatetado que apresentava a primeira mulher a comparecer em uma cerimônia de entrega de credenciais no Brasil, na qualidade de auxiliar de gabinete.

A 27 de março, a bordo do navio italiano *Augustus*, abandonamos as margens da baía de Guanabara em demanda do Velho Mundo. Belkiss e Luiz Sparano, que tinham por minha irmã um afeto especial, resolveram estender seu carinho também a mamãe e a mim. Desnecessário descrever a mistura de ansiedade, de apreensões e de sonhos irrealizáveis que se apossou de mim. É comum a todos aqueles que possuem imaginação.

No dia 8 de abril chegamos ao porto de Gênova e partimos de automóvel com destino a Milão. A 10 de abril foi inaugurado, com todas as solenidades de praxe, o Pavilhão Brasileiro, organizado por Francisco Medaglia.[5] Estavam presentes várias figuras graduadas do governo, da aristocracia e do Partido Fascista italiano. Depois, fomos viajar. O tempo era pouco, mas a vontade de conhecer tudo era enorme. Dormir pra quê? Há tanto tempo para dormir mais tarde... Percorremos a Itália, a França e a Alemanha, de onde pretendíamos voltar pelo *Graf Zeppelin*. Estávamos em Berlim quando, no dia 7 de maio, os jornais publicaram a dolorosa notícia do acidente ocorrido em Nova York com o *Hindenburg*.[6]

As notícias do Brasil eram um tanto inquietantes. Mamãe, com a coragem de sempre, decidiu, por isso, apesar de todos os protestos e avisos, que não modificaríamos nossos planos de retorno. Seguiríamos para Frankfurt a fim de embarcar no *Graf Zeppelin*, o transporte mais rápido de então. No dia seguinte, soubemos que as viagens dos dirigíveis ficariam suspensas por tempo indeterminado, até que se esclarecessem as causas do sinistro. Não havia outra solução além do transporte marítimo: o mais próximo navio sairia de Gênova no dia 13, o *Conte Grande*. Dispúnhamos, portanto, de cinco dias, que poderiam ser gastos na Alemanha, na Itália ou em caminho. Optei pela terceira hipótese, contra a opinião geral, e ganhei. Eu julgava, e com razão, ser essa a última oportunidade que teria de ver a Europa, tal como era. Mantinha os olhos e os ouvidos atentos aos preparativos de guerra que se processavam em torno de nós e não queria perder a oportunidade de conhecer Viena e Budapeste. Passamos depois por Pádua e Verona, chegamos a Gênova e embarcamos.

No dia 22 de maio tocamos em Recife e a 23 ancoramos em Salvador. Acordei rapidamente do sonho europeu e fiquei contando as horas para chegar ao Rio. O governador de Pernambuco, Carlos de Lima Cavalcanti, mandara apresentar seus cumprimentos a mamãe, mas não comparecera ao cais. O governador da Bahia, Juracy Montenegro Magalhães, foi nos esperar mas estava visivelmente constrangido. Fomos visitar a cidade e o pouco que soubemos já era muito. Lima Cavalcanti fora denunciado como comunista, ninguém sabia por quem. Jurandir Mamede, seu chefe de Polícia e amigo pessoal de Juracy Magalhães, seguira para o Rio de Janeiro, a chamado; boatos insistentes de perturbação da ordem; notícias do próximo lançamento da candidatura José Américo de Almeida à presidência da República, por um grupo ligado ao governo, chefiado por Benedito Valadares, governador de Minas Gerais. Chegamos no dia 25 pela manhã. À tarde, foi lançada oficialmente a candidatura de José Américo de Almeida à presidência da República e à noite a comissão coordenadora das forças políticas majoritárias compareceu ao Palácio para comunicar o fato a Getúlio Vargas e pedir sua bênção.

A 26, fui com mamãe tomar providências para a construção de nossa casa na Lagoa. Mais um engenheiro, mais um projeto, mais discussões, agora sob a pressão do tempo. Papai queria voltar para São Borja e dava ordens a meu irmão Manoel, o agrônomo da família, para que iniciasse a construção de uma casa no Itu e mandava encaixotar e despachar para o Rio Grande os objetos e livros que necessitaria lá. Mamãe preferia ter um pouso certo no Rio, onde alguns de seus filhos certamente permaneceriam, e apressava os planos para surpreender papai.

A 27, fui à faculdade saber a época dos exames e acertar minha frequência: havia professores novos e matérias novas, tais como direito industrial, sem bibliografia ainda; os pontos eram dados em aula. A turma não se tinha esquecido de mim, recebi a matéria para estudar. Segui para o Catete para reassumir minhas funções; estavam dobradas pela ausência de Sarmanho. Deixara-me de herança seus fregueses habituais. Além dos meus crônicos, adquiri vários novos ao chegar.

Os corredores italianos Carlo Pintacuda[7] e Conde Brivio, que tinham sido nossos companheiros de viagem a bordo do *Conte Grande* e vinham disputar no famoso Circuito da Gávea,[8] estavam com seus automóveis retidos na Alfândega e não podiam treinar. O Instituto dos Cegos[9] tinha um problema pendente, parece que à minha espera. O Rio Grande estava em polvorosa, os cifrados aos montes. Uma enxurrada de cartas, pedidos, apelos, reclamações contra todas as candidaturas em foco: queriam a continuação de Vargas. Políticos que até então me olhavam apenas como auditório paciente, jornalistas em pânico vinham reclamar contra a situação e pedir orientação. Ninguém estava satisfeito, cada um queria uma coisa diferente. Visitas todas as noites: desejavam saber se tínhamos gostado da Europa. Obrigações sociais, cartas a responder, telefone, serviço, política e as provas parciais cada vez mais próximas. Não conseguia estudar, nem tinha tempo de conversar com papai. Levou-me para assistir à inauguração dos melhoramentos feitos na pista do Circuito da Gávea. A parte chamada Trampolim do Diabo, devido a suas curvas fechadas e íngremes, tinha sido inteiramente cimentada. O responsável pela terminação das obras, o prefeito de então, padre Olímpio de Mello, recebeu como homenagem a mudança do nome do trecho, que passou a ser chamado pelo irreverente povo carioca o Trampolim do Diabo do Padre. Responsabilizei-o também, nesse dia, por uma aposta que perdi.

Durante a viagem, os dois corredores italianos me asseguraram que não só ganhariam a corrida como estavam habilitados a fazer cada volta em menos de oito minutos. Duvidei, pois o recorde era acima de doze e, quando me propuseram que o perdedor pagaria um jantar, aceitei tranquilamente. Eles já sabiam dos melhoramentos, e eu não. Convidaram-me para assistir ao primeiro treino e cronometrar minha própria derrota.

Dirigindo o automóvel mirim de minha irmã, um Fiat-Balila, que havia recebido de presente durante sua permanência na Itália, passei pelo Hotel Copacabana para buscar Vittoria, a condessa Brivio, que iria comigo, pois seu marido, que era um dos favoritos, devia estar na pista mais cedo. Pintacuda e Gilberti, o técnico que os acompanhava, estavam atrasados e pediram que os levasse também. Intimidada e consciente de minhas deficiências de chofer principiante, mas aparentando calma e segurança, enterrei o carro em um grande areal que existia logo no início da pista. Após algumas tentativas inúteis de sair da entaladela, encabulada, entreguei o comando a Mestre Pintacuda, que, com grande ar de superioridade, nos fez descer a todos e empurrou com uma só mão seu minúsculo patrício para terra firme. Desastre completo. Pintacuda foi logo reconhecido pelos torcedores matutinos e em pouco estávamos cercados: povo, concorrentes, juízes, técnicos, jornalistas e fotógrafos. No dia seguinte, meu retrato, entre Carlo Pintacuda e Manoel de Teffé, estava em todas as páginas desportivas dos jornais.

Em casa, ninguém achou graça no incidente: eu estava ficando muito saliente. À noite, papai me chamou e, abrindo a famosa gaveta cheia de correspondência, me disse apenas: "Tudo isso aqui está à sua espera para quando você tiver tempo". Às vezes eu deixava para o dia seguinte a retirada dos papéis, mas desta vez eu entendi a indireta e me apressei, meio inconfortável sob seu olhar fiscalizador. Encontrei entre os vários documentos todas as cartas que eu lhe havia escrito da Europa. Não só a surpresa, mas também como um jeito de descongelar o ambiente, exclamei: "Uai! O senhor não rasgou! É para botar fora?". Nem ligou. Respondeu seco antes de sair: "Todos os papéis que estão aí pertencem a meu arquivo". O *meu* saiu-lhe tão acentuado e era tão genuíno que eu não me atrevi a executar a destruição que havia premeditado. Todas as bobagens escritas, embora misturadas com assuntos sérios, eu lhas havia dado, já não me pertenciam. Colocá-las no arquivo que, mais tarde, talvez viesse a ser manuseado por outros que não eu seria exigir demais. Quando se escreve para o próprio pai, sobretudo a um pai como o meu, há certas liberdades de linguagem e desrespeitos à gramática, que não são destinadas a olhos profanos. Hesitei, mas não as rasguei e não me arrependo: são o retrato de um período da vida europeia, como a viu uma provinciana observadora. Mais adiante as revelarei. Agora ainda tinha vários mares encapelados por atravessar.

Primeiro: precisava obter permissão para pagar a aposta perdida, pois Pintacuda vencera a prova automobilística, batendo todos os recordes anteriores. Isso bastou para que eu fosse considerada *fascista* por um grupo. Nova série de cartas anônimas e de ameaças. Para me reabilitar do papelão feito como chofer, prometera ir buscar Vittoria Brivio para passear a cavalo. Cedi-lhe o meu de estimação e montei um outro que sabia *manheiro*, mas me sentia capaz de dominar. Na metade do passeio, o Gaiteiro, nome aliás muito apropriado, resolveu fazer uma de suas demonstrações. Acabamos os dois no chão, levando eu todas as desvantagens. Como manda o figurino gaúcho, voltei a montá-lo e, terminado o passeio, fui, dirigindo o heroico Balila, levar minha convidada a seu hotel. Quando finalmente descalcei as botas já com certa dificuldade, meu joelho esquerdo, a principal vítima, parecia a encosta da serra de Petrópolis, durante a Quaresma, completamente pintado de roxo. Passado o primeiro susto — não havia fratura, nem ferimento grave —, desceu sobre todos os habitantes do Palácio Guanabara uma grande tranquilidade: o elemento perturbador, eu, tinha de ficar imóvel, durante vários dias. O castigo anda mesmo a cavalo.

No intervalo das visitas de regozijo, tentei estudar, pois as provas estavam às portas. Minha cabeça estava pior do que trem de subúrbio em dia de vitória do Flamengo: nada sentava. Lembrei-me de que um de meus colegas, para conseguir estudar, aconselhava o uso de cafiaspirina e saí capengueando de meu quarto para explorar a farmácia de mamãe. Nada encontrei. Remexi as gavetas de papai e descobri um tubinho de bromural. Estava escrito: sedativo, calmante da dor, antinevrálgico. Não tive dúvidas, engoli logo, sem reparar que mais abaixo dizia: hipnótico. Acordei duas horas depois com a risada de papai. Devia ser realmente um grande espetáculo! Tinha começado a estudar as *Encíclicas*, de Leão XIII e Pio XI, um dos pontos principais, e dormi com o rosto sobre o livro. *De Rerum Novarum* estava impressa em minhas bochechas, mas se recusou positivamente a entrar no cérebro por osmose.

Só recuperei meu prestígio com papai depois das provas terminadas. No dia 16 de junho, fiz a primeira com o professor Carpenter Ferreira,[10] já reintegrado em sua cátedra de Direito Judiciário Penal. Pouco tempo depois, o ministro da Justiça, José Carlos de Macedo Soares, numa segunda-feira, dia de seu despacho, me perguntou como seria recebida na faculdade a reintegração dos outros três professores. Respondi-lhe que os estudantes não tinham entendido a exceção, já que a acusação que pesava sobre os quatro era a mesma. Prometeu examinar o assunto rapidamente. A feroz agitação que começava a dominar o país e o trabalho acumulado não me permitiram acompanhar de perto o desenrolar do processo de reintegração dos outros professores. Alguns só voltaram à regência de suas cátedras depois que saí da faculdade.

O ministro da Fazenda, Artur de Souza Costa, partira para os Estados Unidos em missão e de lá me bombardeava com cifrados quilométricos. O eterno caso do café, as divisas de ouro, o problema dos transportes marítimos e suas taxas e, sobretudo, a *menina dos olhos* de papai, a siderurgia.[11] Ele queria deixar esse assunto, se não resolvido, pelo menos encaminhado em bases sólidas, antes de terminar seu governo.

Souza Costa foi o ministro que mais trabalho me deu e o que me tratava com menos respeito. Conhecera-me criança e não me levava a sério. Profundamente inteligente e culto, quase sempre bem-humorado e alegre, defendia-se com galhardia dos ataques recebidos devido à sua posição ingrata de distribuidor do dinheiro e pão-duro. Ou usava um olhar de infinita e apostólica misericórdia sobre o atacante, olhar que provocava paralisias, sobretudo vindo de seu majestoso e impressionante volume, ou então uma frase de afetuosa ironia, que desarmava. Lembro-me de que, em um dia de reunião ministerial, o primeiro a chegar foi o ministro da Agricultura, Fernando Costa, o único que lhe fazia sombra em altura e largura, e o esperava de antemão para obter despacho favorável em um expediente para a Escola de Agronomia,[12] o qual dormia no Ministério da Fazenda. Homem de bondade excepcional, ativo e empreendedor, Fernando Costa se sentia amarrado pelas dificuldades burocráticas fazendárias, mas era incapaz de se irritar. Seu sotaque carregado de paulista de Pirassununga se tornava doce para dizer ao colega: "Ô Costa! Por que você não solta logo aquela 'verbinha' para a terminação das obras?". O dinheiro andava curto, e Souza Costa, que não podia dar maiores explicações, respondeu rápido: "Ora, Fernando, onde é que se viu um homem tão grande pedir 'verbinhas'?". E quis sair da sala para não receber o troco. Gustavo Capanema, ministro da Educação, chegava também com o objetivo de arrancar os créditos para começar a Cidade Universitária.[13] Vendo os dois ministros, grandes em todos os sentidos, Capanema não se conteve e, após os cumprimentos, disse: "Até que enfim encontro o Pão de Açúcar e o Corcovado juntos". Souza Costa fazia piadas sobre seu próprio físico, mas não gostava de ouvi-las, e retrucou: "Ora, sai daí, Dedo de Deus". As três montanhas, características da baía de Guanabara — o Pão de Açúcar, o Corcovado e o Dedo de Deus — saíram rindo em direção ao gabinete presidencial, para encontrar a sólida Pedra da Gávea, que já os esperava. As verbas não saíram.

Com a ausência de Sarmanho, os assuntos da Fazenda ficaram entregues a mim. Todas as tardes, depois do expediente, Souza Costa passava pelo Palácio Guanabara para conversar com papai sobre os assuntos econômicos e financeiros. Era o único ministro que ele via diariamente. Em meus dias de despacho, eu torcia, em vão, para que não aparecesse, pois estragava todos os meus programas. Papai transferia para a noite o expediente comigo e iam por água abaixo todas as esperanças de ir ao cinema. Nos dias de minhas folgas, eu o esperava com vivo interesse, sobraçando volumosa pasta de reclamações e súplicas dos outros ministérios, que tinham seus processos retidos no da Fazenda e pediam respostas urgentes. Ou me ouvia distraído, ou me interrompia para contar uma história. Nunca respondia. Tive a infeliz ideia de estrilar, reclamando mais atenção. Pegou minha mão, que sumia dentro da sua, para se despedir e disse: "Como é que eu posso levar a sério uma *pinoiazinha* como você?". Gostou tanto do apelido que, mesmo depois, quando já não tínhamos por que brigar, eu, casada e mãe de família, continuei a ser para ele *pinoia*.

Durante a permanência de Souza Costa nos Estados Unidos, esperei ter mais tempo disponível. Triste ilusão. Consegui ir, uma vez, a uma segunda sessão de cinema. Cheguei pouco depois de meia-noite, e o guarda da Dondoca, o Josafá, me esperava com um grosso envelope: "Chegou agora do Catete para lhe ser entregue com urgência". Abri, pensei e pesei: seriam, pelo menos, quatro horas de trabalho contidas em um alentadíssimo cifrado de Washington. Devia ser importante e, obedecendo ao refrão sempre repetido por papai — Quem tem seu vintém bebe logo —, mergulhei direto no código.

Mais ou menos às três horas da manhã fui surpreendida pela entrada de papai na Secretaria. Estava de pijama, com sono e cara de poucos amigos. Como se tivesse recolhido antes de minha chegada, pensara que estava conversando fiado na Secretaria até àquela hora, o que poderia ser verdade. Desde a volta da Europa, meu câmbio com ele estava em maré vazante e a fiscalização era séria. Quando me viu só e trabalhando, desanuviou e saiu com esta: "Vi luz na Secretaria e vim ver quem é que ainda estava por aqui ou se tinham esquecido de apagá-la". Enquanto lhe explicava que o telegrama trazia nota de urgente, pensava com meus botões: "Jamais ele teria entrado aqui nesse uniforme, se não tivesse certeza de me encontrar. Ele anda vendo perigo onde não há. Se houvesse eu lhe diria". É que quem estava de plantão nessa noite era o capitão--tenente Amaral Peixoto, cuja colaboração para o serviço, generosamente oferecida, eu havia sabiamente recusado. Devia estar em seu quarto já no segundo sono. Faltavam ainda duas páginas e prometi a papai que deixaria o telegrama em sua pasta sobre a mesa. Penalizado, perguntou por que não deixava para terminar no dia seguinte pela manhã. Era minha oportunidade, e respondi: "Porque eu não vou poder dormir com esse 'urgente' em minha consciência; porque o senhor vai ser muito 'bonzinho', vai ter pena de mim e não vai me chamar às nove horas. Está combinado?". Ficou combinado, mas ele não cumpriu. Às oito e meia, acordei com um vulto sentado à beira de minha cama: era papai que fazia um apelo a meus sentimentos patrióticos. A resposta tinha de estar em Washington antes da uma da tarde, e a dita era quase do mesmo tamanho da consulta que Souza Costa enviara. Tratava de assuntos de vital importância para o Brasil, sendo o principal a siderurgia. A Usina Siderúrgica Nacional,[14] sonho de Getúlio Vargas, realizado por intermédio de Edmundo de Macedo Soares, me deve qualquer coisa. Junto às homenagens que um dia serão prestadas aos outros homens que colaboraram para que ela hoje exista, tais como Oswaldo Aranha, A. Souza Costa, Carlos Martins, Amaral Peixoto etc., eu também mereço uma. Gostaria que um pequenino Morfeu, de olhos abertos dizendo apenas "Ao sono da Alzira", fosse adicionado ao monumento que meu pai deixou para o Brasil. Infelizmente não era só a siderurgia que não me permitia dormir. Essa era uma insônia construtiva, valia a pena. As outras eram insônias para evitar a destruição.

O Rio Grande do Sul estava em polvorosa, praticamente em estado de beligerância com a União. Flores da Cunha havia perdido de todo a serenidade, diziam os cifrados que de lá chegavam. Acusavam-no de favorecer o contrabando de fronteira, de fazer pressão financeira e de haver permitido o assassinato de Waldemar Ripoll, intelectual gaúcho, correligionário de Raul Pilla, no Partido Libertador. E o Partido Libertador queria e exigia explicações. Na Assembleia dos Representantes de Porto Alegre, um pequeno grupo de deputados, que pomposamente se denominavam *bancada dissidente*, denunciava fatos, vociferava com bravura contra o governador e pedia com cordura providências ao governo federal. Em cifrado e às claras, queixavam-se de perseguições políticas, ameaças pessoais. Dentro da Constituição, o presidente nada podia fazer, e o general Flores da Cunha bem o sabia. Tranquilamente continuava atemorizando o minguado grupo dos *dissidentes*, e estes tentavam em vão obter número para votar o impeachment do Executivo estadual. Eram eles: Maurício Cardoso, Paulino Fontoura, Júlio Diogo, Loureiro da Silva, Benjamim Vargas, Cylon Rosa, Xavier da Rocha, Alexandre Rosa, Raul Pilla, Viriato Dutra, Décio Martins Costa, Edgard Schneider, Paim Filho, Adroaldo Mesquita da Costa, Moysés Vellinho e Coelho de Souza. Com promessas de proteção do governo federal e apelos patrióticos, obtinham por alguns momentos a maioria na Assembleia e exultavam. Vinha telegrama eufórico pedindo esta ou aquela providência que facilitaria a tarefa. Era esta a parte mais ingrata das minhas funções, pois já no dia seguinte informavam que Flores da Cunha, com meios muito mais suasórios e imediatos, tinha recuperado a supremacia. Alegavam que alguns elementos da Assembleia se alugavam por dia ou por semana e lhes prometiam apoio para poder cobrar do governador mais caro.

A situação estava se tornando insustentável. Autoridades federais, prefeitos, chefes políticos, deputados ameaçados ou tolhidos avisavam, faziam apelos, enviavam emissários, clamando por providências. Vieram, sucessivamente, ao Rio Benjamim Vargas, o líder da bancada, e Protásio Vargas, o chefe do Partido, para relatar o que ocorria. Em resumo, o governador era acusado de estar contrabandeando armamento, transformando a Brigada Militar em uma força mais potente que o próprio Exército dentro do Rio Grande, de comprar consciências, fidelidades, opiniões e de criar, por meio de ameaças, uma atmosfera irrespirável para seus opositores. A Assembleia se sentia impotente para fiscalizar a origem do dinheiro milagroso, pois emanava de uma verba secreta. Essa verba secreta, mais tarde glorificada por Adhemar de Barros sob o nome de *caixinha*, tinha como fonte principal o jogo.

O chamado cancro social, vício dos vícios, destruidor de lares etc., sempre existiu, existe e existirá, de uma forma ou de outra, em alguma parte do mundo. Aparece sob aspectos os mais variados: loteria, apostas em corridas, jogo do bicho, jogo carteado, dados, víspora, bingo, roleta, osso, linhas e tantos outros. Mas é sempre jogo. No Brasil, a atitude dos governos e das autoridades para com o jogo sempre foi instável, insegura e insincera. Modificam-na de acordo com o ponto de vista predominante no momento, mas obedecem a três constantes.

Primeiro: o jogo de apostas é sempre respeitado, socialmente *bem* e em certas circunstâncias, um esporte praticado pelos mais insignes paredros de nossa sociedade. Representa mesmo um esforço tremendo de alguns abnegados em favor da *criação do cavalo nacional*.[15] Essa categoria sempre está e estará sob a proteção da lei. Nunca foi molestada e pode ser chamada de *permanente*. Seus principais exemplares são a loteria e as corridas de cavalos. Por motivos que fogem à minha compreensão, os congêneres, tais como bingo ou loto, rifas, competições entre outros animais, igualmente irracionais, são alternativamente permitidos e proibidos. Fazer com que um cavalo corra até não poder mais correr não molesta a Sociedade Protetora dos Animais. Cavalo foi mesmo feito para correr mesmo pago e sujeito a apostas. Cachorro não. Cachorro é para andar sob a proteção ou protegendo alguém. Correr não. Touro também não. Existe só para ser morto e comido. Correr não. Estraga a carne. Gente pode correr, ninguém protesta. Quem sabe se uma corrida de galinhas, de moscas, mesmo azuis, ou de pulgas pode permitir um descanso aos cavalos?

Segundo: o jogo carteado pertence positivamente à categoria instável e *hipócrita*. Quando realizado em lugar público, à vista de quem quiser ver e fiscalizar, é crime; em recintos privados, tais como clubes, sociedades particulares ou hotéis de luxo, é uma distração inocente dos sócios, convidados ou hóspedes; sob a forma de concursos, com permissão especial, é altamente beneficente; dentro dos lares é educativo, pois as crianças aprendem a jogar com grande rapidez, assistindo às brincadeiras de seus maiores. É igualmente esdrúxula a classificação dos jogadores nos vários tipos de carteado. Os de bacará e campista são viciados. Os de bridge, intelectuais. Os de pôquer, audaciosos, vencedores e corajosos. Os de king, copas, canastra, simples diletantes em busca de distração. Os de buraco, pife-pafe e seus parentes muito próximos, ora são a *nata da sociedade*, ora meros burladores da lei.

Terceiro: os jogos de azar ou azarados, roleta e bicho constituem uma classe à parte. Roleta faz muito barulho, é escandalosa, indiscreta, todo mundo fica sabendo no dia seguinte quanto se ganhou e quanto se perdeu. É desagradável. E bicho é a loteria do pobre. Pobre não precisa jogar...

Até 1930 todos os jogos no Brasil foram sucessivamente aceitos, tolerados, subornados ou perseguidos conforme o tipo de autoridade incumbida de sua repressão. Em 1934, e dentro dos princípios da Constituição de 1934, os estados ficaram com a liberdade de legislar sobre o assunto. Cada unidade da Federação encarou o assunto à sua maneira. No Distrito Federal, a prefeitura criou um quadro de fiscais de jogos e diversões, baixou regulamentos sobre onde, como e quando podia haver jogo e a que pessoas estava interditado o ingresso nos *antros de perdição*. Alguns estados consideraram o jogo fonte de renda turística, e as altas taxas a que eram submetidos os concessionários de casas de jogo entravam honestamente no orçamento e serviam para construção de escolas e hospitais, conservação e restauração de igrejas, manutenção de grêmios esportivos, auxílios e subvenções em casos de calamidade pública, proteção à pobreza envergonhada etc. Em outros, continuou sendo apenas *tolerado*, o que equivalia à continuação da situação de suborno às autoridades encarregadas de sua destruição. Em alguns, raros, a renda do jogo constituía a verba secreta do governador, não era contabilizada e servia a propósitos ora altamente meritórios, ora perfeitamente inconfessáveis. O Rio Grande do Sul estava infelizmente incluído nesta última categoria. A renda do jogo havia contribuído para o brilhantismo das comemorações do Centenário Farroupilha em 1935; tinha permitido a construção e manutenção de várias obras de assistência social; facilitara viagens educacionais de estudantes; incrementara o turismo; e fora finalmente fator de progresso. Mas tudo isso antes de 1936. Sua finalidade mudara completamente e só estava servindo, em 1937, para alugar consciências, alimentar jornais e jornalistas, comprar armamento contrabandeado através das extensas fronteiras, caprichosamente mal policiadas, do Rio Grande.

É com a mais absoluta isenção que falo em favor da oficialização, regulamentação e fiscalização do jogo em geral, e defendo a tese de que este malfadado vício é um mal necessário por dois motivos simples. Um: considero muito mais nocivo à sociedade o jogo clandestino, gerador de espeluncas, de suborno e de escândalos policiais. Quem quiser jogar que jogue claramente às escâncaras, pagando o preço de sua pequena fraqueza. Há tantas maiores. O outro: não jogo, não aposto, nem compro bilhetes de loteria.

Em matéria de jogos de azar, papai era completamente analfabeto. Contaram-me que, quando em Porto Alegre, o único lugar de distrações existente para a rapaziada em busca de aventuras era o Clube dos Caçadores, de propriedade do capitão Lulu (Luiz Alves de Castro), amigo de quase todos os políticos gaúchos e protetor de muitos, papai ia lá todas as noites. Comprava cem mil réis de fichas, preço da entrada, punha-as no bolso e ia jogar bilhar ou conversar com os amigos. Quando o clube não dispunha de alguma atração turística, à meia-noite trocava as fichas — as mesmas que havia comprado — e ia para casa. Nunca jogou. Em 1947, fui passar uns dias com ele na Fazenda do Itu e, quando não tínhamos visitas, para distraí-lo, tentei ensinar-lhe a jogar paciência de dois. Nem os naipes aprendeu, e tive de desistir. Estava familiarizado apenas com o tipo de baralho espanhol, o único usado na fronteira, durante sua infância, e no qual os símbolos são representados exatamente como são ditos em português: ouro (moedas), corações (copas), paus (troncos de árvore) e espadas. Era inútil tentar familiarizá-lo com o baralho em voga, pois toda a sua inteligência se tinha voltado para um único jogo: o jogo político. Disseram dele que "tinha fisionomia de jogador de pôquer": nunca se sabia se estava blefando ou se tinha realmente nas mãos um *royal flush*.[16] No entanto, nunca jogou pôquer. Em 1937 entrou na partida, na grande partida, sem jogo, e acabou com todos os coringas irrequietos entre seus dedos de estadista disciplinado, observador e paciente. No tablado político, todos os trunfos estavam distribuídos. Góes Monteiro jogava espadas. José Américo preferia corações ou copas e palavras. Flores da Cunha, empunhando o *sete belo*, Armando de Salles jogava ouros. Plínio Salgado se contentava com paus e ameaças. Getúlio não jogava. Ficou esperando que os quatro parceiros esgotassem seus trunfos, na impaciência de ganhar.

Após as provas de julho, entrei em férias na faculdade e resolvi pôr em dia o arquivo. Como era ameaçador para o mundo inteiro e cheio de maus presságios aquele fim de ano! De todas as nossas embaixadas vinham avisos alarmantes. A Inglaterra e o Japão com as relações estremecidas se entreolhavam. A França sofria as consequências de uma experiência socialista.[17] Entre greves e quedas sucessivas de gabinete, o *Front Populaire* presidia à vertiginosa decadência da sólida economia francesa. A imensa e imutável China, sob a forte pressão japonesa,[18] começava a mudar e a marchar, não se sabia bem para onde. Os Bálcãs estavam inquietos, os Estados Unidos apreensivos, o México, perturbado e perturbante. Da Rússia vinha o silêncio. A Itália absorvia sem maiores estorvos a Abissínia, a *faccetta nera*.[19] A pobre Espanha era o campo de experiência de todos os tipos de armamento do mundo, da fibra de todos os soldados de todas as nações e de todas as ideologias do momento.[20] Estava sendo feito em seu solo o ensaio geral da Segunda Guerra Mundial. E a Alemanha?

Reli as cartas que havia escrito a papai há menos de três meses. Em resumo, eu lhe dizia: "Não tenho a menor dúvida de que este país se prepara para a guerra e guerra próxima. Dois gigantescos oficiais da Guarda Negra, às ordens de mamãe, nos acompanham dia e noite e nos fazem visitar as obras do Führer. Fomos ao ginásio de Hitler: os exercícios físicos a que se submetem meninos de treze e catorze anos visam exclusivamente a adestrá-los para combater. Rastejam no chão como se estivessem se movendo em um campo de batalha, sob metralhadoras. Atravessam estreitos e longuíssimos tubos de feno como para habituar os olhos à escuridão, os pulmões à precariedade de ar puro e o corpo à exiguidade de uma trincheira. Lançam pedras, pedaços de madeira e objetos pesados a grandes distâncias, como quem lança uma bomba. Escalam muralhas de dois a três metros com a rapidez e o silêncio de quem assalta uma posição fortificada. É de causar arrepios! Mas ainda tem mais. Visitamos um campo militar feminino: qualquer moça que pretenda seguir um curso superior é obrigada a fazer um ou dois anos de serviço militar. São pequenos quartéis, para vinte, trinta ou quarenta jovens, conforme a zona em que estão sediados. Fazem todo o serviço da casa, dormem em beliches como se fossem soldados e, após os exercícios físicos de treinamento, partem para os campos dos arredores, onde ajudam os pequenos agricultores, demasiado velhos para o serviço militar. Vi mocinhas de pouco mais de dezesseis anos de enxada na mão, limpando o terreno para semear. É a tropa de retaguarda em pleno preparo. O tal de *Ersatz*[21] é um fato; não querem ser surpreendidos pela falta de víveres. É preciso ter cuidado para não comer casca de árvore como se fosse talharim. Descobri também a significação da cruz suástica: é o símbolo da pureza de sangue da raça ariana. Se é porque foram os alemães que descobriram a injeção 914,[22] está certa. É a única espécie de pureza de sangue que eu reconheço".

A América do Sul estava mais turbulenta do que nunca. Além dos problemas tradicionais e históricos de territórios em disputa, parecia haver uma epidemia de revoluções. Novo afluxo de refugiados políticos: governantes hoje, exilados amanhã; desprezados de ontem, poderosos de hoje. Mas, para nós havia um caso mais grave. Parecia existir um interesse oculto e preconcebido de provocar guerra entre o Brasil e a Argentina. Telegramas em código e avisos misteriosos diziam-nos que a Argentina concentrava tropas na província de Corrientes, fronteiriça ao Rio Grande do Sul. Nossos adidos militares de Buenos Aires se apressavam em explicar que eram as manobras anuais do Exército argentino. A dúvida ficava do lado de cá. Por que escolheram justamente esse local para fazer manobras neste momento? O Brasil enviava reforço de tropas para a fronteira para prevenir o contrabando de munições feito pelo governador gaúcho. Iam do Rio de Janeiro avisos prevenindo o governo argentino de que nós é que estávamos mal-intencionados.

A questão chegou ao auge e foi necessário usar de toda a serenidade para evitar maiores complicações, quando surgiu o caso dos destróieres. Através do *Lend-Lease Bill*,[23] inventado pelo presidente Roosevelt para suprir com meios de defesa os países sul-americanos que não estavam em condições de gastar com armamentismo seus minguados orçamentos, o Brasil pretendia adquirir alguns destróieres americanos, já superados em técnica para o Atlântico Norte, mas em excelentes condições para a vigilância do Atlântico Sul. Saavedra Lamas, que ainda era o chanceler argentino e que tanta dor de cabeça dera a Cordell Hull, o chanceler norte-americano, durante a conferência de Buenos Aires, opôs-se à transação. Roosevelt expôs a situação a Getúlio Vargas, por intermédio do embaixador Oswaldo Aranha, assegurando, no entanto, que manteria a promessa, já feita, em caso de absoluta necessidade do Brasil. Lembrando-se talvez do que havia dito há pouco mais de um ano a Mr. Hull sobre suas relações com os vizinhos, papai abriu mão da oportunidade, à espera de outra melhor. Esta não tardaria infelizmente a chegar: a guerra mundial. A guerra com a Argentina, no entanto, limitou-se a uma guerra de cifrados (pobre de mim), trocas de notas e visitas diplomáticas. Eram os presidentes do Brasil e da Argentina: Getúlio Vargas e Agustín Pedro Justo. Ainda bem!

No meio de toda essa sarabanda internacional, o que se passava realmente dentro de nossa terra? Era de estarrecer, e muito pouca gente se dava conta disso. Houve um momento em que julguei que o Brasil seria a próxima Espanha, o novo campo de experimentação de todas as culturas híbridas em busca de um campo fértil. Quando todos os ódios e todas as frustrações tiverem encontrado, enfim, seu repouso; quando se escrever a História verdadeira, documentada e sofrida desse ano de 1937, se fará justiça a um homem que não teve medo de ser chamado pelo nome que mais detestou, desde sua infância, para salvar seu país do caos, o nome de *ditador Getúlio Vargas*.

Enquanto não surge essa voz desapaixonada e clara — porque eu escreverei com paixão —, limito-me a examinar, com a possível isenção, as manobras dos quatro trunfos e seus seguidores que tentavam brincar de quatro cantos com um homem de brio e de inteligência.

José Américo de Almeida, provinciano de talento literário, político estadual na Paraíba, havia sido feito ministro da Viação e Obras Públicas, pela sanção do vice-rei do Nordeste, Juarez Távora. Nada entendia do assunto, mas, cercado por uma excelente equipe de engenheiros e técnicos, e grandemente auxiliado pela sede de transportes que havia em todo o país e que fazia com que se abrissem para seu Ministério até as mãos habitualmente fechadas do ministro da Fazenda, fez uma razoável administração. De gênio irritadiço, mais cheio de espinhos que um cacto do Nordeste, aos poucos se incompatibilizara com a maioria dos políticos de seu estado. Fazendo praça de sua pobreza por ser honesto, saiu do Ministério em 1934 por sua livre e espontânea vontade e pleiteou o cargo de ministro do Tribunal de Contas, lugar vitalício, mais de acordo com seu temperamento, seu tipo de inteligência e sua necessidade de segurança.

Lá estava, posto em sossego, quando Benedito Valadares foi seduzi-lo para ser o candidato das forças majoritárias à presidência da República. Não sei se hesitou em abandonar a pacífica aposentadoria que havia buscado. Creio que não. Vi, em toda a minha vida, talvez, apenas três homens hesitarem, e só um rir, da ideia de ser presidente da República. Muito pouca gente se considera habilitada para ser pedreiro, pintor, mecânico etc., mas para presidente da República todos se julgam aptos. Lançado candidato da chamada corrente oficial, a princípio se comportou como se o fosse, seguindo as sugestões e avisos de seus patronos. Teve um ligeiro flerte com as hostes integralistas, talvez alguma sugestão mineira, que logo abandonou. Os comunistas lhe pareciam uma melhor presa por serem os perseguidos do momento. Os vestígios de seus recalques de nordestino fizeram com que os preferisse. Podia melhor e com mais segurança exibir os sofrimentos de sua gente. Entrou em desabalada demagogia, assustando todo o clero, o grande eleitorado mineiro, e fazendo com que seus principais propagandistas recuassem. A seguir, julgando-se o único proprietário, copyright exclusivo da palavra honestidade, começou a agredir todos os seus partidários. Os que também eram honestos, tanto ou mais do que ele, acharam ruim. Uma suspeita pesava sobre eles, lançada pelo homem que pretendiam para chefe. Os que não o eram também não gostaram. Sem comentários. Seu grito de "eu sei onde está o dinheiro" foi seu primeiro *grito* e despertou grande curiosidade.[24] Os que tinham dinheiro não sabiam como é que ele sabia também, pois não explicou nunca. Os que não tinham desejavam saber onde estava a mina e ele não o revelou a ninguém, guardou segredo. Talvez mais tarde se venha a esclarecer o mistério.

Espalharam como vingança que o candidato *majoritário*, pois já nem ousavam pronunciar-lhe o nome, não propiciava boa sorte e citavam maldosamente coincidências assustadoras ou contavam inverdades.[25] Mas a história pegou entre o irrequieto povo carioca, e os eleitores começaram a se assustar também. Em relação ao governo federal, a atitude do candidato era estranha. Ora o acusava publicamente de todos os males que assolavam o país, ora se queixava em segredo de falta de auxílio. Esquecera-se de que a Revolução de 1930 fora feita exatamente para evitar que o governo federal malbaratasse verbas em propaganda de candidaturas e que Getúlio Vargas já assegurara sua neutralidade absoluta e afirmara que dos cofres federais nem um vintém sairia, nem mesmo da verba de propaganda do café. Finalmente, atemorizado, desiludido, desanimado e arrependido, Benedito Valadares voltou ao aprisco, pedindo perdão por sua *cornada de boi manso*. Voltou a mastigar mata-borrão e a rasgar papel até o dia da Missão Negrão de Lima,[26] já em fins de setembro. A candidatura José Américo de Almeida entrara em agonia e só ele próprio não se apercebia disso.

Armando de Salles Oliveira começou sua campanha em alto estilo de dignidade paulista, conforme competia à chamada família *carretel*, a família de mais linha, dentro dos quatrocentos anos proclamados por alguns elementos de cérebro retrógrado. Esquecem que o Brasil é um país novo, que ainda não tem idade para começar a pensar em senectude. Para que idade?

Aos poucos, porém, seus propagandistas mais do que ele próprio começaram a baixar o nível da campanha, o que provocou a saída de Luiz Piza Sobrinho do Instituto do Café. Ressuscitaram de repente do olvido em que haviam sido deixados propositadamente os velhos slogans da Revolução de São Paulo. Outra vez a máquina que carrega vagões vazios. Vazios de quê? Que sorte para a máquina! O vácuo não pesa. Qualquer um carrega.

Da Região Militar vinham informes sobre um acordo secreto com os integralistas de São Paulo e boatos de importação de armas clandestinas para a Força Pública. No Rio Grande do Sul, Trifino Correa, um dos líderes do movimento comunista, havia sido preso por tropa do Exército, transportando armamento que lhe teria sido fornecido pelo governo do estado. Que confusão estavam fazendo os dois irmãos gêmeos!

Da Bahia chegavam notícias das perseguições políticas ordenadas pelo governador Juracy Magalhães. De Pernambuco, Lima Cavalcanti, acossado por Agamenon Magalhães, ministro do Trabalho, que não lhe dava tréguas, passava ao líder de sua bancada, deputado Severino Mariz, apelos desesperados para que hipotecasse solidariedade ao governo federal e verificasse o que havia contra ele. Perturbado e sem saber o que responder, o líder foi ao presidente para se informar. Papai lhe respondeu: "Seu Mariz, faça de conta que o senhor está atravessando um túnel muito escuro. Lá bem na frente, há uma luz". Severino Mariz, sem entender de que se tratava, exclamou em linguagem pernambucana: "Êta túnel escuro, danado". Poucos dias depois acontecia o 10 de novembro.

Plínio Salgado e seus integralistas também haviam tomado o freio nos dentes. Candidato à presidência da República, fazia discursos simbólicos e ameaçadores. Percorria o país falando em águias, em tambores silenciosos, em judeus que ameaçavam dominar a economia brasileira, em punhais vingadores. Faziam passeatas militares e se saudavam com anauês em vez do velho e tradicional *como vai*. Já tinham o governo organizado, tão certos da vitória estavam. Todo o ministério integralista havia sido escolhido. Era o Poder Executivo. O Legislativo já existia desde a fundação do partido, formado por uma câmara de quarenta pessoas, a Câmara dos 40. Deviam ter também um Poder Judiciário organizado, pois as sentenças de várias personalidades políticas já eram conhecidas do público. Como haviam sido julgadas, não sei. Em pouco tempo, o povo brasileiro começou sua campanha de ridículo para responder às ameaças. Após um comício infausto,[27] que resultou em pedradas e correrias, as águias simbólicas passaram a ser chamadas galinhas-verdes; o anauê passou a ser evoé. Foi o meio de defesa dos não integralistas contra o terrorismo que implacavelmente pregavam.

Os desfiles se processavam sob risos de desafio dos espectadores, traduzindo um pouco de receio. Entre os integrais, como nas outras correntes, não havia unidade. Dois grupos disputavam a supremacia. Um desejava a vitória a qualquer preço, mesmo que o financiamento, as ordens e a disciplina viessem de fora do Brasil. Iriam até o assassinato e para isso serviriam os punhais. O outro era pacifista, entrava em qualquer conchavo, qualquer acordo que lhe permitisse conquistar um posto-chave imediatamente ou depois. Até hoje não sei a qual dos grupos se filiava, mais de perto, o *nosso chefe* Plínio Salgado e creio que nem mesmo seus próprios partidários o possam afirmar com segurança. Para mim, sem conhecê-lo pessoalmente, ele é um tipo místico, meio hitleriano, sem as motivações, sem a massa, sem o exército e sem os prussianos. Não havia nenhum Tratado de Versalhes a rasgar, nem territórios a recuperar: nós temos o bastante para nós. O povo brasileiro não é dócil nem disciplinado como o alemão. A moda entre nós ainda é "cada cabeça, cada sentença". Não tinham exército porque os militares que se deixaram imbuir pelas ideias integralistas não comandavam tropas de grande importância estratégica. Não tinham prussianos tampouco, porque os *granadeiros* estavam de um outro lado, semelhante, mas não necessitavam de Plínio Salgado como bandeira. Faltavam, portanto, ao *Hitler nacional* as condições ambientes para se desenvolver e aos *nazistas indígenas* a soma de condições de desespero imprescindíveis a um movimento dessa natureza. Eram em sua maioria pessoas que queriam se defender de um mal maior e que tinham o que perder. Ninguém ganha sem estar disposto a perder alguma coisa em troca. Por isso Plínio Salgado negociou sempre de todos os lados, dizendo ter todos os trunfos na mão. E só quem pagou para ver foi Getúlio Vargas.

Góes Monteiro. Não gostaria de falar sobre pessoas que já não se podem defender,[28] mas também não tenho o direito de calar sobre quem não soube respeitar outros silêncios. O objetivo principal da vida do general Góes é tão claro, tão patente em seus escritos, em seus atos, em suas palavras e até no livro, supostamente renegado, que é já uma defesa antecipada. Portanto, não é covardia dizer o que sei. Seu sonho sempre foi implantar no Brasil, não direi uma ditadura militar, mas um governo tutelado pelo Exército do qual seria ele o fiador. Os dois alagoanos da fundação da República eram as fúrias que perseguiam seus sonhos mitológicos: Deodoro e Floriano. Queria ser maior do que eles.

Influenciado *niponicamente* por Togo, *germanicamente* por Bismarck e com os olhos fixos em Napoleão, organizou seus granadeiros. Faltando-lhe coragem para ser chefe, queria ser o *dono* do chefe. Inculcou dentro do Exército brasileiro, mesmo entre aqueles que não o apreciavam e não apreciam, tão intrinsecamente a essência de sua personalidade estranha que até hoje nossos militares sofrem a influência de seus sonhos de comando indireto. Em 1930, depois da vitória, sentiu que era cedo e preferiu trabalhar na sombra, enquanto arregimentava seus tenentes. Em 1932, já mais seguro de sua força, esperou que o presidente se enfraquecesse o suficiente para aceitá-lo como condestável. Em 1934, tentou ser o amigo perigosamente indispensável e não a presidência, como supus inicialmente. Em 1935, se apresentou como salvador, o conselheiro desprezado mas sempre imprescindível. Em 1937, está enfim pronto para receber o fruto de seu longo trabalho e persistentes estudos. Solapou todos os ministros da Guerra que interferiam em seus planos e destruiu todos os generais que lhe podiam fazer sombra.

O ministro da Guerra de 1937, general Eurico Gaspar Dutra, era por todos os motivos, para ele, o homem ideal. O que faltava ao general Góes sobrava ao general Dutra: coragem pessoal e capacidade de execução. Podia agora fazer quantos planos quisesse como chefe do estado-maior, na certeza de que o ministro da Guerra os executaria. Agora seriam, por algum tempo, dois os responsáveis por suas ideias: Getúlio Vargas e Eurico Dutra. Podia manobrar à vontade. O meio ambiente também lhe era favorável. Seu único rival em inteligência e capacidade era o presidente constitucional. Mas, em fim de governo, enfraquecido pelas lutas internas, pelo desgaste de quase sete anos de poder, pela deserção dos amigos das primeiras horas, preocupado com o problema internacional, o presidente era um fruto maduro para cair em suas mãos de mestre, um títere para o único chefe militar em condições de aguentar o governo. Preparou com carinho e precisão seu plano. Prometeu a Vargas que enfraqueceria o poder das polícias militares dos estados que estavam em oposição; ajudou Francisco Campos a redigir a nova Constituição,[29] que seria imposta ao Brasil por um golpe de força; substituiu todos os comandos militares que não mereciam sua confiança e depois ficou ganhando tempo, exatamente como já o fizera em 1930 e 1932. Não se lembrou de que não se deve jogar apenas com a própria inteligência, é preciso levar em consideração a inteligência dos outros. Não fora isso e o Brasil teria passado desde 10 de novembro de 1937 até, quem sabe, nossos dias por crises político-militares muito mais sérias do que as que sofreu. Quando, depois do golpe, Getúlio Vargas se *esqueceu* de fazer as mudanças sugeridas pelo general Góes nos governos estaduais, ele ficou amuado por algum tempo. Continuou a trabalhar, no entanto, dentro de seu esquema, mas em pura perda, porque em 1945, quando tudo parecia ao alcance de sua mão, deixou escapar a última oportunidade.

Esboçadas as posições principais dos mais importantes contendores, voltemos aos fatos. Desde meados de julho, papai buscava pretextos para conversar comigo. Ia para meu quarto e começava um assunto qualquer, vago, impreciso, deixando bem claro que o assunto em si não lhe interessava. Chamava-me a seu gabinete, mandava-me sentar e ficava em silêncio. Se, depois de esperar algum tempo, eu ameaçava levantar-me, lembrava um recado sem importância, ou perguntava apenas: "O que há de novo? Quais são os últimos mexericos?". Quando não me encontrava, deixava um bilhete sobre a mesa chamando-me de "rapariguinha passeadeira". Percebi, finalmente, que andava angustiado, que se sentia só, necessitava de um ponto de apoio, de uma presença física que não o perturbasse com perguntas, mais do que nunca. Uma grande resolução precisava ser tomada e ele sofria. E eu dispunha de pouco tempo: estava me preparando para tirar minha carteira de chofer na Inspetoria[30] e não queria contar com favores; tinha cifrados todos os dias, despachos para estudar e me julgava com direito a algum divertimento.

Os senhores deputados e senadores que compareciam, todas as sextas-feiras, para a audiência presidencial me davam um trabalhão. Recebia uma pasta gorda de pedidos e reclamações que devia catalogar, providenciar e lembrar sempre ao presidente, no momento oportuno dos despachos ministeriais. O então deputado Waldemar Falcão era o mais assíduo, mas também o mais organizado: um monte de fichinhas em cartolina verde, datilografadas com cuidado e precisão, continham pedidos para atender a todo o território cearense. Não sobraria nada para os outros deputados, se se satisfizesse somente a ele. Outros mandavam seus pedidos em pedaços de papel de jornal, escritos a lápis, às vezes contendo apenas um nome. Tinha de recorrer a papai, e sua memória nunca falhava: "É do deputado tal, muito desorganizado mas um bom sujeito. Traga no dia do despacho do ministro da Viação. Antes do despacho e não depois. Está ouvindo? Sempre atrasada". Às vezes eu atrasava mesmo, outras era injustiça. Também tinha agora meus despachos oficiais com algumas autoridades. Meu primeiro freguês foi o presidente do Instituto dos Comerciários, Polidoro Machado. Boa-praça, trabalhador e honesto; mas como demorava para expor um assunto. Em pouco tempo todos os *demorentos* passaram a ser minha especialidade; diziam que eu tinha paciência e sabia ouvir. Precisava encontrar tempo para papai. Ele e mamãe andavam meio agastados. Ela teimava em começar a construção no Rio de Janeiro de nossa nova casa; ele alegava que precisava voltar para o Rio Grande e não podia construir duas casas ao mesmo tempo. Manoel Antônio, já formado em agronomia desde 1936 pela Escola de Piracicaba,[31] recusara-se terminantemente a morar no Rio e a aceitar qualquer emprego público e torcia pela solução de papai. Eu também. Queria me pôr à prova: verificar se eu estava mesmo civilizada, como diziam minhas amigas, que jamais voltaria a me adaptar à vida na estância ou se ainda continuava *bugra*.

Encontrando eco para seus próprios pensamentos, papai se abria comigo. Contava-me sua infância, suas decepções, suas aspirações truncadas.

E os dramas de cada dia continuavam. Escreveu a Oswaldo Aranha contando-lhe a situação brasileira e o problema a ser enfrentado no Rio Grande do Sul. Oswaldo, que ainda tinha esperanças, contrariando a posição assumida por seus irmãos ao lado dos *dissidentes*, respondeu-lhe em telegrama cifrado que ficaria solidário... com Flores. O general Góes continuava a fazer ensaios gerais para o grande espetáculo, que era apenas retirar das mãos do governador os poderes outorgados pelo estado de emergência, passando-os para o comando da Região, e controlar a Brigada. Após várias experiências *fracassadas*, escolhera para comandar a Região Militar em Porto Alegre o general Daltro Filho, com ordens de requisitar a Brigada Militar no momento oportuno, deixando o governador sem forças para atemorizar seus adversários ou provocar uma revolução. O tempo continuava dando tempo e, para o general Góes, o momento oportuno não chegava.

No dia 7 de setembro, na Hora da Independência, papai fez um belo discurso ao povo brasileiro, despedindo-se dele como presidente da República: "É a última vez que vos falo nesta qualidade". Recebeu grandes demonstrações populares de apreço e solidariedade, o que não agradou a muita gente. Deu alma nova, no entanto, a todos aqueles que ainda acreditavam em Getúlio

Vargas. Se o povo ainda o aplaudia, mesmo depois de tantos anos de governo, já no ocaso, desprestigiado politicamente, talvez fosse preferível *ele* do que qualquer um dos outros quatro caminhos que se apresentavam. Sem esquecer um quinto: o comunismo, que estava sabiamente jogando em todas as frentes.

Outros acontecimentos políticos, além dos internacionais, além do problema sucessório, preocupavam e desassossegavam o presidente da República. Focos de fermentação, causados pelo clima de insegurança que se respirava, espocavam em várias unidades da Federação.

No Distrito Federal, o prefeito padre Olímpio de Mello se havia incompatibilizado com as várias correntes políticas que o apoiavam. Estas exigiam sua substituição imediata por um elemento mais conciliador, que pudesse presidir com menos turbulência as eleições na capital. Nascido no sertão de Pernambuco, político no sertão carioca, o padre Olímpio era, como governador da cidade, uma estranha mistura de ingenuidade e esperteza: um sacerdote-cangaceiro genuíno, em ambos os aspectos de sua personalidade. Sacerdote exemplar, gozava da absoluta confiança do cardeal do Rio de Janeiro, d. Sebastião Leme, que o considerava e apreciava. Destemido até a audácia como político, não se deixava atemorizar e enfrentava valentemente qualquer situação difícil. Foi uma das vítimas prediletas do anedotário carioca. Diziam que no bolso esquerdo de sua batina carregava sempre o rosário e no direito uma pontiaguda faca pernambucana, a *bicuda*, para sua defesa corporal. Durante um de seus despachos com o presidente da República, ao retirar um lenço para enxugar o suor do rosto, um estranho objeto caiu ao chão. Era a famosa *bicuda*. O presidente a teria apanhado do chão e devolvido a seu dono com estas palavras: "Padre, o seu rosário caiu". Bonacheirão e simples, padre Olímpio não se aborrecia com essas anedotas e as contava ele próprio, precedidas do infalível: "Imaginem o que estão dizendo de mim". Por brincadeira, e sabendo que ele acreditaria em qualquer de minhas perversidades, eu lhe transmitia pedidos que sabia impossíveis de atender, ameaçando-o de contar suas inexistentes aventuras ora ao presidente, ora ao cardeal, conforme o assunto, se não fizesse o que lhe pedia. Com seu acentuado sotaque nordestino, engolindo quase todos os "eles", me dizia: "Azirinha, não faça isso comigo. Você sabe que não pode ser. Eu sou seu amigo". Depois que deixou a prefeitura,[32] costumava reunir em sua casa, uma vez por ano, todos os políticos seus amigos, para uma feijoada, à qual muitas vezes papai comparecia.

Dessas tertúlias inocentes surgiram um partido político, o PP — Partido do Padre —, e um novo grupo religioso — o dos *católicos relaxados*. Do partido, foi organizador Átila Soares,[33] da religião, João Alberto, que o colocou sob o patrocínio do já então cônego Olímpio de Mello. Em vão o ex-prefeito protestava, entre sorridente e zangado, dizendo: "Estes meninos me comprometem". Seus adeptos faziam-no calar replicando em tom de súplica: "Padre, nós contamos só com o senhor para entrar no céu. Não nos abandone". Faziam parte desse grupo político-religioso, além dos dois fundadores, João Alberto e Átila Soares, Costa Rego, o jornalista; Agamenon Magalhães, ministro da Justiça e seu amigo de infância; general Góes Monteiro, que estava em todas; Filinto Müller, chefe de Polícia; os dois Amaral Peixoto, o deputado Augusto e o candidato a deputado Ernani; Luiz Aranha, chefe de partido e irmão de Oswaldo; Vieira de Mello, o jornalista; Napoleão Alencastro Guimarães, militar, diretor da Central, político. O general Dutra, ministro da Guerra, era postulante apenas, porque aparecia esporadicamente.

Quando me casei, em 1939, e não o convidei para ser o oficiante na cerimônia religiosa, ofendeu-se e reclamou. Irreverente como sempre, lhe respondi: "Padre, o senhor não sabe mais casar, já desaprendeu. Fiquei com medo que na hora do *Conjugo Vobis* o senhor dissesse: 'Está encerrada a sessão!'. E meu casamento é para valer".

Em uma cerimônia de casamento em que Ernani e eu éramos padrinhos, padre Olímpio fez questão de mostrar que era mesmo sacerdote e oficiou de cor. Na sacristia não se conteve. Triunfante, me perguntou enquanto assinávamos os papéis: "Você viu?". Cumprimentei-o, entregando os pontos. Mas eu já estava casada.

Em setembro de 1937,[34] entretanto, o padre Olímpio de Mello era um prefeito demissionário. Quem o substituiria? Quase todos os políticos proeminentes e com força eleitoral no Rio de Janeiro eram candidatos a deputados ou senadores nas próximas eleições. Se aceitassem o posto ficariam constitucionalmente incompatibilizados para o pleito. Os dias passavam e não se encontrava quem quisesse assumir a prefeitura.

O capitão-tenente Ernani do Amaral Peixoto, ajudante de ordens da presidência, com o objetivo de ajudar seu irmão Augusto a conquistar a senatoria, metera-se de corpo e alma na política do distrito. Em pouco verificou que também nascera para político, resolveu candidatar-se a deputado e começou a aparecer no cenário. Um dos nomes lembrados para a sucessão do padre Olímpio foi o dele. Neófito, nada teria a perder, ganharia até, lhe disseram: tornar-se-ia mais conhecido e se elegeria em outra oportunidade. Os outros já eram políticos veteranos e balanceavam suas possibilidades preferindo correr o risco eleitoral. O neófito relutava sob a pressão do Partido Autonomista: desejava ser deputado e não prefeito por uns poucos meses. Só aceitaria em última instância se não descobrissem outro nome. Em resumo, ninguém queria ser prefeito e as confabulações prosseguiam.

Súbito uma voz inesperada se fez ouvir: Henrique de Toledo Dodsworth, do Partido Economista,[35] aceitava. Candidato a deputado, com a eleição presumidamente garantida, estava pronto para um sacrifício. Sobrinho de Paulo de Frontin (um dos poucos prefeitos de verdade que já teve o Distrito Federal),[36] carioca de nascimento, inteligente, folgazão, pouco amigo do trabalho pesado, pertencia à chamada geração jóquei-clube. Essa demonstração de desprendimento foi recebida com espanto e desconfiança por alguns de seus companheiros de legenda e ainda mais pelos autonomistas, mas era enfim uma solução.

Transmitida a notícia ao presidente da República, que também se surpreendeu, pelos irmãos Amaral Peixoto, com o beneplácito de João Alberto, Átila Soares, Luiz Aranha e outros, lavrou-se o decreto e saiu a nomeação. Depois de 10 de novembro, dono e senhor da prefeitura por oito anos, com plenos poderes, passou ele próprio a denominar-se o "único confidente do golpe". Renunciara a uma posição certa, de quatro anos, como deputado, por uma interinidade na prefeitura de poucos meses, e ganhou oito anos.

Algumas semanas após sua posse, ainda no período de sondagem do terreno, pois Dodsworth estivera em oposição a Vargas até mais ou menos fins de 1936, telefonou-me. Disse que o padre Olímpio, chefe do Partido Autonomista, só faria a indicação de Ernani do Amaral Peixoto para a chapa de deputados se eu própria lha pedisse. Ignoro se a maldade partira do próprio informante ou era uma hábil sondagem do padre. Embora fôssemos muito amigos, saíssemos frequentemente juntos, provocando comentários, não havia ainda a menor sombra de romance entre o citado candidato e eu. Consultei-o lealmente, antes para saber se necessitava de meu auxílio. Não teria o menor constrangimento em ajudá-lo, mas poderia ser para ele uma demonstração de fraqueza. Amaral Peixoto indignou-se com a perversidade e pediu que nada fizesse nem sequer comentasse. Entraria por seus próprios méritos ou abandonaria a ideia.

Outro tumor em formação era o estado do Rio de Janeiro. O almirante Protógenes Guimarães, gravemente enfermo, estava licenciado do governo. Tentara na França uma cura impossível para o mal que o acometera. Desenganado, vivia um verdadeiro drama há vários meses. Arrancavam-no periodicamente do leito em que se encontrava para assumir seu posto por dias ou apenas minutos, interrompendo o prazo constitucional. Se não o fizesse, seria considerado incapaz de exercer suas funções e legalmente substituído. Reinava dentro do estado a maior desordem. O governo fluminense estava sendo exercido esporadicamente por pessoas as menos habilitadas e idôneas para isso. Todos sabiam que a vida do governador estava por um fio e que esse continuado vaivém entre o hospital e o Palácio do Ingá só poderia apressar seu fim. Como ninguém se entendia e os partidos não chegavam a um acordo sobre o nome do substituto que presidiria às eleições, era necessário continuar essa farsa cruel! Novamente ninguém queria assumir o posto para não ficar incompatibilizado para as eleições. José Eduardo de Macedo Soares, eterno candidato ao governo do estado do Rio, destruía diariamente todos os nomes lembrados, nenhum lhe merecia confiança suficiente para presidir à sua eleição. Outra vez veio à baila o nome do capitão-tenente Ernani do Amaral Peixoto como solução.

Eu terminava um cifrado, quando o vejo se aproximar de minha mesa, rindo. Não gostei da interrupção: estava com pressa. Prontificou-se a me ajudar se eu o ouvisse ainda que por dois minutos mais. Precisava contar o que lhe acontecera a alguém que não fosse indiscreto. Acedi e a mais estranha das palestras se iniciou: "Acabo de receber uma proposta inesperada. Fui convidado para substituir o almirante Protógenes no governo do estado do Rio".

— E daí? Procura no código XPTOV.

— Espera um pouco. Presta atenção, pelo menos. Estão pensando em lançar meu nome para substituir o almirante Protógenes no governo do estado do Rio.

— Quem está pensando?

— O Lengruber me comunicou hoje que o grupo do Macedo Soares estava cogitando lembrar ao presidente meu nome para solucionar a crise fluminense.

— Como? Vê CHOPP, rápido. Quem é Lengruber?

— É um político que pertence ao grupo do Macedo, já disse. Não existe essa palavra no código.

— Não conheço. Você aceitou? Então deve estar truncada. Procure melhor.

— Ainda não. Você é que leu errado. Já achei a palavra. Sendo afilhado do almirante, seu amigo e amigo do presidente, lembraram-se de mim. Que é que você acha?

— Faltam quatro grupos, os dois últimos, devem ser "saudações cordiais". O que é?

— Perguntei o que é que você acha da ideia.

— Eu, nada. Que é que você respondeu? Primeiro procure as outras palavras depressa para eu poder terminar.

— É isso mesmo — "saudações cordiais". Acabou? Respondi que era da competência do presidente a escolha e eu obedeceria, caso meu nome fosse a solução para o problema. Pessoalmente prefiro ser deputado.

— Acabei. Veja se confere. Se você não quer ser, espere a eleição e obrigada pela colaboração.

— Confere, mas falta uma palavra.

— Qual? Ah! essa eu já sei de cor. É ponto final.

— Então está certo. Mas que é que você acha?

— De quê? Vou bater à máquina o telegrama.

— Da ideia de se lembrarem de mim.

— Você confia nos que o convidaram?

— Não sei, mal os conheço. Embora seja a terra de meus pais, só me interessei pela política fluminense por amizade ao Ary Parreiras. Agora tenho tentado ajudar ao almirante Protógenes e à família, por isso entrei em contato, por ordem do presidente, com as várias correntes que o apoiam, para ver se se põe um paradeiro a essa maldade.[37]

— E você quer minha opinião sobre o quê?

— Devagar. Eu não estou dizendo que levei a proposta a sério. Queria apenas contar a você para desabafar, porque depois vão dizer que eu estou contando garganta.

— Então vamos ver em que dá. Quer uma carona até a praia? O patrão já deve estar à minha espera no Guanabara e ainda nem passei a limpo o telegrama.

— Não, obrigado. Tenho uma reunião no morro de São Carlos.

Mais alguns dias se passaram e, em começos de outubro, novamente procurou sua confidente. Desta vez, vinha sério e, por milagre, não havia cifrados: "Imagine o que me aconteceu. O próprio José Carlos, ministro da Justiça, me pediu para aceitar a interventoria do estado do Rio até as eleições. Disse-me que o candidato do presidente a governador será fatalmente o José Eduardo, e eu sou o homem ideal para preparar o caminho para ele, organizando um bom orçamento. Tornei-me o predileto dos vários grupos, que não se acertavam". Aguardava aplausos, com a satisfação de um calouro convidado a tomar parte na festa dos veteranos, e continuou: "Respondi que era um assunto que não dependia de mim e sim do presidente. Obedecerei às suas ordens, embora pessoalmente prefira me eleger deputado. Mas o que é que você acha? Devo aceitar, ou não?". Pela primeira vez desconfiei que aquela mania de me transformar em Antônio Conselheiro era intencional e tirei o corpo fora: "Se você quer ser político, essa é uma oportunidade como outra qualquer para mostrar sua capacidade. Depende de você e de onde estão suas preferências".

    Já havia boatos e evidências suficientes a essa altura de que estava para acontecer algo de inesperado no Brasil, mas ninguém sabia exatamente o que seria, nem quem ganharia a parada. Percebendo que eu fugia ao assunto principal, insistiu: "O que eu quero saber é: caso o presidente aceite meu nome e eu seja nomeado, posso contar com você? Nossa amizade não sofrerá alterações?". Eu havia apregoado aos quatro ventos que, em minhas cogitações matrimoniais, jamais entrariam três tipos de atividade: militar, político e jornalista. Uma das condições contra, a de militar, já a possuía: a segunda poderia ser a definitiva. Dissuadi-lo seria assumir um compromisso tácito que não me convinha. Respondi que continuaria a residir por enquanto no mesmo lugar e não via motivos para que deixássemos de continuar a ser os mesmos amigos de antes. E não se falou mais no assunto.

    Do Maranhão vinham telegramas pedindo socorro ao presidente da República. O governador Paulo Ramos andava às voltas com uma séria e movimentada oposição. Alagoas estava à mercê de uma rivalidade explosiva e perigosa: Góes Monteiro versus Góes Monteiro. Pedro Aurélio, Ismar e Silvestre Péricles exigiam alternativamente intervenção no estado ou manutenção do status quo.

    Seria longo e enfadonho recordar a posição instável e intranquila de cada estado da Federação. Em resumo, poder-se-ia dizer que entre mortos e feridos todos se salvaram.

Do dia 1º de outubro em diante, os acontecimentos se precipitaram de tal maneira que é difícil manter um relato acurado e consequente. Tentarei, assim mesmo, enfrentar o famoso e famigerado Plano Cohen[38] e o advento do Estado Novo.

9
O Plano Cohen e o Estado Novo

Quem inventou o Plano Cohen? Quem o forjou, se é que foi forjado? Quem o concebeu? Quem o redigiu? De onde surgiu? Por quê? Por quem? Quando? Onde? E para quê?

Ninguém sabe ao certo toda a verdade e talvez ninguém jamais venha a saber. Os que tiveram conhecimento dele e já não pertencem ao número dos vivos não contaram tudo o que sabiam. Os que tomaram parte em sua confecção e divulgação e que, porventura, ainda não estejam de todo mortos jamais dirão a verdade em toda a sua extensão. Por falta de coragem ou de interesse ou por conhecerem apenas uma parte dos fatos.

O Plano Cohen pertence à categoria dos documentos chamados enjeitados ou de paternidade putativa. Ninguém sabe, com segurança, como foram concebidos, quem é o pai, quem é a mãe; onde nasceram, como e por quem foram adotados depois; quem lhes deu a mão para que surgissem no cenário público. Quem redigiu a primeira parte da Bíblia? Quem tornou célebres as obras de Homero, ou quem as colecionou, se ele não existiu? Quem é o verdadeiro dono das maravilhas conhecidas como obras de Shakespeare? Quem inventou o Plano Pan-Germanista da Primeira Guerra Mundial? Quem publicou o Protocolo dos Sábios de Sião? Quem é o pai do Plano Cohen?

Sabe-se, por um vago depoimento do general Pedro Aurélio de Góes Monteiro, que estava sendo batido à máquina, em uma sala do estado-maior do Exército, por um oficial superior, filiado ao movimento integralista. É ele seu autor? Obedecia a ordens? Copiava um documento? De quem? Para quê? Ninguém responde. Diz o mesmo vago depoimento que cópias desse documento foram enviadas a várias autoridades brasileiras. Se era falso, por que sua falsidade não foi provada de imediato e seu ou seus autores não foram desmascarados? Ainda não estávamos em estado de guerra, não vivíamos em regime ditatorial, não havia censura da imprensa. Reinava no Brasil a mais legítima e genuína democracia. Se era verdadeiro, quais as providências tomadas para abortar o golpe terrorista apregoado e descobrir sua origem? Havia base para a execução do plano? Era realmente um plano comunista? Seria uma armadilha preparada pelos integralistas, discípulos *cum laude* na arte da propaganda nazista? Não sei. Só sei que surgiu de dentro do estado--maior do Exército.

Por que foi publicado mais tarde como bomba de retardamento? Por quem? Para quê? Por quê? Qual o motivo? Também não sei e agora já nem quero mais saber. Só a uma pergunta posso responder com a mais absoluta e honesta certeza, a pergunta que deixei para o fim: foi o Plano Cohen a base do golpe de 10 de novembro, a razão do Estado Novo? Positivamente não.

Pode ter servido de justificativa, peça de convicção, um documento para provar até que ponto iam a falta de compostura política e a incompreensão do perigoso momento que estávamos atravessando. Vivíamos um período em que a mentira tinha mais foros de verdade do que a própria verdade, a intriga era moeda corrente e a calúnia o artigo do dia, de todos os dias. Nessa atmosfera, qualquer Plano Cohen frutificaria.

Voltemos aos fatos, sem digressões. Em fins de setembro, a candidatura José Américo de Almeida entrara nos estertores. Os governistas, aqueles que estão sempre a favor do governo, qualquer que ele seja, e não têm a menor culpa que os governantes sejam instáveis, pois eles não o são, são sempre governistas, andavam completamente desorientados, sem saber para onde se dirigir. Não podiam acompanhar a candidatura Armando de Salles, pois dado o rumo que esta havia tomado seria uma declaração de guerra aberta ao poder central, que, apesar de tudo, continuava forte. O caminho esperado, Oswaldo Aranha, já estava fora de cogitação; seus coestaduanos se haviam esquivado sutilmente. A candidatura de Plínio Salgado inspirava sérios receios no povo, devido à sua origem na classe chamada de alta burguesia. No entanto, ou por isso mesmo, para vários governistas passou a ser a única saída honrosa, e muitos começaram a olhá-la com bons olhos. Um novo horizonte se abriu para a ala pacifista do integralismo. Essa ala se aproximou de Getúlio Vargas, buscando entendimentos através das pontes naturais: Francisco Campos e general Newton Cavalcante, protetor dos camisas-verdes. Outros caminhos menos diretos, porém igualmente eficientes, também foram utilizados.

O Plano Cohen tinha sido remetido de acordo com a rotina para o ministro da Justiça, que era também o presidente da Comissão apuradora das atividades e dos pecados cometidos pelos comunistas em 1935. Baseado no tenebroso plano e nos fatos que a Comissão havia apurado em quase dois anos de existência, o Executivo enviou mensagem ao Congresso, solicitando a decretação do estado de guerra em todo o país.

A essa altura o povo carioca começava a se preparar para o Carnaval e a primeira marchinha de sucesso tinha como estribilho:

Será seu Manduca[1]
Ou será seu Vavá?[2]
Entre les deux,
Meu coração balança
Porque
Na hora H
Quem vai ficar
É seu Gegê.

Estas rimas tinham o dom de me irritar. Meu amigo Mário Reis cantava-as todos os dias para me provocar e terminava em compasso de samba: "Nonô, Lulu e o padre de Bangu. É pra cabeça!".[3] Eram os três políticos do Distrito Federal mais influentes na época, que ele tratava familiarmente pelos respectivos apelidos.

Tentei, sem resultado, fazer o papel de avestruz e ignorar o que se estava passando. As trovoadas e tempestades estouravam sempre perto de mim e era obrigada a tomar parte no drama.

No dia 1º de outubro, o Poder Legislativo votou o estado de guerra[4] e à noite compareceu ao Palácio por intermédio de uma comissão, adrede designada, para comunicar ao presidente da República seu feito; praticamente apresentavam o próprio atestado de óbito. No mesmo dia surgia a notícia do desaparecimento de Pedro Ernesto. Fugira ou se escondera? Teria alguma culpa ou fora mera precaução de quem já havia estado prisioneiro?

No dia 3, Trifino Correa, oficial do Exército, acusado de pertencer às hostes comunistas, foi aprisionado em Porto Alegre por elementos da Região Militar, quando tentava sublevar a Brigada. No dia 4, Silo Meireles, outro oficial do Exército, também apontado como pertencente ao credo comunista, foi feito prisioneiro, na mesma capital.

Corriam boatos insistentes de que Macedo Soares não se aguentaria no Ministério da Justiça por muito tempo.

No dia 13, no entanto, comunicou ao presidente da República que a pacificação política do estado do Rio de Janeiro poderia ser feita com a nomeação do capitão-tenente Ernani do Amaral Peixoto para interventor federal. Apenas presidiria às eleições. O candidato ideal para a sucessão fluminense seria o mano José Eduardo de Macedo Soares.

Papai, quando hesitava sobre certas decisões difíceis, me procurava para poder pensar alto e depois inquiria por mero desfastio: "Que é que tu achas, rapariguinha?". Respondi-lhe que, desta vez, eu já sabia pelo próprio indigitado que seu nome seria proposto como a melhor solução, e o ministro da Justiça se incumbira de levá-lo ao conhecimento do presidente. Embora a nomeação para interventor no estado do Rio, por poucos meses, representasse o sacrifício de suas pretensões a deputado pelo Distrito Federal, por quatro anos, estava disposto a aceitar, para servir à terra fluminense, berço de seus antepassados, se o presidente concordasse. Papai não ficou satisfeito. Gostava de me surpreender, contando fatos que devia ignorar, para poder melhor apreciar em mim os efeitos das notícias inéditas. Eu representava para ele uma espécie de síntese dos reflexos da opinião pública. Sabia que eu frequentava todos os meios — os mais grã-finos e os mais populares — e tinha a certeza de que eu jamais o iludiria conscientemente ou sonegaria informações que recebesse. Algumas vezes, por mero acaso, outras por bisbilhotice, de antemão sabia o que queria me contar, mas simulava ignorância para lhe dar a satisfação do *furo*. Na circunstância em apreço, porém, eu conhecia os detalhes melhor do que ele e não podia calar. Um tanto desapontado, disse-me que iria meditar sobre o assunto. A surpresa ficara prejudicada. Quantas vezes me confiou segredos, segredos que ele próprio dizia que "nem meu chapéu conhece", segredos que me atormentavam, pois a vontade de passá-los adiante era enorme. Sempre consegui guardá-los, até o momento em que deixavam de ser segredo.

No dia 15, houve uma reunião ministerial de grande importância. Foi discutida a execução do estado de guerra e suas consequências. O Ministério estava constituído da seguinte maneira: Justiça — José Carlos de Macedo Soares; Exterior — Mário de Pimentel Brandão; Fazenda — Artur de Souza Costa; Agricultura — Odilon Braga; Viação e Obras Públicas — João Marques dos Reis; Educação e Saúde — Gustavo Capanema; Trabalho — Agamenon Sérgio Godoy de Magalhães; Exército — Eurico Gaspar Dutra; Marinha — Henrique Aristides Guilhem. Um dos pontos principais em pauta era discutir a subordinação das polícias militares do Rio Grande do Sul, de São Paulo e de Pernambuco ao comando das respectivas Regiões Militares, de acordo com o projeto Góes Monteiro, há tanto tempo em preparo cuidadoso e medido. Getúlio Vargas iria cair, como um fruto madurinho, talvez já bichado, sob o olhar sardonicamente protetor do Maquiavel nacional. Seria o títere, por intermédio do qual poderia realizar seu mais recôndito anseio: o de ser o poder, sem assumir as responsabilidades.

Dois fatos inteiramente inesperados atrapalharam seu esquema e libertaram o presidente da República e o povo brasileiro da tragédia que os aguardava. Devo dizer que foram inesperados para o general Góes Monteiro, mas não para aqueles que prepararam o inesperado.

Primeiro: o coronel Agenor Barcellos Feio, comandante da Brigada Militar do Rio Grande do Sul, não esperou pela requisição das tropas sob seu comando, que deveria ser feita pelo general Daltro Filho, comandante da 3ª Região Militar, somente quando o general Góes Monteiro, chefe do estado-maior do Exército, julgasse oportuno. Isso seria uma tremenda humilhação para a brigada e redundaria em ódio e revolta contra o gaúcho Vargas, ex-coronel provisório dessa força, presidente da República e único responsável pela ordem a ser dada. Espontaneamente o coronel Feio se apresentou à Região: declarou que as tropas sob seu comando desde aquele momento passariam a obedecer ao Poder Central e não mais ao governo do estado, que estava ostensivamente fora da lei.

Segundo: o governador do estado, José Antônio Flores da Cunha, ao invés das duas únicas atitudes espetaculares, dignas de seu *panache*, herói ou vítima, a que havia anunciado e a que se esperava dele, preferiu uma terceira. Voou tranquilamente para o Uruguai, abandonando seus amigos, e ninguém tentou impedi-lo. Se resistisse pelas armas, embora em inferioridade numérica, ou se se deixasse aprisionar, criaria dentro da Constituição um caso de difícil solução e para Getúlio Vargas um tremendo drama de consciência. Flores, com todas as suas qualidades e todos os seus defeitos de homem público, era um amigo de longa data e doía-lhe sacrificá-lo.

Depois de tantos meses de angústia, pela primeira vez, no dia 17 de outubro, eu vi papai sorrir satisfeito, como alguém que descarrega uma tonelada de peso de sobre os ombros, ou como quem descalça um sapato apertado após uma longa jornada. Não é de admirar que o general Góes Monteiro tenha recebido estes dois acontecimentos com certa frieza. Se o primeiro lhe tirou o prazer de ser o dono do destino, o sabor de marcar ele próprio o dia D e a hora H, o segundo arrancou-lhe das mãos todos os trunfos. Getúlio não havia atacado sua própria terra natal, não perdia o respeito de seus coestaduanos, não criava um caso imprevisto na Constituição, não dava pretexto para deflagrar o que Góes chamava a solução à Floriano. Decretada a intervenção, no dia 19 foi nomeado interventor provisório do Rio Grande do Sul o general Daltro Filho, comandante da Região Militar. E, provisoriamente, ficou solucionado o caso do Rio Grande do Sul.

De um poema de Drummond de Andrade:

Se você dormisse
Se você cansasse
Se você morresse
Mas você não morre
Você é duro, José...
José, e agora?

Agora, José, você vai ter de enfrentar seu destino, o destino ao qual você vem tentando fugir há tantos anos...

Você segue José!
José, para onde?

Creio que, somando todos os conhecimentos que adquiri em todos os 365 dias nesse ano de minha vida, mesmo multiplicados em proporção geométrica, não chegam a superar o que aprendi nos 31 desse mês de outubro de 1937. Somente agora, à distância e olhando para trás, posso, não digo entender, mas pelo menos vislumbrar a imensa tragédia que se travava dentro da alma e da consciência de meu pai. E agora, José?

Não veio a utopia.
E agora, José?
Tudo mofou.

Começaram a surgir comentários fantásticos sobre prisões efetuadas por ordem da comissão incumbida de executar o estado de guerra. Passei a evitar palestras muito íntimas com papai. Fugia dele. Só o via por ocasião dos despachos regulamentares, ou quando outras pessoas estavam por perto. Ele nunca me encontrava nos momentos em que desejava conversar, e os bilhetes chamando-me "malandrinha" se sucediam em minha mesa de estudos. Se era ele o responsável por todas as barbaridades que me contavam, eu não queria saber, preferia continuar iludida. Não tinha coragem para perguntar. Mas as notícias chegavam sempre a meu conhecimento, mesmo que as evitasse.

No dia 23 de outubro soube que a intervenção no estado do Rio estava pronta e que Ernani do Amaral Peixoto fora convidado e aceitara o posto de interventor federal. A 24, Minas Gerais declarava guerra à maçonaria, baseada em instruções do Ministério da Justiça. Que teria a maçonaria a ver com política? Há quanto tempo era considerada apenas como sociedade beneficente e cultural, uma espécie de clube? Importante figura da família governamental, considerada simpatizante do integralismo, me explicou: "Foi exigência da Igreja católica de Minas para continuar a apoiar o governo. Os maçons não são bem-vistos desde a Independência do Brasil por suas intromissões durante os reinados de Pedro I e Pedro II e por ocasião da República". Perguntei, espantada: "Mas a Igreja também está dentro da política? Sempre supus que sua missão aqui fosse somente junto às almas, nada tendo a ver com o poder temporal". Judiciosamente me respondeu: "Você está esquecida dos ensinamentos do Novo Testamento — a César o que é de César, a Deus o que é de Deus! Pois é, as almas são para Deus, os votos e os aplausos para César. Entre a maçonaria e a Igreja católica não há o que hesitar em matéria de número". Entendi, mas não gostei.

Depois foi a vez dos positivistas do Rio Grande. Os positivistas não acreditam em diploma para o exercício de qualquer profissão liberal, ignoram micróbios e são contra a vacina. Foi dado um prazo bastante razoável aos rábulas, charlatães, estudiosos e curiosos para registrarem diplomas que não possuíam. Muita gente ficou atrapalhada, inclusive meu tio Viriato, que tinha uma das maiores bancas de advocacia da fronteira, sem nunca haver passado por perto da faculdade de direito.

No dia 24, papai recebeu um recado de Pedro Ernesto dizendo que estava curado de conspirações e não estava nessa. Escondera-se para não ser envolvido.

No dia 26, papai entrou em contato direto com o PRP de São Paulo, seu maior inimigo desde 1930.[5] Eu já não entendia mais nada, e, no entanto, muito mais ainda estava por acontecer. Era o começo da política dos inimigos-amigos. Papai estava começando a ficar farto dos amigos-inimigos que só o acompanhavam quando o próprio interesse estava em jogo e depois cobravam caríssimo a solidariedade intermitente que lhe davam. Pelo menos os inimigos-amigos não tinham o direito de cobrar e agradeciam até aos céus a oportunidade que lhes era oferecida de voltar à tona.

No dia 28, mostrou-me uma carta que pretendia mandar a Oswaldo Aranha, contando-lhe os últimos acontecimentos e seus porquês. Guardei de memória uma frase: "Segredos não se guardam no bolso, repartem-se com os amigos". Tentava explicar-lhe seu dilema.

Os boatos de que ocorreria um golpe dentro de pouco tempo cresciam todos os dias. Ninguém sabia ao certo como, quando e quem o daria. A tensão, a angústia e a expectativa eram perceptíveis até no ar que se respirava. As cartas anônimas recomeçaram. Guardei duas com especial carinho. Uma continha um folheto impresso que dizia: "Nunca os comunistas estiveram com tanto prestígio como hoje. Alzirinha Vargas, Gilberto Freyre, Leônidas de Rezende e Hermes Lima lideram o movimento esquerdista de dentro do Catete". Éramos acusados, os quatro, de estar promovendo represálias contra todos os simpatizantes do integralismo que eram membros do governo. Não me contive e fiz um show na Secretaria. "Nunca vi nem de longe Gilberto Freyre (até hoje só conheço seus livros); vi Hermes Lima na faculdade, mas não lhe fui apresentada, nem falei com ele. Não vejo o Leônidas desde 1933 e nem sei se já saiu da prisão. Essa é grande!". Respondeu-me Andrade Queiroz: "Você não sabia, doutora, que o Leônidas é funcionário da Câmara e está requisitado, não sei ao certo se pela Comissão do Funcionalismo Público Civil (futuro Dasp) ou pelo Conselho de Segurança Nacional, trabalhando aqui no Catete no terceiro andar?". Tonteei. Ignorava o fato por completo. Minhas atividades se limitavam ao segundo andar, na sala da Capela, junto com Vergara, Andrade Queiroz e Queiroz Lima, assistidos por duas datilógrafas, Aida Montagna e Anésia Salazar.

A outra comunicava, em termos nada lisonjeiros, que eu fora nomeada advogada do Banco do Brasil. Ser advogado do Banco do Brasil era ainda naquela época sinônimo de *mamata*. Só os filhinhos de papais importantes atingiam o cobiçado cargo, portanto era mesmo para me desmoralizar e pôr papai em xeque. "Menti, menti... alguma coisa ficará." Recebi cartas dirigidas ao contencioso do Banco do Brasil de pessoas que acreditavam honestamente que meu endereço era lá. Não me aborreceria, em absoluto, que me pagassem, à guisa de indenização moral, os vencimentos a que devo ter direito por uma nomeação que nunca foi feita nem sequer pleiteada e muito menos desejada: apenas o preço de uma calúnia. Mais tarde, consegui localizar a origem de ambas as difamações. O Banco do Brasil era um dos maiores focos de integralismo em 1937, e os ilustres *integrais* ainda não queriam me deixar em paz. Tinham desenhado sobre minha cabeça uma foice e um martelo. Como eu me recusara a adotar o sigma,[6] estava no índex verde.

No dia 29 de outubro, acordei com febre alta, mas não disse nada a ninguém. À hora do almoço, papai me achou muito *jururu*, o que era um fenômeno. Pegou-me pelo braço e me arrastou até o quarto, queria saber o que era. Era uma vasta gripe. Mais tranquilo me disse: "Gripe se cura com três remédios: cama, chá de limão e uma boa surra". Fui para a cama, o chá, mamãe me trouxe pouco depois, mas a surra ninguém deu.

No dia seguinte já estava sem febre e em condição de trabalhar, apesar de não ter sido aplicada a terceira medicação. Ainda bem, pois à noite estourou outro caso militar. O general Waldomiro Lima voltava ao cartaz. Era acusado pelo ministro da Guerra, general Eurico Gaspar Dutra, de estar interferindo, por conta própria, dentro do Rio Grande do Sul e contra o governo federal, outra vez. Ódio velho não cansa. Meus dois generais, o do Norte e o do Sul, continuavam a lutar pela supremacia dentro do Exército. O do Norte, desta feita, se utilizara da mão do gato para retirar sua sardinha das brasas, e o do Sul caiu em desfavor.

Outubro acabou, e estávamos a 1º de novembro. Não era meu dia de despachos, mas Luiz Simões Lopes adoeceu e me pediu para substituí-lo. Saí do Catete cedo, logo depois do patrão, para preparar meu expediente no Guanabara. Vinha tranquilamente dirigindo meu Ford conversível quando, na altura da rua Marquês de Abrantes, o guarda, que já conhecia de longe a buzina de meu carro, em vez de abrir o sinal, como sempre o fazia, obrigou-me a parar. A rua Paissandu estaria bloqueada até sete horas da noite. Pediu-me que fizesse a volta pela rua Farani rapidamente, enquanto ainda estava aberta, pois seria interditada também dentro de poucos minutos. Não perguntei o porquê, com o coração aos pulos. Entrei direto para a Secretaria, sem guardar o carro na garagem, como era de costume.

As luzes estavam apagadas e, à janela, se encontravam Francisco Campos, o ajudante de ordens de serviço e alguns oficiais do Exército que eu não conhecia. Chamei o capitão Garcez e perguntei afobada: "O que é que houve? Já é o golpe?". Respondeu que os integralistas, por insistência do general Newton Cavalcante, iam desfilar pela rua Pinheiro Machado em homenagem ao patrão; que este estava de mau humor e relutara antes de aceitar, mas não queria desfeitear o general, empresário do espetáculo. Estavam ambos na escadaria central, às escuras, em frente à Dondoca, esperando o começo, pois os homenageantes já estavam na esquina da rua Laranjeiras. Eu tinha conseguido passar no minuto M. Fiquei com raiva. Tinha abandonado meu serviço no Catete para não fazer o patrão esperar por mim e, pelo visto, só iria despachar depois do jantar. Aproximei-me do grupo que espiava o desfile, guardando cautelosa distância da janela escura, cumprimentei-os e dei vazão a meu mau humor, com uma falta de educação que faria mamãe corar de vergonha: "Ora essa, por causa dessa *papagaiada* vou atrasar meu despacho e perder o cinema. Será que eles não têm mais nada que fazer?". Daí para pior. O ajudante de ordens retirou-se discretamente para não tomar partido. O grupo, sempre no escuro, mantinha o mais absoluto silêncio; apenas um balancear de cabeça ambíguo e polido demonstrava que estavam me ouvindo. Percebi, um pouco tarde, que todos eram simpatizantes do integralismo e eu tinha dado uma mancada de mestre.

Calei para ver o que vinha chegando e o que vi me fez ficar muda e queda o resto do tempo. Durante mais de uma hora desfilaram ao som dos *tambores silenciosos*, perfiladas e tesas como se fossem militares treinados, pessoas que eu conhecia de longa data sem suspeitar que fossem apreciadoras desse tipo de atividade. O movimento havia ficado maior, muito maior do que eu supunha, e atingira as mais variadas categorias sociais. Havia marinheiros e oficiais de Marinha, soldados e oficiais do Exército, comerciários e comerciantes, industriários e industriais, pequenos funcionários e chefes de repartição, mocinhas da classe média e senhoras da alta sociedade. Camisas-verdes, anauês, três para o chefe do governo, braços levantados em continência, ritmados, enfrentando uma hostilidade latente, continuavam marchando através da rua Pinheiro Machado. Cheguei a temer que intempestivamente começassem a fazer o passo de ganso,[7] tais a disciplina contida e a determinação que emanavam deles.

Acabado o desfile, vi quando papai se retirava e saí sem me despedir de meus companheiros de janela. Encontrei-o no gabinete já com o dedo na campainha, para chamar o ajudante de ordens. No trajeto, eu havia afivelado a máscara de auxiliar de gabinete eficiente e quando me perguntou: "Ah! és tu? Que tal?", respondi cerimoniosamente: "Vim saber se o senhor quer despachar agora".

Quando estávamos a sós ou em família, eu o chamava ora papai, ora Gê, simplesmente, e o tratamento era *tu* ou *você*. *Senhor* era somente para uso público, ou quando eu me zangava com ele ou por causa dele. Da mesma maneira, se em vez de *rapariguinha*, ou outro dos vários apelidos com que costumava se dirigir a mim, me dizia: "a *senhora*, me traga no próximo despacho tal papel bem estudado", significava que por algum motivo não estava satisfeito. Sentindo meu tom de hostilidade, franziu a testa, bateu na campainha o sinal para o ajudante de ordens e me respondeu seco: "Não, só à noite. Ainda vou receber o Chico Campos, antes do jantar". Retruquei no mesmo tom: "Se o senhor quiser eu vou chamá-lo, porque o capitão Garcez foi acompanhar o general Newton Cavalcante até o automóvel". "Está bem, mande-o entrar", disse-me com um tom meio irônico e deu-me as costas. Saí batendo os pés e as portas inocentes, para cumprir as ordens. Alguns minutos depois ainda estava cozinhando meu mau humor, quando o motorista de plantão perguntou: "A senhora ainda vai sair? Posso guardar o carro? É que a senhora deixou num lugar que está atrapalhando a passagem". Entreguei-lhe a chave: "Não, pode guardar". Espantado com o timbre pouco amistoso de minha voz, pois sempre tratava a todos com cordialidade, acrescentou com certo receio: "Basta virar o carro um pouquinho só. Pode alguém bater nele". Foi o suficiente para que me lembrasse de que ninguém tinha culpa de eu estar preocupada. "Ponha na garagem, por favor, e me traga a chave porque vou sair cedo amanhã, e obrigada." Consegui sorrir para tranquilizá-lo e resolvi esquecer o assunto. Não sei se para me castigar ou porque os problemas a enfrentar eram mais urgentes do que o expediente atrasado, papai não me chamou nessa noite nem nas seguintes. Sarmanho regressara enfim de suas férias e me aliviara de parte de minha carga.

Fui convocada somente no dia 4. Entre vários outros assuntos confidenciais, queria despachar o processo de intervenção no estado do Rio que estava em meu poder. Urgia acabar com a situação anômala do governo fluminense e o martírio de seu governador. Disse-me que tinha resolvido aceitar a sugestão do ministro da Justiça e experimentaria as qualidades de seu ajudante de ordens, Ernani do Amaral Peixoto. Enquanto dizia as razões que o levavam a essa tentativa — confiança absoluta, solução pacífica, entendimento das correntes mais fortes, satisfação da família Protógenes Guimarães, que não ficaria desamparada —, olhava-me inquisitorialmente. Resolvi furar o tumor, de uma vez, e lhe disse: "Eu ainda não me formei em direito e o compromisso continua de pé. Tenho a impressão de que ele quer casar comigo, mas não lhe dei a oportunidade de dizê-lo. A convivência diária, o trabalho em conjunto, às vezes na mesma sala, formam uma espécie de hábito. É possível que seja só isso. Tendo ele responsabilidades diferentes, afastado do ambiente a que se acostumou nesses quatro anos, é muito provável que mude de ideia. Se mudar, mudou, e não se fala mais nisso. E, se não mudar, há muito tempo para pensar". Sorriu mais tranquilo e perguntou: "E você?". Abri-lhe a alma: "Papai, esse negócio de casamento é muito sério. Tenho visto ultimamente tanta gente casar, descasar, recasar ou então permanecer infeliz, que eu prefiro por enquanto ficar como estou. Se decidir em contrário, serás o primeiro a saber. Continuo livre e desimpedida. Achas que ele é a solução para o estado do Rio? Já o convidaste? Caso necessites de ajuda para convencê-lo a aceitar, é só dizer, pois na certa irá me contar imediatamente". Papai ficou pensativo por alguns minutos, depois continuou: "Está bem. Ainda não lhe falei, mas acho que tem as qualidades imprescindíveis para o cargo e é uma solução que me agrada. Mas, e os outros que andam rondando?". Seu olhar estava carregado de malícia e minha resposta tinha toneladas de inocente perversidade: "Em fim de governo, papai? A maioria já desistiu. Sabe lá o que é ir a São Borja buscar uma *bugra* metida a independente, teimosa, bacharel em direito e tua filha? Não é qualquer um que vai me aturar e eu também não aturo qualquer um". Riu com gosto desta vez e passou a outro assunto: a reforma constitucional que estava em marcha, aos cuidados de Francisco Campos e de Góes Monteiro, para dar ao Executivo mais autoridade e maior liberdade de ação. Conversamos durante algum tempo e eu fiquei sabendo, enfim, por que esses dois ilustres personagens estavam sempre atrapalhando minhas horas de despacho e meus programas de divertimento, tão cuidadosamente esquematizados para não prejudicar o trabalho.

Nessa época, surgiu uma anedota de que foi vítima minha irmã, mas cuja heroína na verdade era eu. Com os nomes trocados e em país fictício, uma revista carioca publicou a história de um rei, chamado Tuliogê. Sua filha Arydnaj perguntara quando deixaria ele de ser rei, pois seu noivo recusava-se a casar com a filha do todo-poderoso. Não queria ser acoimado de interesseiro. Tuliogê, o rei, passara a mão sobre os cabelos de Arydnaj e lhe dissera: "Minha filha, é melhor você desistir. Esse jovem, positivamente, não está bem-intencionado a seu respeito. Ele não quer casar".

Quem havia feito essa onda toda de não casar, enquanto Tuliogê (Getúlio) fosse rei, fora eu, para espantar os pretendentes. Jandyra (Arydnaj), que nunca se metera em barulhos, que nunca atrapalhara a vida de ninguém como eu, que nunca se interessara por política, nem por administração, enquanto eu metia o nariz onde não era sequer chamada, pagava, tornando-se anedota, as várias raivas acumuladas contra mim. Nossos *ilustres plumitivos*, mal-informados e, ainda pior, mal-intencionados, haviam batido na porta errada. Tenho vários amigos dentro da imprensa brasileira e, por várias vezes, fiz com muitos deles uma experiência curiosa que sempre deu resultado: confiei neles. Faziam-me perguntas as mais indiscretas e eu lhes respondia invariavelmente: "Você quer notícia para publicar ou quer saber para sua orientação? Se você prometer publicar apenas o que não for prejudicial, mas, para que você pessoalmente possa entender o que está se passando, eu conto tudo. Em caso contrário, responderei com evasivas porque meu pai me ensinou que não há perguntas indiscretas, há respostas indiscretas". Tive muito poucas decepções com este sistema. Jornalistas também são gente, embora sujeitos a uma tremenda deformação profissional. Notícia é notícia, doa a quem doer, fira a quem ferir, estrague o que estragar, prejudique o que tiver de prejudicar. Só veem, em geral, à sua frente, a manchete do jornal, a notícia do dia e seu nome impresso em letras maiores do que as do dono do jornal. Nunca briguei com nenhum jornalista por atacarem meu pai, meus irmãos, meus tios e, mais tarde, meu marido. Nunca me aborreci por darem interpretações errôneas a fatos que estavam mais do que claros ou por publicarem inverdades. No entanto, não pude deixar de riscar da lista de meu apreço e respeito três periódicos cariocas e dois jornalistas que se deram à veleidade de atacar e tentar pôr em ridículo alguém que jamais se interpôs no caminho de ninguém a não ser para fazer o bem: minha mãe.

Quem vai à chuva se molha. Eu fui sem guarda-chuva e me molhei. Não tenho o que lamentar e nem lamento. Enfrentei e enfrentarei quantas chuvas forem necessárias para continuar a seguir, sem desfalecimento, a rude estrada que meu pai me indicou. Não há triunfo sem sofrimento, nem derrota sem glória. Em política, na guerra e no amor não há lógica e só existe um crime: perder. Quem perde é apenas o pobre coitado, quem ganha é herói. Quem perde apanha; quem ganha recebe. Por isso, não posso perdoar àqueles que tentaram salpicar de lama quem nunca e jamais interferiu nos interesses de quem quer que seja. Reivindico para mim a anedota anônima publicada por uma revista carioca em 1937 sobre minha irmã, porque não acho justo que ela pague por mim.

No dia 8 de novembro, dois fatos importantes ocuparam meu dia. Um, José Carlos de Macedo Soares, ministro da Justiça, após uma desastrosa entrevista política em São Paulo, sentiu-se obrigado a pedir demissão. Foi nomeado para substituí-lo nada mais nada menos do que Francisco Campos, o Chico Ciência ou o Chico Taxa, que nos havia proporcionado em 1933 dois meses de greve na faculdade. O outro, Ernani do Amaral Peixoto, recebeu o convite oficial do presidente da República para assumir, como interventor, o governo do estado do Rio de Janeiro e aceitou.

No dia 9, Francisco Campos tomou posse da pasta da Justiça. Quase à mesma hora, João Carlos Machado, deputado rio-grandense da corrente florista, lia na Câmara Federal uma carta de Armando de Salles Oliveira, denunciando à Nação um golpe de Estado de origem militarista, que seria desferido pela mão de Getúlio Vargas.

Papai andava visivelmente preocupado. Poderia ele motivar outra revolução, outra guerra entre irmãos, mais sangue brasileiro derramado para fazer com que o Brasil acordasse e acreditasse em si próprio? Deveria ou não? Somente depois que recebeu a palavra de São Paulo através de seu governante, Cardoso de Mello Netto, assegurando que Armando de Salles não estava autorizado a falar em nome de seu partido, em nome de seu estado, e muito menos em nome do povo de São Paulo, é que se tranquilizou: os paulistas não desencadeariam outra revolução.

Agamenon Magalhães, ministro do Trabalho, na impaciência de libertar Pernambuco, sua terra natal, da presença de Lima Cavalcanti, viu na publicação do manifesto militarista do ex-governador de São Paulo a provocação ou o pretexto para o golpe. O presidente da República viu o momento oportuno.

Transmitiu por intermédio do ministro da Guerra, general Eurico Gaspar Dutra, as ordens para a antecipação do famoso golpe branco: 10 de novembro. O general Góes não gostou, pois, por motivos que não discuto, possivelmente de origem alagoana, havia marcado a data para 15 de novembro. A antecipação não estava prevista por ele, mas teve de cumprir as ordens dadas pelo ministro da Guerra. Na madrugada de 9 para 10 de novembro, tropas da Polícia Militar e do Exército ocuparam tranquilamente as portas de acesso para os congressistas tanto na Câmara como no Senado. Ninguém podia entrar, não houve sessão; ninguém reclamou, ninguém se revoltou. A consciência popular de que alguma coisa devia ser feita para evitar o descalabro econômico, financeiro, político e administrativo do Brasil estava tão clara e patente que não houve a menor reação. Alguns protestos isolados, mais líricos que genuínos, apareceram para dar trabalho aos telégrafos. O golpe de 10 de novembro de 1937 foi como que um grande e profundo suspiro de alívio para a maioria do povo brasileiro. Não para todos, é claro. Nunca houve, não há e nunca haverá, felizmente, no Brasil, unanimidade para coisa alguma.

Comparecemos todos ao Catete para trabalhar como em todos os dias normais. Peguei meu carro à mesma hora, dirigi-o com a mesma tranquilidade até o Catete, encostei-o no lugar de sempre, recebi os pedintes habituais, comentei os acontecimentos do dia da mesma maneira com as mesmas pessoas como de costume. Nada parecia alterado. No gabinete do presidente da República, no entanto, algo diferente se processava: reunião ministerial para tomar conhecimento do texto da nova Constituição que deveria ser outorgada ao Brasil naquele dia, a Constituição que havia sido redigida por Francisco Campos, com sugestões de Góes Monteiro, sob a supervisão de Getúlio Vargas. Somente um dos ministros se recusou a assiná-la, com certa melancolia: Odilon Braga, titular da pasta da Agricultura. Profundamente vaidoso, supôs que sua recusa em assinar a nova Constituição criaria uma crise dentro do país e o transformaria em herói nacional. Foi substituído no mesmo dia por Fernando Costa, chefe do Departamento Nacional do Café, membro do PRP e paulista. Estavam explicadas as conversas do meu patrão com o *perrepismo*, e o café com leite voltava a seu equilíbrio dentro do governo. Macedo Soares, paulista, fora substituído por Francisco Campos, mineiro; Odilon Braga, mineiro, abria vaga para Fernando Costa, paulista.

Juracy Montenegro Magalhães, governador da Bahia, e Carlos de Lima Cavalcanti, governador de Pernambuco, abandonaram, sem luta nem protesto, os respectivos mandatos. Decretada a intervenção, foram, provisoriamente, substituídos pelos comandantes das respectivas regiões militares, general Antônio Fernandes Dantas, na Bahia, e general Amaro Azambuja Villanova, em Pernambuco. O general Manuel de Cerqueira Daltro Filho foi confirmado na interventoria do Rio Grande do Sul e Ernani do Amaral Peixoto, nomeado interventor no estado do Rio, tomou posse no dia seguinte, 11 de novembro. Nenhuma outra alteração, quer política, quer de ordem pública, se processou nesse momento. Quatro estados estavam, portanto, sob intervenção federal: Rio Grande do Sul, Bahia, Pernambuco e Rio de Janeiro e mais o Distrito Federal. Nos outros estados não houve alteração, continuaram com seus respectivos governadores eleitos, apenas sob outro nome. Foram nomeados em ato de 23 de novembro do governo federal, novamente interventores. Negrão de Lima havia dado boa conta de sua missão.

Os congressistas reagiram ao choque de maneiras as mais diversas. Compareceram vários ao Palácio Guanabara. Alguns para hipotecar solidariedade. Teriam entendido ou seria apenas por esperteza política? Outros para perguntar o que havia. Tinham entendido, mas não queriam se conformar. Os que se recolheram tranquilamente à vida privada, sem maiores distúrbios, entenderam. Nesse dia, ouvi apenas três reclamações: duas em tom jocoso e uma um pouco agressiva. Olegário Mariano: "Alzirinha, eu sei que o patrão tem razão. Mas, isso não se faz sem aviso prévio... Onde é que estão as leis trabalhistas? Até meu encerador tem direito a um mês antes de ser despachado". Costa Rego: "Olhe aqui, entregue este mata-rato a ele e diga que de hoje em diante não ganhará mais charuto Havana de *mim*. Acabou. É a segunda vez que ele me tira o pão da boca".[8] Papai recebeu o charuto, riu muito e retribuiu com um havana legítimo. A terceira, agressiva, foi de Augusto do Amaral Peixoto: "Onde é que nós vamos parar com isso? Não é possível! É um absurdo! Vai haver uma reação muito séria". Não houve, mas podia ter havido. A sabedoria e o controle de um homem, um homem só, a evitaram.

Terminado o expediente, mais ou menos às cinco da tarde, resolvi ir até a cidade para ver como estava o ambiente. Meu colega Mauro de Freitas, mineiro de nascimento, mas tipicamente boêmio carioca, inteligente, culto e desperdiçado, perguntou aonde eu ia. Respondi que tencionava dar uma volta em torno do Senado e da Câmara antes de ir para o Guanabara. Indagou se podia me acompanhar, pois também queria sentir de perto os acontecimentos. Conhecendo o espírito cauteloso dos mineiros, disse: "Se você não tem amor à vida, entre. Para seu governo, quem vai dirigir o carro sou eu mesma". Numa corajosa demonstração, não sei se levado pela curiosidade ou por civismo, Mauro sentou-se a meu lado e juntos vimos meia dúzia de soldados que guardavam as portas das duas Casas do Legislativo. Tudo fechado e calmo. Nem curiosos em torno havia. O povo não tomara conhecimento do fato. Não se preocupara. Confiava em Getúlio e, se ele continuava, estava bem.

À tardinha, durante a *Hora do Brasil*,[9] papai devia fazer um discurso no salão nobre do Guanabara, comunicando ao povo o que acontecera e por quê. Seria irradiado para todo o país.

Em geral, quando terminava os últimos retoques de qualquer discurso a ser pronunciado, me chamava para ouvir em primeira audição. Dizia-me que era para treinar a voz. Discutíamos, às vezes: "Isso está muito forte. Vais dizer mesmo nesses termos? É uma carapuça direta em cima de Fulano. Vai dar encrenca". Ou então: "Estás comprando barulho, para quê?". E ainda: "Está muito bom, mas essa frase vai dar dor de cabeça". Às vezes me ouvia e assinalava para amenizar os termos. Outras, respondia calmamente: "É por isso mesmo", e a frase ficava. Havia o que ele próprio chamava as carapuças ou indiretas *à la Roviro*.

Não cheguei a conhecer esse Roviro, tão popular na fronteira; conhecia somente sua crônica. Era um espanhol que ninguém sabia nem como nem por que havia ido parar na região missioneira gaúcha. Nas pequenas cidades do interior, de vez em quando aparecem tipos estranhos que se tornam com o tempo paisagem local, parte integrante, embora esdrúxula, da vida cotidiana. Em São Borja, surgiu um italiano, o professor Pittone, que me ensinou as primeiras letras quando eu tinha quatro anos. Nunca ninguém ficou sabendo o que o levara a bater com os costados em nosso município. Fazia parte do cenário são-borjense simplesmente e lá morreu com seus segredos, se é que os tinha.

Roviro era espanhol. O que fazia e como vivia nunca ficou bem claro, mas as histórias que se contam dele hoje fazem parte do anedotário gaúcho. Ia Roviro em companhia de um amigo, quando avistou um desafeto seu, que caminhava em sentido contrário. Largou o amigo, atravessou a rua e dirigiu-se ao indigitado desafeto nos seguintes termos: "*Usted es un canalla, un ladrón, una persona sin verguenza*". Possivelmente teria razão porque o agredido não reagiu, e Roviro voltou tranquilamente para a companhia do amigo, que o aguardava do outro lado da rua, e, estufando o peito, contou vantagem: "*¿Ha visto usted las indirectas que yo le puze a ese tipo?*".

As indiretas *à La Roviro* tornaram-se parte da gíria palaciana, de modo que, em certos discursos de papai, quando ele os lia para mim, sem querer feri-lo, mas tentando amenizar os ataques que viriam infalivelmente, eu perguntava: "Tu não achas que há muito Roviro neste trecho?". Ria e, às vezes, *desrovirizava* o discurso.

Mas, no dia 10 de novembro eu estava de mau humor e não quis ouvir a première. Tampouco compareci, como sempre o fazia, quando o pronunciou perante o Ministério reunido e várias pessoas que haviam ido hipotecar-lhe solidariedade.

Fechei-me em minha sala de estudos e liguei o rádio. Fiquei ouvindo: "O homem de Estado, quando as circunstâncias impõem uma decisão excepcional, de amplas repercussões e profundos efeitos na vida do país, acima das deliberações ordinárias da atividade governamental, não pode fugir ao dever de tomá-la, assumindo, perante a sua consciência e a consciência dos seus concidadãos, as responsabilidades inerentes à alta função que lhe foi delegada pela confiança nacional".

A guisa de prefácio

Este livro, como seu anterior, não tem prefácio, mas merece um prefácio e não o terá. Assumo a total responsabilidade por tudo o q. aqui está escrito. Devo retroagir em dois assuntos q. já considerava sepultados; a chamada "Intentona Comunista" e o ataque integralista. Quanto ao primeiro episódio eu estava fora do Brasil quando ocorreu e havia prometido só relatar assuntos aos quais presenciara ou possuísse documentos esclarecedores. Quanto ao segundo trata-se de um compromisso assumido por mim junto ao Sen. Dutra. Antos ambos

[2]

[3]

[4]

[1] Página manuscrita de um dos cadernos de Alzira Vargas do Amaral Peixoto.

[2] Pai de Getúlio Vargas, Manoel do Nascimento Vargas, s.d.

[3] Da esq. para a dir., Darcy Sarmanho Vargas com os filhos Luthero, Getúlio Filho e Manoel Antônio, s.d.

[4] Da esq. para a dir., as irmãs Jandyra e Alzira Sarmanho Vargas, com a mãe Darcy Sarmanho Vargas, 1934.

[5] Getúlio Vargas e a filha, Alzira Sarmanho Vargas, c. 1934 e 1939.

[6] Da esq. para a dir., Franklin Roosevelt e Getúlio Vargas em discurso, Rio de Janeiro, nov. 1936.

[7] Alzira Sarmanho Vargas no dia de sua formatura em direito, 1937.

[8] A "Noite de Debret", festa que deu início à obra da Casa do Pequeno Jornaleiro, criada por Darcy Sarmanho Vargas em 1938. Na segunda foto, Alzira e Ernani do Amaral Peixoto.

[5]

[6]

[7]

[8]

[9]

[9] Os recém-casados Alzira Vargas do Amaral Peixoto e Ernani do Amaral Peixoto chegando a Nova York, jul./set. 1939.

[10] Da esq. para a dir., Alzira Vargas do Amaral Peixoto, Ernani do Amaral Peixoto e Oswaldo Aranha, 1943.

[11] Alzira Vargas do Amaral Peixoto e Jefferson Caffery, embaixador dos Estados Unidos no Brasil de 1937 a 1945.

[10]

[11]

[12]

[13]

[14]

[12] Da esq. para a dir., Sumner Welles, subsecretário de Estado dos Estados Unidos de 1937 a 1943, Alzira Vargas do Amaral Peixoto e Jefferson Caffery.

[13] Da esq. para a dir., identificados, Jefferson Caffery (1º), Oswaldo Aranha (3º), Ernani do Amaral Peixoto (4º). À esq., de costas, vestindo um casaco de pele, Alzira Vargas do Amaral Peixoto, em coquetel, 1939.

[14] Alzira no Palácio Itaboraí, Petrópolis, RJ, c. 1939-40.

[15] Getúlio Vargas recebe colegiais no Palácio Guanabara durante sua recuperação do acidente automobilístico sofrido em 1º de maio, maio/jul. 1942.

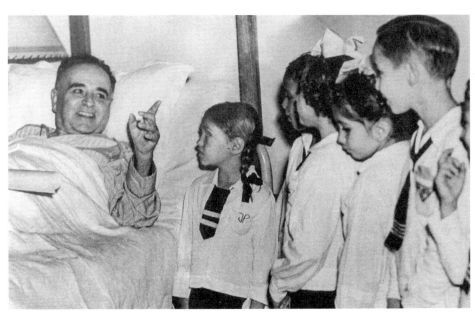

[15]

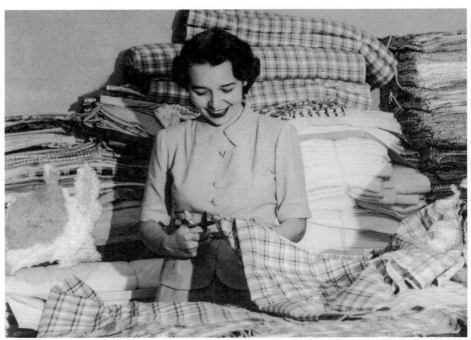

[16]

[17]

[18]

[16] Alzira durante a distribuição de Natal no Palácio do Ingá, Niterói, 1942.

[17] Alzira recebe os pracinhas recém-chegados da guerra na Europa, 1945.

[18] O casal Alzira e Ernani com a filha Celina, no seu aniversário de um ano, Palácio Itaboraí, 1945.

[19] Reunião realizada no dia 19 de abril de 1945, aniversário de Getúlio. Na foto, Getúlio (de costas), José Soares Maciel Filho, Luthero Sarmanho Vargas e Alzira, na fazenda Cafundó, Brejal, Petrópolis, RJ.

[20] Reunião realizada no dia 19 de abril de 1945, aniversário de Getúlio. Na foto, Luthero, Getúlio e Alzira, na fazenda Cafundó, Brejal, Petrópolis, RJ.

[21] Getúlio Vargas com a neta Celina, na fazenda de José Soares Maciel Filho, em Paraíba do Sul, c. 1946-7.

[19]

[20]

[22]

[22] Getúlio Vargas (no centro) com os netos. Da esq. para a dir., Edith Maria Vargas da Costa Gama, Cândida Darcy Vargas, Celina Vargas do Amaral Peixoto e Getúlio Vargas da Costa Gama. A foto foi tirada na Fazenda do Itu, out. 1948 (cf. cap. "15 de outubro de 1948 — Um diálogo na Fazenda do Itu").

[23] Entre jan. 1951 e ago. 1954, Alzira Vargas do Amaral Peixoto com o pai, Getúlio Vargas.

[24] Página manuscrita de um dos cadernos de Alzira Vargas do Amaral Peixoto.

[23]

1938

O ano de 1938 começara muito bem para todos nós e sobretudo para mim já formada em Ciências Jurídicas e Sociais, liberada portanto do estudo obrigatório havia decidido dentro de mim mesma dedicar-me inteiramente a meus pais, mas bem no fundo era ainda uma fuga para manter a distância relativa os candidatos a mão da filha do Presidente da República tarefa dificílima depois do golpe de 1937. Trabalho não

Fiquei ainda com mais raiva: "Como ele confia na confiança nacional!". Tive vontade de desligar, mas me contive. Sua voz continuava pausada e grave: "Considerando de frente e acima dos formalismos jurídicos a lição dos acontecimentos, chega-se a uma conclusão iniludível a respeito da gênese política das nossas instituições: elas não corresponderam, desde 1889, aos fins para que se destinavam".

Meu corpo se recusava a ficar em repouso. Após algumas frases mais, abri a porta. O corredor estava deserto, todos os habitantes do Palácio estavam no salão nobre, ouvindo-o. Comecei a andar de um lado para outro, cansada de rodar em torno de mim mesma quase automaticamente. Só os ouvidos continuavam atentos, guardando, sem piedade, pequenos trechos.

"... dada a inexistência de partidos nacionais e de princípios doutrinários que exprimissem as aspirações coletivas..."

"Se queremos reformar, façamos, desde logo, a reforma política. Todas as outras... sem ela não passarão de inconsistentes documentos de teoria política."

"... os meios não correspondiam aos fins".

"... escolher pertencia aos partidos e como estes se achavam reduzidos..."

"... crises periódicas do regime, pondo, quadrienalmente, em perigo..."

"... a sua solução transcende os mesquinhos quadros partidários, improvisados nas vésperas dos pleitos... para a conquista do poder".

"... optar pela continuação desse estado de coisas ou pela continuação do Brasil".

"Quando as competições políticas ameaçam degenerar em guerra civil, é sinal... como abstração. A tanto havia chegado o país."

"Restauremos a nação... deixando-a construir livremente a sua história e o seu destino."

"Acabais de ouvir a palavra do chefe da nação."

Palmas, cumprimentos, vozerio. Desliguei o rádio com raiva, fechei a porta outra vez, não fui ao salão, ninguém notou minha ausência.

Comecei a me vestir para comparecer a um jantar, oferecido ao presidente da República pelo embaixador da Argentina, dr. Ramón Cárcano.[10] O dia fora escolhido com grande antecedência, sem premeditação, e, já que tudo correra em ordem, papai declarou que não faltaria ao compromisso. Manda quem pode, obedece quem quer, ou quem não pode se dar ao luxo de desobedecer. À hora marcada, toda a família estava a postos.

Ramón Cárcano foi, sem dúvida alguma, um dos melhores, se não o melhor, embaixadores que a Argentina jamais teve no Brasil. Homem altamente inteligente, com respeitável cultura humanística, historiador imparcial das guerras platinas, tornou-se uma das figuras mais populares no Rio, devido a seu bom humor, sua ironia sutil e gosto pela vida. Devidamente avisado de que o jantar sofreria um ligeiro atraso, consequência dos acontecimentos, esperou-nos sereno e fleumático. Apresentou cumprimentos, mas não fez comentários. No fim da noite, levou papai até seus aposentos particulares de cuja janela se avistava a majestosa estátua do Cristo Redentor no Corcovado, como se fora seu mais próximo vizinho. Disse a papai: "*Este és mi sitio favorito. Todas las mañanas, cuando despierto hago mi oración, y le digo al Señor — Por favor no te acuerdes de mí, olvida me en el mundo. Estoy tan bien acá que todavía no me quiero ir al cielo*". Começava nessa época seu livro autobiográfico e político, cujo título define um espírito inquebrantável: *Mis primeros 80 años*.

Politicamente, esse jantar foi um acontecimento memorável. Se poucas horas depois de uma transformação político-administrativa do fôlego do Estado Novo, o próprio autor da façanha se permitia comparecer a um jantar diplomático, a que não estava obrigado intrinsecamente, significava que nada devia temer. Seu ato de tornar obsoleta, em 24 horas, a Carta Magna do país tinha sido a resposta que o povo brasileiro esperava de um chefe consciente de suas responsabilidades.

No dia seguinte, encontrei outro membro da família com mau humor equivalente ao meu: Luthero. Ambos estávamos acabando nossos respectivos cursos de escola superior, ele de medicina, eu de direito, e antegozávamos as férias na estância. Manoel Antônio já estava à nossa espera no Rio Grande. Agronomia em Piracicaba requeria só quatro anos e ele, embora mais jovem, se formou antes de nós. Getúlio, o caçula, continuaria seu curso de Química Industrial por mais dois anos.

De nada adiantaria estrilar. Compareci, por isso, disciplinadamente ao Catete, no cumprimento de minhas funções. Como tudo havia mudado... Agora sempre alguém me esperava à porta para encostar o carro, punha-o na sombra e ao abrigo dos outros carros. Ninguém mais esperava pelo meu *boa-tarde* para responder de má vontade. Nunca mais consegui carregar minha pasta com os processos para despachar debaixo do braço: surgia sempre um voluntário solícito. Eu tinha um contínuo só para mim. Assim que papai saía do Catete, meu carro era miraculosamente colocado à porta, para que eu não tivesse o trabalho de fazer manobras. A tarefa de atender aos congressistas impacientes acabara. Mas há sempre um *mas*: o trabalho, em vez de diminuir, aumentou.

"De hoje em diante não haverá mais intermediários entre o governo e o povo", declarou Getúlio Vargas, e a Alzira "pagou o pato". O patrão chamou e, entregando-me um punhado de cartas, disse: "Estas pessoas escreveram diretamente a mim. Quero honrar minha palavra. Chame-as e verifique o que desejam". Minha freguesia, que tinha diminuído com o tempo e por causa do *ocaso*, cresceu de novo. Nunca mais consegui voltar para o Guanabara antes de sete horas da noite. E, para completar minha felicidade, deram-me a incumbência de colaborar na tradução para o inglês e o francês da nova Constituição, outorgada a 10 de novembro. Era urgente divulgá-la para que os países amigos entendessem o verdadeiro sentido dos propósitos brasileiros, e não nos interpretassem de maneira errônea. Verifiquei com certa decepção que meus conhecimentos linguísticos não eram tantos quantos eu supunha. Como é difícil traduzir, sem trair a ideia fundamental! Dentro de meus limites, ajudei.

No dia 13, chegou a notícia de que Oswaldo Aranha pedira demissão irrevogável do cargo de embaixador em Washington. Os apelos feitos para que continuasse, ou pelo menos aguardasse um pouco mais, encontraram ouvidos moucos. Ele, longe do cenário brasileiro, não havia entendido. Só entendeu depois. Eu, que estava tomando parte no drama, a custo entendi, quanto mais ele, à distância. Papai me encarregou de uma difícil missão, em derradeira tentativa. Eu devia ir explicar à família de Aranha, que estava no Rio de Janeiro, os verdadeiros motivos do golpe de 10 de novembro. Fracassei, é óbvio, pois quem não está convencido não é capaz de convencer.

Houve nova reunião ministerial para deliberar sobre o caminho a ser seguido, já que dos três poderes — o Executivo, o Judiciário e o Legislativo — um fora provisoriamente suprimido e o Executivo tinha de fazer as vezes de Legislativo.

No dia 15 de novembro, data da fundação da República, foi inaugurado com todas as honras o monumento a Deodoro da Fonseca.[11] Há anos, um pequeno grupo de republicanos históricos,[12] já em idade avançada, vinha coletando o numerário suficiente para que o primeiro presidente da República dos Estados Unidos do Brasil tivesse sua consagração em bronze. Foi um grande acontecimento em vários sentidos. Era a primeira vez que Getúlio Vargas enfrentava o povo carioca, depois do golpe de Estado, era a inauguração de um monumento que o Brasil devia a um de seus heróis; foi uma das cerimônias mais longas a que já assisti. Os *donos* da estátua vinham digerindo seus respectivos discursos há tanto tempo que não era possível impedir que cada um deles orasse durante um período inferior a quarenta minutos.

Os integralistas fizeram grande demonstração de prestígio e de força, comparecendo em bloco, uniformizados e militarizados em saudação ao presidente da República. Durante a primeira parte do Hino Nacional mantiveram-se em continência, cantando. Quando começou o "deitado eternamente em berço esplêndido", recolheram os respectivos anauês, pararam de cantar e apenas ficaram em posição de sentido. Eu olhava com inveja para Deodoro da Fonseca, não que desejasse ser estátua, mas era o único que permanecera sentado durante aquelas longas horas.

O último acontecimento do dia foi o comentário de um de meus colegas de gabinete: "Por que o presidente não aproveitou o dia de hoje para fazer o plebiscito? O entusiasmo do povo é a maior consagração que ele poderia ter. Se isso a que nós estamos assistindo não é um plebiscito antecipado à nova Constituição, quero ser mico de circo". Realmente, a Constituição outorgada a 10 de novembro de 1937 previa a realização de um plebiscito, para que não fosse acoimada de mera imposição pela força. Meu companheiro de trabalho, até quanto eu saiba, não se tornou mico de circo, mas a Constituição de 1937 nunca foi submetida ao veredito popular.

Papai e eu estávamos atravessando um período de guerra fria. Ele só me chamava quando precisava realmente de mim, e eu só ia a ele por motivos de serviço. Por essa razão, fiquei sabendo pelos jornais, e não por ele, que Agamenon Magalhães deixara o Ministério do Trabalho para ser interventor do estado de Pernambuco, seu sonho dourado. Foi substituído, no Ministério, por Waldemar Falcão, do Ceará, meu mais constante freguês parlamentar.

Além de ter de estudar para as provas finais de meu último ano na faculdade, do acúmulo de serviço, dos cifrados reiterados a Aranha para que não deixasse a embaixada em Washington intempestivamente, eu tinha motivos especiais e pessoais para não querer muita conversa com papai. Afinal de contas, sete anos de vida palaciana eram mais do que bastantes para mim. Não estava mais achando engraçado ouvir sempre os mesmos elogios protocolares, as mesmas saudações insinceras e as mesmas frases insossas. Quando eu reagia contra essa situação inconfortável, tentando ser uma pessoa igual às outras, diziam que eu era rebelde, excêntrica, com tendências acentuadas para o comunismo. Desejava, apenas, experimentar a sensação de ser apreciada por mim mesma e não porque tivesse o sobrenome Vargas.

No dia 17, soube que papai estava em entendimentos secretos com Plínio Salgado. Fiquei gelada. Se eu já era considerada pelos integralistas *mau elemento*, antes de terem força política, que seria de mim se papai ia dar-lhes mão forte? Evitei-o ainda mais.

No dia 19, Dia da Bandeira, deveria realizar-se no Campo do Russell uma cerimônia simbólica: a queima das bandeiras e a abolição dos hinos estaduais, numa reafirmação de unidade nacional. Choveu muito nesse dia e a cerimônia foi adiada. Realizou-se no dia 27 e o ministro da Justiça, Francisco Campos, fez um de seus mais inspirados discursos, explicando e endeusando o Estado Novo. Quem diria que em menos de uma década renegaria, com igual ênfase, sua própria criação...

Sentira Getúlio Vargas, o mais brasileiro dos gaúchos, que esse movimento de unificação nacional era absolutamente necessário, imprescindível para acabar de vez com as diversas ameaças separatistas que já haviam surgido em nossa terra, desde os primórdios da Independência. "Não há estados grandes, nem pequenos. Grande só é o Brasil", disse ele.

Apesar de aplaudir com entusiasmo essa iniciativa, resolvi não comparecer à cerimônia matinal. Doía-me assistir à queima da velha bandeira dos Farrapos, que durante tantos anos simbolizara a vida de meu estado, cobrira os corpos valentes de tantos gaúchos, mortos em combate, e fora a bandeira idolatrada por meu avô. Doía-me saber que o "Salve o Vinte de Setembro, precursor da liberdade", que eu aprendera a cantar no colégio, nunca mais seria tocado; viveria apenas como uma recordação, um dobre de finados. Garibaldi, Osório, Júlio de Castilhos, Pinheiro Machado, David Canabarro, Assis Brasil, Gaspar Saldanha, Silveira Martins, o cabo Manoel do Nascimento Vargas, e tantos outros, eu os sentia solidários comigo naquela manhã.[13]

Mas, papai estava certo. Se, naquele momento, mesmo sem contar com o cataclismo mundial que se anunciava cada vez mais próximo, não se fizesse uma demonstração de confiança e fé na unidade do Brasil, embora de caráter espetacular somente, talvez hoje fôssemos uma série de republiquetas, sem futuro.

O Rio Grande do Sul foi, em 1835, muito mais separatista do que jamais tentou ser São Paulo, em 1932. Um homem do Rio Grande do Sul, cujos antepassados haviam lutado sob a bandeira farroupilha, desassombradamente determinou o sacrifício de todos os símbolos estaduais e municipais, para que houvesse um período complementar brasileiro, somente brasileiro, e assim reforçou nossa unidade. Ele próprio deve ter sentido um ligeiro aperto no coração, enquanto presidia a cerimônia. Toda a História do Brasil desfilava ante seus olhos. Minas Gerais: Ouro Preto, Tiradentes, *libertas quae sera tamen*.[14] São Paulo: bandeirantes, emboabas, Borba Gato, Amador Bueno, *non ducor, duco*.[15] Pernambuco: Vidal de Negreiros, invasão holandesa, primeiros engenhos. Bahia: a primeira capital, Porto Seguro, d. João VI. Rio de Janeiro: Mem de Sá, Estácio de Sá, Salvador de Sá, a invasão dos franceses, Villegaignon. Maranhão, Paraíba, Amazonas, Goiás, um a um, desfilaram os vinte estados, até a farroupilha tricolor. Tudo foi sacrificado na pira de um novo Brasil que se iniciava. Recebemos cartas, reclamações, ameaças, injúrias por algum tempo. "Grande só é o Brasil."

Pequenas mudanças no governo federal. João Marques dos Reis passou de ministro da Viação a presidente do Banco do Brasil. O general João de Mendonça Lima foi promovido de diretor da Central[16] a ministro da Viação. Carlos da Luz, líder da maioria na Câmara, foi para a direção da Caixa Econômica Federal, juntamente com João Simplício, deputado pelo Rio Grande do Sul. Agamenon seguiu para Pernambuco para assumir a interventoria e Waldemar Falcão tomou conta do Ministério do Trabalho, Henrique Dodsworth, o *único confidente*, foi confirmado na prefeitura do Distrito Federal. Amaral Peixoto enfrentava os problemas fluminenses. Só a Bahia ainda estava em suspenso. Aos poucos o país se adaptava à nova Constituição, e ninguém reclamava. O regime instaurado a 10 de novembro foi aceito por todos os países, sem maiores problemas. Era o mesmo homem cujas opiniões e atitudes já eram conhecidas de todos. Só havia mudado de título. Para alguns, voltou a ser ditador; os mais diretamente interessados passaram a chamá-lo de *usurpador*. Do Rio Grande do Sul chegou uma notícia inquietante: o general Daltro Filho, interventor e comandante da Região Militar, estava gravemente enfermo e seu estado inspirava cuidados.

No dia 3 de dezembro, dois acontecimentos sensacionais marcaram minha vida. Estava pronto para ser assinado um decreto do Executivo dissolvendo todos os partidos políticos, inclusive o integralista.[17] Confesso que fiquei meio perplexa, mas não havia tempo para pensar no assunto. Às quatro horas da tarde, devia estar no theatro Municipal, para fazer meu juramento de bacharel em ciências jurídicas e sociais. Poucos dias antes, a velha faculdade de direito, da rua Marquês de Abrantes, tinha sido promovida pomposamente à Universidade do Brasil.[18] Minha turma, um *modesto* punhado de quatrocentos bacharéis, ingressava finalmente, após cinco anos de estudos moderados e muita luta política, na vida pública. O mundo era nosso. Dentro da faculdade havíamos sofrido a influência de todas as teorias políticas, sociais, filosóficas e administrativas surgidas depois da Primeira Guerra Mundial. Essa indomável geração, que apelidei de geração *cobaia*, nasceu entre as duas guerras; desapontada pelos acontecimentos, vem servindo de campo de experimentação a todas as ideias e sistemas que já surgiram e ainda estão para aparecer para que a geração que nos está sucedendo viva melhor. Suportamos sem revolta e sem heroísmo, resignadamente, que todos os testes fossem feitos sobre nossos ideais destruídos, num permanente desafio à nossa capacidade de adaptação. Nascemos sem fé, porque o paraíso de nossos pais foi destroçado em 1918, e vivemos sem a esperança de alcançar o prometido *mundo melhor*. Hoje, olhando para trás, creio que me diverti em ser cobaia. Peguei a Revolução de 1930, que foi a provocação para a de 1932; a insurreição comunista de 1935 e o putsch de 1938; a guerra mundial de 1939; o 1º de abril de 1945; a era atômica; e ainda tenho algum tempo para o que vier depois.

    Convidado especialmente pela primeira turma da faculdade de direito a se formar pela Universidade do Brasil, sua excelência, o senhor presidente da República, compareceu. O teatro estava à cunha e a atmosfera mais do que tensa. Meu padrinho de anel, João Vieira de Macedo,[19] à última hora, mandou-me dizer que, enfermo, não poderia estar presente. Letra V, eu seria uma das últimas a prestar juramento, e logo verifiquei que todos tinham padrinho, menos eu. Fiquei apatetada durante algum tempo. O paraninfo, professor de direito civil, Cumplido de Santana, discursou durante uns razoáveis noventa minutos. O orador da turma, Jorge Alberto Romero, escolhido em pleito renhido, no qual se disputaram as várias correntes políticas da faculdade, também gastou mais de uma hora. Já desfilavam os letra N, quando resolvi meu problema. Através do sistema telegráfico de corrente auditiva, consegui que um de meus colegas, próximo à mesa, perguntasse ao ministro Gustavo

Capanema, que presidia à sessão solene, se estava disposto a colaborar com nosso magnífico reitor, Philadelpho de Azevedo, no crime de testemunhar o meu *idem spondeo*, sem beca, mas com capelo. Aceitou a responsabilidade. Já bacharel, fui madrinha de meu colega e amigo Izidoro Zanotti, membro da indefectível iole a 6, que jurou depois de mim.

O nervosismo reinante, quer na plateia, quer no palco, era intenso. O ambiente estava carregado de eletricidade. Sabia mais ou menos quais eram os estudantes filiados ao integralismo em meu turno, mas não pensei que o número fosse tão grande nos outros três. Não sei se por desafio, dada a presença do presidente da República, que estava por assinar o decreto dissolvendo o integralismo, ou se alguns, por simples piada, resolveram aderir. O fato é que mais de 50% da classe, ao terminar o juramento, virava-se para o público e, fazendo um atrevido anauê, agradecia as palmas. Fiquei meio aparvalhada porque somente os que levantaram o braço eram aplaudidos. Chegou minha vez. Ergui-me um tanto receosa, esperando estrondosa vaia. Com algumas palmas oficiais e amigas fui a mais aplaudida de todos. Não sei se foi a única maneira que tiveram aqueles que não eram integralistas de demonstrar que não estavam de acordo com as manifestações anteriores ou se os aplausos eram mais para papai do que para mim. Antes de terminar a cerimônia, discretamente, ele se retirara e não assistiu ao Hino Nacional, cantado pela metade pelo grupo verde, com o braço estendido em continência integralista. Fora assinar o decreto que os tornaria inexistentes como partido político.

Luthero devia colar grau no dia 15, na faculdade de medicina, e o dia 12 se aproximava, aniversário de mamãe. Resolvemos fazer uma tríplice comemoração. Foi uma das poucas festas dadas por nós no Palácio Guanabara a que papai compareceu sem ser necessário ir buscá-lo à força.

Com o diploma de bacharel debaixo do braço e com ares de veterana no Gabinete Civil, pois que depois de mim já haviam ingressado no serviço Geraldo Mascarenhas e Sá Freire Alvim, passei a trabalhar como oficial de gabinete, embora sem nova nomeação. Raro era o dia em que não fazíamos serão no mês de dezembro. Dormir às três horas da manhã passou a ser rotina.

O telefone oficial batia desesperadamente junto à minha mesa: chamada do Palácio do Ingá. Sua excelência, o senhor interventor Amaral Peixoto, queria saber se eu ainda não havia sido demitida e se podia transmitir ao presidente seu pedido de audiência, de preferência à noite, pois queria conversar comigo também. Respondi meio agressiva, pois ele sabia que o serviço de audiências não era meu, e só me acalmei quando me assegurou que não estava brincando. Desejava tratar de assuntos da maior importância e urgência para o estado do Rio.

Papai não gostava de ser interrompido durante os despachos no Catete e nenhum de nós entrava em seu gabinete a não ser chamado ou em caso de absoluta necessidade. Não apreciava os que lhe transmitiam informações ou davam recados na presença das pessoas que recebia em audiência. Adquirimos o hábito de escrever pequenas notas que lhe entregávamos em silêncio. Se a resposta podia ser dada sem despertar curiosidade, vinha em voz alta; em caso contrário, rabiscava no papel a solução ou nos mandava esperar e despedia seu interlocutor com um sorriso amável e uma frase seca: "Então, está bem. Depois eu o chamo para continuarmos". Por isso, bati à máquina, rapidamente, o pedido de audiência do interventor fluminense, coloquei o papel sobre sua pasta e saí sem lhe dar tempo de responder. Alguns minutos depois chamou-me. Estava com cara de poucos amigos e me disse: "Se não me engano, ele tem estado no Guanabara quase todas as noites e não é para falar comigo. Que história é essa de pedir audiência?". Reagi com energia, tinha mantido à risca meu compromisso com ele, conservara à distância os pretendentes, aguentando todos os boatos e mexericos que me davam como noiva ou comprometida, e agora nem ele acreditava em mim. Riu-se de minha explosão e me acalmou: "Está bem. Não é caso para tanta reação. Só não quero que estrague meu interventor. Estou muito satisfeito com sua atuação, tem revelado mais capacidade do que muitos com mais experiência do que ele. Pode dizer que eu o recebo hoje, depois do expediente no Guanabara". Eu ainda estava magoada e retruquei brusca: "Por que o senhor não manda o ajudante de ordens responder, para não dizer depois que sou eu quem o chama". Papai gostava de brincar de gato e rato comigo, assumiu o tom presidencial: "Convide-o para jantar".

Saí tinindo, disposta a fazer a vítima inocente pagar caro pela repreensão que havia sofrido. Ao mesmo tempo, porém, devo confessar que as referências elogiosas feitas por papai me obrigaram a reexaminar a personalidade de meu ex-colega de trabalho e a encará-lo com mais respeito. Se meu patrão, árido em elogios, o apreciava e considerava merecedor de sua confiança é que ele devia ter qualidades que eu me recusara a ver. Isso não impediu que, ao transmitir-lhe o convite, acrescentasse: "O patrão me perguntou hoje se a sede do governo do estado do Rio é no Palácio do Ingá ou no Guanabara".

A vida continuou, mas eu parei. Estava empacada no 10 de novembro de 1937. Formatura de Luthero, viagens, passeios, cinema, trabalho, Natal, bailes, festas, Ano-Novo, problemas políticos, estudos, esportes, nada apagava aquela enorme interrogação. Minha atitude em relação a papai estava se tornando incômoda para mim. Ele procurava contar o que estava acontecendo e eu persistia em fugir às revelações. Disse-me que pretendia convidar Plínio Salgado para fazer parte do governo, talvez como ministro da Educação, e eu ouvi sem fazer comentários. Estava como que entorpecida. Sentia que papai precisava de ouvidos atentos, percebi que me procurava para desabafar, para poder pensar alto, e eu fugia dele.

Só voltei a ser sua confidente depois que regressamos de Porto Alegre.

O problema gaúcho estava novamente em pauta e, desta vez, com aspecto ainda mais sério. A enfermidade do general Daltro Filho se agravara, e os prognósticos eram pessimistas. Estava hospitalizado e tudo levava a crer que não teria vida por muito tempo. Os sucessores começaram a ficar indóceis, e a escolha, dificílima. A viagem ao Rio Grande de necessária passou a imprescindível.

No dia 9 de janeiro de 1938, um grande sonho dos habitantes das regiões fronteiriças, tanto do Brasil como da Argentina, ia começar a se tornar realidade. Seria lançada a pedra fundamental da primeira ponte sobre o rio Uruguai, ligando duas cidades: Uruguaiana e Paso de los Libres. Ainda eram os chefes dos respectivos governos Getúlio Vargas e Agustín Pedro Justo. A política do Rio da Prata, iniciada em 1935 por dois homens de visão, continuava a dar seus frutos. Outras pontes foram iniciadas depois: a ponte sobre o rio Jaguarão, ligando o Brasil ao Uruguai, a ponte ferroviária ligando o Brasil à Bolívia. Todas elas começadas ou impulsionadas pelo *malsinado* Estado Novo.[20]

Saímos do Rio de Janeiro às nove horas da manhã do dia 6, fazendo escala em Santos, onde nos esperava todo o governo de São Paulo, e em Florianópolis o interventor Nereu Ramos e seu secretariado. Chegamos a Porto Alegre.

Recebemos, ainda no aeroporto, a notícia de falecimento do almirante Protógenes Guimarães, ex-ministro da Marinha e ex-governador do estado do Rio de Janeiro. Novamente a política do estado do Rio e a do Rio Grande do Sul interferiam em minha vida pessoal. Seria esse meu destino? Nessa época não me ocorreu, hoje constato.

A enfermidade do general Daltro Filho criara um impasse na política sul-rio-grandense. Respondiam pelo expediente Maurício Cardoso, secretário do Interior, e pela Região Militar coronel Oswaldo Cordeiro de Farias, chefe do estado-maior.

O presidente da República foi recebido com todas as honras no Palácio do Governo. No salão nobre do andar térreo, após os aplausos do povo, ouviu as reclamações dos políticos. Alegavam estes que a antiga Constituição Estadual, redigida durante o período de pruridos separatistas do Rio Grande do Sul, não permitia que qualquer homem público que não fosse gaúcho nato assumisse a suprema magistratura do estado. Os farroupilhas se diziam afrontados pela interventoria Daltro Filho. Não era muito honesta a reclamação, pois para se libertarem de Flores da Cunha, gaúcho nato, tinham recebido de braços abertos a solução que fora dada. Mas o general enfermo, às portas da morte, fazia lembrar que quando o gato está ausente os ratos brincam. Quase todos os políticos da resistência eram candidatos em potencial ao cargo de interventor. A dissidência, que se mantivera unida e coesa durante todo o período da luta contra Flores da Cunha, começou a fazer dissidência dentro dela própria. Ninguém *pretendia* ser o próximo interventor, mas, também, ninguém queria que um outro dentre eles o fosse. Fizeram um pacto secreto: nenhum aceitaria caso fosse convidado a não ser *docemente constrangido* e para servir à Pátria. Queriam somente o direito de veto em bloco.

Da janela do Palácio, Getúlio Vargas pronunciou, a meu ver, um dos mais inspirados improvisos de sua vida pública. Reiterou a confiança que depositava em seu povo, repetiu os propósitos honestos que o haviam levado a outorgar a Constituição de 10 de novembro e, com ligeira tintura de impaciência, terminou: "Se um filho do Rio Grande pode governar o Brasil, por que um filho do Brasil não pode governar o Rio Grande?". Houve aplausos mornos e as clássicas reafirmações de amizade.

Para ele, temporariamente, acabara o espetáculo. Retirou-se para repousar da viagem. Para mim, começou. Não consegui sequer chegar até o quarto que me fora destinado. Fui raptada por um pequeno grupo dos dissidentes e trancafiada por eles no grande salão de festas, o mesmo onde mamãe costumava dar suas recepções à sociedade porto-alegrense. Deu-me saudade dos tempos em que esperávamos impacientes que Arthur Rubinstein ou Pery Machado, o jovem violinista gaúcho, acabassem seus concertos, Zita Coelho Netto, Margarida Lopes de Almeida ou Bertha Singennan terminassem seus recitais de declamação, para irmos tocar vitrola na sala destinada aos menores de dezesseis anos. Naquela tarde do dia dos Santos Reis, a música era diferente. No grande salão deserto, enquanto a imaginação evocava os fantasmas da adolescência, fizeram-me prometer que só papai deveria ser informado do que me iam dizer. Nenhum dos presentes era candidato à sucessão do general Daltro, cuja morte era esperada a qualquer momento, conforme eu devia saber. Aceitavam e prestigiariam aquele que fosse escolhido mesmo dentre eles, mas preferiam um nome estranho ao grupo, alguém que não estivesse marcado pelos longos meses de luta parlamentar. Temiam, porém, que o patrão fosse deixando Maurício Cardoso provisória e indefinidamente e pediram que os ajudasse a contornar esse problema. Tornei-me autoridade política, de repente. Sem saber o que responder a meus carcereiros — Moysés Vellinho, José Coelho de Souza, Loureiro da Silva, Paulino Fontoura, Xavier da Rocha — prometi transmitir fielmente suas queixas a quem de direito e sondar o ambiente. Libertaram-me sob essa promessa, pois haviam fechado à chave, cautelosamente, as portas do salão. Dessa sala até o gabinete, que fora o utilizado por meu pai até 9 de outubro de 1930, não haveria talvez vinte passos. Não tive tempo nem sequer de refrescar a cabeça e memorizar a conversa. Maurício Cardoso me esperava, sozinho, nesse gabinete que era temporariamente seu, como substituto legal do interventor enfermo. Verifiquei que a dissidência estava mesmo em dissidência. Maurício Cardoso não queria nenhum dos outros dissidentes, que considerava demasiado apaixonados para restabelecer a tranquilidade política do Rio Grande do Sul. E os outros não queriam Maurício Cardoso.

À noite transmiti a papai tudo o que me haviam dito e minhas próprias observações. Soube por ele que o general Daltro, a quem fora visitar, tinha piorado sensivelmente e o desenlace era esperado. Depois de alguns segundos me disse: "Tu sabes, rapariguinha, que fiz uma grande descoberta? O Oswaldo Cordeiro de Farias, chefe do estado-maior do Daltro e seu homem de confiança, nasceu por acaso no Rio Grande. Nasceu em Jaguarão...". E sorriu maliciosamente.

Não comentei nem pedi detalhes. Era o suficiente para me fazer entender que já havia escolhido seu homem. Não me atrevi a lembrar-lhe que Cordeiro de Farias era um dos discípulos diletos do general Góes. Desde 1934, decidira não mais dar atenção a suas travessuras *nipônicas* e encerrara todas as especulações em torno de seu nome.

No dia 8, à tarde, seguimos para Uruguaiana em avião militar, debaixo de uma das mais tremendas tempestades que jamais enfrentei no ar. A terra parecia se aproximar do avião a cada momento. Era um *Lockheed-Loadstar*, pilotado pelo coronel Loiola Daher e seu copiloto, capitão Cantídio Guimarães. Nossa aeronave foi a última a aterrissar em Uruguaiana; as demais componentes da caravana baixaram em campos de emergência pelo caminho. Alguns desistiram da empreitada.

No dia 9, pela manhã, foi solenemente lançada a pedra fundamental da ponte Uruguaiana-Libres, em território brasileiro, pelo presidente Agustín Justo. Depois do almoço oferecido pelo prefeito Flodoardo Silva, as comitivas brasileira e argentina atravessaram, de lancha, o rio Uruguai. Getúlio Vargas colocou a pedra fundamental em Paso de los Libres, no solo argentino.

A tempestade da véspera, característica dessa época nessa região, ameaçava voltar com mais força. Como devêssemos seguir para São Borja, viagem curta, o piloto declarou que se a decolagem fosse imediata conseguiríamos evitá-la. Os dois presidentes despediram-se rapidamente e cada um tomou seu destino. Mal havíamos aterrissado no campo de São Borja, a tempestade desabou em cheio. Vinha do sul da Argentina e com ela chegou também uma notícia desoladora: o filho do general Justo e todos os seus companheiros de viagem haviam perecido, vítimas de um acidente durante o voo de retorno a Buenos Aires.

No dia 10, seguiríamos de automóvel para a estância, onde passaríamos uma semana de férias administrativas. Pela manhã a ventania havia cessado, mas o céu, carregado de nuvens, ameaçava uma espetacular borrasca. Papai, ansioso por chegar a Santos Reis, não quis desistir e seguiu com mamãe, logo após o almoço. Jandyra e eu iríamos em um veículo que, antes de se tornar propriedade de Manoel Antônio, fora um automóvel. Não tinha um só vidro, nem mesmo o para-brisa da frente; das quatro portas, só uma abria por dentro; ferramentas de socorro, nenhuma, mesmo porque seriam inúteis; o cinesíforo principiante não sabia manejá-las. Eu envergava um vestido novo, feito especialmente para a ocasião, sapatos imaculadamente brancos. Queria brilhar no retorno à terra natal. A chuva, porém, não fora consultada e não estava de acordo. Desencadeou sobre nós com impiedosa violência assim que saímos. As estradas em torno de São Borja não eram propriamente estradas, eram caminhos abertos pela passagem das carroças dos colonos e das carretas de bois. Quando chovia era preciso tomar cuidado com os *peludos* (atoleiro) que respeitavam os cavalos de carne e osso, mas não tiveram a menor consideração com os cavalos-força da viatura de meu irmão nem pena de seus esforços. Caímos no primeiro que apareceu e em todos os subsequentes. De *peludo* em *peludo* chegamos à estância com quase duas horas de atraso, ensopados, descalços e imundos, em tempo de impedir a partida da expedição de socorro. O barro vermelho não respeitou meu vestido novo, talvez para matar as saudades dos tempos de nossa infância, quando se transformava em tijolos de caixa de fósforos nas nossas mãos. Minha *elegância* fora destruída totalmente, São Borja reclamava seus direitos.

Até o dia 18, ficamos na estância, e, a não ser os cifrados que se sucediam e a interrogação que continuava a me atormentar, tudo era paz e sossego.

Já estávamos em Porto Alegre na manhã de 19 de janeiro quando faleceu o general Daltro Filho, cercado pela admiração de muitos, a amizade de alguns, a indiferença de outros tantos e o ódio de vários.

E *agora, José?*
Agora? Agora!

Outro poema de Drummond de Andrade:

Mundo, mundo, vasto mundo,
Se eu me chamasse Raimundo
Seria uma rima,
Não seria uma solução.

Cordeiro rimava com carneiro, artilheiro, ordeiro, Monteiro, granadeiro, mensageiro. Sem sombra de dúvida uma rima assaz rica. Seria uma solução?

Foi convidado para sucessor de Daltro Filho na Interventoria do Rio Grande do Sul o coronel Oswaldo Cordeiro de Farias, em segredo. O convite só seria confirmado depois de nosso regresso ao Rio de Janeiro, que se efetuou no dia 20.

Oswaldo Aranha chegara dos Estados Unidos, demissionário do cargo de embaixador e ligeiramente ressentido. Depois de algumas explicações e conversas com papai, novamente se acertaram. Não era, em absoluto, a primeira vez que se desentendiam, nem seria a última. Foram inúmeras as vezes que esses dois amigos, feitos para se completarem em seus defeitos e suas qualidades, brigaram e fizeram as pazes. Oswaldo, ao chegar, compreendera as razões da razão do Estado Novo e ficou aguardando os acontecimentos.

Nos primeiros dias de fevereiro, papai me entregou um projeto do ministro da Educação para estudar. Chamava-se Organização da Juventude Brasileira. Talvez eu tenha cometido uma injustiça ao dizer que Souza Costa foi o ministro que mais trabalho me deu. Gustavo Capanema era um páreo semelhante, se não pior. Perfeccionista, na extensão da palavra, telefonava-me às vezes quase na hora de despacho com papai e perguntava: "Está com você o processo número tal sobre tal assunto?". Estavam a meu cargo, praticamente, todos os assuntos de seu Ministério. A regra estabelecida entre nós, os membros da Casa Civil, era nunca dizer qual de nós devia opinar sobre este ou aquele expediente, por mera precaução, para evitar os inevitáveis pistolões. Não por cautela mas por hábito, respondia ao ministro: "Não tenho certeza, ainda não examinei minha pasta". Ficava aflito e insistia: "Se estiver, não leve ao presidente como está. Na página 4, da Exposição de Motivos, linha número 17, entre a quarta e a quinta palavras há uma vírgula mal colocada. Na vigésima linha da mesma página, acho melhor dizer *jovens* em vez de *moços*". Lia pelo telefone quase todo o decreto e eu o ouvia pacientemente, respondendo apenas *sim, como não, perfeito, tem toda a razão*. Diante de minha docilidade acabava dizendo: "É melhor eu passar por aí, quando terminar o expediente. Levo a página correspondente já pronta e é só trocar. Está bem?". Estava sempre bem para mim. Não recordo mais quantas páginas, quantas linhas, quantas palavras e quantas vírgulas foram substituídas nesse famoso decreto. Ficou em minhas mãos perto de dois anos. Era mais ou menos adaptada para o clima brasileiro, uma cópia da organização fascista dos jovens *balilas*.[21] O hino da juventude e a bandeira da juventude foram criados, divulgados e usados; o resto ficou no papel. Entre as 24 horas que papai me deu para relatar o assunto e os 24 meses em que ficou guardado no *cemitério particular*, muita água correu. O *cemitério particular* era uma determinada gaveta, onde ficavam guardados todos os casos *impossíveis*, até que se tornassem possíveis. Eu era pessoalmente contra a maneira como ia ser feita a Organização da Juventude, embora fosse a favor da ideia, por isso com todo o prazer o guardei, junto aos *impossíveis*, por ordem do patrão. Quando casei, em 1939, leguei-o ao Sá Freire Alvim, que o incorporou carinhosamente a seu *necrotério*, uma outra gaveta, até o dia em que o ministro Capanema não encontrou mais nenhuma vírgula para retirar.

Posso considerar o ano de 1938 o ano de minha afirmação como Gente, com G maiúsculo. Fiquei importantíssima de repente, sem atinar inicialmente com o porquê. Ainda no Rio Grande, sua excelência o senhor presidente da República havia reiterado: "Quando os partidos políticos se dissolveram, não foi apenas por um decreto que determinava sua dissolução, porque, quando ele foi baixado, as agremiações partidárias já não existiam. Eram formas sem substância. Eram bronzes partidos que haviam perdido a sua sonoridade. Hoje o governo não tem mais intermediários entre ele e o povo".

O intermediário predileto entre o governo e o povo passei a ser eu. O introito era invariável: "A senhora é filha dele, bem pode dar um 'jeitinho' na vida deste seu humilde servidor". Não digo que minha nova importância não me tenha deixado um tanto ou quanto empolgada, porém não tanto que me fizesse perder a cabeça. As responsabilidades cresciam e as folgas sumiram. Fui aumentada em meu salário de um para dois contos de réis. Papai agora me levava em quase todas as suas viagens, de preferência aos outros auxiliares. Era mais fácil, mais cômodo para ele, pois podia me chamar a qualquer momento, e, evidentemente, muito mais barato. A mim, não era necessário pagar ajuda de custo para transporte e alimentação, pelas verbas palacianas.

Comecei a receber propostas e convites os mais interessantes e os mais absurdos. Superando minha timidez natural, procurei enfrentar todos na convicção de que prestava serviços a meu pai. Cito-os em ordem cronológica, sem classificá-los.

Meu prezado amigo Kenneth McCrimmon, o brasileiro mais canadense que conheço, quando em 1933 ingressei na faculdade de direito, convidou-me, em tom de brincadeira, para ser advogada da Light. Prometi no mesmo tom aceitar o cargo, caso repetisse o convite, quando já estivesse com o anel no dedo. Em 1938, em seu português mais do que inacreditável para quem vive há tanto tempo no Brasil, reclamou a promessa: "Quando você *quizerr*, a vaga de advogado *no* Light vai *continuarr* esperando". Expliquei-lhe que não podia ser assalariada pelo "polvo canadense", vítima predileta do anedotário carioca. Respondeu-me muito britânico: "Ouh! Alzirra, dr. Getúlio já *corrtou pernas da* polvo.[22] *Agorra* é só *querrer*". Mas eu não quis. Trabalhar, somente para meu patrão! O salário fantasma do contencioso do Banco do Brasil já me dera a dose suficiente de aborrecimentos.

Ressurgiu o famoso caso do morro de Santo Antônio.[23] Um ilustre cavalheiro, de boa família e ainda sem ficha na polícia, tranquilamente me fez a proposta de levar para assinatura de meu patrão um despacho adrede preparado, de cuja defesa eu me incumbiria. É claro que meu trabalho seria recompensado. Foi tal a surpresa ante tão inesperada desfaçatez que não o despachei teatralmente. Respondi que não estava interessada e saí da sala, para respirar.

Herbert Moses, o perpétuo e infatigável presidente da Associação Brasileira de Imprensa, marcou um encontro comigo no prédio inacabado da nova ABI. Compareci pontualmente. Estavam à minha espera também os irmãos Roberto, arquitetos, autores do projeto.[24] Subi e desci inúmeras escadas, admirei a construção, ouvi pela primeira vez a palavra *funcional*, fiz as observações e elogios de praxe com ares de quem entende do assunto, sentindo-me importantíssima. Quando me preparava para sair, Moses agradeceu e me disse com toda a candura: "Esta visita não é de graça. Tudo isto que está aqui pronto se deve a seu pai. Foi ele quem me animou a começar e me ajudou a construir. Mas ainda falta muita coisa para completar a casa do jornalista. E essa parte nós queremos dever a você". Tirou tranquilamente do bolso dois envelopes, um endereçado a mim, agradecendo a visita, e outro ao presidente da República, dizendo qual o numerário imprescindível para a terminação da obra. Cumpri minha missão. Papai sorriu da astúcia e cedeu. O edifício está pronto, prestando serviços, desde muitos anos, a muita gente, mesmo a alguns que não merecem o nome de jornalista.

Novo convite. Filinto Müller, o chefe de Polícia do Distrito Federal, pediu-me que fosse visitar o SIPS. Passei lá quase toda a manhã. Os irmãos Colaço Veras haviam organizado um serviço de troca de informações, com todos os municípios do Brasil, bastante apreciável. Na saída, ainda meio tonta com a soma de informações que possuíam, perguntei: "Mas, afinal de contas, o que é isso e para que todo esse esforço?". Responderam-me: "Você está cansada de saber que a Polícia, apesar de Federal, só tem jurisdição dentro dos limites da cidade do Rio de Janeiro. Se um criminoso nos escapa, temos de pedir ao ministro da Justiça que solicite autorização do governador do estado, onde se refugiou o culpado, para agir em seu território, ou então obter a boa vontade do chefe de polícia local e o interesse dos policiais estaduais. Isso leva tempo e, muitas vezes, acarreta consequências graves. Criando o SIPS (Serviço de Informações Políticas e Sociais) fora da polícia como uma agência particular, podemos entrar em contato com as principais autoridades de cada município. Ficam gratas porque são lembradas de tão longe e por receberem, semanalmente, as últimas notícias da capital que, em geral, chegam a suas cidades com grande atraso. Em compensação, temos em primeira mão informações de maior interesse sobre o estado de espírito das populações do interior". Realmente, haviam escolhido os representantes do SIPS em cada cidade, com grande cuidado: o médico que penetra em todos os lares, o advogado mais acatado, o pároco do município, o político de mais prestígio na zona, o maior comerciante local, algumas vezes o prefeito etc. Os relatórios que me mostraram eram bastante interessantes e traziam informações valiosas sobre as aspirações e as queixas das várias comunidades. Antes de sair, um deles me disse: "Além do mais, isso pode vir a ter uma grande utilidade quando o presidente resolver fazer o plebiscito para aprovar a Constituição de 10 de novembro".

"Plebiscito?" Gozando minha nova importância, eu me havia esquecido desse espinho.

Mas não tive muito tempo para pensar, pois devia atender a outro convite. Lourival Fontes, diretor do Departamento de Propaganda,[25] ficara enciumado. A propaganda era propriedade dele. Que tinha eu de prestigiar o Serviço de Propagandinha do Filinto? Por acaso ignorava que a dele era mais bem organizada? Tinha a *Hora do Brasil*, a Agência Nacional, rádios, jornais, jornalistas, agências internacionais e era muito mais inteligente do que Müller. Será que eu não sabia? Então devia ir ver. Passado o prazo da lei, esquecidas as fotografias do SIPS que já haviam saído em todos os jornais, papai devidamente informado, aceitei o convite feito por Lourival Fontes para visitar o DP (Departamento de Propaganda). As clássicas fotografias laudatórias da visita saíram publicadas outra vez em todos os jornais. Eu estava definitivamente transformada em prestigiosa personalidade. Percorrera todas as seções do Departamento, examinara o fichário, conversara com os vários chefes de serviço: Licurgo Costa, Almir de Andrade, Ilka Labarthe, Júlio Barata, Marcial Dias Pequeno. E mais ainda, vira as marcas deixadas nos arquivos por uma porção de gente que depois de 1945 renegou o Estado Novo.

No dia 3 de fevereiro, mamãe reivindicou seus direitos sobre mim. Depois de quase dez anos de estudo, de trabalho, era a primeira vez que eu gozava férias verdadeiras, livre de compromissos, de estudos e de preocupações. Embarcamos para Poços de Caldas de avião, um *Lockheed Loadstar*, pilotado pelo capitão Francisco de Assis Correa de Mello; era seu copiloto o tenente Coelho Netto. Foi um supremo luxo. Até então avião de dois motores, com dois pilotos, só em companhia de sua excelência, o senhor presidente da República. Que conforto! Desde 1932, viajava com mamãe em aviões os mais estranhos, aviões que já naquela época eram peças de museu. Meu primeiro voo foi num aeroplano francês da linha *Latécoère*, a linha iniciada por Jean Mermoz. A decolagem foi às três horas da madrugada, na Praia Grande, de Santos. O avião só excepcionalmente transportava passageiros, de modo que as poltronas eram cadeiras de vime, presas por uma ponteira de borracha, as janelas ficavam abertas, pois ainda não se falava em ar condicionado. Essa estreia me custou uma sinusite que durou vários anos. Depois vieram os primeiros *Junkers* alemães, os *Avro*, os *Waco* cabina de três lugares, os *Belanca*, os italianos *Savoia Marchetti*, de Italo Balbo, os *Vultee*. Agora estávamos na fase dos *Lockheed* e *Beechcraft*. Demos uma voltinha sobre a Guanabara na maior aeronave da época, o *Dornier Do-X*, de origem germânica. Era um monstro, mas não me emocionou. Viajar em um *Loadstar* com dois pilotos, com rádio, café e dois motores, era muito melhor. Lembrava-me de um *Waco* em que um dos passageiros devia segurar a porta durante toda a viagem, para que ela não abrisse; de um *Belanca* que estourava pneu nos campos improvisados; lembrava-me das dores violentas de meus ouvidos, todas as vezes que uma aterrissagem de emergência era necessária; lembrava-me dos pilotos-maquinistas, os que só voavam sobre a linha do trem para não perder a rota. Os mapas eram deficientes e o aparelho radiogoniômetro, artigo de luxo para os pilotos militares. Lembro-me do tempo em que alguns deles me pediam tranquilamente para manter o avião em posição, segurando o manche, enquanto descansavam os dedos, dando-me a ilusão de que eu também era piloto. Sou do tempo do *arco e flecha*, do tempo em que nossos aviadores somente dispunham de coragem e de aviões obsoletos.

Papai estava decidido a dar um grande impulso à aviação, quer militar, quer comercial, por ser o meio de transporte ideal para a grande extensão territorial do Brasil e seus complicados acidentes geográficos que, há séculos, desafiavam nossos melhores engenheiros ferroviários e rodoviários. Enquanto o ministro da Fazenda estudava os meios para adquirir novos aparelhos e nossos bravos pioneiros da aviação experimentavam os vários tipos que lhes eram apresentados, o *Código de arco e flecha* imperava.[26] Hoje são quase todos brigadeiros, alguns já de *pijama* pela Lei da Praia,[27] outros ainda na ativa, aqueles audaciosos tenentes e capitães aos quais o presidente da República tranquilamente entregava sua segurança em viagens muitas vezes arriscadas.

Daqueles que então voavam conosco, dois chegaram a chefes supremos de sua classe, quando mais tarde foi criado o Ministério da Aeronáutica: Nero Moura e Francisco de Assis Correa de Mello. Eram um pouco rivais, ou melhor, pertenciam a grupos rivais, nessa época. Mello, precedido da sua fama de maluco, havia congregado em torno das lendas de suas façanhas espetaculares um grupo de jovens pilotos do Exército que o tinham por ídolo e exemplo. Nero, um pouco mais jovem, durante seu aprendizado rezava pela cartilha do Velho, o brigadeiro Eduardo Gomes, autopontífice máximo da aviação militar e iniciador do serviço de correio aéreo. Só se libertou dessa tutela quando, durante a guerra, conseguiu formar seu próprio grupo, o famoso Senta a Pua,[28] que tanto se distinguiu nos combates da frente italiana. Em começos de 1938 era ainda apenas um dos muitos oficiais gaúchos que haviam abandonado a planície para cruzar os ares em aparelhos já em desuso, com material deficiente e precária segurança de voo. Tinham como quartel-general o Palácio Rosa,[29] no Largo do Machado, perto da igreja da Glória. Entre eles estava Zippin Grispun, a primeira vítima dos aviões *Vultee* adquiridos pelo Brasil, para treinamento. Muitas vezes eu me encontrava com eles na *ilha dos prontos*, em frente ao Café

Lamas, minha passagem obrigatória para ir à faculdade.[30] Trocávamos notícias e cada um tomava seu rumo; eu, para fingir que estudava, eles para penetrarem os segredos da incipiente aviação brasileira, no Campo dos Afonsos. Havia um automóvel que até hoje não sei a qual deles pertencia, pois servia a todos: Zippin, Nero, Câmara Canto, Rubem Canabarro Lucas. Estava, um dia, na direção sua excelência o futuro ministro envergando sua farda de tenente--aviador. O famoso automóvel coletivo resolveu afogar exatamente em cima dos trilhos, bem em frente à garagem da Light ali situada; o condutor de um bonde vindo em direção oposta para recolher esperou pacientemente alguns bons minutos, mas o motor do carro não respondia aos esforços do tenente, que começava a dar demonstrações de impaciência. Fleumático, o condutor debruçado sobre a janela acariciava seu bigode lusitano e, em tom compassivo, acompanhado do inconfundível sotaque, disse: "Oh menino! Se andas lá por cima como cá por baixo, *bais mal!*". Não me contaram se foi o calhambeque ofendido que resolveu afinal compadecer-se de seu piloto em pane em terra, ou se houve auxílio externo. Embora Nero Moura reiteradamente afirmasse que a história fora inventada por seus companheiros de arma, consta nos anais do anedotário da aviação no Brasil.

Quando chegaram ao Brasil os primeiros *Loadstar*, Mello foi designado para ser piloto oficial do presidente da República, tendo como copiloto o tenente Moutinho dos Reis. Senti um arrepio e perguntei a papai: "Mas não é esse o que chamam de Mello Maluco?". Ele sorriu tranquilo e me disse: "Se habilidade e coragem são sinônimos de maluquice, podes ficar tranquila que eu me dou muito bem com esse gênero de malucos".

Em Poços de Caldas corria ainda o mês de fevereiro de 1938. Tanta coisa teve início e fim, nesse período, que até hoje me é difícil pô-la em ordem. O general Waldomiro Castilho Lima, o general do Sul, faleceu em Petrópolis, deixando sozinho na pista o general do Norte. A 4 de março foi finalmente publicada a nomeação do coronel Oswaldo Cordeiro de Farias para interventor federal no Rio Grande do Sul. O general Góes plantava mais uma lança em África, obtinha mais um degrau para sua planejada ascensão. O DIP começou a surgir no horizonte e eu me considero parcialmente responsável por seu nascimento. Papai era esperado em Poços de Caldas para um pequeno descanso em fins de março. Enquanto ele não chegava, enchia meu tempo como podia.

Habituada ao trabalho diário, as férias me pesavam. Os passeios a cavalo e de bicicleta, as festas, bailes, leituras e conversas já não me interessavam muito. Os mexericos da sala do crochê me irritavam. Ninguém passava impunemente por aquele vastíssimo jardim de inverno do Palace Hotel. Todos eram dissecados pelos assinantes de poltronas cativas. Sem levantar os olhos do livro que estivessem lendo, dos trabalhos de agulha que estivessem fazendo, do jogo de paciência ou xadrez, ou mesmo da xícara de chá, servido todas as tardes à mesma hora, sabiam de tudo o que acontecia na cidade e até o que não acontecia. Meti-me em uma série de enrascadas, com o grupo alegre de jovens veranistas que não precisava de repouso nem de tratamento. Não sei se a população chegou a mandar rezar uma missa em ação de graças, quando, finalmente, o bando barulhento se dissolveu. Houve corridas de charrete, como se fossem bigas romanas em torno da praça principal; cavalgadas noturnas à volta do hotel, despertando os hóspedes que já se haviam recolhido. Atravessávamos a rua cantando a plenos pulmões serenatas para nós mesmos. Fomos expulsos do cinema porque, em vez de olhar o filme, perturbávamos os pacatos frequentadores da segunda sessão, comentando em voz alta os fatos do dia. Fui juiz de um campeonato de golfe, sem ter a menor noção do que era esse esporte.

Principiante em tênis, tornei-me campeã da cidade, em dupla com Manoel Procópio. A explicação é fácil: Procópio era o campeão de São Paulo, de modo que, além do saque, a única coisa que se exigia de mim era não atrapalhar meu parceiro. Terminei minhas façanhas entrando, às escondidas de mamãe, que estava sempre perto de nós, em um avião de acrobacias pilotado por um habilíssimo piloto alemão. Quando mamãe descobriu que os *looping*, *tonneau*, *folha-morta*, *piquê* que ela estava admirando, ao lado das autoridades presentes à inauguração do Campo de Pouso de Poços de Caldas, tinham a mim como passageiro, minhas extravagâncias tiveram um fim. Já não era sem tempo, pois meu patrão chegou poucos dias depois.

Quem mais apreciou este acontecimento foi o prefeito, Francisco de Assis Figueiredo, visto que não podia aplicar com muito rigor as sanções que merecíamos por perturbar a tranquilidade dos veranistas, devido ao fato de meu irmão Getúlio e eu pertencermos ao indisciplinado bloco. Convidou-me um dia para ir ao seu gabinete, na prefeitura, para conversar. Começou por um apelo veemente para que fizéssemos menos barulho. Rimos da maneira diplomática que encontrara para restabelecer a calma de sua cidade e passamos ao assunto principal da conferência: turismo. Procópio Ferreira, o grande ator brasileiro, que estava em outra sala, foi convocado. Eu só o conhecia do palco carioca e era uma de suas admiradoras. Procópio fora do palco é tão espirituoso e loquaz como quando representa, de modo que, embora o objeto da palestra fosse realmente importante, eu não conseguia ficar séria, a ponto de ter de ouvir sua reclamação: "Será que eu sou tão engraçado assim?".

Mostraram-me mapas, folhetos, relatórios, estatísticas, estudos para me provar que o Brasil estava perdendo uma fonte de renda excepcional, por falta de organização turística. Pediram-me que sugerisse ao patrão, com a máxima urgência, a criação de um organismo que se dedicasse à propaganda de nossas belezas naturais e fomentasse a vinda de turistas estrangeiros a nosso país. Diziam-me, com números e cifras, quantos milhares de pessoas haviam visitado a França, a Itália, a Suíça, o Canadá etc., e o quanto isso havia representado para a economia interna desses países. Com uma pequena taxa sobre o turismo, poderíamos melhorar nosso serviço de hotéis, organizar caçadas, proporcionar distrações, formar uma equipe de guias instruídos e até melhorar nossas estradas, explicava o prefeito. Construir novos teatros, aprimorar o meio artístico e cultural, pleiteava Procópio. E os dois em uníssono: "Isso sem levar em conta o que cada turista gasta per capita em alimentação, roupas, lembranças, presentes. É dinheiro em circulação que fica no país. Estamos perdendo uma inestimável fonte de renda".

Prometi ajudá-los e assim que papai chegou expus-lhe a ideia. Não demonstrou muito entusiasmo; assuntos muito mais importantes e prementes ocupavam seu pensamento. Não desanimei: "Quem sabe se juntando o SIPS do Filinto para a organização no interior e o DP do Lourival para a propaganda, se possa começar alguma coisa nesse setor, ainda que modestamente?". A resposta de meu patrão foi desconcertante: "Se você tomar a seu cargo a tarefa de obter a aquiescência de ambos, não me oponho". Eu ignorava que a desavença entre eles fosse além de uma pequena ciumada por questões de serviço, por isso achei melhor aguardar um pouco, antes de promover os entendimentos, dos quais nasceria o DIP. É verdade que sua finalidade foi depois deturpada em várias ocasiões, por várias pessoas desejosas de aparecer no cartaz. O objetivo principal, que era o incremento do turismo, ficou prejudicado pelas perspectivas sombrias de uma próxima guerra mundial.

    Embora nunca me tivesse alheado dos problemas que papai enfrentava, nesses primeiros meses de 1938, estava muito mais preocupada com os meus. Já formada em direito, portanto liberta de meu compromisso antimatrimonial, maior de idade, filha de presidente e companhia não de todo desagradável, era natural que tivesse algumas propostas de casamento. Como não estava ainda certa de *a quem* deveria dizer o *sim*, resolvi dizer *não* a todos. Um dos auxiliares de papai costumava dizer, dentro da Secretaria, em tom de oratória: "Essa história de 'mais vale um pássaro na mão que dois voando' já passou de moda, meus senhores. Está em desuso. Hoje o certo é dizer 'mais valem dois marimbondos voando do que um na mão'".

    Os marimbondos que voaram em torno de mim, durante algum tempo, foram cansando aos poucos. Os de papai, não. Caíam sobre ele em enxames. Senti logo que o ambiente de euforia e divertimento que reinava em Poços de Caldas não lhe havia agradado e menos ainda o relato que lhe fiz de minhas aventuras. Antecipou a partida para São Lourenço, onde deveria fazer uma longa estação para se refazer dos últimos meses de tensão e trabalho. Para recuperar minha posição abalada junto a ele, decidi pôr de lado meus próprios problemas e dedicar esse ano de 1938 inteiramente a seu serviço. Voamos para São Lourenço, pilotados pelos capitão Francisco de Assis Correa de Mello e tenente Moutinho dos Reis. A pequena cidade aquática se transformou em poucos dias na Meca de todos os graúdos do governo, dos que aspiravam a ser governo e dos muitos que apenas começavam a sonhar com o futuro. Dessa temporada saíram dois presidentes da República: general Eurico Gaspar Dutra e Juscelino Kubitschek; governadores, ministros, embaixadores, chefes de autarquias etc. Entre alguns nomes: Nero Moura, Arnon de Mello, Walter Moreira Salles, Francisco Mello, João Carlos Vital, Ernesto Dornelles, Amaral Peixoto, Epaminondas dos Santos, Adhemar de Barros.

    O único auxiliar de gabinete que permaneceu durante toda a temporada fui eu; os outros vinham periodicamente para despachar o expediente acumulado, demorando-se dois ou três dias. Os ajudantes de ordens se incumbiam das representações, audiências em geral e das comunicações de rotina. A mim cabiam os cifrados, as audiências especiais, filtrar o expediente comum e cuidar de papai. Mamãe deu-se mal com as águas de São Lourenço e teve de regressar ao Rio antes de nós.

Em meados de abril, acabado o almoço, o patrão, desvencilhando-se dos acompanhantes, passou perto de mim e disse baixinho: "Vou escapar. Dentro de meia hora, suba que vou precisar de você". Subi, encontrei-o no gabinete improvisado para ele no terceiro andar do Hotel Brasil. Com o olhar de quem está planejando uma travessura e sem maiores preâmbulos, deu-me as ordens: "Vá procurar o Adhemar de Barros e traga-o aqui, sem chamar a atenção de ninguém, discretamente". Arregalei os olhos, espantada, nunca tinha ouvido falar nesse nome. Riu, mais para ele mesmo do que para mim, um riso malicioso, interior, e continuou: "É um homem alto, forte, meio narigudo, que está aí em companhia do Filinto. A ele você pode perguntar onde o encontrar, mas só a ele. Nada de espalhafato". Já ia saindo quando me explicou: "Talvez seja o novo interventor de São Paulo, portanto, nada de indiscrições".

Não tomei o elevador, com medo de encontrar alguém, desci pelas escadas os três andares, repetindo baixo para não esquecer o nome do personagem e pensando como poderia localizá-lo com tão poucas informações. Em geral, após as refeições, todos se reuniam para tomar café na sala de diversões do primeiro andar, mas àquela hora já se deviam ter dispersado. Passando pela portaria, pensei em perguntar o número de seu quarto. Fui interrompida por um grupo de veranistas que se despedia. Quando partiram, descobri, em pânico, que havia esquecido o sobrenome do ilustre desconhecido. Que fazer? Jamais voltaria a perguntar a papai, ele não gostava de repetir instruções. Se um de nós falhava em qualquer missão, dificilmente recebia outra igual. Arriscando a sorte, entrei no salão, somente as senhoras ainda estavam lá conversando e ouvindo música. O governador Valadares acompanhado por Israel Pinheiro, o poeta Mario Mattos, o jornalista Cipriano Lage e Olinto Fonseca saíram conversando. Todos os outros homens haviam sumido. Deviam estar discutindo sobre política em algum lugar, mas onde? Feito uma legítima paspalhona, parei no meio do salão, com ares de quem procura alguém. A sra. Filinto Müller, Consuelo, que devia estar mais bem-informada do assunto do que eu, me chamou: "Alzira, quem é que você está procurando?". Consegui assumir uma atitude de indiferença para responder: "Estou à procura do Filinto. Quero que ele me apresente a um cidadão de São Paulo que está com ele. Um tal de...". Consuelo me interrompeu e por seu tom constrangido e apressado percebi que havia pisado em falso. "Filinto está aí nessa sala à esquerda com o dr. Adhemar de Barros. Não é esse? Aqui a meu lado, d. Leonor de Barros. Pensei que você a conhecia". Gaguejei um apressado muito prazer e desapareci.

Poucos minutos depois, eu conduzia aos aposentos presidenciais o desconhecido sr. Adhemar de Barros. Fiquei na sala de espera aguardando novas instruções. Após demorada palestra, o substituto do dr. Cardoso de Mello Netto, na Interventoria de São Paulo, saiu do gabinete. Vinha um pouco mais alto e muito menos humilde do que ao entrar. Acompanhei-o até o elevador e voltei. Papai me recomendou novamente: o convite devia ser mantido em segredo até que se realizasse o encontro entre o candidato e o ministro da Justiça, Francisco Campos, para o acerto final, e só nós três sabíamos. O hotel estava cheio de jornalistas farejando notícias, de modo que tive de sumir de circulação para não ser tentada a falar. Quando, na manhã seguinte, o dr. Adhemar de Barros embarcou para o Rio de Janeiro no pequeno aeroporto de São Lourenço, talvez eu fosse a quinta pessoa presente. Regressou poucos dias depois e todas as charretes, bicicletas, cavalos, automóveis e caminhões da cidade estavam reunidos no campo para recebê-lo: a notícia já tinha sido divulgada.

A 28 de abril estávamos de volta ao Rio. Decidida a cumprir à risca a resolução que havia tomado, reduzi ao mínimo todas as minhas atividades sociais para me dedicar somente ao serviço do patrão. Pela manhã trabalhava na organização do arquivo e no estudo dos processos que me cabiam. À tarde, recebia no Catete as audiências marcadas e, à noite, três vezes por semana, despachava o expediente com sua excelência.

Sentia-me ainda um pouco constrangida com ele, o 10 de novembro continuava me atormentando.

Durante o veraneio, papai se interessara pelo jogo de golfe e chegou a tomar algumas aulas com Astolfinho, o treinador do Country Club de Poços de Caldas. Assim que se atreveu a jogar em público, todos os domingos ele os passava no Itanhangá Golf Club do Rio de Janeiro. Antes disso, porém, seu refúgio dominical era o mirante do Guanabara, construído pelo presidente

Washington Luís. Após o almoço, me chamava e dizia: "Vai buscar teu calhambeque, hoje vou arriscar minha vida". Subíamos a ladeira, os dois em meu carro, ele levando jornais, expediente para estudar, e eu um livro. Ficávamos lá até o entardecer, trabalhando ou conversando. Foi em uma dessas tardes que me enchi de coragem e o interpelei: "Podes me explicar em termos chãos, ao alcance do meu cérebro, o porquê e para quê, não do 10 de novembro, isso era inevitável ou cairíamos no caos, mas da Constituição, nos termos em que está feita? Já dei a várias pessoas, inclusive a jornalistas e correspondentes estrangeiros, explicações as mais inteligentes possíveis. Eles se satisfizeram com isso, mas eu não. Queria uma explicação só para mim". Acendeu o charuto, procurou ou fingiu procurar com cuidado a caneta que estava bem diante de seus olhos, assinou um decreto, tirou uma longa baforada, como quem está a pensar, e continuou a escrever. Um a zero marcava o placar contra mim. Com medo de perder essa oportunidade, tive a coragem de insistir, adotando outra tática: "Conheço bem toda a tua formação clássica, teu espírito liberal, teu feitio paternalista com ressaibos de feudalismo, talvez; li todas as tuas cartas, acompanho teu governo desde o começo, ajudo em tudo o que posso, mas, assim também não. Ou me explicas essa trapalhada, essa mistura de Armando, Benedito, Flores, Oswaldo, Góes, Filinto, Dutra, Campos, Plínio e não sei quantos mais, ou então eu estou fazendo papel de palhaço, explicando o que eu própria ainda não entendi". Riu, chamando-me por um dos vários apelidos que escolhera para mim, acrescido da palavra *bisbilhoteira*, pousou o charuto e começou a aula.

"Nunca tivemos uma Constituição genuinamente brasileira, que cogitasse com realismo de nossos vastos problemas. Temos um imenso território subpovoado e uma população subalimentada, subeducada, mal atendida, à espera de ajuda. Até agora todas as Constituições que tivemos foram redigidas às pressas e sob a pressão dos acontecimentos, quer nacionais, quer internacionais. Devido à falta de transportes e à precariedade das comunicações, muitos de nossos legisladores não puderam tomar conhecimento dos problemas brasileiros em seu conjunto e alguns nem do próprio estado que representam. Sempre foi assim. Na primeira Constituição do Império predominavam os princípios da Revolução Francesa, com muito pouca coisa de brasileiro. A de Pedro II[31] sofreu a influência inglesa, antinapoleônica, e tivemos um parlamentarismo fictício, inteiramente inadaptável a nosso meio político, ainda em formação.

A República de 1891 se baseou nos postulados da Carta Magna americana, que consagra a mais absoluta independência dos estados em relação à União. Nossos legisladores não atentaram que o processo de formação dos Estados Unidos da América foi completamente diferente do nosso. Lá, as colônias se formaram primeiro independentemente umas das outras e se juntaram depois para formar os Estados Unidos da América em um movimento espontâneo. Mais tarde, os territórios, à medida que iam surgindo, pleiteavam o ingresso na União formando como que uma sociedade ou associação de estados, cada um com seus característicos próprios. Aqui, a divisão territorial foi feita quase arbitrariamente, em cima do mapa. Alguns estados não tinham condições econômicas nem políticas para sê-lo. Durante anos, a não ser em momentos excepcionais de economias transitórias, como no caso da borracha, da castanha, entre outros, somente algumas províncias prosperaram. Nosso governo federal, sem controle sobre os governos estaduais, foi perdendo a autoridade, e tiveram seu início o desassossego, as rebeldias e as revoluções que culminaram durante o governo Bernardes. A reforma constitucional feita em 1924, da qual participei, como líder da bancada sul-rio-grandense, tinha por objetivo fortalecer o Poder Executivo, dando-lhe capacidade para reagir contra a desordem. Não examino as arbitrariedades porventura cometidas nesse período, nem se a reforma foi para melhor ou para pior: era necessária. No entanto, foi também imediatista, uma reforma de emergência e não consultava as aspirações do povo brasileiro. As inquietações continuaram e veio a Revolução de 1930."

Enquanto reacendia o charuto, apagado entre seus dedos, especifiquei melhor minhas dúvidas. "Eu devia ter aprendido tudo isso em direito constitucional, porém jamais alguém me expôs o problema com tanta clareza. Minha interrogação é justamente quanto à Constituição de 1937. Embora atenda a um sem-número de problemas, não se pode dizer que seja 100% brasileira e, além do mais, está em desacordo contigo. Em 1930, ditador com plenos poderes, restringiste tua própria autoridade, para evitar abusos teus e de outros. É natural que eu estranhe essa Constituição egocêntrica embora compreenda que o momento exige autoridade e ordem." Voltara a seus lábios o sorriso malicioso e continuou.

"Espera, rapariguinha, não te apresses. A reforma Artur Bernardes atingiu, sobretudo, os militares revolucionários que exatamente por isso vieram a constituir a espinha dorsal do movimento de 1930 e foram, até 1934, o único apoio e a base de todo o meu governo. Traumatizados, feridos, desconfiados de tudo e de todos, sempre com os olhos voltados para os exílios, a Ilha da Trindade, as fortalezas onde estiveram prisioneiros, os vexames que sofreram, fizeram como ponto de honra reduzir ao mínimo a autoridade do Executivo para que este não viesse a cair nas mãos de um outro Bernardes ou um novo Washington Luís. Assim que assumi o governo, nomeei uma comissão de notáveis escolhidos entre os homens de mais autoridade no assunto, para redigir um anteprojeto de Constituição a ser apresentado à consideração dos futuros constituintes, sob a batuta de mestre Francisco Campos. Deves te lembrar de que tentei intervir por intermédio da bancada gaúcha e através dos meus dois líderes, Raul Fernandes e Carlos Luz, na redação da Constituição de 1934. Pouco puderam fazer. Não se atreviam a combater os ardores dos membros da Assembleia Nacional Constituinte, que tinham os olhos voltados para trás, para o passado e não para o futuro, nem mesmo para o presente. Tive de desistir e deixei correr os trabalhos à revelia do Executivo. O que os constituintes de 1934 fizeram foi deixar o Executivo completamente sem ação, dando ao Legislativo o máximo possível de autoridade e iniciativa. Desde 1930, alimento o sonho de dar ao Brasil uma Constituição verdadeiramente brasileira, tendo sempre em vista nossas enormes possibilidades econômicas e nossas precárias condições financeiras, lembrando que as matérias-primas estão à espera de transporte e de industrialização e que as dificuldades geoeconômicas precisam ser superadas. Temos secas e inundações periódicas, problemas de engenharia de difícil solução e o saneamento de imensas zonas a desafiar nossos técnicos. Talvez tenha sido um erro meu não lutar mais para que o Executivo deixasse de ser uma mera figura de proa; talvez não, porque estes três anos abriram os olhos de muitos. Durante meses e meses, leis de emergência para salvar uma lavoura em perigo, para resolver problemas vitais ou evitar calamidades públicas podem ficar ao sabor da boa vontade de algumas centenas de homens, de seus problemas pessoais, de seus interesses regionais ou eleitorais. Um deputado do Rio Grande do Sul, que recebe para relatar um projeto de defesa da produção de cacau, da borracha, do café ou da castanha, pergunta primeiro a si mesmo se não deve fazer um discurso, lembrando a inclusão do trigo no mesmo esquema. Se a banha entra em crise no Sul, a laranja, a cana-de-açúcar, o algodão, cada congressista pensa primeiro nas dificuldades de seu estado e de seus eleitores e não nas do Brasil em conjunto. Quando o projeto se transforma em lei é uma colcha de retalhos e, às vezes, já se tornou inútil. Não penses que mudei de opinião, ou fiquei diferente. Há momentos na vida de um homem e de uma nação em que é necessário ter a coragem de encarar a realidade sem sentimentalismo. Não estávamos em condições, quer econômicas, quer financeiras, quer políticas, de nos darmos ao luxo de pretendermos ser uma democracia. Sabes o quanto custa uma eleição, não digo em dinheiro, mas em tempo, em retaliações pessoais, em desgastes nocivos a um povo que tem pressa de crescer? Vamos em breve ter de enfrentar uma situação muito séria, talvez uma guerra, e de tomar medidas muito mais necessárias do que a poética suposição de que somos livres dentro de casa. Somente os países economicamente fortes são realmente livres. E é essa a liberdade que eu desejaria dar a meu país. A Constituição de 1937, que tanto te preocupa, é apenas uma tentativa, uma experiência transitória, para atravessarmos a tempestade que se aproxima com o mínimo de sacrifícios possível. Digamos que é um meio para atingir um fim, e não um fim em si próprio."

Entendi isso também, mas queria ainda mais. Esperei com paciência que assinasse mais uns decretos e voltei à carga: "Concordo em gênero e número com tudo o que disseste e vou até mais longe. A suspensão temporária do Legislativo não é suficiente, em minha modesta opinião, para transformar uma democracia em ditadura. A História conta a história de vários tiranos muito mais democratas do que muitos presidentes eleitos com o respectivo 'congresso carneiro' em pleno funcionamento. Queria saber por que não fizeste realizar o plebiscito para dar a essa Constituição foros de estabilidade, de legalidade. Estou cansada dessa história de só te chamarem 'ditador', 'usurpador', 'continuísta', 'oportunista', com ares não sei se de inveja ou de desprezo". Continuou assinando decretos como se estivesse inteiramente alheio ao que lhe perguntara. Depois de empilhá-los com cuidado e colocar dentro da pasta de couro, me respondeu.

"O golpe de 10 de novembro foi justamente para evitar qualquer movimento eleitoral que só poderia nos prejudicar nesta ocasião, e me perguntas pelo plebiscito? Não te passou ainda pela cabeça que os dois únicos partidos de âmbito nacional existentes no Brasil têm suas origens fora do Brasil: o comunista e o integralista? Todos os outros representam apenas interesses locais ou, quando muito, regionais. As notícias internacionais não são nada tranquilizadoras, embora ainda ignoremos quando, como e onde estourará a bomba. Em 1930 assumi para com o povo brasileiro uma grande responsabilidade. Não tem para mim a menor importância o nome que me dão por aí, contanto que eu cumpra as promessas que fiz. O excesso de liberalismo que passou a imperar, sem controle e sem objetivo, devido às inconsequências de alguns e à falta de visão de outros, estava nos conduzindo, como a várias outras grandes nações com mais experiência política e maior capacidade financeira do que nós, a uma situação de descalabro."

Parou de falar, ficou seguindo com os olhos semicerrados a fumaça do charuto. Respeitei por alguns segundos seu silêncio, mas ainda queria abordá-lo por outro ângulo. "Para terminar, só mais uma pergunta. Essa Constituição já me deu muito trabalho. Li, reli, traduzi, expliquei, justifiquei, portanto conheço-a bem. Ela em absoluto me preocupa, enquanto o chefe do governo fores tu. Não és vingativo, nem perseguidor, nem opressor por temperamento, feitio, formação familiar, ou seja lá o que for. Mesmo com mais poder do que o que te é dado na chamada Polaca,[32] nunca o usaste para o mal. E agora sou eu quem diz: já te passou pela cabeça o que pode acontecer se cair nas mãos de fulano, sicrano ou beltrano?" Citei os nomes de alguns de seus possíveis sucessores. Ele continuou ouvindo, fingindo que não ouvia, e eu continuei falando, fingindo não perceber que ele começara a rir. Levantou a cabeça e me interpelou de chofre: "Ficaste obtusa de repente? Ainda não entendeste por que não determinei a realização do plebiscito? Já não te disse que a Constituição de 1937 é apenas uma tentativa, uma experiência? Se der resultado o povo terá tempo suficiente para saber, depois de passado o perigo, se a quer como definitiva ou não". Fiquei furiosa. Tanto trabalho por causa de um negócio provisório! Tanto medo de um fantasma de papel e tinta, manobrado por um homem de verdade!

Quando quis, pelo menos, empatar o escore do placar a meu favor, perguntando por que não havia dito isso antes, deu de ombros, recomeçando a trabalhar: "Ninguém me perguntou".

10
Os problemas do Estado Novo

Não me recordo do dia exato em que me atrevi a interrogar papai, expondo-lhe todos os meus receios sobre a Constituição de 10 de novembro de 1937. Foi sem dúvida depois de 1º de maio de 1938, pois as retumbantes e entusiásticas manifestações do Dia do Trabalho, outra oportunidade perdida para o plebiscito, já haviam passado. E com certeza antes do putsch integralista do dia 11, porque depois dele compreendi toda a realidade e teria sido menos exigente em minhas interpelações.

Vários fatos que eu relegara como de somenos importância, preocupada apenas com minhas próprias dúvidas, voltaram à tona. Inúmeras ocorrências preparatórias estavam mostrando claramente o que pretendiam os partidários e fanáticos do integralismo, alimentados por algumas ambições insatisfeitas e auxiliados pela diferença de certos personagens preclaros, pertencentes ao grupo dos *amigos-inimigos* do governo.

A noite dos punhais, também conhecida como a noite dos tambores silenciosos, começou a série. A polícia, em uma batida feliz, apreendeu vários caixotes contendo punhais, caprichosamente trabalhados e ostentando no cabo, em esmalte, o símbolo integralista: o sigma. Cada um deles tinha destino previamente estabelecido. Manejados com carinhosa precisão e óbvio interesse, deveriam perfurar determinadas gargantas, ou um certo tórax, já antecipadamente escolhidos. Não cheguei a saber se o ataque seria pela frente ou pelas costas, à traição, nem tampouco se eu estava entre os eleitos. Acredito que, naquela época, com vários quilos a menos, um canivete seria suficiente e não se abalariam em fabricar um punhal só para mim.

Estavam por chegar ao Brasil três novas unidades para nossa Marinha de Guerra, três submarinos encomendados na Itália e que tinham recebido os nomes de *Tupi*, *Tamoio* e *Timbira*. Quem comandava a flotilha era um ilustre oficial, o capitão de mar e guerra Fernando Cochrane, reconhecida e apregoadamente filiado ao credo integralista. O presidente da República recebeu reiterados avisos de que não se atrevesse a entrar, como era de sua obrigação e desejo, em qualquer dos submarinos, pois seria feito prisioneiro pela oficialidade. Acreditando ou não nas informações, não se intimidou, visitou-os na data marcada e presidiu às cerimônias da chegada. Nada aconteceu. Voltou incólume e feliz, pois tinha começado a cumprir mais uma promessa: a de reaparelhar nossa Marinha de Guerra. Essas ameaças frustradas, que poderiam ter-se transformado em dura realidade, ao invés de alertar os membros do governo, responsáveis pela manutenção da ordem e pela segurança do regime que tinham reconhecido a 10 de novembro, contribuíram para que relaxassem sua vigilância.

Num dia qualquer devíamos voar de uma cidade a outra, em viagem oficial, papai, mamãe, eu, outras pessoas da família e alguns membros do governo. Cito este fato sem nomes nem detalhes para não deixar a menor pista quanto à identidade do suspeito ou suspeitos. Na noite anterior à partida, recebemos um aviso secreto, misterioso e urgente. O piloto que nos deveria conduzir era integralista e tinha sido incumbido de uma tenebrosa missão: fazer o avião estourar em meio à viagem matando todos os passageiros. Papai, sem pestanejar, respondeu com indiferença: "Deixem-se de fantasias. Se o avião estourar, o piloto também morre e não me parece que ele tenha tanto desprendimento pela vida". Na hora certa, estávamos todos disciplinadamente no campo, prontos para embarcar. Confesso que desejei lembrar-lhe um pequeno detalhe: se a tripulação estivesse convenientemente industriada, não seria difícil escolher o momento oportuno para saltar de paraquedas com toda a tranquilidade, entregando-nos à própria sorte. Para não dar demonstração de fraqueza, nada disse e cheguei mesmo a esquecer a ameaça até o momento em que o inesperado aconteceu. Estávamos com quase quarenta minutos de voo quando sentimos o avião perder a altura, descrevendo uma curva em direção oposta à que devíamos seguir. Interpelado, o piloto informou que era necessário voltar ao ponto de partida, pois um dos motores estava falhando. Pela primeira vez isto ocorria no avião presidencial, sempre examinado e testado com cuidado antes de qualquer viagem. Não houve pânico; éramos poucos os que sabiam do aviso sinistro e esses poucos não ousaram sequer trocar olhares de entendimento. Pesava um silêncio angustiante a bordo. Teria sido apenas uma coincidência diabólica? Estaria o piloto com medo ou arrependido? Ou dentro de poucos segundos começariam os sinos a dobrar por nós?

O regresso não foi nada agradável. Aterrissamos sem incidentes. Disseram-me que fora constatada a existência de certa quantidade de água em um dos tanques de gasolina. Aguardamos no próprio campo, pacientemente, que as providências necessárias para o reabastecimento fossem tomadas e reiniciamos o voo no mesmo avião, com a mesma tripulação, o mesmo piloto e na mesma rota. Chegamos a nosso destino sãos e salvos, com um respeitável atraso para as cerimônias que aguardavam a comitiva presidencial. Nunca fiquei sabendo se havia algum fundamento para o susto que atravessamos, pois papai jamais tocou no assunto, nem cogitou de apurar responsabilidades. Manteve sua confiança nos pilotos brasileiros até o fim. Não admitia a hipótese de uma deslealdade da parte deles.

Outros sinais esclarecedores, de menor monta, além dos clássicos sintomas, tais como gaviões farejando carniça e ratos abandonando o navio em perigo, continuaram a aparecer. Pouca gente de nosso lado, no entanto, dava alguma importância a essas coincidências e nós, praticamente, nenhuma. Não havia tempo. Papai parecia atacado por uma febre de realizações e não nos dava quartel como se estivesse apostando corrida com o tempo, como se quisesse em um passe de mágica, um simples apertar de botão da campainha, dar sentido e consistência ao Estado Novo, plantando os alicerces de um novo Brasil.

Procurou resolver num único ímpeto todos os problemas; soavam sem parar todas as sirenes de alerta como se ele estivesse a pressentir que a *grande oportunidade* para nosso país, que já estava à vista, seria de curta duração. As negociações para instalar a indústria siderúrgica receberam renovado impulso. As empresas particulares norte-americanas, para não perderem um mercado certo, negaceavam sua colaboração propondo estudos e esquemas inexequíveis. Impaciente, mandou encetar entendimentos com consórcios europeus. Ele tinha pressa. Era necessário dar um balanço em nossa produção de carvão para quando a siderurgia se tornasse realidade. As possibilidades das minas carboníferas do Rio Grande do Sul e Santa Catarina foram reexaminadas. Ao mesmo tempo, a industrialização da turfa passou a ser matéria de suma importância. Faltava energia para o Nordeste. O aproveitamento das cachoeiras do rio São Francisco, um velho sonho acalentado há anos, devia ser levado a sério e ele o levou.[1] Precisava aprimorar o transporte ferroviário e reforçar o plano rodoviário, dar mais atenção ao problema das secas e mais proteção às cidades ameaçadas pelas enchentes periódicas.

E o petróleo? Devia haver, mas era necessário procurar e a busca começou.[2] Tornava-se urgente sanear as finanças do Brasil: suspendeu o pagamento da dívida externa. "Não negamos nossos compromissos", disse ele, "desejamos tempo para solucionar nossas dificuldades." A seguir, modificação da política do café e do regime cambial,[3] codificação do Direito Nacional,[4] reforma da justiça, marcha para o oeste,[5] valorização do homem brasileiro pela melhoria das condições de saúde, ensino e alimentação. Desenvolvimento do comércio exterior do Brasil, reaparelhamento das Forças Armadas. Segurança para os operários nacionais: salário mínimo, garantia de trabalho, casas para morar, ensino técnico.[6]

Tanta, tanta coisa para fazer, querendo fazer. Mas tudo com pressa, antes que seja tarde, antes que chegue a tempestade. Toda uma nação reclamava seu direito ao sol. Um novo esforço para que as Forças Armadas se sentissem confiantes e seguras; mais navios, mais tanques, mais aviões, mais armamentos, mais conforto para os soldados, mais quartéis, mais vilas militares, mais técnica, mais aperfeiçoamento. Quantos problemas a enfrentar ao mesmo tempo, sabendo que a situação internacional não era de molde a dar tranquilidade a nenhum chefe de governo. E, no Brasil, tampouco a interna.

Teoricamente, os fins não justificam os meios. No entanto, quando os fins são maiores, muito mais importantes do que os meios, haverá alguém que hesite? É proibido pisar na grama, diz uma postura municipal. Seu filho do outro lado do belo gramado verde cai, se machuca e chora. Quem faz a volta pelo longo caminho de terra só para não pisar a grama, que é a via mais curta? Os regulamentos policiais comandam penas de multa ou prisão por excesso de velocidade. Quem respeita o velocímetro, quando há uma vida em perigo, que uma corrida pode salvar? Não matarás, rezam os mandamentos cristãos. Surge a guerra, os mandamentos ficam esquecidos e a lei é matar para não morrer. Quem me disser que um meio, às vezes duvidoso, não muito legal e talvez fora da ética, não pode ser justificado por um grande objetivo não é honesto consigo mesmo. Todas as escolas filosóficas debatem tateantes o tema dos fins e dos meios e deixam a cada um de nós a responsabilidade da resposta. Depois de longas e penosas hesitações, encontrei a minha. O que importa é a honestidade de propósitos, Honestidade com maiúscula, sem pseudônimos.

Esmagada pelo número de iniciativas e realizações da nova fase do governo de meu pai e plenamente convencida da utilidade e transitoriedade da nova Constituição de 1937, passei a não a temer e tornei-me sua defensora e aliada. Queria, no entanto, dar-lhe um nome, situá-la no tempo e no espaço, para melhor poder compreendê-la. Que era constituição outorgada não havia a menor sombra de dúvida; que, em surdina e à socapa, recebera o cognome pejorativo de Polaca, eu sabia mas não gostava. Realmente, em alguns pontos se assemelhava à constituição polonesa, mas possuía também suas originalidades, peculiares ao Brasil. O nome — Estado Novo — começou a me intrigar. Novo é um adjetivo transitório, pois se supõe que todas as coisas novas com o tempo e o uso se tornem velhas. Com o passar dos anos, seria, em breve, o Estado Velho. Temeroso de que surgisse esse apelido para sua criatura e talvez porque no fundo desejasse sua permanência, o pai da criança, Francisco Campos, passou a chamá-la, em uma memorável e erudita conferência, antes de renegá-la, de Estado Nacional. E o que seria o Estado Nacional? Seria um disfarce do Estado Integral? Positivamente não, pois este pressupõe a existência de um partido único, controlando todas as atividades político-administrativas, e todos os partidos haviam sido, sem distinção, dissolvidos a 3 de dezembro de 1937.

É verdade que o decreto criando a Organização da Juventude estava queimando o fundo de minha gaveta, mas também é verdade que papai, após me haver dado ordem para estudar todo o expediente em 48 horas e apresentar sugestões, tinha preferido deixá-lo congelar provisoriamente. E quando foi finalmente publicado,[7] já se havia tornado inofensivo. Portanto, se não era totalitário, não chegava a ser ditadura, não era uma democracia no sentido que lhe é dado atualmente, não era uma oligarquia e muito menos uma monarquia, o que era então o Estado Novo?

Meus conhecimentos em matéria de direito público e constitucional nunca foram nem são dos mais brilhantes. Em compensação, os de direito romano sempre foram absolutamente nulos, graças à reforma de ensino do primeiro ministro da Educação e Saúde, Francisco Campos. Quando ingressei na faculdade, em 1937,[8] a cadeira de direito romano havia sido retirada do primeiro ano e passara para o quinto; quando cheguei ao quinto ano, outra reforma de ensino, desta vez homologada pelo ministro Gustavo Capanema, fizera reverter a matéria a seu primitivo lugar, isto é, ao primeiro ano. Portanto, não travei relações com Justiniano e seus congêneres e só o conheço de nome como personagem famoso, através da *História universal*, de Jonathas Serrano.

Em 1938, com o anel no dedo e o diploma na parede, não me tentava em absoluto a perspectiva de sacudir o pó de meu latim, tão carinhosamente abandonado. Nunca estudei grego, e, como jamais fui forçada a traduzir e declinar Aristóteles, Platão ou Heródoto, os clássicos gregos gozavam de minha simpatia, em detrimento dos romanos. Havia também um outro motivo para esta predileção. Minha professora de História no Colégio Sacré-Coeur, para obter melhores resultados das alunas, costumava dividir a turma em dois campos opostos que se deviam digladiar intelectualmente em busca da vitória por pontos alcançados não só nas sabatinas, mas em testes inesperados. Durante todo um ano letivo fui Sólon, o tetrarca de Atenas, e chefiava quinze atenienses de minha idade, para combater Licurgo, o sátrapa de Esparta, e suas quinze espartanas. Não me lembro mais se Sólon-Alzira ganhou ou perdeu no fim do ano; lembro que, para não desmerecer o nome que ostentava, estudei com afinco e seriedade a história da Grécia. Resolvi reler com mais interesse meus velhos amigos, em busca de um caminho. Cheguei à conclusão de que todas as formas de governo, existentes no mundo atual, foram previstas e experimentadas pelos gregos em diferentes épocas. Mas o sobrenome para o Estado Novo só o encontrei por dedução.

Para Aristóteles, somente três formas de governo eram consideradas como puras. Na ordem de suas preferências são elas aristo-arquia, mono-arquia e *pollus* ou politi-arquia. A primeira, mais conhecida sob o nome de aristocracia, era o governo de alguns, os melhores, os mais aptos, os mais justos e sábios sobre os demais. A perfeição, a utopia seria atingida na República dos Filósofos de Platão. Essa forma de governo deu origem a várias outras consideradas, pelos mestres antigos, como formas corruptas: oligarquia — domínio de uma casta, uma família ou um grupo; timocracia — domínio dos mais fortes, que teve em Esparta seu apogeu, tornando-se por isso mais tarde sinônimo de domínio do poder militar; plutocracia — domínio dos mais ricos ou do poder econômico.

A mono-arquia, monocracia ou monarquia, era o governo de um só selecionado dentre os mais aptos, o melhor entre os melhores, sobre todos. Foi a que teve maior duração, maior número de sinônimos e de formas degeneradas. Autocracia, tirania, despotismo, reino, império, ditadura, satrapia, teocracia, tetrarquia chamaram-se as várias monarquias, através dos tempos, conforme a época e a região em que eram exercidas. Algumas, tais como teocracia, satrapia, tetrarquia, caíram em desuso, outras mudaram de acepção. Tirania, apesar dos esforços históricos de Dionísio, o prudente e valoroso tirano de Siracusa, passou a significar crueldade e opressão. Despotismo, regime gloriosamente defendido por Péricles no período áureo de Atenas, salvou-se em parte pelo legado dos déspotas esclarecidos da Europa no século XVIII. Autocracia é quase sinônimo de mandonismo; autocrata é o indivíduo cuja única lei é a própria vontade. Ditadura foi na Antiguidade o regime de emergência para o qual apelavam os povos quando algum perigo os ameaçava, importando em liderança, chefia ou comando aceito ou sofrido tacitamente. Reinado e império perderam todas as características tradicionais em alguns países. Houve em todas as épocas, seja qual for o título adotado, monarcas bons e maus, homens de visão e aproveitadores, heróis e vilões.

Finalmente a politiarquia era o governo da maioria sobre a minoria, menos capaz e apta para o exercício do poder. Seria, segundo Aristóteles, a forma ideal, se não houvesse o perigo grave de degenerar em democracia, isto é, o domínio da multidão pouco esclarecida sobre as elites, sempre minoritárias, dando origem a desordens e descontroles, terreno propício para um retorno cíclico à tirania.

Examinando friamente todos os governos de todos os países do mundo, verificamos que nenhum só estava enquadrado dentro das formas puras dos filósofos gregos. A Revolução Francesa levou-as de roldão e estabeleceu um novo conceito de governo. Antes dela pouca ou nenhuma importância era dada à maneira pela qual chegavam ao poder os governantes: por violência, herança, direito divino ou sorte. E muito menos a fórmula que usavam para exercê-lo. Eram levados em consideração apenas o número e a qualidade das ou da pessoa na função. A tríade miraculosa de fins do século XVIII — *Liberté, égalité, fraternité* — resgatou do opróbrio a palavra democracia e lhe deu outro significado: governo escolhido e exercido pelo povo em benefício de todos. A palavra democracia atingiu seu apogeu, a redenção absoluta, na síntese inspirada e inspiradora do famoso discurso de Abraão Lincoln, em Gettysburgh:

"Governo do povo, pelo povo e para o povo". A única maneira legal de um povo manifestar coletivamente sua vontade é pelo direito de escolher periodicamente seus dirigentes. Daí a palavra democracia ter-se identificado aos poucos com os termos eleição e voto universal.

As características essenciais para a classificação das formas de governo mudaram, portanto. Dois pontos até então negligenciados passaram a ter valor: o modo pelo qual os candidatos a dirigentes obtinham o poder e os meios de que se utilizavam para governar. No entanto, e apesar de todas as experimentações, das marchas e contramarchas dos vários países do mundo em sua evolução política, nenhuma fórmula nova foi encontrada para substituir a esquematização grega; somente o conceito foi alterado. Os atuais regimes de força são, ora ditaduras-timocráticas, ora aristocracias-despóticas, ora monarquias-democráticas. E, se atentarmos bem, verificaremos que as democracias modernas nada mais são do que uma feliz combinação das três formas puras de Aristóteles e Platão. Os *politis*, núcleos de cidadãos livres e iguais perante a lei, escolhem sua aristocracia, os melhores e os mais capazes, para representá-los e elegem, pelo menos teoricamente, o melhor entre os melhores para ser seu monarca, seu governante, seu presidente. De posse de todos esses dados, consegui finalmente enquadrar o Estado Novo.

De 1930 a 1934, o Brasil foi uma democracia exercida por um ditador, colocado e mantido no poder pela vontade do povo. Em 1934 e até 1937, tornou-se uma democracia constitucional, exercida por um presidente eleito pelo Congresso, presumidamente a aristocracia do país. De 1937 a 1945, seria, na pior das hipóteses, uma timocracia dirigida democraticamente por um déspota esclarecido, por intermédio de uma constituição outorgada. De 1945 até meados de 1946, embora a constituição estado-novista continuasse inalterada e vigente, sua execução tomou outro rumo, que não pretendo examinar. Talvez ainda hoje, algumas pessoas, mais por teimosia do que por convicção, se perguntem por que persisto em chamar de democrático todo o governo de meu pai. Se a palavra democracia se tornou sinônimo ou símbolo de vontade popular, não vejo ninguém com mais direito ao título de democrata na História do Brasil do que Getúlio Vargas. Todos os seus atos, mesmo quando dono e senhor da Polaca, aí estão para demonstrá-lo.

Acabou com o regime oligárquico do *pistolão*, determinando que todos os cargos públicos seriam preenchidos por concursos de título ou provas.

Abriram-se as portas dessa maneira, democraticamente, a todos aqueles que desejassem ingressar na administração e não dispunham de padrinhos poderosos. As promoções nos cargos e carreiras passaram a ser feitas considerando o tempo de serviço e os méritos de cada funcionário, não mais por proteção ou injunção política. Surgiram novas perspectivas para o aperfeiçoamento técnico e estudos de nível superior, acessíveis às classes menos favorecidas economicamente. Restabeleceu a igualdade perante a Justiça e o fisco, em um país onde os poderosos não eram punidos e só pagavam integralmente os impostos os funcionários públicos e os inimigos políticos. Criou a Justiça do Trabalho em moldes tais que permitissem tanto ao operário humilde quanto ao patrão onipotente as mesmas possibilidades de defesa — paridade de armas na luta pelos respectivos direitos e prerrogativas. Riscou da legislação brasileira o epíteto injusto de *bastardo*, e todas as crianças, desejadas ou não, passaram a ser igualmente naturais e legítimas. Incentivou com palavras e auxílios financeiros os vários estados a criarem novos estabelecimentos escolares com o objetivo de tornar obrigatório e gratuito o ensino primário em todo o país. Oportunidades iguais para todos desde o nascimento foi sempre sua grande preocupação.

Dois artigos da Constituição de 1937, altamente moralizadores, foram a causa de um sem-número de anedotas curiosas e, para mim, de algumas decepções. O artigo 159, que vedava a acumulação de cargos públicos remunerados da União, dos estados e dos municípios, provocou um verdadeiro pânico entre os funcionários privilegiados. O prazo para a desacumulação era curto, e os detentores de mais de um emprego tinham de decidir com rapidez qual deles deveriam preferir, sem prejuízo para o orçamento doméstico, baseado em proventos de diferentes fontes. Surgiram casos, inclusive na família palaciana, de verdadeiros portentos de equilíbrio, funcionários que conseguiam perceber vencimentos de mais de oito diferentes cargos. Esses heróis, uma vez descobertos, passaram a ser denominados *cabides de empregos*. O título de campeão coube a um que conseguia brilhar pela ausência em doze repartições diversas. Como todas as medidas muito radicais, algumas injustiças foram cometidas, sobretudo em relação aos professores em geral e aos de ensino superior especificamente. Esses casos foram sendo paulatinamente revistos e reparados, mas o abuso acabou. Mais uma promessa feita ao povo pelo candidato da Aliança Liberal estava sendo cumprida: acabar com as oligarquias nos postos administrativos, norma que vinha do Império e prosseguira durante a vigência da chamada República Velha. Ao mesmo tempo evitava que, à sua sombra, tivesse origem nova oligarquia. Não desconhecia a história inventada pelo travesso povo carioca: o Cristo Redentor, por ocasião da solenidade religiosa da inauguração de seu monumento, presidida em 1931 por Getúlio Vargas, após ouvir a breve alocução pronunciada por d. João Becker, arcebispo de Porto Alegre, abrira os braços e dissera: "Chega de gaúchos".

O outro artigo foi o 177 das disposições transitórias. Deu origem a reações ainda mais curiosas com repercussão a longo prazo. Determinava que dentro de um período de sessenta dias, a partir da publicação da Constituição, poderiam ser aposentados ou reformados os funcionários civis e militares cujo afastamento se impusesse no interesse público ou por conveniência do regime, a juízo exclusivo do governo. Era sem dúvida uma iniciativa perigosa, uma verdadeira espada de Dâmocles suspensa sobre a cabeça de todo o funcionalismo. Poderia ocasionar perseguições pessoais e injustiças; falsas acusações poderiam ser levantadas e aceitas sem prova.

A medida era drástica, porém necessária. Centenas de processos administrativos contra maus funcionários, prejudiciais à administração, incorretos para com os colegas, aos quais seu descaso ou incompetência sobrecarregavam, e nocivos ao renome de suas respectivas repartições, rolavam há vários anos, carregados de provas, sem que os chefes tivessem coragem e honestidade para despachá-los. Como por um golpe de mágica, o 177 fez com que todos se movimentassem de repente. Vinham para o Catete e aí encalhavam vários dias. Se os decretos de demissão não chegavam acompanhados dos comprovantes de falta cometida, dos resultados de um inquérito ou de depoimento do chefe imediato, não eram assinados. Muitos deles passaram por minhas mãos e algumas exposições de motivos ministeriais ficaram indelevelmente gravadas em minha memória.

Com grande espanto, em 1945, li nos jornais e ouvi, guardando piedoso silêncio, os signatários das propostas de demissão de vários funcionários reclamarem contra as injustiças cometidas pelo *atrabiliário ditador*, que, sozinho em seu exílio voluntário, meditava sobre a volubilidade dos homens. Mas o que realmente mais me emocionou foi a gritada que fizeram alguns dos beneficiados pelo 177. Beneficiados, sim, porque várias das pretendidas vítimas, que reverteram ao serviço durante o governo José Linhares, foram agraciadas com o 177, a pedido. Em 1937 e 1938, a aposentadoria ou reforma pelo citado artigo era sumária e previa vencimentos integrais, qualquer que fosse o tempo de serviço do indiciado. Diante disso, houve quem o pleiteasse, como um favor pessoal, um prêmio, e quem agradecesse e festejasse a publicação do decreto em todos os jornais, com o seguinte texto: "Demitido Fulano de tal a bem do serviço público...". Irreverente e mordaz, o povo não tardou em encontrar um pitoresco apelido para o causador de tantos júbilos, homenageando ao mesmo tempo o jogo do bicho: 177 era a centena do peru. Quando aplicado a pedido era — peru com recheio de farofa e azeitonas. Felizmente, o motivo principal da inserção do artigo 177 na Constituição na forma em que foi redigido teve pouca aplicação e por isso mesmo foi mal interpretado.

País ainda em formação, abrigando sem preconceitos numerosos imigrantes das mais diferentes raças e nacionalidades, o Brasil sempre teve, nos quadros do funcionalismo público e em cargos de responsabilidade, estrangeiros naturalizados ou brasileiros de primeira geração. Com a Guerra Mundial a se desenhar nitidamente ante nossos olhos, dinheiro para espionagem, contra-espionagem e propaganda de alguns países correndo fácil e abundante, não seria de estranhar que temêssemos que as simpatias, mais do que lógicas de cada um pelo país de suas origens, viessem prejudicar os interesses e os pontos de vista do Brasil. Prever é melhor do que prover. A redação e a aplicação do artigo foram, portanto, bastante misericordiosas para com os atingidos por ele. A dúvida generosa permanecerá sempre. Teria sido castigado a pedido, por desonestidade no cargo, por falta de cumprimento de seus deveres, por traição à Pátria, por perseguição do chefe ou somente porque disse que o Getúlio não era bonito? Em meio a toda essa confusão, o dia 11 de maio de 1938 se aproximava inexoravelmente sangrento, sem que nós o pressentíssemos. Nessa madrugada, pela quinta vez desde 1930, a inteligência, o patriotismo e a coragem de um homem, de um homem só, foram a barreira encontrada por aqueles que desejavam desviar o Brasil de seu caminho natural.

Outras dificuldades, ainda maiores, esse homem teria de enfrentar, até que, esgotados todos os seus recursos de energia, de paciência e de amor, a 24 de agosto de 1954 entregou sua vida para impedir que o povo brasileiro marchasse para o caos.

Seus sacrifícios não foram em vão. É sobre eles que está estruturada a magnífica realidade do Brasil de hoje.

Escritos inéditos

À guisa de prefácio

Este livro, como seu anterior, não tem prefácio, não merece um prefácio e não o terá. Assumo a total responsabilidade por tudo o que aqui está escrito. Devo retroagir em dois assuntos que já considerava sepultados: a chamada Intentona Comunista e o ataque integralista. Quanto ao primeiro episódio, eu estava fora do Brasil quando ocorreu e havia prometido só relatar assuntos os quais presenciara ou dos quais possuísse documentos esclarecedores. Quanto ao segundo, trata-se de um compromisso assumido por mim junto ao general Dutra. Ambos os fatos foram relatados por vários memorialistas de maneira diferente, colocando Getúlio Vargas em posição menos digna. Já que cada um contou sua história, também vou contar a minha, embora isso possa ferir a imagem de pessoas já mortas. Mas essas pessoas não hesitaram em jogar sobre os ombros de meu pai responsabilidades que cabiam aos próprios. Então, como um dia aconselhou-me Erico Verissimo: "Escreva com paixão, é esse o seu dever". Tanto a memória de meu pai como o povo brasileiro merecem isso de mim — a paixão e a verdade.

Já relatei em meu primeiro livro, *Getúlio Vargas, meu pai*, como senti no estrangeiro a chamada Intentona Comunista. O que eu não disse, porque não sabia, é que a boataria corria solta a meu respeito. Havia sido mandada para fora do país propositadamente para não cair também na rede, já que eu era considerada "cor-de-rosa", a hoje chamada "esquerda festiva", afora outros comentários igualmente falsos, mas que não cabem aqui.

Prefácio — Não é agora[1]

Não é agora que este livro deveria ter visto as rotativas, e sim dez anos atrás.[2] Antes, muito antes que as novas gerações conheçam erradamente a história do Brasil. Sou uma das poucas pessoas vivas, não mascarada de "democrata autêntica", que assistiu e participou de quase todos os fatos da controvertida época do chamado Estado Novo, tão malsinado por muitos e tão pouco compreendido por todos. Mesmo os estudiosos do assunto situam as grandes realizações de Getúlio Vargas no período 1951-54. Esquecem propositadamente, alguns; por inadvertência, outros; e ainda outros por repugnância atávica, que ao ditador de 1937 devem-se várias criações, a Petrobras mesmo teve o seu nascimento no período 1937-45.

Não renego meu primeiro livro, *Getúlio Vargas, meu pai*. Seria o mesmo que renegar a um filho. Não o considero, no entanto, nem História, nem estória, nem biografia, nem autobiografia, nem mesmo o título de crônica ele merece. Foi apenas uma explosão sentimental, com um fundo histórico. Anos depois, quando o reli, achei-o imaturo, embora verídico. Nenhum ato ou fato foi escrito que não pudesse ser comprovado. Por isso mesmo sinto-me no dever de voltar aos primórdios e às consequências naturais do golpe de 10 de novembro de 1937 para relatar também a minha verdade, aquela que presenciei ou da qual fui parte central.

Muitos dos homens que tomaram parte ativa naquele período já não existem e não me poderão contradizer, deixaram cartas, testemunhos e depoimentos. De todos me utilizarei oportunamente.

A Revolução de 1930

A esta altura dos acontecimentos e da leitura dos vários documentos, os pesquisadores já devem ter observado que no bojo da Revolução de 1930 havia três correntes perfeitamente distintas:

1) a dos meros modificadores de posição, isto é, quem estava por baixo passa para cima, e o resto continua como "dantes no Quartel de Abrantes";

2) a dos inconformados com tudo preconiza uma modificação, mas não sabe qual é ela. Perplexos, perguntam-se: "Será que ainda não é esta a República dos meus sonhos?";

3) a dos que sabem e sentem que urge uma modificação e é preciso marchar para ela com a cabeça fria, "doa a quem doer".[1]

Nestes quatro primeiros volumes[2] já vimos os vários casos do Norte[3] crescerem até o paroxismo e depois murcharem. Já vimos o caso mineiro, de tão funestas consequências futuras, surgir e sumir; o caso paulista (político e econômico) em plena ebulição, tendo como chave mestra inicial o caso *Diário Carioca*.[4]

Por isso afirmei e afirmo: a revolução constitucionalista paulista não era nenhum dos três. Em resumo: o empastelamento do *Diário Carioca* foi feito e decidido pelo Clube 3 de Outubro[5] e nele tomaram parte várias ilustres figuras que aparecerão depois. Serviu de pretexto para abandonarem a nau do governo a muita gente que queria pular fora há mais tempo.

A Intentona Comunista de 1935[1]

Não pretendia voltar atrás em nenhum aspecto de meu livro anterior. Havia prometido a mim mesma relatar apenas os fatos que houvesse presenciado eu mesma ou aqueles que pudesse comprovar. No entanto, tenho visto, ouvido e lido tantas inverdades sobre certos fatos nos quais o sujeito, autor ou orador, coloca-se no centro dos acontecimentos e faz com que sobre sua própria pessoa girem como fantoches os principais atores, que resolvi dar eu também minha versão sobre a chamada "Intentona Comunista de 1935",[2] baseada nos depoimentos de pessoas às quais, por displicência ou ignorância, não tiveram acesso os ilustres plumitivos que me precederam.

Como é de conhecimento geral, eu não estava no Brasil, e sim nos Estados Unidos, em companhia do então embaixador junto à Casa Branca, dr. Oswaldo Aranha, e sua família. Eu ainda não era figura de segunda nem terceira categoria; comecei a ser gente com vida própria depois de 1936. Até então, era apenas xereta ou intrometida em assuntos que não eram da minha conta. Entremos no assunto com os dados que obtive de testemunhas oculares e participantes.

Quando saí do Brasil, a Aliança Nacional Libertadora já havia sido fundada por elementos ligados inclusive a meu pai, tais como Hercolino Cascardo, Trifino Correa, Pedro Ernesto, entre vários outros. Não havia, portanto, nenhuma conotação "comunista" na época. Trótski,[3] que era quem fomentava a Internacional Comunista, caíra em desgraça.

Realmente, o movimento comunista que eclodiu no Brasil, em novembro de 1935, não foi uma surpresa nem para Getúlio Vargas — que acompanhava, atento, todos os movimentos para envolver o operariado brasileiro — nem para alguns de seus auxiliares que seguiam alertamente todas as manobras da esquerda, quer a chamada "festiva" ou "cor-de-rosa", quer a Internacional Comunista, então em pleno apogeu.

Tenho a impressão — através de inúmeros amigos meus que me consideravam uma aliada, e dos estudos sociais que era, então, obrigada a ter dentro da faculdade de direito — de que o assassinato de Trótski, quem quer que tenha sido o mandante, liquidou em definitivo o grito de guerra do então "Operários de todo o mundo, uni-vos". Posso até estar enganada, mas minha convicção é a de que o "internacionalismo" comunista começou a definhar com a morte de Trótski.

No extrato de um livro saído não faz muito, embora contado de modo errado, há um caso real que mostra o grau de preocupação de meu pai nessa época. Por pressão de Assis Chateaubriand, que também estava altamente preocupado, promoveu-se na residência de Guilherme Guinle uma reunião de Getúlio Vargas com empresários de vários ramos, entre eles alguns proprietários de jornais. A essa reunião Getúlio compareceria para apresentar seus planos. Getúlio Vargas expôs suas preocupações e levou na cara somente queixas de todos os tipos. Choveram reclamações contra o Ministério do Trabalho, cuja fiscalização em favor dos operários só criava entraves e problemas para os donos das empresas. Em resumo, as leis trabalhistas que mantinham os trabalhadores fora de fofocas politiqueiras foram questionadas e combatidas pelo maior número. O anfitrião Guilherme Guinle ficara calado. Aborrecido, Getúlio Vargas fechou-se e mudou de assunto, retirando-se logo depois em companhia apenas de seu ajudante de ordens no dia: o comandante Ernani do Amaral Peixoto. Já no automóvel que o levaria de volta ao Palácio Guanabara, fechou os olhos como se estivesse dormindo, o charuto apagado entre os dedos. Súbito, pareceu despertar de repente e, mais monologando do que puxando conversa, sibilou: "Burgueses burros! Estou tentando salvá-los e eles não entenderam". E por essa falta de compreensão pagaram caro, muito caro mesmo, alguns inocentes úteis.[4]

Embora eu ainda não estivesse oficialmente nomeada para seu gabinete, já prestava serviços.[5] Sem pretender valorizar meu trabalho, ele sempre se mostrava refratário a qualquer afastamento meu, por mais rápido que fosse.

Doutor Oswaldo [Aranha], nosso embaixador em Washington, insistia com ele, há muito tempo, para que me deixasse ir em sua companhia durante as férias da faculdade. Inicialmente refratário à minha viagem, de repente afrouxou as rédeas e me permitiu partir. Disseram depois que ele o fizera para me afastar das encrencas que se seguiriam, já que eu era considerada fortemente "rosada". Não era verdade, mas isto deve ter pesado em sua resolução. Confesso que, embriagada pela perspectiva de conhecer os Estados Unidos, não dei maior atenção aos boatos que corriam com insistência.

Valendo-me do depoimento de várias pessoas que acompanharam os fatos, vou tentar reconstituir o que se passou nos dias 26 e 27 de novembro de 1935, pois várias versões que li depois são parcialmente falsas. Depois de despachar o expediente noturno, Getúlio Vargas recolheu-se aos seus aposentos. Ficaram de serviço na secretaria do Palácio Guanabara apenas o ajudante de ordens (Garcez ou Amaro?)[6] e o irmão de minha mãe, Walder Sarmanho, que funcionava como oficial de gabinete e secretário particular.

Por volta de meia-noite de 25 de novembro[7] (ninguém soube precisar a hora exata), algum morador da Urca telefona para o Palácio Guanabara e logo depois para o Palácio do Catete, onde residiam os ajudantes de ordens solteiros, avisando que teria ouvido disparos dentro do 3º Regimento de Infantaria, sediado na Praia Vermelha. Pouco depois, Eduardo Gomes, que comandava a base aérea de Santa Cruz[8] (o Ministério da Aeronáutica ainda não havia sido criado), falou com Ernani do Amaral Peixoto no Palácio do Catete e preveniu: "Estou sendo atacado, ainda não sei por quem".

Mais ou menos na mesma hora,[9] o ministro da Guerra e seu ajudante[10] chegaram ao Palácio Guanabara. Walder Sarmanho e o ajudante de ordens de serviço os receberam. Perguntaram se o presidente já se havia recolhido e, ante a resposta afirmativa, o ministro da Guerra sustou o movimento de Sarmanho em direção aos aposentos presidenciais e disse: "Não precisa chamá-lo. As providências já foram tomadas e não há necessidade de incomodá-lo". Sarmanho não se conteve e entrou devagar no quarto de meus pais.

Como ele supunha, Getúlio estava acordado (nunca fiquei sabendo se a surdez dele era verdadeira ou se valia apenas para não atender ao telefone) e logo perguntou: "Já começou?". Walder sorriu e respondeu com outra pergunta: "Não está ouvindo?". Getúlio pôs a mão em concha no ouvido e logo começou a se vestir: "Diga ao chofer que venha e previna o ajudante de ordens".

Enquanto isso, no Palácio do Catete, em torno do general Francisco José Pinto, aos poucos se juntaram os demais auxiliares de meu pai. Sarmanho fez menção de entrar no carro também, Getúlio Vargas o impediu dizendo: "Não. Você fica tomando conta das mulheres que ainda não sabem de nada e trate de descobrir o Pedro Ernesto (prefeito), onde quer que ele esteja, e peça para que esteja aqui às nove horas da manhã". Seguiu primeiro para o 3º RI sem seguranças nem guarda-costas, acompanhado apenas pelo ajudante de ordens, capitão Garcez do Nascimento. Lá demorou pouco tempo, pediram-lhe para que se retirasse, pois temiam que alguma bala perdida o atingisse. Foi para o Ministério da Guerra, onde também demorou pouco, e rumou para o Campo dos Afonsos, onde a aviação militar também se sublevara.[11] Luiz Vergara, chefe do Gabinete Civil, e Ernani do Amaral Peixoto, informados do itinerário, seguiram para juntar-se ao carro da presidência. A reação estava sendo chefiada pelo coronel Eduardo Gomes. Ainda havia combate na periferia. Eduardo Gomes, com pequeno ferimento em uma das mãos, recusou abandonar seu posto para ser medicado.

Mesmo nos momentos mais trágicos há sempre uma nota cômica. O chofer era o barão de Veltri, assim chamado por todos os do gabinete por suas maneiras polidas. Virando-se para Amaral Peixoto, queixou-se do barulho das balas que pipocavam em torno. Ernani riu e respondeu: "Eu também estou ouvindo", e Veltri, rápido na réplica: "É, mas ele não está", e apontou para Vergara, que era bastante surdo.

Dominados os amotinados, Getúlio Vargas voltou para o Guanabara, onde Pedro Ernesto o esperava. Parece não haver dúvidas quanto ao envolvimento do prefeito e Getúlio não o ignorava. Se Getúlio Vargas o chamou para livrar de um flagrante o amigo ou se o fez para evitar que Pedro Ernesto, um conspirador nato, se deixasse envolver ainda mais, não sei. O fato é que Pedro Ernesto só foi preso muito mais tarde,[12] quando vários documentos encontrados nos esconderijos do Partido Comunista o incriminaram.

Getúlio tomou algumas providências cabíveis, depois, se dirigindo a Sarmanho, lembrou que poderiam ir ao mirante para, de binóculo, observar o final da luta. O mirante era para Getúlio Vargas um prolongamento de sua sala de trabalho ou um local aonde ele ia para ficar só. Ninguém tinha acesso ao local. Às vezes era eu quem o levava em meu carro e nessas horas nem mesmo o ajudante de ordens ia. Sarmanho lembrou-lhe que havia mandado o chofer almoçar e a única condução disponível era o automóvel particular de Augusto Leivas Otero, adido a seu gabinete e agente de ligação com alguns setores, mas não sabia se como chofer Otero era confiável ou muito barbeiro. Getúlio Vargas virou-se para Otero e lhe disse apenas: "Vamos".

Subiram munidos de um binóculo, pois de lá se avistava toda a Praia Vermelha, onde ficava o 3º RI. O muro estava em chamas, devido aos morteiros usados de fora para dentro, e a rendição estava próxima. Não sei se Otero ignorava que a distância do muro para o quartel era bastante grande; o fato é que ficou pálido e exclamou: "Coitado do Chico, virou churrasco". Getúlio Vargas perguntou que história era aquela, pois Francisco Otero[13] estava servindo em outro local. Augusto explicou que ele havia sido transferido para o 3º RI há pouco mais de dois dias. Foi a vez de Getúlio Vargas ficar angustiado, e decidiram voltar. Sarmanho já havia providenciado a vinda do carro e Getúlio Vargas voltou ao 3º RI em tempo de assistir à rendição, e uma de suas primeiras perguntas foi para saber da situação do tenente Otero. De volta ao Palácio Guanabara, chamou Augusto a seu gabinete e lhe disse: "Seu irmão está vivo, sem nenhum ferimento, mas era um dos braços do Agildo Barata[14] e foi feito prisioneiro. Nada pude fazer". Otero entrou em desespero, pois seu cunhado, Ivan Ribeiro, estava também preso entre os aviadores do Campo dos Afonsos e exclamou: "O senhor não pode mais ter confiança em mim". Getúlio Vargas reiterou-lhe sua confiança e mandou-o descansar um pouco e depois voltar, pois havia muito trabalho pela frente. E como tinha!

O interventor do Rio Grande do Sul — Flores [da Cunha] —, que desde as sucessões estaduais andara um tanto irrequieto, ante a ameaça de 1935 voltara às boas com o governo federal. Um misto de amor e ódio o ligava a Oswaldo Aranha, a quem considerava o mais poderoso rival a suas pretensões à sucessão de Getúlio Vargas. Seu clássico "Sursum corda", com que terminava todos os seus telegramas, já chegara em apoio ao governo, contra o comunismo.

OLGA BENÁRIO

Olga Benário é um peso, uma carga tremenda jogada sobre os ombros de toda uma nação através de seus governantes. Sem dúvida constitui um caso doloroso, pois todas as vidas humanas são importantes, não importam os sentimentos que as governam.[15] Mas entre uma vida — culpada ou inocente, ninguém o sabe —, a existência de outras vidas, milhares de vidas, responsáveis por outras tantas existências, importa muito mais.

Olga Benário era alemã de nascimento, como Harry Berger e Ghioldi[16], que estavam sob a proteção das terras e leis brasileiras, indevidamente como muita gente esteve, está e estará. Ninguém a importunou, ninguém cobrou uma nacionalidade estranha à nossa. Nenhuma violência maior do que a que foi feita a centenas de jovens marujos brasileiros lhe foi cobrada.

Ninguém sabe e ninguém agora jamais perguntará qual a responsabilidade de um governante em relação a seu povo enlutado, nem o quanto vale a vida de uma mulher que nunca quis pertencer a nós.

Havia uma guerra em preparo, havia um homem preso por um crime de lesa-pátria. Crime que hoje não seria mais crime, talvez. Em política, guerra e amor só há um crime: o crime de perder. Luís Carlos Prestes, se não tivesse perdido a partida em 1930, 1932, 1935 e 1937, seria talvez o nosso Lênin ou, quem sabe melhor, nosso Stálin.

É muito provável que muita gente se tivesse deliciado com esta hipótese na época, mas quem sabia que uma guerra estava às nossas portas, guerra cujas consequências eram imprevisíveis para nós, tem o dever de reverenciar aqueles — e não foi só Getúlio Vargas, nem só Filinto Müller — que tiveram a coragem de devolver à pátria que a reclamava alguém que legalmente não era nossa e poderia já ter sido, era ou seria responsável por...

Primeira visita de Roosevelt ao Brasil, 1936[1]

Em fins de 1936, Roosevelt, a caminho de Buenos Aires, onde se realizaria a já rotineira Conferência Interamericana de Chanceleres,[2] demorou no Rio Janeiro mais de 24 horas, tempo suficiente para alguns acertos com Getúlio Vargas. A intérprete "oficiosa", eu, não fora necessária. Roosevelt dominava bem o espanhol, língua familiar a Getúlio Vargas. Houve um almoço na Gávea, na bela residência do industrial Guilherme Fontes,[3] e um jantar itamaratyano com os brindes de estilo. Em seu regresso para os Estados Unidos, não parou aqui. Deixara para trás seu ministro das Relações Exteriores, Cordell Hull, e o especialista em assuntos americanos, Sumner Welles. A Cordell Hull foi oferecido um almoço no Palácio Guanabara e a intérprete funcionou. O segundo falava espanhol, mas não teve homenagens especiais. O namoro dos Estados Unidos conosco começara.

Cordell Hull pediu-me que traduzisse para meu pai, em tom meio jocoso, que "se considerava mais feliz que ele por morar mais distante dos argentinos do que nós". Era uma franca alusão às declarações feitas de que o empréstimo ou o aluguel ao Brasil de dois cruzadores seria uma corrida armamentista na América do Sul — os Estados Unidos cederam aos argumentos dos argentinos.[4] Papai apenas riu. Não respondeu.

Nem todos os golpes se parecem, 1937

Nem "todos os golpes se parecem" (perdoe-me Helio Silva). Há golpes, semigolpes, falsos golpes e golpes baixos.

Situaria sem medo de errar o 10 de novembro de 1937[1] no grupo dos falsos golpes. Foi uma consequência lógica da Revolução de 1930, o golpe total.

Havia então, como ainda há hoje, uma sede, verdadeira secura por uma nova estrutura, um modo diferente de governar que não se parecesse em nada com os modelos europeus que nos eram apresentados. Tinha de ser uma forma cabocla, uma mistura de todas as outras revoluções que precederam a de 1930. Era imprescindível contentar no momento todas as correntes que se haviam conglomerado para que ela surgisse. Ora, isto era impossível, tão impossível quanto casar Filinto Müller a Luís Carlos Prestes ou Artur Bernardes a Borges de Medeiros. A Constituição de 1934 era sob certos aspectos muito mais retrógrada que a de Prudente de Moraes, então presidente da Assembleia Constituinte, sob outros avançada demais para a população brasileira subnutrida, subalfabetizada, subinformada, portanto, despreparada para inovações tais como o voto universal e secreto, a representação classista e outras medidas protetoras das organizações operárias.

Qual seria a solução? Eleições gerais? Era um grande risco. Criação de partidos nacionais que poriam fim ao poderio dos governadores estaduais. Foi tentado e a gritaria foi grande. Continuísmo de Getúlio (já que está, deixa ficar). Mas como? Vargas já por várias vezes dera a entender que não pleitearia a própria reeleição, nem patrocinaria qualquer candidatura a sua sucessão. Já iniciara o êxodo dos seus pertences particulares para São Borja. A quem então entregar o abacaxi de então, a batata quente que andava de mão em mão? É claro que havia quem o quisesse. Eram três os candidatos: dois sem ideologia, com programas muito semelhantes — Armando de Salles Oliveira e José Américo de Almeida —, ambos indicados por grupos de governadores ou grupos partidários estaduais, e Plínio Salgado, cuja ideologia — a "integralista" — já havia sido fartamente esposada pela grande burguesia e ainda mais altamente repudiada pelo povo brasileiro. Continuava, porém, o impasse: para Plínio Salgado, seus "galinhas-verdes" que não empolgavam; para Armando de Salles, o não redondo dos militares revoltosos de 22, de 24, de 26, de 30 e de 32 — ainda era cedo para São Paulo. Restava José Américo de Almeida, supostamente candidato do governo, embora Getúlio Vargas houvesse reafirmado o que prometera na Aliança Liberal de não intervir na escolha de seu sucessor. Este último candidato enveredava por um caminho perigoso, ora de ataques infundados, ora de louvores gratuitos, que resultara em susto e medo daqueles mesmos que haviam lançado sua candidatura. Mais uma vez repito para os poucos liberais-democratas que ainda restam: Getúlio Vargas não era candidato a sua própria sucessão. Ao alvorecer do ano de 1937, não era continuísta. Vargas era demasiado íntegro para permitir o sacrifício inglório de dois homens a quem apreciava: Armando e José Américo.

O golpe de 10 de novembro de 1937 seria dado com Getúlio Vargas, sem Getúlio Vargas ou contra Getúlio Vargas. Acontece que foi dado com Getúlio Vargas. Foi melhor assim ou foi pior? Só o futuro nos dirá. Quanto a mim, o que sei é que para o Brasil foi o menos pior. Como sempre, o responsável por tudo o que acontece, tanto de bom quanto de ruim, é o chefe do governo, embora nem sempre seja o culpado.

Os dois famosos cachorrinhos do doutor Getúlio — o DIP e o DASP[2] (um só late, mas o outro morde) — já existiam sob outros nomes antes do golpe de 37 e receberam, depois de ampliados e remodelados, já na década de 1940, esse apelido, e continuam até hoje, sob outras siglas, prestando serviços.

O Dasp, penosamente iniciado por Luiz Simões sob a modesta sigla de Serviço Público, buscou regularizar a admissão e promoção dos funcionários públicos, longe do "apadrinhamento" de então, por concursos e listas de merecimentos, e padronizar os salários e classes, que variavam de ministério para ministério, por igual prestação de serviços. Uma vez obtido isso, passaram para a unificação do material de escritório, que também variava de serviço para serviço. Uma única exceção foi feita: o famoso bloquinho comprido e pautado exclusivo da presidência da República no qual, teimosamente, o doutor Getúlio Vargas continuava a redigir seus discursos e a anotar as cobranças a seus ministros e auxiliares diretos. Depois de transformado em Dasp, passou a ser um órgão dos mais importantes da administração. Era ele quem coordenava o orçamento da União e era para ele que Getúlio Vargas apelava por ajuda para descascar os maiores "abacaxis", a ponto de até ministros de Estado pedirem a nós, meros auxiliares de gabinete: "Por favor, não deixe meu projeto cair nas mãos do Dasp". Mas não fossem essas providências iniciais e o país estaria mergulhado em uma das maiores redes burocráticas do mundo. A burocracia é um mal necessário e sua retirada total do serviço público gera o caos. Esse caos podia, e em alguns casos ainda pode ser, provocado por um funcionário de menor categoria. Eu mesma o fiz mais de uma vez.

Quando meu pai julgava inoportuno algum projeto, dizia-me: "Põe isso no teu cemitério particular até que eu peça".[3] Como a ordem que tínhamos, todos os membros de seu gabinete civil ou militar, era a de nunca revelar com qual de nós estava para despachar este ou aquele projeto, a margem do presidente era maior. Podia dizer ao interessado ou aos interessados, sem mentir, que o assunto estava sendo estudado e ainda não voltara para sua apreciação. O estudioso relapso podia ser qualquer um de nós e, enquanto não era descoberto, as "pressões" normais eram evitadas; e enquanto Getúlio Vargas não estivesse de posse de todos os dados necessários, o projeto continuava tranquilamente na geladeira particular de um de nós. Houve casos dramáticos e outros cômicos, mas entre os membros do gabinete reinava tal clima de companheirismo, quase de cumplicidade, que raramente o "indigitado coveiro" era localizado.

Durante alguns anos sofri porque sentia minha incapacidade de provar por que 1937, o famoso golpe branco de 10 de novembro, havia acontecido daquela forma. Agora não preciso mais provar nada: o 1º de abril de 1964[4] encarregou-se de fazê-lo por mim. Desde 1922, não de muito antes, vinham as

Forças Armadas preparando-se para governar o Brasil à moda delas. Somente o gênio político de Getúlio Vargas, que lhes conhecia quase todas as artimanhas, pois também havia sido soldado, também havia sonhado em ser general um dia, conseguiu equilibrar-se em 1930, em 1932, em 1935, em 1937, para entregar-se, sem resistência, em 1945, quando pensou estar seu povo amadurecido para a luta. Não estava e ele teve de voltar, contra sua vontade expressa, contra seus mais íntimos desejos, em 1950, para travar suas últimas batalhas e cair finalmente, e para sempre, em 1954. "Meu sangue vos manterá unidos."[5]

Supõem elas [as Forças Armadas], não sei se certo ou errado, que um ligeiro perpassar pela chamada "Sorbonne brasileira da Praia Vermelha",[6] onde uma meia dúzia de civis ministra noções elementares da vida pública brasileira, as habilita a decretar, inapelavelmente, o que é bom e o que é mau para os outros milhares de brasileiros que não passaram da terceira categoria.

Ignoram aqueles, para quem o "meia-volta, volver" é a lei, o chamado pulo do gato. Isto é, o dia a dia do civil que não tem no fim do mês ou da semana nem mesmo o dinheiro para pagar os trapos que o cobrem ou as migalhas que aceita para comer. Ignoram o drama da pequena burguesia que passa fome e frio para ingressar na grande burguesia. E o desta para se manter de pé. Lembram-se apenas dos que têm o rancho garantido, recebem pelo menos como praças de pré,[7] têm regalias que ao paisano são negadas, que a vida não se limita a vulgares noções de "ordem-unida", a uma disciplina forjada pelo hábito e não pela consciência do dever, que a mente humana necessita de outros alimentos além daqueles escritos nos compêndios milicianos.

O velho e decrépito poema de nossos tetravós "A vida é uma luta que aos fracos abate, só aos bravos e aos fortes é dado vencer"[8] nunca foi tão real e atual como está sendo agora. O futuro dirá quem são os fracos que usam da força para humilhar os fortes que não se podem defender.

Não sei se o sangue de um Homem Só será suficiente. Na calada da noite, nas prisões clandestinas, nas vinganças pessoais, muito sangue inocente vem sendo derramado ainda em nome da lei. Que lei? A lei do mais forte, a lei da selva. Estamos voltando por força das leis históricas, da vida em círculos aspirais, ao velho materialismo histórico que nossa geração aprendeu nas escolas civis e nas leis da vida cotidiana.

O ano começou bem, 1938

O ano de 1938 começara muito bom para todos nós e, sobretudo, para mim. Já formada em ciências jurídicas e sociais, liberada, portanto, do estudo obrigatório, havia decidido, dentro de mim mesma, dedicar-me inteiramente a meus pais, mas bem no fundo era ainda uma fuga para manter a uma distância relativa os candidatos à mão da filha do presidente da República, tarefa dificílima depois do golpe de 1937. Trabalho não faltava, tanto no Palácio do Catete quanto no Guanabara. Dos cinco irmãos, eu era a única com a qual podiam contar a qualquer hora: Luthero, recém-formado em medicina, raramente estava disponível; Jandyra, em preparativos para o casamento; Manoel Antônio, também recém-formado em agronomia, morava em São Borja; Getúlio estudava química nos Estados Unidos. Sobrava eu para tudo e esse tudo não era pouco. Mais para me atordoar e sufocar meus próprios anseios, lancei-me deliberadamente em todas as possíveis aventuras. Tomei aulas de estenografia e alemão, fiz acrobacia aérea, aulas de equitação para começar a saltar obstáculos; enfim, o tempo não sobrava.

Logo no verão,[1] como todos os anos, fui com minha mãe para Poços de Caldas. Meu pai iria depois e o fez acompanhado pelo ajudante de ordens, já que eu deveria preencher as funções de oficial de gabinete. Quatro motivos o levavam: 1. oficial — inaugurar o campo de aviação da cidade;[2] 2. meio secreto — queria ver de perto as minas de bauxita, com mira na fábrica de alumínio; 3. um ligeiro repouso ao qual se julgava com direito; 4. arrebanhar a família para uma estação de cura em São Lourenço. Durante essa temporada, indiretamente liguei-me à criação do DIP. Getúlio ainda não havia chegado quando o prefeito de Poços, Francisco de Assis Figueiredo, chamou-me em seu gabinete. Lá estava Procópio Ferreira, o grande ator que eu sempre admirara. Figueiredo nos apresentou e disse: "Desculpe por ter chamado você aqui, mas o assunto que Procópio tem a expor é importante e eu estou interessado". Calou-se e pediu a Procópio que expusesse o assunto. Comecei a rir e Procópio se zangou. Desculpei-me dizendo: "Não consigo ficar séria diante de você". "Mas é necessário", retrucou, "porque o que vou dizer não é para rir."

Desviei o olhar das mãos de Procópio, que representavam junto com ele, e ouvi atenta. "Uma das maiores indústrias do mundo chama-se turismo. Há países que sobrevivem só através dele, e o Brasil, que tem todas as condições de vir a ter uma grande fonte de renda, não tem um único departamento que se incumba disso." Citou países, dados, números, cifras, maneiras. Aí, Figueiredo interrompeu. "É aí que eu entro. Se o doutor Getúlio criar esse organismo, gostaria de ser eu o escolhido. É um grande sonho que acalento, por isso pedi sua vinda aqui hoje." Prometi conversar com meu patrão quando chegasse, e, desta vez sem rir, despedi-me dos dois.

Tempos depois, quando foi criado o DIP, meu pai chamou-me e disse: "Pode chamar seu peixinho. Haverá dentro do DIP uma divisão de Turismo, para cuja chefia seu recomendado preenche as condições". As outras divisões de Rádio, Teatro, Imprensa, Cultura, também foram devidamente ocupadas por Júlio Barata, Ernani Fornari (D. Aida), Olimpio Guilherme, Vianna (teatro), em meados de 1939 ou começo de 1940.

O ataque integralista de 1938

Em meu livro anterior, parei exatamente no ataque integralista ao Palácio Guanabara no dia 11 de maio de 1938.[1] Nada tenho a retificar em meu relato do que se passou dentro da residência presidencial, a não ser uma promessa feita ao general Eurico Gaspar Dutra sobre sua atuação. Em anexo,[2] as cartas que trocamos na época, embora essa lacuna minha já tenha sido preenchida por Luiz Novelli e Mauro Renault no livro que acabam de publicar, *O dever da verdade*.[3] Outra retificação que me compete fazer tendo em vista publicações inexatas, nas quais os autores, mal ajudados pela memória ou no afã de aparecer, fazem. Em momento algum tive contato quer telefônico quer pessoal com os supostos "heróis" por motivos absolutamente simples: primeiro, o fio telefônico da Light de então fora cortado e só me comuniquei para fora do Palácio Guanabara através do telefone oficial e com as pessoas que também o tinham. Quem abriu a porta de comunicação com o Fluminense, por onde entraram os "heróis", foi o então investigador Aldo Cruschen, cuja presença havia sido ignorada por nós até aquele momento. Não houve senhas, nem contrassenhas que levassem aos aposentos de minha mãe, mesmo porque meus pais dormiam no mesmo quarto. Só passaram a fazer aposentos à parte depois da morte de meu irmão Getúlio, em 2 de fevereiro de 1943, quando minha mãe, profundamente abalada, passou a trocar os dias pelas noites, o que tornava as atividades de meu pai muito difíceis.

Em segundo lugar, foi exatamente no momento em que os "heróis" começavam a entrar que me dei conta de que a única pessoa ainda em trajes de dormir era eu. Corri para meu quarto para trocar de roupa e quando voltei a maioria dos "heróis" já havia partido, mas a Secretaria do Guanabara estava cheia. No meio dos amigos de verdade vi muita gente que estivera no "muro" durante toda a noite. Enojada, retirei-me, crente que nesse dia, pelo menos, eu merecia uma folga. Comi qualquer coisa e voltei a meu quarto, crente que ia dormir. Puro engano. Veio correndo um funcionário da casa para me avisar: o presidente acaba de sair a pé, só com o ajudante de ordens, em direção ao Catete. Mal tive tempo de socar o papelório mais urgente dentro de uma pasta e lá fui eu trabalhar também.

Outro engano. O Catete estava cheio de jornalistas interessados ou interesseiros, queriam minha versão dos fatos. Contei-lhes o que de real acontecera, não me revesti da auréola de "heroína" que queriam à força me impingir. O pobre revólver que empunhara, durante toda a noite, virou metralhadora. Eu não tentei ser realista. Relatei a verdade apenas e constatei depois que a fantasia é muito mais real. Já passava de 17 horas quando novamente fui informada de que Getúlio Vargas voltara para o Palácio Guanabara. Com o sono de 48 horas decidi que a melhor solução para mim era uma boa cama e pedi que me acordassem. Tenho uma vaga lembrança de ter lido alguns originais antes de mergulhar no sono e ter dito "Está tudo errado, mas agora não tenho forças para corrigir. Por favor, peça-lhes que me deixem repousar um pouco". Nova interrupção. "Não há tempo. Esse relato tem de ir para o prelo agora." Eu não me aguentava mais e devolvi a papelada dizendo: "Está tudo errado, eu não sou heroína porcaria nenhuma, agora só quero é dormir". Não sei se alguém tentou me acordar, se o fez, não conseguiu. O fato é que só despertei no dia seguinte com todos os aparatos de Joana d'Arc nacional.

O povo brasileiro, que nunca morreu de amores pelo integralismo, passou a ver em mim uma espécie de símbolo. Virei "cara de tostão", adeus anonimato. Tudo o que eu fazia, dizia ou vestia era logo interpretado. Essa personagem não me agradava, pois tolhia minha liberdade de ação. As poucas vantagens advindas do fato de me reconhecerem não compensavam em absoluto as lendas e estórias que passaram a circular a meu respeito e essa nova personagem não era de meu agrado. Como combatê-la se não podia trocar de cara, de casa ou de vida. Havia prometido a mim mesma que só pensaria em casamento depois que Jandyra, minha irmã mais velha, realizasse o seu, em maio. Até lá, só havia uma solução, mergulhar no trabalho, e eu o fiz. Houve para mim um efeito benéfico. Alguns dos candidatos, os que desejavam uma esposa e não alguém com personalidade forte, começaram a fugir da raia. Sobraram os que queriam a mim com meus defeitos e minhas qualidades e tinham também personalidade própria, mas meu coração ainda não falara porque eu não lho permitira. Sem ser o que na época chamavam de uma "allumeuse", dava-me ao luxo de manter acesas as fogueiras que ateara sem me comprometer. Assim, durante todo o verão de 1938 servi a meu pai.

Depois do ataque integralista de 11 de maio de 1938, quando ficou amplamente provado que Getúlio Vargas não era um deles, o prestígio popular de que gozava voltou a brilhar. Anos depois, lendo com cuidado o ataque feito a Dolfuss na Hungria[4] e sua morte no maior desamparo, verifiquei que o ataque ao Guanabara fora muito semelhante. Houve apenas uma diferença fundamental: os executores do plano eram brasileiros e o brasileiro não é sanguinário por temperamento.

As punições foram pequenas em relação à gravidade dos fatos. Algumas cabeças rolaram, muitos dos que haviam ficado no "muro" esperando ver quem venceria não foram sequer molestados. Até parece que nossas vidas tinham pouco valor. Houve, porém, uma consequência grave: a criação da Guarda Pessoal, que não existia. Três ou quatro funcionários da Polícia Federal revezavam-se para acompanhar Getúlio Vargas, quando isso era possível, pois não dispunham sequer de viaturas. Meu tio Benjamim, que juntamente com sua mulher estava entre os sitiados do Palácio Guanabara, revoltou-se: "Não é possível que o presidente da República e sua família fiquem sem socorro algum durante tanto tempo. Vou mandar buscar gente de São Borja, gente com coragem para que isso nunca mais aconteça". E o fez. Aos poucos foram chegando os homens selecionados por Bejo entre aqueles que lhe eram fiéis. Sem querer, fui eu quem os batizou, vendo-os chegar cabeludos, malvestidos, ignorantes, mas leais. "Olha só os 'anjinhos' que o Bejo arrumou!" O termo "anjinho" pegou entre nós e logo depois a imprensa apoderou-se da palavra. Entre os "anjinhos" recrutados havia um em especial, um preto alto e forte, semi-ignorante, mas de uma fidelidade a Bejo total, e bastante inteligente. Era Gregório Fortunato. Havia servido sob as ordens do então coronel Eurico

Gaspar Dutra, a quem competia também o comando do 14º,[5] criado por Benjamim, em 1932.

Tive provas dessa lealdade canina pouco depois. Estávamos em (São Lourenço ou Caxambu?) quando chegou a notícia de que um avião pequeno, que decolara com destino ao Rio de Janeiro, havia sofrido uma pane e nada se sabia de seus ocupantes. Eram muitos os aviões pequenos que haviam decolado naquele dia e em um deles estava Bejo. Gregório, aquele homem enorme e forte, tinha os olhos marejados de lágrimas. Eu era o único membro do Gabinete Civil em condições de receber as notícias, portanto foi a mim que Gregório interpelou. "Se meu *pai* sofrer alguma coisa não respondo por mim. Recebi ordens dele de transferir toda a minha lealdade a esse velho aí (meu pai), mas eu nada devo a ele." Por sorte, logo depois recebi notícias de Bejo. Nada lhe acontecera, e acalmei Gregório, mas nunca esqueci essa cena. Assim, anos mais tarde, quando Bejo, que não mais morava no Guanabara, quis passar para mim o comando da Guarda Pessoal, recusei e disse a Bejo que passasse o comando para um dos ajudantes de ordens ou qualquer outra pessoa que não fosse eu, pois Gregório me ouvia, atendia, mas não me obedecia. E a educação dos "anjinhos" começou.

Certa vez, Gregório pediu que eu fosse com ele até o local onde meu pai costumava despachar, e, mostrando o paredão do Fluminense, comunicou: "Vou mandar levantar esse muro de mais dois metros". Estranhei, pois nunca me ocorrera que algum mal pudesse vir dali. Ele continuou: "Este negro ignorante não é burro. Ali é o estande de tiro do Fluminense. A cabeça de seu pai é um alvo perfeito e até que se apure como foi, ele já terá sido atingido. Só queria que a senhora soubesse, pois já tomei as providências". Só me restava aplaudir e agradecer sua dedicação.

Parei para pensar em mim mesma...

Depois da "refrega" de março,[1] parei um pouco para pensar em mim mesma. Meu compromisso de doar este ano a meus pais estava de pé, mas eu achava, não sem certa presunção, que meu crédito estava em alta.

Minha vida também estivera em jogo e, sem o desejar, eu me transformara em "vedete". A rotina era a mesma, pela manhã estava livre para ler, estudar processos ou fazer esporte; à tarde e à noite, tanto doutor Getúlio como d. Darcy mantinham-me ocupada. Era rara a noite em que podia me dar ao luxo de um cinema ou um teatro.

Começaram a acontecer coisas estranhas em meu gabinete particular: a máquina de escrever ia para debaixo da mesa, meus papéis espalhados pelo chão, os livros em desordem com as páginas abertas, quase sempre numa ostentação não desejada por mim. Comecei a investigar e por eliminação só restava meu tio Bejo. Parti para cima dele, negou tudo, e realmente o horário não condizia com ele, por isso acreditei. Com ar maroto, vendo meu ar apalermado, perguntou: "Nunca te ocorreu que pode ser teu pai? É o Getúlio".

Esse lado traquinas de meu pai foi uma tremenda revelação. Nunca me ocorrera que aquele homem tranquilo, sereno, sisudo, fosse capaz de uma travessura desse porte. Mas nenhuma dúvida mais restou em minha cabeça. Tudo coincidia: o horário, o local, a certeza da impunidade, o tipo de vistoria, justificável até certo ponto. Só faltava o flagrante ou a confissão do réu. Optei pela segunda hipótese e acertei em cheio perguntando sem aviso prévio: "O senhor esteve em meu gabinete hoje?". Assumiu o ar paternal e o cenho fechado. "É, a senhora anda lendo coisas muito ousadas." Lembrei-me da pilha de livros em desordem e calei, ciente da verdade. O maroto ainda me deu um teco, e encurralada não pude sequer chiar.

A camélia que caiu do galho, 1938-39

Depois do tragicômico episódio do ataque integralista ao Palácio Guanabara, ao Ministério da Marinha, entre outros, a vida reassumiu uma aparente normalidade. Minhas ilusões de que o meu "príncipe encantado" iria a São Borja me buscar, a mim, Alzira, e não a filha de Getúlio Vargas, haviam ruído com a implantação do Estado Novo. Vários pretendentes haviam desistido ante minha firme determinação de não me deixar prender. Tinha uma dívida para com meus pais, a de dedicar-lhes esse ano, inteiramente. Não era tarefa fácil, meus serviços estavam em alta, mas nem só de trabalho se vive e o cerco em torno de minha "fortaleza" recrudescia, e minha resistência estava dando sinais de fraqueza.

Esse verão de 1938 ficou gravado em mim como uma despedida da irresponsabilidade responsável. D. Darcy havia posto na cabeça que alguma coisa precisava ser feita para salvar os pequenos jornaleiros. Inicialmente, tentou ajudá-los fornecendo roupa e alimentação. Logo verificou que sem uma casa, um ponto de apoio, tudo seria impossível. Meu pai havia dado sinal verde para iniciar a futura Casa do Pequeno Jornaleiro,[1] mas, "pão-duro" como sempre, prometera a minha mãe o terreno para a construção e mais nada. Para dar início às obras, d. Darcy bolara uma das mais belas festas de caridade que vi em toda a minha vida. Chamava-se a Noite de Debret e seria realizada nada mais nada menos do que em plena Quinta da Boa Vista.

Transformar o belíssimo gramado em pista de dança com mesas e cadeiras que eram disputadas e o lago em palco para exibição do balé do Municipal e de sua orquestra, deixando que os pequenos rochedos ornamentais do lago se transformassem em cascatas de ouro e prata, graças à arte do grande mestre fogueteiro português Ramalheda,[2] foi um verdadeiro trabalho de Hércules, sobretudo levando em consideração que o dinheiro era curto.

Se me afasto um pouco do motivo principal deste livro é por três razões fundamentais: 1. Pus à prova minha capacidade de resistência, pois até sete horas da tarde, junto com outras jovens da sociedade de então, fiquei pintando de verde o assoalho do tablado onde ficariam as mesas, para que se confundissem com o gramado. Fui até em casa trocar de roupa e depois dancei até de madrugada; 2. Benedito Lacerda lançava sua música: "Jardineira". Quando passando perto dele o cumprimentei, disse-me: "Vou tocar para a senhora. Esta música será sua". 3. Não podia ser mais significativa pois a letra dizia "Foi a camélia que caiu do galho" e nessa madrugada entreguei os pontos. Concordei em ser pedida em casamento sob as seguintes condições: a primeira a saber seria minha mãe, nada mudaria entre nós, eu continuaria a trabalhar com meu pai e o sigilo seria mantido. Ernani respeitou todas as cláusulas, mas a minha irmã pôs a boca no mundo e lá se foi o segredo.

O fato é que no dia 22 de novembro lá se foi minha mão misturada a uma porção de problemas fluminenses, pois Ernani do Amaral Peixoto já havia sido nomeado interventor do estado do Rio de Janeiro em 1937. Não fui, portanto, o "presente" de núpcias tão fortemente assoalhado na época. Muito pelo contrário. Havia prometido a mim mesma que quatro carreiras estariam fora de meu objetivo por acarretarem deformações profissionais: militar, político, jornalista e diplomata. Ninguém dá ordens aos sentimentos, e caí em cheio dentro de meus próprios "malicet". Já era militar e político, quase se tornou jornalista e veio a ser embaixador "Kismet",[3] como dizem os árabes.

Papai concordou, embora a contragosto. Tenho a impressão, talvez um pouco presunçosa, de que ele precisava de mim. Meu confidente em todos os pequenos romances de minha vida, várias vezes me ajudou. Em geral, achava graça das trapalhadas em que me metia. E não foram poucas.

Chega de mim mesma.

Continuei em meu trabalho com meu pai já conformado com meu casamento, minha mãe não. Lançou-se em outra tarefa para angariar meios: o primeiro *Joujoux et Balangandans*.[4] Achamos, Ernani e eu, que o momento era propício, já que mamãe estava demasiado ocupada com os preparativos e ensaios da peça. Ledo engano. Queria para mim um senhor enxoval e, é claro, precisava de minha opinião. Fui curta e grossa. "Não quero vestido de noiva porque no meu rabo ninguém pisa. Não quero camisolas com fricotes, porque só durmo de pijama. Em resumo, vou casar com o que já tenho e mais nada." Mamãe conquistou uma poderosa aliada em minha futura sogra, d. Alice, e tive de capitular em parte, mas não cedi no vestido de noiva.

Se me detenho um pouco sobre mim mesma é que a sequência foi importante na vida de meu pai.

Fomos, Ernani e eu, assistir ao ensaio geral. Dorival Caymmi, muito jovem, iniciava sua brilhante carreira no Rio de Janeiro com uma canção, "O mar"; Ary Barroso compôs a mundialmente famosa "Aquarela do Brasil" para um dos mais belos quadros da revista; Lamartine Babo, cantado por Mário Reis e mais um sem-número de profissionais e amadores, proeminentes na alta sociedade de então. Havia mesmo figuras ilustres das embaixadas estrangeiras que entravam como simples figurantes ou como figuras de proa.

No dia 26 de julho, pela manhã, casamos, sem pompa, na capelinha do colégio Santo Inácio (não na igreja), onde Ernani estudara. Dias antes fomos conversar com o padre Leonel Franca, a quem ambos devotamos a maior admiração. Escusou-se penalizado, estava suspenso de qualquer cerimônia por motivos de saúde, mas estaria presente na pessoa de seu irmão, monsenhor Leovegildo Franca.[5]

À tarde, a cerimônia civil seria no Palácio Guanabara, sem convites, só família e padrinhos. Aí, intervenção do doutor Getúlio. Em vão deblaterei que ao convidar alguns amigos acabaria enchendo o estádio do Vasco da Gama, o maior de então.

"Pelo menos meus ministros e seus colegas de trabalho no Gabinete. A *senhora* lhes deve isso." Quando ele me chamava de *senhora* não havia apelação. Obedeci e, como se diz hoje, dancei. Recebemos vários convites para viajar de graça. Fizemos, no entanto, a única que seria paga por nós mesmos. Não pretendo relatar todas as peripécias que se seguiram e que me fizeram considerar o termo lua de mel sinônimo de palavrão. A "feroz" censura de imprensa do Estado Novo não funcionou para nos proteger. Noticiaram fartamente que estávamos viajando por conta do governo, nossas despesas de hospital pagas pelo Departamento do Café, entre várias outras invencionices. Quando saímos do Hospital de Kingston,[6] no Canadá, e chegamos a Toronto, fomos despertados pela voz do rei da Inglaterra declarando guerra à Alemanha. A 7 de setembro tínhamos de estar em San Francisco, na Califórnia, pois Ernani deveria falar pelo rádio para o Brasil, inaugurando a feira[7] (pavilhão do Brasil). Se ele não falasse, a boataria que corria solta no Rio seria confirmada.

No trajeto de Toronto para San Francisco, Ernani, com duas costelas quebradas, fora de perigo, ainda dependia de mim; minha mãe, que fora em meu socorro, adoeceu gravemente. Finalmente, após o segundo hospital, chegamos a Nova York dispostos a recuperar o tempo perdido. Um cifrado de meu pai nos esperava: "Regressem imediatamente". Resumimos ao mínimo o nosso programa, passamos rapidamente por Havana e voltamos para o Brasil. Perguntei a meu pai a razão do cifrado. Saiu pela lateral: "Ah! Eu estava cansado de receber notícias ruins". Engoli mas não digeri, e tinha meus motivos. Ele queria que o Ernani estivesse presente às reuniões que seriam feitas com todos os interventores e todos os ministros e temia que eu o desviasse dos seus deveres. É claro que eu não o faria, mas "seguro morreu de velho e desconfiado ainda está vivo".

Com a presença de todos os interventores de todo o país, em uma enorme mesa-redonda, cada dia um ministro de Estado debatia com todos e cada um os problemas dos respectivos estados e regiões. Não pude assistir a todas, pois também para mim o trabalho recomeçara e agora em doses bem mais altas, pois, além de continuar trabalhando, havia agora uma carga extra: tinha um marido, uma casa e milhões de fluminenses que olhavam para mim, de início como se eu fosse uma excrescência, uma espécie de estrela de cinema inatingível para eles. Logo perderam essa impressão e passaram a trabalhar comigo sem restrições políticas, e 1939 acabou sem maiores tropeços.

Em 1939, eu o deixei ainda mais só. Não que fosse mais eficiente ou melhor companhia do que todos os outros que com ele trabalhavam. Acontece apenas que além de trabalhar para ele, por ele, nada mais que para ele, eu era também sua filha. Nós nos entendíamos. Brigávamos muito, mas sempre chegamos a um acordo.

Meu setor abrangia Educação, Trabalho, parte da Justiça, algumas coisas do Exterior, Polícia, alguns institutos de Previdência e, às vezes, a prefeitura. Sobretudo a parte mais sigilosa de todos os assuntos. Dependia do assunto. Distribuía, sempre para estudo, os alfarrábios de acordo com a especialidade de cada um de nós ou de acordo com o que queria ouvir, pensar ou decidir.

Siderurgia e guerra, 1939[1]

Desde nossos primeiros tempos no Palácio Guanabara, eu me viera insinuando, invadindo um universo puramente masculino. Fazia pequenos serviços, ajudava na datilografia, nas cifras, na arrumação dos papéis, até que meus esforços foram reconhecidos. Com o beneplácito de meu pai e os primeiros anos da faculdade de direito, comecei a penetrar nos secretos meandros do mundo político. Getúlio Vargas trazia na cabeça a ideia fixa de dotar o Brasil de suas indústrias básicas. Não podia mais limitar-se a exportar matérias-primas e a importar tudo de que precisávamos.

O primeiro ponto a ser tocado era a siderurgia. Visitamos Monlevade,[2] Costeira[3] e inúmeras outras pequenas corridas de ferro-gusa, insuficientes para nós. Num país continente que clamava por transportes terrestres, éramos forçados a usar as ferrovias que interessavam aos estrangeiros, e não a nós. Acresce que as ferrovias construídas por firmas estrangeiras obedeciam a bitolas diferentes e nem sequer a ligação de uma ferrovia a outra era possível. Havia ferrovias medidas em jardas, outras em metros e outras ainda que não seguiam nem uma nem outra.

Começaram os estudos, brigas, discussões, até que uma firma norte-americana[4] prontificou-se a ajudar. Localizar a fábrica foi fácil: deveria ficar a meio caminho entre o ferro (Minas Gerais) e o carvão (Rio Grande do Sul ou Santa Catarina), e entre os dois grandes centros consumidores, Rio e São Paulo, e ainda, se possível, perto do mar, para facilitar o transporte. Ficou fácil: deveria ser no estado do Rio, entre Resende e Barra Mansa. O pacato e pastoril distrito de Barra Mansa, Volta Redonda, foi o eleito. O então interventor Ernani do Amaral Peixoto apressou-se a comprar o local e ofertá-lo ao governo federal. E aí começa o drama. Cifrado para Washington, cifrado para o Rio de Janeiro. Aí os préstimos da xereta (eu) ficaram em alta, porque os cifrados eram torturantes. Durante dois anos a tal firma americana nos enrolou e depois desistiu. Uma concorrente não era bem o que desejavam. Outra firma candidatou-se e, depois de um ano de enrolação, também desistiu.[5] Getúlio Vargas perdeu a paciência. A essa altura, o trampolim da vitória, Natal, tornara-se imprescindível. Os americanos do norte, às voltas com o "sublime isolacionismo", só podiam ajudar os que estavam em guerra, mas não podiam entrar na guerra: o continente americano não havia sido atacado e as marcas da Guerra de 1914 estavam ainda muito vivas na memória do povo. Em desespero, Roosevelt resolveu topar a parada: se o governo brasileiro entrasse com a metade da obra, o governo americano ajudaria. Na época, exploraram que Getúlio Vargas era pró-nazi porque o Exército brasileiro continuava abastecendo-se de material bélico na Europa. Não nos convinha desmentir.

Os primeiros aviões americanos que foram para a Europa via Natal-Dakar eram guarnecidos por tripulações aparentemente civis. Servia aos americanos e ainda acalmava alguns brasileiros que ainda acreditavam na vitória final de Hitler. Não podendo assumir o patrulhamento ostensivo do Atlântico Sul, Roosevelt mandou para cá o almirante Jonas Ingram, que se apresentou a Getúlio Vargas como o "seu almirante", e o patrulhamento do Atlântico Sul ficou aparentemente sob a nossa égide.

Lua de mel e início da guerra, 1939-43[1]

Quando chegamos a Nova York,[2] no cais do porto esperavam-nos o embaixador Carlos Martins e Maria,[3] com dois recados de cuja importância só me dei conta depois. O primeiro era um apelo de Oswaldo Aranha, então ministro das Relações Exteriores, para que não aceitássemos o convite do Japão[4] e em nenhuma hipótese saíssemos do continente. O segundo era um recado de Sumner Welles, então subsecretário do Foreign Office,[5] de que o presidente Roosevelt havia manifestado interesse em nos ver.

Como tanto o casal Martins como o próprio Welles deveriam seguir para uma conferência no Panamá[6] antes de nosso regresso do Canadá, pediam que não deixássemos de solicitar audiência ao presidente Roosevelt, pois estaria aguardando. A situação do presidente Roosevelt nos Estados Unidos era em muitos pontos semelhante à de meu pai no Brasil. Ambos haviam pegado os respectivos países em crise, ambos haviam decidido entrar na luta de peito aberto, contrariando interesses, ambos haviam sido chamados ora de comunistas ora de fascistas; ambos eram vistos com desconfiança pela alta finança. Por isso sempre rebato a tese de que foram os ventos da democracia trazidos pela FEB [Força Expedicionária Brasileira] que causaram a queda de Getúlio Vargas em 45. Muito mais sério do que os citados "ventos" foi, para o Brasil, a morte de Roosevelt, antes da vitória final. Ele tinha compromissos com o Brasil; Truman, seu sucessor, não. Mas isso já é história para mais adiante. Voltemos a setembro de 1939.

A chamada *drôle de guerre*[7] começou e durou algum tempo, o suficiente para que as tropas francesas entrincheiradas na chamada linha Maginot[8] cantassem com os alemães aquartelados na linha Siegfried[9] a mesma canção ("Lili Marlene")[10] que ficou famosa dos dois lados e é até hoje um símbolo da Segunda Guerra Mundial. A seguir, a Alemanha engolia tranquila a Áustria e os Sudetos,[11] alegando sempre que eram territórios pertencentes historicamente à Alemanha.

Inglaterra e França foram cedendo, o Tratado de Versalhes sendo rasgado e o protelatório acordo de Munique foi assinado por Chamberlain, pela Inglaterra, e Daladier, pela França.[12] Hitler não dormia de touca e um acordo de "não agressão" foi assinado com a União Soviética.[13] Com as mãos livres criou a figura do *Gauleiter*,[14] que ficou impondo a todas as nações que a ele se opunham, como a Hungria, entre outras, e invadiu a Polônia. A *drôle de guerre* acabou, Chamberlain caiu e foi substituído por Winston Churchill, e Daladier, por Paul Reynaud.

A todo-poderosa Wehrmacht[15] engoliu a Polônia em poucos dias e submeteu a Holanda, cuja rainha Guilhermina foi para a Inglaterra numa tentativa de reagrupar os remanescentes para uma possível reação. A seguir, a Bélgica, onde a França tentou uma reação baseada na inexpugnável linha Maginot. Foram chamados os antigos heróis da Guerra de 14: Weygand, Pétain, Gamelin, entre outros. Em vão. Deixando *Gauleitern* por onde vencia, passou por cima das defesas francesas, acabou de rasgar o Tratado de Versalhes e seguiu rumo a Paris. Assinou com o marechal Pétain[16] a divisão da França: a supostamente livre teria por capital Vichy e seria *administrada* pelo marechal e seus assessores; a França ocupada, tendo por capital Paris, ficava sob o domínio dos alemães.

Aí Hitler cometeu seu segundo grande erro. O primeiro foi subestimar a capacidade de resistência dos ingleses e o poder de envolvimento de Winston Churchill. Voltou-se intempestivamente contra a Rússia, ignorando o tratado de não agressão assinado previamente. Com isso jogouIóssif Stálin nos braços de Churchill, enquanto Franklin Delano Roosevelt espumava de raiva, impotente. O povo americano não esquecera 1917[17] e apelava por todos os meios a seu alcance para o "sublime isolacionismo".

Roosevelt ajudava em material bélico semiclandestinamente seus aliados, e para isso necessitava da cumplicidade do Brasil. Daí a pressa e o interesse que demonstrou por nos receber: Ernani e a mim. Deplorou mais uma vez a intransigência da Argentina, que, alegando uma falsa corrida armamentista, se opunha a que os Estados Unidos cedessem ao Brasil, por arrendamento, dois destróieres.

O presidente Roosevelt recebeu-nos em sua clássica sala oval, atrás de sua cadeira um gigantesco mapa-múndi. Reconheceu-me, o que melhorou o meu ego, mas o papo era com o comandante. Com sua visão de estadista, Roosevelt já sentia que dificilmente os Estados Unidos ficariam fora da guerra e que a infiltração alemã, se vencesse na África, seria através do Brasil. Daí sua antecipação em assegurar-se de nossa aliança. Com uma régua grande apontou a pequena distância entre Natal e Dakar. A seguir, mostrando o mapa-múndi, fez-nos ver o quão essencial era para os chineses e os ingleses o uso do chamado "trampolim da vitória", isto é, Natal. Naquela época, quando os aviões começavam a engatinhar, era o único contato direto entre a América e a África e daí para a Europa.[18] E os aviões norte-americanos deviam fazer essa travessia lotados, transportando material bélico desmontado, único meio de que ainda dispunham para ajudar. Eram encomendas de outros países e isso não era ilegal. Se, por acaso, os Aliados perdessem o controle da África, naturalmente a Alemanha iria invadir as Américas por Natal. Frisou bem que nós seríamos as primeiras vítimas e logo a seguir eles, do Norte. Ficou tudo bem claro: nossa colaboração não teria preço. Depois disse-nos que a hipótese de uma nova Guerra Mundial estava muito próxima e que, se houvesse uma invasão alemã com vistas na América, o ponto ideal será esse Dakar-Natal, por isso desejava que o Brasil encarasse essa probabilidade com todo o interesse. O continente americano não estava ainda ameaçado, mas, se o fosse, o caminho natural seria esse; por isso desejava que transmitíssemos ao presidente Vargas esse seu recado, que seria oficializado oportunamente. Recado dado, recado entendido e transmitido.

Logo depois começaram os "conciliabos" com a complacência dos governos inglês e francês, que esperavam saciar a voracidade do Reich com o famigerado tratado de Munique. A Áustria passou a pertencer à Alemanha, a Europa Central foi caindo aos poucos sob o olhar cúmplice de Mussolini, na Itália, e Stálin, na Rússia, e o Tratado de Versalhes estava sendo lentamente rasgado. Aí, Adolf Hitler cometeu seu primeiro grande erro: atacou a Polônia. Destruir o corredor de Dantzig[19] era como meter a mão no bolso de um francês.[20] E a França resolveu reagir, e o que ainda restava da velha Europa — Holanda,

Bélgica, Dinamarca, Suécia, Noruega e Inglaterra — acompanhou. Paul Reynaud assumiu na França e Winston Churchill na Inglaterra. Mas já era tarde.

Há um ponto negligenciado por muitos historiadores, que dava por antecipação, mesmo antes da entrada dos Estados Unidos e nossa na guerra, a vitória aos Aliados. É que um soldado leva vinte anos para completar-se e uma máquina de guerra menos de vinte horas. Enquanto os alemães poupavam munição, os Aliados poupavam gente. Vimos que no final da guerra os soldados alemães eram quase imberbes. Enquanto os Aliados renovavam sempre seus contingentes com homens da Austrália, Canadá, China etc.

Os americanos deram-nos uma recepção retumbante. Havia o maior interesse em agradar ao governo brasileiro. Foi nessa época que Carmen Miranda conseguiu o estrelato e Walt Disney criou o Zé Carioca, companheiro inseparável do Pato Donald. O sindicato dos músicos americanos foi taxativo. Carmen podia vir cantar para eles, mas o Bando da Lua que a acompanhava não entraria. Carmen bateu o pé; sem eles, ela não cantaria. Novas confabulações, o contrato foi modificado para que o Bando da Lua, chamado agora de Miranda Boys, passasse a ser pago pela própria Carmen. Mesmo assim, a imigração interferiu: os rapazes podiam entrar, mas suas respectivas esposas ou companheiras, não. Foi necessário interferência da embaixada para que tudo fosse resolvido. Fomos vê-la em seu primeiro show na Broadway, ela nos reconheceu, mas o máximo que pôde fazer foi um leve piscar de olhos. Estranhamos, habituados com sua proverbial brejeirice, e só depois entendi e passei a ser sua ardorosa defensora, quando os brasileiros a acusaram, em sua primeira visita ao Rio.[21] Para o público americano, o que você paga para ver hoje vale para sempre — o que um consumidor vê hoje, o de amanhã também deve ver. Até os passos do palco são medidos, nenhum improviso é permitido.

Mas voltemos ao Brasil; não estávamos ainda em guerra. A minha particular com os cifrados para Washington continuava. Getúlio Vargas estava decidido a lutar pela implantação da siderurgia no Brasil, e isso não interessava às grandes organizações norte-americanas. Criar um concorrente de peso na América Latina positivamente estava fora de questão, mas nós não o sabíamos e fomos levados na "conversa fria" durante alguns anos. Um "segredo de Estado" foi semipropositadamente vazado. O Brasil estaria mantendo contatos com uma fábrica de origem austríaca. O governo norte-americano assustou-se e enviou seus técnicos para localizar o ponto ideal para a construção da Usina Siderúrgica Nacional. Deveria situar-se a meio caminho do ferro e do combustível e a regular distância dos principais centros consumidores: São Paulo e Rio de Janeiro. O ferro viria de Minas Gerais e o carvão do Rio Grande do Sul ou de Santa Catarina. Nosso ferro era excelente, já o carvão era inferior ao inglês, mas não havia como assegurar-se de um fornecimento regular.

Escolhidos o projeto e a localização, algo entre Barra Mansa e Resende, nova retração. A espera continuava, e Getúlio Vargas impacientava-se. Roosevelt sentiu que o Brasil não estava disposto a aguardar indefinidamente e os Aliados necessitavam da colaboração brasileira. Propôs uma medida drástica, prontamente aceita. O governo norte-americano[22] bancaria financeiramente a parte técnica desde que o governo brasileiro arcasse com as demais despesas: construção da usina e de todas as outras dependências. Ainda assim os trâmites burocráticos de lá e daqui foram demorados. Getúlio Vargas chegou a lançar a pedra fundamental da Usina Siderúrgica, mas não foram para ele as festas de inauguração, para as quais nem sequer foi convidado.[23] Sou, como todos os meus irmãos, acionista da Cia., ações *compradas* por meu pai para dar o exemplo a todos os brasileiros. Não eram muitas, já que nunca foi rico e os filhos eram cinco.

Como foram mais ou menos coincidentes o famoso discurso a bordo do *Minas Gerais*,[24] a entrada ostensiva da Itália na guerra[25] e a trombeteada vitória do Eixo sobre a França,[26] acusaram aprioristicamente, e sem maiores exames, o presidente da República de duas coisas:

1. Estava contra os Aliados.
2. Usara de "chantagem" para obter seus objetivos.

Esqueceram de três razões fundamentais na época:

1ª O discurso tinha objetivos internos e não internacionais. Fora pronunciado dentro de um navio da Marinha de Guerra, então um dos maiores focos do integralismo, por motivos óbvios.

2ª Embora estivéssemos em paz com todos os nossos vizinhos do continente sul-americano, nossas imensas fronteiras eram altamente vulneráveis e o contrabando corria solto. A borracha sintética estava dando os seus primeiros passos. Portanto, os seringais nativos do Brasil estavam em alta. Da mesma forma, a sucata de ferro, o cristal de rocha.[27]

3ª O mais importante dos motivos, as maiores colônias do chamado eixo Roberto (Roma, Berlim, Tóquio) estavam localizadas no Brasil. A colônia italiana possuía e editava um jornal totalmente escrito em italiano;[28] a colônia alemã dava-se ao luxo de ter escolas financiadas pelo Reich onde se aprendia o alemão; a colônia japonesa estendia-se estrategicamente ao longo dos rios Tietê e Amazonas.

Desnecessário torna-se recordar que o Club Germânia,[29] que funcionava na Praia do Flamengo, ocupado pela UNE e pela Sociedade Dante Alighieri, na avenida Beira-Mar, foi durante muito tempo a sede da Casa do Estudante.[30] Há ainda a acrescentar algo muito importante: os então interventores, governadores, ministros etc., todos eles "democratas", pois o único ditador era Getúlio Vargas, pediam com insistência que não se rompesse logo com o Eixo, pois este estava adquirindo excedentes de fumo, madeira, limalha de ferro etc. Pagavam mal, mas pagavam, e era sempre uma válvula de escape para eles.

Esta digressão foi necessária para podermos voltar ao ponto principal. Quando Paris foi tomada pelos alemães,[31] muita gente que até então se blasonava de ter ascendência ariana pura — alemã, escandinava etc. — chorou e virou. O Eixo perdeu mais de 50% de seus adeptos e eu, que sempre fora pró-Aliados, tripudiei sem dó sobre os novos aliancistas. Ainda não estávamos em guerra, mas Getúlio Vargas já começara a agir. O jornal italiano *Fanfulla* entrara para o índex e pouco tempo depois deixaria de circular livremente; a formação dos chamados "catarinas" já começara. A ideia era pegar os jovens recrutas do Sul e mandá-los servir no Nordeste e os do Nordeste viriam para São Paulo, Paraná, Rio Grande do Sul e Santa Catarina, de onde saiu o nome de "catarinas". Lembro que uma noite, caminhando com Getúlio Vargas pelos jardins do Palácio Guanabara, ele se detivera diante da guarita de uma das sentinelas. Era um jovem louro, olhos azuis, que se perfilou apresentando armas. Meu pai disse-lhe que ficasse à vontade e começou a fazer perguntas — nome, filiação, tempo de serviço, se gostava do Rio etc. A tudo o jovem respondia em mau português, mas respondia. Aí, sem preâmbulos, perguntou: "Qual a ocupação de seu pai?". Resposta: "Camponês". "Qual a extensão de terra que ele possui?" A resposta foi uma medida alemã. Meu pai sorriu amarelo e agradeceu, sem comentários.

Quanto ao Japão, eram inúmeros os interesses desse país no Brasil. Havia firmas organizadas e não caíam no vazio os incontáveis contra-ataques da China e demais países aliados. Havia um deputado fluminense, nada mais nada menos que o professor Miguel Couto, um dos mais renomados médicos de sua geração, que alertava contra o chamado "perigo amarelo". O Japão precisava expandir-se territorialmente, a China não. Havia uma grande firma que vencera a concorrência para a construção da usina de Macabu.[32] Assim que o Brasil tomou partido na guerra, o contrato com o governo do estado do Rio foi rescindido sem maiores problemas. Os japoneses não brincavam em serviço em matéria de propaganda. E as famosas cerejeiras eram trombeteadas como matéria paga nos jornais mais aliancistas do país, mas só Getúlio Vargas era nazista.

Hoje, todas as colônias perfeitamente integradas aos nativos do Brasil nem se lembram mais daquilo que sofreram, nem do que nos fizeram sofrer.

A população brasileira, indignada com a aparente letargia de seus dirigentes, tomou graves iniciativas. Em várias cidades, tremendos "quebra-quebras" atingindo pessoas inocentes obrigaram as autoridades locais a reagir, algumas vezes com igual violência. Mas ainda não estávamos em guerra.[33]

Em começos de 1942, havia sido convocada por Argentina e Chile uma reunião de consulta[34] sobre a possibilidade de um rompimento de relações de toda a América com o Eixo, e estes dois países foram justamente os que não romperam com o Eixo.

Nunca fui tão sacolejada como nessa época. Ezequiel Padilla pelo México, Sumner Welles pelos Estados Unidos e Oswaldo Aranha pelo Brasil foram as grandes vedetes da reunião. Um dia antes do término da mesma, na qual Getúlio Vargas deveria falar, fomos chamados, Ernani e eu, por meu pai. Ele nos dera duas missões, a primeira já havia sido cumprida. Deveríamos oferecer jantar com espetáculo no cassino Copacabana, durante o qual Góes Monteiro deveria encontrar-se com Welles e com o embaixador Caffery.[35] Recomendação especial — muita mulher bonita e muita bebida. Essa missão era fácil. A segunda era um desafio. Havia chegado aos ouvidos de Getúlio Vargas que o ministro da Guerra, general Dutra, iria pedir demissão antes do final da reunião e a missão consistia em dar no Palácio do Ingá um almoço em tête-à-tête, só nós quatro: Dutra, Góes e nós. Ora, todo o meu pessoal de cozinha e serviço estava também em Petrópolis.

    Nós pretendíamos assistir à reunião. Mas manda quem pode, obedece quem tem juízo. Descemos com parte da tralha, depois deveríamos voltar a Petrópolis para dar o relatório a Getúlio Vargas e depois voltar ao Rio. Depois do almoço, enquanto Ernani conversava com o Dutra, eu fiquei distraindo o Góes. E este com toda a calma pediu que transmitisse a Getúlio Vargas que não se preocupasse, Dutra não passava de um "gendarme"; que ele, Góes, garantia que Dutra não iria pedir demissão, faria apenas algumas ponderações de ordem militar. Voltamos para Petrópolis e cedinho Ernani foi para o Rio Negro transmitir o resultado da conversa. Consegui dormir um pouco e ao meio-dia descemos novamente para assistir ao final.

O acidente e a censura, 1941

No Brasil, como em vários outros países, o crime de imprensa não existe adjetivamente. Ou é punido com excesso de severidade ou fica impune. A primeira tentativa de organizar a liberdade de imprensa foi feita através do DIP. Criou-se um tribunal para julgar os crimes de imprensa, composto por jornalistas, sob a presidência de Olímpio Guilherme. Faziam parte desse tribunal, entre vários outros, Cipriano Lage, Herbert Moses, Jarbas de Carvalho. Durante vários meses, este tribunal limitou-se a registrar os órgãos de publicidade que funcionavam clandestinamente. Não recordo se chegaram a punir algum jornalista antes de se autodissolver.

A Guerra Civil Espanhola estava quase terminada e em breve começaria o grande conflito mundial. Não sei se é por ignorância ou maldade que ao DIP foram atribuídas todas as censuras feitas durante a existência deste. Havia determinados assuntos, considerados na época como tabus, que eram entregues aos responsáveis pelas notícias antecipadamente. O resto — censura prévia, suspensão e outros bichos — corria por conta de vários interessados, pelos quais meu pai pagava o pato. Cito alguns casos que chegaram ao meu conhecimento.

Era um domingo e estávamos em Petrópolis, quando pelo telefone oficial perguntam-nos onde estava Getúlio Vargas, que ninguém encontrava. Fomos procurados, Ernani e eu. É claro que sabíamos onde estava Getúlio Vargas. Mas antes de perturbar seu domingo tentamos em vão descobrir a causa da celeuma. Queriam a cabeça de Lourival Fontes porque o *Correio da Manhã*, violando os critérios da censura prévia, havia publicado matéria pró-Inglaterra. Depois de intensa busca e leitura sem nada encontrar, foi descoberta a causa dos melindres: um anúncio inocente da Câmara de Comércio Brasil-Inglaterra tinha ferido nossa neutralidade. Seria para rir se Lourival Fontes não estivesse arriscado a ser preso.

Assim que chegamos a Nova York,[1] fomos informados de que Douglas Fairbanks Jr.[2] devia seguir para o Brasil em missão especial, mas antes precisava ter um encontro conosco. Disse-nos que devia ir em uma missão especial determinada por Roosevelt e de nós necessitava a chave dos contatos que precisaria ter no Brasil. Por telefone mobilizamos nossas equipes para que fosse recebido ao chegar e tivesse todas as facilidades necessárias a seu trabalho. Anos depois, vim a saber que havia sido seguido pela polícia e considerado "espião britânico", quebrando nossa neutralidade.

Dias depois do ataque a Pearl Harbour,[3] um jornal reconhecidamente pró-Aliados, iniciais por extenso, o *Diário Carioca*, publicou extensa matéria paga sobre o Japão. Nunca ninguém disse que José Eduardo de Macedo era nazista. [Resumo da ópera: foi punido com suspensão o *Diário Carioca*, o que provocou de seu proprietário a jocosa afirmação: "Foram caçar uma onça e acabaram castigando o gato de casa".]

Outro caso. Era diretor do DIP o capitão Hamilcar Dutra de Menezes. Afundada em meu trabalho na LBA,[4] fui interrompida por um jornalista que trabalhava com minha mãe. Disse-me: "D. Alzira, meu irmão está demitido do trabalho e o jornal em que ele funciona suspenso por uma semana". "Espera aí, Lobivar", interrompi. "Teu irmão não escreve só sobre esporte no jornal de Niterói ligado ao Ernani?" "É esse mesmo", contestou o rapaz. "Meu irmão escreveu uma crônica contra a candidatura do doutor Vargas Neto[5] para a CBD e foi punido." Retruquei: "Você vai agora ao coronel Hamilcar e diz a ele que eu quero o jornal na rua amanhã e seu irmão em seu posto. Eu não tenho imunidades e a imprensa me ataca quando quer. Por que o doutor Vargas Neto pode escrever à vontade e apela depois para a censura? Se houver necessidade de confirmação, o coronel sabe onde me encontrar".

Esses e mais alguns outros casos chegaram até meus ouvidos e pude reparar. Mas quantos houve sem que pelo menos soubéssemos a causa? É preciso também que seja dito que o censor nem sempre tem discernimento suficiente para aquilatar o bem ou o mal que causa com cortes absolutamente sem sentido. Há também algumas vezes o interesse particular do proprietário da empresa. Jogar a responsabilidade sobre os ombros do censor ou do governo é tarefa simples: o jornalista fica com raiva do governo, que muitas vezes nem fica sabendo o que aconteceu.

Há um fato (poderia citar vários) ocorrido comigo e meu marido, nos Estados Unidos. Sofremos um tremendo acidente que quase nos custou a vida, e houve quem publicasse que nossas despesas de hospital haviam sido pagas pelo Departamento do Café. O desmentido, como sempre, sai em tipo menor e em local que ninguém lê. Ainda mais, a notícia falsa é impune, pois prescreve em três meses. Ora, quando voltamos dos Estados Unidos os três meses haviam se esgotado.

Também não ficamos a salvo quando fomos acusados de receber dinheiro do jogo do bicho,[6] de ser sócios de "n" empreendimentos.

Nada disso, no entanto, invalida a existência da censura. Houve sim e bastante forte, sobretudo no período de guerra: correspondência, telefones, notícias, tudo passava pela censura, nem sempre a do DIP. Mas como já o disse, muitas vezes o culpado nem sempre é o responsável. Acusar é fácil, provar é difícil. Ser oposição é cômodo: basta dizer "sou contra". Ser governo, quaisquer que sejam as implicações, é uma situação incômoda a de explicar o inexplicável. Quantas e quantas vezes fomos acusados de possuir bens que nunca foram nossos, de usufruir e gerir um sem-número de fortunas imaginárias? No entanto, tanto meus pais como nós dois passamos por momentos bastante difíceis, não direi de miséria (isso seria falso), mas de grande aperto, obrigando-nos a vender e a hipotecar bens e propriedades para sobreviver honestamente. E o curioso é que justamente nesses momentos os "mecenas" somem misteriosamente e só aparecem quando eles precisam, e não quando a necessidade é nossa. Essa é a lei natural das coisas.

Encontro com Roosevelt, 1941

Em 1941, fui convidada oficialmente pela Moore-McCormack[1] para batizar o novo navio de passageiros, o *Brasil* com "s".[2] Durante esse período, entre 1939 e 1941, muita coisa havia acontecido no Brasil e no mundo. Natal passara a ser chamado "trampolim da vitória".[3] Inicialmente para não machucar os brios de alguns brasileiros, as bases eram civis. Os norte-americanos não podiam entrar na guerra europeia, mas nada os impedia de cumprir com seus contratos comerciais, e Natal assistia diariamente a centenas de aviões lotados de armamentos e aviões desmontados em direção a Dakar, onde eram remontados e distribuídos de acordo com as encomendas comerciais.

O aeroporto civil foi pouco depois militarizado, e os aviões tiveram permissão para serem montados em Natal mesmo, e já voavam devidamente pilotados para Dakar. Por essas e outras que viriam, depois Ernani e eu fomos recebidos como grandes personalidades. Os jornais, que nunca tomaram conhecimento de nossa existência, só falavam: "Está entre nós a heroína do Brasil (ataque integralista)". Fomos recebidos em grande estilo pelo prefeito Fiorello La Guardia,[4] hospedados no melhor hotel, automóvel à disposição, mordomia total.

Um recado urgente: Douglas Fairbanks Jr. precisava ver-nos imediatamente e em sigilo (ordens presidenciais). Devia embarcar para o Brasil dentro de cinco dias e queria de nós nomes, endereços que deveria procurar em sua missão secreta do próprio Roosevelt. Por telefone, tomamos todas as providências.

Isso não impediu que, anos mais tarde, eu lesse um informe da Polícia (a nossa) mandando seguir Douglas, o espião britânico.

A situação de Franklin Delano Roosevelt era muito séria. Além das constantes passeatas contra a guerra, necessitava enfrentar o Congresso para a passagem do "Lend lease bill"[5] (empréstimo e arrendamento), sustentar os pequenos aliados e ainda submeter-se a uma eleição, em que todos esses ingredientes estavam em jogo. Novamente, Roosevelt queria nos ver. Desta vez levávamos nós também nosso pleito. Ainda em Nova York, fomos procurados por Edmundo de Macedo Soares e seu cunhado Brig Muniz, pedindo para que ajudássemos a apressar a constituição da Companhia Siderúrgica Nacional no Brasil, para que eles pudessem apertar os trâmites norte-americanos.[6] A Edmundo caberia a diretoria técnica. A Muniz interessava a fábrica de motores.[7]

Nessa ocasião, já haviam sido abandonados os planos de firmas americanas virem para o Brasil (U.S. Steel, Bethlehem Steel etc.)[8] e tratava-se de um empréstimo de governo a governo para instalação de Volta Redonda e da Fábrica de Motores. Conversamos também sobre as bases aéreas, principalmente a de Natal. Novamente salientou o papel decisivo de Natal, já então inteiramente militarizado. Lamentou a intransigência argentina, que, a pretexto de evitar uma corrida armamentista, se opusera à cessão ao Brasil de dois destróieres. Sugeriu que estava na hora de nós, americanos e brasileiros, começarmos a ocupar Guianas, Canárias etc. Soltei uma piada de mau gosto que me valeu um olhar atravessado de meu marido. E um sorriso amarelo de Roosevelt. "O senhor está por acaso sugerindo que os filhos tomem conta dos pais, agora!"

A audiência acabou por aí e fomos visitar as várias indústrias americanas. Todas se estavam adaptando às necessidades bélicas. Vimos o primeiro Jeep fabricado,[9] era ainda um protótipo, depois tão utilizado. As fábricas de automóveis agora fabricavam aviões. Já haviam conseguido fazer um por dia, mas chegariam em breve a um por hora. Nossos produtos brutos estavam em grande alta, sobretudo o cristal de rocha e a borracha (a sintética ainda estava em seus primórdios e se necessitava de borracha natural). Também estivemos com Eugene Black (Banco Internacional), Pierson (Eximbank) e Nelson Rockefeller, e almoçamos com a sra. Eleanor Roosevelt, a qual em sua coluna "My Day" fez referências ao fato.[10]

Havia interesse de uma visita de meu pai aos Estados Unidos tão grande que recordo de haver escrito para ele dizendo: "É tal o desejo deste país em sua vinda que começo a pensar que o motivo principal é mostrar sua cara aos americanos para verem que um ditador pode não ser tão feio como pintam".

Estou escrevendo ao sabor da memória.

Ainda ignoro o que meu pai fez com minhas cartas. As do Roosevelt para ele e as dele para Roosevelt estão no centro.[11] Lembro mais um fato: quando Oswaldo Aranha deixou a embaixada em Washington, Roosevelt teria dito: "Diga a seu presidente que o meu New Deal é muito parecido com o Estado Novo dele".

Isto é o que eu lembro. Quanto a qualquer outro tipo de documentação, vou ver o que poderei obter. Necessito de um pouco de tempo que seu H-E-L-P não me deu.

O nacionalismo começa a dar frutos, 1941

O país vivia seu período áureo em matéria de exportação. Para os Estados Unidos iam em proporções cada vez maiores cristal de rocha, borracha, café, algodão, ferro etc. Havíamos conquistado para o tecido brasileiro mercados fechados até então na Ásia, na África e na América do Sul. O nacionalismo feroz de Getúlio Vargas começava a dar frutos. Pela primeira vez em minha vida viajei por conta da "viúva", a República, em uma visita ao Chile, na comitiva de Oswaldo Aranha[1] e, como qualquer turista, meu marido e eu saímos em busca de coisas da terra. Só encontramos alguns objetos de cobre: tudo o mais era importado. Partimos então para os tecidos e aí meu queixo caiu. De metro em metro, na orla, estava gravado: indústria brasileira. Não comprei, é claro, mas aquela gravação ficou impressa em mim. Deveria ter sido o começo da grande virada. Não foi por várias circunstâncias que se seguiram.

Brasil rompe com o Eixo, 1942

Em 1942 (fevereiro) houve o rompimento de relações[1] e os navios mercantes brasileiros começaram a ser bombardeados. O povo brasileiro exigia guerra imediata. Getúlio Vargas, vítima de um acidente (1º de maio) com fratura do fêmur, entre outras coisas, levanta-se pela primeira vez, em 8 de agosto, para receber o povo que invadiu o Palácio Guanabara exigindo guerra imediatamente. Getúlio Vargas limitou-se a dizer: "Nunca fui contra os desejos do povo, e se os brasileiros querem a guerra, nós iremos para a guerra". No dia 18 de agosto[2] realizou-se a reunião ministerial e a guerra foi declarada, três meses antes do ataque a Pearl Harbor,[3] que decidiu o povo americano.

Winston Churchill não desejava a participação efetiva do Brasil na guerra, preferia que nos limitássemos ao papel de "olheiros", como em 1914. Ele não deixava de ter suas razões. Temia que os americanos distraíssem parte de seu poderio militar para treinar-nos em pouco tempo. Depois reconheceu nossa ajuda e, ao término da guerra, Anthony Eden[4] veio ao Brasil para os agradecimentos de praxe.

As opiniões, no Brasil, eram as mais variadas. Havia os sonhadores que supunham que a vitória do Eixo seria a grande chance do Brasil. Três países de economia fraca e distantes de nós não teriam tempo, nem forças, para se ocupar de nossa terra. Era a oportunidade. Outros, realistas, sabiam que não havia como fugir. Acompanhar a política continental de autodefesa, cumprir os compromissos já assumidos e respeitar nossa política tradicional eram não só nosso dever, mas a garantia de uma sobrevivência decente e limpa.

Alguns aguardavam, sondando qual das duas correntes teria maiores chances de vitória. Pulavam de um lado para outro, como se treinassem para o campeonato mundial de salto. Dependia da última notícia da noite. Stálin era ora um monstro, ora um santo; Hitler, ora um gênio, ora um místico sem valor. Mussolini, o fundador de uma nova era para o mundo, no dia seguinte se transformava em mero arruaceiro sem valor. Churchill, um velho decrépito, já em desuso, ou o maior homem do século. Roosevelt, um intrometido, ou o salvador do mundo. Pétain era o salvador da França, mas também aquele que a havia apunhalado. De Gaulle, ora fujão e desertor, virava herói em minutos. Dependia da última manchete. Há gente assim.

Havia um homem que conservava a cabeça no lugar e não se deixava emocionar pelos comentários de rua. Procurava apenas tirar da luta entre as várias potências em jogo o melhor partido para seu país, sem quebrar um só dos compromissos assumidos. Chamavam-no fascista, nazista, comunista, oportunista, patriota, democrata e até de grande estadista. Também dependia da última notícia. Indiferente a todos os epítetos e a todos os elogios, lenta e pacientemente trabalhava por seu maior ideal: a construção de uma grande usina siderúrgica no Brasil. Nenhum país pode ser economicamente forte se não possui as indústrias básicas. Esse homem se chamou Getúlio Vargas.

Mas a crise dentro do governo se anunciava feroz. Dois grupos estavam criados: um, chamado nazista, o outro, os vendidos à América. Injustos ambos os títulos. Havia gente de todos os quilates e feitios, em ambos os grupos. Gente boa e gente ruim. Gente bem-intencionada e gente sem escrúpulos. No fundo, era apenas uma luta em torno de uma herança. A pergunta "Quando ele morrer quem fica com o bom-bocado?" devia ser o leitmotiv[5] de toda a luta.

Um dia, o tumor veio a furo.[6]

Meu pai se impacientou. Deu a um grupo a cabeça de João Batista e ao outro as pernas de Salomé. A luta continuou. Aparentemente empate, 0 a 0 marcava o placar. Foram demitidos e nomeados elementos de ambos os grupos. O equilíbrio continuava.

Primeiro de maio de 1942, Getúlio sofre acidente

No dia 1º de maio, Getúlio Vargas decidiu encerrar sua estação petropolitana e desceu para pronunciar seu clássico discurso aos operários no campo do Club Vasco da Gama, [que] começava sempre assim: "Brasileiros, trabalhadores do Brasil!". Surgiu uma anedota dos portugueses residentes no Brasil. Diziam: "Quando ele diz brasileiros é com vocês, mas quando ele diz 'trabalhadores do Brasil' é conosco".

Ernani e eu resolvemos descer também e, como ambos já tínhamos lido o discurso, resolvemos demorar umas horas mais.[1] Enquanto ele terminava seus despachos, fui até a Casa da Divina Providência,[2] para conversar com as irmãs sobre as obras que ali seriam feitas com a ajuda do Estado. Desejava ampliá-lo [o hospital de crianças] para que fosse também maternidade. Petrópolis necessitava de uma e eu estava estudando as várias hipóteses. Porque lhe deram meu nome, contra minha vontade, durante alguns anos não receberam auxílios do governo.

Estava terminando minha visita ao hospital quando chega um dos oficiais de gabinete do meu marido, Arthur Montagna. Era um grande amigo. Já está morto também. Chamava-me "Patroazinha", sempre. Mas nesse dia seu aspecto não era muito favorável quando foi me buscar. Disse-me apenas: "Vim porque o comandante está a sua espera para voltar ao Rio, já". Respondi-lhe: "Mas nós só vamos amanhã, o que há?". Redarguiu: "Não se assuste. (Sempre o não se assuste.) Mas o presidente acaba de sofrer um acidente de automóvel[3] e o comandante está a sua espera para descer de Petrópolis". Não falei mais. Não sei nem sequer se consegui explicar à irmã Luíza a razão de minha partida abrupta. Voltei o mais rápido que pude. Ernani me esperava já no patamar, pronto para a partida. Perguntei-lhe: "Mas o que houve? É grave?". Respondeu um pouco impaciente e não gostei de sua impaciência. "Ainda não sei. Foi um choque de automóveis. Anda depressa."

Corri a apanhar o indispensável e, em cinco minutos, o tempo suficiente para o chofer se preparar, eu estava pronta. Nesse dia, nosso chofer Manoel Lameira teria feito inveja a todos os campeões de automobilismo no mundo. De palácio a palácio (Itaboraí[4] ao Guanabara), e a nova estrada não estava feita, levamos 55 minutos. Era na época um verdadeiro recorde, mas eu só soube depois. A ânsia de chegar era tão grande que não nos preocupamos com a velocidade. Chegamos em casa, isto é, o Palácio Guanabara, estava cheio de amigos e de inimigos, de indiferentes em busca de novidades e de interesseiros tentando se fazer valer. Corri para ver meu pai sem dar importância àquela multidão. Meu marido ficou para saber.

Encontrei meu pai deitado em uma cama de hospital. Reconheceu-me apenas para se queixar de fortes dores em sua perna direita, e que não lhe haviam até o momento dado o menor alívio. Estava a perna dentro de uma precária calha de arame forrada de algodão. Sabia que ele só se queixava quando era demais. E quando era demais, era realmente demais. Já havia cuidado dele tantas vezes... E ele só reclamava quando era... demais.

Todo mundo me cercou querendo dar e receber informações, mas ninguém sabia de nada. A confusão era total. Pediam café, pediam água, como se sua presença fosse um obséquio, e a casa, um clube. Fui ao médico da Assistência Pública que o havia atendido na rua e levado para o Palácio. Disse-me categoricamente: "É só choque. Não tem fratura. Já fizemos as radiografias. Nada apareceu". Eu tinha antigas experiências. Não me conformei. Fui ao outro médico que o havia atendido ao mesmo tempo.[5] Interpelei-o. Respondeu: "Eu acho que há uma fratura e fratura grave. Nada posso dizer porque quem falou é meu chefe". Não tive a menor dúvida e saí em busca de outras opiniões.

Encontrei entre os visitantes outro médico, parente de meu marido, ortopedista, chamado não sei por quem.[6] Contei-lhe como havia sido o acidente, a forma como havia caído etc. Respondeu-me: "Não pode deixar de ter havido fratura. Seu irmão Luthero não está aí, eu tenho de me rebelar contra esse diagnóstico. Deve haver fratura, e grave". Pensei um pouco. Meu marido estava perto de mim nesse momento. Já eram quase dez horas da noite, o acidente ocorrera à uma da tarde. Fiquei com pena de meu pai. Era tão tarde para fazê-lo sofrer ainda mais. Erro meu. Penitencio-me. Não sei por quê, todas as vezes em que havia uma decisão séria a ser tomada pela família, eu era chamada como decisão final. Mandei os médicos e as visitas embora. "Não se pode triturar mais este homem. Já sofreu muito hoje. Vamos deixá-lo dormir. Amanhã chamo o resto da família e decidimos. Hoje não." Pedi que lhe dessem antes um sedativo, para que não sofresse. Eles o fizeram e partiram resmungando e discutindo. Papai acalmou e dormiu. Mamãe me mandou dormir e disse que ficaria acordada. Discutimos, porém, antes, nós três, ela, Ernani e eu. Não era possível chamar Luthero de volta em tempo. Ele estava nos Estados Unidos. Nessa época, a viagem, mesmo de avião, durava cinco dias. Perguntei: "Quem vocês acham que ele chamaria se estivesse aqui?". Os dois responderam: "Fulano de tal". "Se todos estão de acordo, amanhã ele vem nem que tenha de cortar relações com todos os outros. Hoje, não. Ele necessita repousar." Concordaram.[7]

Eu sabia que o médico que havíamos escolhido era do tipo "autoritário", mas competente. Veio assim que o chamamos. Já havia pedido antes à nossa radiologista que viesse fazer as radiografias bem cedo pela manhã. Veio e fez. Constatou a fratura, avisando, porém, que seu aparelho era fraco. O ortopedista chegou logo após e não gostou. Chamou seu próprio radiologista. Novos raios X. Disse que seu aparelho era melhor. Concordei.[8] Queria meu pai bom. Mais nada. Afinal, depois de uma série de vaivéns, isto é, mais de 24 horas depois, veio o veredictum: fratura do colo do fêmur com deslocamento. Muito sério na idade dele. Perguntei: "O que você vai fazer?". Respondeu: "É preciso colocar o colo do fêmur em seu devido lugar e depois mantê-lo". "Como?", perguntei de novo. Já havia visto tanta coisa que não acreditava mais em médico. Tranquilizou-me, seria anestesiado na hora. Perguntei: "Por quem?". Respondeu: "Por quem você quiser". Pensei um pouco e lhe disse: "Quero Fulano de tal". "É justamente quem eu costumo chamar." "Então está tudo bem."

Mas até que chegasse o material e tudo fosse preparado já eram dez horas do dia seguinte. A perna fraturada pela segunda vez devia estar dizendo misérias. Disse-me o médico que era necessário jogá-lo no chão duro. Nada de cama. Ante a perspectiva de sair daquele estado de dor permanente, papai não discutiu nem quis explicações. Aceitou tudo. Foi jogado no chão e anestesiado. Por uma manobra violenta à qual assisti, o colo do fêmur foi colocado no seu devido lugar. Precisava mantê-lo agora, permitindo que a fratura se consolidasse normalmente e sem resistência da pressão do fêmur sobre a fratura. Outra manobra. Puseram-no na cama. Pedi para que o deixassem em paz. Ainda dormia anestesiado. Deixaram-no. No dia seguinte bem cedo estavam todos lá. Havia feito um acordo com minha mãe. Ela, notívaga, ficaria durante toda a noite com ele e eu tomava conta durante o dia. O dia era pior, até certo ponto. Era quando vinham as visitas importunas. Papai não queria ver ninguém. Tinha de inventar todas as desculpas que não magoassem: está dormindo agora, não façam barulho; o médico está lá dentro, algum recado? Ele não quer ser visto assim, posso transmitir a mensagem.

Voltemos outra vez. Já chega de voltar atrás. Mas minha memória é assim.

O ortopedista, depois de conseguir com habilidade e sorte colocar o osso em seu lugar, disse-me: "Amanhã cedo passaremos um fio de aço através de seu joelho para que aguente o peso da tração que deve ser mantida durante um mês inteiro ou mais até consolidar a fratura". Estrilei, é claro, até obter todas as informações. Disse-me: "Em primeiro lugar não dói. O fio de aço passa por um lugar onde só existem praticamente pele e osso. Osso não dói, portanto é como se fosse uma picada de agulha. Segundo, se não for feito isso terão que ser feitas operação por via externa e colocação de um prego. Terceiro, caso demore pode sobrevir gangrena, e isso você sabe o que é". Não discuti mais e acordei cedo para assistir e manter os curiosos à distância. Foi rápido e a dor quase nenhuma. Ela veio depois. O atraso de mais de 24 horas na redução da fratura provocou um tal traumatismo que o local parecia ter febre, dando uma sensação de queimadura ou de ferida aberta. Descobri por acaso como lhe dar alívio. Tentando passar talco para refrescar-lhe o [sic] introduzi toda a minha mão por baixo de seu corpo. Sentiu-se tão bem que disse: "Pena você ter de retirar a mão...". Deu-me o estalo do padre Vieira: "Sempre ouvi dizer que a melhor coisa para esse tipo de inflamação é o calor animal. Afinal de contas, nós também somos animais, espera um pouco". Fui buscar uma cadeira, sentei-me ao lado da cama e com jeito introduzi novamente minha mão debaixo do local da fratura. Não se queixou mais. Minha mão chegou a ficar enrijecida e com câimbras. Como não podia ficar o dia inteiro na mesma posição, combinei um revezamento familiar com mamãe e meu irmão e mais o enfermeiro. Em 48 horas as [sic] improvisadas foram dispensadas. Não doía mais, ai.

Mas outras surpresas nos esperavam. No dia do acidente, ao chegar, notara um ligeiro ferimento em seu queixo. Fizeram-lhe um curativo sumário e não deram mais atenção. Dois dias depois começou a se queixar de fortes dores na boca a ponto de não poder mastigar. Novamente o raio X voltou. Havia uma fratura transversal no maxilar esquerdo. Tinha, em linguagem de boxe, levado um "knockout técnico", daí seu estado de semiconsciência do primeiro dia. O médico chamou-me a um canto e perguntou: "Quem é o dentista dele?". Sempre desconfiada, quis saber para quê. "Porque não sou como certa gente que se mete em assuntos que não entende", respondeu em voz alta para que certas pessoas ouvissem. "Não entendo deste setor. Creio que será necessário prender-lhe todos os dentes da arcada superior à inferior para obter absoluta imobilidade. Isso eu não sei fazer. Chame o dentista dele."

Era um velhinho[9] muito simpático e bom. Chamei-o. Diante das radiografias não teve dúvidas. Com arames e uns ferrinhos complicados conseguiu a mais completa imobilidade. "E agora?", perguntei a mim mesma. "Como vamos alimentá-lo, se ele não pode abrir a boca nem mastigar?" João Zarattini, que era o mordomo do Palácio, resolveu por mim: carne, galinha, caças, frutas etc. ele os transformava em líquido, e, mesmo com os dentes presos, nunca teve fome. Mas havia ainda mais. Um dia, pouco depois, disse ao médico: "Esta mão está me doendo". Radiografias, exames outra vez. Outra fratura. A mão esquerda estava quebrada. Aí chegou, dei um dos meus clássicos estrilos: "Vocês querem fazer o favor de parar com as surpresas. Examinem tudo, mas de uma vez só. Já estou cansada de levar sustos e de aturar todos vocês todas as manhãs". Papai não se queixou mais. Eram apenas três fraturas graves. Resmunguei, é claro, e disse-lhes uma porção de coisas. Quem ficava durante o dia era eu enquanto minha mãe dormia. Do ponto de vista de integridade física, era tudo.

General durante alguns dias, 1942

Os boatos eram ferozes, já que meu pai se recusava a receber mesmo os auxiliares mais próximos. Pouca gente o via, e isso mesmo, burlando minha vigilância. Em sua pequena vaidade de homem e de político, não queria que o vissem naquele estado. Perna esticada, dentes amarrados e mão quebrada. Espalharam os interessados que papai, devido ao choque, estava inutilizado, que quem governava o país era um triunvirato composto por meu tio Benjamim Vargas, meu marido e eu. Mantive a vigilância que solicitara de mim, apesar de todas as intrigas e boatos. Muitos inimigos adquiri por causa desse período e também por minha língua sempre pronta a retrucar a todos aqueles que de longe mesmo pretendiam feri-lo. Em vão inventamos uma mesa-leito para que continuasse despachando regularmente — a assinatura era forjada. Enfim, foram liberados primeiro a mão e a seguir o maxilar, a perna ainda não. Uma foto sua sem os freios que o enfeavam foi tirada e publicada, e os boatos tomaram outra direção: Getúlio estava vivo mas incapacitado de raciocinar, e a "trinca" continuava a agir em seu nome.

E com isso surgiu a grande crise dentro do governo: Francisco Campos, ministro da Justiça, fizera uma operação de certa gravidade em São Paulo e, interinamente, respondia pelo titular seu chefe de Gabinete Vasco Leitão da Cunha; o chefe da Casa Militar, general Francisco J. Pinto, estava muito doente; o chefe da Casa Civil Luiz Vergara recuperava-se de uma pneumonia. Com o governo acéfalo realmente tudo levara a crer que quem mandava no governo éramos nós.[1] E foi justamente nessa ocasião que o conflito Francisco Campos × Filinto Müller fez desencadear a luta latente entre os dois grupos dentro do governo pró-Eixo e pró-Aliados.[2] Filinto deveria ser substituído, o que representava, na época, uma derrota dos demais membros pró-Eixo. Para reequilibrar as forças, já que Francisco Campos, solidário com seu chefe de Gabinete, solicitara exoneração, exigiam a cabeça de Lourival Fontes, do DIP. José Carlos de Macedo Soares veio para substituir Francisco Campos, Filinto foi substituído por Alcides Etchegoyen e, para o DIP, o então coronel Coelho dos Reis.

Voltemos ao assunto original.

Nesse meio-tempo, faleceu o general Francisco José Pinto, chefe da Casa Militar (8 de maio de 1942).[3] Fora sempre um homem profundamente bom, desejoso de estar sempre em paz com seus colegas e seus colaboradores. Prestou, em uma época de agitação e desconforto, os melhores serviços pela suavidade de seu trato e pela firmeza de sua lealdade.

Fui com minha mãe prestar-lhe a última homenagem.

Papai ficou muito abalado. Estava em convalescença, o aparelho da perna ainda não havia sido retirado.

Passou-se muito tempo sem que pensasse em preencher sua vaga. Quando o gato não está em casa, os ratos brincam. Eu via aflita a hora em que, com as novas promoções em vista, no Exército, eu teria de voltar a ser general. Aproximava-se a grande data do Exército: o dia de Caxias, 25 de agosto. É um dos dias (três ou quatro) no ano das grandes promoções. E esse é um deles. Aguardado com ansiedade por todos os possíveis candidatos à promoção e até pelos impossíveis. Conforme a vaga, talvez sua chance seja a próxima. Se ele não assinasse as promoções, naquele dia, os boatos de que estava incapacitado recrudesceriam. Iriam dizer que a assinatura dos outros decretos era falsa, que nós as havíamos forjado para que ele parecesse estar vivo. Chegaram a dizer que havia morrido, e a família escondia para manter a posição. Estava ficando demais também para mim. Os candidatos à promoção telefonavam, mandavam bilhetes, enviavam seus padrinhos. Enchi-me de coragem. Tentei estudar o Almanaque do Ministério da Guerra,[4] em pura perda. Havia tantas abreviaturas, Q.T.A., Q.A., Q.,[5] não sei o quê. Resolvi apelar, como sempre, para a última instância.

Havíamos após vários estudos, dentro de nosso precário conhecimento de desenho, de equilíbrio, de ótica etc., finalmente conseguido inventar uma mesa na qual meu pai, apesar de seu pé quebrado e de sua mão quebrada, pudesse assinar o expediente normal. Ele ria de nossas experiências frustradas e de todos os inventores fracassados e da cara comprida que fazíamos, os técnicos improvisados, quando o entusiasmo se desfazia pela inexequibilidade da ideia. Usava ora um, ora outro dos inventos, conforme sua comodidade, mas logo cansava. Até que um acertou. Não fui eu. Já era tempo. A primeira fratura a consolidar foi, evidentemente, a do maxilar. Livre daqueles arames incômodos, já podia conversar e receber alguns dos seus auxiliares mais diretos, e, uma vez a improvisada mesa de despachos pronta, a vida da República voltava a uma seminormalidade. Mas faltava-lhe ânimo para iniciativas. Traumatizado, mal alimentado, imobilizado, sofrendo e pensando apenas, limitava-se a dar andamento e despachar expedientes já previamente estudados e que não o obrigassem a um esforço maior. Fazia apenas uma semana que lhe haviam retirado os últimos aparelhos, os da perna. Começara o período das massagens, dos primeiros exercícios, dos primeiros passos, mais uma vez. Era a segunda e ainda haveria uma terceira.[6] A princípio com dificuldade, e pouco a pouco com mais confiança e energia, começou a andar sozinho, apenas com o auxílio de uma bengala guarnecida de borracha para não escorregar.

Estava de bom humor nesse dia. Havia conseguido andar melhor do que supusera.

Quando se sentou em sua poltrona predileta para repousar, saí correndo. Interpelou-me, pois desejava conversar: "Aonde você vai?".

É curioso, mas papai jamais disse ou pediu, a quem quer que seja, que lhe fizesse companhia ou conversasse com ele. Fazia por meios indiretos sentir que desejava alguém para conversar com ele.

Aproveitei a ocasião.

"Volto em um segundo" respondi. Corri ao seu gabinete. Apanhei novamente o Almanaque da Guerra e sentei-me em uma banqueta perto dele, a seus pés. Comecei a folhear em busca da lista dos generais de brigada. Passou a mão sobre minha cabeça. Estranhou minha atitude. "Que é que tu estás tramando agora, rapariguinha?" "Nada", respondi. "Apenas vais fazer, agora, comigo, uma revisão sobre os possíveis futuros chefes de teu Gabinete Militar." "Por que estás tão apressada?", inquiriu. "Porque já me esqueci como se fazem as promoções e não quero aprender outra vez. O 25 de agosto está aí a qualquer momento e o senhor tem de ter um chefe da Casa Militar já treinado com seu sistema nessa ocasião. Eu não sirvo mais. Já esqueceste que sou de Marinha? Sou só cabo, mas sou."[7] Deu uma grande gargalhada e me disse: "Pegue o Almanaque". Respondi: "Já peguei e não entendi". Riu ainda mais. Depois de serenar, disse-me: "Está bem, traz aqui", e, com a memória fabulosa que nunca o abandonou, continuou: "Na segunda gaveta do lado esquerdo de minha escrivaninha, dentro de uma pasta amarela, estão duas listas, uma dos candidatos do ministro da Guerra, a outra do chefe do Gabinete Militar. Dentro de minha pasta de expediente, que deve estar em cima da mesa, estão os outros pedidos, pessoais e políticos. Alguns desejos a atender".

Achei tudo tal qual me havia dito, sem a menor dificuldade. "Os decretos a preencher devem estar com o ajudante de ordens", prosseguiu ainda mal contendo o riso ante seu "general" improvisado. Fui buscar, fechei a porta à chave, não só para não sermos interrompidos, mas também para que ninguém soubesse, então, que eu estava usurpando funções que não me pertenciam.

Foi então que fiquei sabendo o real significado dos termos "rabanetes" e "picolés". Picolé, o sorvete que entrara tal e qual os tenentes interventores anistiados, que queriam voltar para as respectivas armas no posto a que tinham direito. Por sua vez, os rabanetes (vermelho por fora e branco por dentro) que haviam ficado fiéis ao governo constituído não concordavam em ser passados para trás. Afinal, haviam saído e sofrido para terem direito às respectivas promoções e não viam com bons olhos aquele amontoado de revolucionários que iriam entupir as vagas que deveriam ser suas. Rolaram as cabeças de vários ministros da Guerra e da Marinha até chegar a um consenso.[8] Um quadro à parte foi criado para que nenhum dos dois grupos ficasse prejudicado. Eu sabia da briga, mas nunca havia aberto um Almanaque do Exército. Muitos revolucionários não quiseram voltar às fileiras, mergulharam definitivamente no mundo civil, o que facilitou em muito a vida dos "rabanetes". Mas em 1942 ainda havia alguns "picolés" esperando promoção. Não recordo muito exatamente quem arrastava quem nem se era na lista de antiguidade ou na de merecimento.

O fato é que [foram] consultadas as listas do ministro da Guerra, de outros ministros e dos pedidos que Getúlio Vargas recebia aos montões. Concordou e comecei a ler, nome por nome. De memória, ia me dizendo: "Este não pode, cai na compulsória dentro de tanto tempo". "Também não serve, é violento." "Pode ser, foi contra mim, mas tem qualidades." "Não simpatizo." "Não gostaria de trabalhar com ele." E assim por diante. Uma ordem ríspida, "mande lavrar os decretos e traga para eu assinar". Não me mexi, com o livro aberto continuei: "Agora vamos escolher o novo chefe da Casa Militar. Estou cansada de levar fama sem proveito" (o general Pinto havia falecido). "Está bem." Comecei pelos generais de brigada. O desfile foi longo, entremeado de: "Esse não, vai ser promovido; esse não, preciso dele onde está; esse não tem as qualidades necessárias ao cargo". No fim, sobraram dois. E um dos dois era o general Firmo Freire, o mesmo que em 1930 fora contra nós. Diante de seu olhar interrogativo, nem pisquei. "Né? O senhor não vive dizendo que não tem inimigos que não possam se tornar seus amigos e vice-versa?" Riu malicioso e me disse: "Você venceu, diga a fulano para sondar o Firmo. Se ele aceitar, será o escolhido". Fechei o livro, guardei as listas e os pedidos, e então obedeci.

Por favor, ninguém ponha carapuça. Estou citando tudo isso apenas de memória. Lembro-me dos comentários, mas não a quem se aplicavam. Às vezes, era eu quem punha empecilhos. Quando ficava pensativo e não dizia nada. Eu sabia de coisas no meu contato diário com todo mundo, que ele ignorava. Espantava-se. Dizia-lhe sempre como resposta: "Tenho minha polícia secreta, gratuita, que até paga para servir. São amigos teus e meus. Trabalham por amor. Não me pergunte mais".

Finalmente, esgotada toda a lista, ficando alguns nomes em suspenso, fechei o livro e lhe disse: "Agora pensa e decide, não tenho mais nada com isso". Com uma pancadinha afetuosa em meu rosto demitiu-me sumariamente de meu generalato. "Rapariguinha, você é teimosa", foi sua resposta entre sério e brincalhão. Dei-lhe o troco imediatamente: "Papai, o senhor me ensinou que quem sai aos seus não fica devendo a ninguém". Saí orgulhosa de minha resposta para repor o almanaque em seu lugar, enquanto ele se ria nas minhas costas.

Mas as promoções saíram no dia exato! Embora demitida, eu me senti general durante vários dias. Não podia dizer nada sobre os acontecimentos. Mas a cara espantada de muita gente, o nariz comprido de outros tantos, me deram uma tal sensação de vitória que somente outros deveres e outras obrigações me fizeram arrancar os galões que eu havia deixado crescer dentro de mim.

Com a escolha do novo chefe da Casa Militar, as promoções decididas e a promessa de guerra em caminho, descarreguei parte da carga e logo peguei outra.

Alguns dias depois, a solene retirada do aparelho da mão, já consolidada a fratura. Felizmente havia sido a mão esquerda. Se fosse a direita, nem quero pensar no que teriam pensado a mais do que já haviam pensado. Massagens, exercícios espontâneos, aplicações para a recuperação de todos os movimentos normais.

Não havia mais sofrimento físico, além da incômoda posição e do perigo de estase pulmonar e de escaras nas costas devido à imobilidade. Com algum esforço para ele foi possível, através de massagens e fricções, evitar ambos os perigos. Em plena melhora e já sem dor não se conformava mais com a imobilidade. O médico lhe havia dito um mês sabendo de antemão que exigiria muito mais tempo. Tornou-se impaciente. Queria sair a qualquer preço.

Às vezes, quando entrava em seu quarto, sem que percebesse eu o surpreendia dizendo baixinho certas coisas familiares aos gaúchos do campo, mas não muito bem-vistas nos salões. Em tom de brincadeira dizia-lhe: "Eu estou aqui, cuidado, meus ouvidos não estão habituados a essas coisas". Ria e voltava ao bom humor que sempre teve. Dizia-me: "Rapariguinha, você é muito intrometida". Passava a querer ser informado de tudo.

Quando esgotados todos os assuntos de que dispunha, anedotas, histórias, perguntas, as mais estúpidas e as mais ingênuas, para obrigá-lo ou a se rir de mim ou a me dar explicações a pretexto de qualquer coisa, saía em busca de quem o mantivesse distraído até recomeçar a hora dos oficiais de gabinete virem para o despacho.

De comum acordo passamos a obrigá-lo a receber outras pessoas para que verificassem que ele estava bem. Nem sempre queria. Quando forçado por nossa impassibilidade até que resolvesse receber alguém, dizia, impaciente: "Está bem, mas não me deixem muito tempo. Estou cansado". Quase sempre era de manhã. Várias vezes, passados os minutos que havia dado como prazo, eu entrava a pretexto de que o médico havia chegado, era hora de tomar a temperatura, ou de se alimentar, encontrava-o rindo, satisfeito ou completamente entretido com a conversa. Por seu olhar entendia que havia chegado cedo demais. Deixava então passar bastante tempo até que se cansasse realmente e voltava dizendo que o médico estava impaciente ou a comida esfriando. Sorria aliviado e aceitava com prazer evidente as desculpas de seu visitante. Depois me interpelava: "Por que você demorou tanto? Eu já estava cansado".

Assumia, enquanto mudava a posição do travesseiro, ou ajeitava as cobertas, o ar mais inocente que podia arranjar e lhe respondia: "O senhor parecia tão entretido que eu não tive coragem. Pensei que o assunto lhe interessasse". Seu coração, maior do que ele próprio e conhecendo-me tão bem quanto eu o conhecia, não lhe permitia ir além. Dizia apenas: "Malandrinha, agora quero ficar só. Não deixe entrar ninguém". Depois refletia: "A não ser que venha fulano". "O senhor marcou?", perguntava. "Não, mas pode ser que venha." E fechava os olhos pretendendo dormir. Por sua resposta sabia que o fulano viria. Ficava no quarto ao lado dele, atenta ao menor ruído, até que chegasse ou o tal fulano ou alguém para me substituir.

Não estranhem, por favor, o fato de eu tratar meu pai ora por tu, ora por senhor. Fui educada no senhor, como todas as famílias tradicionais de minha terra. Durante anos jamais ousei falar com meu pai de outra maneira. No entanto, aos poucos, com a petulância característica da idade, à medida que me dava mais importância, mais crédito e mais de sua confiança, comecei a tratá-lo por "tu". É o pronome de carinho e de intimidade que se dá no Rio Grande do Sul. Em público, quando a situação era grave ou sentia sua autoridade, eu o tratava por senhor. Era a infância de volta. Quando estávamos sós, discutíamos assuntos pessoais, dele, da família e meus, quando queria fazê-lo comprar alguma ideia minha, quando queria chamar sua atenção para alguma coisa ou quando queria distraí-lo e arrancá-lo de suas meditações, eu o tratava por "tu". Às vezes me ouvia, outras não. Às vezes ele tinha razão e o tempo mostrava, outras não. Quando gostava do que eu lhe dizia, chamava-me "petulante", ria e me mandava embora, dizendo que tinha de trabalhar. Quando não gostava franzia o cenho e despejava sobre mim o olhar mais gelado, capaz de transformar fogo em sorvete. Teimosa como sempre fui, sou filha dele, voltava à carga, até que perdesse a paciência, largasse a caneta e olhasse zangado para mim, perguntando: "Mas o que é que tu queres que eu faça?". Aí, confesso, estremecia, gaguejava um pouco e dizia apenas: "Nada, papai. Só queria que tu soubesses, boa noite".

Essas minhas retiradas abruptas, embora aparentemente estratégicas, eram no fundo fruto de uma timidez natural que sempre tentei dominar e a sensação idiota de que ele não estava sendo justo comigo. Meu único desejo era ajudá-lo e ninguém mais desinteressado ele poderia ter. Muitas vezes sacrifiquei meu marido para servi-lo melhor.

    Mas acontece que nunca chegávamos a brigar. No dia seguinte mandava me chamar. O assunto da véspera jamais era ventilado, até que um de nós dois provava ter razão. É claro que a maioria das vezes ele ganhava. O ganhador pode sempre se dar ao luxo de ser generoso. Ele nunca me cobrou. Eu é que, nem sempre, mas às vezes, vinha voluntariamente depor as armas. Ouvia meus comentários mas fingia haver esquecido nossa briga. Quando era ele quem perdia eu nem me atrevia a aparecer. Tinha medo de não aguentar o prazer da vitória. Muitos anos depois, às vezes, em meio a uma conversa, dizia-me: "Sabe, rapariguinha (era sua maneira favorita de me chamar), naquele caso você tinha razão". Era o meu prêmio, às vezes dado tardiamente, mas o prazer era igual.

Três vezes vi meu pai chorar, 1943

Três vezes em minha vida vi meu pai chorar. Ele era duro. Dizia-me sempre que o estoicismo era sua escola. Às vezes, quando nada tinha para fazer, nós nos reuníamos em torno dele para que ele nos lesse poesias. Sempre detestei ler poesia, mas sempre gostei de ouvir. De modo que aqueles momentos em que ele desfiava dentro de nossos ouvidos seus poemas prediletos eram momentos de verdadeiro prazer para mim. Ele era, sobretudo, "parnasiano", embora de gosto eclético. Bilac, Augusto de Oliveira, Augusto dos Anjos e uma centena de outros fiquei conhecendo apenas através de sua palavra cálida e serena. Lia pausadamente como quem estivesse sentindo, outra vez, a mesma emoção da primeira leitura. Mas voltemos às três crises a que assisti.

A primeira foi num dia 1º de janeiro. Não lembro bem, mas deve ter sido em 32 ou 33.[1] Era meu primeiro réveillon. Dancei até de madrugada. Deviam ser quatro horas da manhã quando cheguei com meus tios Walder Sarmanho e senhora. Deitei-me como alguém que realizou alguma coisa, feliz por dormir; sonhava ainda com meus triunfos de broto quando vejo a porta de meu quarto se abrir de mansinho. Era meu tio. Disse-me: "Não te assustes, mas te veste e vem comigo". "Por quê?", indaguei. "Luthero acaba de sofrer um acidente, parece que grave, mas está vivo e no hospital Pedro Ernesto.[2] É ainda muito cedo para prevenir a Darcy e o Getúlio, de modo que traz os sapatos na mão para não despertar ninguém."

Creio que o Fregoli não teria sido mais rápido. Eram seis horas da manhã.

Chegamos ao hospital. Sobre uma cama, vigiado por Odilon Baptista, o filho de Pedro Ernesto, meu irmão parecia em estado de coma. Perguntei-lhe o que havia. Respondeu-me fratura de base de crânio. Perguntei o que significava. Respondeu: "setenta e duas horas de espera". Perguntei: "É grave?". Respondeu: "Pode ser". Disse-me pouco depois de ter-lhe tomado a temperatura e o pulso. "Meu pai já foi para o Palácio prevenir o presidente." Respondi: "Eu espero aqui".

Eram mais ou menos oito horas da manhã quando meus pais chegaram, com Pedro Ernesto. Além de ser na ocasião um dos melhores cirurgiões, era também prefeito da cidade do Rio de Janeiro, mas era também um homem que não usava de sentimentalismo. Meus pais chegaram. Minha mãe me repreendeu por não lhe ter avisado e me mandou para casa, para dormir. Nesse momento Luthero acorda de seu torpor e entra em uma espécie de delírio. Canta, fala, debate-se. Resolvi ficar um pouco mais. Virei-me em direção a meu pai e vi duas lágrimas correndo de seus olhos. Era a primeira vez que eu o via sentimental a esse ponto. Perguntei o porquê e ele me respondeu: "O Pedro Ernesto ao me dar a notícia me disse que havia três hipóteses: morte imediata, derrame cerebral ficando ele inutilizado ou cura em 72 horas". Vi em suas lágrimas o temor de perder seu primogênito. Não pude aguentar mais e saí. Em 24 horas a resistência física tremenda que é o apanágio da família Vargas tirou Luthero do perigo. No dia seguinte estava perfeito, raciocinando bem e com um apetite de monstro.

A segunda vez ocorreu muitos anos depois, eu já estava menos criança, mais madura, mais experiente. Minha mãe adoeceu. Um dia, meu pai a encontrara quase desmaiada. Eu estudava para meus exames quando papai me chamou para recuperá-la. Depois de várias tentativas para despertá-la, resolvi chamar um médico e os deixei a sós. Quando voltei havia lágrimas nos olhos de meu pai. Mas desta vez eu nada perguntei. O médico chegou e disse que era apenas necessário deixá-la dormir, não havia perigo.

A terceira vez foi quando morreu meu irmão mais moço, Getúlio Júnior. Era de nós todos o mais atraente, o mais compreensivo e o mais sociável. Minha mãe o adorava porque era o que mais se parecia com seu pai, Antonio Sarmanho, já morto, e porque era de nós todos o que lhe dava maiores atenções. Lembro-me bem de todos os fatos.

Foi em janeiro de 43. Meu marido e eu estávamos saindo para uma festa, à noite. O telefone bateu para mim de São Paulo. Era só comigo. Esse meu irmão havia sido sempre um pouco meu filho, embora nossa diferença de idade fosse de apenas dois anos e meio. Mas quando ele quis estudar química nos Estados Unidos, em Johns Hopkins, fui eu que obtive permissão para que ele viesse. Quando precisava de dinheiro ou de qualquer coisa, era a mim que se dirigia para fazer com que meu pai cedesse. E, enfim, o último grande prazer que teve na vida fomos meu marido e eu que lhe proporcionamos.

Havíamos sido designados para uma viagem oficial a Argentina e Chile em companhia do então ministro do Exterior, Oswaldo Aranha. Como a ajuda de custo dava de sobra para nós dois, perguntei a meu irmão se queria ir também à nossa custa. Sempre fomos um pouco boêmios, de modo que nunca nos preocupamos com dinheiro, até o nascimento de nossa filha. Sobrava, para que juntar? Ele aceitou feliz e seguiu. Qualquer coisa que não cheguei a saber o prendeu na Argentina e não quis ir ao Chile. Disse-me que preferia ficar lá mais uns dias em Buenos Aires e depois voltar pela fronteira para visitar a cidade onde nascemos nós todos e onde moravam e ainda moram vários parentes nossos a quem muito estimamos.

Deixamos-lhe o necessário para ficar, divertir-se e depois viajar, e embarcamos para o Chile. Nossa viagem foi curta, uma semana apenas. A dele durou um mês. Voltou feliz para seu emprego em São Paulo na Nitro Química. Durante algum tempo só tinha dele notícias boas. Até que nesse dia de janeiro de 1943 era ele quem me telefonava. Por sua voz notei que algo de grave se passava, mas nada pude apurar. Disse-me: "Eu estou doente na casa de um amigo. Mas cala a boca e não diz nada a ninguém. É só pra ti. Estou com qualquer coisa nos pés e não posso mais caminhar. Fala com meu médico depois, mas não diz nada a mamãe". Mamãe estava ao meu lado ansiosa por falar com ele e eu nada pude perguntar sobre detalhes. Meu marido me chamava porque estávamos atrasados em nosso compromisso. Respondi-lhe com o maior cinismo: "Ora bolas, por tão pouco estás atrasando nosso baile". Disse-lhe então que dois dias depois papai e mamãe estariam em São Paulo numa viagem oficial. Era a comemoração do aniversário da cidade, e eles estariam presentes. Eu não ia, mas mamãe estando era a mesma coisa, e ele viria com ela de volta para casa.

Passei o telefone para d. Darcy e saí para cumprir o compromisso e, bem longe do palácio, falei com doutor Meira e não entendi o que era. Disse-me que havia um começo de paralisia nos membros inferiores, mas que ainda não era grave. Minha noite só não foi pior do que a de nossa mãe. Seu coração materno estava alerta. Getúlio era também um pouco meu filho e fora o companheiro de todas as travessuras de nossa época, de modo que a ideia de sua morte não entrava em minhas cogitações.

No dia seguinte recebo a notícia de que estava com "pólio". Não sei, e até hoje me questiono, se foi durante essa excursão, uma espécie de visita de adeus a toda a família, que contraiu a doença que o mataria pouco tempo depois: a poliomielite. Era então uma enfermidade desconhecida entre nós e supunha-se que só atacasse em países de clima frio. Altamente perigoso na idade dele, 24 anos, e de um caráter violento. Pouco depois, outro telefonema me dizia que ele já tinha desordem no falar. Aí, não tive outro remédio e contei tudo. Minha mãe, é claro, não dormiu e, às cinco da manhã, tomou um avião militar e foi para junto dele. Meu pai não podia. Devia ser recebido oficialmente pelo governo do estado, receber homenagens militares, inaugurar uma exposição e tudo isso em horas previamente marcadas.

Eu passei a noite em claro. Foi meu penúltimo apelo a Deus. Dizia para mim mesma: "Se eu ficar quieta e sem dormir ele estará ainda vivo amanhã e se ainda estiver vivo eu vou salvá-lo".

Cheguei a São Paulo duas horas depois de minha mãe. Encontrei-a em prantos em um quarto, dizendo que não tinha mais esperanças. Reconfortei-a como pude e entrei para vê-lo. Era uma casa modesta, da mãe de um dos seus melhores amigos, Carlito Guimarães, mas havia carinho. Estava deitado em uma cama de casal que tinha mais dobras do que um camelo. Fi-lo deitar no meu regaço, nos meus joelhos. Comecei a recordar-lhe seus flertes e que as meninas do cassino da Urca estavam à espera dele. Animou-se. Pude então chamar mamãe de volta. Parou de chorar e ficou esperançada, talvez menos do que eu, mas ficou.

Papai, livre de seus compromissos oficiais, chegou. Depois de algumas palavras de ternura às quais meu irmão mal podia responder, chamou-me e disse: "O Roosevelt dentro de cinco dias passa por Natal e quer ter um encontro comigo. Ele vem secretamente de Casablanca, onde esteve com o Churchill, mas eu não posso deixar meu filho assim". Respondi-lhe: "Vai, pode ir tranquilo. Mamãe e eu ficamos aqui. Eu não volto enquanto ele não ficar bom. O senhor não pode deixar de ir".[3] Houve o encontro em Natal.[4] Mas queria ser chamado de volta ao menor sinal de piora. Roosevelt havia sido vítima do mesmo mal que fulminou o meu irmão. A guerra estava em pleno apogeu. Não era possível que ele embarcasse preocupado. Disse a meu irmão, que ainda estava plenamente lúcido: "Quando papai chegar para se despedir, diz a ele que tu estás te sentindo bem e deseja-lhe boa viagem. Depois eu te explico". E assim foi.

Estávamos em fins de janeiro e, embora um dos médicos assistentes me tivesse dito que a doença já atingira o bulbo, recusei admitir a derrota. Começamos então um tratamento infernal. Foi posto dentro da tenda de oxigênio. Para mantê-lo lá dentro, nos primeiros dias eu tinha de inventar uma série de histórias e jogos. Luthero, recentemente chegado da América com o conhecimento de todos os tratamentos em atualidade, inclusive os da Sister Kenny,[5] revoltou-se e assumiu a chefia do tratamento. Eram praticamente sete os médicos que o tratavam: dois para oxigênio, um ortopedista, dois clínicos de São Paulo, um clínico do Rio de Janeiro, um especialista em doenças nervosas e um laringologista. Começou a então fazer o sistema, não sei bem o nome, mas era aplicar flanelas fervendo sobre seu peito. Todos nós ficamos, inclusive as enfermeiras, com as mãos queimadas para que as aplicações chegassem a ele realmente quentes. Melhorou um pouco. Decidimos buscar um pulmão de aço. Foi difícil achar. Conseguimos um na Argentina por intermédio do sr. Eliezer Magalhães.[6] Mas quando chegou já era tarde! Já havia atingido o bulbo. Veio a visita da saúde e ele quis ver seus amigos. Entraram todos como uma despedida. Meu marido, que havia voltado, chamou-me e me disse: "É melhor avisar seu pai". Reagi. "Ele não vai morrer!" "Pode ser que não, mas se for acho que ele preferiria estar presente." Telefonei e disse a papai que viesse. Getulinho começara a delirar desde a véspera e eu não queria que fosse verdade.

Papai chegou em tempo para ser reconhecido e assistir a sua agonia e morte. Era o dia 2 de fevereiro. Pouco mais que uma semana, eu me recusava a reconhecer minha primeira derrota. Pensava que o pudesse salvar. Quando minha mãe em prantos me chamou para vê-lo pela última vez, recusei. Queria me lembrar dele como sempre o havia visto, vivo. Mas não foi aí que meu pai chorou.

Quando, fugindo das cerimônias do vestir, do preparar, entrei em uma das salas, encontrei meu pai conversando com os médicos e agradecendo-lhes a dedicação e o interesse por seu filho. Haviam feito tudo o que era possível. Já me ia retirar da sala quando papai, virando-se para um dos médicos reconhecidamente católico e crente, perguntou-lhe: "O senhor que é católico praticante e também é médico talvez possa responder a uma minha pergunta: 'Quando é que a alma entra e quando é que sai do corpo?'".

Saí do quarto para não ouvir a resposta que seria tão vaga quanto os nossos conhecimentos sobre o assunto. Evidentemente o doutor não conseguiu responder. Falou em sopro divino, falou que a alma é quem faz o corpo viver, falou em todas as teses já debatidas por todos os filósofos e... Ficou assim. Ele assentiu com a cabeça e não tratou mais do assunto.

Eu fui carregada por meu marido para dormir. Havia várias noites e dias que eu não dormia. Pensava sempre que minhas vigílias e cuidados o fariam continuar a viver. Mais de uma vez os médicos me advertiram para que não ficasse tão próxima e, quando o fizesse, que me desinfetasse depois. Raramente o fiz. A única precaução que tomei foi, ao voltar do Rio, evitar que meus três sobrinhos se aproximassem de mim. Mandei toda a minha roupa ser lavada e desinfetada fora de casa, algumas peças até queimadas. Mas algo mais me esperava.

Seguiu-se um período infernal em nossas vidas. Minha mãe, que sempre fora uma das mais belas e elegantes de nosso meio, entregou-se ao mais cruel desespero. Ensimesmada, passou todo um ano sem sair sequer de seu quarto. Como e quando eu nunca soube, mas alguém havia sussurrado em seus ouvidos que Getulinho havia sido vítima de um "trabalho" contra meu pai. Como ambos possuíam o mesmo nome, Getulinho absorvera o malefício destinado a Getúlio e [ela] afastou-se de meu pai. Pela primeira vez passaram a dormir em quartos e horários separados, eles que sempre haviam compartilhado o mesmo leito. Ela, que sempre fora o aguilhão que o impulsionava para a frente, faltara-lhe no momento mais terrível de sua vida.

Preocupada em recuperá-la esqueci-me, durante algum tempo, de meu pai, de meu serviço e de meu marido. Até que um entardecer, um assunto urgente me fez entrar intempestivamente no gabinete de meu pai. Encontrei-o só, um monte de papéis que deviam ser assinados à sua frente, e ele, olhando o vazio, permitiu que duas lágrimas lhe corressem pelo rosto. Assustou-se quando me viu e fingiu ser um resfriado. Também fingi não ter visto. Dei-lhe o recado urgente e depois me sentei a sua frente como se fosse despachar, como de costume. Senti sua solidão. De repente, como quem não quer saber, fiz-lhe a seguinte pergunta ingênua: "Papai, vovó foi muito severa contigo?". Levantou a cabeça que havia voltado para seus decretos e me disse: "Foi. Por que você quer saber, sua bisbilhoteira?". Respondi: "Porque o senhor tem tanto medo de ser amado, ou, por outra, de se entregar, que deve ter havido alguma coisa na sua infância que o reprime de mostrar suas emoções". Contou-me então uma série de travessuras e aventuras de criança, que estarão em outra página. O principal no caso é que consegui quebrar sua solidão. Mandou-me embora porque desejava voltar a trabalhar. Saí correndo. Não tinha pensado até então que ele devia estar sofrendo tanto quanto a minha mãe. Saí em busca de meu avô, seu pai, que morava nessa época conosco no Palácio. Uma das figuras mais curiosas que já conheci.

Encontrei-o e lhe disse: "Vá fazer companhia ao seu guri. Não precisa falar, é só ficar perto dele, porque eu não quero deixá-lo sozinho e quero ir tomar conta da mamãe".

Começou ele também a chorar. "Por que que não fui eu? Já estou velho, minha velha já se foi e deve estar à minha espera. Estou quase cego, surdo, não presto mais. Por que vocês ainda me tratam e me querem vivo?" Depois que o consolei, ele limpou os olhos, respondi: "O senhor para nós é peça de museu, vai fazer 99 anos em breve e nós queremos comemorar seu centenário. É só isso. Trate de aguentar pelo menos até o ano que vem, senão o show da família fica prejudicado. Vá ver o seu guri que ele necessita da sua presença". Riu e ficou feliz de poder fazer alguma coisa.

Não sei se meu pai derramou outras lágrimas além destas. Nem mesmo sei se alguma vez chorou por mim. Quando estive gravemente doente, quando me operei, quando fiquei noiva, quando me casei e parti, quando por questões matrimoniais e de serviço me afastei dele. Nada sei porque não vi. Espero que sim. O que sei é que todas as vezes em que ficava longe dele muito tempo, me chamava de volta.

Manoel Antônio, que viera de São Borja e ficara fazendo-nos companhia na Colônia de Férias da Prefeitura, repentinamente teve uma crise de choro sufocado e me disse: "Quem deveria ter morrido era eu. Mamãe sentiria menos se fosse eu. Também sou solteiro e moro mais distante. A falta seria menor". Respondi que um filho é sempre um filho e que ele nunca mais ousasse dizer isso. Voltou em outros termos: "Luthero, Jandyra e eu somos mais Dornelles e Vargas, os dois mais Sarmanho és tu e o Getulinho, por isso ela sempre pendeu mais para vocês. Agora a salvação de nossa mãe está em tuas mãos. Tens que adoecer gravemente ou engravidar". Respondi, violenta: "Mais doente do que já estou, Maneco, não posso ficar. Quanto a pôr no mundo uma criança, logo agora, é um crime que não desejo cometer". Maneco fez um gesto de inutilidade, pois deveria voltar a seu trabalho na fazenda,[7] e nunca mais falamos sobre o assunto.

Passaram-se alguns meses. Todo o nosso cuidado era no sentido de recuperar mamãe. Recusava sair do quarto. Alimentá-la era uma dificuldade, distraí-la quase impossível. Mas aconteceu um dia.

Meu marido me chamou e me disse: "Está tudo muito bem, compreendo. Mas você está se matando. Sua mãe já está fora de perigo e bem cuidada. Nós vamos para Campos, para uma fazenda. Enquanto eu faço minhas excursões você vai descansar um pouco". Realmente eu estava no ponto de exaustão. Aceitei. Era a fazenda de um grande amigo nosso, morto depois em um acidente de aviação: Rafael Crisóstomo de Oliveira.[8] Eu havia, ainda em solteira, sido sua madrinha de formatura como piloto. Fiquei lá durante toda uma semana, com vários amigos. Piscina, cavalo e passeios.

Repentinamente, um dia, verifiquei que estava grávida. Revoltei-me. Como poderia eu permitir que nascesse alguém de mim, sem que fosse consultado, como eu também nunca fui. Para sofrer? Para trabalhar? Para um dia passar pelas mesmas agonias pelas quais eu já havia passado? Para um dia ter filhos também e vê-los sofrer? Não, eu casada há cinco anos nunca havia tido filhos. Por que então?

Não sei. Tentei tudo o que pensei então ser normal. Andei a cavalo doidamente. Caminhei como nunca. Fiz todas as extravagâncias possíveis dentro de uma fazenda. Em vão.

Na véspera de nossa volta tive um sonho. Fiquei depois acordada o resto da noite. Meu irmão me dizia: "Você tem que ter esse filho". Respondia: "Mas eu não quero". Após uma longa discussão em sonho, concordei.

Fui ao médico e, confirmado o diagnóstico, exigi, além do clássico "sigilo profissional", o mais absoluto segredo e comecei a armar meu plano. Durante algum tempo conservei meu segredo. Ninguém sabia, a não ser meu marido, a quem pedi para nada dizer, para evitar preocupações a minha mãe. Fui a meu pai e disse a ele no meio de uma conversa sobre trabalho: "Sabes que o dr. Amaral (meu sogro) vai ser avô outra vez?". A princípio não entendeu. Olhou para mim espantado. "Teu?". Respondi: "Sim, mas se contares a quem quer que seja brigo contigo. É segredo, por enquanto". "Fico feliz por possuir o segredo."

Poucos dias depois, numa visita oficial ao estado do Rio de Janeiro, o convidante, o governador, inaugurava com a presença do presidente da República a estrada Niterói-Campos, sua grande obra estava feita. O presidente da República, no começo do almoço que lhe ofereceram no Palácio do Ingá, não se conteve: "Eu acho que vou ser avô outra vez". A senhora que estava à sua direita era capaz de espalhar a notícia rapidamente. Como dona da casa, estava à sua esquerda. Não tive a menor dúvida, pisei-lhe o pé e entre dentes disse-lhe: "Se eu consigo guardar teus segredos, por que não podes guardar os meus?". Deu uma de suas características gargalhadas e, virando-se prontamente para sua interlocutora do lado direito, disse: "Estava brincando, é apenas uma esperança de ter mais netos". Eram três então, a minha seria a quarta. Os outros que vieram depois não chegou a conhecer. Vieram depois.

Declaração de guerra e criação da LBA, 1942 e 1943

Ele já começara a se movimentar sozinho, dentro do quarto, com o auxílio de sua fiel bengala, quando aconteceu o imprevisível previsto. A 8 de agosto, nas costas do Brasil, foi bombardeado e posto a pique por um submarino o primeiro navio brasileiro.[1] Uma multidão acorreu ao Palácio Guanabara pedindo revanche, exigindo a guerra. Contida nos portões de ferro, continuou gritando vivas ao Brasil e morte ao Eixo. Papai, cientificado do que se tratava, disse: "Deixe-os entrarem enquanto me visto". Seria sua primeira aparição em público depois do acidente de 1º de maio. Quando surgiu, no alto da escada, pálido pelo esforço e pela emoção, aquela multidão ululante ficou em silêncio; silêncio mortal, durante alguns segundos. Pareciam todos haver entendido não só a gravidade do momento, mas também o peso que ia cair sobre os ombros daquele homem sorridente que estava em convalescença.

Ele acenou-lhes, como em sinal de boas-vindas e prazer que tinha em rever seu povo. Uma salva de palmas foi a resposta. Logo depois, recomeçou a gritaria — "Vingar a morte de nossos irmãos", "Queremos ir para a guerra", "Defender a honra de nossa pátria", "Abaixo as ditaduras", "Abaixo os tiranos".

É preciso lembrar que meu pai era também ditador nessa época. Nem ele nem o povo levaram isto em consideração. Ele porque jamais se portara como tal, no sentido pejorativo da palavra. Fora sempre ditador de acordo com o estilo dos antigos gregos, tais como Sólon, Licurgo, Péricles e outros.

Enfeixava em suas mãos um poder quase absoluto para, com mais rapidez, ir ao encontro das aspirações de seu povo e melhorar seu padrão de vida.

O povo que viera arrancá-lo do leito para pedir o que desejava, naquele momento de angústia e tristeza, também nunca o considerou um ditador. Era um pai, severo às vezes, mas sempre pronto a perdoar e a esquecer. Lembravam-se sempre de que fora de suas mãos e de seu coração que haviam obtido direitos até então negados: oito horas de trabalho, voto feminino, proteção ao menor trabalhador, direito a férias, estabilidade nos empregos etc. Talvez tenha sido eu uma das poucas pessoas a notar a incongruência. Pedir a um ditador que os autorizasse a combater as ditaduras.

Emocionado e pálido, pediu silêncio e, do alto da escada, declarou que sempre fora contra o derramamento de sangue, sobretudo de sangue brasileiro. De há algum tempo já estávamos cooperando com os Aliados, através da declaração de "beligerância". Já que os países do Eixo haviam vindo até nosso litoral buscar esse sangue que ele queria poupar, fossem tranquilos para casa. Nós iríamos cobrar essa dívida. Prometeu começar, naquele dia mesmo, os preparativos para a nossa entrada ativa e efetiva na guerra. Acenou em sinal de despedida e voltou para seu quarto preocupado e cansado. Meditava sobre a falta de armamento adequado para as tropas, sobre a precariedade de abastecimento, transporte, navios para policiamento do litoral; sobre a extensão desse mesmo litoral, despovoado em tantos pontos, tão vulnerável, portanto; sobre as consequências econômicas que acarretariam, logo no momento em que o Brasil começava a surgir economicamente, a conquistar mercados para seus produtos manufaturados; e... sobretudo enviar mais sangue brasileiro para ser derramado nos campos de batalha.

Mas tinha que ser assim. Era preciso prever, prover, evitar surpresas. Começou a chamar seus ministros para concertar com eles as providências a serem tomadas. Convocou o Ministério para uns dias depois, e a declaração de guerra saiu.[2] Nova convocação, desta vez, com a presença das autoridades militares norte-americanas acreditadas junto ao governo. Mas, isto já é parte histórica, ficará para outra vez. Este é apenas o livro de minha saudade.

Minha mãe, que é quase toda ela coração e sensibilidade, ouvira atenta e preocupada as palavras proferidas por meu pai no alto da escada. Sabia o que era uma guerra. Morte, mutilações físicas e morais (quantos voltaram do front italiano mentalmente perturbados), lares desfeitos e sobretudo famílias ao desamparo. Resolveu entrar na guerra também. Seu quinhão foi grande. Convocou todas as esposas de ministros, suas amigas e os amigos de meu pai e dela. Chamou-me também. Além de ser sua filha, eu era a única esposa de interventor que, em poucos minutos, poderia estar no Rio de Janeiro. Expôs-nos seu plano. Queria uma organização de âmbito nacional que zelasse pelo bem-estar das famílias dos que convocados devessem partir. Para que pudessem bem combater era absolutamente necessário que fossem com o espírito tranquilo, que soubessem que suas famílias não ficariam desamparadas. Era, porém, imprescindível arranjar os meios financeiros suficientes. Pedia sugestões.

Houve cenas pungentes — algumas sabiam que deveriam mandar seus filhos para a guerra e tinham de dar o exemplo. Meu irmão foi dos primeiros a se apresentar, os filhos do ministro Oswaldo Aranha também — e outras cômicas. A mais pungente creio que apesar de tudo foi a minha, pelo menos para mim. Sentada num banquinho baixo, as mãos segurando o queixo, eu era a única que não falava, no meio daquela gritaria infernal. Além da excitação natural do momento, cada um desejava que prevalecesse sua ideia. Eu meditava: "Já sei que esta bomba acaba estourando na minha mão. Mamãe vai me pedir que dê o exemplo e eu já não tenho mais tempo disponível. Vai ser o diabo". Perguntavam-me aqueles e aquelas que já haviam conseguido dar seu palpite e enfim me viam: "Você está triste por quê?". Não podia dizer a verdade. Respondia: "É que estou muito cansada hoje, trabalhei demais". O que era um grande exagero. A cena mais cômica foi a de uma ilustre senhora que, ao chegar sua vez, declarou: "Trabalhar eu não posso, mas ideias, é comigo. Sempre que precisarem de uma ideia passem lá por casa que estou às ordens". Antes que a mudez geral causada pelo espanto fosse interrompida, despediu-se e saiu valentemente.

Finalmente os meios caíram do céu. Os dois chefes das duas grandes organizações patronais de então, Associação Comercial e Federação das Indústrias, srs. João Daudt de Oliveira e Euvaldo Lodi,[3] fizeram a proposta vitoriosa. As outras eram festas de caridade, peditórios etc. Minha mãe recusou alegando que isso dava mais trabalho do que dinheiro e, além do mais, era aleatório. Uma vez começada a obra, não se poderia interromper. Nesse caso era melhor não tentar. Mas mamãe nascera ainda mais teimosa e persistente do que meu pai e por isso venceu.

A proposta vitoriosa era a seguinte: desde a criação dos institutos de previdência social[4] havia sido baixado pelo governo um decreto-lei obrigando governo, empregadores e empregados a descontarem de sua renda, de seus rendimentos ou de seus salários a manutenção dos mesmos institutos e do fundo de previdência. Ofereciam espontaneamente os empregadores que tal quota fosse aumentada de mais meio por cento, que reverteria para a obra em discussão. Estavam certos, acrescentaram, que os empregados e o governo não recusariam a mesma colaboração. Apenas era imprescindível novo decreto governamental. Papai, consultado, concordou. Em sessão memorável na sede da Associação Comercial surgiu então a Legião Brasileira de Assistência,[5] que tantos serviços prestou durante a guerra.

O que eu previra aconteceu. Mamãe chamou-me logo para colaborar na confecção dos estatutos. Papai estava com sua vida quase totalmente normalizada, já despachava em seu gabinete, recebia os ministros, dava audiências, embora confinado ao segundo andar do Palácio Guanabara, pois ainda não podia subir nem descer escadas.

Não me neguei. Outro tipo de atividade começava para mim. Um dos primeiros atos da primeira presidente da LBA foi nomear suas representantes nos estados. Foram escolhidas, naturalmente, as esposas de todos os interventores, eu, inclusive. Era um novo esforço. Mas não poderia fugir. Todos estavam fazendo seu "esforço de guerra". Alguns iam morrer, muitos iriam sofrer, todos tinham de sacrificar alguma coisa. Aceitei. O início exigiu de mim um dispêndio de energias imenso.

Embora morando em Niterói e conhecendo praticamente todo mundo, até então não tivera contatos maiores com a sociedade, as classes trabalhadoras e o povo em geral. Nossos encontros se davam quase sempre em lugares públicos, grandes reuniões, solenidades, comícios. Não podia avaliar nem sopesar nesses encontros fugazes qual o valor individual de cada um para cada lugar. Todas as tardes, após o almoço, quando meu marido ia para seu gabinete de trabalho, eu partia para o Rio de Janeiro para ajudar meu pai. Pela manhã visitava as obras sociais que havia começado anteriormente e lia a correspondência. À noite, o cansaço era de tal ordem que nenhum de nós dois tinha coragem de sair ou de receber visitas. Como e por onde começar, perguntava a mim mesma.

O governo do estado cedeu-me uma salinha empoeirada e um pretinho inexperiente. Levei para lá minha máquina de escrever (que por sinal sumiu). E durante alguns dias, apatetada, não sabia o que fazer. Emprestaram-me para bater à máquina os primeiros ofícios uma jovem professora que ia lá uma hora por dia. Passou uma semana comigo, mas, vendo a pasmaceira, um dia não voltou mais.

Afinal tomei uma resolução. Convoquei, como mamãe havia feito, as esposas de todos os auxiliares de meu marido para que me ajudassem. Sabiam quase tanto quanto eu. Chamei as bandeirantes, as organizações religiosas, as não religiosas, as classes produtoras, os operários, e resolvi fingir que conhecia a fundo o serviço. Minha mãe sempre me considerou onisciente e me pedia conselhos a respeito de tudo. Não poderia desapontá-la. Tinha de ser o primeiro estado a ser organizado o estado que eu dirigia. Segundo os estatutos aprovados, a presidente nacional, as presidentes estaduais e as municipais ou distritais deveriam trabalhar a título gratuito, assistidas por dois vogais, um pertencente à indústria, outro ao comércio, também fazendo serviço voluntário. Eram membros da Legião.

Convoquei-os. Sabiam ainda menos do que eu. Recorri a meu marido, que conhece o estado como a palma da sua mão, talvez até melhor, porque não creio que ele olhe muito frequentemente para a palma da mão. Mostrei-lhe os estatutos e o trabalho que me esperava. Primeiro riu de minha aflição, depois me disse: "Esse estatuto é inexequível. Você já se lembrou de que existe no estado do Rio uma quantidade de municípios que não têm uma única indústria, que só vivem da agricultura? Em matéria de comércio é a mesma coisa, não estão organizados. Isso no estado do Rio, que está perto do Distrito Federal. Você já imaginou Mato Grosso, Goiás, Minas Gerais, Amazonas, Pará, Bahia, estados enormes sem estradas, sem vias de comunicação, onde se leva às vezes semanas para ir de um município a outro? O que você deve fazer é evidentemente convidar as senhoras dos prefeitos. Você sabe tanto quanto eu as dificuldades que tenho para escolher bons prefeitos. As suas ainda serão maiores porque você não pode escolher, tem apenas de aceitar. Você deve procurar auxiliares entre as professoras. É a melhor gente do estado, procure aproximar-se delas".

Não tive dúvidas. Tomei a barca e fui ao Rio. Pedi liberdade de ação. Disse à Comissão Central que era muito fácil legislar para o Distrito Federal, mas que se deviam lembrar de que o interior era diferente e devia ter outro tratamento. Contei-lhes que em um município o único industrial era um português, fabricante de tamancos, portanto não podia presidir a Legião por não ser brasileiro nato.

É preciso lembrar que estávamos em guerra. Responderam-me que tinha razão, já haviam recebido as mesmas observações de outros lugares, e deram-me liberdade.

Consegui com o auxílio de um punhado de gente dedicada, amiga e desejosa de fazer o seu esforço de guerra, de contribuir para a vitória, organizar a Legião do estado do Rio. Não posso dizer que tenha sido perfeita. Houve muitas falhas, a maioria devido a meu próprio temperamento irrequieto e desejando fazer tudo ao mesmo tempo e logo. Qualquer ideia nova me empolgava.

Mas a Legião me obrigou a abandonar meu pai justamente no momento em que ele mais precisava de mim. Não [precisava], é claro, de meus conselhos ou de minha ajuda ou sequer de minha colaboração. Minha presença física sempre exerceu sobre ele uma espécie de sensação de desafogo e descanso. Comigo ele podia pensar alto. Disse uma vez a meu respeito e eu enchi como um balão: "Ela sabe coisa que não conto nem ao meu chapéu". Podia ficar silencioso sem que eu o interrompesse. Podia fazer confidências, contar o maior segredo na certeza de que nem a meu marido eu revelaria.

Às vezes eu fugia sob qualquer pretexto e ia vê-lo. Conversávamos um pouco, mas já não era a mesma coisa. A convivência diária e o conhecimento de todos os fatos da vida nacional eram absorvidos pelo trabalho na Legião. Muitas vezes era mamãe que me convocava para uma opinião sobre novas resoluções a serem tomadas. Somente aos sábados e domingos dormíamos no Palácio Guanabara e lhe fazíamos um pouco de companhia, meu marido e eu.

Durante esse período, quem me substituiu em seu afeto foi vovô. Era um homem extraordinário. Aos 99 anos, sem uma vista, devido a sua própria teimosia, tinha a mais perfeita lucidez e uma presença de espírito invejável. Contarei apenas duas de suas melhores anedotas, quase para que possam avaliar o tipo de homem que era. Operado de catarata, arrancou o curativo porque o estava incomodando. Foi necessário retirar-lhe o olho para que não prejudicasse o outro.

Meses depois, um jornalista foi procurá-lo para uma entrevista. Ele detestava a imprensa porque dizia coisas injustas sobre o "seu guri". Foi logo depois do 10 de novembro de 1937. O jornalista, um tanto quanto "foca", interpelou-o: "General, como o senhor vê os problemas nacionais?". Levantou-se e respondeu: "Muito mal". O jornalista sonhou logo com o furo. "O próprio pai do presidente da República reprova o golpe de Estado." Mas vovô continuou já em direção à porta e dando as costas ao jornalista: "Vejo mal porque vejo com um olho só". A outra. Fazia uma manhã friorenta no Rio de Janeiro, coisa rara então, e vovô vestia seu vasto capote negro e seu inseparável boné. Um amigo nosso, desejando ser amável, pergunta-lhe: "General, o senhor está com frio?". Respondeu secamente: "Não". "Mas o senhor está de capote", voltou gentilmente o amigo. Vovô riu maliciosamente e retrucou: "Por isso mesmo".

Contador e apreciador de anedotas, assim que ouvia a sirene do carro do papai, levantava-se de onde estivesse e ia lentamente esperá-lo em seu gabinete. Enquanto papai despachava e assinava decretos sem maior importância, ele conversava. Quando sentia que ele devia ficar mais atento a um assunto qualquer, calava-se e ficava apenas a olhá-lo com carinho. Uma vez ia entrar para transmitir um recado e ouvi que falavam de nós. Parei. Dizia vovô: "Qual de teus filhos tu achas o mais inteligente, Getúlio?". Papai não se quis comprometer. "Para mim são todos, meu pai." Ele insistiu: "O Viriato (seu filho mais velho) acha que é o Luthero, a Candoca sempre preferiu a Jandyra, o Protásio diz que é o Maneco, a Darcy sempre teve qualquer coisa pelo Getulinho". Fez uma pausa à espera de alguma reação de papai. Ele continuou impassível, assinando decretos. Aí vovô não se conteve mais e terminou: "Para mim é a bacharela (quando queria implicar comigo, era assim que me chamava). É quem mais te ajuda, por isso é que eu gosto dela". Senti pelo barulho que papai fazia em busca de algum papel que provavelmente devia estar à sua frente um começo de impaciência. Não queria se definir. Entrei interrompendo a conversa.

Vovô me segurou logo com sua mão um pouco trêmula e disse: "Olha ela aqui". Fingi não ter percebido, beijei-o e dei a meu pai o recado que trazia. Seu rosto se desanuviou: era a resposta que esperava.

Meses depois, papai foi convidado oficialmente pelo governo paraguaio a visitar o Paraguai. Acertadas as datas, o programa fixado, tudo pronto. O Brasil ia perdoar a dívida financeira e devolver ao Paraguai sua carta de rendição na guerra, provocada por López, que acabou em 1870, em sinal de amizade. Vovô tomara, adolescente ainda, parte nela. Era um dos poucos sobreviventes dos chamados heróis da guerra do Paraguai. Organizada a comitiva, papai reservou uma vaga e, dirigindo-se a vovô, perguntou-lhe se não queria ir também. Pela primeira vez eu o vi zangado com seu "guri". Franziu a testa e cresceu: "Não vou, não vou. E sou contra a sua ida. Da última vez que estive lá me trataram muito mal". A "última vez" havia sido há setenta anos, durante a guerra. Papai riu com gosto, mas vovô não gostou da brincadeira e ficou amuado até que o viu de volta.[6]

Esse homem extraordinário de quem nós todos herdamos a fibra teve uma das vidas mais cheias de aventuras e peripécias que conheço. Basta dizer que, tendo cinco filhos varões, cada um deles tem para o outro uma diferença de mais ou menos cinco anos. A diferença de idade entre meu pai, que era o terceiro filho, e o mais moço, Benjamim, é de quase treze anos. Entre eles há apenas um, Spartacus. É que nos intervalos estava sempre fora de casa em campanha, guerra ou revolução. Foi assim que chegou a general.

Em outubro de 1943 ele nos deixou para sempre. Abriu na vida solitária de meu pai mais um vácuo. Sua presença silenciosa e compreensiva era um estímulo e um freio para meu pai. Apenas nove meses fazia da morte de seu filho, Getúlio.

Papai havia partido em excursão pelos estados do Sul e havia combinado com vovô um encontro em São Borja. Iriam passar uma semana de férias na fazenda. Ambos estavam necessitados. No dia seguinte ao do embarque do papai, vovô caiu doente. Pneumonia. Tudo foi feito para salvá-lo, mas os antibióticos ainda não haviam surgido.

Minha mãe, em início de recuperação, já começara a trabalhar; proibiu-me terminantemente de entrar no quarto de meu avô. Eu estava grávida de cinco meses e em criança havia tido uma pneumonia bastante grave. Várias vezes fiquei tentada em desobedecer-lhe. Rondava o quarto de meu avô em busca de notícias. Tinha certeza de que devia estranhar minha ausência, morando na mesma casa; por que não ia vê-lo?

Mas havia minha mãe, que poderia voltar a seu estado de apatia, havia eu, que sempre tive resistência, mas nunca tive saúde, e havia uma criança dentro de mim. Meu pai estava prestes a terminar sua excursão e pronto para gozar suas férias quando os médicos disseram que nada mais podiam fazer. Telegrafaram-lhe para que voltasse logo. Assisti de longe à cena do encontro. Eu via meu avô, mas ele não podia me ver. Estava sentado em uma poltrona. Deitado, já quase não podia respirar. Quando meu pai chegou levantou-se imediatamente, sem auxílio de ninguém. Papai tentou fazê-lo sentar-se novamente, segurando-o pelos ombros. Reagiu, apesar da idade tinha ainda mais força que meu pai, que era forte, e disse com orgulho: "Não se recebe o presidente da República sentado". Fugi. Durante uns dois ou três dias ainda, seu coração valente resistiu a todos os ataques da pneumonia. Em uma dessas noites, fugindo à fiscalização de mamãe, fui até o corredor que dava para o quarto. Havia em mim um misto de medo e de remorso. Queria vê-lo ainda uma vez vivo e não ousava.

Quanta coisa ele me poderia ter contado, sobre ele próprio, suas aventuras, suas guerras, sobre meu pai, suas travessuras, suas aspirações, seus afetos. Sempre deixava para o dia seguinte, e no dia seguinte novos deveres me chamavam. Eu nunca tinha tempo. E agora ele ia partir com todos os seus segredos de tanto valor para mim e que ele estava sempre desejoso de revelar, em busca de um ouvido atento.

Meditava sobre tudo isto quando meus olhos caíram sobre um jornal, caído no chão. Estava dobrado e somente uma parte da manchete era visível, e dizia: "Morreu hoje". Fiquei paralisada. Devia ser um jornal velho, pois ninguém que merecesse manchete havia morrido naqueles dias. Não me atrevi a atravessar o limite imposto por minha mãe. Eu, que sempre fui a forte da família, nesse dia não fui. A sensação de inutilidade e de covardia era tão grande que se podia ler em meu rosto. Sempre fui muito pouco expansiva em minhas emoções, quase sovina. Mas nesse dia não aguentei e contei à mamãe o que aconteceu. Obrigou-me a ir para a cama e tomar um sedativo. Não permitiu que me acordassem quando vovô morreu, nessa madrugada.[7] Apesar do sedativo, meu sono foi inquieto. Eu tinha a certeza. Pela manhã não foi necessário ver o movimento na casa nem a fisionomia consternada de todos, eu já sabia. Quando mamãe, tentando me poupar ao máximo, me disse "foi para seu bem, ele precisava descansar. Ele é mais feliz que nós. Cumpriu sua missão", não pude nem sequer me revoltar. Não pude assisti-lo em vida, não quis vê-lo morto. Não chorei. Já tinha desaprendido de chorar. Sabia que esse era seu desejo, muitas vezes mo disse: queria juntar-se a sua velha. Chorei dentro de mim mesma, sem lágrimas, o tesouro que eu havia perdido. Toda a sua experiência, sua sabedoria de homem inteligente e sensato, todas as histórias que me poderia haver contado. Eu não o havia explorado suficientemente. Havia uma guerra no mundo inteiro e eu nunca tinha tempo.

Fomos todos até o aeroporto vê-lo partir; seu corpo para São Borja, sua alma, se é que existe, onde andará? Somente dez anos depois, o encontro marcado entre meu pai e ele se realizou. Ambos repousam juntos no pequeno cemitério de São Borja, no mausoléu dos Vargas.

Papai ficou ainda mais só. Aquela presença tranquila e carinhosa era para ele uma espécie de húmus, de onde ele retirava energia para continuar.

Durante vários meses havia guardado segredo de minha gravidez. Podia fazê-lo sem despertar suspeita alguma porque quando estava por completar o terceiro mês, ao tentar levantar da mesa de almoço, uma violenta dor nas costas impediu-me, fiquei apavorada. Estaria ficando paralítica? Disfarcei o melhor que pude para não assustar ninguém e chamei meu irmão no hospital onde trabalhava. Quis radiografias imediatas. Eu havia antes falado com seu colega de hospital, dr. Mario Jorge, para saber se o raio X não iria prejudicar minha criança. Tranquilizou-me. Após uma extenuante série de radiografias, chegaram ambos à conclusão de que eu era portadora de uma escoliose-lordose na altura das vértebras dorsais lombares, talvez devido a alguma queda. Levei tantas que não posso identificar qual delas foi a causadora. Quando meu marido disse a meu irmão, para ajudar o diagnóstico, "Ela está grávida", entendeu que lhe perguntava se era grave. Apressou-se em dizer que não, bastava usar um colete durante certo tempo. Expliquei-me melhor e lhe pedi que não revelasse a ninguém ainda. Ficou emocionado e disse: "Agora entendo. É o peso que te fez a dor. O uso do colete é urgente, porque à medida que passarem os meses a dor se tornará mais forte ainda". Ele mesmo desenhou o colete, enquanto esperava um outro que iria encomendar dos Estados Unidos. O uso do colete permitiu disfarçar durante algum tempo mais meu estado, até que chegou o momento oportuno.

Outro fato veio em meu socorro: Rodrigo Otavio, que assumira a presidência da LBA em lugar de minha mãe, pediu-me que ocupasse o seu lugar, pois estava assoberbado. "Assumi a presidência porque sua mãe me pediu, mas não posso continuar mais. Só você em nome dela tem autoridade suficiente para aguentar certos problemas. Há aqui uma grande confusão. Venha, por favor." Já tinha então três ocupações: esposa de governador, secretária do presidente da República e presidente da Legião no estado do Rio de Janeiro, além de outras obras. Fez-me um apelo: não aguentava mais. Meditei um pouco: era a chance que eu esperava. Aceitei o desafio[8] impondo algumas condições que foram aceitas.

Assumi no dia 2 de agosto (por que agosto não gosta de mim?), já devidamente encoletada, e, logo após, ajoelhei-me junto à cadeira de d. Darcy e lhe disse, sem preâmbulos: "Prepare-se para reassumir suas funções, pois eu vou pôr ordem naquela bagunça que se tornou sua obra e depois tenho de sair porque a senhora vai ser avó outra vez". Do fundo de sua inata sabedoria olhou-me como se eu fora um animal novo: "Mas tu não vais me abandonar logo?". "Não, mãe, não vou já. Quero carta branca para mexer com todas as tuas auxiliares. Não me importa que depois briguem comigo. Até seu gabinete vai ser enquadrado. Tenho alguns meses pela frente, mas a senhora não. Trate de se preparar e voltar à atividade." Ela não reagiu logo, o que me deu tempo de, com a ajuda de alguns funcionários do Dasp, implantar uma reforma administrativa necessária. Mamãe sempre teve o coração maior que a cabeça. Dizem que sou equilibrada. Tenho dúvidas, às vezes.

Entreguei a minha Legião Estadual a um substituto a quem orientava de longe e passei a morar no Rio, vindo a Niterói apenas esporadicamente ou em caso de necessidade. Meu marido acumulava então também duas funções. Era o seu esforço de guerra, governar o estado do Rio e prover como coordenador o abastecimento do Distrito Federal. A falta de gasolina[9] e a escassez de carvão obrigaram o carioca a apertar o cinto. Do ponto de vista pessoal isso facilitava nossa vida. Agora ambos tínhamos de dividir nossas atividades entre Rio e Niterói. Podia dar um pouco mais de assistência a meu pai, muito pouco porque os preparativos da guerra não nos davam lazer.

Aproximava-se a hora de um grande show. Mamãe estava só em seu quarto pensando e relembrando. Ficara preocupada quando comecei a usar o colete, mas de nada desconfiava. "Mamãe, vais ter um novo neto", disse-lhe. Tomou um susto. Não liguei e continuei: "Assumi a presidência da Legião já sabendo que estava grávida, com grande sacrifício para mim porque não queria permitir que sua obra fracassasse. Dentro de uns dois meses já não poderei continuar. Estou organizando uma série de coisas, inclusive a contabilidade, o serviço de pessoal e de comunicação etc. para te facilitar a vida. Mas tens que assumir. Eu te ajudarei enquanto puder, depois, nos dois últimos meses, preciso de um pouco de repouso". Após uma cena patética em que ora se revoltava, ora ficava emocionada, acabou cedendo.

O começo foi muito duro para ela. Chamava-me a seu gabinete a todo momento. O carinho com que suas auxiliares a receberam de volta e seu amor pela obra que havia nascido de seu coração foram aos poucos levando a melhor.

Quando me retirei para descansar em Petrópolis já não tinha preocupações. Não voltara a ser a mesma pessoa de antigamente, mas o trabalho a distraía.

A 25 de fevereiro nasceu minha filha.[10] Mamãe mudou-se para o hospital para me cuidar. Tinha ciúmes até das enfermeiras, queria ela mesma fazer tudo por mim. Papai, que havia ido para Petrópolis passar o verão, desceu imediatamente para conhecer a nova neta. Foi nessa ocasião que decidi construir em Petrópolis uma maternidade. Desejava que minha filha nascesse em Petrópolis, não só para minha própria comodidade como para que nascesse fluminense, embora metade de sangue gaúcho. Com grande surpresa para mim, verifiquei que Petrópolis, a capital de verão do país, dispunha de apenas um leito para maternidade e esse mesmo precário. Decidi que Petrópolis devia ter uma maternidade para pobres e ricos. Consegui após inúmeras dificuldades, mas hoje Petrópolis dispõe de uma maternidade para pobres e ricos.

Eu não sou nem pobre nem rica, mas minha filha não aproveitou da obra feita não só por mim, mas por um punhado de gente dedicada. Ela nasceu no Distrito Federal, no Hospital da Aeronáutica. Fazia um calor tremendo e os últimos ecos do Carnaval ainda se faziam ouvir. Dizem que os anos bissextos dão sorte. Celina nasceu num ano bissexto. Espero que seja certo.

Mamãe, ainda debaixo do choque emocional, só permitiu que saísse do hospital quinze dias depois. O normal são cinco dias, mas eu não tinha forças para reagir. Entreguei-me.

Fui direto do hospital para Petrópolis, onde o clima era mais ameno. Papai ia pelo menos duas vezes por semana me ver e namorar a nova neta. Sempre teve um jeito especial com crianças, que eu chamava "cara de mamadeira". Era difícil encontrar uma criança que não gostasse dele, Celina não fez exceção. A primeira palavra que pronunciou, com grande raiva para mim, não foi nem mamãe e nem papai; foi vovô.

Ela preencheu em parte sua vida de solitário no meio da multidão. O vácuo deixado por mamãe, empolgada pelo trabalho, por meu irmão e meu avô, que o haviam deixado para sempre, e por mim, que o havia parcialmente abandonado justamente quando ele mais precisava de carinho, de amor e de apoio.

A tarefa a sua frente era tremenda.

Costumava sempre antes do almoço ir a meu quarto me buscar para ir com ele, sobretudo quando estava preocupado. Embora não dissesse nunca qual era o assunto, eu sentia seus nervos tensos. Íamos juntos para o almoço.

Depois do nascimento de minha filha ele me abandonou em parte. Dizia-me: "Gosto de criança nessa idade. Parecem sempre um passarinho prestes a voar". A primeira visita era sempre para ela. Às vezes vinha me buscar com Celina nos braços, outras não vinha me buscar. Eu ouvia de meu quarto, que ficava ao lado, todo o movimento e ia a seu encontro.

Sempre foi considerado por todos como um homem frio, um oportunista, um calculista. No entanto, tenho conhecido muito pouca gente com repositório de emotividade e sensibilidade, sensibilidade quase cutânea que tinha. Sua impassibilidade, fisionomia de jogador de pôquer, como diziam, era fruto de autodisciplina, de uma longa escola de desapontamentos e de tristezas. Fingia não sentir. Ria de suas próprias ilusões, desfeitas. No fundo, porém, havia sempre uma ferida aberta pela traição de um amigo, pela falha de outro, pela decepção em relação a um terceiro. Muitas vezes se aproximou dos inimigos em detrimento dos amigos porque desses pelo menos nada esperava. Eram apenas colaboradores. Se lhe faltassem seria uma decepção a menos. Já era esperada. Se correspondessem à sua confiança, era uma surpresa agradável. Valia a pena tentar.

Disseram a respeito dele uma quantidade de mentiras e umas poucas verdades. Lembro-me de que um dia, na minha presença, instou com um determinado proprietário de jornal para que convidasse um certo cronista a trabalhar com ele. O jornalista que não era mas se havia tornado "getulista" ficou espantado e retrucou. "Mas, presidente, esse é um dos homens que mais o atacaram e o senhor quer que eu o ajude. Gosto dele, é um bom cronista, já trabalhou comigo em outras ocasiões, mas eu jamais pensaria nele para um jornal que eu desejo ser a defesa de sua obra."

Papai esboçou um sorriso enigmático e respondeu: "Eu sei. Li todas as crônicas dele escritas durante a guerra. Ele escreve bem. Aproveitei-o. Ele imaginou um tipo. Descreve-me como um homem feroz, cruel, inumano. Mas eu não sou isso. O que ele criou não sou eu, portanto não me sinto atacado. O ditador sanguinário é fruto da imaginação dele. Deixe-o trabalhar".

Quando Emil Ludwig[11] esteve com ele e pediram uma entrevista exclusiva, entre outras coisas perguntou: "O senhor tem muitos inimigos?". Meu pai respondeu calmamente: "Nenhum que não possa vir a ser meu amigo amanhã". Não sabia odiar e era sobretudo um homem que não sabia dizer não a ninguém. Os "não" que era obrigado a dizer em função de sua função éramos nós, seus auxiliares, que dizíamos. Ninguém o fazia fazer o que não queria ou o que ele achava errado para o país. Mas nunca dizia não. Dizia sempre: "Vou pensar sobre o assunto". Se prometia, cumpria sempre. Se deixava em dúvida, cabia a um de nós dizer um suave não ao pretendente.

Criou fama de ser um dos mais hábeis políticos de seu tempo. Eu discordo, discordei e continuarei a discordar, enquanto tiver forças. Disse-o a ele próprio um dia e ele me olhou divertido, como quem se vê em um espelho: "Eu te considero um dos piores políticos que eu jamais conheci". Curioso, quis ir até o fim. "Por quê?" Eu estava com a lição na ponta da língua: "Tu és um grande administrador, um revolucionário em matéria ideológica, um sonhador em relação ao que esperas do Brasil, mas em política não. Não tens paciência para aturar as intriguinhas normais, ficas indócil quando a administração do país é prejudicada pela política e te rebelas contra a burocracia". Ficou pensativo e, antes de me dar boa-noite, retrucou: "Acho que tu tens um pouco de razão".

Somente ele, eu e meu marido achávamos que era um mau político. Tentei explicar a várias pessoas, jornalistas, políticos, homens de indústria e de comércio o porquê de minha opinião. Dizia-lhes: "É um revolucionário, um administrador moderno, um homem de vontade que sabe o que quer para seu país, mas não é um político. Meu marido, por exemplo, é melhor político do que ele, portanto não creiam que estou depreciando os políticos. Padeiro faz pão, sapateiro faz sapato e político faz política. Mas ele não faz política, só a usa na medida em que o ajuda a completar sua obra administrativa".

Riam-se de mim, dizendo que eu queria tapar o sol com a peneira. Desisti. É possível que alguns já se tenham rendido à evidência. Eu não mudo de opinião. Tinha qualidades para ser um grande político: inteligência, atração pessoal, sensibilidade, paciência, bondade e firmeza de caráter. Mas não quis. Preferiu ser administrador. E em matéria administrativa jamais cedeu. Pode ter errado muitas vezes, quem não o faz? Mas quando se convencia de que alguma coisa era a melhor solução para seu país nada o fazia mudar de opinião ou arredar pé da obra que se havia proposto. Ortega y Gasset, um dos grandes pensadores espanhóis, que passou pelo Brasil a caminho da Argentina, onde iria fazer várias conferências, disse a ele, em uma frase resumida, uma grande verdade: "É um homem que faz política de esquerda com a mão direita". Por isso o chamaram mais tarde, depreciativamente, "Pai dos pobres e mãe dos ricos". É o maior elogio que lhe podiam ter feito certos economistas improvisados, pobres de imaginação e ricos de ódio. Não se reparte pobreza, essa é natural. Reparte-se riqueza. Se não há riqueza para repartir, de que viverão os pobres?

Atendeu e ajudou a todos os ricos que o procuraram com propostas sadias e razoáveis. Em alguns até instilou ambições que não tinham. Celulose, alumínio, soda cáustica, óleos minerais, indústria extrativista, petróleo, produção de trigo, cana-de-açúcar, álcool, carvão, ferro, produção de aço, energia, entre milhões de outras coisas. Se desejavam vê-lo interessado em alguma coisa, era falar em um novo empreendimento para o Brasil. Se o queriam aborrecer, era só iniciar uma conversa sobre o "disse me disse" político e insistir com ele para que recebesse determinada pessoa só porque lhe seria útil em sua carreira. Zangava-se. Não estava ali para isso. Era necessário convencê-lo de que tal pessoa era útil à administração. Deixava para trás audiências solicitadas há mais tempo e dava prioridade a essa. Tinha muito pouco tempo para ler, mas estava sempre ao corrente de todas as ideias novas. Possuía dois segredos. Um era a base intelectual adquirida na juventude. [Outro] sua biblioteca de direito, literatura, filosofia, história, biografias dos grandes heróis e pensadores. Trazia toda ela a data escrita de próprio punho, 1907 até 1914. Daí em diante, a guerra, o trabalho e a política o arrancaram dos livros. Começou sua ascensão, que só parou quando ele próprio, por sua própria mão...

O outro segredo era saber ouvir. Raramente interrompia um interlocutor, a não ser quando o aborrecia. Nesse caso impacientava-se, mudava de assunto ou "desligava o motor" (era nossa expressão no gabinete), ficava ausente, pensando em outra coisa, até que o ajudante de ordens lhe anunciasse a próxima audiência. Se o objeto da conversa o interessava, ficava atento e mudo. Absorvia com rara facilidade tudo o que lhe era dito. Fazia perguntas e pelo brilho do olhar ou pelo acenar compassado e afirmativo da cabeça podíamos de longe saber que estava interessado e que não devíamos interromper enquanto não chamasse a um de nós, ou para dar uma ordem recomendando o assunto a este ou aquele ministro, ou para acompanhar seu visitante. Raramente se zangava, mas quando o fazia todo o gabinete estremecia. Era chuva de verão, nós já o sabíamos. Logo após a explosão serenava, passava pelo gabinete, as mãos cruzadas atrás das costas, o fiel charuto entre os dedos.

Tínhamos um truque entre nós. Eu o aprendi de meu tio Walder Sarmanho, que havia sido uma espécie de seu filho mais velho, quando ficou órfão de pai e mãe muito jovem ainda. Foi seu secretário particular durante anos, até que eu fiquei em condições de o substituir. Papai deu-lhe então a chance de ser o que é hoje: embaixador.[12] O truque consistia no seguinte. Pelo soar da campainha sabíamos ou sentíamos se estava zangado, preocupado ou satisfeito. Uma chamada era para o secretário da Presidência, duas para o oficial de gabinete de serviço, três para o ajudante de ordens. Havia uma outra campainha especial para o contínuo, quando queria ganhar tempo e pensar sobre qual de nós devia chamar.

Pela manhã e à noite trabalhávamos todos na mesma sala. Quando tocava a cigarra nós todos nos entreolhávamos, não só para saber quem estava sendo chamado, mas também para sentir o que teríamos de enfrentar. Quando era rápida, estava com pressa, queria trabalhar ou dar alguma ordem. O céu estava azul. Quando era pausada, quase calcada, havia tormenta à vista. Nesses momentos ficávamos todos em expectativa.

O chamado voltava sempre de nariz comprido. Nenhum de nós perguntava nada, mas todos paravam de trabalhar. Quase sempre era um recado malcriado e duro a transmitir a um ministro faltoso ou a um auxiliar descuidado. Nunca o transmitíamos imediatamente. Aguardávamos uns cinco ou dez minutos, conforme o caso. Pouco depois a cigarra tocava de novo, desta vez apressada. Compúnhamos uma fisionomia de desolação e entrávamos. Perguntava um pouco receoso, quase encabulado: "Já transmitiu o recado?". A resposta variava: ora o telefone da pessoa indicada estava em comunicação, estávamos tentando; ora ainda não havia chegado em casa e já havia saído de seu gabinete. Às vezes não queria entregar os pontos imediatamente, dizia seco: "Está bem, tente outra vez". Fingíamos hesitar um pouco para dar-lhe tempo de pensar, ousávamos — os mais chegados — fazer uma insinuação; depois, quando já estávamos lentamente segurando o trinco da porta para sair, nos chamava de volta. "Espere até amanhã. Não precisa dar o recado hoje." E, amanhã, a raiva do primeiro momento passado, o recado que transmitíamos era quase o mesmo, mas dito em outro tom.

Outras vezes o negócio era sério mesmo e ele mandava insistir. Suavizávamos um pouco os recados, por nossa própria conta, e voltávamos com a resposta. Ainda não havíamos terminado nossa missão e já a cigarra tocava outra vez. Nesses momentos, ele, que era a própria paciência, não se continha. Não podia ficar sentado. Perguntava abruptamente: "Já falou? Que é que ele respondeu?". Às vezes as desculpas do indigitado eram meio esfarrapadas, outras eram convincentes. Conforme, ou continuava de mau humor ou se desanuviava. Havia passado a chuva de verão e o sol voltava a brilhar.

    Deixei de ser seu oficial de gabinete em 1945. Quando voltou a ser presidente, em 1950, transmiti aos novatos o que sabia e durante algum tempo ficava orientando aqueles que desejavam ser orientados. Nem todos seguiram meus conselhos. Alguns foram até além, davam em nome de meu pai ordens que ele nunca havia autorizado. Os tempos haviam mudado. Já não éramos mais uma família unida. O centro afetivo que era minha mãe e o centro aglutinador que era eu estávamos falhando por excesso de serviço. Cansado, desiludido, traumatizado, aos poucos se foi deixando levar pelo desânimo de poder realizar alguma coisa.

Manifesto dos Mineiros, 1943

É muito difícil, para não dizer profundamente antipático, contradizer palavras impressas de quem já não pode se defender.

Em relação ao chamado Manifesto dos Mineiros[1] a situação foi exatamente a oposta ao que ficou dito aqui. Havia entre os signatários do dito muitos e muitos outros que eram amigos pessoais de Getúlio Vargas e inimigos figadais de Benedito Valadares, sobretudo das pressões econômicas que estavam sendo acionadas por Ovídio de Abreu, secretário de Finanças de Benedito. Estes se apressaram a ir a Getúlio Vargas hipotecando-lhe solidariedade e afirmando que o manifesto era anti-Valadares.

Este, por intermédio de várias pessoas, algumas ainda vivas, outras já mortas, insistiu com Getúlio Vargas para que fossem tomadas as medidas federais mais urgentes para que ele também pudesse agir em Minas. O manifesto em si era fraco, meio água com açúcar, um misto de idealismo com pragmatismo econômico que era o cerne da questão.

Lembro que de posse do documento e sabendo das demissões e pressões que iriam ser feitas, interpelei meu pai: "Isso não é de seu feitio, nunca exerceu vingança, muito menos por causa disto aqui". Respondeu-me: "Eu sei e não queria, mas o Benedito está aflito, engolindo papel e exigindo as medidas federais. Não tenho como fugir". Dei de ombros e aceitei a explicação. Mais tarde vim a saber que Benjamim fora também pressionado por agentes de Benedito Valadares, que costumava tirar a brasa da sardinha com a mão do gato.

Morte de Roosevelt e fim da guerra, 1945

Pleno verão em Petrópolis. A guerra estava chegando a seu melancólico fim. A Conferência de Yalta[1] terminara e, infelizmente para o Brasil, o presidente Franklin Delano Roosevelt estava terminando também. Pouco antes da liberação da França ele havia informado que os serviços de seu embaixador Jefferson Caffery tornavam-se necessários em Paris. Com ele iriam os então chamados "Caffery boys", isto é, a maioria dos membros da embaixada americana junto ao governo brasileiro. O novo embaixador, sr. Adolf Berle Jr.,[2] ainda não chegara. Acredito que se Caffery estivesse no Brasil, meus "serviços" como intérprete não teriam sequer sido cogitados, mas foram, e sou hoje talvez a única testemunha viva do que ocorreu. De volta de Yalta, ao passar por Natal, Roosevelt confiou a seu secretário de Estado, o sr. Edward Stettinius Jr., a missão de relatar o que ocorrera em Yalta ao governo brasileiro.[3]

O encontro deu-se na residência de verão do interventor Ernani do Amaral Peixoto, em Petrópolis, no Palácio Itaboraí. Meu pai preferira esse local entre outros motivos porque minha mãe ficara no Rio de Janeiro, retida em seu trabalho à frente da LBA. Os convidados eram poucos, mas os jornalistas e fotógrafos, muitos. Até o final do encontro foi possível segurá-los sem traumas. Depois encontrei repórteres até em nosso quarto de dormir. Vários boatos haviam circulado sobre os objetivos da vinda de Stettinius, de modo que todos estavam em alerta.

Antes do jantar fiquei ao lado do visitante, que só falava inglês, e sentara ao lado de meu pai, que não falava inglês, e em frente ao ministro do Exterior Pedro Leão Velloso. Falaram sobre trivialidades e minha missão era fácil: a saúde do presidente Roosevelt que parecia muito abatida nas fotos foi o ponto máximo. Fomos jantar. O único outro ministro de Estado presente com sua mulher era o general Eurico Gaspar Dutra. Após o jantar, meu pai chamou Leão Velloso para que acompanhasse Stettinius até o gabinete de trabalho de meu marido no andar inferior e me fez sinal para que eu o acompanhasse. Ernani, como anfitrião, ficaria em cima fazendo companhia aos demais convidados. Descemos os quatro. Getúlio Vargas queria saber de todos os detalhes: como era Ióssif Stálin, quais seus objetivos verdadeiros, como se comportara durante a Conferência. Idem quanto a Winston Churchill. Quanto a Franklin Delano Roosevelt, que já conhecia, suas perguntas foram mais afetuosas. Sabia que seu médico, seu auxiliar e grande amigo, o dr. Hopkins,[4] o acompanhara. Preocupava-o o estado de saúde de Roosevelt, preocupação que ia além da amizade; os interesses do Brasil estavam muito ligados aos fatos que se sucederiam. Stettinius a tudo respondeu com cautela. Stálin estava muito seguro e manobrava com extrema habilidade. Churchill, visivelmente agastado, tivera de ceder a Roosevelt. Ambos estavam conscientes de que sem a inesperada e imprevista entrada da União Soviética a favor dos Aliados a guerra seria muito mais árdua, e a vitória total, menos próxima.

É preciso não esquecer que pouco tempo antes a URSS e a Alemanha haviam assinado um pacto de não agressão. Roosevelt estava então convencido de que se houvesse outra guerra esta seria de um continente contra outro e tinha já em esboço a criação da ONU, onde os cinco países fundadores teriam direito a veto. Quatro países já estavam mais ou menos escolhidos: Estados Unidos, União Soviética, Inglaterra e China. O quinto país era o coringa sobre o qual tanto Churchilll quanto Roosevelt discordavam. Churchill queria que fosse a França, Roosevelt, que não morria de amores por De Gaulle, acenava para o Brasil. E aí começava a verdadeira missão de Stettinius. Roosevelt urgia o reconhecimento diplomático do Brasil para com a URSS. Getúlio Vargas reagiu com algum ceticismo sobre o passado imperialista dos soviéticos, que tanto já fizera purgar o povo brasileiro. Stettinius tranquilizou-o dizendo que Stálin já havia superado essa fase e que Roosevelt ficaria como seu fiador. Havia ainda um segundo item da maior importância para os americanos, e Franklin Delano Roosevelt apelava para as qualidades de liderança de Getúlio Vargas para que todos os países da América do Sul e Central, mesmo aqueles que até então haviam se limitado a romper relações com o Eixo, declarassem guerra imediatamente, inclusive ao Japão, e explicou. Nem Churchill nem Roosevelt teriam argumentos para opor-se a uma exigência de Stálin e de todos os países que compunham a União Soviética: Geórgia, Ucrânia, Bielo-Rússia etc. tivessem direito a voto no organismo internacional[5] a ser criado. Isso sem contar com o direito a veto que só a União teria. Para contrabalançar esse poder, os Estados Unidos necessitariam dos votos de todos os países americanos e estes não teriam assento à mesa das negociações se não declarassem guerra imediatamente. Getúlio Vargas prometeu ajudar. Aliviado, Stettinius relatou então o que lhe pareceu ser o maior motivo das mágoas de Churchill. Stálin e Roosevelt haviam dividido entre seus dois países as áreas de influência de cada um. Chamaram a esse entendimento de "áreas de influência", o que lhes dava o direito de manter bases militares em vários países. Isto iria custar a Churchill o Império Britânico, e a Franklin Delano Roosevelt, uma grande decepção se tivesse vivido mais tempo.

Mas Stettinius, cumprida sua missão, deveria voltar ao Rio de Janeiro e daí para a Conferência do México, em Chapultepec.[6]

Sabendo que a imprensa nos esperava e que não poderia revelar nem a metade do que ocorrera, e mesmo que eu dissesse a verdade ninguém me daria crédito, pedi rapidamente a Stettinius se ele teria a gentileza de assinar uma nota com Getúlio Vargas sobre a cordialidade do encontro. A nota aparentemente inócua era minha cobertura.

Depois, à saída, tanto Getúlio Vargas quanto Stettinius, e também Ernani do Amaral Peixoto, conversaram com os jornalistas. Entre eles havia alguns correspondentes norte-americanos. O boato mais insistente era de que a missão de Stettinius era depor Getúlio Vargas. Não era verdade. Getúlio Vargas foi deposto em 29 de outubro de 1945, exatamente pelo mesmo grupo militar que lhe impusera a camisa de força do Estado Novo, em 1937. Mas isso já é outra história. Em minha opinião, muito mais do que os chamados "ventos da democracia" trazidos pela volta da FEB, pesou sobre a decisão tomada a morte de Roosevelt, em abril, pouco antes da vitória. Franklin Delano Roosevelt e Getúlio Vargas eram parceiros e um aguentaria o outro. Truman não era.

Respondendo "espada com espada", 1945

Havia feito várias tentativas junto a meu pai para que arejasse seu Ministério. Estava gasto pelo uso. Eram homens altamente capazes e inteligentes, mas não havia mais diálogo nem surpresas para Getúlio. Ele já sabia de antemão o que cada um ia responder. Cansada de ser repreendida ou simplesmente despachada, escrevi-lhe uma carta dizendo tudo o que me ia no coração: o desgaste, as promessas vãs, a falta de autoridade. Enfim, como diria José Soares de Maciel Filho, "a orquestra do dr. Getúlio estava desafinando".

Passaram-se vários dias e ele não me dava o menor sinal de que havia lido minha carta. Interpelei-o. Respondeu: "Recebi, li e rasguei, sua 'metida'. Em fim de governo não vou mexer no Ministério e não volte à carga". Voltei indiretamente. Agamenon Magalhães, que enfim realizara seu velho sonho de governar Pernambuco, estava de passagem pelo Rio em direção a uma estação de águas. Ernani e eu fizemos-lhe um apelo: "Volta para o Ministério". Alexandre Marcondes Filho, titular do Ministério do Trabalho, estava desde 1942[1] acumulando o Ministério da Justiça. Ninguém seria prejudicado se ele voltasse. Prometeu pensar no assunto quando voltasse de sua cura, caso o presidente o quisesse.

Insistimos. Lembrei-lhe, então, o nosso antigo time infantil do qual ele havia sido o chefe... Organizado em tom de brincadeira por mim, ficou. Passei a chamar nós mesmos "os jovens escravos da presidência da República". Ficou pensativo. Ele vinha ao Rio por outras razões.

Diante de nossa insistência, reconsiderou. E nos respondeu: "Se realmente o presidente precisa de mim eu volto, mas prefiro continuar em Pernambuco". Uma vez amaciado, voltamos a papai. Várias vezes já lhe havíamos dito: "Chama Agamenon. Ele é hábil. Conhece todos os conspiradores de agora. Não podes continuar sem um ministro da Justiça durante esta crise". Marcondes Filho respondia então por duas pastas, a do Trabalho, de que era titular, e a da Justiça, vaga então, e meu pai se recusava a preencher. Já havíamos, há mais tempo, falado com papai sobre isto. Ele se recusava, alegando que Agamenon preferia continuar em Pernambuco.

Contamos, então, a papai nossa conversa, o aperto que havia dado em Agamenon Magalhães e sua resposta. Respondeu-nos: "Bem, se ele aceita, não tenho dúvidas. Mas vocês acham que ele aceita?". Respondemos juntos: "Se o senhor chamar, ele aceita". Pensou ainda um pouco, na dúvida se ele seria melhor em Pernambuco ou no Ministério da Justiça. Dissemos-lhe: "Se o senhor não chamar agora, pode ser tarde". "Está bem", nos disse, "vou pensar. Onde está ele?" Respondemos: "Foi para uma estação de águas. Poços de Caldas ou Cambuquira, não estamos certos, mas é fácil descobrir. Quer que o chamemos?". Concordou.

Agamenon voltara da estação de cura e topou ficar no Ministério. Já era um pouco tarde, muita besteira havia sido feita, mas algumas ainda eram remediáveis. O grande defeito de Agamenon Magalhães era o de raciocinar em princípio só com a própria inteligência, esquecendo às vezes que o adversário também é inteligente.

Estava marcada por Getúlio Vargas uma entrevista coletiva à imprensa, sem pauta. Podiam perguntar o que quisessem. Como sempre, os olhos e os ouvidos do dr. Getúlio em alguns setores puseram-se em campo. Entregamos-lhe as dicas — o que seria perguntado e o que seria exaurido. As respostas ficavam por conta dele. Missão cumprida.[2]

Getúlio Vargas chamou Ernani e, como no ano anterior, transmitira-lhe o interesse de d. Santinha Dutra de ficar em Petrópolis, mas não tinha capital para alugar uma casa, o interventor que se virasse. Passadas algumas semanas, chamou novamente aos dois e deu uma ordem. "Tal dia, às tantas horas, vocês dois vão fazer uma visita a d. Santinha. Pretendo receber o Dutra e convidá--lo para ser meu sucessor. A vocês cabe a tarefa de aplainar o caminho junto à família. Ela gosta muito de vocês dois. Mexam-se, pois pretendo responder 'espada com espada'." Referia-se à candidatura de Eduardo Gomes, já apregoada pela UDN. Embora tivéssemos dado a nossa visita um cunho inteiramente social, d. Santinha, que era uma mulher altamente inteligente, não se prendeu aos detalhes (estava satisfeita com a casa etc.), entrou logo nos "finalmente", como contornava os ataques de timidez do general, como se fazia obedecer sem mandar e por aí. Ficamos surpresos quando Dutra voltou do Palácio Rio Negro, muito antes de nossos cálculos, e visivelmente satisfeito. Pudera. Demoramos um pouco mais, o suficiente para manter o clima social, e voltamos ao Rio Negro. Getúlio Vargas disse-nos: "Foi muito mais fácil do que eu pensava. Aceitou logo".[3]

19 de abril de 1945 — Um peão com a missão de proteger o rei

Como de costume, no dia de seu aniversário, Getúlio Vargas sumia. Desta vez, o esconderijo escolhido foi nosso sítio em Petrópolis por ele próprio chamado Cafundó.[1] E o era. Nossa "erva" era curta. Havíamos adquirido uma casa de madeira pré-fabricada com três exíguos quartos, um banheiro e uma sala, mas dava. Ao lado havíamos levantado um caramanchão de sapé que cumpria galhardamente seu papel de salão de festas. Somente anos mais tarde conseguimos construir a atual casa de alvenaria. Além de nossa filha Celina, ainda muito pequena e necessitando de seu restaurante (eu), apareceram por lá meu irmão Luthero, recém-chegado da Europa, onde a guerra já acabara;[2] Benjamim, irmão mais novo de meu pai; o dr. Jesuíno de Albuquerque,[3] um de seus médicos, possuidor de uma propriedade perto da nossa; e o jornalista Maciel Filho, [que] num tremendo ato de bravura subiu a serra (1100 metros) para abraçar meu pai.

Por volta de meio-dia a guarda pessoal, quase toda composta de elementos gaúchos que se alojaram, como puderam, dentro do estábulo, chegou com o churrasco fumegante. Roosevelt havia morrido há pouco tempo. Havíamos reconhecido o governo russo, com o qual não tínhamos relações,[4] a pedido de personalidades americanas. Papai estava de bom humor. Bem-dormido, bem alimentado e sem possibilidade de ser aborrecido, pois era necessária bravura para enfrentar a estrada. Após o almoço, entre anedotas, sonecas nas redes e histórias da guerra, Maciel, uma das cabeças mais brilhantes e dispersivas que já conheci, intempestivamente dirigiu-se a meu pai.

"Dr. Getúlio, por que o senhor não se candidata? Afinal, nós somos seus amigos de verdade. Arriscamos nossas vidas nessa estrada de cabritos só para lhe dar um abraço hoje e não merecemos o castigo que o senhor quer nos impor. Temos o direito de lhe pedir isso."

Entre uma baforada e outra de seu charuto, meu pai respondeu, pensativo:

"Maciel, você está vendo diante de você um homem que pela primeira vez se vê ante um dilema, sem saber qual o melhor caminho a seguir. Desejaria aguentar um pouco mais, realizar as eleições que já estão marcadas,[5] reconstitucionalizar o país e depois ir embora, aproveitar este restinho de vida que ainda me sobra. Mas é tal a vilania, a desfaçatez com que me atacam que tenho ímpetos de jogar na cara deles imediatamente isto que eles pensam que é tão bom: o governo. Não, não desejo aguentar mais."[6] Ficou depois pensativo olhando a paisagem e rematou: "Minha dúvida em abandonar tudo é que eu sei que deixo atrás de mim um rastilho de pólvora".

Ele falou o que lhe roía a alma, sem se dirigir a pessoa alguma, e não esperou resposta. Como estava certo! Começavam a chegar as primeiras tropas brasileiras de volta da guerra. Não cheguei a ver nenhuma das recepções entusiásticas que lhe foram feitas, pois estava escalada para receber no cais do porto e chefiar o serviço de alimentação a todos os "pracinhas" que voltavam da guerra. Quando estavam todos em condições de desfilar, alimentados e cheios de esperança, eu já não valia mais nada. Ia direto para casa, descansar. Não assisti a nenhuma das manifestações. Soube depois que papai havia sido aclamadíssimo e recebido as maiores provas de carinho e entusiasmo do povo carioca. Isso irritou ainda mais os candidatos putativos. A conspiração contra meu pai chegou ao auge. Fizeram-lhe as propostas as mais incríveis, algumas decentes. Ele ainda esperava solucionar o drama que se esboçava, marcou as eleições. Surgiu um movimento que todo mundo supunha ser estimulado por ele para que se candidatasse outra vez. Chamaram-nos "queremistas" porque continuavam querendo bem ao homem que os havia ajudado. Apelidaram o povo de "marmiteiros" e o povo transformou o apodo em símbolo. Todas as chacotas, todas as humilhações, todas as desconfianças, nós as suportamos. Havia amigos-inimigos que se insinuavam entre nós para melhor nos atraiçoar. Mas havia algo mais importante. Vencida a guerra, era preciso vencer a paz. Papai costumava nos dizer, a frase não é dele, é velha como a Sé de Braga, mas ele a usava sempre. Ganhamos a guerra, à custa do sangue, dos nervos, do esforço e do sofrimento de nossa gente. Perdemos a paz estupidamente. Não pudemos saldar a dívida adquirida dolorosamente nos campos de batalha para com aqueles que pereceram e para com aqueles que continuaram curtindo sua saudade.

Luís Carlos Prestes havia saído da prisão há pouco tempo e contra as expectativas das oposições manifestara-se em favor do movimento "Constituinte com Getúlio" que se esboçava. Maciel ainda não havia conseguido protestar quando Getúlio Vargas contra-atacou. "Se você fosse presidente da República, que lugar daria ao Luís Carlos Prestes no governo?" Maciel pensou um pouco e resolveu sair pela tangente. "Bem, presidente, se for para acabar com o homem eu o convidaria para ministro da Educação." Parou, medindo as palavras para prosseguir. Getúlio Vargas não lhe deu tempo, virou-se para o filho Luthero, que chegara do front, e pediu notícias das tropas brasileiras. Esse diálogo inacabado ficou martelando minha cabeça durante muito tempo, e nunca mais o esqueci.

Em meados de setembro, assisti a um insólito espetáculo. Os ânimos andavam inquietos, pró e contra Getúlio, havia ebulição no ar. Havia terminado meu expediente e não pretendia voltar para Niterói. Fiquei no Palácio Guanabara quando vieram avisar-me que Getúlio Vargas havia mandado abrir os portões do Palácio a uma multidão sem chefia que gritava, aplaudia, sem controle. Corri para a janela da frente. Getúlio, tranquilo, acenava para a multidão, cercado por seus auxiliares, não havia perigo. Fui para junto de meu avô, que assistia a tudo em outra janela. Fez-se silêncio, mas Getúlio não discursou, manteve com a multidão um diálogo meio sem sentido. Os manifestantes reclamavam uma definição, e Getúlio escusava-se sem se comprometer. Acalmados os ânimos, o povo foi saindo e fui encontrar meu pai em seu gabinete. Disse-lhe sem rodeios: "O senhor agora é o cavalo perdedor. Neste páreo o senhor não corre mais, pois ninguém aposta em cavalo perdedor". Olhou-me pensativo e me mandou embora.[7]

3 de outubro — Data expiratória para quem quisesse se candidatar. Ainda em Niterói fui informada de que um grande comício no Largo da Carioca preparava-se para ir até o Palácio Guanabara exigir Constituinte com Getúlio.

Pretendiam entregar a Getúlio Vargas um pergaminho onde pediam que Getúlio Vargas presidisse as eleições de novembro. Tomei a primeira barca e fui direto ao gabinete de meu pai. Estava só, um charuto aceso entre os dedos.[8] Fui curta e grossa: "Pai, o que o senhor vai fazer hoje? Há quinze dias o senhor praticamente deixou de ser o presidente da República, despiu-se dessa função quando dialogou com o povo como se fosse um deles. E hoje? Ninguém aposta no cavalo perdedor, e o senhor já disse que é o cavalo perdedor".

Calmo e sereno, respondeu: "O povo não vai chegar aqui. O chefe de Polícia (João Alberto)[9] já tem ordens para detê-lo". "E se ele não conseguir?", continuei implacável. "O senhor não vai mandar atirar no povo, isso eu sei, portanto ele vai chegar aqui." Ainda calmo, levantou da cadeira e me disse: "Sabe, rapariguinha, o discurso que eu gostaria de fazer é este: pela primeira vez em minha vida sinto-me na impossibilidade de fazer a vontade do povo. Forças ocultas, umas muito claras, outras impedem-me de o fazer. Assim, neste momento, desço as escadarias do Palácio para junto com o povo reclamar aquilo que ele pede". Emocionei-me e interrompi: "Mas isso é lindo, pai, por que o senhor não o faz? O resto nós aguentamos depois". Teve um gesto de desalento e me respondeu: "Não posso. O Góes (ministro da Guerra), o Agamenon (ministro da Justiça) e outros pediram que não o fizesse, pois eles não teriam forças para aguentar as consequências. Mas já estou com saudade dessa atitude que não vou poder assumir. Agora vai saber o que está acontecendo".

A multidão portando cartazes e marchando ao ritmo de "Cons-ti-tuin-te" já estava na altura do Palácio do Catete, ponto crucial para deter a marcha. E, como era de prever, ninguém a deteve. Adentraram a rua Paissandu, na mais perfeita ordem. E vários generais, a pretexto de prestar solidariedade, já estavam dentro do Palácio Guanabara para espionar.

Vários discursos, apelos e a entrega do famoso pergaminho, contendo muitas assinaturas e a oração de Getúlio Vargas, mais ou menos o que me havia dito sem descer as escadas.[10] E desta [vez] quem ouviu sem escutar fui eu. Um tanto frustrada, recebi queixas, lamentos, parabéns e congratulações, mas a "vara curta" estava atravessada em minha garganta.

Começou então uma tremenda partida de xadrez, poder civil x poder militar, valendo cabeças. Eu era um mero peão com a missão especial de proteger o rei e não sabia. Dois fatos, ocorridos logo nos primeiros meses de 1945, deveriam ter aberto minha cabeça, mas estava tão ocupada com o fim da guerra, as primeiras diabruras de minha filha, outros problemas familiares, que a cabeça não se abriu. Havia inteligência e força em ambos os lados e a partida estava sendo jogada com toda a cautela.

Se de um lado estavam juntos Oswaldo Aranha, Góes Monteiro, os irmãos Cordeiro de Farias, os luminares da UDN e outros menos claros; do outro estavam o próprio Getúlio Vargas, Gustavo Capanema, Agamenon Magalhães, Ernesto Dornelles, Ernani do Amaral Peixoto e, aparentemente, Odílio Denys.[11]

Quando a guerra estava por terminar na Europa, o presidente Franklin Roosevelt comunicou ao presidente Getúlio Vargas que, embora soubesse quão importante seria para o Brasil a continuação do embaixador Jefferson Caffery, ele seria obrigado a substituí-lo, pois necessitava de seus serviços em Paris para ajudar a costurar os términos da guerra, e consultava sobre o nome de Adolf Berle Jr., membro do chamado "Brain Trust"[12] de Roosevelt, de sua inteira confiança. Era uma consulta prévia antes de fazê-la oficialmente. Quando de nossa última ida aos Estados Unidos, Ernani e eu havíamos sido convidados para um jantar em casa de Berle, já de olho no posto. Indagados, respondemos: "Trata-se de um professor da universidade, bem como sua esposa Beatriz. Não tem filhos, não nos pareceu ser nenhuma sumidade, mas até onde podemos verificar parece um cara decente". Getúlio deu seu o.k. e Caffery se foi com todo o seu estado-maior, os chamados Caffery boys. Quando Berle chegou, as únicas pessoas que aparentemente ele conhecia, além dos membros da embaixada, éramos nós dois. Oferecemos-lhe um jantar em Petrópolis com o então prefeito da cidade Márcio Mello Franco Alves. Em pouco tempo, estava nos braços da UDN.

1º fato — Chegava correndo de Niterói para trocar de pasta e ir ao posto da LBA quando toca o telefone. Atendi. Era o irmão do Joaquim Rollas, que ligava de Petrópolis. "É com você mesmo que eu queria falar", disse, apressado. "Não posso entrar em detalhes, mas o embaixador americano acaba de fazer um discurso sobre a política brasileira em um banquete oferecido a ele por um grupo de udenistas. Por favor, avisa ao presidente."[13] Larguei a papelada e fui voando ao gabinete de meu pai, ele ainda não havia saído para o Catete, relatei-lhe rapidamente o que ouvira e fiquei esperando as ordens. Zangado, me fez repetir o incidente e depois murmurou: "Mas ele ousou fazer isso". Não o poupei. "Quer dizer que então o senhor sabia?" "Não, não sabia. Há algumas semanas atrás, naquele seu português atrapalhado, perguntou se poderia dar uma entrevista aos jornais sobre democracia. Respondi-lhe que a imprensa estava a seu dispor. Agradeceu e não se falou mais no assunto."

2º fato — Logo depois do incidente com a Sociedade dos Amigos da América:[14] Aranha, Virgílio de Mello Franco e outros haviam aberto um escritório de advocacia, perto da antiga sede da LBA. Roberto Carneiro de Mendonça, embora não fosse advogado, acompanhava Aranha. Minhas tardes eram ocupadas pelos pracinhas recém-chegados do front, namorados de guerra, ou com outros problemas que fugiam ao cotidiano das assistentes sociais. Essa rotina era matematicamente interrompida por Roberto Carneiro de Mendonça, amigo de longa data que continuava ajudando minha mãe em vários setores assistenciais. Não podia deixar de recebê-lo. Eram conversas meio sem pé nem cabeça, às quais eu nunca dava muita atenção, tal a confiança que depositava em Roberto.

Uma noite, sou chamada por meu pai: "Você tem tido alguma ligação com o escritório do Oswaldo, porque o Danton (Coelho) veio me dizer que tudo o que se passa aqui dentro do escritório do Oswaldo é sabido no mesmo dia". Honestamente respondi que quem ocupava minhas tardes eram os expedicionários e, de vez em quando, aparecia por lá o Roberto Carneiro de Mendonça para tratar de assuntos de assistência social. "Está bem, da próxima vez que ele aparecer por lá pergunta se ele quer ser meu ministro do Trabalho." Obedeci, notando que nenhum músculo da fisionomia de meu pai se alterara. Quando Roberto me procurou novamente, depois do lero-lero habitual, fiz-lhe o convite. Não me pareceu muito surpreso, como quem já estava preparado para o contra-ataque, e respondeu textualmente. "Diga ao presidente que ele melhor do que ninguém conhece minha precária saúde. Isso me impede de aceitar qualquer cargo de confiança que me queira dar. Agradeça a ele por se ter lembrado de mim e diga que quero continuar a ser para ele o mesmo amigo de sempre; depois que ele deixar a presidência quero ser o primeiro a ir cumprimentá-lo onde quer que ele esteja. Conte sempre comigo." À noite dei conta de minha missão, meu pai sorriu como quem já esperasse a resposta. Houve vários outros indícios de que eu estava sendo "usada" sem o saber, mas estes dois pareceram-me os mais significativos pelas consequências que não tardariam a vir.

O golpe militar de 29 de outubro de 1945

Veio o 29 de outubro. E eu esqueci o discurso. Havia tantas outras coisas em que pensar. Havia, para mim, em primeiro lugar minha filha. Ela não havia pedido para nascer! Havia meu pai, a quem desejava ajudar. Havia meu marido, a quem não podia faltar. Havia minha mãe, que não se queria conformar. Havia uma porção de gente que eu não podia abandonar, por sua dedicação, seu interesse, seu desejo de ajudar. E havia também eu, que não queria ser derrotada outra vez.

Tentei lutar em vão. Ele não quis.

No dia 28 de outubro meu marido e eu passamos os respectivos governos a quem de direito. Ele a seu substituto legal. Precisava do prazo da lei para candidatar-se a governador ou deputado. Eu, já que seu prazo estava terminado, também passei meu trabalho. Eu era então presidente da Legião Brasileira de Assistência no estado do Rio, entre outras coisas.

Tanto Ernani quanto eu estávamos fazendo serviço dobrado em Niterói e no Rio, e o apego de meus pais à mais jovem neta de então, minha filha Celina, obrigava-nos a dormir no Palácio Guanabara. Porém, como meu pai quase sempre estava só à hora do almoço, eu ficava com ele para almoçar, depois ia para o trabalho. Costumava em tom de brincadeira lembrar-lhe uma história que me havia contado. Um determinado interventor, condenado à demissão por sua falta de fidelidade, sentindo o chão faltar-lhe cada dia, mandava diariamente telegramas e um emissário para saber de meu pai o que estava acontecendo.

Um dia, cansado de tanta pergunta, meu pai lhe respondeu: "Faça de conta que o senhor está atravessando um túnel muito escuro. Lá na frente há uma luzinha, daqui a pouco o senhor a verá".[1] [O deputado] virou-se para meu pai e, em seu sotaque nortista, disse: "Êta, túnel escuro danado!".

Desde o dia 3 de outubro de 1945, eu vinha atucanando meu pai com a resposta do deputado: "Quando é que acendes dentro deste 'túnel escuro danado' uma luzinha só para mim? Prometo não contar a ninguém". Ele ria, mas nada me dizia.

Era 29 de outubro e fazíamos no Palácio do Ingá nossa despedida a todos os secretários. Cheguei a meu pai correndo, como sempre. Eu sempre estava atrasada e lhe disse: "Hoje não te faço companhia, vou tomar a barca correndo porque o Ernani passa hoje o governo, e eu também tenho de passar o meu". Estava pensativo e só. Respondeu-me, quando o abracei: "Logo hoje que eu ia acender a luz dentro do túnel". Sentei-me e disse: "Então não vou mais". Riu e me respondeu: "Vai, quando voltares eu te conto". Não havia mais tempo e eu saí, deixando-o só.

Fui para Niterói. Depois do almoço de despedidas dos secretários, chamei aquela que deveria ser minha substituta na LBA. Quando lhe explicava como era o serviço, em quem devia confiar, em quem não, quais as verbas de que dispunha, como deviam ser gastas etc., chamaram-me ao telefone. Havia novidades.[2] Meu pai havia acabado de assinar seis decretos. Um demitindo o então prefeito do Distrito Federal, Henrique Dodsworth; outro nomeando o ministro do Exterior; o terceiro demitindo o chefe de Polícia e o quarto nomeando-o para prefeito do Distrito Federal; outro nomeando meu tio Benjamim Vargas chefe de Polícia; o sexto era designando o então ministro do Exterior para um posto no exterior. Voltei do telefone quase sem fala e pálida. Estremeci. "Então era isto o que ele queria me contar." Ernani me olhou feio, deu ordens para que as cerimônias acelerassem, e perguntou: "Então, você já sabia?".

É claro que eu sabia dos vários antecedentes: João Alberto jamais escondera de ninguém, e disse isso na minha frente e de várias outras pessoas, que o cargo de chefe de Polícia era muito antipático para quem desejava, como ele, fazer carreira política. Desejava ser o sucessor do sucessor de Getúlio Vargas; para isso pleiteava agora a prefeitura do Distrito Federal, na qual continuaria se Dutra fosse eleito, e estava certo de obter também a promessa de Eduardo Gomes. Uma vez que seu nome readquirisse popularidade no Distrito Federal, pleitearia um cargo nacional: nada mais, nada menos do que continuar a desbravar o Vale do Tocantins,[3] onde esperava adquirir renome nacional e poder então sair candidato à presidência da República. O cargo de chefe de Polícia nunca foi olhado com simpatias, por isso surgiu o nome de Benjamim Vargas. Getúlio Vargas resistira sob o argumento de que não era de seu feitio nomear parentes. Alguns dos padrinhos do nome de Benjamim alegavam que era um cargo de confiança e de sacrifício, e em fim de governo não haveria pruridos nem desconfianças.

Passar Henrique Dodsworth para as Relações Exteriores era outro problema, pois relutava em aceitar a troca, o que não acontecia com Pimentel Brandão, que, sendo da Casa, não criou obstáculos. Isso eu sabia, mas não sabia que era naquele dia e dessa maneira. Apressamo-nos e antes de anoitecer já estávamos de volta ao Palácio Guanabara. Nosso telefone tocava desesperadamente. Atendi. Era minha cunhada, Maria Luiza do Amaral Peixoto. Dizia que seu marido acabara de chegar e avisara que a cidade estava cheia de tropas do Exército e que tanques se dirigiam para o Guanabara. "Alguma coisa grave está acontecendo. O que há? Queres que vá buscar a Celina para ficar conosco?" Pensei um segundo e respondi: "Não. Ainda não sei exatamente o que há. Estou chegando agora de Niterói. Vou falar com papai. Se for para morrer é melhor que todos vão juntos. Não vejo necessidade de deixar minha filha para sofrer sozinha. Para que deixar uma criança solta no espaço? Se passar a crise, amanhã eu a entrego a seus cuidados. Hoje, não". Ela veio para nos acompanhar. Tentou outra vez. Recusei de novo. "Se esta noite passar, nada tem importância. Salvam-se os dedos e se vão os anéis." Concordou comigo.

Mas antes disso, fui ao quarto de meu pai. Estava mexendo em uma gaveta. Julguei que buscava um revólver. Não, era um charuto. Perguntei-lhe o que havia, respondeu tranquilo: "Parece que todos os generais reunidos querem me depor. Estão reunidos agora no Ministério da Guerra". Perguntei-lhe: "E o que se faz?". Respondeu com indiferença: "Por enquanto nada. Vamos esperar". Disse-lhe: "Mas acabei de ser informada de que todos os tanques do Rio de Janeiro já estão na Praça da Bandeira. E não se faz nada?". Continuou tranquilo: "Não, vamos esperar. O Dutra vem aí daqui a pouco. Vamos ver o que ele diz".

Não esperei mais, chamei meu marido. Contei-lhe tudo e fomos ambos esperar os acontecimentos na Secretaria. Estavam todos inquietos e o movimento era enorme. Amigos que haviam para ajudar a receber ordens e falsos amigos que estavam lá somente para saber o que havia. Esperamos. Poucos minutos após, chegou o general Dutra, então apenas candidato do PSD a presidente da República, com ar de quem bateu sem querer numa casa de marimbondos que tanto podiam pretender pegar Getúlio Vargas ou a ele próprio.

Entrou para conversar com meu pai. Só depois soube o que havia acontecido durante a conferência. Quando saiu, ouvi meu marido interpelá-lo: "General, o senhor sabe que esta revolução não é só contra nós, é também contra o senhor, que é nosso candidato?". Não ouvi sua resposta porque desejava saber o que havia dito ao meu pai.

Estava só em seu gabinete. Eram sete horas da tarde. Perguntei-lhe o que havia acontecido durante a conversa. Não estava com muita vontade de conversar. Impaciente, de um lado para o outro em seu pequeno gabinete, passeava fumando. Insisti. Finalmente respondeu: "O Dutra veio me fazer uma proposta para acabar a crise. Disse-me que se eu demitisse o Bejo da chefia da Polícia, nada haveria". Continuei insistindo: "E o que lhe respondeste?". Ficou de mau humor... mas acabou respondendo. "Disse-lhe que se eu não tinha mais força para nomear um chefe de Polícia de minha confiança, eu não era mais presidente da República." Voltei a perguntar, desta vez já com mais confiança: "E ele?". "Disse-me que ia conversar com os 'colegas' e que voltaria." Não voltou, é claro.

Fomos jantar, em família, como sempre. Pouco depois o Palácio estava invadido por amigos e inimigos. Os tanques cercavam o Palácio. Alguns queriam resistir, outros aconselhavam calma. Papai muito calmo e sereno continuava em seu gabinete assinando os últimos decretos desse seu período. A maioria não foi cumprida.

Meia-noite. Chega o general Oswaldo Cordeiro de Farias, junto com Agamenon Magalhães. Agamenon entrou primeiro e conversou com Getúlio Vargas a sós. Nunca tive oportunidade de perguntar o teor da conversa rápida. Lembro que o ministro José Linhares estava sendo muito endeusado tanto pelo governo como pela oposição. Agamenon saiu e me pegou pelo braço dizendo: "Estou morto de fome, arranja qualquer coisa para eu comer. Estou desde a tarde semiprisioneiro dos generais no Palácio da Guerra. Só agora, e sob a vigilância do Cordeiro, pude sair um pouco e estou com fome". "É claro", respondi-lhe. Saí para providenciar, quando voltei para chamar Agamenon, este levantou os braços em desalento, tinha de voltar em companhia do general Cordeiro cuja missão já havia sido cumprida.

Só mais tarde soube os detalhes. Perguntei-lhe qual era a proposta. Respondeu: "Ou demitir o Bejo ou passar o governo ao José Linhares".[4] "E?", perguntei de novo. "Vou resistir!", respondeu. Entregou-me então uma carta com ordens de só abrir se lhe acontecesse alguma coisa. Guardei a carta e cumpri suas ordens, em parte apenas. Um dia, muitos dias depois do golpe, ele já estava em São Borja, no bico da chaleira abri-a. Não aguentava mais. Li-a. Eram conselhos aos brasileiros e uma explicação do porquê de sua resistência. Fechei-a novamente com todo o cuidado e, assim que pude ir para perto dele, entreguei.

Ficou um pouco espantado, releu, depois tentou rasgar. Segurei sua mão e lhe disse: "Isso é meu. Eu te trouxe de volta apenas por uma questão de honestidade. Mas já me disseste que todo o teu arquivo é meu. Esse papel também é meu. Devolve!". Achou graça em meu atrevimento e o devolveu.

A missão de Oswaldo Cordeiro de Farias era a de comunicar a Getúlio Vargas, em nome dos generais amotinados, sob a chefia de Pedro Aurélio de Góes Monteiro, que até essa hora havia sido o ministro da Guerra no governo, que Getúlio estava deposto. Ao que, segundo a única testemunha presente, o indigitado Benjamim, Getúlio Vargas respondera: "Se se trata de uma revolução branca diga a eles que pretendo retirar-me para São Borja e peço apenas o tempo suficiente para a mudança da família. Preferia que me atacassem, pois meu corpo ficaria aqui como resposta". Chamou-nos logo a seguir, ao Ernani e a mim, e relatou o acontecido. Ernani repicou: "Se o senhor sai da política eu o acompanho, não desejo continuar". Getúlio Vargas não aceitou, pelo contrário, disse-nos: "Vocês dois devem continuar, vou precisar de vocês na ativa. O Ernani deve ser eleito em novembro, conforme já está marcado, e eu vou embora". Depois, virando-se para mim: "Sai, vá acalmar sua mãe que está querendo briga e tomar as providências para a saída".

Realmente d. Darcy estava a fim de lutar e não foi fácil fazê-la desistir da ideia de reagir e começar a fazer as malas. Papai já mandara entregar todas as armas e lá se foi também minha espingarda de tiro ao alvo. Houve protestos, muitos queriam lutar, mas ordem é ordem. Durante a noite, os tanques de guerra invadiram os jardins do Palácio Guanabara e acordei com um deles debaixo de minha janela. Preparei Celina, sua bagagem e a babá para que fossem para a casa de minha cunhada — Maria Luiza do Amaral Peixoto. Quem disse que a deixavam sair? Não havia mais leite para ela e foi necessária muita saliva para que a deixassem passar. Liberada desse encargo, pus mãos à obra; biblioteca, documentos, roupa, tudo ficou para ser feito sob minha supervisão.

Após a saída do segundo caminhão carregado, uma amável surpresa me esperava. As duas pessoas que estavam ajudando, Adão, o roupeiro de meu pai, e Antonio, o contínuo que ajudava no encaixotamento dos livros, haviam sido feitos prisioneiras e não podiam voltar. Continuei o trabalho praticamente só. Meu pai chamou com a seguinte proposta: "Eu vou embora logo e vocês ficam acabando a mudança". Reagi, violenta: "Negativo, os únicos que ainda não têm destino certo somos nós dois, Ernani e eu, mas não será difícil encontrar pouso. Os outros, mamãe, Luthero e Jandyra, já sabem para onde ir, e vamos sair todos juntos. Com o senhor aqui ainda respeitam um pouco. Já invadiram a adega e a cozinha, depois vai ser pior. Portanto, não se discute mais, nem que eu tenha de trabalhar a noite toda". Concordou.

Ao entardecer, chegou o então coronel Álcio Souto com dois ajudantes de ordens pedindo a lista de todas as pessoas que estavam no palácio. Com os pés inchados, fui tomar um banho quente para me refazer. Bateram à minha porta perguntando o que deviam fazer. Respondi secamente: "Não atendam. Esperem por mim". Calcei um chinelo do Ernani e saí ventando. Quando passei pelo salão, minha mãe, que estava acompanhada por várias senhoras, me segurou: "Aonde vais desse jeito e o que vais fazer?". Não podia mentir para ela, e sua resposta me fez gelar: "Isso compete a mim, que sou a dona da casa, e não a ti, eu vou junto". Qual não é a minha surpresa quando vejo meu pai tranquilamente conversando com Álcio Souto. Depois de haver relembrado aos três em que posto os havia encontrado, como, por que os havia promovido, perguntou: "Já foram atendidos no que desejavam?! Então boa tarde". Minha raiva a essa altura tinha diminuído, mas ainda deu para pedir a um dos ajudantes de ordens de meu pai que dissesse a eles que nenhuma lista seria dada, porque podia ser falsa. Que eles o fizessem pessoalmente e, se estivessem com medo, entrassem com os soldados que quisessem e examinassem todas as bibocas para se certificarem de que não estávamos roubando porcaria nenhuma. Depois aceitaram uma lista precária, feita por uma datilógrafa, e se retiraram.

Mais tarde, chegou o marechal Ângelo Mendes de Morais. Vinha em nome do general Góes Monteiro assegurar que ele não desejava que nenhum mal--estar fosse causado.

História do PTB, 1945

O PTB nasceu de um discurso de Getúlio Vargas pronunciado de improviso em Santa Cruz, por ocasião da inauguração do trecho eletrificado da Central do Brasil, a 10 de outubro de 1945.[1]

Não recordo a data exata da criação oficial do PTB (é fácil através dos jornais da época).[2] Recordo, porém, exatamente a primeira vez que Getúlio Vargas de público concitou os trabalhadores a ingressarem no PTB por dois motivos bastante importantes:

1º) Essas palavras foram pronunciadas quando o prazo para desincompatibilizar, o dia do "fico", como o chamamos para qualquer veleidade eleitoral, já havia passado há algum tempo. Portanto, as acusações surgidas na época de que a criação do PTB seria mais uma manobra getulista para perpetuar-se no poder eram improcedentes.

2º) Inquirido por um dos seus lugares-tenentes que havia, por sugestão sua, ingressado no PSD, respondera: "Não, o PTB jamais será um concorrente eleitoral para o PSD. O PTB destina-se a ser um anteparo entre os verdadeiros operários e o PC. Os trabalhadores não irão filiar-se nem ao PSD nem à UDN. Com mais facilidade vão engrossar os quadros do PC. O PTB sendo deles, um veículo para expressarem seus anseios e necessidades, servirá, ao mesmo tempo, de freio contra o comunismo e de acicate para o PSD".

Não cito nomes, nem mesmo aqueles dos quais me lembro. Alguns estão mortos e não poderão confirmar ou contestar o que digo. Outros estão vivos, bem vivos, e não almejo polêmicas.

É exato que o núcleo inicial do PTB saiu do Ministério do Trabalho, por motivos óbvios, o que justifica em parte a manobra paramilitar efetuada a 29 de outubro,[3] mas não é exato que Getúlio Vargas tenha pretendido dar mais um golpe e criar o que chamaram então de República sindicalista.[4] Esta acusação foi, aliás, depois muito repetida, não só contra Vargas, mas também contra alguns outros membros do PTB, aventando inclusive uma grossa intriga internacional de combinação com um país amigo e vizinho.

Mais tarde, após as eleições de 2 de dezembro[5] em que vigorou, com surpresa para muitos, a forte personalidade de Getúlio Vargas que, com seu "Ele disse"[6] (pró-candidatura Dutra), praticamente alterou todos os prognósticos, o PTB passou a ser olhado com respeito. Provara ser uma tremenda força eleitoral. Começou então a grande tragédia do PTB. Duas fortes correntes se formaram, de início paralelas ao PTB e, depois, dentro dele. Uma era a corrente chamada fisiológica, que pretendia servir-se do partido e do propalado prestígio de Vargas em benefício próprio ou de seus interesses pessoais. A outra, a dos "genuínos", os "mãos limpas", os "trabalhistas puros" que desejavam um partido forte, modelo inglês "Labor Party", sem o que consideravam os inconvenientes do "getulismo". Entre estas duas forças debatiam-se inermes e apavorados os verdadeiros donos do partido — os trabalhadores. Sentiam-se ao mesmo tempo superimportantes e vítimas das maiores intrigas dentro e fora do partido. Surgiram vários PTs, quase todos originários do PTB e mais tarde o PSP,[7] com seu falso populismo.

Houve de tudo: defecções, traições, vendas, aluguéis, deturpações. Quase desapareceram por completo em determinada época as verdadeiras origens e finalidades do PTB. As direções regionais e nacionais sucediam-se e as crises dentro do partido não cessavam. Finalmente passaram a apelar diretamente para Getúlio Vargas, que até então não havia se filiado ao partido.

Aclamado seu presidente de honra, mantinha-se nessa posição, só esporadicamente manifestando-se através de cartas e mensagens. Finalmente, a aproximar-se a eleição presidencial, estourou o grande problema. Getúlio era querido, desejado, bajulado, paparicado como o Grande Eleitor. Às várias correntes petebistas eram oferecidas ou apenas acenadas grandes vantagens em poder, em prestígio e até em dinheiro. Nunca como o primeiro, sempre em segundo. A vice-presidência poderia ser do PTB, a presidência não. Seus modestos quadros eram virados e revirados em busca de nomes nacionais que pudessem servir para vice ou para cargos menos espetaculares. Enquanto isso, choviam cartas em São Borja. Diziam em resumo: "No senhor nós votamos, em quem o senhor mandar nunca mais".

1)[8]

2) Em parte respondida na pergunta anterior. Nem um nem outro, ou melhor, dos dois e mais algumas correntes desesperadas estaduais, que não podendo ir para o PSD (inimizades locais) e não querendo ir para a UDN, engrossaram o PTB.

3) Funções diferentes.

4) Conteúdo, não. Entrevista depois da eleição, creio que *Correio do Povo*, de Porto Alegre. Perdoem-me os leitores de O.[9] se às vezes a memória não funciona. Taxativo socialista, não, socializante. Não é um partido estático.

5) Não, o PSP só era realmente forte em São Paulo. Agiu como cristalizador ou provocador de uma reação popular em cadeia. Tudo o mais foi feito pelo PTB.

6) Não houve propriamente uma aliança. Houve acordos locais (estaduais, sobretudo) quanto ao nacional PSD e PTB encontrarem seu leito natural; em última análise, o getulismo que os organizou.

7) Faltou liderança. Consternação geral. Lutar por quê e com o quê.

8) Nem um nem outro, ou melhor, com os quatro: PSD, UDN, PSP e PTB.

9) História do PTB — quadros dirigentes fracos.

10) É muito difícil selecionar defecções eventuais em um programa discutível. Teóricos do PTB, fisiológicos, acomodatícios, vulneráveis e sem recursos. A bandeira do getulismo, que foi o que ficou no final, foi empunhada em diversas ocasiões por outros partidos. Por exemplo: quando em 49 e 50 o PSD desejou uma aliança com o PTB, Getúlio Vargas pediu uma revisão nos respectivos programas. Em alguns itens sociais o PSD era além do programa do PTB.

Nota: marmiteiros,[10] queremistas,[11] "Ele voltará!" (filme "Nós voltaremos" da guerra), termos inicialmente pejorativos que o povo transformou em slogans.

A "marmita" dos operários transformou-se em objeto de luxo. Como enfeite de lapela ou berloque de pulseira, surgiram "marmitinhas" de ouro, prata e até em brilhantes. Getúlio Vargas foi transformado em objeto de consumo intensivo. Moedas, notas, selos.[12]

15 de outubro de 1948 — Um diálogo na Fazenda do Itu

Jantamos cedo hoje, só nós dois, meu pai e eu, conversando sobre fatos passados e notícias recentes. Às 8h30 deixei-o para fazer dormir minha filha Celina. Quando voltei, iniciamos o trabalho que havíamos combinado à tarde. O expurgo de jornais e papéis velhos que se estavam acumulando desde minha chegada.

Li em voz alta a carta de um acriano seringalista que lhe recordava benefícios recebidos no início de seu governo e oferecia agora sua atividade e sua fortuna nas próximas eleições. Depois de tudo terminado, como é de seu costume, quando alguma coisa lhe chama a atenção e não deseja interromper, disse-me: "Interessante, recordo perfeitamente. O que este homem diz na carta é verdade. De fato, recebi o memorial de que fala pedindo proteção para os seringalistas do território do Acre. E como lá os impostos são federais, isentei-os imediatamente. Houve até uma grita dos estados do Amazonas e Pará contra a situação privilegiada do Acre. Os impostos destes estados eram escorchantes etc.".

Deixei-o falar sem interromper. Com o sexto sentido que desenvolvi em convívio com ele, senti que estava com vontade de dizer alguma coisa. Nessa ocasião, apenas faço uma ou outra observação para orientar a palestra para aquilo que eu desejo saber desde que ele queira dizer. Levantou da cadeira com alguma dificuldade, sua perna direita, a do acidente, tem se mostrado um tanto rebelde ultimamente, pôs-se a caminhar de um lado para outro ao lado da mesa na pequena sala de jantar e prosseguiu como se fosse ainda o mesmo assunto. Parou um pouco, olhou-me nos olhos e disse: "Sabes? Vou dizer uma coisa só para ti. Eu não tenho o menor desejo nem intenção de me candidatar, e ainda menos de ser eleito presidente da República". Respondi: "Eu já sabia". E deixei-o continuar.

Fumando seu charuto, retomou a caminhada e o monólogo. "Sair de meu conforto, de minhas comodidades para percorrer o país de um lado para outro fazendo discursos e pedindo votos para o meu nome não é de meu temperamento. E depois tomar posse para governar um país inteiramente desorganizado por essa gente, com tudo destruído e à beira da derrocada com uma Câmara funcionando e atrapalhando. Os problemas do Brasil não podem ser resolvidos dentro dessa espécie de democracia. Ficar passivamente cinco anos de braços cruzados, sem poder agir livremente, fazendo discursos e inaugurando as obras de outros governos, como o Dutra, não me apetece. Mesmo esta cadeira de senador que mantenho, só não renunciei a ela porque é o meu escudo contra qualquer perseguição que me queiram fazer. Se não fosse isso, é muito provável que já me tivessem exilado."

Interrompi-o para repetir: "Eu já sabia. Queres ouvir o que eu há pouco tempo disse ao Maneco quando tentei impedir a continuação da campanha queremista?". Parou interessado, continuei: "'É um erro vocês suporem que um homem como o patrão, que governou durante quinze anos com plenos poderes, vá se sujeitar a fazer uma campanha política em benefício próprio apenas para governar durante cinco anos, subordinado a uma Assembleia. Ele não aceitará, à última hora dirá que não quer, e em que situação ficam vocês que animaram o povo?' Maneco objetou. 'Mas ele não pode recusar, a pressão popular é muito forte, ele terá que ceder'. Reagi dizendo: 'Mas é um sacrifício muito grande que vocês não têm o direito de exigir dele. Nossa obrigação é poupá-lo o mais possível e não colocá-lo diante do dilema de estar recusando um compromisso com o povo. Temos de poupar-lhe este rompimento e deixá-lo livre para quando ele quiser agir. E te digo mais, só vejo uma hipótese, uma única em que ele aceitaria novamente os encargos de presidente da República. Seria a de ele ficar colocado diante de uma situação de salvação nacional, na qual só ele poderia resolver'. Maneco: 'Mas nós estamos marchando para isto, sem ele o Brasil vai para a falência'. Eu: 'Neste caso, ele aceita, do contrário não'. 'Não penses que teu pai é um grande político.' 'Pelo contrário, na minha opinião ele é fraco como político. Ele é antes de tudo um revolucionário'".

(Não relatei o resto da discussão sobre as diferenças entre político e revolucionário.)

Meu pai sorriu da coincidência e respondeu: "É isso mesmo. Só tu me compreendes. O poder pelo poder não me interessa. Acusam-me de ambicioso, mas eu não tenho essa espécie de ambição. A minha consistia em realizar alguma coisa objetivamente, em promover o bem público". Objetei, "Conheço isto: é a satisfação do eu messiânico que existe dentro de cada um de nós". Riu e continuou. "É isto mesmo. Se eu fosse um ambicioso qualquer e quisesse apenas continuar no poder, não me custava nada ter em tempo oportuno passado o governo a um amigo e me candidatado como os outros. Mas eu não quis. Pretendia, realizadas as eleições e empossado o substituto, retirar-me definitivamente da política. Foi por isso que não aceitei a presidência do PSP nacional e nem a do Rio Grande, que foi insistente. Organizei o PTB e também não quis ser o presidente, aceitei apenas a presidência de honra. Mas veio o golpe e eu fui eleito senador à revelia. Precisava corresponder à confiança daqueles que haviam votado em mim, por isso não me retirei e tive de voltar para a luta. Agora querem que eu me candidate ou que apoie outro candidato. Se não vou fazer força por mim, também não vou sair por aí para eleger um outro Dutra. Sou um homem velho, hoje não estou mais em idade para estas coisas e já não tenho mais saúde."

Fez-se um silêncio e eu falei: "Digo-te com toda a honestidade. Logo depois do 29 eu desejei a tua volta, apenas para ter uma sensação de forra, de vingança, mas hoje nem isto me entusiasma mais. Só de lembrar que teria de encarar novamente aqueles mesmos indivíduos que frequentam palácios, quaisquer que sejam os moradores, sinto náuseas". E respondeu-me, voltariam todos. "E é essa uma das razões por que me desgostei. Quando vi se formarem os partidos, naqueles mesmos moldes, aquela mesma gente dos tempos passados, desanimei e não reagi mais. Eu cometi um erro. Foi o de ter confiado no Dutra e no Góes. Mesmo depois de desencadeado o movimento, eu poderia ter evitado o 29 de outubro, bastava substituir o Góes pelo Paquet,[1] que me teria sido fiel e era homem enérgico e disciplinador."

Não perguntei por que não o fizera, disse apenas: "A esta altura já estavas enjoado?". "Já, e até pensei em renunciar. Lembras-te do dia 3 de outubro, da atitude que eu quis ter e da qual tenho saudades? Pois só não o fiz pelas contingências dos amigos, iriam ficar desamparados, tudo iria de pernas para o ar etc. Não o fiz e o que é que adiantou? Veio o 29 de outubro, e os amigos por quem eu me sacrifiquei aderiram. Agora querem de novo que eu vá defender os amigos. Foram eles que me abandonaram. Numa campanha agora eles fariam tudo para me derrotar, acredito mesmo que não hesitariam em me mandar assassinar. Não te lembras do que fizeram em São Paulo?"[2]

"Meu erro foi o de pensar que o Dutra, sendo burro e não tendo prestígio no Exército, não teria ambições políticas. Sabia que o Góes as tinha e que procurava se utilizar do Dutra para seus fins. Nunca pensei que o Góes viesse a ser instrumento do Dutra."

Ateus, anticristãos, falsos católicos e comunistas, 1949

Durante a campanha eleitoral de 1949, como na de 1929, fomos acusados de tudo: ateus, anticristãos, falsos católicos e comunistas. Não sei por que papai, em homenagem aos heróis de Carlyle, havia dado a um de seus filhos o nome de Luthero, empurraram-nos um Calvino. Não sei filho de quem é, mas não é meu irmão. Disso tenho certeza.

Sendo presidente o general Gaspar Dutra, um dos grandes prelados da Igreja católica, monsenhor Costa Rego,[1] na presença de vários parlamentares e de um ministro de Estado, disse a meu marido, que era então deputado:[2] "Durante o governo de seu sogro, a Igreja católica viveu anos de paz e de glória. Nós não esquecemos isso. Transmita-lhe minhas recomendações". Mas muitos esqueceram.

Sempre fui a favor do divórcio, mesmo em solteira e mesmo católica. Quando falava com papai sobre esse assunto — tanta gente me pedia —, com ar de malícia dizia apenas: "Tragam-me um ofício assinado pelo cardeal d. Sebastião Leme e por d. Luizinha Aranha" (mãe do ministro Oswaldo Aranha). Depois me doutrinava, dizendo que o povo brasileiro, tradicionalmente católico, não aceitaria e não estava preparado para isso.

Não sei por que em 1949, depois de todos os benefícios usufruídos, de todas as honras recebidas e de todas as concessões, muitos católicos se voltaram contra ele como se fora um inimigo, um novo fac-símile do Anticristo.

Alguns padres me procuraram tentando desfazer o péssimo efeito causado pelas sucessivas proclamações e frases contra meu pai. A um deles eu disse, repetindo a frase de d. Costa Rego e relembrando a amizade e entendimento que sempre uniram meu pai a d. Leme, com a irreverência que sempre tive e mantenho: "Quem dá tem o direito de receber".

Era uma vez um "mar de lama", 1950-53

Nunca ouvi meu pai pronunciar essa expressão "mar de lama",[1] mas é possível que alguém a tivesse ouvido, dando-lhe outro sentido.

Nunca soube que houvesse realmente um "mar de lama" e até hoje ninguém me explicou o que é um "mar de lama".

Tenho comigo mesma um compromisso de um dia escrever explicando a todos aqueles que o amaram, aos que o odiaram e aos que apenas o sentiram, sem compreender, quem foi realmente Getúlio Vargas. Mas para isso ainda me falta coragem, coragem para falar sobre ele, dele e por ele, coragem para dissecá-lo aos olhos de um público ávido, expondo-me a mim mesma, coragem de mostrar àqueles que o destruíram, inconscientemente, aquilo que eles destruíram, coragem de contar a verdade, à luz da verdade.

Não posso, porém, continuar a ler, a ouvir e a sentir, que meu pai partiu por causa de um "mar de lama" que seus amigos criaram.

Seus amigos reais, verdadeiros, inabaláveis, éramos e somos apenas nós, seus filhos, sua esposa, alguns dos seus irmãos e o povo, este povo brasileiro que era ainda mais seu filho do que nós.

Os outros, os chamados amigos eu os vi, ouvi e senti variar tanto, mudar tanto que não posso chamá-los de amigos.

O labéu pesa sobre nós, apenas.

Tenho vergonha de continuar a calar. Não tenho direito ao silêncio.

Antes de começar a entrar no "mar de lama", quero recordar duas frases, duas frases apenas. Uma, minha, falada diante de várias testemunhas, cujos nomes não citarei porque só citarei neste relato os nomes imprescindíveis. Ainda é cedo. A outra é dele, e eu a tenho escrita de próprio punho.

A minha foi pronunciada em um município fluminense em 1948. Instada, requestada e solicitada a me manifestar a favor da volta de meu pai ao governo em 1950, esgotados todos os argumentos, respondi: "Prefiro meu pai vivo no Itu do que morto no Catete". A outra, dele, foi em fins de 1949, quando se dizia que seu registro seria negado pelo Tribunal Eleitoral e eu lhe escrevi informando. Respondeu-me: "Minha filha, esta é uma grande notícia que me dás. Procura trabalhar para que isso se efetive. Estou muito velho e cansado para voltar à luta; isto é bom para os moços. Meu compromisso com o povo fica saldado, pois não fui eu que recusei...".

Voltemos ao "mar de lama", onde aparecerão, por enquanto, apenas as minhas culpas. As dos outros o tempo mostrará.

Em fins de 1950, meu pai, já eleito, vencidas as batalhas da maioria absoluta, a militar e a da posse, pouco antes de vir do Rio Grande do Sul para São Paulo, me escrevia. "Estou há muito tempo afastado do ambiente do Rio de Janeiro, já não conheço mais os homens novos nem sua posição. Ignoro os que foram meus amigos, os que foram fiéis a mim e a nossos princípios. Portanto, tu, que és um pouco minha segunda consciência, lembra alguns nomes para constituírem meu gabinete civil. De antemão te previno que pretendo levar comigo, como auxiliares, os dois rapazes de São Paulo que me acompanharam durante meu exílio, o Afonso César e o Roberto Alves. Sei que a organização do gabinete foi modificada desde o meu tempo. Peço-te que me informes em quê e me indiques alguns nomes capazes."

Sugeri-lhe vários nomes e, entre eles, o do dr. Lourival Fontes, pesando mais sobre este que: "Além de ser inteligente e capaz, de ter boa imprensa, possui a vantagem de não te tirar de teus hábitos. É quase tão surdo quanto o Vergara, de modo que tu, que não gostas quase de falar, podes continuar no sistema dos bilhetes".

Poucos dias depois, recebo a visita amável do dr. João Neves da Fontoura, que permaneceu enfermo durante quase todo o período agudo da campanha. Dizia-me ele mais ou menos o seguinte (não é textual): "Fui procurado por gente do Itamaraty querendo saber, em nome do ministro, quais eram as instruções para a posse, salientando a conferência que em fevereiro seria realizada em...".[2]

Respondi que não era eu a pessoa autorizada para esta consulta. "Visto não ser o ministro do Exterior do Getúlio e nem desejar sê-lo, depois da desfeita que me fez o Dutra, demitindo-me quando estava em função, mas é necessário que alguém fale por ele etc."[3] Senti em suas palavras a velha história do sapo que não queria ser jogado na água e, em carta, transmiti a meu pai essa aspiração. E assim ele voltou ao Ministério do Exterior.

Mais alguns dias se passaram, quando fui procurada por um amigo funcionário da Polícia Civil do Distrito Federal. Alertou-me ele para o seguinte problema. "Seu pai vai tomar posse três dias antes do Carnaval, debaixo de um dos ambientes de maior inquietação que a história do Brasil registra. Qualquer coisa pode acontecer e é necessário que desde já se conheça o nome do futuro chefe de Polícia, para que em conjunto com ele sejam tomadas as providências para proteger a vida do presidente, que corre perigo nesse primeiro impacto. Tudo o que eu possa fazer será feito, mas eu não sei nem mesmo se continuarei onde estou, por isso eu lhe peço que converse e resolva, para ver o que devo fazer." Não tive dúvidas, escrevi novamente. Recebi como resposta: "O general Ciro Resende será meu chefe de Polícia, é o único nome já escolhido e disse a ele que entrasse em contato contigo".

Não tinha acabado de ler a carta quando recebo o recado de que esse ilustre general desejava avistar-se comigo. Marquei imediatamente a hora para o encontro e avisei meu amigo X para que chegasse meia hora mais tarde, para combinarmos o programa de proteção durante o período carnavalesco.

É desnecessário dizer que o general já veio com todo o seu gabinete organizado e, para surpresa minha, constituído em sua maior parte daqueles que haviam sido em outras épocas os piores inimigos de meu pai. Se me detenho um pouco mais neste assunto do chefe de Polícia é porque foi praticamente o primeiro aviso que eu recebi do que ia acontecer. Nós íamos ser cercados de inimigos; sem o saber, íamos ser servidos pelo adversário como ele o quisesse; íamos ser solapados na nossa confiança e na nossa sinceridade por aqueles a quem tínhamos o dever de considerar amigos. Mas levou três anos para que tivéssemos consciência da realidade. Depois de resolvidos todos os casos que impediam a posse de meu pai, fui encontrá-lo a 22 ou 23 de dezembro, em São

Pedro.[4] A casa estava repleta. Mas assim mesmo, de madrugada, conseguimos conversar. Expus-lhe todos os meus problemas, inclusive meu esgotamento físico e o desejo dos médicos de que me afastasse por alguns dias do teatro dos acontecimentos.

A 23 de dezembro, embarquei para a Europa, em cura de repouso. A mudança súbita de clima, a falta de repouso, pois a curiosidade internacional diante do fenômeno político da volta triunfal de um deposto era tremenda, e a saudade fizeram com que eu chegasse ao Brasil ardendo em febre.

Quando meu pai chegou de São Paulo para escolher seus ministros (os que sobravam), organizar seu governo e tomar posse, eu estava doente e recebi sua visita antes da reclusão em minha cama de enferma. Reagi à custa de meus nervos duas ou três vezes para vê-lo onde estava, segregado de seus verdadeiros amigos, e o que encontrei obrigou-me a comparecer às festas de sua posse, doente e sem forças para reagir. Minhas energias eram apenas suficientes para parecer que estava feliz e contente. Compareci a tudo para não mostrar o que se passava dentro de mim. Somente uma semana depois da posse, me refiz. Já era tarde para modificar o que estava feito. Restava aquilo que eu poderia fazer com sacrifício pessoal. Ofereci-me para, sem a menor compensação, ajudar e orientar os auxiliares do novo governo que se iniciava.

Diariamente abandonava meus interesses, meu marido, minhas filhas,[5] minha casa, para ir em socorro dos novos. Só eu conhecia os antigos, os convertidos, os intermediários e os novíssimos. Só eu não desejava nada, não pretendia nada, não pleiteava nada que não fosse o triunfo pessoal e incontestável de meu pai.

Todos os demais tinham o direito de desejar, o dever de pleitear, a obrigação de aspirar para si, para os seus ou para outrem alguma coisa. Para mim, para meu coração de filha, para meu sentimento brasileiro, bastava que ele conseguisse fazer o que eu sabia que ele pretendia realizar.

No entanto, quantas surpresas me esperavam... Minha sinceridade, minha honestidade de propósitos eram sempre mal interpretadas. No começo não entendi. Vocês vão compreender por quê.

Foi em março de 1951. Eu trabalhava espontaneamente no gabinete do meu pai, desta vez sem nomeação, e procurava descarregar parte do ônus que pesava sobre meu pai, ouvindo os queixosos, consolando os desprezados e encaminhando as lamúrias.

Fui apanhada quase que de surpresa para uma conferência secreta: "Escute", disseram-me, "desta vez nós não vamos sair como em 1945. Desta vez a coisa vai ser diferente. Desde já precisamos preparar alguém para suceder o presidente, alguém que seja amigo, e esse alguém é o seu marido". Rebelei-me: "Vocês estão doidos. Em primeiro lugar, há um dispositivo constitucional que não permite parente nesse grau concorrer a qualquer cargo eletivo, e meu marido não poderá ser, ainda que o quisesse, nem vereador em São Borja, que fica lá longe! Em segundo lugar, ele é a única pessoa que eu conheço que até hoje não se deixou morder pela mosca azul. Tenho provas disso e não temo que ele vacile. Em terceiro lugar, venho sendo há anos filha de presidente da República e tenho aguentado, só eu sei como. Agora, esposa de presidente jamais. Sei o que minha mãe sofreu e não quero passar pelo que ela já passou. Assunto encerrado".

Voltaram à carga. "A Constituição não é problema, seis meses antes o dr. Getúlio passa o governo ao Café e a incompatibilidade desaparece. Não podemos deixar de novo o governo cair na mão do inimigo e, quanto ao resto, a senhora já está habituada. É um sacrifício pelos seus amigos que não será muito grande." Reagi, já impaciente: "Pois então fiquem com um argumento definitivo. Não há na história do Brasil o caso de um presidente da República divorciado. Se o Ernani vier a ser candidato, podem ficar certos de que no dia seguinte entra meu pedido de divórcio. Será um escândalo nunca visto e acabou-se a candidatura".

Diante de minha fúria no momento e de minha persistência, com o correr do tempo os fabricantes da candidatura de Ernani do Amaral Peixoto mudaram de tática. Passaram ao envolvimento, manobra sutil, a cuja significação só muito tarde dei valor. Eu estava ali sempre, conversando com parlamentares, distribuindo sorrisos e consolos àqueles que não eram recebidos, resolvendo pelo telefone alguns casos intrincados, conquistando simpatias. Eu era um empate. A palavra de ordem foi: envolvê-la em uma negociata. Recebi propostas as mais miraculosas para importação de coisas "essencialíssimas" para o Brasil, para exportação de produtos "absolutamente" inúteis ao Brasil e que trariam lucros fabulosos, da vinda para nossa terra de fábricas espetaculares que trariam rendas nunca vistas.

A princípio, ainda meio bisonha, levava religiosamente ao conhecimento de meu pai todas as sugestões, contando-lhe os dramas que me eram apresentados. Ora era um ilustre industrial que havia se *sacrificado* para a eleição dele, ora era um cidadão getulista de vinte gerações que se empobrecera por causa do governo anterior; ora, enfim, um correligionário *necessitadíssimo*. A resposta do meu pai era invariavelmente a mesma: "Não te mete nisso". E continuava a assinar decretos e despachar processos. Quando eu perguntava o que devia fazer, respondia sempre: "Mande que se entendam com as repartições competentes, mas não te deixes envolver".

À força de repetição e pela identificação das pessoas, comecei a perceber que havia o projeto deliberado de me prender em determinada gaveta que ainda não é oportuno descobrir. Adotei nova técnica, deixei de aborrecer meu pai. Ouvia pacientemente os interessados e suas propostas. Dizia-lhes com pouca variante sempre a mesma coisa. "O prestígio que o senhor alardeia, dizendo que só eu posso resolver este assunto, é fictício. O máximo que posso fazer pelo senhor é obter que seja recebido pela autoridade competente e ouvido em suas pretensões. Quanto a qualquer participação minha, quer em meu nome, quer em nome de minha filha, quer em nome de um terceiro de minha confiança, tire isso da cabeça. Não preciso nem estou interessada." Em geral, o de cujus encabulava e respondia prontamente: "É evidente que não pensei nisso, sei como a senhora é (e tome elogio). Pensava nas suas obras de caridade". "Neste caso, mande diretamente para a obra", e lhe dava o nome e o endereço. "Eu ficarei extremamente grata."

Apenas um o fez, depois de obter uma causa justa. Enviou um cheque para o Natal dos Pobres que foi contabilizado pela Legião. Mais tarde, o mesmo cidadão pleiteou outra causa que, embora justa, era preferencial, e me mandou outro cheque com a mesma quantia, mas, desta vez, ao portador. Este foi devolvido, sem que meus pobres [olhos] lhe vissem a cor.

Naquela altura, não podia deixar sobre mim a menor suspeita. Sempre afirmei e reafirmo que tenho pelas pessoas capazes de lidar honestamente com as coisas desonestas a maior das admirações. Entre estas poucas pessoas incluo Ernani do Amaral Peixoto. Eu, porém, não tive coragem e devolvi o cheque.

Voltemos ao assunto inicial.

Diante de minha afirmação de que nada queria para mim e que para minhas obras podiam mandar diretamente, os *fregueses*, se bem que decepcionados, pois meu desinteresse era um handicap, tinham nos olhos um brilho conhecido — o lucro seria maior, eu nunca saberia o montante, e o que eles mandassem para os pobres, ou não, não seria de minha conta, já que havia recusado participação. Depois dos agradecimentos de classe, promessas de telefonemas e despedidas, ia embora o interessado.

Antes que entrasse um novo, pedia, enquanto despachava *meus* papéis, ligação para a autoridade indigitada. Então acontecia uma coisa curiosa que, só agora, à distância dos fatos, das pessoas, e até de mim própria, me ocorre.

Quando se tratava de um adversário político, a autoridade em questão, depois das perguntas de estilo — "Há quanto tempo! Como vai? Como vão os seus?" — vinha sempre: "O que é que você manda? Dê suas ordens. Estou aqui como sempre para obedecer". Minha resposta era quase sempre a mesma. "Em primeiro lugar eu não mando nada, em segundo lugar não quero que você me obedeça. Vai procurá-lo em meu nome Fulano de tal que pleiteia isto, se for justo e possível, estou certa de que você o fará, em caso contrário, fica o dito por não dito."

A resposta era quase sempre a mesma: "Há certas dificuldades, mas eu posso contornar. O que é que você quer que eu faça?". Desafio a quem quer que seja, onde quer que esteja, desmentir a minha afirmação. "Não quero que faça nenhum absurdo que prejudique a sua administração (porque era sobretudo a de meu pai). A pessoa que pede merece minha confiança, mas não sei se o que pede é justo e possível. Você o julgará. Peço-lhe apenas uma resposta para sair da encrenca."

Na maioria das vezes, entre sorrisos e adeuses, a resposta era favorável.

Quando se tratava de amigos era completamente diferente. A maior parte me havia visto crescer dentro das grades de um palácio, outros se haviam incorporado a nossa caravana, outros eram apenas apêndices de uma campanha. Em todo caso, eram todos nossos. A esses eu dizia simplesmente. "Fulano deseja falar com você. Não sei exatamente o que quer, não sei o valor que tem para o país, não sei se vale ou não vale. Receba-o, é só o que lhe peço. Diga-lhe o que deve, sem se importar comigo. A única coisa importante para mim é o exato resultado do governo de meu pai. Se for errado não o faça; se for certo, é favor fazer."

A resposta era quase sempre uniforme também: "Bem, o problema é sério, você deve compreender que eu não posso fazer isso, isto e aquilo, mas se você disser sim, com a aquiescência do presidente, eu poderei fazer a sua vontade".

Embalde eu dizia que não era a *minha* vontade, em vão eu proclamava que havia algo mais forte que minha vontade, mais alto que o desejo que eu tinha de tirar meu pai de todas as complicações em que o tinham envolvido e nas quais ele tinha sido envolvido.

Compreendi um pouco tarde. Era tarde demais!

Começou então, ante o fracasso da campanha, a das negociatas inúteis (a segunda campanha). A campanha da desmoralização daqueles que se recusavam a ser desmoralizados pelo vil metal. Falo apenas a parte que me tocou diretamente, mas sei que eu não fui a única atingida. Meus irmãos, meus primos, meus parentes, meus amigos pessoais foram igualmente "cantados".

Mas o que mais interessava, o que mais importava, era a minha invulnerabilidade, a invulnerabilidade de quem tinha a confiança e os segredos de Getúlio Vargas. Eu.

Entramos então na terceira fase da campanha. Já sabiam então que nem a ambição política, nem dinheiro, nem honrarias, nem a pura ambição pessoal me interessavam fora *dele*. E nessa luta eu tinha o apoio e a confiança de quem esperavam jogar contra ele, meu marido. O trunfo que pretendiam jogar contra meu pai, para anular-nos aos três. Luta vã. Além do amor que nos unia, havia alguma coisa, ainda mais forte, mais penetrante, mais permanente, maior, mais nossa: uma comum dedicação por uma coisa chamada povo, por um objeto chamado Brasil, e pelo conjunto que se chama povo brasileiro, ao qual muito pouca gente dá importância, muito poucos devotam interesse, e ainda muito menos dedicam, pelo menos, uma lembrança. E foi por esses miúdos que o meu pai morreu.

Entremos resolutamente na terceira fase. Lembro-me de que um dia cheguei a meu pai, meu melhor, meu maior, meu mais certo confidente nos últimos dias de 1953. Eu estava preocupada, ele, sereno. Trabalhava e me esperava. Depois do relatório habitual, perguntei-lhe de chofre, sem preparo prévio: "Papai, minha cara mudou?". Notou então meu nervosismo, sorriu, e sem falar me pôs à vontade. Esbravejei: "Afinal de contas, fiquei mais feia, mais bonita, mais gorda ou mais magra somente porque voltaste ao governo?". Divertido com minha fúria, soltou uma gargalhada e resolveu esmiuçar o assunto, dizendo: "Não, para mim você é a mesma. O que é que há?". Diante de sua reação, mais calma, e achando que o tema o distrairia, resolvi falar.

"Durante todo o teu governo anterior, enquanto eu era solteira, tua auxiliar de gabinete, estudante de direito, convivendo com uma porção de homens de todas as idades e de todas as condições, nunca encontrei um só que me faltasse com o respeito ou sequer avançasse o menor galanteio. Cheguei a ter complexo, porque minhas companheiras e amigas contavam coisas do arco da velha que nunca se passaram comigo. Depois que me casei, idem. Via, ouvia e sentia os romances de uma porção de gente. Comigo nunca houve nada, sempre me respeitaram. Agora não. São senadores, deputados, grandes industriais, gente de bem, figurões, embaixadores e... se eu quiser aprofundar um pouco, até ministros teus. O que é que há comigo? Eu não mudei, somente fiquei mais velha; em todos esses anos, não posso ter melhorado. Há alguma coisa na minha cara que autorize o que estou recebendo agora? E o mais estranho é que quase todos os supostos admiradores são inimigos teus ou pelo menos adversários."

Papai riu ainda mais e me disse, batendo em meu rosto levemente: "Não te vejo diferente. Eles é que te olham de outra maneira". Voltei para casa pensando: "O que é que há comigo? Por que isto?".

Evidentemente não posso negar que minha vaidade andava muito satisfeita. Requestada por gente que antes nem se lembrava de me cumprimentar, disputada nos bailes como se fosse uma debutante de sucesso, convidada para todas as festas, solicitada em todos os grupos, por um triz não me tornei *café society*. Creio que somente uma absoluta incapacidade física me impediu de pretender entrar para o rol das dez mais.[6]

D. Alice, agosto de 1954

O dia 31 de julho era a data de aniversário de minha sogra — d. Alice —, e os três filhos e as três noras iríamos almoçar com ela. Já há algum tempo eu havia feito um trato com ela. Sua toalha de mesa de luxo, com a qual sempre nos recebia, era toda bordada de violetas. Com a petulância que me era característica, sabendo o valor que dava àquela toalha, fiz-lhe um ultimato: "Vou lhe dar de presente uma toalha de mesa para substituir essa. Não aguento mais essa aí". A mesa estava posta com minha toalha e o serviço de porcelana que os três casais se juntaram para fazer-lhe um presente. Só que nesse dia ninguém almoçou. Fomos chamados às pressas: pela manhã d. Alice havia sido acometida por um ataque de coração.

Nos primeiros dias, nós seis e mais outras pessoas que também a amavam acotovelavam-se dentro do pequeno apartamento da Praia do Flamengo. Resolvi pôr ordem quando os médicos deram-nos alguma esperança: "É inútil cansar todos os cavalos no mesmo dia. Vamos fazer revezamento. Durante o dia podem ficar o dr. Amaral, o irmão tio Américo e os sobrinhos. À noite fica um casal de cada vez". Ernani e eu nos mudamos de Niterói para o apartamento de meus pais.[1] Com o telefone em nossas cabeças. Devia ser 4 ou 5 de agosto quando o *bicho* tilinta depois de meia-noite. Corremos os dois preocupados. Era um amigo em comum que nos avisava: Lacerda sofrera um atentado, mas não morrera.[2] "E você nos acorda por causa de uma besteira dessas?" Justificou-se: "É que morreu um amigo dele da Aeronáutica, eu queria saber se vocês estavam bem".

Moídos pelo cansaço, voltamos a dormir, pois o próximo plantão seria nosso. Poucas vezes fui ao Catete durante esse período. Na madrugada de 6 para 7, o plantão seria nosso. Habituada a vigílias cívicas, e como d. Alice estivesse passando bem, disse ao Ernani que ele deveria ir repousar um pouco, eu ficaria até de manhã, quando minha amiga Zilda me renderia. Cheguei lampeira com as boas notícias e fui logo tomando um sedativo para poder dormir um pouco durante o dia.

Todos haviam dormido, inclusive o dr. Amaral; ele confiava em mim, sabia que tinha noções de enfermagem e sabia ministrar uma injeção. D. Alice passara uma de suas melhores noites e sorrira para mim quando levei para vê-la o gato de estimação. Desde a morte de meu irmão eu temia a chamada "visita da saúde", prenúncio de morte, mas nesse dia nada me ocorreu. Passava de nove da manhã quando chegaram o plantão que me renderia e os médicos. Fiz o relato da noite e me retirei para dormir.

Mal encostara a cabeça, quando Ernani sacudiu-me nervosamente: "Mamãe está morrendo, talvez nem cheguemos a tempo". Como sempre, duvidei: "Não é possível, deixei-a tão bem há pouco". Desde esse dia, remédio para dormir passou a não ter mais o menor valor para mim. Vesti-me correndo enquanto Ernani me repetia: "Acabaram de telefonar, ela teve um novo ataque e os médicos nada mais podem fazer". Chegamos tarde demais. Só nos cabia tomar as providências. Como ela contribuíra e muito para a construção da igreja Santa Terezinha,[3] foi para lá que fomos. Ainda não estava pronta, só a cripta funcionava, mas a decisão foi unânime. O vigário era o dr. Leovegildo Franca, irmão do padre Leonel, o mesmo que nos casara e batizara quase todos os netos de meu pai.

À tarde, Getúlio Vargas esteve rendendo sua homenagem a sua grande amiga. Depois que ele se foi, devíamos passar toda a noite velando, pois o enterro seria no dia seguinte pela manhã, após a missa de corpo presente que ali seria rezada. Foi uma das piores noites de minha vida. Meu sogro e tio Américo, único irmão de d. Alice, confiavam em mim cegamente, e eu não podia decepcioná-los. Levei comigo uma caixa de calmante, soníferos e outra de despertador para obter que dormissem um pouco, era necessário que eu engolisse com eles o mesmo remédio e, assim que os via repousar, engolia o de ficar acordada. Durante toda a madrugada e até o amanhecer fui bombardeada por bilhetes e emissários ligados a meu pai. Em vão, deblaterei que não poderia sair dali; enviei em seu socorro primeiro meu tio Walder Sarmanho e depois meu secretário de então, o Arnaldo (Grandmasson Ferreira Chaves). Inútil, só eu poderia ajudar e eu não podia sair antes do enterro.

Havia sido detectado que elementos da guarda pessoal de Getúlio Vargas estavam envolvidos no crime e a Aeronáutica já não confiava na Justiça. Estava começando a chamada República do Galeão.[4] Logo após, ao chegar ao apartamento, fiz o Ernani engolir um caldo e depois o dopei para que fosse dormir. Não sei se ele chegou a saber no dia o que havia feito. Peguei meu carro e, insone, toquei-me para o Catete. Encontrei meu pai entristecido, mas calmo. Dei algumas instruções, tomei algumas providências e depois fui também dormir. Até hoje não encontro explicações plausíveis, se houve intenção de matar o sr. Carlos Lacerda houve uma das maiores asneiras do século. Se não havia, foi uma brilhante jogada, devido à preguiça, indolência e traição de alguns auxiliares de meu pai. Já há alguns dias, alertara o ministro Nero Moura para o fato de que oficiais da ativa do Ministério da Aeronáutica estavam servindo de guarda-costas para o indigitado sr. Lacerda. Respondeu-me que nada podia fazer, pois os indigitados o faziam quando fora do serviço. Logo após, permitiu a instauração da República do Galeão, sob a chefia do coronel Adil, seu amigo pessoal. Será mesmo que ele não poderia evitar ambas as coisas? Será que ele foi tão bem embrulhado que não soube ou não pôde evitar estas duas quebras de disciplina militar? Não duvido por um segundo de sua lealdade, duvido de sua autoridade.

As apurações ordenadas por Tancredo Neves[5] foram demoradas demais e demasiado indecisas. Permitiu que a Aeronáutica tomasse-lhe a dianteira, e os trabalhos da Polícia Civil que fossem por água abaixo.[6] Suponho, mas não estou convencida, que ele não tivesse forças para agir melhor. No Galeão, os membros da guarda aprisionados foram seviciados e amedrontados, e depois assassinados dentro da prisão.[7] Além de Gregório Fortunato, só conheci pessoalmente o Climério, um rapaz quieto, com filhos, e não afeito a esse tipo de serviço sujo. De onde só me resta uma conclusão: era necessário destruir Getúlio Vargas antes que ele começasse a usufruir de tudo aquilo a que tinha direito, pois havia plantado bem. A quem beneficiou a morte de meu pai? Certamente não foi aos pobres.

Sabia agora que devia agir e agir com certa rapidez. Retomei meus contatos, que havia abandonado e estavam dispersos. Os fatos, porém, eram mais rápidos do que eu.

A famosa "banda de música" da UDN entrou em cena, ferozmente aguilhoada pelos dotes do sr. Lacerda, a suposta vítima do atentado, e habilmente servida pelos meios de comunicação da época.

"Delenda Getúlio", era a ordem. Era necessário achar um autor intelectual ligado diretamente a Vargas, já que não encontraram indícios contra o próprio. Foram acusados sucessivamente, e alguns até interrogados: Euvaldo Lodi, Ricardo Jafet,[8] marechal Mendes de Morais,[9] os filhos de Oswaldo Aranha; Benjamim, meu tio; Luthero, meu irmão; e depois eu.

Inventaram um "mar de lama" com o arquivo de Gregório Fortunato[10] que meu pai autorizara a abrir numa tentativa de aplacar as iras.[11] Surgiu um recibo assinado por meu irmão Manoel Antônio de uma venda para uma terceira pessoa.[12] Mas assinado por um Vargas, aí tinha algo.[13] Maneco, então em lua de mel na Europa,[14] de nada sabia. Devia regressar no dia 19. Fui a meu pai e lhe disse de minha intenção de ir ao Galeão esperá-lo e contar-lhe o que acontecera antes que algum repórter maldoso o interpelasse. Meu pai, que estava furioso com meu irmão, limitou-se a aquiescer. Na portaria, quando me preparava para entrar no carro, fui interpelada por Tancredo Neves: "Não, você não vai". Vão prendê-la, vão fazer isto, vão fazer aquilo. Não me intimidei, respondi apenas: "Meu irmão chega de viagem, e eu vou esperá-lo. Ninguém me impede de ir".

Lúcio Meira, então subchefe da Casa Militar, retirou os alamares presidenciais e simplesmente me disse: "Eu vou com você". Pouco antes de chegar ao aeroporto fomos parados por uma sentinela. Lúcio declinou seu posto e prosseguimos sem maiores alterações. Maneco ouviu tudo o que lhe disse e voltamos direto para o Palácio do Catete. Deixei o nosso pai, respirei aliviada e voltei para Niterói na barca da meia-noite. As meninas já dormiam, mas Ernani esperava por mim. Fiz-lhe meu relatório e fomos dormir merecidamente; o trem de vida que estávamos tendo era feroz. Pouco antes, meu colega de turma, o então promotor Henrique Cordeiro Guerra, encarregado do processo, telefonara para dizer que nada havia sido encontrado que pudesse me comprometer. Ainda brinquei: "Isso é sujeira, Guerrinha, todo mundo é mandante pelo menos por 48 horas e eu nem chego a vinte".

Luthero era deputado federal e não podia ser intimado a depor. Nero Moura me chamou, pedindo que Luthero se despisse das imunidades parlamentares e se apresentasse espontaneamente. Conversei com meu pai e depois chamei

Luthero para falar comigo primeiro, e dei-lhe um tremendo aperto.: "Você alguma vez, em roda de amigos, blasonou que desejaria matar o Lacerda?".

"Nunca", me respondeu, "pelo contrário, meus amigos tinham ordens terminantes de protegê-lo, mesmo porque eu sabia que, qualquer coisa que lhe acontecesse, iriam responsabilizar meu pai. Fica tranquila." Fiquei e depois lhe disse: "Agora pode subir, papai te espera no gabinete do terceiro andar". Ficou assentada a ida de Luthero.[15]

Foi a primeira e única noite que o sr. Lourival Fontes[16] permaneceu em vigília. Hoje, depois de tudo o que soube sobre esse personagem, acredito que tenha ficado para poder levar a seus novos "chefes", em primeira mão, o resultado do inquérito. Ficamos reunidos, Tancredo Neves, Lourival, entre outros, para a redação da nota que Luthero devia enviar às rádios e jornais, quando um dos ajudantes de ordens, o então capitão Hernani Fittipaldi, me chamou aflito. Pedi-lhe que esperasse um pouco enquanto fazíamos a revisão, mas ele insistiu: "É urgente". Larguei o que estava fazendo para ouvi-lo: entregou-me em silêncio um bilhete escrito com a letra de Getúlio Vargas. Rezava mais ou menos o seguinte: "À sanha de meus inimigos deixo o legado da minha morte". "Onde você encontrou isso?" "Eu estava arrumando o expediente já assinado quando o olho bobo caiu sobre essa nota e vim chamá-la." "Dá-me o papel", retruquei, "que vou tomar minhas providências." Subi correndo, mas Getúlio Vargas dormia tranquilo. Chamei primeiro os que o atendiam e, "Ele tomou alguma medicação soporífera?". Resposta unânime: "Não, senhora, nem água ele pediu". Chamei Benjamim e mostrei-lhe o bilhete, explicando a origem.

"Você não é médico, mas farmacêutico do interior é um pouco médico. Toma-lhe o pulso e verifica se sua respiração é normal." Era. Guardei então o escrito na pasta e voltei para o apartamento. Bem cedo regressei ao Catete. Esperei que estivesse só e o interpelei: "Que história é essa? Queres me matar do coração antes do tempo?". Ficou sério, quis saber como aquilo tinha ido parar na minha mão. Disse-lhe que precisava ter mais cuidado com seus escritos para que não fossem parar em mãos desonestas. Pediu-me o papel de volta e, batendo levemente em meu rosto, disse: "Sua bisbilhoteira. Não é nada disso que você está pensando. Você me conhece", e ficou com o papel.

A reunião ministerial, 1954

Devia ser uma segunda-feira, pois o ministro da Justiça Tancredo Neves despachava com meu pai. Desde 1953 minhas relações com o sr. Lourival Fontes estavam estremecidas e eu não mais atendia, como de costume, na sala de expediente, e sim na varanda do Catete.

Tinha acabado de almoçar e esperava algumas pessoas previamente marcadas quando repentinamente, e sem se fazer anunciar, surge diante de mim com um papel nas mãos o Xico Tinoco (senador pelo estado do Rio, Francisco de Sá Tinoco). Sem preâmbulos entregou-me o papel, dizendo: "Vim correndo e tenho de voltar correndo. Isso é o discurso que o Café Filho está pronunciando neste momento no Senado. Achei que o presidente deve tomar conhecimento do mesmo". E foi embora. Nem cheguei a ler. Contrariando as ordens expressas do meu patrão, interrompi o despacho para entregar-lhe o discurso. Tancredo pediu o discurso e comentou em minha presença: "Mas o Café quebrou a promessa feita ao Capanema de que só falaria depois de conversar com ele. Isso é uma deslealdade".

Retirei-me, pois minhas audiências estavam chegando. Uma delas era o então tenente dos Fuzileiros Navais, Hélio Leães, ajudante de ordens do almirante Camargo.[1] Hélio estava casado já há algum tempo com minha prima e eu tinha tanto com ele como com o Camargo liberdade suficiente para perguntar qual seria a atitude dos fuzileiros em caso de balbúrdia. Desde o tragicômico episódio do ataque integralista ao Palácio Guanabara, quando os ditos se fantasiaram de fuzileiros, a corporação, até então ilibada, ficara sob suspeita. A resposta que me foi transmitida foi: "Os fuzileiros não vão se meter em balbúrdias. Só sairão do quartel se forem atacados". Isso, juntando às outras informações que já tivera, me bastava.

Durante um almoço no Palácio do Ingá, entre os presentes estava o grande pediatra e sanitarista dr. Necker Pinto.

Vários foram os assuntos debatidos, um ficou gravado na minha memória: a campanha do petróleo,[2] uns eram contra, outros, a favor. De repente, o dr. Necker, que quase não falara, disse: "É. O petróleo já causou a morte de muita gente". Senti um frio na espinha, mas consegui me controlar.

Estava aguardando a audiência seguinte quando intempestivamente, outra vez, surgiu uma outra pessoa com o seguinte recado: "Fulano (era meu amigo e já morreu) manda te dizer que o dia D é amanhã, 24".

Rebelei-me. "Não pode ser, já é um dia tão marcado em nossas vidas." (Data natalícia de Getúlio, meu irmão morto.) Meu primo fez um gesto de desalento e repetiu o recado. Vinha de alguém que era muito meu amigo e muito bem-informado. Aflita, redobrei meus contatos. Estava tudo em ordem. Jantei com meu pai e me demorei ainda um pouco, pois pretendia ir para Niterói na barca de onze horas. Em seu quarto de dormir, despachava e conversava com seu amigo Maciel Filho. Relatei todas as minhas "travessuras", como ele as chamava, e pedi permissão para ir embora, pois há três dias e três noites não via minha casa nem minhas crianças. Sorriu, dizendo, "Vai, rapariguinha, eu estou bem acompanhado e no momento não estou precisando de você".

Quando cheguei à porta do elevador, dei de frente com o então comandante Lúcio Meira, subchefe de seu Gabinete Militar. Interpelou-me: "Aonde você vai?". Tinha e tenho por Lúcio o maior apreço, mas respondi-lhe brincando: "Vou para a Praia Grande e não tenho um minuto a perder. Está tudo calmo e em ordem, mas amanhã cedo estarei de volta". Lúcio foi áspero: "Não, você não vai. O general Caiado (chefe da Casa Militar) está muito nervoso com as visitas que recebeu hoje e é necessário que você passe para ele um pouco de seu otimismo".

Ainda reagi. "Se eu perder essa barca, só vou ter outra muito depois de meia-noite, e todos no Ingá já estarão dormindo." Lúcio não cedeu à minha argumentação, que foi ainda mais longa, e eu perdi a barca de onze horas.

O general Caiado de Castro, desde que a crise começou, passara a dormir no próprio Palácio do Catete. Ele e seu chefe de gabinete, o inglês bêbado (que não era inglês e não bebia), ouviram atentos tudo aquilo que eu já colhera e, menos desanimados, deixaram-me partir. Ao contrário do que esperava, encontrei o Palácio do Ingá todo iluminado e Ernani no alto da escadaria dava ordens. Disse-me: "Não dispense o carro, vamos precisar dele. A situação piorou muito e seu pai convocou uma reunião ministerial para esta madrugada. Não sei o que vai acontecer. Acorde as meninas e pegue todos os documentos importantes. Temos de deixá-las em lugar seguro, aqui mesmo em Niterói, e se não me acreditar, telefone para seu tio, que foi quem me chamou".

Despertei da letargia e reagi. Liguei para o Catete. Ernani mais uma vez estava certo, mas não cedi quanto às crianças. Acordá-las no meio da noite sem saber o que aconteceria já era duro; separar-me delas seria ainda pior. Entramos em acordo: iríamos em dois carros. Um iria para o Catete levando-nos, o outro iria para o apartamento de meus pais, na avenida Rui Barbosa, e eu pediria a Zilda, minha amiga de todos os tempos, que ficasse com elas. Peguei meu revólver e alguns papéis mais importantes, joguei tudo em minha pasta de trabalho e fiquei pronta. Ernani havia mandado segurar uma barca de carga. Durante a viagem, fiquei com elas. Será que ainda as reveria? Separamo-nos. Passei para o carro onde Ernani já estava e rumamos para o Catete.

Uma pequena horda de amotinados, do outro lado da calçada, vaiava todos aqueles que entravam ou saíam do Palácio. Realmente havia uma orquestração prévia, mas ainda não era séria. Fomos direto ao gabinete particular de meu pai, que palestrava tranquilamente com Oswaldo Aranha, seu ministro da Fazenda. Pimpona, como sempre, cometi um erro ao exibir o revólver. Começaram a chegar os outros ministros e o ajudante de ordens avisou que, com exceção do ministro Vicente Rao, Relação Exteriores, que estava em São Paulo, todos tinham chegado. Tancredo Neves, ministro da Justiça, também havia subido. Meu pai, virando-se para os ministros e para o Ernani, disse: "Então vamos descer". Antes, porém, tirou do bolso um papel, assinou-o e depois, meio encabulado, deu a caneta a Tancredo Neves, dizendo: "Guarde-a, pois pode vir a se tornar histórica". Havia motivos para o gesto de Getúlio Vargas. Tratava-se de uma caneta vagabunda de madeira com pena J, a única com a qual ele escrevia. Nunca conseguiu adaptar-se às esferográficas. Aranha chegou perto de mim e me disse: "Alzira, confio muito na intuição das mulheres, sobretudo na tua. Diz o que devemos fazer para tirar Getúlio desta enrascada". Meus nervos ouriçaram todos, mas tive forças para responder: "Vá, dr. Oswaldo. Dê-me cinco minutos para responder, eu também vou descer". Em vez de ficar pensando, fui à luta e repassei todos os meus contatos, depois desci e entrei intempestivamente no salão de despachos onde estava reunido com seu Ministério e mais o marechal Mascarenhas de Morais[3] e Ernani do Amaral Peixoto e meu pai.

Minha entrada deu ensejo a uma porção de gente — família, ajudantes de ordens, familiares etc. — de penetrar também. Postei-me à esquerda de meu pai, entre ele e Tancredo Neves, e fiz para o dr. Oswaldo Aranha o sinal de resistência, conforme havíamos combinado e de acordo com as informações que estavam em meu poder.

Alguém bateu em meu ombro dizendo que JK estava telefonando de Minas para Tancredo Neves. Respondi que Tancredo não poderia sair naquele momento e que JK telefonasse mais tarde. Era minha oportunidade. Rabisquei em um pedaço de papel o recado de JK para Tancredo e embaixo escrevi: "Resista".

Fiquei ouvindo e olhando as fisionomias em torno da mesa. Havia passividade, ódios recalcados, solidariedade formal e até pena. Em nenhum momento senti entusiasmo ou desejo de luta. O general Zenóbio da Costa estava falando: dizia que era incontrolável o movimento contra Getúlio Vargas. Não me contive mais, pedi desculpas a meu pai e dei um soco na mesa, dirigindo-me diretamente ao general Zenóbio: "Não é somente a sua vida nem a de meu pai que está em jogo. A minha e a de minhas crianças também, por isso dou-me o direito de falar. O senhor sabe tão bem quanto eu que tudo isso não passa de uma conspiração de gabinete. Estou em contato com os comandantes das blindadas na Vila Militar, todos de fogos acesos, prontos para vir defender o governo constituído. É uma conspiração de gabinetes e mais nada".

Eu trazia no bolso do vestido o nome e o posto dos generais signatários até aquele momento.[4] Sabia também onde estavam o documento e o nome dos generais que estavam no "muro", aguardando os acontecimentos para assinar ou não. Mas não acusei ninguém nem "dedurei" o coletor de assinaturas. Zenóbio ficou vermelho e começou a deblaterar com o general Caiado de Castro, que, em pé do outro lado da mesa e um pouco surdo, não ouvia direito o que o ministro da Guerra dizia. Lembro-me apenas de que em dado momento respondeu a Zenóbio: "Dê-me um comando que eu vou agir". Eu já tinha passado para o ministro da Marinha, Renato Guilhobel, e perguntei: "Qual é a tropa de terra de que seu Ministério dispõe, não são os Fuzileiros Navais?". Acenou com a cabeça que sim e eu confirmei: "Tenho a palavra de seu comandante que não pretendem sair para nos atacar". Guilhobel, virando-se para meu pai, disse uma frase que ainda mais enfureceu Zenóbio: "Presidente, o senhor parece predestinado a ser sempre traído por seus chefes militares".

Eu já estava em outra, interpelando o ministro da Aeronáutica, brigadeiro Epaminondas Gomes dos Santos: "Qual é a guarnição melhor aparelhada para um ataque, não é Santa Cruz, comandada por um ex-ajudante de ordens de meu pai[5] que jamais nos atacaria?". Epaminondas assentiu e entrou num bate-boca com Zenóbio sobre como prender os revoltosos e conservá-los sob custódia. Seguiu-se um entrevero e eu me calei, pedi desculpas a meu pai e voltei para junto dos ajudantes de ordens que continuaram me incentivando: "Fale mais, foi ótimo". Mal tive tempo de responder-lhes que já estava com os lábios em sangue para me conter e já meu mau exemplo estava sendo seguido. Meu irmão, Manoel Antônio, então secretário de Agricultura no Rio Grande do Sul, e Danton Coelho, ex-ministro do Trabalho, falaram a seguir. Não lembro se houve mais alguém.

Só então a mesa começou a reagir. Aranha, Tancredo e depois Ernani começaram a sugerir fórmulas: licença via Congresso para ganhar tempo, reação limitada, renúncia pura e simples, e outras sugestões, nenhuma reação violenta. Só panos quentes. Paulo Torres, o general, então chefe de Polícia, dissera a Ernani: "Se o presidente me autorizar, faço agora mesmo uma meia dúzia de prisões, e essa farsa acaba". Serenados os ânimos, meu pai, que não perdera a calma nem seu ar meio ausente, disse: "Vou fazer uma segunda rodada para ouvir a opinião de meus ministros". Eu não ouvira a primeira, mas não devia ser muito diferente da segunda. E começou por Tancredo Neves, que se disse favorável a uma consulta ao Congresso. A ordem de colocação dos ministros deveria ter obedecido à cronologia, isto é, a ordem de criação desde o Império, mas naquela madrugada só quem seguiu a ordem foram Oswaldo Aranha e Tancredo Neves. Os outros sentaram em qualquer lugar. Chamou minha atenção a posição tomada pelo sr. Almeida, ministro da Viação, à cabeceira, permitindo que outros Ministérios bem mais novos, criados por Getúlio Vargas (Trabalho, Aeronáutica, Educação e Saúde), falassem antes dele...

Zenóbio voltou a dizer que uma reação seria possível, mas correria muito sangue. Todos os demais — A. Viana[6] (Trabalho), Edgard Santos (Educação), Mário Pinotti (Saúde), Apolônio Sales (Agricultura), José Américo de Almeida (Viação e Obras Públicas), Renato Guilhobel (Marinha), Epaminondas Gomes dos Santos (Aeronáutica) — limitaram-se a uma solidariedade inócua. "Seguiremos sua sorte." Mascarenhas de Morais e Ernani do Amaral Peixoto, presentes, não votaram. Chegara a vez de Oswaldo Aranha. Havia um suspense no ar. Oswaldo pregou uma reação, mas não sabia exatamente como. Diante do resultado, Getúlio Vargas declarou: "Já que meus ministros nada resolvem, eu decido: mantenham a ordem pública que entrarei com um pedido de licença de dois meses. Em caso contrário, se a desordem continuar, encontrarão aqui o meu cadáver. Só morto sairei do Catete".

Levantou-se, despediu-se, agradeceu e se retirou. Zenóbio saiu logo depois dizendo que ia tomar providências. Só ficaram Oswaldo Aranha, Tancredo Neves e Ernani do Amaral Peixoto. Subi logo depois. No elevador encontrei Maciel Filho, que me perguntou o que acontecera. Relatei sumariamente, e ele perguntou: "E o Zenóbio, já saiu?". "Não", retruquei, "chamaram-no de volta para assinar a declaração do Ministério." Maciel começou a chorar: "Mataram meu velhinho".[7]

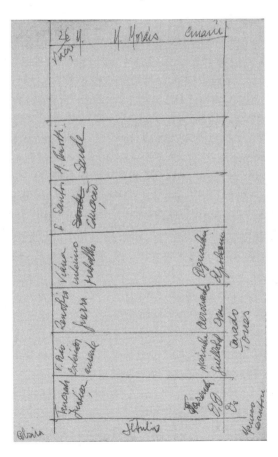

Getúlio Vargas deixou plantadas todas, ou quase todas, as sementes para nossa emancipação econômica. Tornou-se necessário, depois, podar algumas e fortalecer outras, mas a semente plantada era boa e germinou. Orgulhamo-nos hoje de nossa siderurgia, petróleo, álcalis, fábrica de motores etc. Mas nada disso teria resultado se não tivesse havido, paralelamente, o preparo do homem brasileiro para manipular nossas indústrias de base e usufruir os benefícios que estas certamente trariam com o tempo. Repisar nas leis trabalhistas nunca é demais. No entanto, tantas outras iniciativas em benefício do povo aí estão a atestar os esforços de uma plêiade de homens ilustres que com ele surgiram no alvorecer da Revolução de 1930. O saneamento da chamada Baixada Fluminense, as obras contra as secas, a retificação de rios e consequente proteção a inúmeras cidades que periodicamente eram flageladas por enchentes, a marcha para o oeste, numa reconquista de terras despovoadas, a batalha da borracha, a proteção ao índio etc., além de inúmeras escolas e faculdades de ensino superior e hospitais. Por tudo isso, Getúlio Vargas credenciou-se na estima do povo brasileiro e a auréola mítica que se criou em torno dele teve sua razão de ser. Nós, os privilegiados que convivemos com ele e com ele trabalhamos em vários setores da vida pública, não conhecemos o mito, conhecemos o homem profundamente humano e íntegro, sensível aos grandes problemas do Brasil.

"Este povo de quem eu fui escravo jamais será escravo de ninguém."[8] Com estas palavras que encerraram não só a vida pública-política, mas a própria existência terrena de Getúlio Vargas, ele deixou não um testamento, mas o próprio resumo de uma vida inteiramente entregue à nação brasileira.

A candidatura de JK, 1954

Na realidade, o grande jogo já começara há mais tempo, mas foi em 1954 que se iniciou o embate decisivo. Eu era um mero peão nesse enorme tabuleiro, mas um peão categorizado, com uma missão precípua: a de defender o rei. Somente há pouco tempo entendi bem o quanto era esperado de mim e o quanto falhara.

Os adversários eram muito fortes, mas o lado de Getúlio visivelmente mais fraco. Com acesso a ele e capacidade de discernimento mais fidelidade total éramos apenas três: Benjamim, seu irmão, Ernani e eu.

Do outro lado estavam já alinhados: Góes Monteiro, Oswaldo Aranha, aos quais em breve se juntariam Oswaldo Cordeiro de Farias, Juracy Magalhães, Lima Cavalcanti, João Alberto, Eduardo Gomes etc. Cada jogador era meticulosamente estudado, e havia trapaças de ambos os lados.

Não é verdade que eu tenha telefonado para o Juscelino alguma vez na vida, muito menos nessa ocasião. D. Alice estava passando mal e veio a falecer nessa época. Ernani e eu tomamos conhecimento do chamado Crime da Tonelero por um telefonema dado em nosso quarto, pela madrugada. Nosso único comentário então foi: "Que azar! Pensei que fossem notícias de d. Alice". Fomos dormir meio sobressaltados.

Confesso que a crise provocada pela morte do major Vaz só veio a me afetar no dia do falecimento de minha sogra, quando na capela, antes da missa de corpo presente, recebi um recado para comparecer ao Catete com a máxima urgência, pois meu pai necessitava de mim. Só atendi ao chamado várias horas depois, após ter passado quase 48 horas sem dormir. Em hipótese alguma telefonei para Minas Gerais nessa ocasião. Se alguém o fez em meu nome, nunca fui informada.

2) Não acredito na hipótese da prece.[1] Getúlio Vargas não era ateu, era agnóstico, e nunca deixou de o ser, apesar de alguns estarem convencidos do contrário. "*Yo no creo en brujas, pero que las hay, las hay*" era uma frase muito comum em seus lábios. Aceitava e rejeitava todo e qualquer tipo de crença, como mero espectador. Nunca militou, nem mesmo na descrença total. Recordo que me repetiu várias vezes que gostara, e muito, de sua ida a Belo Horizonte, e também soube por seus auxiliares mais íntimos que tivera uma das noites mais atormentadas de sua vida e fora surpreendido murmurando frases desconexas, em virtude da forte dose de tranquilizantes que ingerira.

3) A guarda pessoal fora dissolvida quando se verificou que estava envolvida no crime. Não antes.

4) A permanência de Zenóbio da Costa na pasta da Guerra (governo Café Filho) já me fora dita por Getúlio Vargas poucas horas antes de sua morte. É a primeira vez que vejo em letra de fôrma a confirmação do que ouvi então.[2]

5) A luta de JK pela presidência revestiu-se de características bem mais violentas do que as descritas. Tanto Mariz quanto Etelvino[3] estiveram em nossa casa (Palácio do Ingá) em Niterói. Em resumo, ambos propugnavam por uma desistência formal da candidatura JK, alegando que este seria o maior homem do país se concordasse com a retirada do seu nome. Nessa ocasião, a corajosa atitude de JK, de Jango e nossa foi decisiva.[4]

Diálogos entre Alzira e Café Filho, 1954

Mas havia começado o grande show. Vinte e três de agosto,[1] eram duas horas da tarde quando um senador meu amigo levou às minhas mãos a cópia mimeografada do famoso discurso pronunciado pelo vice-presidente Café Filho no Senado Federal.

Não sei se o senhor Café Filho,[2] em suas memórias,[3] está apenas desejando pôr em relevo o valor literário do senhor Oséas Martins,[4] deturpando fatos reais que conhece apenas de ouvido, criando situações que nunca existiram ou imaginando um meio de escapar à verdade. Estou escrevendo a verdade que eu presenciei, embora me seja profundamente penoso fazê-lo, sobretudo desvendando ao público, amigo e inimigo, compreensivo ou prejudicado pelo ódio, a verdadeira personalidade de um homem que sempre foi discreto e fechado em relação à sua vida íntima. Para que possa ser realmente compreendido, devo prestar meu depoimento e o farei.

Em relação ao episódio único que li em que se refere a mim como o tendo "agredido" com a pergunta "Já veio assumir?", quero apenas refrescar sua memória. Desde que se anunciou a ida de meu pai à Bolívia,[5] muito antes de qualquer crise político-militar, ele próprio costumava me perguntar: "Como é, quando é que chega minha vez?". Ao que lhe respondia sempre: "Tenha paciência, o seu dia chegará. Mas ele vai e volta. Você não terá muito tempo para se espalhar".

Era natural que naquele dia, depois de seu discurso no Senado, quem fizesse a pergunta fosse eu.

Eu o fazia esperar

Se eu o fazia esperar por uma razão ou outra, me perguntava: "Por quem é que sempre se espera?". E eu lhe respondia sem pestanejar: "Pelo sr. arcebispo".[1] Ria às gargalhadas. Sempre que podia, sobretudo quando havia pessoas em volta, me provocava para quebrar o gelo.

Havia entre nós outra brincadeira secreta que ele nunca deixou de seguir em sequência a essa. Não posso suportar nada muito quente ou nada muito frio. É uma espécie de alergia. Na hora do café, sempre me demoro um pouco para que esfrie. Em geral, acabada sua refeição, papai se levantava para trabalhar, em silêncio. Um dia em que estávamos sós, achei ruim. Havia notado que estava um pouco ausente e preocupado. Com certo ar de petulância, disse: "Eu ainda não acabei de tomar meu café e eu vim te fazer companhia". Sentou-se de novo, um pouco irritado, e eu continuei: "Afinal de contas, eu só tenho um esôfago e não estou disposta a queimá-lo nem pelo presidente da República".

Nunca mais se levantou da mesa sem primeiro perguntar se eu havia terminado de tomar café. Vingava-se, porém, ora indagando alto se eu estava pronta, ora olhando significativamente para minha xícara. Rapidamente punha água gelada no café e o bebia ainda mais rapidamente. Sorria feliz e se levantava, deixando muitas vezes hóspedes seus atrapalhados ou com o esôfago queimado.

Não era por falta de respeito que eu respondia atrevidamente muitas vezes. Sentia que isso lhe dava prazer. Era quase que uma maneira de mostrar com testemunhas que seus filhos tinham valor pessoal. Não eram apenas filhos do presidente da República. Eu me prestava sempre à comédia. Uma das coisas que mais o faziam rir era quando eu aparecia com uma mancha roxa no braço, fruto de uma injeção mal dada ou de um tropeção qualquer. Perguntavam, sempre solícitos, seus comensais: Que foi isso? Como foi? Havia sempre uma malícia na pergunta. O eterno boato de que eu e Ernani não nos dávamos bem permanecia ainda, depois de tanto tempo. Não trepidava e malcriadamente respondia: "Meu pai não criou filha para apanhar".

Achavam engraçado, mas quem mais se divertia era papai. Muitas vezes ele próprio forçava a situação, somente eu o sabia, para ouvir a resposta e ter a oportunidade de dar uma boa gargalhada.

Um homem só

Se eu já tivesse serenidade, desprendimento e, sobretudo, coragem suficiente, teria começado a contar a história maravilhosa de um homem só.

Bastaria talvez que eu, engolindo as lágrimas que nunca chorei, escrevesse: "Nasceu só, viveu só entre milhões, morreu só doando tudo o que tinha e se chamou Getúlio Vargas".

Creio que não. Nem assim o entenderiam os cegos que nunca quiseram ver; os surdos que não ouviram seus apelos ou os fátuos que não souberam compreender. Agora, amanhã, depois de amanhã. É tarde para chamá-lo de volta. Ele não volta mais.

Nunca mais ressoará pelos recantos deste Brasil aquela voz fraternal e amiga que avisava, prometia, acompanhava e conduzia; nunca mais se verá o sorriso melancolicamente otimista daquele homem tão construtivamente cético; nunca mais sentirei sobre minha cabeça em revolta aquela mão bondosa que me fazia esquecer as piores agruras e me transformava em criança.

Nunca mais serei criança. Quantos deixaram de ser "criança" comigo? Foi esse seu grande mal. Todo mundo deixava de ser adulto junto dele. É difícil ser adulto no meio de crianças. Por isso, ele sempre foi só.

Havia nele tanta força, tanta grandeza, tanta compreensão, tanta generosidade oculta que eu às vezes me pergunto: para que tanto num só homem?

As recordações se atropelam dentro de mim.

Lembro-me... Tínhamo-nos mudado recentemente para o Palácio Guanabara. Eram mais ou menos onze e meia da manhã, hora em que fazia sua barba. Chamou-me para que transmitisse um recado. Um inseto qualquer fazia evoluções em torno de sua cabeça, impassível. De sapato em punho, tentei matá-lo. Observou-me através do espelho durante algum tempo. De repente, exclamou: "Deixa, esse bicho também precisa viver. É inofensivo". Parei estatelada, sem saber se era impaciência por minhas evoluções acrobáticas ou um modo de pensar, e o bicho fugiu.

Alguns anos depois, cursava eu a faculdade de direito, primeiro ano de direito penal. Minha sensibilidade adolescente me levava para o determinismo. Os mestres, o Código, a cátedra apontavam o livre-arbítrio. Consultei-o, defendendo meu ponto de vista. Discutimos. Eu queria, no ardor de uma mocidade impetuosa, sanatórios em vez de prisões. Concordou comigo, citou os grandes penalistas criminalistas italianos e depois, tranquilamente, me perguntou: "Que é que você faria se entrasse agora aqui um tigre selvagem?". Respondi: "Procuraria matá-lo ou me defender". Sorriu grande e arrematou: "Pois é isto que a sociedade faz em relação aos criminosos: se defende. Enquanto não está aparelhada para domesticar os tigres, ela os mata ou aprisiona quando eles a ameaçam". Vencida, calei-me e recordei o inseto que me havia fugido, porque era inofensivo.

Passaram-se mais dias, meses e anos. Comecei a trabalhar oficialmente com ele, sob o nome, para mim pomposo, de "auxiliar de gabinete". Além dos telegramas cifrados, da correspondência particular, dos despachos de processos, cabia-me a parte dos inconformados. Não podendo ver o presidente ou esperar a vez, só comigo se abririam.

Nunca pensei em tão pouco tempo vir a saber de tanta coisa. Às vezes, a derrocada de meus ídolos me entristecia, outras, a morte fria de minhas ilusões sobre a absoluta diferenciação entre o bem e o mal me deixava em pânico.

Quanto às duas lições — a do inseto e a do tigre —, não me bastavam; descarregava, inconsciente do meu crime, sobre o coração deste homem já tão torturado, minhas próprias aflições. Ele as destruía com uma palavra, um gesto, e eu partia feliz e contente, sem remorsos, porque seu sorriso bom assim me autorizava. Era como se o fato de lhe contar um fato o resolvesse.

Foi somente quando me apercebi de que não era eu a única nesta manobra de despejo de responsabilidades que resolvi, para o poupar, arcar com os ônus que me eram próprios, à minha maneira.

Muito poucos me imitaram e esse homem profundamente bom, sincero e humano foi, durante anos, triturado, dissecado, massacrado e maltratado.

E, no entanto, o que ele me deixou como herança maior foi o seu coração. Sua absoluta incapacidade de odiar e seu imenso desejo de amar e de dar, dar, dar até o infinito. Sinto necessidade de odiar e não posso.

Há um homem, "um homem só", que me deu vida, criou e ensinou dentro do seu Evangelho — Só o amor constrói.

Biografias*

ADALBERTO CORREA (1888-1954). Participou da Revolução de 1923, ao lado das forças federalistas. Exilou-se no Uruguai, onde se juntou aos revoltosos do encouraçado *São Paulo*. Elegeu-se, em 1929, deputado federal pelo Partido Libertador. Aderiu à Revolução de 1930. Em 1934, elegeu-se para a Câmara Federal. Em 1936, tornou-se presidente da recém-criada Comissão Nacional de Repressão ao Comunismo.

ADHEMAR PEREIRA DE BARROS (1901-69). Participou, como médico, da Revolução de 1932. Após a derrota, exilou-se no Paraguai e, depois, na Argentina. De volta, ingressou no Partido Republicano Paulista (PRP). Eleito deputado estadual, permaneceu na Câmara até 1937. Com o Estado Novo, membros do extinto PRP passaram a pressionar Vargas para nomear um interventor saído dos seus quadros. Este atendeu a reivindicação e, em abril de 1938, assumiu a Interventoria de São Paulo, permanecendo no cargo até 1941. Em 1947, foi eleito governador de São Paulo. Entre 1957 e 1961, foi prefeito de São Paulo.

ADROALDO MESQUITA DA COSTA (1894-1985). Foi eleito deputado para a Assembleia Nacional Constituinte, em 1933, pela Frente Única Gaúcha (FUG). Voltou ao Rio Grande do Sul em 1934 e elegeu-se para a Assembleia Constituinte Estadual, onde permaneceu até a implantação do Estado Novo. Elegeu-se deputado constituinte pelo PSD gaúcho em 1945. Foi ministro da Justiça do governo Dutra (1947-50). Retornou à Câmara dos Deputados em 1950, novamente pelo PSD, e exerceu mandato até 1955.

* Não foram encontradas informações biográficas de Dona Aida e Vianna, do DIP; Afonso César e Roberto Alves, auxiliares de Getúlio Vargas; Cipriano Lage; e Hélio Leães, tenente dos Fuzileiros Navais.

AFRÂNIO DE MELLO FRANCO (1870-1943). Na sucessão de Washington Luís, participou das negociações para a criação da Aliança Liberal e integrou sua comissão executiva. Nomeado ministro das Relações Exteriores pela Junta Governativa, permaneceu no cargo após a posse de Getúlio. A sucessão de Olegário Maciel levou Mello Franco a demitir-se, em dezembro de 1933, do cargo de ministro. Em outubro de 1934, elegeu-se para a Assembleia Constituinte de Minas e renunciou ao mandato após promulgada a Constituição. Em 1937, foi eleito membro titular e presidente da Comissão Internacional de Jurisconsultos de Washington, encarregada de elaborar a codificação progressiva do Direito Internacional Americano.

AGAMENON SÉRGIO DE GODOY MAGALHÃES (1893-1952). Em 1922, participou da Reação Republicana. De 1924 a 1930, foi deputado federal por Pernambuco, sempre na legenda do PRD. Defendeu a Aliança Liberal na Câmara e foi um dos membros da Caravana Liberal, que percorreu o Norte do país. Participou do 3 de Outubro, em Pernambuco, e apoiou a escolha de Carlos de Lima Cavalcanti como interventor do estado. Foi um dos articuladores do Partido Social Democrático (PSD) de Pernambuco, fundado em dezembro de 1932, e, nessa legenda, foi eleito deputado à Constituinte. Em 1934, assumiu a pasta do Trabalho, Indústria e Comércio. Durante seis meses foi, em 1937, interinamente, também ministro da Justiça. Com a implantação do Estado Novo, foi nomeado interventor federal em Pernambuco, cargo que deixou em 1945, quando foi reconduzido por Vargas ao Ministério da Justiça. Mas pouco permaneceu no cargo. Com a deposição de Getúlio, elegeu-se deputado por Pernambuco à Assembleia Nacional Constituinte. Em 1950, tornou-se governador de Pernambuco.

AGENOR BARCELLOS FEIO (1896-1969). Na Revolução de 1923, atuou na defesa de Porto Alegre. Em outubro de 1930, comandou o Corpo de Guardas Civis no assalto e tomada do quartel da 3ª Região Militar e do Arsenal de Guerra de Porto Alegre. Organizou e comandou o 1º Batalhão de Infantaria da Reserva que seguiu para Itararé (SP) com as tropas revolucionárias. Em 1937, assumiu o comando da Brigada Militar do Rio Grande do Sul. Entre 1942 e 1945, foi secretário de Justiça e Segurança Pública do estado do Rio de Janeiro, voltando a ocupar a pasta da Segurança em 1951. Em 1954, elegeu-se à Câmara Federal pelo PSD fluminense.

AGILDO DA GAMA BARATA RIBEIRO (1905-68). Em 1930, convidado, transferiu-se para o 22º Batalhão de Caçadores, na cidade da Paraíba, local escolhido como centro irradiador do movimento revolucionário nas regiões Norte e Nordeste. Partiu para Recife, que foi ocupada no dia 5 de outubro, e, depois, chefiou uma coluna encarregada de depor os governos de Alagoas, Sergipe e Bahia. Antes de conquistar Salvador, recebeu a notícia da deposição de Washington Luís. Participou da conspiração paulista em 1932, mas foi preso no Rio de Janeiro. Exilou-se em Portugal em 1933. Retornou ao Exército em 1934. Ingressou no Partido Comunista do Brasil (PCB). Transferido para o Rio Grande do Sul, tornou-se vice-presidente da comissão formadora da Aliança Nacional Libertadora (ANL). Voltou ao Rio em meados de outubro de 1935, apresentou-se ao 3º Regimento de Infantaria, no bairro da Praia Vermelha, para cumprir a pena disciplinar que havia recebido ainda no Rio Grande do Sul. O levante comunista no Nordeste levou à decisão de antecipar a ação militar no Rio de Janeiro. Tomaram o quartel do 3º RI, mas o cerco governista foi imediato. Sob bombardeio, os revoltosos tentaram negociar a rendição, mas as tropas legalistas conseguiram a rendição incondicional. Incurso na Lei de Segurança Nacional, recebeu a pena de dez anos de prisão. Em 1947, elegeu-se vereador pelo PCB no Distrito Federal.

AGUINALDO CAIADO DE CASTRO (1899-1963). Oficial legalista na década de 1920, integrou-se à revolta paulista em 1932. Depois da anistia política de 1934, reintegrou-se ao Exército. Serviu no estado-maior da força em 1937-38. Na patente de coronel, comandou o Regimento Sampaio da FEB na Itália. Chefiou o Gabinete Militar da Presidência da República entre 1952 e 1954.

ALCIDES GONÇALVES ETCHEGOYEN (1901-56). Integrou como coronel revolucionário o comando militar das forças sulistas em 1930, embora tivesse a patente de tenente. Em 1942, já tenente-coronel, assumiu a chefia da polícia do Distrito Federal, em substituição a Filinto Müller. Demitiu-se do cargo em 1943. Em 1954, como general, participou das articulações militares para a renúncia de Vargas.

ÁLCIO SOUTO (1896-1948). Na patente de coronel e como comandante do Núcleo de Divisão Blindada, estava à frente da coluna de tanques que cercaram o Palácio Guanabara em 29 de outubro de 1945. No governo Dutra, foi chefe do Gabinete Militar.

ALEXANDRE MARCONDES MACHADO FILHO (1892-1974). Foi deputado federal pelo PRP de São Paulo antes da Revolução de 1930. Assinou manifestos anti-Vargas e apoiou a Revolução Constitucionalista (1932). Contudo, em 1939 foi convidado pelo presidente a integrar a chefia do Departamento Administrativo do Estado de São Paulo (Daesp). Em 1941, assumiu o Ministério do Trabalho, Indústria e Comércio, pasta que passou a acumular com a da Justiça a partir de 1942. Em março de 1945, foi substituído no Ministério da Justiça por Agamenon Magalhães. Um dos fundadores do PTB, elegeu-se senador pelo mesmo partido, integrando a bancada paulista na Constituinte em 1946. Ocupava a vice-presidência do Senado quando Café Filho assumiu a presidência da República, em agosto de 1954, e passou a presidir a Casa — segundo a Constituição de 1946, o vice-presidente da República era também o presidente da Câmara Alta.

AMARO DE AZAMBUJA VILLANOVA (1879-?). Participou da luta contra os revolucionários de 1932. Chefiou a 7ª RM, em Recife, entrou em conflito com o governador Lima Cavalcanti por ocasião da execução do estado de guerra. Participou de articulações para a deposição do governador pernambucano. Em 10 de novembro de 1937, foi designado interventor federal, cargo que ocupou até dezembro, quando o transferiu para Agamenon Magalhães. Em 1940 foi promovido a general de divisão e em 1951, a general de exército.

AMÍLCAR DUTRA DE MENESES (1908-65). Capitão do Exército, em 1942 assumiu a diretoria da Divisão de Rádio do DIP. Em 1943, foi designado para a chefia do órgão. Com o retorno de Vargas ao poder, foi nomeado governador do território federal do Acre, cargo que exerceu até 1953.

ANDRÉ CARRAZZONI (1897-1982). Nascido em Santana do Livramento, foi jornalista em Porto Alegre e, a partir de 1930, no Rio de Janeiro. Escreveu *Getúlio Vargas* e *Perfil do estudante Getúlio Vargas*.

ANDRÉ TRIFINO CORREA (1904-76). Militar, tenentista, participou do levante no dia 24 de outubro de 1924 e da Coluna Prestes-Miguel Costa. Conspirou pela Revolução de 1930 e assumiu o comando da Coluna que ocupou Santa Catarina e Paraná. Ingressou, em 1935, na Aliança Nacional Libertadora (ANL). Tentou liderar o movimento comunista em Ouro Preto, onde servia, mas foi preso e enviado para Belo Horizonte. Condenado, perdeu a patente de oficial do Exército. Em 1937, no Rio Grande do Sul, foi encarregado pelo governador de organizar os corpos de provisórios (milícias de civis armados). Com a declaração do estado de guerra, foi preso, levado para o Rio de Janeiro e condenado pelo Supremo Tribunal Militar. Em 1945, elegeu-se suplente de deputado na Assembleia Constituinte pelo PCB.

ÂNGELO MENDES DE MORAIS (1894-1990). Como general de brigada, participou da organização da FEB, criada em novembro de 1943. Foi prefeito indicado do Distrito Federal entre 1946 e 1951. Era general de quatro estrelas quando assinou o manifesto de 23 de agosto de 1954, exigindo a renúncia de Vargas. Passou à reserva em 1958 na patente de marechal.

ANTÔNIO AUGUSTO BORGES DE MEDEIROS (1863-1961). Formou-se pela Faculdade de Direito de Recife. Em 1891, foi eleito deputado, por indicação de Júlio de Castilhos, à Constituinte e à legislatura ordinária que se seguiu. Em 1892, foi nomeado desembargador do recém-criado Superior Tribunal de Justiça do Estado do Rio Grande do Sul. Participou da luta contra a Revolução Federalista e, após, foi nomeado chefe de Polícia no governo de Júlio de Castilhos. Em 1897, este o escolheu como seu sucessor no governo do estado. Reelegeu-se em 1902. Com a morte de Júlio de Castilhos, assumiu a presidência do Partido Republicano Rio-Grandense (PRR). Em 1907, surgiu a candidatura dissidente de Fernando Abbott. Borges evitou a cisão e indicou como seu sucessor Carlos Barbosa Gonçalves. Borges manteve-se na presidência do PRR, bem como no controle da política local. Em 1912, novamente é candidato único ao governo, como também em 1917. Enfraquecido no nível federal, apresentou-se como candidato enquanto as oposições concorriam com Assis Brasil. O processo sucessório, em 1922, não ocorreu com a tranquilidade dos anteriores, ultimando-se com os atos revolucionários, em 1923. Após o Pacto de Pedras Altas — acordo entre os diferentes grupos políticos no qual Borges exerceria aquele mandato, mas proibia nova reeleição —, Borges conservou, contudo, a chefia do PRR. Escolheu Getúlio Vargas para sucedê-lo. Como líder do PRR, desenvolveu ação política no encaminhamento da sucessão da presidência da República, ao final do mandato de Washington Luís. Na criação da Aliança Liberal — união dos estados do Rio Grande do Sul, Minas Gerais e Paraíba para lançar a candidatura à presidência da República de Getúlio Vargas —, Borges nega qualquer conotação revolucionária à proposta. Manteve-se nesta posição durante a Revolução de 1930 e no Governo Provisório. Borges apoiou o movimento de 1932 e promoveu levantes em diversas localidades do Rio Grande do Sul. Banido, teve seus direitos políticos cassados. Anistiado em 1934, concorre com Vargas à presidência da República, ficando em segundo lugar. Foi eleito deputado federal, cargo que manteve até 10 de novembro de 1937. Cinco dias depois, lançou um manifesto a seus correligionários recomendando o apoio a Vargas. Em seguida, afastou-se da política definitivamente.

ANTÔNIO CARLOS RIBEIRO DE ANDRADA (1870-1946). Em 1925, foi eleito senador federal, e, no ano seguinte, presidente de Minas. Nas negociações para a sucessão de Washington Luís, uniu-se ao Rio Grande do Sul e estabeleceu um acordo pelo qual Minas apoiaria um candidato gaúcho. Participou da Revolução de 1930. Em 1933, elegeu-se deputado da Assembleia Nacional Constituinte, da qual foi o presidente. Promulgada a Constituição, instalou-se na Câmara dos Deputados, em 3 de maio de 1935, quando Antônio Carlos foi confirmado como seu presidente, tendo ocupado a presidência da República naquele mesmo ano, devido à viagem de Vargas à Argentina e ao Uruguai. Em 1937, concorreu à reeleição da presidência da Câmara, mas foi derrotado e passou a cuidar de suas atividades particulares.

ANTÔNIO DE SIQUEIRA CAMPOS (1898-1930). Em 5 de julho de 1922, sublevou o Forte de Copacabana, atacou o forte da Ilha do Vigia, a Ilha de Cotunduba, onde se encontravam os encouraçados *São Paulo* e *Minas Gerais*, e outros pontos-chave da cidade. Saindo do Forte, ele e seus companheiros foram atacados na praia de Copacabana e travaram combate no local, onde hoje começa a rua Siqueira Campos. O episódio ficou conhecido como Dezoito do Forte. Preso, solicitou baixa do Exército, que foi recusada, exilou-se no Uruguai. Em 1924, participou da Coluna Prestes-Miguel Costa. Viveu no Paraguai e, posteriormente, em Buenos Aires. Viajou algumas vezes ao Brasil, procurando recrutar os tenentes para a ação revolucionária. Uniu-se à Aliança Liberal, enquanto aguardava o momento da revolução socialista. Tomou conhecimento do manifesto que Prestes iria lançar, atacando a Aliança Liberal, e, com João Alberto e Miguel Costa, convenceu-o a deixar o pronunciamento para depois. Morreu num desastre aéreo no retorno de Buenos Aires, aonde fora se reunir com Prestes.

ANTÔNIO FERNANDES DANTAS (1881-1966). Comandante da 6ª RM, em Salvador, e executor do estado de guerra na Bahia. Em 1937, assumiu a interventoria do estado, cargo que manteve até março de 1938.

ANTÔNIO GARCIA DE MEDEIROS NETO (1887-1948). Em 1933, fundou, com Juracy Magalhães, o Partido Social Democrático (PSD) da Bahia. Elegeu-se deputado à Assembleia

Nacional Constituinte, onde foi líder da maioria. Participou da Comissão Constitucional, encarregada de estudar o anteprojeto de Constituição proposto pelo Governo Provisório. Apresentou a Emenda Medeiros Neto, que sugeriu a reforma do regimento interno da Constituinte, invertendo a ordem dos trabalhos e permitindo que se efetuasse a eleição do presidente da República antes da aprovação definitiva do texto constitucional. Em 1935, foi eleito senador, ocupando a presidência do Senado. Após 1937, recolheu-se às suas atividades particulares.

ANTÔNIO GUEDES MUNIZ (1900-85). Engenheiro militar e pioneiro da indústria aeronáutica no Brasil, participou dos estudos para a fundação da Fábrica Nacional de Motores (FNM), da qual se tornou o primeiro presidente, em 1942.

ANTÔNIO JOSÉ COELHO DOS REIS (1898-1974). Major do Exército, foi nomeado para a direção do DIP em 1942, em substituição a Lourival Fontes. Permaneceu à frente do órgão até 1943, já na patente de tenente-coronel.

ANYSIO ESPÍNOLA TEIXEIRA (1900-71). Colaborou com Pedro Ernesto Baptista. Marcou sua presença no setor educacional com a criação, em março de 1932, do Instituto de Educação, que integrou a antiga Escola Normal com jardim de infância, primário e secundário em um único estabelecimento. Foi professor de filosofia do Instituto. Em 1933, foi nomeado diretor do Departamento de Educação do Distrito Federal e, em 1935, secretário-geral de Educação e Cultura do Distrito Federal. Afastou-se da vida pública durante o Estado Novo. Em 1951, a convite do ministro da Educação Ernesto Simões Filho, assumiu a secretaria-geral da recém-fundada Coordenação do Aperfeiçoamento de Pessoal de Nível Superior (Capes). No segundo governo Vargas, também acumulou a diretoria do Instituto Nacional de Estudos Pedagógicos (Inep).

ARMANDO DE SALLES OLIVEIRA (1887-1945). Participou da criação da Frente Única Paulista (FUP), em 1932. Na Revolução Constitucionalista participou do esforço de mobilização civil. Colaborou na organização da Chapa Única por São Paulo. Após as eleições, reavivou-se o movimento por um interventor civil e paulista e foram elaboradas listas de nomes prováveis. Salles constava em todas. Em 1933, assumiu a interventoria de São Paulo com o compromisso de promover a colaboração da Chapa Única com o governo federal. Formou o Partido Constitucionalista, que, nas eleições de 1934, obteve a maioria da Assembleia Legislativa. Em 1935, foi eleito governador de São Paulo, cargo do qual se afastou em 1936 para ser candidato à presidência da República. Preso após a implantação do Estado Novo, exilou-se na França, nos Estados Unidos e, finalmente, na Argentina.

ARNOLDO HASSELMANN FAIRBAIRN (1909-92). Filiou-se à Ação Integralista Brasileira (AIB). Participou, em 1938, da conspiração para derrubar Vargas, cabendo-lhe comandar a tomada do prédio do Ministério da Marinha. Julgado, foi condenado a dez anos de prisão. Após cumprir pena, reiniciou sua carreira militar.

ARTUR BERNARDES (1875-1955). Em 1918, era presidente de Minas Gerais. Em seguida, foi eleito presidente da República. Após sua eleição, ocorreu a primeira manifestação armada conhecida como Dezoito do Forte. O presidente Epitácio Pessoa pede ao Congresso o estado de sítio, razão pela qual Bernardes foi o primeiro presidente a tomar posse na vigência de um estado de sítio. Seu governo caracterizou-se por rebeldias: a Revolução de 24, em São Paulo; a tentativa de sublevação no Rio Grande do Sul; a Coluna Prestes-Miguel Costa e o episódio do encouraçado *São Paulo*. Posteriormente, elegeu-se senador. Participou da Aliança Liberal. Após a Revolução, seu poder passou a constituir, em Minas, uma ameaça para os tenentistas. Cria-se a Legião Liberal Mineira. O Partido Republicano Mineiro, dirigido por Bernardes, sofreu esvaziamento e se desagregou. Por esta razão, Bernardes apoiou a Revolta de 1924. Exilou-se em Lisboa por um ano e meio. Retornou, em outubro de 1934, e foi eleito deputado federal por Minas. Perdeu o mandato com a decretação do Estado Novo, em 1937. Em 1943, foi um dos signatários do Manifesto dos Mineiros. Elegeu-se deputado constituinte em 1945 pelo Partido Republicano mineiro, que presidia. Permaneceu na Câmara Federal até 1955, apoiando causas nacionalistas como a campanha da criação da Petrobras.

ARTUR DE SOUZA COSTA (1893-1957). Tinha posição política divergente da Aliança Liberal e não apoiou a Revolução de 1930. Entre outubro de 1930 e janeiro de 1932, o Banco do Brasil, responsável pelas políticas monetária, creditícia e fiscal do governo, teve cinco presidentes. Vargas encarregou João Neves da Fontoura de convidar um diretor do Banco da Província do Rio Grande do Sul para assumir o cargo. Souza Costa foi o escolhido. Imprimiu no Banco orientação coerente com o ministro da Fazenda, que exigia a imposição de rígidas normas orçamentárias. Em 1934, Souza Costa assumiu o Ministério da Fazenda, cargo que manteve no Estado Novo, cuja política econômica deu grande ênfase ao crescimento da indústria nacional por meio de linhas especiais de crédito. Em 1945, elegeu-se à Assembleia Constituinte pelo PSD gaúcho. Renunciou ao mandato em 1950 para exercer a presidência do Conselho Nacional de Economia, que ocupou até 1955.

ARTUR GUIMARÃES DE ARAÚJO JORGE (1884-1977?). Promovido a embaixador em 1935, foi comissionado em Santiago do Chile, mas permaneceu pouco tempo no posto. Retornou para ser secretário de Vargas. Exerceu essa função de abril a julho de 1935. Promovido a embaixador, serviu em Santiago do Chile (1935) e Lisboa (1935-41).

ARY PARREIRAS (1890-1945). Participou na preparação da Revolução de 1930. Membro da Comissão de Correição Administrativa, que fiscalizava a implantação das medidas preconizadas pela Revolução. Fez parte do Gabinete Negro, denominação dada pela imprensa ao grupo de tenentes que se reuniam em torno de Vargas, logo após a Revolução, para discutir o futuro do governo. Em 1931, foi nomeado interventor no estado do Rio de Janeiro. Após a promulgação da Constituição, foi substituído em novembro de 1935. Voltou à Marinha, onde, entre outras ações, defendeu a criação da indústria siderúrgica no Brasil.

ÁTILA SOARES. Militar da Marinha e militante da Liga Eleitoral Católica (LEC), elegeu-se à Câmara Municipal do Rio em 1934 pelo Partido Autonomista do Distrito Federal, liderado por Augusto do Amaral Peixoto.

AUGUSTO DO AMARAL PEIXOTO JR. (1901-84). Guarda-marinha em 1922, participou do levante do encouraçado *São Paulo*, em 1924. Foi considerado desertor e transferido para a reserva. Até 1930, participou dos movimentos de articulação contra o governo central bem como da Revolução de 1930. Combateu o levante paulista de 1932. Eleito, em 1934, para a Assembleia Nacional Constituinte, pela legenda do Partido Autonomista do Distrito Federal, elegeu-se também deputado federal em 1935. Em 1937, com a dissolução das casas legislativas, retornou à Marinha. Em 1950, elegeu-se suplente de deputado federal pelo PSD do Distrito Federal. Assumiu a cadeira entre 1953 e 1955, com a nomeação do titular, Luís Gama Filho, para o Tribunal de Contas do Distrito Federal.

AUGUSTO LEIVAS OTERO (1908-94). Irmão de Francisco Antônio Leivas Otero, era amigo de Getúlio e seu assessor particular.

AUGUSTO MEYER (1902-70). Escritor, foi uma das principais figuras do modernismo gaúcho.

BELMIRO DE LIMA VALVERDE (1884-1963). Em 1932, apoiou o movimento paulista. Em 1933, aderiu à Ação Integralista Brasileira (AIB), organização fundada por Plínio Salgado. Em 1937, uniu-se à facção que optava pela oposição ao governo e por sua derrubada. Foi responsável pela conspiração no Rio de Janeiro, que não vingou. Um novo plano foi um ataque ao Palácio Guanabara, que deveria eclodir a 11 de maio, quando estava de guarda Júlio Nascimento. O levante foi debelado. Refugiou-se no interior do país. Foi condenado a dezesseis anos de prisão, dos quais cumpriu apenas sete. Foi anistiado em 1945.

BENEDITO VALADARES RIBEIRO (1892-1973). Aderiu à Aliança Liberal. Com a eclosão da revolta paulista de 1932, foi convidado pelo comandante da polícia mineira a se juntar ao seu estado-maior, nomeando-o chefe de Polícia em seu destacamento, que também era integrado por seu concunhado, o cabo Ernesto Dornelles, primo de Vargas. Após a vitória das forças legalistas, foi indicado candidato a deputado para a Assembleia Nacional Constituinte, pelo Partido Progressista (PP) de Minas Gerais, mas não se elegeu. Nas eleições complementares, sua inclusão foi confirmada. Com a morte de Olegário Maciel, em setembro de 1933, criou-se o impasse da escolha do interventor, quando foi o escolhido. Em 1935, foi eleito governador. Organizou o governo de forma a atender às diversas correntes políticas. Com a implantação do Estado Novo, o presidente o confirmou no cargo de governador de Minas. Em 1945, conquistou uma cadeira na Assembleia Constituinte como deputado federal pelo PSD mineiro. Foi reeleito em 1950. Em 1954, tornou-se senador por seu estado natal, com mandato renovado até 1970.

BENJAMIM DORNELLES VARGAS (1897-1973). Participou da revolta gaúcha de 1923. Após a Revolução de 1930, tornou-se auxiliar de Getúlio Vargas. Lutou em 1932, em Minas Gerais, na Serra da Mantiqueira, e na região de Campinas (SP). Nessa ocasião, teve início a amizade entre Benjamim e Dutra, que valeu a este a reconciliação com Vargas, do qual se afastara por não aderir à Revolução de 1930. Em 1934, foi eleito deputado para a Assembleia Constituinte do Rio Grande do Sul, na legenda do PRR. Em 1938, ao lado de Gregório Fortunato, organizou a guarda pessoal da Presidência, que passou a chefiar em 1943. Sua nomeação como chefe do Departamento Federal de Segurança Pública, em outubro de 1945, deflagrou a crise militar que derrubou o Estado Novo. Na crise de agosto de 1954, foi citado pelo IPM do Galeão como envolvido no atentado a Carlos Lacerda, mas não chegou a ser indiciado.

BENJAMIN SUMNER WELLES (1892-1961). Diplomata de carreira, em 1937 foi nomeado subsecretário de Estado para Assuntos Latino-Americanos pelo presidente Roosevelt. Chefiou a delegação dos EUA na Reunião de Consulta do Panamá, em 1939.

CANROBERT PEREIRA DA COSTA (1895-1955). Não participou do movimento dos tenentes da década de 1920. Em 1932, combateu os revolucionários paulistas. Em 1937, assumiu a chefia de gabinete do ministro da Guerra, general Eurico Dutra. Entre 1946 e 1951, foi ministro da Guerra do governo Dutra. Na crise final de agosto de 1954, presidia o Clube Militar. Depois do suicídio de Vargas, foi nomeado chefe do estado-maior das Forças Armadas pelo presidente Café Filho.

CARLOS COIMBRA DA LUZ (1894-1961). Participou da Aliança Liberal. Em 1932, foi secretário de Agricultura, Viação e Obras Públicas do governo de Minas. Com a posse de Benedito Valadares, transferiu-se para a Secretaria do Interior. Elegeu-se, em 1934, deputado federal na legenda do Partido Progressista (PP). Em 1937, foi indicado para líder da maioria do governo. Após a implantação do Estado Novo, foi nomeado para o conselho administrativo da Caixa Econômica Federal do Rio de Janeiro. Em 1945, elegeu-se deputado constituinte pelo PSD mineiro. Em 1946, foi ministro da Justiça do governo Dutra durante alguns meses. Em 1947, retornou à Câmara Federal. Como presidente da Casa, em 1955, foi empossado na Presidência da República depois da licença médica de Café Filho. Articulado com a UDN e setores militares, pretendeu impedir a posse de Juscelino Kubitschek, mas foi deposto pelo ministro da Guerra demissionário, Henrique Lott.

CARLOS DE LIMA CAVALCANTI (1892-1967). Apoiou a Reação Republicana. Fundou o jornal *Diário da Manhã* em apoio aos tenentes e, ainda, o *Diário da Tarde*, os principais porta-vozes da oposição, em Pernambuco. Apoiou a Aliança Liberal. Participou do movimento revolucionário, sendo seu líder civil em Pernambuco. Em 1930, foi nomeado interventor. Organizou o Comitê Central Revolucionário de Pernambuco para lutar contra os paulistas. Fundou o Partido Social Democrático (PSD) de Pernambuco. Concorreu com João Alberto e foi eleito, pela Assembleia Constituinte, governador de Pernambuco. Apoiou José Américo na luta pela sucessão presidencial. Com a instauração do estado de guerra, Vargas decidiu que, em Pernambuco, não seria o governador o executor daquele regime excepcional, mas um triunvirato militar. Lima Cavalcanti protestou e, com a implantação do Estado Novo, foi afastado do governo no mesmo dia. Elegeu-se à Assembleia Constituinte em 1945, como deputado federal pela UDN de Pernambuco. Foi reeleito em 1950. Em 1954, foi indicado à presidência do Instituto do Açúcar e do Álcool (IAA) pelo presidente Café Filho, cargo que exerceu até 1955.

CARLOS DRUMMOND DE ANDRADE (1902-87). Poeta. Foi chefe de gabinete de Gustavo Capanema no Ministério da Educação e Saúde durante o governo Vargas.

CARLOS FREDERICO WERNECK DE LACERDA (1914-77). Ingressou no jornalismo em 1929. Simpatizante do comunismo, militou na ANL em 1935 e foi preso quando da decretação do estado de guerra, em outubro de 1937. A partir de 1939, renegou o credo vermelho. Elegeu-se vereador no Rio de Janeiro em 1947 pela UDN, com plataforma antigetulista e anticomunista. Em 1949, fundou o jornal *Tribuna da Imprensa*, que no segundo governo Vargas se tornaria um dos principais porta-vozes da oposição udenista ao presidente. O atentado contra Lacerda em 5 de agosto de 1954, perpetrado por membros da guarda pessoal de Getúlio, deflagrou a crise final do governo.

CARLOS MARTINS PEREIRA E SOUSA (1884-1965). Embaixador no Japão (1934-35) e na Bélgica (1935-38), assumiu a representação brasileira em Washington em 1939. No mesmo ano, chefiou a delegação brasileira na reunião interamericana realizada no Panamá. Permaneceu à frente da representação diplomática na capital norte-americana até 1946. Já aposentado, foi enviado a Tóquio para assinar o tratado de paz entre o Brasil e o Japão, em 1952.

CHARLES AUGUSTUS LINDBERGH (1902-74). Em 1926, tornou-se o primeiro piloto a realizar a travessia solitária do Atlântico, entre Paris e Long Island, no estado de Nova York. Nos anos 1920-30, foi uma das maiores celebridades mundiais. Em 1940, atuou como porta-voz do America First Committee, entidade civil contrária à entrada dos EUA na Segunda Guerra Mundial.

CIRO DE FREITAS VALLE (1896-1969). Ingressou na carreira diplomática em 1918. Em 1932, foi nomeado conselheiro da embaixada brasileira, em Washington, na época ocupada por seu primo Oswaldo Aranha. Em 1936, assumiu a embaixada do Brasil na Bolívia. Membro da Comissão de Estudos da Segurança Nacional, Freitas Vale chefiou interinamente, de janeiro a março de 1939, o Ministério das Relações Exteriores. Entre 1938 e 1942, foi o embaixador brasileiro na Alemanha nazista. Representou o país em Santiago do Chile entre 1952 e 1955.

CIRO RIOPARDENSE DE RESENDE (?). General do Exército, chefiou o Departamento Federal de Segurança Pública, a polícia do Distrito Federal, entre 1951 e 1952.

CORDELL HULL (1871-1955). Eleito senador pelo Tennessee em 1931, foi secretário de Estado dos EUA nas três administrações de Franklin D. Roosevelt, entre 1933 e 1944. Em 1945, recebeu o prêmio Nobel da Paz por sua atuação na formação da ONU.

CRISTÓVÃO DE CASTRO BARCELLOS (1883-1946). Em 1930, chefiou a caravana da Aliança Liberal nos estados do Rio de Janeiro e Espírito Santo. Participou da Revolução. Foi um dos organizadores do Clube 3 de Outubro. Lutou contra os paulistas em 1932. Fundou o Partido União Progressista Fluminense, pelo qual foi eleito para a Assembleia Nacional Constituinte. Candidato a governador do estado do Rio, apoiado por Minas Gerais e Rio Grande do Sul, perdeu para Protógenes Guimarães. Em 1936, retornou à vida militar.

DANTON COELHO (1906-61). Durante a Revolução de 1930, atuou como assistente do general Waldomiro Lima, comandante das forças revolucionárias do Rio Grande do Sul. Membro do Clube 3 de Outubro, exerceu durante dois meses a chefia da polícia de São Paulo, depois da vitória sobre o constitucionalismo. De 1940 a 1946, foi membro da delegação do Tesouro Nacional na Inglaterra e nos EUA. Eleito deputado federal pelo PTB do Distrito Federal em 1950, foi ministro do Trabalho entre janeiro e setembro de 1951. Era um dos quadros petebistas mais fiéis a Vargas. Foi citado no IPM do Galeão como suspeito de participar do planejamento do atentado a Carlos Lacerda, em agosto de 1954.

DOMINGOS SEGRETO (1896-1951). Empresário teatral e proprietário de teatros, diretor-presidente da empresa Paschoal Segreto.

EDMUNDO DE MACEDO SOARES E SILVA (1901-89). Tomou parte na Revolta de 1922. Preso, conseguiu se evadir da Ilha Grande e embarcou para a Europa, onde, durante os anos de exílio, especializou-se em metalurgia e siderurgia. Em 1930, regressou, beneficiado pela anistia. Incorporado ao Exército, participou da Comissão Militar de Estudos Metalúrgicos e da Comissão de Siderurgia, representando o Ministério da Guerra. Em 1938, teve atuação destacada, ao elaborar um projeto de usina siderúrgica, compatível com a realidade nacional. Foi nomeado diretor técnico da Companhia Siderúrgica Nacional (CSN) quando de sua fundação, em 1941. Ministro de Viação e Obras Públicas do governo Dutra (1946), elegeu-se governador do Rio Janeiro por uma coligação UDN-PTB-PSD, exercendo mandato entre 1947 e 1951. No governo Café Filho, presidiu a CSN.

EDUARDO GOMES (1896-1981). Participou da Revolta do Forte de Copacabana, em 5 de julho de 1922, sendo um dos Dezoito do Forte. Participou, ainda, da Revolução de 1924 em São Paulo. Foi preso na Ilha de Trindade. Tomou parte na Revolução de 1930. Integrou-se, novamente, ao Exército, propôs a criação e dirigiu o Correio Aéreo Militar (CAM). Lutou contra os revolucionários de São Paulo. Comandou o 1º Regimento da Aviação quando a Escola Militar de Aviação se sublevou em apoio ao levante comunista. Participou da luta, contando com o apoio da artilharia da Vila Militar. Permaneceu no comando do 1º Regimento da Aviação até a instauração do Estado Novo, quando se demitiu. Foi comandante da 1ª Zona Aérea (1941-92) e da 2ª Zona Aérea (1941-45). Em 1945 e 1950, candidatou-se à Presidência da República pela UDN. Com o suicídio de Vargas e a posse de Café Filho, foi nomeado para o Ministério da Aeronáutica, que chefiou até 1955.

ELIEZER MONTENEGRO MAGALHÃES (1899-1971). Membro da Aliança Nacional Libertadora (ANL). Com a repressão, fugiu para a França.

ELMANO CARDIM (1891-1979). Em 1909, ingressou no *Jornal do Commercio*. Participou da delegação que acompanhou Vargas ao Prata em 1935, representando o jornal. Com a morte de Félix Pacheco, assumiu a direção do jornal.

EPAMINONDAS GOMES DOS SANTOS (1891-1978). Foi vice-presidente do Clube 3 de Outubro. Promovido a brigadeiro em 1948, comandou a 3ª Zona Aérea entre 1952 e 1954. Em agosto desse ano, ocupou o Ministério da Aeronáutica após a demissão do brigadeiro Nero Moura. Esteve presente à reunião final do Ministério em 24 de agosto, permanecendo leal ao presidente.

EPITÁCIO LINDOLFO DA SILVA PESSOA (1865-1942). Constituinte em 1891, representou a Paraíba, seu estado natal, permanecendo na Câmara Federal até 1893. De 1898 a 1903, foi ministro da Justiça. Foi ministro do Supremo Tribunal Federal de 1902-1912. Deste ano até 1919, foi senador pela Paraíba. Elegeu-se presidente da República. Em seu governo, pela primeira vez são nomeados civis como titulares das pastas militares. Em 1924, elegeu-se, novamente, senador pela Paraíba. Teve um papel orientador consultivo na Aliança Liberal.

ERNANI DO AMARAL PEIXOTO (1905-89). Após a Revolução de 1930, vinculou-se ao Clube 3 de Outubro. Em 1932, foi nomeado assistente naval de José Carlos de Macedo Soares, presidente da representação brasileira na Conferência do Desarmamento, promovida pela Liga das Nações, em Genebra, Suíça. Informado da eclosão do movimento de 1932, retornou ao Brasil e seguiu, como voluntário, para a frente de combate no setor Paraty (RJ)-Cunha (SP). Em 1933, indicado por Protógenes Guimarães, assumiu o cargo de ajudante de ordens da presidência da República. Ingressou na política, filiando-se ao Partido Autonomista. Ao longo de 1937, intensificou-se a luta dos políticos fluminenses, em parte pela doença do governador Protógenes Guimarães, que pedia constantes licenças, quando era substituído por Heitor Collet, presidente da Assembleia. José Carlos Macedo Soares, ministro da Justiça, invocou o apoio dos políticos fluminenses ao nome de Ernani para ocupar a Interventoria até a realização das eleições. Em 9 de novembro de 1937, Amaral Peixoto foi nomeado interventor. No dia seguinte, com a implantação do Estado Novo, Vargas, para cumprir os preceitos da Constituição de 1937, se viu na contingência de, novamente, nomeá-lo. Com o fim do Estado Novo, deixou a Interventoria. Elegeu-se deputado constituinte pelo PSD fluminense em dezembro de 1945. Em outubro de 1950, conquistou o governo do Rio de Janeiro pelo mesmo partido. Marido de Alzira Vargas do Amaral Peixoto, foi um dos mais fiéis aliados políticos e pessoais do presidente Vargas ao longo de seus dois períodos no Catete.

ERNANI GUARAGNA FORNARI (1889-1964). Escritor e jornalista gaúcho, em 1939 foi designado para a chefia da Agência Nacional, órgão do DIP responsável pela produção e divulgação do noticiário oficial do Estado Novo.

ERNESTO DORNELLES (1897-1964). Serviu em São Borja, sua terra natal, onde atuou no combate à Revolta de 1924. Participou da Revolução de 1930. Com a morte de Olegário Maciel, em 1933, Vargas indicou Benedito Valadares, que assumiu o compromisso de nomeá-lo para comandante da Força Pública Mineira. Dornelles, além de primo de Vargas, era cunhado de Valadares. Sua nomeação atenderia à pressão do Exército, que duvidava da lealdade dos oficiais da Força Pública Mineira. Valadares encontrou dificuldades para fazer a nomeação, e Dornelles atuou, então, como instrutor da Força Pública. Em 1936, foi nomeado chefe de Polícia de Minas Gerais. A Força Pública, embora permanecesse como entidade militar autônoma, ficou sob a tutela do Exército. Durante o Estado Novo, exerceu a Interventoria do Rio Grande do Sul, sucedendo Cordeiro de Farias. Elegeu-se senador constituinte pelo PSD gaúcho em 1945. Em 1951, pelo PTB, conquistou o governo estadual.

EUCLIDES DE OLIVEIRA FIGUEIREDO (1883-1963). Comandou os oficiais que controlaram, em 1922, a Escola Militar de Realengo, evitando que cadetes tentassem se revoltar. Em 1930, comandou a 2ª Divisão de Cavalaria, em Alegrete, sendo preso pelos revolucionários. A partir de 1931, conspirou e planejou com correntes oposicionistas de São Paulo um levante armado. Em 8 de julho de 1932, chegou a São Paulo. Partiu para o Vale do Paraíba, onde assumiu o comando da 2ª Divisão de Infantaria em Operações. Em 2 de outubro, foi assinado o armistício. Tentou, sem êxito, formar uma coluna que se internaria no Mato Grosso. Em um barco de pesca, seguiu rumo ao Rio Grande do Sul e foi preso em Santa Catarina. Exilou-se em

Lisboa, mudou-se para Buenos Aires, onde pretendia organizar um movimento armado no Rio Grande do Sul. Com a anistia, retornou ao Brasil e concorreu, sem êxito, a deputado federal. Apoiou a candidatura de Armando de Salles Oliveira à presidência da República. Em 1937, aderiu à conspiração integralista. Preso em um hospital militar, foi condenado pelo Tribunal de Segurança Nacional a quatro anos de prisão. Depois do Estado Novo, elegeu-se deputado federal à Assembleia Constituinte pela UDN paulista, com mandato até 1951.

EURICO GASPAR DUTRA (1883-1974). Em 1922, combateu os revolucionários do Forte de Copacabana. Participou da repressão à revolta paulista de 1924. Recusou-se a participar da Revolução de 1930. Como sanção, foi transferido para Ponta Porã (MS). Em 1932, combateu a Revolta de São Paulo. Eleito para a presidência do Clube Militar no período 1933-34. Em 1935, passou a comandar a 1ª Região Militar. Participou da luta contra a rebelião comunista. Em 1936, foi nomeado ministro da Guerra. Comandou a pequena tropa que chegou para defender o Palácio Guanabara, quando do ataque dos integralistas em 1938. Comandou a pasta da Guerra até o final do Estado Novo. Em 1945, foi eleito à presidência da República pelo PSD, com apoio de Vargas, que o sucedeu em 1951.

EUVALDO LODI (1896-1956). Empresário da siderurgia e construção civil, participou da Revolução de 1930 e da fundação do Clube 3 de Outubro. Integrou o conselho diretor da Federação Industrial do Rio de Janeiro (Firj) entre 1931 e 1936. Elegeu-se deputado constituinte em 1933 e participou da comissão encarregada de elaborar o anteprojeto da Constituição. Presidiu a recém-fundada Confederação Nacional da Indústria a partir de 1938. Durante a Segunda Guerra Mundial, ocupou a vice-presidência da Legião Brasileira de Assistência (LBA). Lodi chefiou (com João Daudt de Oliveira) a delegação brasileira à Conferência de Bretton Woods, nos Estados Unidos, em 1944. Foi deputado federal pelo PSD mineiro entre 1947 e 1956. Em 1954, acusado por Carlos Lacerda de participar do atentado da rua Tonelero, não chegou a ser indiciado pelo IPM do Galeão.

EZEQUIEL PADILLA PEÑALOZA (1890-1971). Secretário (ministro) de Relações Exteriores do México entre 1940 e 1945, presidiu a 3ª Reunião de Consulta dos Chanceleres das Américas do Rio de Janeiro, no início de 1942.

FERNANDO CALDAS (?). Redator-chefe do jornal *O Estado de S. Paulo* entre 1924 e 1927. Dirigiu o *Correio do Povo* e o *Jornal da Manhã*, ambos de Porto Alegre.

FERNANDO DE SOUZA COSTA (1886-1946). Aderiu à Revolução de 1932. Em 1937, voltou às atividades públicas, ao assumir a presidência do Departamento Nacional do Café. Após a implantação do Estado Novo, assumiu o Ministério da Agricultura.

FILINTO STRÜBBLING MÜLLER (1900-73). Na revolta de 5 de julho, era simpatizante dos revolucionários. Em 1924, participou da Revolução e se exilou na Argentina. Retornou em 1927, quando foi condenado a dois anos de prisão. Teve posição discreta na Revolução de 1930. Anistiado, foi nomeado oficial de gabinete do ministro da Guerra. Secretário de João Alberto, interventor em São Paulo. Em 1933, substituiu João Alberto, então na função de chefe de Polícia do Distrito Federal. Colaborou nas medidas de repressão ao integralismo. Deixou a chefia da Polícia em 1942. Elegeu-se senador pelo PSD de Mato Grosso em 1947, com mandato encerrado em 1951. Voltou ao Senado em 1955.

FILIPE MOREIRA LIMA (1880-1960). Em 1922, comandava o 2º Grupo de Artilharia a Cavalo, em Alegrete (RS). Suspeito de estar articulado com os rebeldes, foi destituído do comando e preso. Em 1924, comandante da Bateria da Costa, em São Paulo, participou da conspiração preparatória do movimento. Detido, passou três anos no presídio de Ilha Grande. Em 1930, foi detido por participar de reunião no Clube Militar. Vitoriosa a Revolução, foi integrado às suas funções militares. Presidiu a Legião Cívica 5 de Julho. Membro do Clube 3 de Outubro. Combateu o movimento de 1932. Em 1934, assumiu a Interventoria do Ceará, onde permaneceu até maio de 1935. Esteve próximo da Aliança Nacional Libertadora (ANL). Embora não tenha participado da insurreição, ao ser chamado para depor, preferiu fugir para a Bahia. A Comissão Nacional de Repressão ao Comunismo requereu sua prisão, onde ficou por um ano. Após o Estado Novo, integrou a direção da UDN. Em 1947, deixou a agremiação conservadora para participar da fundação do Partido Socialista Brasileiro (PSB).

FIRMINO PAIM FILHO (1884-1971). Participou da Geração de 1907. Deputado estadual nos períodos 1909-13 e 1918-22. Chefe da Casa Civil de Borges de Medeiros. Em 1924, foi eleito deputado federal e reeleito em 1927. Secretário de Fazenda, no governo Vargas, no Rio Grande do Sul. Acompanhou Borges em 1930 e exilou-se no Uruguai. Em 1934, retornou, foi eleito deputado estadual e, depois, federal. Após a implantação do Estado Novo, retirou-se da política.

FIRMO FREIRE (1881-1967). Em 1929, assumiu o estado-maior da 3ª RM. Em 3 de outubro, manteve-se fiel ao governo federal. Com a derrota, foi aprisionado. Posteriormente, passou a servir no Departamento de Pessoal do Exército. Em 1937, foi promovido a general de brigada. Chefe do Gabinete Militar do governo Vargas de 18 de setembro de 1942 a 28 de outubro de 1945.

FRANCISCO ANTÔNIO DE ALMEIDA MORATO (1868-1948). Foi um dos fundadores, em 1926, do Partido Democrático (PD) de São Paulo e um dos deputados federais eleitos no pleito de 1927. Nas eleições de 1928, seu partido sentiu-se prejudicado devido às fraudes, inclinando-se por uma solução revolucionária. Defendeu a adesão do partido à Aliança Liberal. Em 1930, concorreu, sem êxito, à reeleição, assumiu a presidência do PD e chefiou o seu apoio à Revolução, confiante de que seria o indicado para o governo em São Paulo. Concordou com a indicação de João Alberto, mas a relação entre o seu partido e o governo estadual se deteriorara, chegando ao rompimento. As divergências se ampliaram e o PD rompeu, também, com o governo federal. Colaborou com a criação da Frente Única Paulista (FUP). Tentou, em 1932, evitar a eclosão do movimento revolucionário. Tomou parte na junta revolucionária formada pelo interventor Pedro de Toledo, Antônio de Pádua Salles e os generais Isidoro Dias Lopes e Bertoldo Klinger. Após a rendição, exilou-se, passando um ano entre Paris e Londres. Retornou ao Brasil em 1933.

FRANCISCO ANTÔNIO LEIVAS OTERO (1912-98). Tenente do Exército e militante comunista, foi um dos líderes da sublevação do 3º RI, no Rio, durante a revolta comunista de 1935. Em 1937, foi condenado a oito anos de prisão. Em 1947, elegeu-se deputado estadual pelo PCB de Pernambuco.

FRANCISCO ANTUNES MACIEL JÚNIOR (1881-1966). Em 1915, foi eleito deputado federal pelo Partido Federalista, com mandato renovado em 1921. Participou com os revoltosos, em 1923, tendo colaborado para o armistício de Pedras Altas. Em 1924, foi novamente eleito deputado federal. Participou, em 1929, da Frente Única Gaúcha (FUG) e integrou o comitê da Aliança Liberal. Elegeu-se deputado federal. Participou da luta, em Porto Alegre, em 3 de outubro. Com a nomeação do interventor Flores da Cunha, assumiu a Secretaria de Fazenda. Em 1932, foi nomeado ministro da Justiça. Assumiu a direção do Banco do Brasil de 1934 a 1937, quando se afastou da vida pública.

FRANCISCO DE ASSIS CHATEAUBRIAND BANDEIRA DE MELLO (1892-1968). Jornalista e empresário da imprensa, apoiou a Revolução de 1930, chegando a alistar-se nas tropas do general Waldomiro Lima, no Rio Grande do Sul. Em 1932, apoiou os paulistas e foi preso, mas se reaproximou de Vargas. Nas décadas de 1930 e 1940, consolidou um império de comunicações de abrangência nacional, os Diários e Emissoras Associados, incluindo dezenas de jornais e revistas, emissoras de rádio e, a partir de 1950, de televisão. Em 1945, apoiou a deposição do presidente e a candidatura de Eurico Gaspar Dutra (PSD). Em 1949, o repórter Samuel Wainer, dos Diários Associados, entrevistou Getúlio em São Borja. A entrevista na prática fez o lançamento da candidatura do ex-ditador ao Catete nas eleições do ano seguinte. Exerceu mandato de senador pelo PSD da Paraíba entre 1952 e 1955.

FRANCISCO DE ASSIS CORREA DE MELLO (1903-71). Desde 1926, foi piloto-aviador pela Escola de Aviação Militar. Membro do Clube 3 de Outubro. Lutou contra os revolucionários de São Paulo, em 1932.

FRANCISCO DE LEONARDO TRUDA (1886-1942). Um dos membros da Geração de 1907. Jornalista, fundou e dirigiu o *Diário de Notícias* da capital gaúcha. Participou da Revolução de

1930. Foi organizador e primeiro presidente do Instituto do Açúcar e do Álcool. Foi também presidente do Banco do Brasil.

FRANCISCO DE PAULA ASSIS FIGUEIREDO (1901-?). Prefeito nomeado de Poços de Caldas entre 1931 e 1939. Em 1931, inaugurou o complexo turístico do Hotel Palace Cassino, que recebia habitualmente o presidente Vargas.

FRANCISCO DE SÁ TINOCO (1908-65). Senador pelo estado do Rio de Janeiro entre 1947 e 1957, era uma das lideranças pessedistas mais próximas do governador Ernani do Amaral Peixoto.

FRANCISCO JOSÉ PINTO (1883-1942). Em 1934, foi chefe de gabinete do ministro da Guerra. Chefe do Gabinete Militar da Presidência da República, em 1935. No dia 10 de maio de 1938, alertou o encarregado da vigilância do Palácio Guanabara da possibilidade de um ataque integralista. Estava no Palácio do Catete, quando recebeu o comunicado do assalto e prometeu mandar reforços. Quando o fez, o ministro da Guerra, general Dutra, já conseguira dominar os invasores. Promovido a general de divisão em 1938 e, no ano seguinte, à chefia interina do estado-maior do Exército, sem contudo deixar a Casa Militar, onde permaneceu até sua morte. Em 1940 viajou como embaixador extraordinário e ministro plenipotenciário a Portugal e, no ano seguinte, assumiu a presidência da Comissão Nacional de Combustíveis e Lubrificantes.

FRANCISCO LUÍS DA SILVA CAMPOS (1891-1968). Inimigo dos tenentes, assim como dos liberais, a eles se juntou na Revolução de 1930. No Governo Provisório ocupou o Ministério da Educação e Saúde Pública. Em sua gestão, estabeleceu condições para a formação das universidades e decretou a reforma do ensino superior. Acusado de ter participado das articulações comandadas por Artur Bernardes de apoio ao movimento armado paulista, pediu demissão do Ministério da Educação e Saúde. Dedicou-se à advocacia, no Rio, e transferiu-se para a Faculdade de Direito como catedrático de Filosofia do Direito. Foi nomeado consultor-geral da República, cargo que ocupou até 1937. Com a reformulação do Ministério, em 1937, assumiu o Ministério da Justiça, que ocupou até 1941.

GERALDO ILDEFONSO MASCARENHAS DA SILVA (1907-86). Oficial do Gabinete Civil da Presidência da República, promotor público, curador e procurador da Justiça no Distrito Federal.

GIL ANTÔNIO DIAS DE ALMEIDA (1874-1955). Militar, em 1929, era o comandante da 3ª RM sediada em Porto Alegre. Com o lançamento das candidaturas à presidência da República, manteve sob vigilância os adeptos da Aliança Liberal, na qualidade de chefe das tropas governistas. Com a eclosão da Revolução de 3 de outubro, foi aprisionado e recolhido ao navio *Comandante Ripper*, onde já se encontravam os demais oficiais presos. Reformado administrativamente em 1931, foi transferido para a reserva em 1942.

GREGÓRIO FORTUNATO (1900-63). Membro do 14º Corpo Provisório de São Borja desde 1932. No ano seguinte participou, sob o comando de Benjamim Vargas, do ataque a Santo Tomé, na Argentina, que resultou na morte de dois membros do clã Vargas. Após o levante integralista de 1938, passou a integrar a recém-criada Guarda Pessoal da Presidência da República. Com a volta de Getúlio ao Catete, em 1951, assumiu a chefia da segurança presidencial. Em agosto de 1954, foi acusado por outros seguranças da Presidência de ser o mandante do atentado contra o jornalista Carlos Lacerda, crime pelo qual foi preso e condenado.

GREGÓRIO PORTO DA FONSECA (1875-1934). Com a posse de Vargas em 1930, assumiu o cargo de diretor da Secretaria da Presidência da República, equivalente hoje ao cargo de ministro-chefe da Casa Civil. Em 1931, foi eleito membro da Academia Brasileira de Letras. Em abril de 1934, foi nomeado embaixador do Brasil no Vaticano, mas faleceu antes de assumir o cargo.

GUILHERME GUINLE (1882-1960). Presidente da Companhia Docas de Santos e diretor do Centro Industrial Brasileiro (CIB) e da Federação Industrial do Rio de Janeiro (Firj), precursores, respectivamente, da Confederação Nacional da Indústria (CNI) e da Federação das Indústrias do Rio de Janeiro (Firjan). Em 1940, assumiu a presidência da recém-criada Comissão Executiva do Plano Siderúrgico Nacional. Participou das negociações com o Eximbank dos EUA para a concessão do empréstimo que financiou a fundação da Companhia Siderúrgica Nacional (CSN), da qual foi o primeiro presidente. Presidiu o Banco do Brasil durante duas semanas em 1945, antes do golpe militar de 29 de outubro.

GUSTAVO CAPANEMA FILHO (1900-85). Aderiu à Aliança Liberal. Foi oficial de gabinete do governador Olegário Maciel; depois, secretário de Interior e Justiça. Atuou como principal intermediário entre Vargas e Olegário Maciel e desempenhou importante papel nas negociações do Acordo Mineiro. Ajudou na formação do Partido Progressista (PP) de Minas Gerais. Com o falecimento de Olegário Maciel, assumiu, interinamente, o cargo de interventor federal. Virgílio de Mello Franco lançou-se na disputa sucessória. Não só as forças políticas do estado participaram deste embate, mas também líderes de reconhecida projeção nacional, como Oswaldo Aranha e Flores da Cunha. Vargas optou por uma solução inesperada com a escolha de Benedito Valadares. Capanema retirou-se para Pitangui. Em 1934, foi nomeado para a pasta de Educação e Saúde Pública, na qual permaneceu até o final do Estado Novo. Em 1945, elegeu-se pelo PSD mineiro à Assembleia Constituinte, como deputado federal. Renovou o mandato em 1951, tornando-se líder do governo na Câmara até 1954.

GUSTAVO CORDEIRO DE FARIAS (1893-1948). Preso nas rebeliões tenentistas de 1922 e 1924 no Rio de Janeiro, integrou-se aos revolucionários de 1930. Foi membro do Clube 3 de Outubro, que presidia quando a agremiação foi extinta, em 1935. Promovido a general de brigada em 1941, em 1943 foi nomeado diretor do Centro de Instrução Especializada do Exército. Em 1945, assumiu o comando da Diretoria de Ensino da força.

HARRY BERGER (1890-1959). Militante comunista alemão, chegou ao Brasil em 1935 para coordenar a fundação da ANL. Um dos cabeças da insurreição vermelha de novembro de 1935, foi preso em dezembro do mesmo ano, ao lado da mulher, Elise Saborowski — expulsa, assim como Olga Benário Prestes, para a Alemanha nazista. Em 1937, foi condenado a dezesseis anos de prisão. Barbaramente torturado pela polícia, enlouqueceu na cadeia. Foi anistiado em 1945 e repatriado à Alemanha Oriental no ano seguinte.

HENRIQUE ARISTIDES GUILHEM (1875-1949). Em 1934, como vice-almirante, ocupou diversos comandos e missões na Marinha. Em 1935, foi nomeado ministro da Marinha, cargo no qual permaneceu até 1945.

HENRIQUE DE TOLEDO DODSWORTH FILHO (1895-1975). Apoiou a Revolução de 1932. Em 1933, foi eleito, pelo Partido Autonomista, para a Assembleia Nacional Constituinte. Em 1937, deixou a Câmara para ocupar a Interventoria do Distrito Federal. Após 10 de novembro, foi escolhido prefeito da capital, cargo que ocupou até 1945. Em 1946, foi embaixador do Brasil em Portugal.

HENRIQUE SMITH BAYMA (1891-1974). Dirigiu o Partido Democrático (PD) e participou da Aliança Liberal. Foi um dos artífices da união do PD com o Partido Republicano Paulista (PRP) para formar a Frente Única Paulista (FUP). Em 1932, ficou a favor dos revoltosos, foi aprisionado e enviado para a Ilha Grande. Participou dos trabalhos da Assembleia Nacional Constituinte, porém, em 1935, renunciou ao cargo de deputado federal para atuar na Constituinte paulista. Em 1937, presidiu a Assembleia paulista e, nessa qualidade, assumiu o governo com o afastamento de Armando de Salles Oliveira.

HERBERT MOSES (1884-1972). Diretor do jornal O Globo desde sua fundação, em 1925, foi eleito presidente da Associação Brasileira de Imprensa em 1931, cargo que exerceria pelos 33 anos seguintes. Solidarizou-se com o Diário Carioca após seu empastelamento, em 1932, e com outros órgãos vitimados pela repressão ao constitucionalismo. Mas, mantendo boas relações com Getúlio Vargas, integrou o Conselho Nacional de Imprensa, tribunal especial para o julgamento de crimes de opinião, implantado no Estado Novo e integrado por representantes patronais.

HERCOLINO CASCARDO (1900-67). Participou do movimento tenentista em 1922. Em 1924, quando o encouraçado *São Paulo* tentava chegar ao Rio Grande do Sul, aportou em Montevidéu, onde o navio foi entregue às autoridades uruguaias. Cascardo uniu-se aos gaúchos, lutou na fronteira com o Brasil e exilou-se em Rivera. Em 1927, foi condenado por sua participação no levante do *São Paulo*. Conspirou e participou da luta, no Rio Grande do Sul, em 1930. Beneficiado pela anistia, tomou parte na tentativa de criação de um órgão que ordenasse a ação política dos tenentes. Entre 1931 e 1932, foi interventor no Rio Grande do Norte. Lutou contra os rebeldes paulistas, neste último ano. Voltou à Marinha. Em 1935, participou da articulação da Aliança Nacional Libertadora (ANL), da qual foi eleito presidente. Após a dissolução da ANL, discutiu a posição dos comunistas que defendiam um levante armado. Detido, foi novamente desligado da Marinha e condenado à prisão. Libertado em 1937, passou a trabalhar na imprensa. Durante o Estado Novo, trabalhou na Fundação Brasil Central e no Serviço Especial de Migração de Trabalhadores para a Amazônia, órgãos dirigidos por João Alberto Lins de Barros. Foi reintegrado à Marinha em 1945.

HERMES LIMA (1902-78). Em 1933, transferiu-se de São Paulo para o Distrito Federal, foi professor de Introdução à Ciência do Direito na Faculdade de Direito do Rio de Janeiro. Ligou-se à Aliança Nacional Libertadora (ANL). Preso após a Intentona Comunista, foi demitido da faculdade, juntamente com os professores Edgard de Castro Rabelo e Leônidas de Rezende. Ficou detido durante treze meses, sem processo e julgamento. Após a implantação do Estado Novo, dedicou-se ao jornalismo. Foi readmitido à docência em 1945, com a anistia política decretada por Vargas. No mesmo ano, elegeu-se deputado federal constituinte pela UDN do Distrito Federal. Em 1947, participou da fundação do PSB.

HERNANI HILÁRIO FITTIPALDI (1920-2015). Um dos ajudantes de ordens mais próximos de Getúlio Vargas durante seu segundo governo, era major-aviador em 1954. Pilotou a aeronave que transportou o corpo do presidente até São Borja para seu sepultamento.

ISAÍAS DE NORONHA (1873-1963). Foi ministro da Marinha, no Governo Provisório, por um curto período.

ISRAEL PINHEIRO DA SILVA (1896-1973). Participou da Revolução de 1930, atuando nos preparativos do levante, em Minas, pela Força Pública. Foi nomeado membro do Conselho Consultivo de Minas Gerais. Em dezembro de 1933, foi empossado na Secretaria de Agricultura, Viação e Obras Públicas, transformada em 1935 em Secretaria de Agricultura, Comércio e Trabalho, cargo no qual permaneceu até 1942. Nesse ano, tornou-se o primeiro presidente da Companhia Vale do Rio Doce. Em 1945, elegeu-se deputado federal constituinte pelo PSD mineiro, mandato que renovou em 1950. No governo JK, presidiu a Companhia Urbanizadora da Nova Capital (Novacap), responsável pela construção de Brasília.

IVAAR BECKMAN (1899-1971). Geneticista da Secretaria de Agricultura do Rio Grande do Sul e defensor da cultura do trigo no estado.

IVAN RAMOS RIBEIRO (1911-70). Filiado ao Partido Comunista desde 1933, era aspirante de oficial na Escola de Aviação do Campo dos Afonsos, na Vila Militar, quando da revolta de novembro de 1935. Preso e condenado, cumpriu pena até 1943.

JACINTO GODOY (1886-1959). Filho do diretor do jornal republicano A *Federação*. Ajudou a organizar a mobilização política dos estudantes da Geração de 1907. Com João Neves e Maurício Cardoso redigiu o manifesto de criação do Bloco Acadêmico Castilhista.

JARBAS DE CARVALHO (?). Chefe da divisão de imprensa do DIP no Estado Novo e primeiro presidente do Conselho Nacional de Imprensa.

JESUÍNO CARLOS DE ALBUQUERQUE (?). Tenente-coronel médico, dirigiu o Hospital Militar do Cambuci, em São Paulo, entre 1937 e 1939. Foi secretário de Saúde e Assistência Social do Distrito Federal (1941-45) e médico particular do presidente Vargas.

JOÃO ADIL DE OLIVEIRA (1907-76). Militar de carreira, foi promovido a coronel-aviador em 1950. Em agosto de 1954 foi designado para acompanhar o inquérito policial sobre o atentado a Carlos Lacerda, no qual foi morto o major-aviador Rubens Vaz. Dirigiu o IPM do caso, sediado na base aérea do Galeão, exercendo poderes extraordinários.

JOÃO ALBERTO LINS DE BARROS (1897-1955). Participou dos movimentos militares de 1922 e 1924, inclusive como um dos componentes da Coluna Prestes-Miguel Costa. Na campanha presidencial, apoiou Getúlio Vargas. Tentou, junto a Prestes, retardar o lançamento do manifesto rompendo com a Aliança Liberal. Salvou-se do desastre de avião no qual morreu Siqueira Campos. Lutou no 3 de outubro. Como representante de Vargas, integrou o grupo enviado à capital paulista para buscar uma solução na reorganização do poder estadual. Foi nomeado delegado militar da Revolução e, posteriormente, interventor federal em São Paulo, onde permaneceu até 1931. Nomeado, em 1932, chefe de polícia do Distrito Federal, em 1933 deixou o cargo para concorrer à Assembleia Nacional Constituinte, pela legenda do Partido Social Democrático (PSD) de Pernambuco. Em 1935, conquistou uma cadeira na Assembleia Constituinte de Pernambuco. Negocia, nos Estados Unidos, a possibilidade de fomento das exportações de café. De 1936 a 1938, continuou no exercício de atividades diplomáticas como encarregado dos negócios na Argentina e representante do Brasil na Liga das Nações. Entre 1941 e 1942, foi embaixador do Brasil no Canadá. Em março de 1945 assumiu a chefia de Polícia do Distrito Federal, mas por sua oposição ao movimento queremista foi substituído por Benjamim Vargas no cargo. Em 1947 elegeu-se vereador pelo PTB.

JOÃO BAPTISTA LUZARDO (1892-1982). Apoiou os revoltosos de 1923. Em 1924, foi o mais votado entre os libertadores eleitos para a Câmara dos Deputados. Participou das articulações políticas em torno da sucessão de Washington Luís, da campanha da Aliança Liberal e das lutas da Revolução de 1930. No Governo Provisório foi nomeado chefe de Polícia do

Distrito Federal. Em 1932, voltou ao Rio Grande do Sul para se engajar na campanha pela reconstitucionalização do país. Participou da tentativa de levantar o Rio Grande em apoio à revolta paulista de 1932. Exilou-se no Uruguai. Em 1935, retornou à Câmara Federal até 1937, quando foi nomeado embaixador do Brasil no Uruguai, posto no qual permaneceu até 1945. No mesmo ano, transferiu-se para a embaixada em Buenos Aires. Após o final do Estado Novo, elegeu-se deputado federal constituinte pelo PSD gaúcho. No segundo governo Vargas, reassumiu a embaixada brasileira na Argentina. Em 1954, foi indicado à presidência da Caixa Econômica Federal.

JOÃO BATISTA MASCARENHAS DE MORAIS (1883-1968). Veterano da repressão ao levante tenentista de 1924 no Rio de Janeiro. Simpático aos paulistas em 1932, o então coronel foi preso e relegado a funções burocráticas. Reabilitado em 1934, combateu os comunistas no Rio no ano seguinte. Alcançou o generalato em 1937. Entre 1943 e 1945, comandou as operações da FEB na Itália. Foi ministro-chefe do estado-maior das Forças Armadas entre 1953 e 1954.

JOÃO BECKER (1870-1946), d. Nasceu na Alemanha. Em 1895, foi ordenado padre. Em 1906, fundou a *Revista Eclesiástica*, órgão da Liga Sacerdotal dos Padres da Arquidiocese de Porto Alegre. Foi o primeiro bispo da diocese de Santa Catarina, criada em 1908. Em 1912, foi nomeado arcebispo de Porto Alegre. Apoiou a Revolução de 1930. Secretário-geral da Liga Eleitoral Católica (LEC) no Rio Grande do Sul. Em 1935, fundou a Ação Social Brasileira.

JOÃO CAFÉ FILHO (1899-1970). Veterano da Revolução de 1930, elegeu-se deputado federal em 1935 pelo Partido Social Nacionalista do Rio Grande do Norte. Em 1937, apoiou a candidatura de Armando de Salles Oliveira. Exilou-se na Argentina depois do golpe do Estado Novo, em 1937. Voltou ao Brasil no ano seguinte, abandonando a vida pública. Com a deposição de Vargas, candidatou-se à Assembleia Constituinte, sendo eleito pelo PRP potiguar. Indicado pelo PSP de Adhemar de Barros à vice-presidência na chapa eleitoral de Vargas em 1950, teve atuação discreta no cargo até a crise de 1954, quando se alinhou ao golpismo civil-militar. Assumiu a presidência com o suicídio do titular. Em novembro de 1955, deixou o Palácio do Catete depois de sofrer um ataque cardíaco.

JOÃO CÂNDIDO PEREIRA DE CASTRO JÚNIOR (1880-1952). Na Revolução de 1930, comandou o 9º Regimento de Artilharia Montada, em Curitiba, e apoiou as forças legalistas. Aderiu ao projeto da Ação Integralista Brasileira, apesar de não pertencer aos seus quadros, e foi chefe do movimento. Os integralistas tentaram um golpe de Estado. Permaneceu em sua residência aguardando a notícia da prisão de Vargas, para tomar posse como um dos membros da junta governativa que assumiria o poder. Processado pelo Tribunal de Segurança Nacional (TSN), foi condenado a um ano e nove meses de reclusão. No governo Dutra, presidiu as empresas jornalísticas Jornal A Noite e Rádio Nacional, estatais.

JOÃO CARLOS MACHADO (1890-1960). Redator de *A Federação*. Atuou na Revolução de 1930. Secretário do Interior no Rio Grande do Sul e deputado federal entre 1935 e 1937. Como catedrático de direito internacional público na Universidade do Rio Grande do Sul, foi membro do Conselho Nacional de Educação entre 1948 e 1953.

JOÃO CARLOS VITAL (1900-84). Em 1934, foi nomeado diretor do gabinete do ministro do Trabalho, onde participou das comissões organizadoras do Instituto de Aposentadoria e Pensão dos Marítimos (IAPM) e dos Industriários (IAPI). Ocupou, interinamente, o Ministério do Trabalho, quando organizou o Serviço de Alimentação da Previdência Social (SAPS). Nomeado por Vargas, foi prefeito do Distrito Federal entre 1951 e 1952.

JOÃO DAUDT DE OLIVEIRA (1886-1965). Colega de turma de Getúlio Vargas na faculdade de direito. Em 1916, no Rio de Janeiro, dedicou-se à indústria farmacêutica. Manteve suas ligações com o Rio Grande do Sul. Participou, ao lado de Borges de Medeiros, da Reação Republicana. Intermediário entre o Rio Grande do Sul e Minas Gerais nas primeiras reuniões para formação da Aliança Liberal. Após a vitória da Revolução de 1930, a Associação Comercial do Rio de Janeiro (ACRJ) entrou em crise, ocasião em que foi convidado a ingressar na entidade. Em 1932, participou da criação do Partido Economista do Distrito Federal. Em 1934, candidato a vereador à Câmara Municipal do Distrito Federal, renunciou ao mandato antes da posse. Presidiu a ACRJ entre 1942 e 1951 e a Confederação Nacional do Comércio em 1946-47.

JOÃO DE DEUS MENNA BARRETO (1874-1933). Participou da Revolução Federalista em apoio a Júlio de Castilhos. Na Revolta de 1922, chefiou um destacamento incumbido de deter o avanço dos cadetes da Escola Militar. Foi inspetor do 1º Grupo de Regiões Militares, quando da Revolução de 1930. Liderou o grupo que depôs Washington Luís. Em 1931 foi interventor federal no estado do Rio de Janeiro e, a seguir, foi nomeado para o Supremo Tribunal Militar.

JOÃO FRANCISCO DE AZEVEDO MILANEZ (1882-1956). Foi nomeado, em 1931, oficial de ligação entre os estados-maiores do Exército e da Armada. Em 1941, foi nomeado ministro do Supremo Tribunal Militar.

JOÃO GARCEZ DO NASCIMENTO (?). Militar do Exército, tornou-se ajudante de ordens do Catete em 1930. Em 1944, foi indicado por Vargas para o governo do território federal do Iguaçu, no oeste do Paraná, extinto pela Constituição de 1946.

JOÃO GOMES RIBEIRO FILHO (1871-1947). Foi encarregado de missões a serviço das forças governamentais durante o ciclo tenentista. Contrário à Revolução de 1930, foi, por reconhecimento ao seu espírito legalista, nomeado para o comando da 1ª RM, no Rio de Janeiro. Foi ministro da Guerra, em maio de 1935. Na revolta comunista comandou o ataque das tropas ao 3º Regimento de Infantaria.

JOÃO MARQUES DOS REIS (1890-1950). Um dos fundadores do Partido Social Democrático (PSD) da Bahia, foi eleito, em 1933, para a Assembleia Nacional Constituinte. Em 1934, assumiu o Ministério da Viação e Obras Públicas, cargo que ocupou até novembro de 1937, quando foi nomeado para a presidência do Banco do Brasil, que ocupou até 1945.

JOÃO NEVES DA FONTOURA (1889-1963). Um dos participantes da Geração de 1907. Dedicou-se em Cachoeira do Sul, sua cidade natal, à política e à advocacia. Em 1921, foi eleito deputado à Assembleia do Rio Grande do Sul e reeleito em 1924. Participou da campanha da Reação Republicana — movimento que promoveu a candidatura de Nilo Peçanha à presidência da República em oposição à de Artur Bernardes — articulada pelo Rio Grande do Sul, Bahia, Pernambuco e Rio de Janeiro. Participou da luta em 1923. Eleito, em 1927, vice-presidente do estado, na chapa de Getúlio. Elegeu-se deputado federal e ocupou a posição de líder da bancada do PRR. Foi um dos negociadores da candidatura de Getúlio Vargas à presidência da República, em 1930. Na Revolução, participou do levante em Cachoeira do Sul e incorporou-se ao estado-maior revolucionário, que seguiu para o Distrito Federal. Nos anos seguintes, desenvolveu ação informal atuando como articulador das forças políticas estaduais que apoiaram a Aliança Liberal junto ao governo. Em julho de 1932, incorporou-se aos paulistas, tendo se exilado no Prata, onde permaneceu cerca de dois anos. Em 1934, concorreu, sem êxito, à Câmara Federal. Porém, com a renúncia de três deputados eleitos, em maio de 1935, tomou posse e foi escolhido líder da minoria parlamentar na Câmara. Com a extinção dos mandatos em 1937, reassumiu a consultoria jurídica do Banco do Brasil. Entre 1943 e 1945, foi embaixador do Brasil em Portugal. Ministro das Relações Exteriores por um curto período do governo Dutra, em 1946, reassumiu o posto em 1951, convidado por Vargas. Demitiu-se do Itamaraty em 1953.

JOÃO PANDIÁ CALÓGERAS (1870-1934). Foi ministro da Agricultura em 1914 e da Fazenda em 1916, no governo do presidente Wenceslau Brás. Entre 1919 e 1922 foi ministro da Guerra, no governo do presidente Epitácio Pessoa, único civil a ocupar esta pasta na República.

JOÃO PESSOA CAVALCANTI DE ALBUQUERQUE (1878-1930). Em 1909, transferiu-se da Paraíba para o Rio de Janeiro. Foi nomeado, em 1919, ministro do Supremo Tribunal Militar. Em 1928, foi eleito para o governo paraibano. Na escolha dos candidatos à presidência da República, em 1929, o acordo entre mineiros e gaúchos deixa a opção por um nordestino para a vice-presidência, e seu nome foi escolhido. Pressionado pelo governo federal, que tenta a intervenção no estado, manteve-se cauteloso. Para debelar a revolta na cidade de Princesa, a polícia paraibana invadiu casas de pessoas suspeitas de estocar armas. Uma das invasões foi na residência de João Dantas, que matou João Pessoa. Sua morte foi o estopim para o início da Revolução de 1930.

JOÃO PINTO DA SILVA (1889-1950). Poeta, crítico literário e diplomata. Iniciou sua carreira como tipógrafo do *Diário do Jaguarão*. De 1918 a 1930, dirigiu o *Almanaque da Globo* em Porto Alegre.

JOÃO SIMPLÍCIO ALVES DE CARVALHO (1868-1942). Em 1901-08, foi deputado estadual pelo PRR; em 1908-29, deputado federal. Ocupou, em 1930, a Secretaria de Fazenda do Rio Grande do Sul. Em 1933, foi eleito deputado para a Assembleia Nacional Constituinte, pelo Rio Grande. Permaneceu na Câmara Federal até 1937.

JOAQUIM FRANCISCO DE ASSIS BRASIL (1857-1938). Com Júlio de Castilhos, criou o Partido Republicano Rio-Grandense (PRR). Foi nomeado, em 1890, embaixador extraordinário e ministro plenipotenciário na Argentina. Neste mesmo ano, elegeu-se deputado à Assembleia Constituinte. Divergências políticas afastaram Assis Brasil de Júlio de Castilhos. Em 1907, envolveu-se na política rio-grandense, agitada pela aproximação das eleições para a presidência do estado. Em 1908, dedicou-se a unificar os descontentes e fundou o Partido Republicano Democrático. Ante o fracasso, voltou às suas atividades de pecuarista. Em 1922, concorreu ao governo. O resultado desta disputa foi a Revolução de 1923, ultimada com o Tratado de Pedras Altas. Em 1924, as oposições gaúchas, sob sua liderança, uniram-se em torno da Aliança Libertadora. Acreditando no emprego das armas para uma reforma eleitoral que garantisse a participação dos partidos minoritários e extinguisse o controle coronelista, manteve Assis Brasil ligações com os militares descontentes, que deflagraram a Revolução de 1924. Vencido, permaneceu no exílio até 1927. Nas eleições deste mesmo ano, sete deputados libertadores, entre os quais Assis Brasil, foram eleitos. Como parlamentar, fez oposição a Washington Luís. Na eleição de Vargas para governador do Rio Grande do Sul, os libertadores não apresentaram candidato e abriram um crédito de confiança a ele. Agiram da mesma maneira quando da criação da Aliança Liberal. Apoiou a Revolução de 1930 e foi nomeado ministro da Agricultura do Governo Provisório. Foi eleito para a Assembleia Nacional Constituinte, em 1933. Depois de fazer discurso defendendo a independência da organização judiciária em relação ao poder político, renunciou ao mandato.

JOAQUIM ROLLA (1899-1972). Em 1934, adquiriu o Cassino da Urca, que se tornaria o maior e mais luxuoso do Brasil. Em 1944, inaugurou o Hotel Quitandinha, em Petrópolis, cenário de importantes articulações políticas nos anos 1940-60. Também era dono de cassinos em Niterói, Belo Horizonte, Araxá e Poços de Caldas, todos fechados com a proibição dos jogos de azar no país, em 1946. Nas décadas seguintes investiu em bancos e imóveis.

JOSÉ AMÉRICO DE ALMEIDA (1887-1980). Como secretário de Segurança na Paraíba, comandou a polícia estadual contra os revoltosos de Princesa e garantiu o controle da capital e a fidelidade da Polícia Militar à Revolução de 1930. Assumiu a Interventoria daquele estado e, em 24 de novembro, o Ministério da Viação do Governo Provisório, cargo que iria ocupar até 1934. Elegeu-se senador pela Paraíba, mas escreveu a Vargas solicitando sua indicação para o Tribunal de Contas da União, com o objetivo de desvincular-se de qualquer atividade partidária. Nesse mesmo ano, foi nomeado para o TCU. Em 1937, foi lançada sua candidatura à presidência da República. Rompeu com Vargas, permanecendo, contudo, no seu cargo de ministro do TCU. Em 1947, elegeu-se ao Senado pela UDN da Paraíba, deixando o TCU. Em 1950, conquistou o governo de seu estado natal pelo Partido Libertador, que fundou. Assumiu o Ministério da Viação e Obras Públicas a convite de Vargas em 1953. Retornou ao governo paraibano com o suicídio do presidente e a posse de Café Filho. Autor de A *bagaceira*, romance inaugural do ciclo regionalista da segunda fase do modernismo.

JOSÉ ANTÔNIO FLORES DA CUNHA (1880-1959). Em 1909, elegeu-se deputado estadual e, posteriormente, deputado federal pelo Ceará, por imposição de Pinheiro Machado. Em 1917, retornou ao Rio Grande para ser intendente em Uruguaiana, cargo que ocupou até 1924. Em 1923, participou da luta, com os governistas. De 1924 a 1929, foi deputado federal. Colaborou nas negociações da sucessão de Washington Luís. Lutou na Revolução de 1930. Foi nomeado, por Vargas, interventor no Rio Grande do Sul. Apoiou o governo central na Revolução de 1932. Em 1935, foi eleito governador do Rio Grande do Sul pela Assembleia Legislativa do Estado. Suas relações com o governo central iriam, progressivamente, se deteriorar. O decreto de federalização da Brigada do Rio Grande do Sul foi o principal motivo de sua renúncia. Partiu para Montevidéu, onde permaneceu por cinco anos. Em 1942, tentou retornar ao Brasil, mas foi descoberto pela polícia política e encarcerado no presídio da Ilha Grande. Anistiado em 1945, elegeu-se deputado constituinte pela UDN gaúcha. Exerceu mandato na Câmara Federal até sua morte.

JOSÉ CARLOS DE MACEDO SOARES (1883-1968). Como presidente da Associação Comercial de São Paulo reuniu-se, em 1924, com os revolucionários e os governistas para mediar sobre os dois problemas básicos da cidade: o abastecimento e o policiamento. Foi detido por dois meses e se exilou por três anos. Retornou ao Brasil e participou da Aliança Liberal. Ocupou a Secretaria de Interior em São Paulo. Em 1932, exerceu diferentes funções diplomáticas na Europa. Em 1933, participou da formação da Chapa Única por São Paulo Unido, pela qual foi eleito deputado à Assembleia Nacional Constituinte. Em 1934, foi nomeado ministro das Relações Exteriores, cargo do qual se afastou em janeiro de 1937. Em maio, voltou ao governo como ministro da Justiça, no qual permaneceu até 5 de outubro do mesmo ano. Durante o Estado Novo, dedicou-se à criação do Instituto Brasileiro de Geografia e Estatística (IBGE). Com a deposição de Vargas, foi nomeado interventor no estado de São Paulo pelo presidente José Linhares, cargo que exerceu até 1947, com a posse do governador eleito.

josé eduardo de macedo soares (1882-1967). Participou, em 1922, da Reação Republicana. Apoiou o movimento de 5 de julho de 1922, foi preso, mas fugiu. Em 1928, fundou o *Diário Carioca*, de oposição ao governo de Washington Luís. Em 1929, o jornal apoiou a Aliança Liberal e a Revolução de 1930. Rompeu, logo depois da posse do Governo Provisório. Participou da fundação do Clube 24 de Fevereiro, criado em 1932, para se opor ao Clube 3 de Outubro. No dia 25 de fevereiro, o *Diário Carioca* foi empastelado, possivelmente por elementos ligados aos tenentes. Voltou a circular em abril, numa oposição mais intransigente. Foi um dos fundadores do Partido Popular Radical (ppr) do Rio de Janeiro, pelo qual se elegeu deputado para a Assembleia Nacional Constituinte. Entre 1935 e 1937, foi senador pelo Rio de Janeiro. Em 1945, participou da fundação da udn.

josé joaquim cardoso de mello netto (1883-1965). Como membro do pd, participou da Aliança Liberal. Após a Revolução de 1930, foi escolhido pelo primeiro interventor federal — Hastínfilo de Moura — prefeito da capital paulista. Um dos coordenadores da Frente Única Paulista (fup). Em 1932, teve atuação política destacada. Candidato à Assembleia Nacional Constituinte, pela Chapa Única por São Paulo Unido, ficou na primeira suplência, assumindo devido à renúncia de José Manoel de Azevedo Marques. Em 1934, filiou-se ao Partido Constitucionalista e foi eleito deputado federal. Quando Armando de Salles Oliveira renunciou ao governo de São Paulo, a Assembleia Legislativa do Estado o elegeu para substituí-lo. Foi empossado em 5 de janeiro de 1937. Posteriormente, assegurou seu apoio a Vargas, sendo nomeado interventor em São Paulo (1937-38). Em 1945, elegeu-se suplente de deputado constituinte pelo psd paulista, exercendo o mandato em diversas ocasiões até 1951.

josé joaquim de sá freire alvim (1909-81). De 1938 a 1945, foi oficial de gabinete e, em seguida, subchefe do Gabinete Civil da Presidência da República. Durante o segundo governo Vargas, voltou a exercer a função de oficial do Gabinete Civil da Presidência.

josé jobim (1909-79). Jornalista e diplomata. Foi embaixador do Brasil no Equador, na Colômbia e no Vaticano.

josé linhares (1886-1957). Era presidente do Supremo Tribunal Federal quando, em 1945, ocorreu a deposição de Vargas. Passou a ocupar a chefia do governo até a posse, em 1946, de Eurico Gaspar Dutra.

josé pereira coelho de souza (1900-82). Elegeu-se, em 1934, deputado para a Assembleia Constituinte do Rio Grande do Sul.

josé soares de maciel filho (1904-75). Em 1933, lançou no Rio de Janeiro o jornal *A Nação* e, em 1935, *O Imparcial*, de oposição ao governo federal. Mas, em 1937, passou a apoiar Vargas na campanha contra o movimento comunista. Durante o Estado Novo, foi membro do Conselho Nacional de Águas e Energia Elétrica e do Conselho Nacional de Imprensa do dip.

No segundo período de Vargas no Catete, foi superintendente do recém-criado Banco Nacional de Desenvolvimento Econômico (BNDE) e da Superintendência da Moeda e do Crédito (Sumoc). Auxiliar próximo a Vargas, teria participado da elaboração da carta-testamento de 24 de agosto de 1954.

JUAREZ DO NASCIMENTO FERNANDES TÁVORA (1898-1975). Participou das lutas do tenentismo, em 1922 e 1924, inclusive da Coluna Prestes-Miguel Costa. Preso em Teresina, foi transferido para o Rio de Janeiro e detido na Ilha das Cobras, de onde fugiu, em janeiro de 1927. Refugiou-se em Buenos Aires. Orientado por Oswaldo Aranha, no Rio Grande do Sul, partiu para o Nordeste a fim de preparar o movimento revolucionário. Passou em Minas Gerais e no Rio de Janeiro, onde foi detido e preso na Fortaleza de Santa Cruz, de onde conseguiu escapar. Em março de 1930, conspirou no Nordeste, fixando-se na Paraíba. Em 3 de outubro, viajou para Recife, porém, sem condições militares para eclodir o movimento, regressou à Paraíba, onde a Revolução teve êxito imediato. Organizou um destacamento, que penetrou na capital pernambucana. No dia 9, estavam constituídos os governos revolucionários de Pernambuco, Paraíba, Rio Grande do Norte, Ceará, Piauí e Maranhão. Vitoriosa a Revolução, em 27 de outubro, seguiu para o Rio de Janeiro, onde, de 4 a 24 de novembro, foi ministro da Viação e Obras Públicas. Participou do Governo Provisório, como delegado militar junto às Interventorias do Nordeste e do Norte, razão pela qual passou a ser denominado, pela imprensa, de vice-rei do Nordeste. Em 1932, lutou contra São Paulo. Nomeado ministro da Agricultura, participou, como membro nato, dos trabalhos da Assembleia Nacional Constituinte. Em 1934, pediu demissão para se dedicar à campanha eleitoral. Candidatou-se a governador do Ceará, sendo vencido por Menezes Pimentel. De regresso ao Rio de Janeiro, retomou a vida militar. Entre 1952 e 1954, comandou a Escola Superior de Guerra, um dos principais focos de agitação militar contra o presidente Vargas. No governo Café Filho, chefiou a Casa Militar da Presidência. Candidato pela UDN no pleito de 1955, foi derrotado por Juscelino Kubitschek.

JÚLIO BARBOSA DO NASCIMENTO (?). Comandava a guarda de fuzileiros navais do Palácio da Guanabara no dia do levante integralista. Responsável pelo plano de ataque ao Palácio. Dominado o levante, fugiu para a embaixada polonesa. Foi preso, demitido da Marinha, em 1938, e condenado a dez anos de reclusão pelo Tribunal de Segurança Nacional, com perda da patente e posto. Foi anistiado em 1945.

JÚLIO DE CARVALHO BARATA (1905-91). Professor de latim do Colégio Pedro II e catedrático de lógica na Faculdade de Filosofia do Rio de Janeiro, em 1940 foi nomeado diretor do Departamento de Radiodifusão do DIP. Entre 1942 e 1944, chefiou nos EUA a seção brasileira da Coordination of Inter-American Affairs, chefiada por Nelson Rockefeller. Entre 1946 e

1951, foi diretor-geral do Departamento Nacional de Informações, órgão sucessor do DIP. Em 1951 foi nomeado ministro do Tribunal Superior do Trabalho.

JÚLIO PRESTES DE ALBUQUERQUE (1882-1946). Em 1924, foi deputado federal e líder da bancada de São Paulo. Contrário ao movimento tenentista de 1924. Com Washington Luís na presidência da República, assumiu a liderança da maioria governista na Câmara dos Deputados. Em 1927, foi empossado governador de São Paulo. Amigo pessoal de Washington Luís, foi por ele indicado candidato à sucessão presidencial. As eleições, realizadas em 1930, deram a vitória ao candidato oficial. Porém, os resultados eleitorais, tanto para a presidência quanto para o Congresso, geraram violentos protestos da oposição. Fomentou-se a conspiração revolucionária. Em 3 de outubro de 1930, eclodiu a Revolução. Exilou-se na Europa. Em 1934, retornou ao Brasil.

JURACY MONTENEGRO MAGALHÃES (1905-2000). Entusiasta do movimento tenentista. Em fevereiro de 1930, foi designado, juntamente com Jurandir Mamede e Agildo Barata, para o 22º Batalhão de Caçadores no estado da Paraíba, onde participou da Revolução de 1930. Após a posse do Governo Provisório, transferiu-se para o Rio, convidado para servir de oficial de ligação entre o Exército e a Marinha. Em 1931, assumiu a Interventoria na Bahia. Fundou o Partido Social Democrático (PSD) da Bahia. Em 1935, foi eleito governador daquele estado, cargo a que renunciou, em 1937, por não concordar com a implantação do Estado Novo. Voltou às fileiras do Exército. Com o fim da ditadura, foi eleito deputado federal à Assembleia Constituinte pela UDN baiana. Em 1951, convidado por Vargas, assumiu a presidência da Vale do Rio Doce, e, em 1954, a da recém-criada Petrobras. No mesmo ano, elegeu-se senador.

JURANDIR DE BIZARRIA MAMEDE (1906-98). Participou da Revolução de 1930, no Nordeste. Em 1931, assumiu o comando da Brigada Militar de Pernambuco. Foi membro do Clube 3 de Outubro. Assumiu a chefia da Polícia em Pernambuco, cargo que ocupou até 1935, quando foi reincorporado ao Exército. Em 1954, assinou o "Manifesto dos coronéis" contra o governo Vargas.

JUSCELINO KUBITSCHEK DE OLIVEIRA (1902-76). Apoiou a Aliança Liberal. Em 1931, integrou-se ao corpo de médicos do Hospital Militar da Força Pública de Minas Gerais e, em 1931, acompanhou as tropas mineiras que lutaram na Mantiqueira. Nesta ocasião, iniciou amizade com Benedito Valadares, que, ao assumir a Interventoria, o convidou para chefe de seu Gabinete Civil. Em 1934, foi eleito deputado federal. Com a instituição do Estado Novo, voltou às suas atividades no Hospital da Força Pública de Minas. Tornou-se prefeito de Belo Horizonte por indicação de Valadares em 1940. Governou a capital mineira até o final do Estado Novo. Em 1945, elegeu-se deputado federal constituinte pelo PSD. Pela mesma legenda, conquistou o Palácio da Liberdade em 1950 e a Presidência da República em 1955.

LAUDO FERREIRA DE CAMARGO (1881-1963). Com a queda de João Alberto da Interventoria de São Paulo e a impossibilidade da nomeação de Plínio Barreto, por não contar com a confiança dos revolucionários, Laudo Camargo assumiu o cargo em julho de 1931, onde permaneceu até 13 de novembro do mesmo ano. Retomou a atividade judiciária, sendo nomeado ministro do Supremo Tribunal Federal (STF) em 1932. Aposentou-se em 1951.

LAURINDO AUGUSTO LEMGRUBER FILHO (1888-1963). Simpatizante da Revolta de 1922, foi detido até janeiro de 1924. Integrou a Aliança Liberal e elegeu-se deputado federal em 1930. Em 1933, ficou como segundo suplente de deputado pelo Rio de Janeiro para a Assembleia Nacional Constituinte, porém assumiu o mandato desde o início dos trabalhos. Tornou a se eleger em 1934.

LAURO MÜLLER (1863-1926). Engenheiro, militar, político e diplomata catarinense. Eleito senador em 1899, foi presidente de Santa Catarina por cinco breves períodos em 1889-1992 e 1902. Chefiou o Ministério da Viação e Obras Públicas no governo Rodrigues Alves (1902--06) e o Ministério das Relações Exteriores nos governos Hermes da Fonseca e Wenceslau Brás (1912-17). Em 1917, foi eleito para a Academia Brasileira de Letras.

LEONEL EDGAR DA SILVEIRA FRANCA (1893-1948). Padre jesuíta, foi reitor do Colégio Santo Inácio, no Rio de Janeiro, nos anos 1930. Em 1939, fundou a Universidade Católica do Brasil, precursora da PUC-RJ, da qual foi o primeiro reitor. Era irmão do padre Leovegildo Franca, também ligado ao Santo Inácio.

LINDOLFO LEOPOLDO BOEKEL COLLOR (1890-1942). Dirigiu *A Federação*. Elegeu-se deputado estadual em 1921. Foi redator do editorial "Pela ordem". Deputado federal em 1923, reelegeu-se em 1924 e 1927, quando ocupou a liderança da bancada gaúcha, vaga com a saída de Vargas para o Ministério da Fazenda. Aderiu à Aliança Liberal e integrou sua comissão executiva. Manifestou-se contrário à alternativa revolucionária; todavia, foi enviado a Buenos Aires, onde adquiriu armas e munições. De volta a Porto Alegre, viajou ao Rio de Janeiro com Oswaldo Aranha para entendimento com a Junta Governativa Provisória. Ao tomar posse, Getúlio criou o Ministério do Trabalho e Lindolfo Collor foi o primeiro a ocupar este Ministério. Demitiu-se em 1932 e apoiou os revoltosos paulistas. Derrotado, exilou-se na Argentina. Regressou ao Brasil anistiado em 1934.

LOURIVAL FONTES (1899-1967). Apoiou a Aliança Liberal. Em 1934, foi nomeado diretor do Departamento de Propaganda e Difusão Cultural (DPDC), que, em 1938, passou a chamar--se Departamento Nacional de Propaganda (DNP), com o objetivo de fazer a propaganda do Estado Novo e a censura à imprensa. Em dezembro de 1939, Lourival assumiu a direção-geral do Departamento de Imprensa e Propaganda (DIP), que extinguiu o DNP. Dirigiu o DIP até 1942. Foi embaixador do Brasil no México entre janeiro e novembro de 1945. Com o retorno de Vargas ao Catete, em 1951, foi nomeado para a chefia do Gabinete Civil da Presidência. Em 1955, elegeu-se senador por Sergipe por uma ampla coligação partidária.

LÚCIO MARTINS MEIRA (1907-92). Guarda-marinha, em 1927, da Escola Naval do Rio de Janeiro. Foi membro do Clube 3 de Outubro. Em 1934, formou-se tenente-aviador pela Escola do Campo dos Afonsos. Em 1951, foi nomeado subchefe do Gabinete Militar, chefiado pelo general Ciro do Espírito Santo Cardoso. No mesmo ano foi designado para representar a Marinha na Comissão de Desenvolvimento Industrial (CDI), na qual participou dos estudos para a fundação da Fábrica Nacional de Motores (FNM). Foi ministro da Viação no governo Kubitschek.

LUÍS CARLOS PRESTES (1898-1990). Participou das lutas do tenentismo em 1922 e 1924. Liderou a Coluna Prestes-Miguel Costa. Exilou-se na Bolívia. Em 1927, Astrogildo Pereira, secretário-geral do Partido Comunista do Brasil, propôs, sem êxito, uma aliança entre o Partido e Prestes. Em 1928, mudou-se para a Argentina. A cisão das forças governamentais leva à criação da Aliança Liberal. Vargas, em Porto Alegre, tentou seu apoio à Aliança Liberal, porém Prestes já optara por uma solução mais radical. Mudou-se para o Uruguai e passou a combater o governo implantado com a Revolução de 1930. O Partido Comunista Uruguaio sugere sua ida para a União Soviética. Em Moscou, a reunião preparatória do VII Congresso Internacional Comunista discutiu a expansão do nazifascismo, optando por uma experiência de frente popular no Chile e uma revolução armada no Brasil. A Prestes coube preparar a revolução no Brasil, para onde embarcou no final de 1934. Criou a Aliança Nacional Libertadora — organização política de âmbito nacional, liderada pelo PCB —, da qual participaram comunistas, socialistas e católicos, unidos contra o fascismo, o imperialismo, o latifúndio e as leis de opressão às liberdades democráticas. A partir de 1935, Prestes tornou-se presidente de honra da organização. Com a radicalização, o governo aplicou a Lei de Segurança Nacional e fechou a ANL, que passou a funcionar na clandestinidade, iniciando os preparativos para o movimento revolucionário que se iniciou em Natal, em 23 de novembro de 1935. A revolta foi rapidamente sufocada. Em 1936, Prestes foi preso e, posteriormente, condenado pelo Tribunal de Segurança Nacional. Em 1943, mesmo preso, foi eleito secretário-geral do PCB. Anistiado em 1945, reconciliou-se com Vargas. Em dezembro de 1945, conquistou uma cadeira de constituinte no Senado pelo PCB do Distrito Federal. Mas teve seu mandato cassado pela proibição de funcionamento imposta ao partido pelo Tribunal Superior Eleitoral, em 1947, quando voltou à clandestinidade.

LUIZ DE FREITAS VALLE ARANHA (1902-78). Combateu nas insurreições de 1923 e 1924, no Rio Grande do Sul. Por ocasião das articulações revolucionárias, foi enviado ao Rio de Janeiro para contatos. É considerado um dos principais articuladores da Revolução de 1930.

Foi um dos fundadores do Clube 3 de Outubro. Participou, em 1933, da criação do Partido Autonomista do Distrito Federal. Em 1938, assumiu a presidência do Instituto de Aposentadoria e Pensões dos Marítimos (IAPM), que ocupou apenas durante alguns meses.

LUIZ DE TOLEDO PIZA SOBRINHO (1888-1983). Participou da Revolução de 1932. Em 1934, de regresso do exílio, elegeu-se deputado federal por São Paulo, na legenda do Partido Constitucionalista. Foi secretário de Agricultura e Comércio no governo de Armando de Salles Oliveira. Em 1936, foi presidente do Departamento Nacional do Café. Exilou-se após a implantação do Estado Novo. Em 1945, de volta ao país, elegeu-se à Constituinte como deputado federal pela UDN paulista, exercendo mandato até 1951.

LUIZ FERNANDO VERGARA (1894-1973). Formou-se na Faculdade de Engenharia de Porto Alegre. Em 1928, foi nomeado oficial de gabinete de Vargas. Com a Revolução de 1930, transferiu-se para o Rio de Janeiro como oficial de gabinete do chefe do Governo Provisório. Em 1936, assumiu a Secretaria da Presidência da República, equivalente hoje ao cargo de ministro-chefe da Casa Civil, onde permaneceu até 1945. No segundo governo Vargas, serviu como assessor econômico nas embaixadas brasileiras em Roma e Montevidéu.

LUIZ SIMÕES LOPES (1903-94). Em 1930, foi nomeado oficial de gabinete da Secretaria da Presidência da República, cargo que ocupou até 1937. A partir de 1935, voltou-se para os problemas da administração pública. Em 1936, presidiu a Comissão do Reajustamento, que elaborou um projeto de reajuste do pessoal civil. Apresentou, ainda, um plano baseado no sistema de carreira. A Comissão elaborou um projeto de lei que propôs as bases do primeiro Plano de Classificação de Cargos do Governo Federal e institucionalizou o Sistema do Mérito. A partir de sua proposta, foi criado o Conselho Federal de Serviço Público Civil (CFSPC), assumindo Simões Lopes sua presidência em 1936. Em 1944, assumiu a presidência da recém--criada Fundação Getulio Vargas, que exerceria até 1993.

LUTHERO SARMANHO VARGAS (1912-89). Filho mais velho de Getúlio e Darcy Vargas, nasceu em São Borja. Combateu na Revolução de 1932. Em 1937, bacharelou-se pela Faculdade Nacional de Medicina do Rio de Janeiro. Entre 1944 e 1945, serviu na Itália como oficial médico da Força Expedicionária Brasileira. Em 1950, elegeu-se deputado federal pelo PTB do Distrito Federal, mandato renovado nas eleições de 1954. Na crise de agosto de 1954, acusado pelo pistoleiro Alcino João do Nascimento, chegou a prestar depoimento no IPM do Galeão, mas não foi indiciado.

MANOEL DE TEFFÉ (1905-67). Corredor brasileiro, venceu a corrida que inaugurou o Circuito da Gávea em 8 de outubro de 1933.

MANOEL DO NASCIMENTO VARGAS NETO (1903-77). Filho de Viriato Dornelles Vargas, portanto, sobrinho de Getúlio. Foi jornalista e escritor, juiz e promotor.

MANOEL RABELO MENDES (1878-1945). Em 1922, participou do movimento tenentista, foi preso, condenado e anistiado. Foi nomeado interventor de São Paulo em 1931 e substituído por Pedro de Toledo. O governo federal o nomeou para o comando da 2ª RM, em São Paulo. Unificou os comandos do Exército e da Força Pública em 29 de maio, mas, ante a forte reação que a medida provocou, decidiu revogá-la no dia 10 de junho. Em 7 de julho, Vargas o exonerou. Foi nomeado comandante da 7ª RM, sediada em Recife.

MANSUETO BERNARDI (1885-1966). Italiano, veio para o Brasil em 1888, estabelecendo-se no Rio Grande do Sul. Foi diretor da Livraria do Globo e, depois, da Casa da Moeda, no Rio de Janeiro.

MANUEL DE CERQUEIRA DALTRO FILHO (1882-1938). Em 1922, lutou contra os revoltosos, como também em 1930. Em 1932, chefiou as tropas que entraram na capital de São Paulo. Em 1933-34, comandou a 2ª RM. Em 1937, foi nomeado comandante da 5ª RM e transferido para a 3ª RM, em Porto Alegre. Foi o executor do estado de guerra no Rio Grande do Sul. Apresentou a Flores decreto segundo o qual a Brigada Militar deveria passar para o controle do comandante da 3ª RM. Flores discordou e renunciou. Em 1937, foi nomeado interventor do estado, permanecendo no cargo até se licenciar por enfermidade.

MANUEL DUARTE (1884-1957). Bacharelou-se, em 1909, pela Faculdade de Direito de Porto Alegre. Foi promotor público em Vacaria (RS) e, ainda, intendente municipal e presidente do Conselho Municipal dessa cidade.

MÁRCIO DE MELLO FRANCO ALVES (?). Prefeito nomeado de Petrópolis entre 1942 e 1945. Como engenheiro, integrou a Comissão Técnica do Plano Siderúrgico Nacional.

MARIA DE LOURDES MARTINS PEREIRA E SOUSA (1894-1973). Escultora, desenhista, gravadora e escritora, casou-se com o diplomata Carlos Martins em 1926.

MÁRIO DA SILVEIRA REIS (1907-81). Cantor popular.

MÁRIO DE PIMENTEL BRANDÃO (1889-1956). Em 1934, foi embaixador na Bolívia. Retornando ao Brasil, assumiu a secretaria do Itamaraty. Em 1937, foi nomeado ministro das Relações Exteriores. Em 1938, deixou o Itamaraty para assumir a embaixada nos Estados Unidos. Substituído em 1939 por Carlos Martins, foi designado para Bruxelas. Também representou o Brasil na Espanha (1944-46) e na União Soviética, tendo sido o primeiro embaixador do país na potência comunista (1946-47). Entre 1950 e 1951, chefiou a embaixada brasileira na Alemanha Ocidental, em Bonn.

MAURÍCIO CARDOSO (1888-1938). Pertenceu à Geração de 1907. Em 1913, foi eleito deputado estadual, renunciou no ano seguinte. Dedicou-se ao magistério. Em 1927, participou da campanha de Getúlio ao governo. Tomou parte na Revolução de 1930. Em 1931, foi nomeado ministro da Justiça, renunciando no ano seguinte. Representou o governo gaúcho nas negociações para o término da revolta de 1932. Em 1933, foi eleito por seu estado para a Assembleia Nacional Constituinte. Em 1935, foi eleito para a Assembleia Constituinte do Rio Grande do Sul. Secretário de Interior quando, com a morte do interventor, general Daltro Filho, assumiu, interinamente, permanecendo no cargo até a posse de Cordeiro de Farias. Ocupou, então, a Secretaria de Agricultura. Faleceu em 22 de maio de 1938.

MAURÍCIO DE LACERDA (1888-1959). Participou das articulações para a revolta militar de 1922 e 1924. Afastou-se antes de a última ser deflagrada, mas nem por isto deixou de ser preso. Mesmo detido, em 1926, foi eleito para o Conselho Municipal do Distrito Federal. Em 1928, foi a Bagé para a fundação do Partido Libertador (PL). Participou da campanha da Aliança Liberal, sendo então eleito deputado federal pelo Distrito Federal. Detido em 3 de outubro, no dia 24 estava à frente dos populares que compareceram ao Palácio Guanabara, no momento da deposição de Washington Luís. Filiou-se ao Clube 3 de Outubro. Em 1932, tornou-se prefeito de Vassouras. Com a criação da Aliança Nacional Libertadora (ANL) e a constituição de um movimento de intelectuais, denominado Clube da Cultura Moderna, passou a ter uma participação oposicionista. Fechada a ANL, fundou com outros políticos a Aliança Popular por Pão, Terra e Liberdade. Após a revolta comunista, a Comissão de Repressão ao Comunismo propôs sua prisão. Detido, foi julgado e absolvido.

MIGUEL ALBERTO CRISPIM DA COSTA RODRIGUES (1874-1959). Nascido em Buenos Aires, a família transferiu-se para Piracicaba (SP), onde iniciou sua carreira militar como soldado da Força Pública paulista. Simpatizante do tenentismo, participou do levante de 1924, como um dos membros da Coluna Prestes-Miguel Costa. Voltou para Buenos Aires. Participou das articulações de 1930 e integrou o Grupo de Comando da Revolução. No Governo Provisório, com a indicação de João Alberto como delegado militar no estado de São Paulo, foi nomeado comandante da Força Pública, acumulando o cargo de secretário de Segurança. Foi um dos fundadores da Legião Revolucionária. Com Laudo de Camargo, foi afastado da Secretaria de Segurança. No governo de Manoel Rabelo, quando o Partido Democrático uniu-se ao PRP, criou a Frente Única Paulista (FUP). Miguel Costa transformou, então, a Legião Revolucionária no Partido Popular Paulista. Pedro de Toledo foi nomeado interventor, quando assumiu a Secretaria de Justiça Waldemar Ferreira, que promulgou o decreto de reforma de Miguel Costa e seu afastamento do comando da Força Pública. Em 9 de julho de 1932, foi preso em sua residência. Com a criação da Aliança Nacional Libertadora (ANL), passou a dirigir a organização em São Paulo. Em 1935, desligou-se da ANL. Após o levante comunista de 1935, perdeu sua patente de general honorário do Exército Brasileiro, bem como a sua cidadania brasileira, embora não estivesse diretamente envolvido no episódio. Foi preso em novembro de 1937 e, depois de libertado, dedicou-se a atividades particulares.

MIGUEL DE OLIVEIRA COUTO (1864-1934). Médico e professor eminente, elegeu-se deputado constituinte em 1933 pelo Partido Economista do Distrito Federal.

MOYSÉS DE MORAES VELLINHO (1901-80). Promotor público em Caxias do Sul e Jaguarão (RS). Foi redator de *A Federação*. Em 1931, oficial de gabinete do Ministério da Justiça e, em 1932, do Ministério do Trabalho. Deputado na Assembleia Legislativa do Rio Grande do Sul de 1935 a 1937.

NAPOLEÃO DE ALENCASTRO GUIMARÃES (1899-1964). No Governo Provisório foi designado chefe de gabinete do diretor dos Telégrafos e representante do ministro junto à diretoria dos Correios. Foi membro do Clube 3 de Outubro. Em 1932, integrou-se novamente ao Exército e participou do combate aos rebeldes em Paraty (RJ). Criado o Instituto de Aposentadoria e Pensões dos Marítimos (IAPM), foi seu primeiro presidente. Em 1950, elegeu-se ao Senado pelo PTB do Distrito Federal.

NEREU DE OLIVEIRA RAMOS (1888-1958). Participou, em Santa Catarina, da Reação Republicana. De 1922 a 1930, permaneceu em oposição ao governo estadual. Um dos fundadores do Partido Liberal Catarinense, incorporou-se à Aliança Liberal. No pleito de 1930, elegeu-se deputado federal. Participou da conspiração e da luta da Revolução de 1930. Entrou em Florianópolis junto com o estado-maior do general Ptolomeu de Assis Brasil, que assumiu o governo como delegado da Revolução. Apoiou os paulistas em 1932. Em 1933, elegeu-se deputado federal, na legenda do PLC, e foi reeleito em 1934. Em 1935, foi eleito governador de Santa Catarina e, após a implantação do Estado Novo, foi confirmado como interventor federal. Em 1945, com o fim do Estado Novo, conquistou uma cadeira de constituinte no Senado pelo PSD catarinense, exercendo a liderança da maioria. Em 1946, foi eleito vice-presidente da República pela Assembleia Constituinte. Permaneceu no cargo até 1951, quando foi substituído por João Café Filho. No ano anterior, elegera-se deputado federal. Em 1955, novamente no Senado, assumiu a presidência da República como vice-presidente da Casa, depois do impedimento de Carlos Luz, até a posse de Juscelino Kubitschek.

NERO MOURA (1910-94). Combateu na Revolução de 1932 e também na repressão à revolta comunista de 1935 como tenente-aviador. Em 1938, assumiu a função de piloto do presidente Vargas. Promovido a major, comandou o 1º Grupo de Aviação de Caça, enviado à Itália com a FEB. Permaneceu fiel a Vargas durante o golpe de outubro de 1945, quando comandava a base aérea de Santa Cruz. Mesmo na reserva, foi convidado para o Ministério da Aeronáutica em 1950. Pressionado pelo oficialato da arma, foi o responsável pela abertura do IPM do Galeão, em agosto de 1954. Pediu demissão do Ministério oito dias antes do suicídio do presidente.

NEWTON DE ANDRADE CAVALCANTE (1885-1965). Participou da Revolução de 1930. Em 1932, lutou ao lado do governo. Entre maio e julho de 1935, foi chefe da Casa Militar da Presidência da República. Entre agosto e setembro do mesmo ano, foi interventor em Mato Grosso, quando instalou a Assembleia Constituinte. Entre 8 e 17 de novembro, foi interventor no estado do Rio de Janeiro. Em 1935, chefiou a ocupação do quartel do 3º RI, em poder dos revoltosos, no levante da Aliança Nacional Libertadora. No dia seguinte, foi promovido a general. Em 1937, comandou a Vila Militar no Rio de Janeiro. Em novembro, pediu demissão. Na tentativa de invasão dos integralistas ao Palácio Guanabara, em 1938, embora tido como um dos defensores desta linha de pensamento político, foi um dos primeiros a cumprimentar Vargas pelo insucesso da tentativa. Durante o governo Dutra, chefiou o Gabinete Militar da Presidência (1950-51).

ODÍLIO DENYS (1892-1985). Tenente revoltoso em 1922 e 1924, integrou-se à Revolução de 1930 no Rio de Janeiro. Participou como capitão do combate às forças paulistas na frente do Vale do Paraíba, em 1932. Em 1937, como comandante do 7º Batalhão de Caçadores de Porto Alegre, liderou o cerco ao Palácio Piratini e a deposição do governador Flores da Cunha. Assumiu o comando da Polícia Militar do Distrito Federal em 1940, no posto de coronel. Aderiu à conspiração para derrubar Vargas, em 1945. Na crise de agosto de 1954, comandava a Zona Militar do Leste, antecessora do I Exército, mas não assinou o manifesto de generais exigindo a renúncia do presidente.

ODILON DUARTE BRAGA (1894-1958). Como deputado, destacou-se na luta parlamentar pela Aliança Liberal. Secretário de Segurança em Minas, coordenou as forças estaduais na eventualidade da eclosão da luta armada. Vitoriosa a Revolução, discordou da orientação dada ao Governo Provisório e afastou-se do cenário político. Em 1933, elegeu-se deputado à Assembleia Nacional Constituinte na legenda do Partido Progressista Mineiro (PPM), onde atuou na Comissão Constitucional. Em 1934, foi nomeado ministro da Agricultura. Discordou do Estado Novo, demitiu-se e retornou às suas atividades no Banco do Brasil. Entre 1950 e 1952, presidiu a UDN nacional, partido pelo qual se elegeu deputado federal em 1954.

OLEGÁRIO MACIEL (1855-1933). Em 1922 era vice-presidente de Minas; após a morte do governador Raul Soares assumiu a presidência do estado, cargo para o qual fora eleito em setembro de 1930. Por sua participação no processo revolucionário, manteve-se no cargo. Em 1932, endossou o movimento pela reconstitucionalização do país, mas manifestou ser "dever do povo mineiro apoiar com firmeza o governo originário da Revolução". No início da revolta paulista, manteve-se indeciso, mas participou enviando tropas mineiras para o sul do estado, para conter o avanço dos paulistas. Em 1933, fundou o Partido Progressista Mineiro (PPM). Em 5 de setembro faleceu, subitamente, em Belo Horizonte. Foi embaixador do Brasil em Portugal entre 1953 e 1955.

OLEGÁRIO MARIANO CARNEIRO DA CUNHA (1889-1958). Membro do Clube 3 de Outubro. Filiou-se ao Partido Autonomista e elegeu-se, em maio de 1933, deputado para a

Assembleia Nacional Constituinte, reelegendo-se e tendo cumprido o mandato até novembro de 1937.

OLÍMPIO DE MELLO (1886-1977). Em 1931, foi nomeado para a paróquia de Bangu. Integrou-se à Liga Eleitoral Católica (LEC). Em março de 1933, ao lado de Pedro Ernesto, interventor do Rio, foi um dos fundadores do Partido Autonomista (PA), no qual se elegeu vereador. Foi eleito para a presidência da Câmara, e Pedro Ernesto para a prefeitura do Distrito Federal. A aproximação do prefeito com a Aliança Nacional Libertadora provocou divergências com a Igreja e a quebra da unidade do PA. Com o fechamento da ANL e o levante comunista, o PA hipotecou solidariedade a Vargas, enquanto o prefeito ficou na oposição. Com a prisão de Pedro Ernesto, na qualidade de presidente da Câmara, assumiu a prefeitura. Com a possível volta de Pedro Ernesto, absolvido pelo Supremo Tribunal Militar (STM), o governo federal decretou a intervenção no Distrito Federal, em 1937, e suspendeu por um ano o funcionamento da Câmara, mas manteve padre Olímpio no cargo. Foi nomeado ministro do Tribunal de Contas da Prefeitura do Distrito Federal.

OLÍMPIO GUILHERME (?). Ex-ator de cinema e jornalista dos Diários Associados, chefiou a divisão de imprensa do DIP e presidiu o Conselho Nacional de Imprensa durante o Estado Novo.

OLINTO FONSECA (1908-90). Auxiliar e, depois, chefe de gabinete de Olegário Maciel. Diretor da Imprensa Oficial do Estado entre 1941 e 1945. Nesse ano, elegeu-se à Assembleia Constituinte pelo PSD mineiro. Foi reeleito em 1950.

OSCAR DAUDT DE OLIVEIRA (1901-66). Advogado, agrônomo e poeta.

OSWALDO CORDEIRO DE FARIAS (1901-81). Participou do movimento tenentista, em 1922, sendo detido durante três meses na Fortaleza de São João. Em 1924, após lutar no Rio Grande do Sul, comandou o 1º Destacamento da Coluna Prestes-Miguel Costa. Exilou-se na Bolívia. Em 1928, regressou ao Brasil, onde foi julgado e absolvido. Em 1930, integrou o comando revolucionário em Minas Gerais. Foi chefe de Polícia em São Paulo, no período imediatamente anterior à eclosão em 1932. Lutou contra os comunistas da Praia Vermelha, em 1935. Em 1937, chefiou o estado-maior do general Daltro Filho, então comandante da 3ª RM, em Porto Alegre. Com a morte do general Daltro, Cordeiro de Farias, em março de 1938, assumiu o cargo de interventor do Rio Grande do Sul, que exerceu até 1943. Com a declaração de guerra do Brasil aos países do Eixo e a formação da FEB, afastou-se da Interventoria para comandar a Artilharia Divisionária na campanha da Itália. Participou das articulações do golpe militar de 29 de outubro de 1945. Em 1949, foi indicado ao comando da Escola Superior de Guerra, no qual permaneceu até 1952. Entre 1952 e 1954, comandou a Zona Militar do Norte, sediada no Recife. Elegeu-se governador de Pernambuco em 1954.

OSWALDO EUCLIDES DE SOUSA ARANHA (1894-1960). Formou-se em direito no Rio de Janeiro, em 1917. Em 1922, acompanhou seu pai, chefe político do PRR, em Alegrete, sua terra natal, e apoiou a candidatura de Borges de Medeiros. Participou das lutas nas Revoluções de 1923 e 1924, a favor dos republicanos. Em 1925-27, foi intendente em Alegrete. Deputado estadual em 1927, não assumiu o mandato, pois ocupou, na Câmara Federal, a vaga deixada por Vargas, nomeado para o Ministério da Fazenda. Com a posse de Vargas, no Rio Grande do Sul, ocupou a Secretaria de Interior e Justiça. Nessa qualidade e como representante de Vargas, participou dos contatos para formar a Aliança Liberal. Após as eleições, dedicou-se aos preparativos do movimento revolucionário de 3 de outubro de 1930. Oswaldo Aranha estava à frente dos que, em Porto Alegre, atacaram as sedes do Comando do Exército e da Região Militar. Em 11 de outubro, Vargas transferiu o governo do Rio Grande do Sul para Oswaldo Aranha e assumiu o comando das tropas que marcharam em direção ao Distrito Federal. Com a deposição de Washington Luís, foi encarregado por Vargas de negociar a sua posse com a Junta Governativa que ocupara o poder. Com a instalação do Governo Provisório, assumiu a pasta da Justiça e Negócios Interiores, de onde foi transferido para o Ministério da Fazenda, onde permaneceu até 1934. Foi nomeado embaixador em Washington. Em 1938, embora discordando em alguns aspectos da Constituição de 1937, ocupou o Ministério das Relações Exteriores, onde permaneceu até 1944. Em 1947, no governo Dutra, chefiou a delegação brasileira na ONU. Presidiu a primeira sessão especial da Assembleia Geral e a segunda reunião do órgão, em 1948, que estabeleceu a partição da Palestina entre judeus e árabes e lançou as bases legais para a fundação do Estado de Israel. No segundo governo Vargas, comandou o Ministério da Fazenda entre 1953 e 1954.

OTTO ERNST MEYER (1897-1966). Nascido na Alemanha, emigrou e, logo depois, naturalizou-se brasileiro. Em 1925, conseguiu apoio para fundar a Varig, da qual foi presidente durante quinze anos.

OVÍDIO XAVIER DE ABREU (1898-1990). Conterrâneo de Benedito Valadares, foi seu chefe de gabinete na Interventoria mineira em 1933-34, e em seguida secretário de Finanças do estado. Entre 1941 e 1944, foi secretário estadual de Justiça e Interior. Nomeado presidente do Departamento Nacional do Café em 1944, exerceu o cargo até 1946. Presidiu o Banco do Brasil durante o governo Dutra. Elegeu-se deputado federal em 1950 pelo PSD de Minas.

PANTALEÃO DA SILVA PESSOA (1885-1980). Em 1931, por curto período, foi interventor federal no estado do Rio de Janeiro. Em 1932, chefe do estado-maior do general Góes Monteiro e chefe do estado-maior do Governo Provisório — correspondente, hoje, a ministro-chefe do Gabinete de Segurança Institucional da Presidência da República — até junho de 1935. Assumiu a chefia do estado-maior do Exército, afastando-se deste último cargo em 1936. Em

23 de novembro de 1937, escreveu ao ministro da Guerra deplorando o papel do Exército, quando da implantação do Estado Novo. No dia seguinte foi reformado. Foi preso em 1938 acusado de ter se reunido com líderes do levante integralista, mas inocentado meses depois.

PAULO GERMANO HASSLOCHER (1891-1966). Advogado, jornalista, deputado estadual no Rio Grande do Sul de 1927 a 1930. Ingressou, em 1931, na carreira diplomática. Entre 1949 e 1956, representou o Brasil na República Dominicana.

PAULO MARTINS DE SOUSA RAMOS (1896-1969). Funcionário do Ministério da Fazenda, ocupou cargos na gestão de Oswaldo Aranha. Em 1935, na crise política no Maranhão, sua terra natal, quando a Assembleia depôs o governador e solicitou a intervenção federal no estado, foi indicado por Oswaldo Aranha, e, em agosto de 1936, assumiu o cargo, eleito pela Assembleia. Com a implantação do Estado Novo permaneceu como interventor até 1945. Elegeu-se deputado federal pelo PTB do Maranhão em 1950.

PEDRO ALEIXO (1901-75). Apoiou a Reação Republicana. Em 1927, fundou o jornal *O Estado de Minas*. Apoiou a Aliança Liberal. De 1932 a 1933, atuou como secretário e presidente do Conselho Consultivo de Minas. Foi um dos fundadores do Partido Progressista (PP) de Minas, pelo qual se elegeu à Assembleia Nacional Constituinte. Em 1935, tornou-se o líder da maioria e, em seguida, presidente da Câmara dos Deputados. Foi nesta qualidade que perdeu o mandato em 1937.

PEDRO AURÉLIO DE GÓES MONTEIRO (1889-1956). Parte de sua carreira militar desenvolveu-se no Rio Grande do Sul. Colaborou com o governo estadual contra os federalistas, em 1923. Comandava em São Luís das Missões, quando foi convidado para a chefia militar da Revolução de 1930. Liderou a luta, em 3 de outubro, em Porto Alegre. A 10 de outubro, seguiu com Vargas de trem para o Norte. Preparou o ataque das tropas governistas no estado de São Paulo, o que era desnecessário devido à deposição de Washington Luís. Presidiu o Clube 3 de Outubro. Em 1931, nomeado general, assumiu o comando da 2ª RM, em São Paulo, e, em 1932, o comando da 1ª RM. Comandante do Destacamento do Exército do Leste, formulou planos e medidas contra a Revolta de 1932. Participou da Subcomissão do Itamaraty, criada com a finalidade de elaborar o anteprojeto de Constituição, e defendeu a anistia aos militares e o capítulo da Defesa Nacional. Em 1934, foi nomeado ministro da Guerra. Em 1935, pediu demissão do Ministério. Quando do levante comunista, tomou parte na repressão ao movimento. Assumiu o cargo de inspetor de Regiões Militares do Norte e, em 1937, o estado--maior do Exército (EME), cargo que deixou em 1943. Em 1939, foi aos Estados Unidos em missão militar buscando maior integração com o Brasil. Em 1945 reassumiu o Ministério da Guerra, sendo um dos articuladores do momento que afastou Vargas do poder. Em 1947, elegeu-se vereador por Alagoas. Em 1950 recusou o convite de Vargas para ocupar o posto de vice-presidente de sua chapa, e não conseguiu eleger-se ao Senado, como pretendia. Com a posse de Vargas, foi indicado chefe do estado-maior das Forças Armadas, onde permaneceu até 1952, quando assumiu o cargo de ministro do Superior Tribunal Militar.

PEDRO COSTA REGO (1889-1954). Redator do *Correio da Manhã* desde 1927, foi durante muito tempo seu redator-chefe. Deputado federal por Alagoas, entre 1915 e 1923 e 1928-29. Governador de 1924 a 1928 e, finalmente, senador pelo mesmo estado em 1929-30 e 1935-37.

PEDRO DE TOLEDO (1860-1935). Em 1926, como representante do Brasil na Argentina, deu tratamento cordial aos exilados de 1924, desagradando a Artur Bernardes, que determinou seu retorno. Afastou-se da vida pública e voltou à advocacia. Em 1932, foi nomeado interventor de São Paulo. Civil e paulista, preenchia os dois requisitos fundamentais exigidos pela Frente Única Paulista (FUP). Deflagrada a revolta em 9 de julho, manifestou o desejo de renunciar, mas acabou aceitando o cargo de governador do estado. Vencido o movimento, exilou-se em Lisboa, onde permaneceu até 1934.

PEDRO ERNESTO BAPTISTA (1884-1942). Em 1922, aderiu ao movimento tenentista. Em 1924, aliou-se à conspiração de Protógenes Guimarães. De 1925 a 1930, apoiou os tenentes. Sua Casa de Saúde era o principal ponto de refúgio. Aderiu à Aliança Liberal e aos preparativos do movimento. Desencadeada a Revolução, organizou o corpo de saúde das forças revolucionárias em Minas Gerais. Foi um dos fundadores do Clube 3 de Outubro. Em 1931, assumiu a Interventoria do Distrito Federal. Em 1933, participou da organização do Partido Autonomista do Distrito Federal. No dia 1º de outubro, entrou em vigor o estado de guerra, e Pedro Ernesto seguiu para São Paulo decidido a exilar-se na Argentina. Foi detido e transferido para Campanha (MG) sob prisão domiciliar.

PEDRO LEÃO VELLOSO NETO (1887-1947). Diplomata de carreira, chefiou a embaixada brasileira na Itália entre 1939 e 1941. Em 1944, assumiu o Ministério das Relações Exteriores após a demissão de Oswaldo Aranha. Chefiou a delegação brasileira na Conferência Interamericana sobre Problemas da Guerra e da Paz (Conferência de Chapultepec), na Cidade do México, em 1945. No governo Dutra, representou o Brasil na ONU.

PEDRO VERGARA (1895-1979). Constituinte em 1934 e 1946, foi ainda deputado federal de 1935 a 1937 e, novamente, de 1946 a 1951.

PLÍNIO SALGADO (1895-1975). Apoiou a candidatura de Júlio Prestes. Passou um mês na Itália observando a experiência fascista, encontrando-se, inclusive, com Benito Mussolini. Em 1932, divulgou, em São Paulo, o *Manifesto de Outubro*, que marcou a fundação oficial da Ação Integralista Brasileira (AIB). De 1932 a 1934, dedicou-se à organização nacional da AIB. Foi eleito chefe nacional no Congresso de Vitória. Lançou-se candidato à presidência da

República, em 1937. Com a implantação do Estado Novo e a proibição da existência da AIB, assumiu os riscos de um levante armado contra Vargas. A primeira tentativa foi um começo de ação na Marinha. A segunda, o ataque ao Palácio Guanabara. Salgado não foi imediatamente detido, ficando em São Paulo sob a proteção do interventor Adhemar de Barros. Preso em maio de 1939, no mês seguinte exilou-se em Portugal. Em 1945, retornou ao Brasil. Candidatou-se a presidente da República em 1955 pelo PRP.

POMPÍLIO CYLON FERNANDES ROSA (1897-1987). Participou da Revolução de 1930, integrando a chamada Coluna do Nordeste, comandada pelo general Waldomiro Lima. Elegeu-se, em 1934, deputado para a Assembleia Constituinte estadual na legenda do Partido Republicano Liberal (PRL). Renunciou ao mandato e desvinculou-se do seu partido, em 1936, quando o PRL começou a divergir de Vargas. No governo Dutra, foi nomeado interventor no Rio Grande do Sul (1946-47).

PROTÓGENES PEREIRA GUIMARÃES (1876-1938). Em 1924, participou da revolta tenentista, encarregado da chefia do movimento da Esquadra. Assumiria o comando do encouraçado *São Paulo*. A polícia descobriu a conspiração e prendeu os líderes: Protógenes Guimarães, Gustavo Cordeiro de Farias e Ary Parreiras. Preso até janeiro de 1927, foi reformado em 1928. Anistiado em 1930, em 1931 foi nomeado ministro da Marinha. Foi eleito deputado federal pelo estado do Rio de Janeiro, pelo Partido Popular Radical (PPR), em 1934, mas renunciou ao mandato quando Vargas negou-se a aceitar seu pedido de exoneração do Ministério da Marinha. Elegeu-se governador do Rio de Janeiro em 1935. Por motivo de doença, pediu sucessivas licenças, sendo substituído, em 1937, pelo interventor Ernani do Amaral Peixoto.

RAIMUNDO MAGALHÃES JÚNIOR (1907-81). Jornalista, contista e teatrólogo cearense, foi eleito para a Academia Brasileira de Letras em 1956. Em 1934, era redator do jornal *A Noite* e de outros periódicos cariocas.

RAUL BOPP (1898-1984). Participou do movimento modernista. Em 1932, ingressou na carreira diplomática, tendo chegado ao cargo de embaixador.

RAUL FERNANDES (1877-1968). Como integrante da corrente ligada a Nilo Peçanha, participou da campanha da Aliança Liberal, em 1930. Após a vitória da Revolução, foi nomeado consultor-geral da República. Foi eleito para a Assembleia Nacional Constituinte pelo Partido Popular Radical (PPR). Na Constituição foi o relator-geral da Comissão Constitucional e integrou a Comissão Revisora Constitucional. Foi eleito deputado federal, em 1934, pelo Rio de Janeiro, para a legislatura ordinária. Tomou posição contrária ao regime estabelecido pelo Estado Novo. Nos governos Dutra e Café Filho, foi ministro das Relações Exteriores (1946-51; 1954-55).

RAUL PILLA (1892-1973). Participou da Revolução de 1923, no Rio Grande do Sul. Em 1928, foi um dos fundadores do Partido Libertador. Defendeu a aliança entre libertadores e republicanos, da qual surgiu a Frente Única Gaúcha (FUG). Em 1930, permaneceu no Rio Grande do Sul e defendeu a pronta reconstitucionalização do país. Até fins de 1931, o PL não hostilizou o governo central. Liderou um grupo que resolveu dar apoio aos paulistas, em 1932. Vencido, Pilla partiu para o exílio no Uruguai e na Argentina. Com a anistia em 1934, retornou ao Brasil e se elegeu para a Assembleia Constituinte Estadual. Tendo perdido o mandato em 1937 com a decretação do Estado Novo, voltou-se para a carreira médica. Em 1945, elegeu-se deputado federal constituinte pela UDN gaúcha. Permaneceu na Câmara Federal até 1967.

RAUL TAVARES (1876-1953). Em 1930, ocupou a subchefia do Gabinete Militar da Presidência da República. Em 1935-36, foi comandante em chefe da Esquadra. Nessa função, comandou a divisão naval que, em maio de 1936, levou Vargas ao Uruguai e à Argentina. Em 1938, foi indicado ao Supremo Tribunal Militar.

RENATO GUILHOBEL (1892-1975). Como oficial da Marinha, participou da repressão ao tenentismo entre 1922 e 1924. Durante a Segunda Guerra Mundial, participou do patrulhamento naval do Atlântico Sul. Promovido a contra-almirante em 1946, foi nomeado ministro da Marinha em 1951, cargo no qual permaneceu até o final do governo Vargas, em 1954.

RENATO PAQUET (1885-?). Na patente de major, combateu o movimento paulista de 1932 e o levante comunista de 1935. Como general de brigada, assumiu o comando da 1ª Divisão de Infantaria da Vila Militar do Rio de Janeiro em 1942. Apesar de ter permanecido fiel a Vargas durante o golpe de outubro de 1945, foi promovido a general de divisão em dezembro do mesmo ano.

ROBERTO CARLOS VASCO CARNEIRO DE MENDONÇA (1894-1946). Participou da Revolta de 1922. Foi preso e deportado para Fernando de Noronha e, depois, para a Ilha da Trindade. Após a anistia de 1930, foi reincorporado ao Exército. Filiou-se ao Clube 3 de Outubro. Em 1931, foi nomeado interventor no Ceará; em 1935, no Pará; e, em 1936, no Maranhão. Assumiu a direção da Carteira de Redescontos do Banco do Brasil em 1937.

RODOLFO GHIOLDI (1897-1985). Um dos fundadores do Partido Comunista Argentino, em 1918, foi responsável pela filiação do PCB à Internacional Comunista, em 1924. Conheceu Luís Carlos Prestes em 1928, na Argentina. Ao lado do ex-líder da Coluna Prestes, participou do planejamento da insurreição comunista de 1935. Foi preso no ano seguinte e cumpriu pena de quatro anos em Fernando de Noronha. Libertado, foi expulso do país e se exilou na Argentina.

RODRIGO OTAVIO FILHO (1892-1969). Secretário-geral da Legião Brasileira de Assistência entre 1943 e 1945, ocupou interinamente a presidência da entidade durante a licença da presidente, d. Darcy Vargas.

RONALD DE CARVALHO (1893-1935). Em 1934, ocupou o cargo de secretário da Presidência da República, equivalente ao atual ministro-chefe da Casa Civil. Após a eleição de Vargas, em 1934, permaneceu no exercício de suas funções.

RUBEM ROSA (1902-89). Oficial de gabinete do ministro Oswaldo Aranha, na Justiça e Negócios Interiores, e chefe de gabinete no Ministério da Fazenda. Ministro do Tribunal de Contas da União (TCU) entre 1934 e 1967.

RUBEN MARTIN BERTA (1907-66). Primeiro funcionário da Varig e principal auxiliar da presidência da empresa. Em 1941, com a entrada do Brasil na guerra contra a Alemanha, Otto Meyer afastou-se da direção da empresa e Ruben Berta o substituiu.

SEBASTIÃO LEME (1882-1942), d. Durante a Revolução, foi procurado para tentar um acordo para pôr fim à luta armada. Sua ação mais expressiva foi acompanhar o presidente deposto ao Forte de Copacabana. Organizou e assumiu, em 1933, a direção da Liga Eleitoral Católica (LEC), associação civil de âmbito nacional criada para apoiar os candidatos comprometidos com a doutrina social da Igreja. Organizou, ainda, a Ação Católica Brasileira (ACB), voltada para a participação dos leigos no apostolado da Igreja.

SEVERINO BARBOSA MARIZ (1897-1976). Em 1934, elegeu-se deputado federal pelo Partido Social Democrático de Pernambuco, permanecendo na Câmara até 10 de novembro de 1937. Voltou a exercer mandato federal em 1951-55, pelo PTB pernambucano.

SEVERO FOURNIER (1908-46). Militar, aderiu à revolução de 1932. Foi escolhido para preparar militarmente os quadros da AIB, além de participar da organização geral do plano de levante dos integralistas. Teve a missão de comandar o assalto ao Palácio Guanabara e aprisionar o chefe do governo. Frustrado o golpe, refugiou-se na embaixada da Itália. Foi preso no Forte Duque de Caxias, sendo posteriormente transferido para a Fortaleza da Laje.

SILO MEIRELES (1900-57). Participou, em 1922, do levante da Escola Militar. Preso, foi libertado em 1927. Um dos que promovem os preparativos da Revolução de 1930, tendo estado em Buenos Aires com Prestes. Anistiado, optou por manter-se no exterior, acompanhando Prestes. Esteve na União Soviética e ingressou no PCB. Atuou na estruturação da ANL e, posteriormente, ocupou-se em organizar o levante no Nordeste. Preso, fugiu e encontrou guarida no Rio Grande do Sul. Novamente capturado após a decretação do Estado Novo, foi libertado em 1941. Trabalhou na Fundação Brasil Central entre 1943 e 1951, quando foi reincorporado ao Exército.

SÍLVIO DE CAMARGO (1902-89). Vice-almirante em 1954, comandava o Corpo de Fuzileiros Navais durante a crise final do governo Vargas, ao qual permaneceu fiel.

TANCREDO DE ALMEIDA NEVES (1910-85). Ligado ao governador Benedito Valadares, o advogado de São João del-Rey se elegeu deputado estadual pelo PSD mineiro em 1947. Em

1951, pela mesma agremiação, conquistou uma cadeira na Câmara Federal. Era líder da bancada do PSD de Minas quando foi convidado por Vargas a ocupar o Ministério da Justiça, que chefiou até o final de seu governo. Teve atuação destacada na gestão palaciana da crise final de agosto de 1954, permanecendo leal ao presidente até os últimos momentos.

TASSO FRAGOSO (1869-1945). Como oficial mais antigo do Exército na ativa, assumiu a liderança da operação militar de afastamento de Washington Luís. Em 1931, chefiou o EME. Foi nomeado ministro do Supremo Tribunal Militar em 1933; aposentou-se em 1938.

THEODEMIRO BARRETO VIANA TOSTES (1903-86). Funcionário público estadual, trabalhou na Biblioteca Pública de Porto Alegre até 1932, quando passou a atuar no Ministério das Relações Exteriores.

VALÉRIO KONDER (1911-68). Em 1934, ingressou no Partido Comunista Brasileiro (PCB) e na Aliança Nacional Libertadora (ANL). Ficou preso por um ano e meio e foi absolvido em 1937. Entre 1938 e 1944, dedicou-se à medicina.

VASCO TRISTÃO LEITÃO DA CUNHA (1903-84). Diplomata de carreira. Em 1936, participou da Conferência Interamericana de Consolidação da Paz, em Buenos Aires. Chefe de gabinete de Francisco Campos no Ministério da Justiça, assumiu interinamente a pasta em 1941. Deixou o cargo em 1942, na esteira do episódio da passeata anti-Eixo da UNE no centro do Rio. Em 1954, era secretário-geral do Itamaraty.

VICENTE PAULO FRANCISCO RAO (1892-1978). Apoiou a Campanha Liberal. Participou do "Governo dos quarenta dias" em São Paulo. Como chefe de polícia, foi o centro da discordância com João Alberto, interventor nomeado. Assinou o documento da Frente Única Paulista (FUP). Com a derrota em 1932, exilou-se na França. Retornou em 1933, participou da formação do Partido Constitucionalista de São Paulo. Em 1934, foi nomeado para o Ministério da Justiça e Negócios Interiores. Foi responsável pela elaboração da Lei de Segurança Nacional, bem como pelo fechamento da Aliança Nacional Libertadora (ANL). Em 1936, criou a Comissão Nacional de Repressão ao Comunismo. Defendeu a decretação do estado de guerra. Em 31 de dezembro de 1936, pediu demissão do Ministério. Foi ministro das Relações Exteriores no segundo governo Vargas (1953-54).

VIRGÍLIO ALVIM DE MELLO FRANCO (1897-1948). Elegeu-se, em 1923, deputado estadual por Minas Gerais. Reeleito em 1927, aproximou-se dos tenentes. Participou da Aliança Liberal e apoiou a candidatura Getúlio Vargas. Como elemento de ligação do setor mineiro com os demais, chegou a Porto Alegre, em 27 de julho de 1930. No dia 5, partiu com o primeiro destacamento revolucionário em direção a Santa Catarina e Paraná. Apoiou Vargas e o governo do qual seu pai fazia parte como ministro das Relações Exteriores, contra a Revolta de 1932. Eleito deputado à Constituinte Nacional, pelo PP, assumiu a liderança da bancada mineira. Conseguiu uma terceira suplência nas eleições para deputado federal, em 1934. Com a implantação do Estado Novo, ficou sem mandato e rompeu com Vargas.

WALDEMAR CROMWELL DO REGO FALCÃO (1895-1946). Apoiou a Revolução de 1930, no Ceará, e foi membro do Clube 3 de Outubro. Em 1932 no Rio de Janeiro, colaborou na comissão para o exame da representação classista na Constituição a ser elaborada. Foi candidato da Liga Eleitoral Católica (LEC) e se elegeu representante do Ceará na Câmara Federal. Foi representante na Câmara Constitucional — grupo composto de um representante de cada estado e seis representantes dos grupos profissionais —, encarregada de elaborar um anteprojeto de Constituição. Defendeu a Justiça do Trabalho como preceito constitucional. Em 1935, elegeu-se senador pelo Ceará. Em 1937, assumiu o cargo de ministro do Trabalho, Indústria e Comércio, onde permaneceu até 1941, quando foi nomeado ministro do Supremo Tribunal Federal.

WALDEMAR RIPOLL (1906-34). Redator do jornal *O Estado do Rio Grande*. Em 1932, participou do movimento no Rio Grande do Sul. Preso, foi deportado para a Europa. Instalou-se em Rivera, no Uruguai, tendo participado da organização da Frente Única Gaúcha (FUG). Em 1934, foi assassinado em Rivera. Os discursos de Ripoll discordavam profundamente da política de um estado governado por uma elite latifundiária repressora. Sua oposição foi fortemente sentida, de modo que, na manhã de 31 de janeiro de 1934, o empregado da casa encontrou-o deitado sobre a cama, morto, a arma do crime encostada na parede. O caso foi abafado, mas, dadas as más relações entre Vargas e Flores, o assassinato voltou à baila e foi utilizado por Getúlio na batalha de desmoralização do ex-governador, apontando-o como o mandante do crime (fonte: BELLINTANI, Adriana Iop. *Conspirações contra o Estado Novo*. Porto Alegre: EDIPUCRS, 2002. p. 148).

WALDER DE LIMA SARMANHO (1901-87). Formado em engenharia civil pela Escola Politécnica do Rio de Janeiro. Iniciou sua vida profissional na Prefeitura do Distrito Federal. Trabalhou com Vargas no Ministério da Fazenda e no governo do Rio Grande do Sul. De 1930 a 1937, esteve no gabinete da presidência da República. Entrou na carreira diplomática em 1938. Serviu em Washington e Nova York nos anos 1940 e 1950. Foi embaixador no Uruguai (1958-63) e no Peru (1963-65).

WALDOMIRO CASTILHO LIMA (1873-1938). Combateu as forças rebeldes envolvidas na Revolução Federalista. Em 1929, filiou-se à Aliança Liberal e participou da Revolução de 1930. Combateu os paulistas, em 1932. Foi nomeado governador militar do estado de São Paulo. Em 1933, deixou o comando da 2ª RM e ocupou a Interventoria de São Paulo. Afastado em outubro, dedicou-se às suas funções militares.

WALTER MOREIRA SALLES (1912-2001). Nascido em Poços de Caldas (MG), formou-se, em 1936, pela Faculdade de Direito de São Paulo.

WASHINGTON LUÍS PEREIRA DE SOUSA (1869-1957). Em 1891, bacharelou-se na Faculdade de Direito de São Paulo. Em 1892, retornou ao Rio de Janeiro e no ano seguinte voltou a viver em São Paulo. Em 1900, foi eleito deputado federal, mas não teve sua eleição reconhecida pela Comissão de Verificação de Poderes da Câmara dos Deputados. Em 1904, foi deputado estadual pelo PRP. Secretário de Justiça entre 1906 e 1912, quando se elegeu novamente deputado estadual, sendo escolhido pelos vereadores para prefeito da capital. Para este mesmo cargo foi eleito, pelo voto direto, em 1917. Em 1920, foi eleito governador do estado. Em 1922, apoiou Bernardes. Com a morte de Alfredo Ellis, assumiu, em 1925, uma cadeira no Senado. Eleito presidente da República, foi empossado em 15 de novembro de 1926. Para sucedê-lo, indicou Júlio Prestes, paulista, contrariando Minas Gerais, que se aliou ao Rio Grande do Sul e Paraíba. Foi deposto por uma Junta Militar. Após a vitória da Revolução, embarcou para o exterior. Durante seu autoexílio, até 1947, viveu na Europa e nos Estados Unidos.

ZENÓBIO DA COSTA (1893-1963). Em 1930, lotado no Maranhão, apoiou discretamente o movimento revolucionário. Foi promovido a major em 1932 por sua atuação no combate aos constitucionalistas. Comandou a Polícia Municipal do Distrito Federal entre 1935 e 1937. Comandou o primeiro escalão da FEB na Itália, em 1944, e a tomada do Monte Castelo, em 1945. Atingiu o posto máximo do generalato em 1951. Em 1954, chefiava a Zona Militar do Leste quando foi convidado por Vargas a ocupar o Ministério da Guerra, após a demissão do general Ciro do Espírito Santo Cardoso.

Cronologia

1920

O advogado Getúlio Dornelles Vargas, de São Borja, é deputado na Assembleia dos Representantes do Rio Grande do Sul pelo Partido Republicano Rio-Grandense (PRR). Reside em Porto Alegre com a mulher, d. Darcy Sarmanho Vargas, e os cinco filhos, Luthero, Jandyra, Alzira, Manoel Antônio (Maneco) e Getúlio Filho (Getulinho).

1921

Fevereiro | Vargas se reelege deputado estadual pelo PRR, mesma agremiação do presidente estadual, Antônio Borges de Medeiros. Apoia a Reação Republicana, campanha propulsionada por Borges a favor da candidatura oposicionista de Nilo Peçanha à presidência da República.

1922

Fevereiro | Semana de Arte Moderna, em São Paulo.
1º de março | Artur Bernardes é eleito presidente da República, sucedendo Epitácio Pessoa.
25 de março | Fundação do Partido Comunista do Brasil (PCB).
5 de julho | Revolta dos Dezoito do Forte de Copacabana, marco inicial das revoltas tenentistas da década de 1920.
Outubro | Getúlio Vargas é indicado por Borges de Medeiros a uma cadeira de deputado federal pelo PRR, a fim de completar o mandato do titular falecido.
31 de outubro | Benito Mussolini, líder do Partido Fascista, se torna primeiro-ministro da Itália.

15 de novembro | Posse de Artur Bernardes, com o país sob estado de sítio, e Borges de Medeiros é reeleito para a presidência gaúcha. O candidato derrotado, Joaquim de Assis Brasil, do Partido Libertador, não reconhece o resultado das eleições.

30 de dezembro | Fundação da União das Repúblicas Socialistas Soviéticas (URSS).

1923

Janeiro | Início da guerra civil no Rio Grande do Sul, travada entre as facções lideradas por Borges de Medeiros (chimangos) e Assis Brasil (maragatos). Getúlio (chimango) combate como tenente-coronel à frente de um corpo provisório (milícia civil) de São Borja. O conflito se estende até dezembro.

26 de maio | Getúlio toma posse como deputado federal no Rio de Janeiro. A família Vargas se instala na capital algumas semanas depois.

9 de novembro | Tentativa de golpe nazista, liderada por Adolf Hitler, fracassa na Alemanha.

1924

21 de janeiro | Morte de Lênin.

3 de maio | Getúlio é reeleito deputado federal. Torna-se líder da bancada do PRR na Câmara.

Julho-outubro | Revoltas tenentistas em São Paulo e no Rio Grande do Sul. No oeste gaúcho, um dos principais líderes da sublevação é o capitão Luís Carlos Prestes.

Novembro | Tripulação do encouraçado *São Paulo* se amotina e ameaça bombardear o Rio de Janeiro.

1925

Abril | Formação da Coluna Prestes-Miguel Costa. Até 1927, quando seus membros remanescentes se exilam em países vizinhos, a coluna guerrilheira percorre cerca de 25 mil quilômetros no interior do país.

Dezembro | Mussolini assume o poder absoluto como *Duce* da Itália.

1926

1º de março | Washington Luís é eleito à presidência da República como candidato único.

15 de novembro | Posse de Washington Luís. Getúlio Vargas assume o Ministério da Fazenda.

1927

O estado de sítio é gradativamente revogado.

Novembro | Getúlio é eleito à presidência do Rio Grande do Sul pelo PRR, em sucessão a Borges de Medeiros.

Dezembro |Ióssif Stálin, secretário-geral do Partido Comunista da URSS, adquire poderes totais.

1928

Janeiro | De volta a Porto Alegre com a família, Vargas é empossado na presidência gaúcha.

Início das negociações entre os presidentes do Rio Grande do Sul (Vargas), Minas Gerais (Antônio Carlos de Andrada) e Paraíba (João Pessoa) para a formação da Aliança Liberal, frente de partidos estaduais de oposição ao Catete e à candidatura oficialista do presidente paulista, Júlio Prestes.

1929

Agosto | Lançamento da Aliança Liberal.

Setembro | Candidatura de Getúlio Vargas ao Palácio do Catete é homologada pela Aliança Liberal. João Pessoa é o candidato a vice-presidente.

Outubro | A Bolsa de Nova York sofre a maior queda da história. Início da Grande Depressão nos Estados Unidos, que se espalha por todo o mundo capitalista nos meses e anos seguintes. A economia brasileira entra em colapso com a quebra do preço internacional do café.

1930

2 de janeiro | Num grande comício realizado no Rio de Janeiro, Getúlio apresenta o programa de governo da Aliança Liberal, com propostas modernizadoras.

1º de março | Vargas é derrotado pelo paulista Júlio Prestes nas eleições ao Catete, com 40,4% e 59,4% dos votos, respectivamente. A Aliança Liberal contesta o resultado eleitoral. Nos estados presididos pela oposição, iniciam-se os preparativos para uma insurreição armada contra a posse de Júlio Prestes, marcada para 15 de novembro.

Maio | O ex-capitão Luís Carlos Prestes, exilado na Argentina, recusa o convite de se juntar à conspiração revolucionária no Rio Grande do Sul.

26 de julho | Assassinato de João Pessoa, na capital paraibana.

3 de outubro | Deflagra-se a revolução no Rio Grande do Sul, Minas Gerais e Paraíba.

9 de outubro | Como chefe político das forças revolucionárias, Getúlio embarca no comboio ferroviário das tropas gaúchas rumo a São Paulo e ao Rio de Janeiro.

24 de outubro | Uma junta militar depõe o presidente Washington Luís, que dias depois parte para o exílio.

3 de novembro | A Junta Governativa transmite a presidência a Getúlio Vargas, recém-chegado à capital federal. Como chefe do Governo Provisório, Vargas exerce poderes ditatoriais. Todos os presidentes estaduais são depostos (à exceção de Olegário Maciel, de Minas Gerais) e substituídos por interventores federais. Fechadas todas as assembleias estaduais e câmaras municipais. Anistia geral aos envolvidos nas revoltas tenentistas.

14 de novembro | Criação do Ministério da Educação e Saúde Pública. A família Vargas volta a residir no Rio de Janeiro.

26 de novembro | Criação do Ministério do Trabalho, Indústria e Comércio.

1931

Setembro | Invasão da região chinesa da Manchúria pelo Império do Japão.

Outubro | Inauguração do monumento do Cristo Redentor, no Rio de Janeiro.

1932

Fevereiro | Entra em vigor novo Código Eleitoral que estabelece o voto secreto, cria a Justiça Eleitoral e estende o direito a voto às mulheres.

Maio | Acirramento da campanha constitucionalista em São Paulo. Distúrbios de rua matam quatro pessoas no centro da capital paulista. O presidente anuncia a realização de eleições para a Assembleia Constituinte em 3 de maio do ano seguinte.

9 de julho | Rebelião civil e militar em São Paulo. Início da Revolução Constitucionalista, que inclui combates em menor escala no Rio Grande do Sul e Minas Gerais. Luthero e Benjamim Vargas lutam na frente paulista.

Setembro | Início do maior conflito bélico do século XX na América do Sul, a Guerra do Chaco, travada entre Bolívia e Paraguai.

2 de outubro | Capitulação dos rebeldes paulistas. Saldo do conflito: cerca de 3 mil combatentes mortos e dezenas de milhares de feridos, excluídas as vítimas civis.

7 de outubro | Fundação da Ação Integralista Brasileira (AIB).

1933

30 de janeiro | Colapso da República de Weimar. Hitler assume o cargo de chanceler da Alemanha. O líder nazista se converte em ditador no ano seguinte, com a morte do presidente Hindenburg.

4 de março | Franklin Delano Roosevelt inicia seu primeiro mandato como presidente dos Estados Unidos.

11 de abril | Instalação do Estado Novo em Portugal pelo ditador Antônio Salazar.

25 de abril | Getúlio, d. Darcy e Getulinho sofrem um acidente durante viagem de automóvel entre o Rio e Petrópolis. A queda de uma pedra desprendida da encosta da estrada mata um ajudante de ordens e causa graves ferimentos no casal presidencial.

3 de maio | Eleições para a Assembleia Constituinte.

28 de maio | Decreto presidencial anistia os revoltosos de 1932.

7 de outubro | O presidente da Argentina, Agustín Pedro Justo, chega ao Rio de Janeiro para visita oficial.

15 de outubro | Acompanhado de um pelotão armado, Benjamim Vargas tenta sequestrar desafetos políticos na cidade ribeirinha de Santo Tomé, em território argentino. Um tiroteio com guardas do porto de Santo Tomé causa a morte de três pessoas, inclusive dois sobrinhos de Getúlio.

15 de novembro | Instalação da Constituinte.

Dezembro | Uma revolta da guerrilha *montonera* contra o governo argentino recebe apoio do corpo de milicianos comandado por Benjamim Vargas em São Borja. Santo Tomé chega a ser ocupada, mas a revolta é logo derrotada. A participação do irmão de Getúlio no episódio é abafada pelos dois países.

1934

Janeiro | Criação da Universidade de São Paulo.

Julho | Gustavo Capanema assume o Ministério da Educação e Saúde.

16 de julho | Promulgação da nova Constituição. No dia seguinte, a Constituinte elege Vargas presidente República. O segundo candidato mais votado na eleição indireta é Borges de Medeiros.

7 de outubro | Batalha entre antifascistas e integralistas na praça da Sé, em São Paulo.

14 de outubro | Eleições para a Câmara Federal e as assembleias estaduais.

1935

30 de março | Fundação da Aliança Nacional Libertadora (ANL).

4 de abril | Promulgação da Lei de Segurança Nacional.

Maio-junho | Vargas visita a Argentina e o Uruguai.

Junho | Fim da Guerra do Chaco, com vitória territorial do Paraguai.

Julho | Empossados os deputados eleitos em outubro de 1934. A ANL é fechada com base na Lei de Segurança Nacional.

23 de novembro | Deflagrada uma rebelião comunista na guarnição militar de Natal, que resiste durante quatro dias à reação legalista.

24 de novembro | É decretado estado de sítio em todo o país. A sublevação vermelha também atinge um batalhão do Exército em Recife, mas é debelada em poucas horas.

27 de novembro | O levante comunista eclode no Rio de Janeiro, liderado por Luís Carlos Prestes com suporte da espionagem soviética. As guarnições rebeladas são derrotadas no mesmo dia.

1936

Março | Prisão de Luís Carlos Prestes. O presidente decreta estado de guerra.

Maio | A Abissínia (atuais Etiópia e Eritreia) é anexada pela Itália.

Julho | Início da Guerra Civil Espanhola.

Setembro | Criação do Tribunal de Segurança Nacional, juízo de exceção para acusados de crimes políticos.

27 de novembro | O presidente Franklin D. Roosevelt chega ao Rio de Janeiro para visita oficial.

1937

Janeiro | Alzira Vargas assume o cargo de auxiliar de gabinete na Secretaria da Presidência da República.

Junho | Suspenso o estado de guerra.

Julho | Criação da Universidade do Brasil.

11 de agosto | Fundação da União Nacional dos Estudantes (UNE).

15 de agosto | Comício da AIB se transforma em tiroteio na praça central de Campos (RJ).

30 de setembro | Governo denuncia a existência de um suposto complô comunista, o Plano Cohen, forjado por membros do estado-maior do Exército.

1º de outubro | O estado de guerra é restabelecido. Crescem os rumores de que as eleições presidenciais do ano seguinte não serão realizadas.

9 de novembro | Getúlio indica o ajudante de ordens Ernani do Amaral Peixoto ao governo do Rio de Janeiro.

10 de novembro | Golpe do Estado Novo. Getúlio fecha o Congresso Nacional e as assembleias estaduais. Outorgada uma nova Constituição, inspirada na carta autoritária da Polônia. Volta a governar como ditador e suspende as eleições presidenciais marcadas para 3 de janeiro de 1938.

27 de novembro | Cerimônia cívico-religiosa da queima das bandeiras estaduais e consagração do pavilhão nacional, na Praia do Russell, no Rio de Janeiro. A solenidade conta com marcante presença integralista.

2 de dezembro | Um decreto presidencial suprime todos os partidos políticos, inclusive a AIB.

3 de dezembro | Alzira Vargas bacharela-se em direito pela Universidade do Brasil.

1938

Março | Anexação da Áustria pela Alemanha. Oswaldo Aranha, ex-embaixador nos EUA, assume o Ministério das Relações Exteriores.

11 de maio | Nas primeiras horas da madrugada, um comando integralista tenta invadir o Palácio Guanabara, residência oficial da presidência, para matar Getúlio. Outros comandos ocupam a sede do Ministério da Marinha e a rádio Mayrink Veiga. O putsch — secretamente apoiado pelas embaixadas alemã e italiana — é derrotado no mesmo dia.

Julho | Paraguai e Bolívia assinam um tratado de paz definitivo.

22 de novembro | Alzira Vargas e Ernani do Amaral Peixoto formalizam seu noivado.

1939

Janeiro | Anunciada a descoberta da primeira jazida de petróleo no Brasil.

Março | Alemanha ocupa a Tchecoslováquia.

Abril | Fim da guerra civil na Espanha. O general falangista Francisco Franco inaugura um regime ditatorial.

26 de julho | Casamento de Alzira Vargas e Ernani do Amaral Peixoto. O casal passa a lua de mel nos Estados Unidos e no Canadá e representa Vargas em diversos eventos oficiais. Perto de Toronto, sofrem um acidente automobilístico do qual Alzira sai quase ilesa; Ernani sofre fraturas e fica alguns dias hospitalizado.

1º de setembro | A Alemanha invade a Polônia, dando início à Segunda Guerra Mundial.

Dezembro | Criação do Departamento de Imprensa e Propaganda (DIP), responsável pela censura à imprensa e às artes e pela promoção publicitária do culto ao ditador.

1940

1º de maio | Instituído o salário mínimo.

11 de junho | Vargas pronuncia discurso simpático às potências do Eixo a bordo de um navio da Marinha.

14 de junho | Tropas nazistas conquistam Paris.

Setembro | A Inglaterra começa a sofrer bombardeios nazistas.

1941

Janeiro | Criação da Companhia Siderúrgica Nacional.

Abril | Alzira e Ernani do Amaral Peixoto viajam aos Estados Unidos.

Junho | Alemanha invade a União Soviética.

Julho | Guerra fronteiriça entre Peru e Equador.

Julho e agosto | Getúlio visita o Paraguai e a Bolívia.

7 de agosto | É eleito para a cadeira 37 da Academia Brasileira de Letras.

7 de dezembro | Ataque nipônico à base americana de Pearl Harbor, no Havaí. No dia seguinte, os Estados Unidos declaram guerra ao Japão, e, no dia 11 de dezembro, às demais potências do Eixo.

1942

Janeiro | III Conferência Extraordinária dos Ministros das Relações Exteriores das Repúblicas Americanas, no Rio de Janeiro, marco da adesão do Brasil à causa Aliada. Assinada a paz entre Peru e Equador (Protocolo do Rio de Janeiro).

Fevereiro-agosto | Vinte navios mercantes brasileiros são afundados por submarinos alemães no Atlântico. Comoção popular a favor da declaração de guerra.

1º de maio | O carro oficial de Getúlio se envolve num acidente de trânsito no Rio. O presidente se fere com seriedade e fica meses acamado.

Junho | Criação da Companhia Vale do Rio Doce.

5 de julho | Inauguração oficial de Goiânia, nova capital planejada de Goiás.

31 de agosto | Brasil declara guerra aos países do Eixo.

Outubro | O cruzeiro substitui o mil-réis como moeda oficial.

1943

28 de janeiro | Getúlio se reúne com Roosevelt em Natal para formalizar a cessão da base aérea de Parnamirim, construída pelos Estados Unidos, à força aérea americana.

2 de fevereiro | Termina a Batalha de Stalingrado, com vitória soviética, que marca o fim do avanço nazista na Europa. Morre Getulinho, filho caçula de Vargas e d. Darcy, vítima de poliomielite.

1º de maio | Entra em vigor a Consolidação das Leis do Trabalho (CLT).

9 de agosto | Constituição da Força Expedicionária Brasileira (FEB). No total, mais de 25 mil homens são mobilizados no teatro de operações da península italiana até o final da guerra.

24 de outubro | Manifesto dos Mineiros, pela redemocratização do país.

29 de dezembro | Posse de Getúlio na Academia Brasileira de Letras.

1944

25 de fevereiro | Nascimento de Celina Vargas do Amaral Peixoto, filha de Alzira e Ernani do Amaral Peixoto.

6 de junho | Dia D, desembarque Aliado na costa normanda da França.

Setembro | Primeiros combates da FEB na Itália.

1945

Fevereiro | Getúlio anuncia a realização de eleições gerais em dezembro e declara não ser candidato.

2 de abril | Brasil estabelece relações diplomáticas com a URSS.

12 de abril | Morte do presidente Roosevelt.

28 de abril | Mussolini é executado pela resistência italiana.

30 de abril | Suicídio de Hitler.

7 de abril | Fundação da União Democrática Nacional (UDN).

18 de abril | Anistia aos presos políticos.

8 de maio | Fim da Segunda Guerra Mundial na Europa.

15 de maio | Fundação do Partido Trabalhista Brasileiro (PTB).

25 de maio | Extinção do DIP. Suspensão da censura à imprensa.

26 de junho | Criação da Organização das Nações Unidas (ONU).

17 de julho | Fundação do Partido Social Democrático (PSD).

15 de agosto | Fim da Segunda Guerra Mundial no Pacífico. Rendição do Japão, dias depois dos bombardeios atômicos a Hiroshima e Nagasáki.

29 de outubro | Getúlio é deposto por golpe militar comandado pelo ministro da Guerra, Góes Monteiro. O ex-ditador vai residir em São Borja, na estância familiar de Santos Reis, e em seguida na Fazenda do Itu, no município vizinho de Itaqui. Alzira e Ernani do Amaral Peixoto continuam no Rio de Janeiro, assim como d. Darcy.

Entre a deposição de Vargas e seu retorno ao poder, em 1951, Alzira atua como confidente e conselheira política do pai, com quem se corresponde intensamente.

2 de dezembro | Com apoio de Vargas, o general Eurico Gaspar Dutra, seu ex-ministro da Guerra, é eleito ao Palácio do Catete com 55% dos votos. Nas eleições para a Assembleia Constituinte, Getúlio se elege senador pelo PSD gaúcho e pelo PTB paulista, além de conquistar vagas de deputado federal em seis estados e no Distrito Federal.

1946

4 de junho | Getúlio assume o mandato de senador constituinte como representante do Rio Grande do Sul, onde continua residindo, com escassas aparições no plenário do Palácio Monroe.

18 de setembro | Promulgação da Constituição, marco legal da redemocratização do país.

Outubro | Início das operações da Companhia Siderúrgica Nacional.

Dezembro | Getúlio é empossado no mandato ordinário de senador, cargo que exerce de maneira intermitente, com várias licenças, até 1950.

1947

Janeiro | Eleições para os governos e assembleias estaduais.

Maio | Num reflexo do acirramento ideológico da Guerra Fria, o PCB tem seu registro cassado e passa a funcionar na clandestinidade.

18 de junho | Uma pedra é atirada das galerias do Palácio Monroe contra Getúlio durante uma sessão do Senado. O ex-presidente sai ileso. O autor do atentado, preso em flagrante, é um operário desempregado com problemas mentais.

Outubro | O Brasil rompe relações diplomáticas com a URSS.

1948

14 de maio | Declaração de independência do Estado de Israel. No dia seguinte, inicia-se a primeira guerra árabe-israelense.

1949

Fevereiro | Numa entrevista ao jornalista Samuel Wainer, Vargas anuncia que concorrerá nas eleições presidenciais do ano seguinte.

1º de outubro | Vitória da revolução comunista na China. Proclamação da República Popular, sob a liderança de Mao Tsé-tung.

1950

Junho | Getúlio inicia a campanha presidencial pelo PTB, tendo em sua chapa João Café Filho como candidato a vice-presidente. Início da Guerra da Coreia.

3 de outubro | Getúlio é eleito presidente da República com 48,7% dos votos, derrotando os candidatos da UDN, Eduardo Gomes, e do PSD, Cristiano Machado. Ernani do Amaral Peixoto se elege governador do Rio de Janeiro pelo PSD.

1951

31 de janeiro | Posse de Getúlio em seu segundo período como presidente da República. Alzira volta a trabalhar como assessora do pai no Palácio do Catete. Ernani do Amaral Peixoto assume o governo do Rio de Janeiro.

Junho | Começa a circular a *Última Hora*, vespertino fundado por Samuel Wainer, alinhado ao governismo.

1952

Janeiro | Um decreto-lei restringe as remessas de lucros das empresas multinacionais.

Março | Acordo Militar Brasil-Estados Unidos.

1953

5 de março | Morte deIóssif Stálin.

Junho | Instalada Comissão Parlamentar de Inquérito para investigar empréstimos federais à *Última Hora*. João Goulart assume o Ministério do Trabalho. Acirra-se a oposição udenista ao governo, amplificada pela grande imprensa.

Julho | Terminam as hostilidades da Guerra da Coreia.

3 de outubro | Fundação da Petrobras.

1954

8 de fevereiro | Manifesto do Coronéis, contra as políticas militar e econômica do governo e a permanência de João Goulart no Ministério do Trabalho.

22 de fevereiro | Exoneração de João Goulart e do ministro da Guerra, Ciro do Espírito Santo Cardoso.

1º de maio | O presidente anuncia um aumento de 100% do salário mínimo, que fora proposto por João Goulart.

19 de junho | O governo vence a votação na Câmara dos Deputados e impede a abertura de um processo de impeachment contra Vargas.

5 de agosto | Atentado frustrado a Carlos Lacerda, um dos líderes da campanha midiática contra o presidente. Os pistoleiros ferem mortalmente o major-aviador Rubens Vaz, segurança do jornalista. Ao longo das semanas seguintes, a investigação conduzida pela Aeronáutica implica o chefe da guarda pessoal de Getúlio, Gregório Fortunato, além de familiares do presidente.

24 de agosto | Após uma tensa reunião ministerial na madrugada, durante a qual os ministros militares exigem seu afastamento, Getúlio concorda em se licenciar da presidência. No início da manhã, suicida-se com um tiro no coração em seu quarto no Palácio do Catete.

25 de agosto | É sepultado em São Borja.

Notas

1. (1923) [pp. 25-39]

    1. D. Darcy Sarmanho Vargas.

    2. A família Vargas residia em São Borja, no oeste do Rio Grande do Sul, às margens do rio Uruguai.

    3. Em 1923, Assis Brasil e antigos caudilhos federalistas insurgiram-se com o objetivo de depor Borges de Medeiros, eleito para o seu quinto mandato, desencadeando violenta guerra civil no estado do Rio Grande do Sul. Nomeado tenente-coronel, Getúlio Vargas participou da luta.

    4. Os corpos provisórios eram milícias formadas por civis armados voluntários.

    5. Isto é, Alzira e seus irmãos Luthero, Jandyra, Manoel Antônio (Maneco) e Getúlio (Getulinho).

    6. Dinarte Francisco Dornelles, tio-avô materno de Alzira, se unira aos rebeldes maragatos durante a Revolução Federalista (1893-95).

    7. O estancieiro Manoel do Nascimento Vargas era um veterano da Guerra do Paraguai, na qual se alistou como soldado e terminou como capitão. Em 1895, Vargas foi promovido à patente honorária de general por sua participação destacada na repressão às tropas federalistas.

    8. D. Cândida Francisca Dornelles Vargas.

    9. Estância da família Dornelles em São Borja.

    10. Getúlio se alistou no Exército em 1898. Era segundo-sargento quando ingressou na Escola Preparatória, em 1900.

    11. Na primeira edição, 1900. A modificação foi feita posteriormente pela própria autora, em um de seus exemplares, no qual iniciou a revisão do texto.

12. Em vez de Escola de Ouro Preto, provavelmente Getúlio estudava no Ginásio Mineiro (segundo Lira Neto em *Getúlio, 1882-1930*. São Paulo: Companhia das Letras, 2012).

13. Viriato e Protásio estudavam na Escola de Farmácia e na Escola de Minas, respectivamente. Eram duas instituições independentes, fundidas em 1969 para a criação da Universidade Federal de Ouro Preto.

14. O calouro de direito Carlos de Almeida Prado foi morto a tiros em 1897, durante uma rixa de rua entre estudantes paulistas e gaúchos. Protásio chegou a ser preso, mas foi inocentado. Viriato, o principal suspeito, ficou foragido da Justiça durante alguns meses e acabou não sofrendo punição. Getúlio não foi formalmente acusado de participar do crime.

15. Provável equívoco de Alzira. Getúlio tinha quinze anos, pois nasceu em abril de 1882. O assassinato do estudante paulista aconteceu em junho de 1897. Muitas fontes dão a data de 1883, até porque Getúlio aumentou a idade para entrar no Exército, como era hábito na época.

16. Na primeira edição "fundamento". A modificação foi feita posteriormente pela própria autora, em um de seus exemplares, e no qual iniciou a revisão do texto.

17. Getúlio Vargas fez parte da geração de estudantes gaúchos que se notabilizou na política nacional, conhecida, no Rio Grande do Sul, como a Geração de 1907. Com seus colegas de Faculdade — João Neves da Fontoura, Firmino Paim Filho, Maurício Cardoso e outros estudantes —, Vargas fundou o Bloco Acadêmico Castilhista em apoio à candidatura republicana de Carlos Barbosa Gonçalves.

18. Jornal do Bloco Acadêmico Castilhista, fundado por João Neves da Fontoura, Getúlio Vargas, Paim Filho, Maurício Cardoso e Manuel Duarte, apoiado pelo Partido Republicano Rio-grandense (PRR).

19. Na primeira edição, em vez de Rodolfo Simchk estava Edgard Schneider. A modificação foi feita posteriormente pela própria autora, em um de seus exemplares, no qual iniciou a revisão do texto.

20. Segundo Lira Neto (*Getúlio, 1882-1930*. São Paulo: Companhia das Letras, 2012), este episódio ocorreu na praça da Matriz ou Marechal Deodoro da Fonseca. A rua Duque de Caxias é uma das laterais da praça, a do palácio.

21. Revista literária fundada por João Neves da Fontoura, Jacinto Godoy e Maurício Cardoso.

22. Na primeira edição: "Seria este o lema da sua vida, aquela que iniciava e que o levaria ao fim?". A modificação foi feita posteriormente pela própria autora, em um de seus exemplares, no qual iniciou a revisão do texto.

23. Em 1906, Vargas foi o orador dos estudantes na homenagem prestada ao presidente eleito Afonso Pena, quando de sua visita a Porto Alegre.

24. Getúlio formou-se no final de 1907.

25. Jornal fundado em 1º de janeiro de 1884, em Porto Alegre. Órgão oficial do Partido Republicano Rio-grandense (PRR), sob a direção de Júlio de Castilhos. Desapareceu junto com o PRR, extinto por decreto a 2 de dezembro de 1937.

26. O texto original do discurso foi, posteriormente, encontrado.

27. Parte da biblioteca de Getúlio Vargas, na área de administração, foi doada por d. Alzira à Fundação Getulio Vargas, no Rio de Janeiro, e ao CPDOC, da mesma FGV, além do seu arquivo pessoal, os volumes referentes à Revolução de 1930. Do restante, uma parte foi doada por Celina Vargas do Amaral Peixoto ao Museu da República; a outra encontra-se em seu poder.

28. Propriedade localizada no município de Itaqui, 2º Distrito de Itaqui, Rincão dos Pires, próxima à cidade de São Borja. A Fazenda do Itu foi herdada por Getúlio, que lá residiu entre sua deposição, em 1945, e a campanha para o retorno ao poder, em 1950.

29. Refere-se aqui a Don Juan, o fictício lendário conquistador de mulheres.

30. Provavelmente o ano correto é 1907 ou 1908, pois Getúlio se formou no final de 1907 e iniciou a carreira de promotor nos primeiros meses de 1908.

31. Getúlio e d. Darcy se casaram no civil em 4 de março de 1911; então Getúlio tinha, na verdade, quase 29 anos.

32. A *Tico-Tico*, revista infantil ilustrada, foi lançada no Rio de Janeiro em 1905, com circulação nacional. Ao final de cada ano, era publicado o *Almanaque do Tico-Tico*.

33. Em março de 1909, Vargas foi eleito para a Assembleia pelo PRR.

34. Dia 22 de novembro de 1914.

35. Na primeira edição: "Nesse ínterim, papai caiu...". A modificação foi feita posteriormente pela própria autora, em um de seus exemplares, no qual iniciou a revisão do texto.

36. Em 1913, Getúlio Vargas foi reeleito deputado estadual, renunciou ao mandato em protesto contra a intervenção de Borges de Medeiros nas eleições de Cachoeira. Voltou a São Borja e à advocacia. Durante três anos permaneceram estremecidas suas relações com Borges, que incentivou a disputa entre os Vargas e outros grupos de São Borja. No entanto, Borges manteve sempre o general Vargas, pai de Getúlio, na chefia local do PRR. Em 1916, Borges ofereceu a Getúlio a chefia de Polícia de Porto Alegre. Recusou o cargo, mas aceitou a inclusão de seu nome na lista de candidatos à Assembleia. Eleito em 1917, desempenhou na Assembleia funções de líder do PRR. Reeleito, em 1921 seguiu o partido na campanha da Reação Republicana.

37. Em outubro de 1922, Vargas foi eleito para a Câmara Federal para completar o mandato vago pela morte do deputado gaúcho Rafael Cabeda.

38. Os federalistas eram os maragatos, e os republicanos, os pica-paus. A expressão maragato deriva da província espanhola da Maragatería, cujos habitantes não gozavam de boa fama. Alguns deles emigraram para San Jose, no Uruguai, estendendo sua má fama à fronteira do Rio Grande do Sul. Os republicanos chamavam os federalistas de maragatos para ofendê-los, mas a tentativa de ofensa passou a ser posteriormente usada com orgulho. A expressão pica--pau deriva dos bonés vermelhos dos soldados do governo, que lembravam as cristas dos ditos pássaros. Os pica-paus foram mais tarde chamados de chimangos, nome de uma ave de rapina do Rio Grande do Sul, após Ramiro Barcellos ter escrito um poema épico-satírico intitulado "Antônio Chimango". O personagem é um senhor todo-poderoso da "estância de São Pedro (Rio Grande do Sul)". Como consequência, o termo chimango passou a ser empregado para designar Borges de Medeiros e seus liderados.

2. (1930) [pp. 40-65]

1. Movimento armado, iniciado em 3 de outubro de 1930, sob a liderança civil de Getúlio Vargas, com o objetivo de derrubar o governo de Washington Luís. O movimento tornou-se vitorioso em 24 de outubro, e Vargas assumiu o cargo de presidente do Governo Provisório, a 3 de novembro.

2. Palácio Piratini, sede do governo gaúcho. O edifício de inspiração neoclássica, cujo projeto original de Afonso Hebert sofreu alterações por diversos arquitetos, teve suas obras iniciadas em 1896. O palácio construído no período colonial foi demolido. O governo gaúcho se transferiu para o novo prédio em 1921, mas as obras continuaram nas décadas seguintes. O Palácio foi batizado com seu nome atual em 1955.

3. A Câmara dos Deputados funcionou num salão da Biblioteca Nacional, na Cinelândia, entre a demolição de sua antiga sede (ao lado do Paço Imperial) e a construção do Palácio Tiradentes, em 1926.

4. A Companhia Nacional de Navegação Costeira, fundada em 1882 e estatizada em 1942, deixou de operar em 1965. Vários de seus navios tinham nomes iniciados com "Ita".

5. Título do editorial, aprovado pessoalmente por Borges de Medeiros, e publicado no jornal A *Federação*, onde se manifestava contra a tentativa do levante tenentista de 1922 e a favor da resistência passiva ao governo de Artur Bernardes.

6. As mensagens telegráficas confidenciais eram encriptadas segundo chaves alfabéticas periodicamente alteradas para prevenir sua interceptação.

7. Getúlio fora indicado para concorrer à presidência gaúcha pelo PRR nas eleições de novembro de 1927, em sucessão a Borges de Medeiros.

8. Lloyd Brasileiro, companhia estatal de navegação fundada em 1890 e extinta em 1997. Privatizada em 1920, o governo federal a estatizou por decreto em 1937.

9. Museu Getúlio Vargas, vinculado à prefeitura municipal de São Borja.

10. Borges de Medeiros nunca residiu no palácio durante os períodos em que foi presidente do estado (1891-1907 e 1912-27). Tinha sua própria casa, na rua Duque de Caxias, ao lado da casa de Júlio de Castilhos.

11. Getúlio presidiu o Rio Grande do Sul de janeiro de 1928 a novembro de 1930.

12. Municípios gaúchos no vale do rio Jacuí, próximos a Porto Alegre.

13. Companhia Estrada de Ferro e Minas de São Jerônimo, incorporada em 1964 pela Colpemi Mineração.

14. Coluna Prestes-Miguel Costa. Grupo de militares que, vencidos em 1924, durante o governo de Artur Bernardes, prosseguiram lutando contra as tropas legalistas e percorreram treze estados do Brasil, num total de 25 mil quilômetros. Ao final, emigraram para a Bolívia.

15. Com o colapso da Bolsa de Nova York, em outubro de 1929, a cotação internacional da saca de café — principal item de exportação do país — sofreu forte queda. O governo incinerou milhões de sacas na tentativa de segurar a cotação, sem sucesso. As receitas com a exportação de café desabaram, arrastando outros setores da economia. A perda de divisas ocasionou grave descontrole nas contas públicas, dependentes da venda de café para o financiamento das dívidas interna e externa. O governo federal lançou um pacote de contenção de gastos que acirrou as tensões políticas e sociais.

16. A partir de 1928, os presidentes de Minas Gerais (Antônio Carlos de Andrada), da Paraíba (João Pessoa) e do Rio Grande do Sul negociaram a formação de uma chapa presidencial contrária à hegemonia paulista. Em agosto de 1929, foi lançada a Aliança Liberal, frente de partidos estaduais de oposição com propostas modernizadoras. No mês seguinte, a Aliança referendou a candidatura de Getúlio Vargas às eleições de março de 1930, tendo João Pessoa como vice. Entrementes, uma ala dos gaúchos — integrada por Oswaldo Aranha e João Neves da Fontoura, entre outros — planejava um assalto armado ao poder em caso de derrota eleitoral, com apoio de elementos tenentistas.

17. Nome pelo qual é conhecido o antigo Palácio do Governo, localizado na praça da Liberdade, em Belo Horizonte (MG).

18. As duas principais forças políticas do Rio Grande do Sul, o Partido Libertador e o Partido Republicano Rio-Grandense, formaram a Frente Única Gaúcha, de oposição ao governo federal.

19. O país se dividia então em 21 unidades federativas. O Acre era um território federal. Amapá, Rondônia e Roraima integravam os estados do Pará, do Mato Grosso e do Amazonas,

respectivamente. Mato Grosso foi dividido em 1979 e o Tocantins se separou de Goiás em 1989. A cidade do Rio de Janeiro formava o Distrito Federal.

20. A Plataforma da Aliança Liberal era um projeto nacional que visava ao desenvolvimento econômico do país com base na industrialização e defendia um novo código para o trabalho, o estabelecimento do voto secreto e universal para homens e mulheres, uma proposta para o Nordeste, a colonização da Amazônia, o reaparelhamento das Forças Armadas, o fortalecimento do serviço público e o desenvolvimento da instrução, da educação e do saneamento básico.

21. Júlio Prestes obteve 1 091 709 votos (59,4% dos votos válidos), contra 742 794 (40,4%) de Getúlio. O Brasil tinha 37,4 milhões de habitantes, dos quais votavam apenas os homens maiores de 21 anos e alfabetizados (2,5 milhões), excetuados os mendigos, os militares de baixa patente e os religiosos.

22. Mecanismo de depuração de votos durante a República Velha. A Comissão de Poderes do Congresso Nacional estava incumbida de dar parecer sobre as eleições parlamentares em cada estado. Na eleição de 1930, decidiu reconhecer a vitória dos candidatos fiéis à Concentração Conservadora nos diversos distritos de Minas, *degolando* catorze deputados federais ligados à Aliança Liberal.

23. Assim ficou conhecida a decisão de João Pessoa e do diretório do PRP à consulta de apoio à chapa oficial liderada por Júlio Prestes. Em decorrência do seu assassinato, a Assembleia Legislativa da Paraíba votou leis estabelecendo a mudança de nome da capital para João Pessoa e criando nova bandeira para o estado, incluindo o dístico *nego*.

24. Luta civil ocorrida entre 1835 e 1845. Razões: o espírito federalista, as tensões sociais, os excessivos impostos, a rivalidade entre brasileiros e portugueses e a desordem administrativa. Também conhecida como Guerra dos Farrapos, foi liderada por Bento Gonçalves da Silva, que buscava o estabelecimento de uma república no Rio Grande, confederada a outras que, ele acreditava, seriam instauradas no país.

25. O Hino Farroupilha é o hino do Rio Grande do Sul e a letra oficial é: "Foi o 20 de setembro/ O precursor da liberdade".

26. Siqueira Campos morreu em 10 de maio de 1930. O avião caiu, na verdade, nas águas do rio da Prata.

3. (1932) [PP. 66-96]

1. "Domingo", na primeira edição. A modificação foi feita posteriormente pela própria autora, em um de seus exemplares, no qual iniciou a revisão do texto.

2. Situado no bairro de Laranjeiras, foi construído na primeira metade do século XIX por José Machado Coelho, cafeicultor de São Paulo. De 1865 a 1889, foi residência da princesa

Isabel e sua família. Em 1908, foi reformado para servir de local de hospedagem a visitantes estrangeiros. Com Washington Luís passou a ser residência presidencial. Atualmente, é a sede do governo do estado do Rio de Janeiro.

3. Comissão nomeada para elaborar o anteprojeto da futura Constituição, também conhecida como a Subcomissão do Itamaraty, por funcionar no Ministério das Relações Exteriores, no Rio. Integrada pelos ministros Afrânio de Mello Franco (presidente), Oswaldo Aranha e José Américo de Almeida, além de Assis Brasil, Themístocles Cavalcanti, Carlos Maximiliano Pereira dos Santos, Antônio Carlos, Artur Ribeiro, Prudente de Morais Filho, Agenor de Roure, João Mangabeira, Francisco José de Oliveira Viana e Góes Monteiro.

4. Empossado na chefia do Governo Provisório em novembro de 1930, Getúlio suspendera a vigência da Constituição de 1891 e vinha governando o país por decreto. O Congresso Nacional estava fechado, assim como as assembleias estaduais e as câmaras municipais. Muitos prefeitos e quase todos os presidentes de estados foram substituídos por interventores federais diretamente apontados pelo chefe de Estado (o cargo de presidente de estado foi convertido no de governador pela Constituição de 1934). A rebelião deflagrada na noite de 9 de julho de 1932 em São Paulo culminou em uma intensa campanha pela "reconstitucionalização" do país, com patrocínio das oligarquias alijadas pela Revolução de 1930. Além dos combates nas frentes paulistas, ao longo da guerra também houve confronto armado no Rio Grande do Sul e Minas Gerais, contra rebeldes apoiados por Borges de Medeiros e Artur Bernardes, respectivamente, além de distúrbios de rua na capital federal. Os interventores de Minas, do Rio Grande e do Distrito Federal se mantiveram leais ao Governo Provisório.

5. Construído na última década do século XIX pelo cafeicultor Elias Pacheco Chaves. Em 1903, após sua morte, a família vendeu o casarão para o governo do estado, que o transformou em residência oficial dos governadores. Como em seus vidros estão gravadas as iniciais do nome do proprietário — EPC —, decidiu-se por chamá-lo de Palácio dos Campos Elíseos. Foi a sede do governo paulista até 1965.

6. Em 20 de outubro de 1930, somente o estado de São Paulo e o Distrito Federal (hoje Rio de Janeiro) reuniam forças militares que defendiam o presidente Washington Luís. São Paulo concentrou suas tropas em Itararé, na divisa com o Paraná, para deter o avanço dos revolucionários. Góes Monteiro planejou o ataque que tomaria como base a frente de Itararé e seguiria sobre São Paulo, no dia 25 de outubro. Mas, na véspera, foi informado de que uma Junta Provisória havia deposto Washington Luís.

7. O Partido Democrático, que apoiara a Revolução de 1930, se coligou ao Partido Republicano Paulista (PRP) para formar a Frente Única Paulista, de oposição ao Governo Provisório.

8. Armando Dubois Ferreira.

9. Luthero estava no trem de combatentes que saiu do Rio Grande do Sul rumo a São Paulo, em 1930. Ao lado do tio Benjamim Vargas (Bejo) na fronteira paulista, Luthero se juntou ao corpo provisório comandado por Baptista Luzardo, o *Catorze pé no chão*, mas não chegou a lutar.

10. Em 27 de outubro, o Executivo gaúcho foi assumido por Sinval Saldanha, que no final de novembro transmitiu a interventoria a Flores da Cunha.

11. Palácio das Águias ou Palácio do Catete. Construído entre 1858 e 1866, na rua do Catete, Flamengo, ostenta na plataforma do telhado uma série de esculturas representando águias de asas abertas. Originalmente, foi residência de Antônio Clemente Pinto, barão de Nova Friburgo, cafeicultor nas serras de Cantagalo, no estado do Rio de Janeiro. Adquirido pelo governo federal em 1896, no ano seguinte passou a ser sede do governo. Hoje, é o Museu da República.

12. O Governo Provisório só adquiriu configuração legal a 11 de novembro de 1930 pelo Decreto nº 19 398.

13. Na primeira edição, "governador". A modificação foi feita posteriormente pela própria autora, em um de seus exemplares, no qual iniciou a revisão do texto.

14. Foi Bernardes quem mandou reformar as edificações da ilha para que virassem sua residência oficial. E foi também lá onde ficou preso pela participação nos eventos de 1932.

15. Construído em 1880 para ser a residência de Manoel Gomes de Carvalho, barão do Rio Negro. Foi comprado pelo governo do estado do Rio de Janeiro, para sua sede, no período em que Petrópolis foi capital estadual (1894-1903). Com Rodrigues Alves, passou a servir de residência de verão dos presidentes da República. Localizado na avenida Koeller, no centro de Petrópolis, atualmente é um museu, vinculado ao Museu da República/Ibram.

16. Estação Central do Brasil.

17. A estátua foi inaugurada por Getúlio em outubro de 1931.

18. Expressão utilizada pelos revolucionários para designar os políticos então derrotados. Aos *carcomidos* opunham-se os *revolucionários históricos*, ou seja, os que se identificavam com os ideais de transformação do sistema jurídico-político do país, portanto, da Revolução de 1930.

19. Fundado por representantes do chamado pensamento tenentista. Instalado o Governo Provisório, não tiveram os tenentes acesso direto aos quadros de decisão. Descontentes, formaram legiões em diversos estados. Carentes de uma organização centralizadora, em 1931 lançaram a base do que seria o Clube 3 de Outubro. Pedro Aurélio de Góes Monteiro foi seu primeiro presidente, contando ainda na diretoria com Pedro Ernesto, Hercolino Cascardo, Oswaldo Aranha, Augusto do Amaral Peixoto, Themístocles Brandão Cavalcanti e Hugo Napoleão. Desenvolveu uma linha de oposição à política partidária e eleitoral. Patrocinou a

candidatura de Góes Monteiro à Presidência da República, em 1934, quando foi eleito Vargas, pela Assembleia Nacional. Esvaziado politicamente, dissolveu-se em 1935.

20. Alusão a O homem da cadeirinha, vaudeville do argentino Ricardo Hicken adaptado por Luís Palmeirim, cujo protagonista é Napoleão Bonaparte, às voltas com uma desforra contra a mulher e a sogra. Em março de 1931, a comédia foi encenada pela companhia de Procópio Ferreira no extinto Teatro Trianon, na avenida Rio Branco. Em novembro de 1933, o *Jornal do Brasil* publicou um artigo de fundo assinado pelo redator Alberto Porto da Silveira à guisa de "retrato político e moral" de Getúlio, a quem se atribuía a esperteza do "homem da cadeirinha", isto é, "aquele homem que, sendo levado pelos outros, só o é, todavia, para onde ele quer ir".

21. O Partido Republicano Liberal foi criado como dissidência da FUG, em 1932, por Flores da Cunha. Depois, portanto, dos eventos narrados aqui. Provavelmente a autora referia-se ao Partido Republicano Rio-grandense (PRR).

22. Em maio de 1932, Getúlio anunciou a realização de eleições para a Assembleia Constituinte em 3 de maio do ano seguinte.

23. Alusão ao número de estados do Brasil na época, incluindo o Distrito Federal e excetuando São Paulo.

24. Eleito como candidato de São Paulo, onde fez sua carreira política, o presidente da República era chamado por seus adversários de "paulista de Macaé".

25. Estima-se que o conflito matou cerca de 3 mil combatentes e deixou mais de 10 mil feridos, além de numerosas vítimas civis, não contabilizadas.

26. Coleção de livros para crianças, editada desde 1856 pela editora Hachette, de Paris.

27. General Waldomiro Lima.

28. General Góes Monteiro.

29. Aqui um provável equívoco de Alzira: o túnel da Mantiqueira, em Passa Quatro, pertencia à Rede Sul Mineira.

30. Os *caderninhos pretos* eram treze e foram publicados, na íntegra, em dois volumes, sob o título *Getúlio Vargas: Diário*, editado por Siciliano/FGV, 1995.

31. Getúlio embarcou para São Borja em 31 de outubro, dois dias depois de sua deposição, e deixou seu acervo pessoal de livros e documentos sob a guarda de Alzira, que continuou morando no Rio com o marido e a filha.

32. Em meados de agosto, o general Bertoldo Klinger, comandante das tropas de São Paulo, propôs um armistício condicional, não aceito por Getúlio. Em 29 de setembro, com o colapso das tropas paulistas em todas as frentes, Klinger telegrafou ao Rio reiterando a proposta, novamente recusada. Em 2 de outubro foi firmado o armistício que selava a derrota dos paulistas.

33. Anton Vitaliévich Nemilov.

34. Segundo o artigo 2º do Decreto nº 21076, baixado em 24 de fevereiro de 1932 — o Código Eleitoral —, tornaram-se eleitores e elegíveis todos os cidadãos maiores de 21 anos, "sem distinção de sexo". Os mendigos, analfabetos e "praças de pré" continuaram sem direito a voto.

35. Departamento de Imprensa e Propaganda (DIP). Criado pelo Decreto-lei nº 1915, de 27 de dezembro de 1939, com o objetivo de difundir a ideologia e promover as realizações governamentais e o chefe de governo.

4. (1933) [pp. 97-119]

1. Ano em que integralistas atacaram o Palácio Guanabara, onde se encontravam o presidente e sua família.

2. Ministros do Governo Provisório em 1933: Juarez Távora (Agricultura); Washington Ferreira Pires (Educação e Saúde); Francisco Maciel Júnior (Justiça e Interior); Protógenes Guimarães (Marinha); Afrânio de Mello Franco (Relações Exteriores); Joaquim Salgado Filho (Trabalho, Indústria e Comércio); José Américo de Almeida (Viação e Obras Públicas); Gregório da Fonseca (Secretaria da Presidência ou Casa Civil); e Pantaleão Pessoa (Casa Militar).

3. Corruptela do apelido Gegê, dado pelo povo a Getúlio.

4. Instituição precursora da União Nacional dos Estudantes (UNE), fundada em 1938.

5. O príncipe de Gales sucedeu o rei Jorge V em 1936 com o nome de Eduardo VIII, abdicando, em dezembro desse mesmo ano, para se casar com a norte-americana, divorciada, W. W. Simpson. Eduardo VIII foi sucedido por seu irmão, o duque de Kent (1895-1952), que reinou até 1952 com o nome de Jorge VI.

6. Presidente da Argentina de 1932 a 1938.

7. Presidente do Uruguai de 1931 a 1938.

8. Eleito papa, optou pelo nome de Pio XII, reinando de 1939 a 1958.

9. Criado pelo Decreto nº 24429, tinha por objetivo a centralização da política exterior do país, visando à racionalização e expansão do intercâmbio externo. Subordinado à presidência da República, era presidido pelo próprio chefe do governo e composto, em sua fase inicial, de nove membros e quatro consultores técnicos.

10. O local do acidente encontra-se próximo ao atual km 85 da pista de subida da BR-040, km 53 na época, pouco antes do túnel Washington Luís, construído mais tarde.

11. Pedro Ernesto, Haroldo Leitão da Cunha, Castro de Araújo e Florêncio de Abreu.

12. O roteiro da viagem, que durou 44 dias, incluiu Bahia, Sergipe, Alagoas, Pernambuco, Paraíba, Rio Grande do Norte, Ceará, Piauí, Maranhão, Pará e Amazonas, além de uma escala no Espírito Santo.

13. Provavelmente foram quatro meses, já que o acidente foi em abril.

14. Na época, o "Norte" designava as atuais regiões Norte e Nordeste.

15. O semiárido nordestino fora assolado por uma forte seca em 1932.

16. Sucessor de Antônio Carlos na presidência mineira, empossado menos de um mês antes do início da Revolução de 1930, Maciel era estimado por Getúlio por seu apoio de primeira hora ao movimento armado e pelo reconhecimento público da liderança do presidente gaúcho nos dias que antecederam sua chegada ao Rio de Janeiro. Em 1932, manteve-se leal ao Governo Provisório e forneceu tropas da Força Pública para os combates na serra da Mantiqueira. Sendo a bancada mineira a mais numerosa, Maciel também atuava decisivamente nas articulações políticas da Assembleia Constituinte, eleita em 3 de maio de 1933 e instalada em novembro do mesmo ano.

17. Uma das denominações do estado de Minas Gerais, localizado em região muito montanhosa e, consequentemente, com terras altas.

18. Em Recife, Getúlio deixou o *Jaceguay* e embarcou no dirigível *Graf Zeppelin* rumo ao Rio de Janeiro.

19. O vice de Maciel, Pedro Marques de Almeida, renunciara em 1931.

20. Roque Sáenz Peña (1851-1914) foi presidente da República da Argentina no período 1910-14. Assinou o Tratado do ABC com o Brasil, cuja finalidade principal era a defesa da paz no continente.

21. Os dois países assinaram um Tratado Antibélico de Não Agressão e de Conciliação.

22. No segundo volume de sua biografia de Vargas (*Getúlio, 1930-1945*. São Paulo: Companhia das Letras, 2013), Lira Neto conta uma versão diferente do episódio.

23. A Justiça Eleitoral, como órgão autônomo, foi criação da Revolução de 1930. Antes, o alistamento, a realização das eleições e a apuração eram afeitos à magistratura de primeira instância; e o reconhecimento e a diplomação, ao Congresso. Cada estado tinha sua lei eleitoral. O Código Eleitoral (Decreto nº 21 076, de 24 de fevereiro de 1932) unificou a legislação eleitoral do país e instituiu a Justiça Eleitoral autônoma.

24. Dos 254 membros da Constituinte, quarenta pertenciam à representação classista, formada por delegados de entidades sindicais de trabalhadores, patrões, profissionais liberais e funcionários públicos.

25. Refere-se ao ator italiano Leopoldo Fregoli, conhecido pela habilidade de fazer rápidas mudanças de aparência em cena.

26. Albino José Fernandes.

27. Em 20 de novembro de 1930, dia em que Washington Luís partiu para o exílio, Getúlio registrou em seu diário: "Em vez de o senhor Júlio Prestes sair dos Campos Elísios para ocupar o Catete, entre as cerimônias oficiais e o cortejo dos bajuladores, eu entrei de botas e

esporas nos Campos Elíseos, onde acampei como soldado, para vir no outro dia tomar posse do governo no Catete, com poderes ditatoriais. [...] Dizem que o destino é cego. Deve haver alguém que o guie pela mão!".

5. 27 DE NOVEMBRO DE 1935 [PP. 120-46]

1. D. Delminda Benvinda Aranha, mulher de Oswaldo Aranha.

2. Revolta Comunista de 1935. Movimento armado, também conhecido como Intentona Comunista, promovido pela Aliança Nacional Libertadora (ANL).

3. Em Natal, a revolta começou em 23 de novembro, no 21º Batalhão de Caçadores. Foram necessários quatro dias para derrotá-la. Uma guarnição do Exército em Recife também se rebelou em 24 de novembro. Resistiu apenas um dia. A sublevação no Rio, rapidamente esmagada, aconteceu em 27 de novembro.

4. Lourival Coutinho. *O general Góes depõe*. Rio de Janeiro: Livraria Coelho Branco, 1956.

5. Na ocasião, Getúlio assim resumiu a situação mineira em seu diário: "Todos julgam que devo decidir; mas, se nomeio Capanema, renunciam os ministros da Fazenda e do Exterior; se nomeio Virgílio, renuncia Flores".

6. "Partido Republicano", na primeira edição. A modificação foi feita posteriormente pela própria autora, em um de seus exemplares, onde foram encontradas notas datilografadas com essa correção.

7. Azarão. Em inglês, *dark horse*.

8. Em julho de 1934, Aranha foi substituído na Fazenda por Artur de Souza Costa, que permaneceu no cargo até 1945.

9. Afrânio de Mello Franco foi sucedido pelo interino Félix Cavalcanti de Lacerda até a posse de José Carlos de Macedo Soares, em julho de 1934.

10. Organização política de âmbito nacional, foi fundada oficialmente em 12 de março de 1935, embora sua ata de fundação seja datada de 23 e sua instalação pública tenha ocorrido no dia 30. Constituiu-se em uma frente ampla na qual se reuniram representantes de diferentes correntes políticas — socialistas, comunistas e católicos — e de diferentes setores sociais — proletários, intelectuais, profissionais liberais e militares —, todos atraídos por um programa que propunha a luta contra o fascismo, o imperialismo, o latifúndio e a miséria. Foi fechada em 11 de julho de 1935, continuando a atuar na clandestinidade até a eclosão da Revolta Comunista, no mês de novembro do mesmo ano.

11. Governou durante todo o mandato com os poderes excepcionais do estado de sítio, a pretexto de combater as revoltas tenentistas.

12. A eleição indireta ocorreu no dia seguinte à promulgação da Constituição. Getúlio foi empossado na presidência da República em 20 de julho.

13. A votação indireta terminou com o placar de 175 votos para Getúlio e 59 para Borges de Medeiros. Quatro deputados votaram em Góes Monteiro e dois em Protógenes Guimarães. Artur Bernardes, Levi Carneiro, Raul Fernandes, Afrânio de Mello Franco, Paim Filho, Plínio Salgado, Oscar Weinschenck e Antônio Carlos de Andrada receberam um voto cada.

14. Sede do governo do antigo estado do Rio de Janeiro, quando a capital volta de Petrópolis para Niterói, em 1903, permanecendo, nesta qualidade, até a fusão dos estados do Rio de Janeiro e da Guanabara, em 1965. Hoje, é o Museu de História e Artes do Estado do Rio de Janeiro, conhecido como Museu do Ingá.

15. O cruzador *Bahia* não foi um dos torpedeados. Explodiu durante um exercício da Marinha.

16. Os cor-de-rosa eram esquerdizantes que não chegavam a ser vermelhos.

17. O deputado socialista Capitulino dos Santos levou dois tiros no plenário da Assembleia, disparados pelo tenente e militante progressista Nelson Chaves. Socorrido, Santos precisou extrair um rim, não sem antes depositar seu voto. Barcellos, que também sofreu um atentado na mesma sessão, protestou e conseguiu anular a sessão. Outro pleito foi realizado em 12 de novembro, com nova vitória do almirante.

18. No exemplar em que Alzira fez as correções à primeira edição do livro, foram encontradas notas datilografadas com as seguintes indicações: "Nessa ocasião Oswaldo Aranha não se encontrava no Rio. Só um ano depois é que veio pela primeira vez".

19. Esses assassinatos foram desmentidos, posteriormente, por vários historiadores. De fato, todos os quartéis estavam de prontidão, então é pouco provável que houvesse oficiais dormindo.

20. Citação de um aforismo atribuído a Voltaire: "*Mentez, mentez, il en restera toujours quelque chose*".

6. 11 DE MAIO DE 1938 [PP. 147-64]

1. Na mesma madrugada do ataque ao Palácio Guanabara, os integralistas invadiram o Ministério da Marinha e a rádio Mayrink Veiga, no Rio de Janeiro, mas foram rapidamente derrotados.

2. O Departamento Administrativo do Serviço Público, órgão responsável pela reforma administrativa e pela elaboração do orçamento federal, foi criado em julho de 1938. Seu primeiro presidente foi Luiz Simões Lopes. O Dasp foi extinto em 1985.

3. Naquela época, eram os fuzileiros navais que faziam a guarda dos palácios.

4. A Ação Integralista Brasileira fora extinta por decreto presidencial, baixado em dezembro de 1937, que proibiu o funcionamento de todos os partidos políticos e "milícias cívicas", na esteira da implantação do Estado Novo. Desde então, circulavam rumores de um atentado de camisas-verdes contra Getúlio. Em março, a polícia prendera conspiradores infiltrados na Marinha e no Exército.

5. Alusão aos indícios de que a conspiração integralista teria recebido apoio das embaixadas italiana e alemã no Rio.

6. Em 1986, Ernani do Amaral Peixoto confirmou em depoimento ao CPDOC/FGV os rumores de que um grupo de prisioneiros integralistas foi fuzilado por Júlio Santiago nos fundos do Palácio, supostamente a mando de Benjamim Vargas e do tenente Eusébio Queiroz.

7. (1936) [PP. 165-93]

1. Presidente dos Estados Unidos de 1932 até 1945, quando faleceu.

2. Após o levante de 1935, Pedro Ernesto tornou-se alvo da campanha anticomunista desencadeada no país. Na verdade, esteve à margem do levante. Em fevereiro de 1936, a Comissão Nacional de Repressão ao Comunismo pediu sua prisão. Reagiu à ameaça e buscou apoio junto à oposição parlamentar. Foi detido em abril, com base em documentos encontrados na casa de Prestes, nos quais se comprovava seu envolvimento com a revolta. Em maio de 1937, foi julgado pelo Tribunal de Segurança Nacional e condenado a três anos e quatro meses de prisão. Em setembro, foi absolvido pelo Supremo Tribunal Militar.

3. "O nome do professor é Ferreira Carpenter e não Carpenter Ferreira", segundo notas datilografadas encontradas no exemplar em que Alzira corrigia os erros da primeira edição deste livro.

4. Prestes e sua mulher, a alemã Olga Benário, foram presos em 5 de março de 1936.

5. Em março do mesmo ano, foi declarado o estado de guerra no país.

6. O Partido Comunista do Brasil foi fundado em 1922, em Niterói, por um grupo de operários e intelectuais. Luís Carlos Prestes filiou-se à agremiação em 1934.

7. Em 1931, Francisco Campos e Gustavo Capanema participaram da fundação da Legião de Outubro ou Legião Liberal Mineira, organização paramilitar de inspiração fascista identificada pela cor das camisas de seus membros. Foi extinta em 1933, incorporada ao Partido Progressista Mineiro.

8. Tradicional ponto de encontro de escritores e intelectuais, localizado na rua do Ouvidor.

9. Deputado federal pelo Maranhão, cassado em 1930, Humberto de Campos (1886-1934) era membro da Academia Brasileira de Letras desde 1919. Para minorar suas dificuldades financeiras, Getúlio Vargas o nomeou inspetor de ensino e diretor da Casa de Rui Barbosa.

10. Marcadas para 3 de janeiro de 1938.
11. Ministro do Trabalho, Indústria e Comércio.
12. Sede da arquidiocese do Rio de Janeiro, na Glória.
13. O general, que reassumiu o Ministério da Guerra em agosto de 1945, articulou e comandou a deposição de Vargas, em 29 de outubro do mesmo ano.
14. Também conhecido como Palacete Moraes, quando pertencia a João Moraes. Foi vendido, por sua viúva, ao estado da Bahia, em 1911. Na ocasião da visita, era a sede do governo, em Salvador. Atualmente é um museu estadual.
15. Em 1933, iniciou-se a construção de um aeroporto que seria inaugurado em 1936 e que ficou conhecido como Aeroporto do Calabouço, por ter existido ali uma prisão para escravos. Posteriormente, passou a chamar-se Aeroporto Santos Dumont.
16. Conferência Interamericana de Consolidação da Paz, realizada em 23 de dezembro de 1936.
17. Conflito armado entre a Bolívia e o Paraguai, iniciado em 1932. A paz definitiva foi selada em 21 de julho de 1938.
18. Sítio Cochrane.
19. Secretário de Estado do governo Roosevelt.
20. Apesar de sua posição oficial de neutralidade, a Argentina apoiou militar e economicamente o Paraguai durante a Guerra do Chaco.

8. (1937) [pp. 194-238]
1. Isto é, a sucessão de Olegário Maciel, contenda na qual Flores e Aranha patrocinaram candidatos opostos.
2. Luiz Aranha foi chefe de gabinete do Ministério da Justiça entre 1931 e 1934. Convidado para assumir a Casa Civil após a morte de Gregório da Fonseca, em 1934, recusou o posto. Em 1938, já no Estado Novo, assumiu a presidência do Instituto de Aposentadoria e Pensões dos Marítimos (IAPM).
3. Os governadores de São Paulo, Rio Grande do Sul, Bahia e Pernambuco haviam firmado um pacto de auxílio mútuo para repelir qualquer tentativa de intervenção federal e cancelamento das eleições de janeiro de 1938.
4. Adido comercial do Brasil na Itália de 1918 a 1941.
5. Subordinado a Sparano, o gaúcho Medaglia dirigia o Escritório de Propaganda Comercial do Brasil, sediado em Milão, e coordenou a montagem do pavilhão brasileiro na feira internacional.

6. Em 6 de maio de 1937, o dirigível alemão — inflado com hidrogênio — foi destruído por um incêndio durante uma manobra de aterrissagem em Nova Jersey.

7. Vencedor do V Prêmio Cidade do Rio de Janeiro, em 6 de junho de 1937.

8. Circuito de rua de onze quilômetros de extensão localizado no bairro carioca de mesmo nome, o primeiro do gênero no Brasil.

9. Instituto Benjamin Constant, na Praia Vermelha.

10. Ver nota 3, do capítulo 7.

11. O Brasil não possuía usinas siderúrgicas e dependia de importações para suprir sua demanda industrial de aço.

12. Então sediada na Praia Vermelha, a Escola Nacional de Agronomia foi o núcleo inicial da Universidade Federal Rural do Rio de Janeiro, fundada em 1943, atualmente instalada em Seropédica.

13. Campus da Universidade do Brasil localizado na ilha do Fundão. Atualmente abriga várias unidades da UFRJ.

14. Companhia Siderúrgica Nacional (CSN), fundada em 1941 no município fluminense de Volta Redonda.

15. Alusão ao melhoramento genético da raça manga-larga para o turfe.

16. A expressão é *royal straight flush*.

17. O governo socialista do primeiro-ministro Léon Blum, líder da Frente Popular, durou de junho de 1936 a junho de 1937.

18. O Japão invadiu a região da Manchúria em 1931 (nordeste da China).

19. Em 1935, a Itália invadiu e anexou a Abissínia (atuais Etiópia e Eritreia).

20. Alusão à Guerra Civil Espanhola (1936-39), na qual intervieram potências europeias, como Alemanha e União Soviética, e combateram soldados voluntários de várias partes do mundo, sobretudo nas forças republicanas.

21. "Imitação", em alemão. O termo se refere à industrialização promovida pela Alemanha imperial durante o bloqueio marítimo sofrido durante a Primeira Guerra Mundial. No final dos anos 1930, o *Ersatz* foi adotado pelo regime nazista como medida de rearmamento e preparação para a guerra.

22. A injeção 914 ou neosalvarsan foi o principal método de tratamento de infecções como a sífilis e a gonorreia. Foi descoberto na Alemanha, em 1913.

23. A expressão é *Lend-Lease Act* (Lei de Empréstimo e Arrendamento). Programa em que os Estados Unidos forneceram por empréstimo ao Reino Unido, à União Soviética, China, França Livre, e outras nações Aliadas, armas e outros suprimentos entre 1941 e 1945.

24. Em julho de 1937, José Américo respondeu aos críticos de seu ambicioso programa de habitação popular: "E o dinheiro? É sempre a mesma pergunta mais desanimada, a pergunta que fica no ar. É fácil. É facílimo. Eu sei onde está o dinheiro. Em vez de um arranha-céu, serão duzentas casas".

25. José Américo se declarara o "candidato dos pobres" e realizava comícios em subúrbios e favelas, fatos suficientes para fomentar acusações de simpatia ao comunismo e à ANL por parte de seus adversários.

26. Missão Negrão de Lima: a 27 de outubro de 1937, a pedido do presidente da República, Benedito Valadares enviou, secretamente, o deputado federal Francisco Negrão de Lima ao Norte do país para contatar os governadores — à exceção de Juracy Magalhães (Bahia) e Lima Cavalcanti (Pernambuco), ambos em oposição a Vargas —, comunicando-lhes os pontos de mudanças institucionais em preparo e sondando-os a respeito de suas posições.

27. Houve um comício integralista na Praça da Sé, em São Paulo, em 7 de outubro de 1934. O episódio ficou conhecido como "a revoada dos galinhas-verdes".

28. Góes morreu em 1956, e a primeira edição deste livro saiu em 1960.

29. Outorgada em 10 de novembro de 1937, mesmo dia do golpe do Estado Novo.

30. Denominação pela qual se conhecia a Inspetoria de Trânsito, mais tarde substituída por Departamento de Trânsito (Detran).

31. Escola Superior de Agricultura Luiz de Queiroz, fundada em 1900 e incorporada à Universidade de São Paulo em 1934.

32. Padre Olímpio de Mello deixou a prefeitura do Distrito Federal em julho de 1937, sucedido na interventoria por Henrique Dodsworth.

33. Militar da Marinha e católico militante, elegeu-se à Câmara Municipal do Rio em 1934 pelo Partido Autonomista do Distrito Federal.

34. Um possível equívoco da autora, pois o padre deixou a prefeitura em 2 de julho de 1937.

35. O Partido Economista do Brasil, de plataforma liberal, foi criado em 1932. Em 1933, fundiu-se ao Partido Democrático do Distrito Federal, criando o Partido Economista Democrático do Distrito Federal.

36. Prefeito entre janeiro e julho de 1919, Paulo de Frontin realizou grandes obras de melhoramentos urbanos. Dodsworth foi seu oficial de gabinete.

37. O esforço do almirante Protógenes Guimarães consistia em cumprir as formalidades do governo fluminense em seu período final no Ingá, apesar de sofrer diversas internações no Hospital Gaffrée e Guinle, no Rio.

38. Documento divulgado à nação em 30 de setembro de 1937, pelo estado-maior do Exército, contendo "instruções da Internacional Comunista para a ação dos seus agentes no

Brasil" e constituindo um plano de tomada de poder. Na realidade, tratava-se de um plano simulado de ação comunista, escrito como "hipótese de trabalho", segundo o seu verdadeiro autor, o capitão Olímpio Mourão Filho, chefe do serviço secreto da Ação Integralista Brasileira (AIB) e oficial lotado no estado-maior do Exército. Com base no Plano Cohen, Vargas solicitou ao Congresso autorização para nova decretação do estado de guerra, que fora suspenso em julho, por um novo prazo de noventa dias. A aprovação da medida, em 1º de outubro, abriu caminho para o Estado Novo.

9. O PLANO COHEN E O ESTADO NOVO [PP. 239-87]

1. Armando de Salles Oliveira.
2. Oswaldo Aranha.
3. Nonô era Augusto do Amaral Peixoto; o padre de Bangu era o padre Olímpio; e Lulu, muito provavelmente, era Luiz Aranha.
4. Na Câmara dos Deputados, o placar da votação foi de 138 a 52. No Senado, 21 a 3. O estado de guerra estava suspenso desde junho de 1937.
5. O PRP integrou a Frente Única Paulista, braço político da Revolução Constitucionalista de 1932. Por outro lado, fazia oposição ao governador Armando de Salles Oliveira.
6. A letra grega era usada como emblema pelos integralistas.
7. Estilo de marcha militar desenvolvido na Prússia, durante o século XVIII, e adotado pelos nazistas.
8. Senador eleito em 1935, Costa Rego perdera outro mandato no Senado com a eclosão da Revolução de 1930.
9. O programa radiofônico diário foi criado pelo governo em 1934. Sua transmissão tornou-se obrigatória para todas as rádios em 1938.
10. Foi embaixador da Argentina no Brasil. Em julho de 1933, deu início às negociações que resultaram no encontro de Agustín Justo, da Argentina, e Vargas, em janeiro de 1938, quando foi lançada a pedra fundamental da ponte Brasil-Argentina. Em 1937, regressou ao seu país e, em março do ano seguinte, renunciou ao cargo de embaixador.
11. Na solenidade, os restos do marechal e primeiro presidente da República foram transferidos para o monumento equestre localizado na Praça Paris, entre a Glória e o centro do Rio. O projeto do mausoléu, objeto de concurso nacional, é de Modestino Kanto e Honório Peçanha.
12. A comissão promotora da construção do monumento era presidida por Ildefonso Simões Lopes.
13. A cerimônia na Praia do Russell começou com uma missa celebrada pelo cardeal d. Sebastião Leme. Em seguida, o presidente hasteou a bandeira brasileira ao som do Hino Na-

cional, cantado por um coro orfeônico regido por Villa-Lobos e executado pelas bandas do Batalhão da Guarda, do Exército, da Marinha, do Corpo de Bombeiros, dos Fuzileiros Navais e da Polícia Militar reunidas.

14. "Liberdade ainda que tardia", lema da bandeira de Minas, extraído de Virgílio pelos inconfidentes do século XVIII.

15. "Não sou conduzido, conduzo", lema latino do brasão municipal de São Paulo, adotado pelos revolucionários de 1932.

16. Estrada de Ferro Central do Brasil, estatal, à época detentora da maior malha ferroviária do país.

17. O Decreto-lei nº 37 tem a data oficial de 2 de dezembro de 1937.

18. A Universidade do Brasil, criada pela Lei nº 452, de 5 de julho de 1937, incorporou quinze faculdades e escolas e dezesseis institutos.

19. Estancieiro gaúcho, amigo da família Vargas.

20. A ponte Uruguaiana-Paso de los Libres foi inaugurada em 1945. A ponte Jaguarão-Rio Branco foi inaugurada em 30 de novembro de 1930, no início do Governo Provisório. A ponte ferroviária Brasil-Bolívia foi iniciada em 1938 e concluída em 1947.

21. A Opera Nazionale Balilla, milícia fascista juvenil fundada em 1926, foi absorvida pelo Partido Fascista Italiano em 1937.

22. A The Rio de Janeiro Tramway, Light and Power Co. Ltd. tinha o virtual monopólio dos bondes, da geração e da distribuição de energia no Rio.

23. O governo federal e a prefeitura do Distrito Federal analisavam projetos privados para a demolição do morro, no centro do Rio. A contrapartida estatal seria a concessão dos terrenos liberados pela demolição.

24. Maurício, Marcelo e Milton Roberto. O prédio foi inaugurado em 1939.

25. Departamento Nacional de Propaganda, precursor do Departamento de Imprensa e Propaganda (DIP), criado em 1939.

26. Isto é, a aviação baseada em orientação visual, praticada por amadores, sem a orientação de instrumentos.

27. A Lei nº 616, de 2 de fevereiro de 1949, concedeu promoção automática de patente a oficiais mobilizados durante a Segunda Guerra Mundial, tanto no teatro de operações da Itália como em missões de patrulhamento costeiro.

28. 1º Grupo de Aviação de Caça da FAB.

29. Atual Edifício Metropolitan, foi construído em estilo art déco e inaugurado em 1936.

30. A "ilha dos prontos" era uma pequena praça ou canteiro arborizado que dividia o tráfego da rua do Catete na altura do Largo do Machado, abrigando os trilhos de bondes na

entrada da garagem da Light. O nome se origina dos desocupados ou "duros" que costumavam fazer ponto à porta do Lamas.

31. Não houve Constituição no Segundo Reinado, continuou em vigor a de 1824. Provavelmente a autora está se referindo ao Ato Adicional de 1834.

32. A Constituição de 1937 foi a quarta do Brasil. Por ter sofrido influência, segundo alguns, da Constituição polonesa, passou a ser conhecida como a Polaca.

10. OS PROBLEMAS DO ESTADO NOVO [PP. 288-98]

1. A Companhia Nacional Hidrelétrica do São Francisco, precursora da Chesf, foi fundada em 1941.

2. Em 1938, foi criado o Conselho Nacional do Petróleo. As jazidas petrolíferas foram declaradas propriedades da União. No ano seguinte, descobriu-se a primeira jazida no Brasil, em Lobato (BA). A produção começou em 1941.

3. No final de 1937, o câmbio foi centralizado pelo Banco do Brasil, com a criação de uma taxa a ser paga em todas as operações cambiais. O regime cambial livre retornou em 1939.

4. O Decreto-lei nº 4657, de 4 de setembro de 1942, estabeleceu a Lei de Introdução ao Código Civil de 1916.

5. Programa oficial de colonização da região Centro-Oeste, lançado em 1942 na solenidade de inauguração de Goiânia.

6. A Consolidação das Leis do Trabalho (CLT) entrou em vigor em 1º de maio de 1943 (Decreto-lei nº 5452).

7. A Juventude Brasileira foi criada pelo Decreto-lei nº 2072, de 8 de março de 1940, segundo o qual a organização se destinava a "promover, dentro ou fora das escolas, a educação cívica, moral e física da juventude, assim como da infância em idade escolar, com o objetivo de contribuir para que cada brasileiro possa, realizando superiormente o próprio destino, bem cumprir os seus deveres para com a pátria".

8. Alzira provavelmente se equivocou com a data, pois se formou em 1937.

ESCRITOS INÉDITOS

PREFÁCIO — NÃO É AGORA [P. 302]

1. No original, "Prefácio 3". Não há "Prefácio 2".

2. Como já foi dito em "Sobre este volume...", esses textos foram escritos entre as décadas de 1970 e 1980 e nunca foram publicados.

A REVOLUÇÃO DE 1930 [p. 303]

1. A primeira corrente incluía os políticos oligárquicos tradicionais que aderiram à Revolução. A segunda se refere aos elementos revolucionários radicais, muitos dos quais ligados ao Clube 3 de Outubro. A terceira corrente seria a facção "centrista" do movimento revolucionário, notadamente no alto escalão do Governo Provisório, que também incluía membros do 3 de Outubro.

2. Alzira escrevia em cadernos que pode ter chamado de volumes.

3. Menção a Juarez Távora, também chamado "Vice-Rei do Norte".

4. Em 25 de fevereiro de 1932, o prédio do *Diário Carioca* (porta-voz da oposição constitucionalista, fundado e dirigido por José Eduardo de Macedo Soares), no centro do Rio de Janeiro, foi empastelado.

5. Para Clube 3 de Outubro, ver nota 19, do capítulo 3.

A INTENTONA COMUNISTA DE 1935 [pp. 304-09]

1. Nos escritos originais de Alzira há três textos com o título "1935", nos quais ela narra idêntica sequência de acontecimentos: o levante comunista deflagrado no Rio de Janeiro em 27 de novembro de 1935. Para facilitar a leitura, foi selecionada uma entre essas três versões. Como não é possível afirmar qual versão a autora considerava mais bem-acabada, foi escolhida a que contém mais detalhes sobre o episódio. Entretanto, eventualmente foram inseridos trechos das outras duas versões (sempre que acrescentam dados).

2. Ver capítulo 5, "27 de novembro de 1935", p. 120.

3. Expulso da Terceira Internacional, dominada pelo stalinismo, em 1935, Leon Trótski se encontrava exilado na França. No fim do ano teve seu visto cancelado e fugiu para o México. Foi assassinado em 1940, a mando de Stálin.

4. Getúlio se reuniu com o grande empresariado carioca para angariar apoio contra a conspiração comunista, de cujos preparativos o governo já tinha notícia através da espionagem britânica.

5. Alzira foi oficialmente nomeada auxiliar de gabinete em janeiro de 1937.

6. Sempre que há esse tipo de anotação da autora, mantivemos tal qual o original. Nesse caso, o ajudante de ordens era Garcez do Nascimento.

7. A sublevação foi em 27 de novembro, não em 25.

8. O ataque foi contra a base do Campo dos Afonsos ou Escola Militar de Aviação, na Vila Militar (Deodoro).

9. Em outras duas versões desse mesmo episódio, "seriam duas ou três horas da madrugada" e "deveriam ser aproximadamente duas da manhã".

10. General João Gomes Ribeiro Filho. Nas outras duas versões, Alzira diz que chegaram dois generais. Em uma delas, deixou dois espaços em branco para, muito provavelmente, completar os nomes depois.

11. O plano comunista dependia da sublevação da base aérea para que pilotos rebeldes decolassem com as aeronaves do Exército para bombardear alvos leais ao governo na cidade. Mas a situação na base foi dominada pelos legalistas antes da decolagem de qualquer avião.

12. Em abril de 1937 (ver mais sobre a prisão de Pedro Ernesto em seu breve perfil, na p. 482, ou na nota 2, do capítulo 7).

13. Irmão de Augusto Leivas Otero.

14. Um dos líderes da revolta no 3º RI que visava derrubar o governo de Getúlio.

15. Alemã, Olga Benário foi presa pela polícia do Distrito Federal juntamente com Luís Carlos Prestes. Deportada para a Alemanha, em novembro de 1936, por autorização do Supremo Tribunal Federal.

16. Alemão, o ex-deputado Harry Berger chegou ao Brasil em 1935 como integrante da equipe de conspiradores comunistas. Foi preso e solto em 1947, tendo retornado para a Alemanha. Já Rodolfo Ghioldi era argentino, não alemão.

PRIMEIRA VISITA DE ROOSEVELT AO BRASIL, 1936 [P. 310]

1. Cf. este mesmo episódio em capítulo 7, pp. 165-93.

2. Conferência Interamericana de Consolidação da Paz, realizada em 23 de dezembro de 1936.

3. Na p. 191, Alzira diz que o almoço foi no Alto da Boa Vista, na residência de Ernesto Guilherme Fontes.

4. O Brasil negociava com os EUA o arrendamento de seis contratorpedeiros usados da Marinha norte-americana. A negociação não foi realizada por pressão de Buenos Aires.

NEM TODOS OS GOLPES SE PARECEM, 1937 [PP. 311-4]

1. Refere-se ao golpe que instituiu o Estado Novo no Brasil.

2. Departamento de Imprensa e Propaganda e Departamento Administrativo do Serviço Público, ver nota 2, do capítulo 6.

3. Alzira, na p. 272, definiu cemitério particular: "O *cemitério particular* era uma determinada gaveta, onde ficavam guardados todos os casos *impossíveis*, até que se tornassem possíveis".

4. Data do golpe militar que derrubou o presidente João Goulart.

5. Menção à carta-testamento de Getúlio Vargas.

6. Nome pela qual também é conhecida a Escola Superior de Guerra, fundada em 1949, sediada na praia da Urca.

7. Militares de baixa patente, isto é, soldados, cabos e sargentos.

8. Citação da primeira estrofe do poema "Canção do tamoio (natalícia)" (1857), de Gonçalves Dias: "Não chores, meu filho,/ Não chores, que a vida/ É luta renhida:/ Viver é lutar./ A vida é combate,/ Que os fracos abate,/ Que os fortes, os bravos,/ Só pode exaltar".

O ANO COMEÇOU BEM, 1938 [PP. 315-6]

1. No original, há a seguinte anotação ao lado dessa frase: "(ver carnaval)".

2. Acompanhado do interventor Benedito Valadares, o presidente inaugurou a pista de Poços de Caldas, construída pelo governo federal, em 2 de abril de 1938.

O ATAQUE INTEGRALISTA DE 1938 [PP. 317-20]

1. Cf. capítulo 6 (que não é o último), p. 147.

2. Não há esse anexo no original.

3. Mauro Renault Leite e Novelli Júnior. *Marechal Eurico Gaspar Dutra: O dever da verdade*. Rio de Janeiro: Nova Fronteira, 1983.

4. Em julho de 1934, o primeiro-ministro da Áustria, Engelbert Dollfuss, foi assassinado a tiros por agentes da SS nazista na sede do governo em Viena (não foi na Hungria) durante uma tentativa de golpe.

5. 14º Corpo Auxiliar, o *Catorze pé no chão*. Cf. p. 88.

PAREI PARA PENSAR EM MIM MESMA... [PP. 321-2]

1. Provavelmente se refere ao levante integralista de 11 de maio de 1938.

A CAMÉLIA QUE CAIU DO GALHO, 1938-39 [PP. 323-7]

1. Fundada em 1940 pela primeira-dama, a entidade filantrópica localizada no bairro da Saúde, vinculada à Fundação Darcy Vargas, começou como um internato onde os meninos que vendiam jornais e dormiam nas ruas do Rio de Janeiro — conhecidos como "pequenos jornaleiros" — podiam morar, estudar e receber assistência médico-odontológica.

2. Narciso de Almeida Ramalheda, descendente de uma linhagem de mestres fogueteiros originária de Lisboa e proprietário da Companhia Ramalheda de Fogos e Explosivos. Na época, era considerado um dos maiores pirotécnicos do Brasil.

3. "Vontade de Alá" ou "sina, destino", em turco. Em árabe, *qismah*. Ernani do Amaral Peixoto, que atuou informalmente na diplomacia entre Brasil e Estados Unidos no Estado Novo, representou o Brasil em Washington em 1956-59.

4. O espetáculo *Joujoux et balangandans* foi encenado no Theatro Municipal do Rio de Janeiro em julho de 1939, sob o patrocínio de Darcy Vargas. Reunindo canções, bailados e quadros dramáticos, além de desfiles de moda, o evento beneficente arrecadou fundos para o abrigo Cristo Redentor, dirigido por Levy Miranda, e a construção de um asilo de meninas, o Cidades de Meninas, além de outras iniciativas assistenciais. O espetáculo foi remontado em setembro do mesmo ano nos estúdios da Cinédia, para a filmagem do longa-metragem homônimo com direção de Amadeu Castelanetta. O filme contém um dos primeiros registros da canção "Aquarela do Brasil", de Ary Barroso, gravada pela primeira vez em disco por Francisco Alves, em agosto. Em julho de 1941, *Joujoux et balangandans* voltou ao palco do Municipal em récitas beneficentes, novamente sob a égide de d. Darcy.

5. Leonel Franca, ex-reitor do Santo Inácio, tradicional colégio jesuíta carioca, e Leovegildo, o vigário da capela do Sagrado Coração de Jesus, pertencente ao colégio.

6. Em 21 de agosto de 1939, o casal viajava de automóvel na província de Ontário, no Canadá, quando uma das rodas se desprendeu e o veículo caiu numa vala. Alzira e Ernani foram levados para um hospital em Kingston, perto de Toronto. Alzira sofreu apenas escoriações, e Ernani foi atirado para fora do carro e fraturou duas costelas, além de se ferir com gravidade na perna. Com a boa recuperação de Ernani, dias depois o casal viajou para San Francisco, como previa o roteiro original da viagem.

7. Golden Gate International Exposition, realizada na Treasury Island, na baía de San Francisco, entre fevereiro de 1939 e outubro de 1940, para comemorar a inauguração das duas pontes pênseis da cidade. A construção do pavilhão brasileiro, em cuja abertura Amaral Peixoto representou Getúlio Vargas, foi financiada pelo Departamento Nacional do Café.

SIDERURGIA E GUERRA, 1939 [PP. 328-9]

1. Este capítulo esboça alguns temas que serão mais bem trabalhados nos capítulos seguintes. Optou-se por mantê-lo na íntegra.

2. Município-sede da primeira grande planta industrial da Companhia Siderúrgica Belgo--Mineira, inaugurada em 1937. A empresa hoje integra o conglomerado ArcelorMittal.

3. Forno siderúrgico da Companhia de Navegação Costeira, instalado na ilha do Viana (baía da Guanabara) em 1940.

4. U.S. Steel.

5. Bethlehem Steel.

LUA DE MEL E INÍCIO DA GUERRA, 1939-43 [pp. 330-7]

1. Originalmente, esse capítulo começa com o casamento de Alzira com Ernani do Amaral Peixoto, em julho de 1939. Como o casamento já foi descrito anteriormente, optou-se por iniciar o capítulo com a viagem de lua de mel que fizeram aos Estados Unidos.

2. Ernani do Amaral Peixoto se licenciou da interventoria do estado do Rio de Janeiro entre julho e outubro de 1939 para a viagem aos Estados Unidos, quando passou a atuar como mensageiro especial entre os presidentes Vargas e Roosevelt.

3. Embaixador Carlos Martins Pereira e Sousa, representante do Brasil nos Estados Unidos entre 1939 e 1948, e sua mulher, a escultora Maria Martins.

4. O casal Amaral Peixoto foi convidado pelo governo nipônico a viajar ao Japão durante sua lua de mel.

5. Aqui um provável equívoco: o Foreign Office é o Ministério das Relações Exteriores da Inglaterra. Welles era subsecretário de Estado para a América Latina do governo norte-americano (Department of State).

6. I Reunião de Consulta dos Ministros de Relações Exteriores das Repúblicas Americanas, cujo documento final declarou a neutralidade de todos os países do continente no conflito europeu.

7. Período inicial da Segunda Guerra Mundial sem hostilidades relevantes na frente ocidental, compreendido entre a declaração de guerra da França e da Inglaterra contra a Alemanha, em setembro de 1939, e a invasão nazista da França, da Bélgica e dos Países Baixos, em maio de 1940.

8. Complexo de fortificações erguido pela França nos anos 1930 ao longo das fronteiras alemã e belga para repelir uma futura invasão germânica, batizado com o nome do ministro francês da Guerra na época, André Maginot.

9. Análoga germânica da Linha Maginot, inspirada na frente defensiva da Primeira Guerra Mundial.

10. Canção alemã originalmente gravada em 1939. Era a música-tema da rádio oficial dos soldados alemães. Em 1944, foi interpretada por Marlene Dietrich a serviço dos Aliados.

11. A Alemanha anexou a Áustria em março de 1938. Os Sudetos, denominação alemã para a região fronteiriça da atual República Checa, foram cedidos ao país germânico em setembro do mesmo ano.

12. Firmado em junho de 1919 entre a Alemanha e as potências ocidentais, o Tratado de Versalhes impôs indenizações de guerra ao país germânico. O acordo de Munique foi negociado e assinado em setembro de 1938.

13. O pacto Molotov-Ribbentrop foi assinado secretamente em agosto de 1939, em Moscou.

14. Denominação dos líderes regionais do Partido Nazista, diretamente apontados por Hitler, responsáveis pelo governo das administrações regionais (*Reichsgaue*) na Áustria, na Polônia e na Tchecoslováquia ocupadas.

15. Em alemão "força de defesa", nome conjunto das Forças Armadas do regime nazista entre 1935 e 1946.

16. Philippe Pétain (1856-1951). Chefiou o governo colaboracionista da França ocupada entre 1940 e 1944.

17. Os EUA haviam declarado neutralidade em 1914, mas entraram na Primeira Guerra Mundial em abril de 1917, após o afundamento de navios estadunidenses por submarinos alemães no Atlântico. Cerca de 110 mil combatentes norte-americanos morreram no conflito.

18. Ou, segundo outra versão, "Nessa época, os aviões não podiam atravessar o Atlântico de um só fôlego, a não ser via Natal-Dakar, na África".

19. Corredor Polonês, faixa de terra entre o Reich alemão e seu enclave da Prússia Oriental concedida à Polônia recém-independente após a Primeira Guerra Mundial para permitir o acesso do país eslavo ao mar Báltico através da cidade portuária de Danzig (Gdańsk), que recebeu o status de cidade livre. A "proteção" à população alemã do porto, que pertencera à Alemanha antes do conflito de 1914-18, foi um dos pretextos usados por Hitler para invadir a Polônia, em 1º de setembro de 1939.

20. A França e a Polônia haviam firmado uma aliança militar em 1921, ratificada em 1939 no contexto da ameaça nazista.

21. O show de estreia de Carmen Miranda em Nova York entrou em cartaz no Broadhurst Theatre em 19 de junho de 1939. Seus números integravam uma revista intitulada *Streets of Paris*, com músicas americanas e brasileiras, incluindo "Touradas em Madri" e "O que é que a baiana tem?".

22. É necessário distinguir bem que o governo americano, a Casa Branca, não tem sobre a alta finança, a Wall Street, a menor influência decisória. Pode atrapalhar ou pode ajudar, mas nunca influenciar. De modo que a construção de Volta Redonda e a de Álcalis, em Cabo Frio, foram feitas de governo a governo. (Esta nota é de Alzira e aqui está transcrita tal qual o original.)

23. Em agosto de 1939, foi criada uma comissão para estudar a construção da usina. Em março de 1940, Vargas instituiu a Comissão Executiva do Plano Siderúrgico Nacional, vinculada à presidência da República. Em setembro do mesmo ano, o Brasil obteve um empréstimo de 20 milhões de dólares do Eximbank norte-americano para iniciar as obras. O decreto-lei de criação da Companhia Siderúrgica Nacional (CSN) foi assinado em 30 de janeiro de 1941 e a solenidade de início das operações da CSN ocorreu em outubro de 1946, sem a presença de Getúlio.

24. Em 11 de junho de 1940, durante um banquete comemorativo da Batalha do Riachuelo no couraçado da Marinha, ancorado no Rio de Janeiro, Getúlio pronunciou um discurso considerado simpático às potências do Eixo.

25. Mussolini declarou guerra à França e à Inglaterra em 10 de junho de 1940, e em seguida ordenou a invasão da região dos Alpes franceses.

26. A França se rendeu à Alemanha em 22 de junho de 1940.

27. A borracha sintética começou a ser produzida pelos Estados Unidos em grande escala em 1940. Na época, o Brasil era o único fornecedor norte-americano de cristais de quartzo de alta qualidade, necessários à fabricação de equipamentos de rádio, radares e instrumentos ópticos.

28. O *Fanfulla*, diário fundado em São Paulo em 1893, era o principal porta-voz do fascismo entre a colônia italiana.

29. Sede da Sociedade Germânia, entidade recreativa fundada pela colônia alemã no Rio em 1821. Com a declaração de guerra à Alemanha e a proibição das associações germânicas, em 1942, o prédio foi cedido à União Nacional dos Estudantes.

30. Fundado em 1889, o instituto cultural ligado ao governo italiano sofreu intervenção federal em 1942. Sua sede social foi transferida à Casa do Estudante do Brasil.

31. Em 14 de junho de 1940.

32. Usina hidrelétrica localizada no rio Macabu, em Macaé (RJ), cuja construção se iniciou em setembro de 1939.

33. Manifestações de massa a favor da declaração de guerra ao Eixo, em 1942.

34. III Reunião de Consulta dos Ministros de Relações Exteriores das Américas, realizada no Rio de Janeiro entre 15 e 28 de janeiro de 1942. A reunião assinalou a adesão do Brasil à causa Aliada e o rompimento diplomático com o Eixo.

35. Jefferson Caffery, embaixador dos Estados Unidos no Brasil.

O ACIDENTE E A CENSURA, 1941 [PP. 338-40]

1. Alzira e Ernani viajaram novamente aos Estados Unidos em abril de 1941.

2. Fairbanks Jr. era estrela de filmes de aventura e comédia. Em 1941, atuou como enviado especial à América Latina, onde foi encarregado de fazer um levantamento sobre a influência sociocultural do nazismo.

3. Refere-se ao ataque à base norte-americana de Pearl Harbor pela Marinha Imperial Japonesa na manhã de 7 de dezembro de 1941.

4. A Legião Brasileira de Assistência foi fundada por Darcy Vargas em agosto de 1942 para amparar soldados mobilizados pelo esforço de guerra e seus familiares. Depois da Se-

gunda Guerra Mundial, passou a implementar políticas federais de assistência social. Foi extinta em 1995.

5. Manoel do Nascimento Vargas Neto (1903-77). Sobrinho de Getúlio, poeta, jornalista e radialista.

6. Em 1933, o governo foi acusado de empregar dinheiro proveniente da contravenção para financiar a fundação do jornal A Nação, de tendência governista.

ENCONTRO COM ROOSEVELT, 1941 [PP. 341-3]

1. Então uma das principais companhias de transporte de carga e passageiros entre o Brasil e os Estados Unidos.

2. Alzira foi convidada a batizar o SS Rio de Janeiro. O SS Brasil, da mesma companhia, fora construído em 1928 como SS Virginia e rebatizado em 1938. Em outra versão, Alzira diz que Robert Lee (vice-presidente executivo da Moore-McCormarck) e sua esposa vieram ao Brasil pedir a Getúlio Vargas que permitisse sua ida aos Estados Unidos para batizar o navio.

3. Há muitas partes no original comentando esse episódio; em alguns momentos, para evitar quebras na narrativa, manteve-se a repetição.

4. Fiorello Henry La Guardia (1822-1947) foi prefeito de Nova York.

5. Refere-se, na verdade, ao Lend-Lease Act, que autorizou o fornecimento de equipamentos militares a países Aliados.

6. Em outra versão: "Pediram-nos urgência, a parte brasileira estava adiantada, necessitavam dos créditos e da parte americana. Lá fomos nós".

7. Fábrica Nacional de Motores, empresa de economia mista criada pelo governo federal em 1942 com o objetivo inicial de produzir motores de avião. Depois da guerra, passou a fabricar caminhões e eletrodomésticos. Em outubro de 1968, foi vendida à italiana Alfa Romeo.

8. O governo brasileiro tentara se associar às companhias líderes do mercado norte-americano de siderurgia para a instalação da CSN.

9. O primeiro protótipo do Jeep foi produzido em 1940. O veículo, projetado para finalidades militares, começou a ser fabricado em série no ano seguinte pela Willys-Overland e pela Ford.

10. Eugene R. Black (1898-1992), vice-presidente do Chase National Bank em 1941. Em 1949, tornou-se presidente do Banco Mundial, entidade que dirigiu até 1963.

Warren L. Pierson (1897-1978), presidente do Eximbank norte-americano entre 1938 e 1945.

Nelson Rockefeller (1908-79), magnata norte-americano que, em 1940, foi apontado por Roosevelt para coordenar o Escritório de Assuntos Interamericanos, agência governamental responsável pela implantação da Política da Boa Vizinhança com os países latino-americanos. Foi subsecretário de Estado para a América Latina entre 1944 e 1945.

Eleanor (1884-1962), mulher de Roosevelt, tinha uma coluna diária com reflexões sociais e políticas chamada "My Day", publicada entre 1935 e 1962.

11. Refere-se ao CPDOC/FGV.

O NACIONALISMO COMEÇA A DAR FRUTOS, 1941 [p. 344]

1. Em novembro de 1941, o chanceler brasileiro viajou a Santiago em visita oficial ao governo chileno.

BRASIL ROMPE COM O EIXO, 1941 [pp. 345-6]

1. As relações diplomáticas do Brasil com os países do Eixo foram rompidas em 28 de janeiro de 1942, ao final da III Reunião de Consulta dos Ministros de Relações Exteriores do continente americano.

2. A reunião foi em 22 de agosto.

3. Pearl Harbor foi em dezembro de 1941.

4. O político britânico foi ministro das Relações Exteriores (1935-38 e 1940-45) e primeiro-ministro (1955-57).

5. Do alemão, motivo condutor ou motivo de ligação.

6. Alusão ao desentendimento entre Filinto Müller e Vasco Leitão da Cunha acerca da realização da passeata da UNE em julho de 1942.

PRIMEIRO DE MAIO DE 1942, GETÚLIO SOFRE ACIDENTE [pp. 347-51]

1. Em outra versão, "Eu pretendia ouvi-lo apenas pelo rádio e fui visitar um hospital de crianças que era meu protegido há vários anos".

2. Maternidade Divina Providência, instalada no Hospital Santa Teresa, hoje Hospital Infantil Alzira Vargas do Amaral Peixoto, instituição beneficente fundada em 1927 e conveniada ao governo fluminense.

3. O automóvel presidencial, para evitar o choque com outro veículo, colidiu com um poste na Praia do Flamengo, esquina com a rua Silveira Martins.

4. Sede de veraneio do governo fluminense, construída em 1892. Atualmente abriga o Fórum Itaboraí, espaço de eventos, palestras e exposições da Fundação Oswaldo Cruz (Fiocruz).

5. Em outra versão do episódio: "Encontramos meu pai estendido em uma maca improvisada no Palácio Guanabara, queixando-se de dores e falando palavras desconexas, xingando o pobre motorista, que não tivera culpa alguma. Consegui que se calasse e fui conversar com

o médico da ambulância que o socorrera, que me disse: 'Nós não temos aparelho de raio X, mas tenho a impressão de que há fratura'".

6. Em outra versão, complementa: "um grande ortopedista, apesar de não bom político nem leal nas más horas". Refere-se a Mário Jorge.

7. Sobre o mesmo episódio, há outra versão: "Enquanto isso, Ernani catava seu primo Mário Jorge, então um dos maiores ortopedistas da praça. Mário Jorge chegou, assumiu o comando, mandou esvaziar o quarto e o examinou. O único possuidor de um aparelho de raio X portátil era Laurindo Quaresma [um dos pioneiros da radiologia no Brasil], a quem já conhecíamos do primeiro acidente de meus pais na Rio-Petrópolis. Foi convocado. Eram três as fraturas: uma no maxilar, que o deixara meio tonto, uma na mão esquerda e a terceira, a mais grave, no colo do fêmur. Já era tarde e Mário Jorge achou melhor sedá-lo para passar a noite, pois a manhã seria dura. Foi jogado sobre um colchão no chão e lá Mário Jorge, com uma manobra habilíssima na época, anulou a luxação provocada pelo fêmur e com um tênue mas forte fio de aço na altura do joelho e forte compensação no pé para trazer o fêmur para seu devido lugar, permitindo a consolidação óssea do colo".

8. Em outra versão: "Chamei primeiro um radiologista já nosso conhecido e que sempre respondeu a todos os nossos apelos: Luiz [na verdade, o nome correto é Laurindo] Quaresma Veio. Depois me disse: 'Não há dúvida de que há uma fratura, mas meu aparelho é fraco para uma coisa desta extensão'. O sangue me subiu à cabeça".

9. No original, entre parênteses, há a seguinte anotação: "escocês irlandês".

GENERAL DURANTE ALGUNS DIAS, 1942 [PP. 352-9]

1. Em outra versão: "Seu ministro da Justiça em São Paulo operado de tiroide. Seu chefe de gabinete ameaçado de tuberculose em Minas Gerais. Seu chefe militar ameaçado de derrame estava em guarda. Morreu pouco meses depois. Seu ministro da Guerra em luta com seu ministro do Exterior por questões de supremacia no governo. Seu chefe de Polícia em luta com seu interventor mais chegado, comandante Amaral Peixoto, seu genro, por questões de espionagem de guerra. O quadro não era nada tranquilizador. E a guerra estava já às portas do Brasil".

2. Em 4 de julho de 1942, a realização de uma passeata na avenida Rio Branco em prol da entrada do Brasil na guerra, promovida pela UNE e apoiada pelos governos do Rio de Janeiro e do Distrito Federal, deflagrou uma crise no governo. O chefe da Delegacia Especial de Segurança Política e Social, Filinto Müller, expoente da ala pró-Eixo, não autorizara a manifestação sob o pretexto de que haveria elementos subversivos infiltrados. Chamado ao Ministério da Justiça, continuou se recusando a permitir a passeata e recebeu voz de prisão do

ministro interino, Leitão da Cunha. Os envolvidos foram exonerados e o titular do Ministério da Justiça pediu demissão.

3. No original, nos parênteses consta a seguinte anotação de Alzira: "setembro, verificar data". Portanto, a data da morte de Francisco José Pinto foi acrescentada nesta edição.

4. Em outra versão, diz corretamente Almanaque do Exército (compêndio anual dos postos e patentes do oficialato). Mais abaixo chama de Almanaque da Guerra.

5. Q.T.A. é a sigla para Quadro Técnico da Ativa; Q.A. para Quadros de Acesso do Exército.

6. Alusões aos tratamentos das sequelas do acidente na Rio-Petrópolis, em 1933, e da queda do cavalo sofrida por Getúlio no início de 1946, em São Borja.

7. Cf. episódio narrado na p. 140.

8. A disputa picolés x rabanetes remonta a 1930.

TRÊS VEZES VI MEU PAI CHORAR, 1943 [pp. 360-8]

1. Réveillon de 1934. Cf. p. 113.

2. Casa de Saúde Pedro Ernesto, fundada em 1924 e de propriedade do ex-prefeito.

3. Em outra versão do episódio: "Tanto ele como meu marido deveriam regressar aos seus respectivos postos. Meu pai chamou em segredo meu marido e disse-lhe que deveria encontrar-se com o presidente Roosevelt, em Natal, em sigilo. Nada poderia transparecer antes".

4. A reunião entre os dois presidentes, que formalizou a cessão da base aérea de Parnamirim aos Estados Unidos, aconteceu em 28 de janeiro de 1943, a bordo de um destróier norte-americano. Em seguida, Vargas e Roosevelt inspecionaram as obras da base aérea e passearam de carro aberto pelas ruas da capital potiguar.

5. Sister Elizabeth Kenny (1880-1952), freira e enfermeira australiana pioneira no tratamento da poliomielite e uma das precursoras da fisioterapia.

6. Médico e revolucionário de 1935 exilado na Argentina, irmão de Juracy Magalhães.

7. Formado em agronomia, Maneco auxiliava Protásio Vargas na administração das estâncias da família em São Borja e Itaqui.

8. Proprietário da Fazenda da Pedra, entre São Fidélis e Campos dos Goytacazes (RJ). Era compadre de Alzira e sogro de Edmundo Barbosa da Silva, oficial de gabinete da Presidência da República. Morreu num acidente aéreo em 1945.

DECLARAÇÃO DE GUERRA E CRIAÇÃO DA LBA, 1942 E 1943 [pp. 369-85]

1. O primeiro navio brasileiro a ser torpedeado por submarinos alemães no Atlântico foi o cargueiro *Buarque*, do Lloyd Brasileiro, em 16 de fevereiro de 1942. A autora provavel-

mente se refere ao afundamento do *Baependi*, em 15 de agosto, na costa de Sergipe, no qual morreram 270 pessoas.

2. Ao final da reunião, realizada no Palácio Guanabara em 22 de agosto, Vargas decretou o estado de beligerância contra os países do Eixo. Em 31 de agosto, foi decretado o estado de guerra.

3. João Daudt de Oliveira era presidente da Associação Comercial do Rio de Janeiro, e Euvaldo Lodi, o primeiro presidente da Confederação Nacional da Indústria, a CNI.

4. Em julho de 1933 foi criado o Instituto de Aposentadoria e Pensões dos Marítimos (IAPM). Em maio do ano seguinte, o dos Comerciários (IAPC), em julho o dos Bancários (IAPB) e em dezembro de 1936 o dos Industriários (IAPI). Em 1937, outras categorias profissionais foram contempladas. Em fevereiro de 1938, surgiu o Instituto de Previdência e Assistência aos Servidores do Estado (Ipase). Após 1945, os institutos de Aposentadoria e Pensões expandiram suas áreas de atuação, incluindo serviços na área de alimentação, habitação e saúde. Em novembro de 1966, todos os institutos que atendiam aos trabalhadores do setor privado foram unificados no Instituto Nacional de Previdência Social (INPS). (Fonte: CPDOC, "A era Vargas dos anos 1920 a 1942", disponível na página <http://CPDOC.fgv.br/>.)

5. Em 28 de agosto de 1942.

6. Em julho de 1941, Vargas foi o primeiro chefe de Estado brasileiro a visitar oficialmente o Paraguai. Na ocasião, o Brasil anulou a dívida remanescente da indenização de guerra imposta ao país vizinho na década de 1870.

7. Manoel do Nascimento Vargas morreu em 21 de outubro de 1943.

8. Alzira exerceu a presidência interina da LBA entre 1943 e 1944.

9. O Brasil quase não produzia gasolina para consumo automobilístico e teve de racionar o combustível importado durante o conflito mundial, que restringiu o fornecimento marítimo.

10. Celina Vargas do Amaral Peixoto nasceu em 1944.

11. Escritor suíço-germânico de origem judaica (1881-1948). Notabilizou-se por uma série de biografias de grandes personagens históricos, como Napoleão, Beethoven, Goethe e Bismarck. Ludwig visitou o Brasil em agosto de 1936.

12. Walder Sarmanho iniciou-se na carreira diplomática em 1938, como secretário da embaixada brasileira em Havana. Serviu em Washington e Nova York nos anos 1940 e 1950. Foi embaixador no Uruguai (1958-63) e no Peru (1963-65).

MANIFESTO DOS MINEIROS, 1943 [P. 386]

1. Divulgado em panfletos, o manifesto de 24 de outubro de 1943 reivindicou o fim da ditadura do Estado Novo e a redemocratização do país. Seus 92 signatários eram membros

da elite liberal de Minas Gerais, entre os quais Artur Bernardes, Virgílio e Afonso Arinos de Mello Franco, Pedro Aleixo, Milton Campos, Adauto Lúcio Cardoso e Pedro Nava.

MORTE DE ROOSEVELT E FIM DA GUERRA, 1945 [PP. 387-9]

1. Na Conferência de Yalta, em fevereiro de 1945, Stálin, Churchill e Roosevelt redefiniram os contornos políticos da Europa.

2. Berle foi subsecretário de Estado para assuntos latino-americanos entre 1938 e 1944. Em 30 de janeiro de 1945, foi designado para a embaixada dos EUA no Rio de Janeiro, onde permaneceu até fevereiro de 1946.

3. Edward Reilly Stettinius, Jr. (1900-49), empresário e político norte-americano, foi secretário de Estado entre 1944 e 1945, nos governos Roosevelt e Truman.

4. Harry L. Hopkins (1890-1946). Conselheiro diplomático de Roosevelt durante a Segunda Guerra Mundial. Formado em serviço social, destacou-se na formulação de políticas de emprego e desenvolvimento durante a Grande Depressão.

5. A Organização das Nações Unidas foi criada em junho de 1945 e estabelecida em outubro do mesmo ano. A ONU era então integrada por 51 países. As primeiras reuniões do Conselho de Segurança e da Assembleia Geral aconteceram em Londres, em janeiro de 1946.

6. A Conferência Interamericana sobre os Problemas da Guerra e da Paz, ou Conferência de Chapultepec, foi realizada na capital mexicana, entre fevereiro e março de 1945, com a presença de representantes de todos os países do continente (menos Argentina e Canadá). O acordo firmado no México preparou a formação da Organização dos Estados Americanos (OEA), em 1948.

RESPONDENDO "ESPADA COM ESPADA", 1945 [PP. 390-2]

1. No texto original, a autora deixou um espaço para depois adicionar a data. Marcondes Filho acumulou as pastas da Justiça e do Trabalho a partir de 1942, sucedendo Francisco Campos após a crise da passeata da UNE. Foi substituído por Agamenon Sérgio de Godoy Magalhães no Ministério da Justiça em 3 de março de 1945.

2. A entrevista coletiva, a primeira concedida por Vargas desde a decretação do Estado Novo, realizou-se em 2 de março de 1945, no Palácio Rio Negro, em Petrópolis.

3. A reunião entre Vargas e Dutra aconteceu em 14 de março de 1945.

19 DE ABRIL DE 1945 — UM PEÃO COM A MISSÃO DE PROTEGER O REI [PP. 393-8]

1. Sítio Cafundó, em Petrópolis, propriedade do casal Amaral Peixoto.

2. Luthero foi enviado à Itália em julho de 1944 como tenente-médico do Grupo de Aviação de Caça.

3. Alzira escreveu várias versões sobre esse mesmo episódio, e em uma delas informou que Jesuíno fora acompanhado de Domingos Segreto.

4. Os dois países estabeleceram relações diplomáticas em 2 de abril de 1945.

5. Em 28 de fevereiro de 1945, através da Lei Constitucional nº 9, Vargas determinou a reabertura gradual do Congresso e fixou um prazo para a escolha da data das eleições à presidência, posteriormente fixadas em 2 de dezembro do mesmo ano. O presidente declarou que não seria candidato.

6. Em outra versão: "'Sinto que deveria aguentar um pouco mais, uns dois anos talvez, reconstitucionalizar o país, eleger meu sucessor e ir depois desfrutar este restinho de vida que ainda me cabe. Ou então renuncio logo, jogo na cara dessa gente que pensa que é muito bom ser governo e vou embora de vez. Temo as consequências disso...' e continuou pensativo".

7. A manifestação queremista descrita pela autora aconteceu na noite de 30 de agosto de 1945.

8. Em outra versão: "Era o último prazo para desincompatibilização e uma grande manifestação estava em preparo, puxado a pergaminho. Eu o apelidei de O dia do Fico. A concentração era no Largo da Carioca, de modo que saí de Niterói e cheguei ao Guanabara em tempo de encontrar meu pai caminhando feito fera enjaulada dentro de seu gabinete".

9. Refere-se a João Alberto Lins e Barros. Chefe de Polícia, foi contra as manifestações queremistas, que reivindicavam a permanência de Vargas no poder.

10. Os queremistas entregaram ao presidente um documento com a plataforma política do movimento, que exigia a realização de eleições para a Constituinte com Getúlio no poder. A imprensa da época reproduziu o discurso do presidente à multidão queremista: "Atravesso um momento dramático de minha vida pública e preciso falar ao povo com prudência e lealdade [...]. Devo dizer-vos que há forças reacionárias poderosas, ocultas umas, ostensivas outras, todas contrárias à convocação de uma Constituinte. Posso afirmar-vos que, naquilo que de mim depender, o povo pode contar comigo".

11. O general, então comandante da Polícia Militar do Distrito Federal, participou secretamente da conspiração militar para remover Vargas do poder.

12. Grupo de intelectuais e professores universitários que assessorou o presidente norte-americano durante a formulação e a implantação do New Deal. Entre seus membros incluíram-se Harry Hopkins e Adolf Berle Jr., professor de direito da Universidade Columbia.

13. O embaixador dos Estados Unidos foi homenageado num almoço no Hotel Quitandinha, em 29 de setembro de 1945.

14. Em agosto de 1944, a SAA, entidade civil de fomento às relações Brasil-EUA, foi fechada pela polícia do Distrito Federal. Oswaldo Aranha, então ministro das Relações Exteriores, era vice-presidente da SAA e renunciou em protesto.

O GOLPE MILITAR DE 29 DE OUTUBRO DE 1945 [PP. 399-404]

1. Em outra versão: "A luz está no final, não me pergunte mais".

2. Em outra versão, Alzira soube do acontecido por meio do oficial de gabinete Arthur Montagna, que soubera das novidades pela rádio Nacional.

3. João Alberto organizou a expedição Roncador-Xingu em junho de 1943. Em novembro do mesmo ano, foi criada a Fundação Brasil Central, por ele presidida. João Alberto assumiu a chefia de Polícia do Distrito Federal (Departamento Federal de Segurança Pública) em março de 1945.

4. Presidente do Supremo Tribunal Federal.

HISTÓRIA DO PTB, 1945 [PP. 405-07]

1. A inauguração foi em 14 de outubro.

2. Maio de 1945.

3. Em 29 de outubro de 1945, Getúlio Vargas foi deposto.

4. Em 1953, no segundo período de Vargas no Catete, o jornalista Carlos Lacerda e a UDN acusaram o presidente da República e o ministro do Trabalho, João Goulart, de orquestrar um golpe de Estado com apoio de entidades sindicais.

5. Eleições para a presidência da República e para a formação de uma Assembleia Nacional Constituinte. Eurico Gaspar Dutra (PSD), apoiado por Vargas, obteve 55% dos votos, contra 35% de Eduardo Gomes (UDN) e 10% de Iedo Fiúza (PCB).

6. No final de novembro, às vésperas do pleito presidencial, a candidatura do PSD distribuiu cartazes e santinhos com o slogan "Ele disse: votai em Dutra". No texto da mensagem, Vargas afirmava: "O general Eurico Gaspar Dutra [...] colocou-se dentro das ideias do programa trabalhista e assegurou, a esse partido, garantias de apoio, de acordo com suas forças eleitorais. Ele merece, portanto, os nossos sufrágios".

7. O Partido Social Progressista foi fundado em São Paulo por Adhemar de Barros, em junho de 1946.

8. No original, o primeiro item está em branco.

9. Não foi possível identificar a quem Alzira se referia.

10. Num discurso no Theatro Municipal do Rio durante a campanha de 1950, o candidato Eduardo Gomes (UDN) declarou não precisar dos votos da "malta de desocupados que andam por aí" para se eleger. A propaganda petebista aproveitou o mote para ressaltar o suposto caráter antipopular da candidatura de Gomes e difundir a versão de que o brigadeiro desprezara os votos dos "marmiteiros". A palavra se popularizou e a marmita dos trabalhadores passou a ser ostentada como símbolo da campanha getulista.

11. O queremismo, derivado da expressão "queremos Getúlio", começou em maio de 1945 para reivindicar a permanência de Vargas no poder. Os comícios queremistas mais importantes realizaram-se nos dias 20 de agosto, 7 de setembro, 3 e 13 de outubro, com multidões que se concentravam no Largo da Carioca e caminhavam até o Palácio Guanabara. A campanha queremista ressurgiu após o anúncio de Getúlio de que desejava voltar ao Catete, em fevereiro de 1949.

12. Este capítulo termina com a seguinte anotação de Alzira: "Falta o quadro".

15 DE OUTUBRO DE 1948 — UM DIÁLOGO NA FAZENDA DO ITU [PP. 408-11]

1. O general Renato Paquet, comandante da 1ª Divisão de Infantaria da Vila Militar — na época a mais poderosa unidade do Exército —, manteve-se leal a Vargas durante o golpe de 29 de outubro.

2. Em 4 de novembro de 1947, Vargas participou ao lado de Luís Carlos Prestes de um comício em apoio à candidatura de Cirilo Júnior ao cargo de vice-governador paulista, no Vale do Anhangabaú, centro de São Paulo.

ATEUS, ANTICRISTÃOS, FALSOS CATÓLICOS E COMUNISTAS, 1949 [PP. 412-3]

1. D. Rosalvo da Costa Rego foi vigário-geral da arquidiocese do Rio de Janeiro durante o Estado Novo. Em 1946, tornou-se bispo auxiliar.

2. Ernani do Amaral Peixoto exerceu mandato na Câmara Federal entre 1946 e 1951 pelo PSD-RJ.

ERA UMA VEZ UM "MAR DE LAMA", 1950-53 [PP. 414-22]

1. A expressão foi cunhada por Carlos Lacerda em 1953 para se referir aos escândalos de corrupção no governo Vargas.

2. IV Reunião de Consulta dos Ministros das Relações Exteriores do continente americano, realizada em Washington, em março de 1951. A delegação brasileira foi chefiada por João Neves da Fontoura, recém-empossado à frente do Itamaraty.

3. João Neves da Fontoura fora ministro das Relações Exteriores durante dez meses no governo Dutra. Exonerou-se em novembro de 1946 no contexto de um acordo parlamentar para a formação da base de apoio do governo no Congresso.

4. São Pedro é a estância de Batista Luzardo em Uruguaiana (RS), onde ele fica depois de eleito.

5. Refere-se à filha Celina e à sobrinha, Edith Maria, filha de Jandyra e Rui Costa Gama.

6. Refere-se à lista "As dez mais elegantes do Brasil" que o colunista social Maneco Muller, sob o pseudônimo de Jacinto de Thormes, elencava para a revista *Cruzeiro* desde 1954.

D. ALICE, AGOSTO DE 1954 [PP. 423-7]

1. Na avenida Rui Barbosa, 430, bairro do Flamengo.

2. Na madrugada de 5 de agosto, o jornalista, principal porta-voz da oposição a Vargas, foi atacado a tiros ao chegar em casa, na rua Tonelero (Copacabana). O segurança de Lacerda, o major-aviador Rubens Vaz, foi atingido duas vezes e morreu a caminho do hospital. Lacerda se feriu no pé. Nos dias seguintes se comprovou o envolvimento de membros da guarda pessoal da Presidência no atentado. O episódio marcou o início da crise final do segundo governo Vargas.

3. Na avenida Lauro Sodré, em Botafogo.

4. Em 12 de agosto, a Força Aérea instaurou um inquérito policial-militar (IPM) para investigar o assassinato do major Rubens Vaz e o atentado contra Lacerda. Os investigadores da FAB, que avocaram a si poderes extraordinários, conduziram os interrogatórios e depoimentos na Base Aérea do Galeão, na ilha do Governador. O IPM foi presidido pelo coronel João Adil de Oliveira.

5. Então ministro da Justiça.

6. Mantivemos a frase como está no original.

7. Em 13 de agosto, a Aeronáutica prendeu Alcino João do Nascimento, que confessou ter atirado em Rubens Vaz. Dias depois, foram presos Climério Euribes de Almeida e José Antônio Soares, membros da guarda pessoal de Vargas, que delataram seu chefe, Gregório Fortunato. Alcino afirmou em depoimento que, por intermédio de Soares, Climério o contratara por 100 mil cruzeiros, com a promessa de um emprego na polícia. O pistoleiro também implicou Luthero Vargas na preparação do atentado. Em 1956, Alcino foi condenado a 33 anos de prisão. Cumpriu pena pelo crime até 1975. Climério, que recebera a mesma pena, morreu na prisão no mesmo ano. Soares foi sentenciado a 26 anos de cadeia. Saiu da prisão também em 1975.

8. Ex-presidente do Banco do Brasil (1951-53).

9. General Ângelo Mendes de Morais, um dos signatários do manifesto militar de 23 de agosto que exigiu a renúncia de Vargas.

10. Gregório Fortunato foi apontado como mandante do atentado contra o jornalista Carlos Lacerda, em 5 de agosto de 1954. Em depoimento, afirmou que cumprira ordens de Benjamim Vargas, sem o conhecimento de Getúlio. Preso e condenado, cumpriu pena até 1962, quando foi assassinado na cadeia.

11. A Aeronáutica apreendeu dois armários de documentos pertencentes ao arquivo pessoal de Fortunato no Catete.

12. No arquivo de Fortunato, os investigadores encontraram um recibo datado de 1953, referente à compra de uma fazenda em São Borja, manuscrito por Manoel Antônio em papel timbrado da Presidência, no valor de 2,6 milhões de cruzeiros (cerca de R$ 1,5 milhão em 2016). Maneco alegou dificuldades financeiras para a venda da Fazenda São Manuel. O ex-chefe da guarda, por sua vez, justificou a incompatibilidade entre sua renda pessoal e o montante da compra da propriedade com um suposto empréstimo bancário avalizado por João Goulart, então ministro do Trabalho.

13. Em outro trecho de seus escritos, Alzira retomou a questão: "Continuava o cerco. Na véspera da chegada do meu irmão Manoel Antônio, provocaram um escândalo com uma publicação de um simples recibo de pagamento. O preto Gregório Fortunato, que havia sido sempre fiel à família Vargas, estava em condições de comprar de seu patrão as terras que ele não podia manter.

"Transformaram isso em um crime, nosso. Se estivéssemos nas condições de riqueza que sempre nos imputaram, jamais venderíamos terra. Terra para o gaúcho significa quase que a própria vida. A necessidade de sentir o solo sob os pés é tão grande que o gaúcho sacrifica às vezes muitas outras coisas para sentir que tem chão sob os pés".

14. O filho de Vargas casara-se em meados de julho.

15. No original, há a seguinte anotação de Alzira: "Verificar data".

O depoimento de Luthero Vargas na base do Galeão ocorreu em 13 de agosto. O irmão de Alzira não foi indiciado.

16. Fontes era ministro-chefe da Casa Civil desde 1951.

A REUNIÃO MINISTERIAL, 1954 [PP. 428-34]

1. Almirante Sílvio de Camargo, então comandante do Corpo de Fuzileiros Navais.

2. Iniciada em 1948, a campanha pela nacionalização do petróleo ("O petróleo é nosso") culminou em outubro de 1953 com a criação da Petrobras.

3. Chefe do estado-maior das Forças Armadas.

4. O manifesto de generais pela renúncia de Vargas contava com 37 assinaturas na madrugada de 24 de agosto.

5. Coronel Oswaldo Pamplona Pinto.

6. O ministro do Trabalho era Hugo de Araújo Faria.

7. O desenho é de Alzira. Segundo Lira Neto, esta foi a disposição dos ministros à mesa de reuniões do Catete: "Getúlio foi o primeiro a sentar-se, à cabeceira da mesa do salão de despachos. [...] Tancredo Neves sentou imediatamente à esquerda de Getúlio. À direita, Oswaldo Aranha. José Américo de Almeida ocupou a cabeceira oposta à do presidente. Os

demais integrantes da equipe se dividiram entre os dois lados do grande retângulo de madeira envernizada". De pé, os familiares e assessores mais próximos de Getúlio permaneceram atrás da cadeira do presidente.

8. Citação da carta-testamento de Vargas: "Meu sacrifício nos manterá unidos e meu nome será a vossa bandeira de luta. Cada gota de meu sangue será uma chama imortal na vossa consciência e manterá a vibração sagrada para a resistência. Ao ódio respondo com perdão. E aos que pensam que me derrotaram respondo com a minha vitória. Era escravo do povo e hoje me liberto para a vida eterna. Mas esse povo de quem fui escravo não mais será escravo de ninguém".

A CANDIDATURA DE JK, 1954 [PP. 435-6]

1. Não há o item 1 no original de Alzira. Na noite de 12 de agosto, Getúlio teria sido visto a rezar em seus aposentos no Palácio das Mangabeiras, residência oficial do governo mineiro. Naquele dia, além da instauração do IPM do Galeão, acontecera a missa de sétimo dia do major Rubens Vaz, na igreja da Candelária, que ocasionou tumultos de rua no centro do Rio.

2. Provável referência a carta ou documento que não foi possível identificar.

3. Dinarte Mariz, senador (UDN-PE), e Etelvino Lins, governador de Pernambuco (PSD).

4. A ala antivarguista do pessedismo, integrada por Etelvino Lins, desejava lançar candidatura única em chapa com a UDN nas eleições presidenciais de 1955 e assim isolar o PTB. Mas a pré-candidatura do governador mineiro triunfou na convenção nacional do PSD, em fevereiro, com João Goulart (PTB) na vice-presidência. No pleito, realizado em 3 de outubro de 1955, Juscelino obteve 3,07 milhões de votos (35,7%), menos que os 3,6 milhões ou 44,3% dos votos dados a Jango. Segundo a Constituição de 1946, a presidência e a vice-presidência tinham eleições separadas e não havia segundo turno. Juarez Távora (UDN) recebeu 30,3%, e Adhemar de Barros (PSP), 25,8% dos sufrágios.

DIÁLOGOS ENTRE ALZIRA E CAFÉ FILHO, 1954 [P. 437]

1. Na tarde de 23 de agosto de 1954, Café Filho falou aos senadores sobre a situação do país e a proposta de dupla renúncia que fizera dois dias antes, sem sucesso, ao presidente Vargas. O discurso marcou o rompimento público de Café com o presidente. (No original, Alzira se equivoca com o dia, escrevendo 28 de agosto.)

2. Na crise final do governo Vargas, em 1954, o vice-presidente Café Filho rompeu com Getúlio e se alinhou aos militares e à UDN para acelerar a derrubada do presidente.

3. Refere-se ao livro de memórias de Café Filho, *Do sindicato ao Catete: Memórias políticas e confissões humanas*, publicado em 1966, em dois volumes.

4. Secretário particular de Café Filho.

5. Em agosto de 1954, Vargas viajaria a Corumbá e Santa Cruz de la Sierra para inaugurar a estrada de ferro Brasil-Bolívia. Com o acirramento da crise política, a viagem foi cancelada. A inauguração da ferrovia ocorreu em janeiro de 1955, com a presença de Café Filho.

EU O FAZIA ESPERAR [PP. 438-9]

1. Sobre a história do arcebispo, cf. p. 56.

Índice onomástico

Abbott, Fernando, 30, 446
Abreu, Ovídio Xavier de, 386, 480
Adão Feliciano (roupeiro), 148-9, 404
Afonso César, 415
Albino (zelador), 116
Albuquerque, Jesuíno de, 393, 463
Albuquerque, João Pessoa Cavalcanti de, 58, 60, 64, 466, 505-6
Aleixo, Pedro, 183, 481, 533
Almeida, Climério Euribes de, 425, 537
Almeida, Gil de, 62, 459
Almeida, José Américo de, 205, 212-3, 222, 225-6, 240, 432, 452, 467, 507, 510, 517, 538
Alves de Carvalho, João Simplício, 62, 262, 467
Alves, Márcio Mello Franco, 397, 475
Alves, Roberto, 415
Alvim, José Joaquim de Sá Freire, 264, 272, 469
Amado, Gilberto, 117

Amador Bueno, 262
Amaral Peixoto, Augusto do, 262, 264, 280, 450, 508, 518
Amaral Peixoto, Celina Vargas do, 380, 393, 399, 401, 403, 408, 497, 503, 532, 536
Amaral Peixoto, Ernani do, 88, 107, 109, 134, 158, 187, 233-5, 245, 250, 252, 254, 305-7, 324-6, 329, 331, 334, 336-42, 344, 347-9, 352, 359, 361-2, 364-5, 367, 372-4, 378-9, 382, 387-91, 397, 399-404, 412, 418-9, 421, 423-4, 426, 430-2, 435, 439, 454-5, 459, 483, 494-8, 509, 514, 524-5, 527, 530-1, 536
Amaral Peixoto, Maria Luiza, 401, 403
Andrada, Antônio Carlos Ribeiro de, 57, 125, 132, 183, 447, 491, 505, 513
Andrade Queiroz, Alberto, 52, 180, 195, 247
Andrade, Almir de, 275
Anjos, Augusto dos, 86, 360
Antonio (contínuo), 404

Aranha, Euclides, 84
Aranha, Laís, 120, 145
Aranha, Luiz de Freitas Valle, 206, 233, 234, 473, 515, 518
Aranha, Luizinha, 139, 412
Aranha, Oswaldo Euclides de Sousa, 38, 52, 61, 63, 65, 70, 72, 88-9, 120-4, 126, 145, 165, 188, 205-7, 218, 224, 231, 240, 246, 259-60, 271, 304, 306, 308, 330, 336, 343-4, 362, 371, 397-8, 426, 430-3, 435, 453, 460, 470, 472, 480-2, 485, 495, 505, 507-8, 512-3, 515, 518, 534, 538
Aranha, Vindinha, 120, 145, 512
Aranha, Zazi, 120, 145
Araújo Jorge, Artur Gomes de, 180, 449
Araújo Jorge, Helena de, 138
Arinos, Paulo, 52
Arnaldo (secretário), 425
Assis Brasil, Joaquim Francisco de, 38, 81, 261, 446, 467, 490, 501, 507
Assis Brasil, Ptolomeu de, 477
Astolfinho, 282
Azevedo, Philadelpho de, 264

Babo, Lamartine, 325
Balbo, Italo, 275
Bando da Lua, 333
Baptista, Odilon, 114, 175, 361
Baptista, Pedro Ernesto, 108, 114, 170, 172, 175, 183, 204, 242, 246, 304, 307, 360-1, 448, 479, 482, 508, 510, 514, 522
barão de Veltri (chofer), 307
Barata Ribeiro, Agildo da Gama, 121, 308, 444, 471

Barata, Júlio, 275, 316, 470
Barbosa, Rui, 188
Barcellos, Cristóvão de Castro, 143, 145, 453
Barcellos, Ramiro, 504
Barros, Adhemar Pereira de, 219, 280, 282, 443, 464, 483, 535, 539
Barros, Leonor de, 282
Barroso, Ari, 325, 524
Bayma, Henrique Smith, 187, 461
Becker, d. João, 49, 56, 297, 464
Beckman, Ivaar, 55, 462
Bejo *ver* Vargas, Benjamim Dornelles
Benário, Olga, 308-9, 461, 522
Berger, Harry, 309, 461, 522
Berle Jr., Adolf, 387, 397, 533-4
Berle, Beatriz, 397
Bernardes, Artur, 44, 57, 76, 79, 131, 284, 449, 459, 466, 482, 488-9, 504, 507-8, 513, 533
Bernardi, Mansueto, 52, 475
Berta, Ruben, 55, 485
Bertaso, José, 52
Bilac, Olavo, 84, 86, 360
Black, Eugene, 342, 528
Bopp, Raul, 195, 483
Borba Gato, 262
Borges de Medeiros, Antônio Augusto, 38, 51, 81, 89, 131-2, 446, 457, 465, 480, 489-90, 493, 501, 503-4, 507, 513
Braga, Mercedes, 87, 91
Braga, Odilon Duarte, 187, 243, 254, 478
Brandão, Mário Pimentel, 243, 401, 475
Brivio (conde), 213-4
Brivio, Vittoria (condessa), 214-5

Café Filho, João, 428, 436, 437, 445, 451-3, 464, 468, 470, 477, 483, 498, 539
Caffery, Jefferson, 336, 387, 397, 527
Caiado de Castro, Aguinaldo, 430-1, 445
Caldas, Fernando, 52, 456
Calógeras, João Pandiá, 129, 466
Câmara Canto, 277
Camargo, Laudo Ferreira de, 82, 472, 476
Camargo, Sílvio de, 428, 485, 538
Campos, Francisco Luís da Silva, 104, 155, 178, 185, 229, 241, 248-9, 251-2, 254, 261, 282-3, 285, 292, 352-3, 459, 486, 514, 533
Campos, Humberto de, 181
Canabarro, David, 261
Capanema, Gustavo, 109, 122, 124, 126, 182, 184, 217, 243, 263-4, 271-2, 293, 397, 428, 452, 460, 493, 512, 514
Cárcano, Ramón, 257
Cardim, Elmano, 187, 454
Cardoso, Ciro do Espírito Santo, 473, 488, 499
Cardoso, Maurício, 34, 60-1, 64, 130, 219, 267-8, 463, 475, 502
Carneiro da Cunha, Francisco Solano, 187
Carneiro da Cunha, Olegário Mariano, 255, 478
Cardoso de Mello Netto, José Joaquim, 253, 282, 469
Carneiro de Mendonça, Roberto, 134, 398, 484
Carneiro, Levi, 513
Carpenter, Ferreira, 171, 173, 216, 514
Carrazzoni, André, 52, 195, 446
Carvalho, Jarbas de, 338, 463

Carvalho, Ronald de, 180, 485
Cascardo, Hercolino, 72, 304, 461, 508
Castilhos, Júlio de, 30, 38, 261, 446, 465, 467, 503, 505
Castro, Edgard Fraga de, 155
Castro, Luiz Alves de, 222
Cavalcante, Newton de Andrade, 144, 241, 248-9, 477
Cavalcanti, Carlos de Lima, 188-9, 204, 212, 227, 253-4, 435, 444-5, 452, 517
Cavalcanti, Themístocles Brandão, 507-8
Caymmi, Dorival, 325
Chamberlain, Neville, 331
Chateaubriand, Assis, 305, 458
Churchill, Winston, 331, 333, 345, 363, 388-9, 533
Cirilo Jr., Carlos, 536
Cochrane, Fernando, 289
Coelho de Souza, José Pereira, 219, 268, 469
Coelho dos Reis, Antônio José, 353, 448
Coelho Neto, Henrique, 84, 98
Coelho Netto, Zita, 268
Coelho, Armando Porto, 37
Coelho, Danton, 398, 432, 453
Collet, Heitor, 455
Collor, Lindolfo Leopoldo Boeckel, 130, 472
Cordeiro de Farias, Gustavo, 397, 461, 483
Cordeiro de Farias, Oswaldo, 155, 159, 164, 267-8, 271, 277, 397, 402-3, 435, 455, 476, 479
Cordeiro Guerra, Henrique, 140, 426
Correa, Adalberto, 175, 443
Correa, Agnello, 62, 137

Correa, André Trifino, 227, 242, 304, 446
Correa de Mello, Francisco de Assis, 275, 276, 277, 280, 458
Cosme, Sotero, 52
Costa Gama, Edith Maria Vargas da, 19, 536
Costa Gama, Getúlio Vargas da, 19
Costa, Adroaldo Mesquita da, 219, 443
Costa, Artur de Souza, 184, 216-8, 243, 271, 449, 512
Costa, Canrobert Pereira da, 158, 164, 451
Costa, Fernando, 216, 254, 456
Costa, Hélio, 137
Costa, Licurgo, 275
Costa, Miguel, 71, 447, 476
Costa, Zenóbio da, 431-3, 436, 488
Couto, Miguel, 336, 477
Cruschen, Aldo, 160, 318
Cuervo (o Velho), 50
Cunha Júnior, Isaac Luiz da, 152
Cunha, Euclides da, 86-7, 109

D. Aida (datilógrafa) ver Montagna, Aida
D. Alice (sogra) ver Monteiro, Alice
D. Darcy ver Vargas, Darcy Sarmanho
Daher, Loiola, 269
Daladier, Édouard, 331
Daltro Filho, Manuel de Cerqueira, 231, 243-4, 254, 262, 266-8, 270, 475-6, 479
Dantas, Antônio Fernandes, 254, 447
Dantas, João, 466
De Gaulle, Charles, 346, 388
Delamare, Alcebíades, 117, 169
Denys, Odílio, 397, 478

Diogo, Júlio, 219
Dodsworth Filho, Henrique de Toledo, 234, 262, 400-1, 461, 517
Dornelles, Ernesto, 45, 280, 397, 450, 455
Drummond de Andrade, Carlos, 244, 270, 452
Duarte, Manuel, 30, 34, 475, 502
Dubois Ferreira, Armando, 72
Duhamel, Georges, 179
Dutra de Menezes, Hamilcar, 339
Dutra, Eurico Gaspar, 88, 156, 158-9, 163, 182, 229, 233, 243, 247, 253, 280, 283, 301, 317, 319-20, 337, 388, 392, 400-2, 406, 409-12, 416, 443, 445, 451, 453, 456, 458-9, 464, 466, 469, 478, 480, 482-3, 497, 533, 535-6
Dutra, Viriato, 219

Eden, Anthony, 345
Etchegoyen, Alcides, 353, 445
Euclides (chofer de Getúlio), 105
Euclides (garoto do elevador), 50

Fairbairn, Arnoldo Hasselmann, 448
Fairbanks Jr., Douglas, 339, 341, 527
Falcão, Waldemar Cromwell do Rego, 104, 173, 230, 260, 262, 487
Faria, Hugo de Araújo, 538
Feio, Agenor Barcellos, 243, 444
Fernandes, Elza, 171
Fernandes, Raul, 131, 285, 483, 513
Ferreira, Procópio, 279, 316, 509
Ferreira, Waldemar, 476
Fialho de Almeida, Jose Valentim, 87
Figueira de Mello, 117, 169

Figueiredo, Euclides de Oliveira, 153, 455
Figueiredo, Francisco de Assis, 278, 316, 459
Fittipaldi, Hernani, 427, 462
Flores da Cunha, José Antônio, 61, 83, 88, 122, 124, 126, 128, 133, 143-4, 182, 189, 204, 206-7, 218, 222, 243, 267, 308, 458, 460, 468, 478, 508-9
Floriano (telefonista do Catete), 154, 158
Fonseca, Deodoro da, 259, 502
Fonseca, Gregório Porto da, 84, 101, 180, 460, 510, 515
Fonseca, Olinto, 281, 479
Fontes, Ernesto G., 191
Fontes, Lourival, 274, 338, 353, 415, 427-8, 448, 472
Fontoura, João Neves da, 34, 37, 64, 83, 415, 449, 466, 502, 505, 536
Fontoura, Paulino, 219, 268
Fornari, Ernani, 455
Fortunato, Gregório, 319-20, 425-6, 451, 460, 499, 537-8
Fournier, Severo, 157, 485
Fragoso, Tasso, 70, 486
Franca, Leonel, 325, 472, 524
Franca, Leovegildo, 325, 424, 472
Franco, Afrânio de Mello, 123, 127, 444, 507, 510, 512-3
Franco, Virgílio de Mello, 123-5, 175, 205, 398, 460, 486, 533
Fregoli, Leopoldo, 114, 360, 511
Freire, Firmo, 62, 356, 457
Freitas Valle, Ciro de, 120, 452
Freitas, Herculano de, 44
Freitas, Mauro de, 155, 175, 255

Freyre, Gilberto, 246
Frontin, Paulo de, 234, 517

Garcia, Frank, 162
Garibaldi, Giuseppe, 261
Getúlio Júnior ver Vargas, Getulinho
Ghioldi, Rodolfo, 309, 484
Gilberti, 214
Godoy, Jacinto, 34, 463, 502
Góes Monteiro, Cícero de, 72
Góes Monteiro, Ismar de, 237
Góes Monteiro, Pedro Aurélio de, 62, 88, 122-3, 127, 131-2, 144, 155, 164, 182, 185, 205, 208, 222, 228, 233, 237, 239, 243-4, 251, 254, 403, 480-1, 507-8, 513
Góes Monteiro, Silvestre Péricles de, 237, 336-7, 396-7, 404, 410-1, 435, 497
Gomes dos Santos, Epaminondas, 280, 432, 454
Gomes, Eduardo, 121, 182, 276, 306-7, 392, 400, 435, 454, 498, 535
Gomes, João Luiz de Guimarães, 182
Gonçalves Dias, 523
Gonçalves, Carlos Barbosa, 30, 51, 446, 502
Graça Aranha, José Pereira, 84, 86
Grispun, Zippin, 276
Guerra Junqueiro, Abílio Manuel, 86
Guilhem, Henrique Aristides, 243, 461
Guilherme, Olímpio, 316
Guilhermina, rainha da Holanda, 331
Guilhobel, Renato, 431-2, 484
Guimarães, Cantídio, 269
Guimarães, Carlito, 363

Guimarães, Napoleão Alencastro, 233, 477
Guimarães, Protógenes Pereira, 107, 134, 140, 143, 145, 235-6, 250, 267, 453-4, 482-3, 510, 513, 517
Guinle, Guilherme, 305, 460

Hasslocher, Paulo Germano, 52, 481
Hitler, Adolf, 223, 329, 331-2, 346, 490, 492, 497, 526
Hopkins, Harry L., 388, 533-4
Hull, Cordell, 310, 453

Ingram, Jonas, 329
irmã Luíza, 348

Jacinto de Thormes (Maneco Muller), 537
Jafet, Ricardo, 426
JK *ver* Kubitschek de Oliveira, Juscelino
João Pessoa *ver* Albuquerque, João Pessoa Cavalcanti de
Job, Francisco de Paula, 52, 195
Jobim, José, 195, 469
Josafá (guarda civil), 152, 155, 159, 217
Justo, Agustín Pedro, 104, 110, 141, 224, 266, 269, 493, 518

Kenny, Elizabeth (sister), 364, 531
Kent, duque de, 104, 510
Klinger, Bertoldo, 458, 509
Konder, Valério, 175, 486
Kubitschek de Oliveira, Juscelino, 280, 435, 451, 470-1, 477, 539

Labarthe, Ilka, 275
Lacerda, Benedito, 324

Lacerda, Carlos, 423, 425, 427, 451-3, 456, 460, 463, 499, 535-7
Lacerda, Félix de Barros Cavalcanti de, 512
Lacerda, Maurício de, 175, 476
Lage, Cipriano, 281, 338
Lamas, Saavedra, 141, 191, 224
Leães, Hélio, 428
Lee, Robert, 528
Leitão da Cunha, Vasco, 352, 486, 529, 531
Leme, d. Sebastião, 70, 89, 139, 186, 232, 412, 485, 518
Lemgruber Filho, Laurindo Augusto, 472
Lenin, Wladímir, 204
Lima, Filipe Moreira, 175, 457
Lima, Hermes, 171, 173, 246, 462
Lima, José Queiroz de, 180, 195, 247
Lima, Waldomiro Castilho, 44, 88, 104, 127, 247, 277, 453, 458, 483, 487, 509
Lincoln, Abraão, 294
Lindberg, Charles, 452
Linhares, José, 297, 402, 468-9
Lins de Barros, João Alberto, 63, 71, 82, 120-1, 159, 233-4, 396, 400, 435, 447, 452, 457-8, 462-3, 472, 476, 486, 534-5
Lins, Etelvino, 436, 539
Lodi, Euvaldo, 371, 426, 456, 532
Lopes de Almeida, Margarida, 268
Lucas, Rubem Canabarro, 277
Ludwig, Emil, 179, 381, 532
Luz, Carlos Coimbra da, 131, 262, 285, 451, 477
Luzardo, João Baptista, 61, 130, 463, 508, 536

Macedo Soares, José Carlos de, 107, 140, 192-3, 216, 242-3, 252, 254, 353, 454-5, 468, 512
Macedo Soares, José Edmundo de, 218, 334, 342, 453
Macedo Soares, José Eduardo de, 134, 187, 235, 242, 339, 469, 521
Macedo Soares, Matilde, 138
Macedo, João Vieira de, 263
Machado de Assis, 87
Machado, João Carlos, 52, 61, 252, 465
Machado, João Pereira, 105, 109, 149
Machado, Pery, 268
Machado, Polidoro, 231
Maciel Filho, José Soares de, 180, 390, 393, 395, 429, 433, 469
Maciel Júnior, Francisco Antunes, 458, 510
Maciel, Artur Antunes, 61
Maciel, Olegário, 70, 75, 109, 112, 122-3, 444, 450, 455, 460, 478-9, 492, 511, 515
Magalhães Júnior, Raimundo, 136, 483
Magalhães, Agamenon Sérgio de Godoy, 184, 227, 233, 243, 253, 260, 262, 390-1, 396-7, 402, 444-5, 533
Magalhães, Eliezer, 175, 190, 364, 454
Magalhães, Juracy Montenegro, 186, 188-9, 204, 212, 227, 254, 435, 447, 471, 517, 531
Maginot, André, 525
Mamede, Jurandir de Bizarria, 212, 471
Maneco *ver* Vargas, Manoel Antônio
Mangabeira, João, 507
Marcondes Machado Filho, Alexandre, 390, 445, 533
Marino, Alziro, 30

Mário Jorge (médico), 530
Mariz, Dinarte, 436, 539
Marques, José Manoel de Azevedo, 469
Martins Costa, Décio, 219
Martins, Maria, 330, 475, 525
Martins, Oséas, 437
Mascarenhas da Silva, Geraldo Ildefonso, 459
Matiz, Severino Barbosa, 227, 485
Mattos, Mário, 281
McCrimmon, Kenneth, 273
Medaglia, Francisco, 212, 515
Medeiros Neto, Antônio Garcia de, 187, 189, 447
Meira (médico), 362
Meira, Lúcio Martins, 134, 426, 429, 473
Meireles, Silo, 242, 485
Mello, Arnon de, 280
Mello, Olímpio de, 205, 213, 232-4, 479, 517-8
Mendes, Manoel Rabelo, 83, 475, 476
Meneses, Amílcar Dutra de, 446
Menezes Filho, Rodrigo Otavio Landgaard, 378, 484
Menichelli, Pina, 36
Menna Barreto, João de Deus, 465
Mermoz, Jean, 275
Meyer, Augusto, 195, 450
Meyer, Otto Ernst, 55, 480
Milanez, João Francisco de Azevedo, 140, 465
Miranda, Carmen, 333, 526
Moacyr, Pedro, 30
Montagna, Aida, 247, 316
Montagna, Arthur, 347, 535

Monteiro, Alice, 325, 423-4, 435
Morais, Ângelo Mendes de, 404, 426, 446, 537
Morais, João Batista Mascarenhas de, 431-2, 464
Morato, Francisco Antônio de Almeida, 72, 457
Moreira Salles, Walter, 280, 487
Moses, Herbert, 273, 338, 461
Motta, Alda Sarmanho, 111
Motta, Deoclésio Dornelles, 39
Motta, Odon Sarmanho, 111
Motta, Periandro Dornelles, 111
Moura, Hastínfilo de, 469
Moura, Nero, 276-7, 280, 425-6, 454, 477
Müller, Consuelo, 281
Müller, Filinto, 154, 233, 274-5, 309, 353, 445, 456, 529-30
Müller, Lauro, 57, 205, 472
Müller, Maneco *ver* Jacinto de Thormes
Muniz, Antônio Guedes, 448
Muniz, Brig, 342
Mussolini, Benito, 332, 346, 482, 489-90, 497, 527

Nascimento, João Garcez do, 124, 307, 465, 521
Nascimento, Júlio Barbosa do, 153, 450, 470
Negrão de Lima, Francisco, 226, 254, 517
Neves, Tancredo de Almeida, 425-8, 430-3, 485, 538
Noronha, Argemiro José, 163
Noronha, José Isaías de, 70, 129, 462
Novelli, Luiz, 317

Olímpio Guilherme, 338, 479
Oliveira, Armando de Salles, 128, 183, 192-3, 203, 205, 222, 226, 240, 253, 448, 456, 461, 464, 469, 474, 518
Oliveira, Augusto de, 360
Oliveira, João Adil de, 463, 537
Oliveira, João Daudt de, 93, 371, 456, 465, 532
Oliveira, Oscar Daudt de, 479
Oliveira, Rafael Crisóstomo de, 367
Oliveira, Sérgio Ulrich de, 34, 36
Ortega y Gasset, José, 382
Otero, Augusto Leivas, 308, 450, 522
Otero, Francisco (Chico), 308, 458

Pacelli, Eugenio (papa Pio XII), 133, 510
Padilla, Ezequiel, 336, 456
Paim Filho, Firmino, 30, 34, 219, 457, 502, 513
Paquet, Renato, 410, 484, 536
Parreiras, Ary, 134, 143-4, 236, 449, 483
Peçanha, Nilo, 44, 116, 466, 483, 489
Pena, Afonso, 31, 99, 503
Pequeno, Marcial Dias, 275
Pereira de Castro Júnior, João Cândido, 158, 464
Pereira de Sousa, Washington Luiz, 46, 57-8, 62, 69-70, 78, 82, 88, 116, 129, 201, 283, 285, 444, 447, 463, 467-8, 471, 480-1, 486, 488, 490-1, 504, 507, 511
Pereira dos Santos, Carlos Maximiliano, 507
Pereira e Sousa, Carlos Martins, 218, 330, 452, 475, 525
Pereira, Astrogildo, 473

Pessoa, Epitácio Lindolfo da Silva, 58, 109, 449, 454, 466, 489
Pessoa, Pantaleão da Silva, 194, 480, 510
Pestana, Celso, 105
Pétain, Philippe, 331, 346, 526
Pilla, Raul, 81, 219, 484
Pimentel, Francisco Menezes, 470
Pinheiro Machado, José Gomes, 261, 468
Pinoti, Mário, 432
Pintacuda, Carlo, 213-5
Pinto, Francisco José, 152, 155, 182, 307, 352-3, 356, 459, 531
Pinto, Necker (dr.), 429
Pires, Washington, 510
Pompeia, Raul, 86
Prestes, Júlio, 57, 471, 482, 488, 491, 506, 511
Prestes, Luiz Carlos, 63, 121, 131, 171, 309, 395, 447, 463, 473, 484-5, 490-1, 494, 514, 522, 536
príncipe de Gales, 104, 510

Quaresma, Laurindo, 530
Queiroz, Eusébio, 157, 514
Quental, Antero de, 86

Rabelo, Edgard de Castro, 117, 170, 173, 462
Ramalheda, Narciso de Almeida, 324, 523
Ramos, Graciliano, 175
Ramos, Nereu de Oliveira, 266, 477
Rao, Vicente, 175, 193, 430, 486
Rego, Pedro Costa, 187, 189, 233, 255, 482, 518
Rego, Rosalvo da Costa, 412, 536

Reis, João Marques dos, 188, 243, 262, 466
Reis, Mário, 241, 325, 475
Reis, Moutinho dos, 277, 280
Renault, Mauro, 317, 523
Resende, Ciro Riopardense de, 416, 453
Reynaud, Paul, 331, 333
Rezende, Leônidas de, 116, 170, 173, 246, 462
Ribeiro Filho, João Gomes, 465, 522
Ribeiro, Benedito Valadares, 126, 183, 205, 212, 225-6, 386, 450-1, 455, 460, 471, 480, 485, 517, 523
Ribeiro, Ivan, 308, 463
Ripoll, Waldemar, 219, 487
Rocha, André da, 35
Rocha, Xavier da, 219, 268
Rockfeller, Nelson, 342, 528
Rolla, Joaquim, 397, 467
Romero, Jorge Alberto, 263
Roosevelt, Eleanor, 342, 529
Roosevelt, Franklin Delano, 165, 179, 190, 224, 310, 329-32, 334, 339, 341-2, 346, 363, 387-9, 393, 397, 451, 453, 492, 494, 496, 515, 525, 528, 531, 533
Rosa, Alexandre, 219
Rosa, Pompílio Cylon Fernandes, 219, 483
Rosa, Rubem, 485
Rubinstein, Arthur, 268

Sá, Estácio de, 262
Sá, Mem de, 262
Sá, Salvador de, 262
Sáenz Peña, Roque, 110, 511
Salazar, Anésia, 247
Saldanha, Gaspar, 261

Sales, Apolônio, 432
Salgado Filho, Joaquim Pedro, 510
Salgado, Plínio, 176-7, 222, 227-8, 240, 261, 266, 450, 482, 513
Salles, Antônio de Pádua, 458
Santana, Cumplido de, 263
Santiago, Júlio, 156, 514
Santos, Edgard, 432
Santos, Manoel Constantino dos, 163
Sarmanho, Alzira Lima, 35
Sarmanho, Antônio, 35, 361
Sarmanho, Walder de Lima, 46, 60, 62, 105, 113, 148, 152, 153, 157, 159, 195, 199, 211, 213, 217, 250, 306, 307, 308, 360, 383, 424, 487, 532
Schneider, Edgard, 219, 502
Segreto, Domingos, 453, 534
Siegfried, André, 179
Silva Filho, Antônio, 163
Silva, Edmundo Barbosa da, 531
Silva, Flodoardo, 269
Silva, Geraldo Ildefonso Mascarenhas da, 264
Silva, Israel Pinheiro da, 281, 462
Silva, João Pinto da, 52, 467
Silva, José Loureiro da, 219, 268
Silva, Manoel Pinto da, 151, 160
Silveira Martins, Gaspar, 261
Silveira, Joaquim Luiz Amaro da, 105, 187
Silveira, Ricardo Xavier da, 187
Simões Lopes, Luiz, 102, 248, 312, 474, 513
Singennan, Bertha, 268
Siqueira Campos, Antônio, 63, 71, 447, 463, 506
Soares, Átila, 233, 234, 450

Soares, José Antônio, 537
Sousa Ramos, Paulo Martins de, 237, 481
Souto, Álcio, 404, 445
Souza, Severiano Mata de, 163
Sparano, Belkiss, 210-1
Sparano, Luiz, 210-1, 515
Stálin, Ióssif, 331-2, 346, 388-9, 491, 499, 521, 533
Stettinius Jr., Eduardo, 387-9, 533

Tavares, Raul, 158, 484
Távora, Juarez do Nascimento Fernandes, 64, 71, 225, 470, 510, 521, 539
Teffé, Manoel de, 214, 474
Teixeira, Anysio, 175, 448
Terra, Gabriel, 104, 115, 132, 141
Tinoco, Francisco (Xico) de Sá, 428, 459
Toledo Piza Sobrinho, Luiz de, 226-7, 474
Toledo, Pedro de, 68, 83, 458, 475-6, 482
Tontonha (tia Antônia), 135, 210
Torres, Paulo, 432
Tostes, Theodemiro Barreto Viana, 52, 486
Trótski, Liev, 304-5, 521
Truda, Francisco de Leonardo, 30, 32, 458
Truman, Harry, 330, 389, 533

Valmor, 156
Valverde, Belmiro de Lima, 153, 158, 450
Vargas Netto, Manoel do Nascimento, 52, 186, 261, 339, 474, 501, 528
Vargas, Ary Mesquita, 110
Vargas, Benjamim Dornelles, 88, 92, 110, 153, 155-6, 159, 182, 191, 219, 319-21, 352, 376, 386, 393, 400, 402, 426-7, 435, 451, 460, 463, 492-3, 508, 514, 537

Vargas, Cândida Darci, 19
Vargas, Cândida Dornelles (avó), 26
Vargas, Darcy Sarmanho, 35, 41, 48, 73, 113, 194, 211, 252, 315, 317, 321, 323-4, 326, 350-1, 353, 360-5, 370-1, 373, 375-8, 385, 387, 399, 403-4, 474, 484, 489, 493, 496-7, 501, 503, 524, 527
Vargas, Getulinho, 105-6, 361, 364-6, 375, 489, 493, 496, 501
Vargas, Jandyra, 46, 51, 145, 150, 152, 210, 251, 269, 315, 318, 366, 375, 404, 489, 501, 536
Vargas, Luthero Sarmanho, 46, 51, 62, 72, 88, 106, 113, 115, 140, 144, 153, 155-6, 159, 170, 258, 264, 266, 315, 348-9, 360-1, 364, 366, 375, 393, 395, 404, 412, 426-7, 474, 489, 492, 501, 508, 533, 537-8
Vargas, Manoel Antônio, 42, 51, 62, 77, 84, 89, 151, 154, 159, 192, 231, 258, 269, 315, 366, 375, 409, 426, 432, 489, 501, 531, 538
Vargas, Manoel Nascimento (avô), 50, 376-7
Vargas, Protásio Dornelles, 28, 50, 111, 137, 219, 375, 502, 531
Vargas, Spartacus Dornelles, 376
Vargas, Viriato Dornelles, 28, 246, 375, 474, 502
Vargas, Yara Maria Tavares, 19
Vaz, Rubens, 435, 463, 499, 537, 539
Vellinho, Moysés, 52, 219, 268, 477
Velloso Neto, Pedro Leão, 388, 482
Vergara, Luiz Fernando, 52, 167, 180, 194, 211, 247, 307, 352, 415, 474

Vergara, Pedro, 52, 482
Verissimo, Erico, 301
Vidal de Negreiros, 262
Villanova, Amaro Azambuja, 254, 445
Vital, João Carlos, 280, 465

Washington Luiz ver Pereira de Sousa, Washington Luiz
Welles, Benjamin Sumner, 191, 310, 330, 336, 451, 525
Weygand, Maxime, 331

Zanotti, Izidoro, 264
Zilda (amiga), 424, 430

1ª EDIÇÃO [2017] 1 reimpressão

ESTA OBRA FOI COMPOSTA PELA ABREU'S SYSTEM EM INES LIGHT
E IMPRESSA EM OFSETE PELA LIS GRÁFICA SOBRE PAPEL PÓLEN SOFT
DA SUZANO PAPEL E CELULOSE PARA A EDITORA SCHWARCZ EM AGOSTO DE 2017

A marca FSC® é a garantia de que a madeira utilizada na fabricação do papel deste livro provém de florestas que foram gerenciadas de maneira ambientalmente correta, socialmente justa e economicamente viável, além de outras fontes de origem controlada.